Kaisertum
im ersten Jahrtausend

Hartmut Leppin / Bernd Schneidmüller / Stefan Weinfurter (Hrsg.)

Kaisertum
im ersten Jahrtausend

Wissenschaftlicher Begleitband zur Landesausstellung
„Otto der Große und das Römische Reich.
Kaisertum von der Antike zum Mittelalter"

SCHNELL + STEINER

Abbildung vordere Umschlagseite:
Kaisersiegel Ottos des Großen aus dem Jahr 965 mit der Umschrift OTTO IMP(erator) AUG(ustus).
Magdeburg, Landeshauptarchiv Sachsen-Anhalt, Rep. U1, Tit I, Nr. 23;
Abbildung hintere Umschlagseite:
Augustus-Kameo vom Lotharkreuz.
Aachen, Hohe Domkirche, 622

Die Publikation wurde gefördert vom Land Sachsen-Anhalt, der Ostdeutschen Sparkassenstiftung
gemeinsam mit der Stadtsparkasse Magdeburg, der Kulturstiftung der Länder, Lotto Sachsen-Anhalt,
der Ernst von Siemens-Kunststiftung und der Kloster Bergeschen Stiftung.

Bibliografische Information der Deutschen Nationalbibliothek:
Die Deutsche Nationalbibliothek verzeichnet diese Publikation
in der Deutschen Nationalbibliografie; detaillierte bibliografische
Daten sind im Internet über <http://dnb.d-nb.de> abrufbar.

1. Auflage 2012
© 2012 Verlag Schnell & Steiner GmbH, Leibnizstraße 13, 93055 Regensburg
Satz: Erhardi Druck GmbH, Regensburg
Umschlaggestaltung: Homann Güner Blum, Visuelle Kommunikation, Hannover
Druck: Offizin Andersen Nexö Leipzig GmbH, Zwenkau
ISBN 978-3-7954-2509-8

Weitere Informationen zum Verlagsprogramm erhalten Sie unter:
www.schnell-und-steiner.de

Inhalt

Bernd Schneidmüller

ALTES KAISERTUM ALS NEUE FRAGESTELLUNG

Zur Einführung[1]

Das Kulturhistorische Museum Magdeburg nimmt den 1100. Geburtstag Ottos des Großen und die 950. Wiederkehr seiner Kaiserkrönung 962 zum Anlass einer großen Ausstellung über das Kaisertum im ersten Jahrtausend. Damit verschieben sich die Perspektiven gegenüber den beiden Präsentationen, die 2001 und 2006 große Aufmerksamkeit auf sich zogen. Hatte man 2001 die Herrschaft Ottos des Großen und das 10. Jahrhundert in regionale wie europäische Bezüge gerückt, erschien das Heilige Römische Reich 2006 als Produkt seines imperialen Handelns.[2] Das neue Vorhaben 2012 fokussiert die Entstehungsgeschichte des Kaisertums – ausgehend von der viel beschworenen augusteischen Schwelle an der Zeitenwende bis zur Wiederbegründung des weströmischen Kaisertums auf karolingischen Fundamenten durch Otto den Großen 962. Schon bei den Vorbereitungen zur Ausstellung „Das Heilige Römische Reich Deutscher Nation" war der deutliche Blick auf die Voraussetzungen eingefordert worden. Schon damals wurde im Beirat überlegt, wie man die „Archäologie des Kaisertums" angemessen behandeln könnte.

---

1 Der Text folgt dem einleitenden Referat zur Magdeburger Tagung (06. Mai 2010). Es wollte einige Leitlinien für Diskussionen von Vertreterinnen und Vertretern unterschiedlicher Disziplinen bieten.

2 Otto der Große, Magdeburg und Europa, 2 Bde., hg. von Matthias Puhle, Mainz 2001; Ottonische Neuanfänge. Symposion zur Ausstellung „Otto der Große, Magdeburg und Europa", hg. von Bernd Schneidmüller/Stefan Weinfurter, Mainz 2001; Heiliges Römisches Reich Deutscher Nation 962 bis 1806. Von Otto dem Großen bis zum Ausgang des Mittelalters, 2 Bde., hg. von Matthias Puhle/Claus-Peter Hasse, Dresden 2006; Heilig – Römisch – Deutsch. Das Reich im mittelalterlichen Europa, hg. von Bernd Schneidmüller/Stefan Weinfurter, Dresden 2006.

Mit dem neuen Projekt wird aus bloßer „Vorgeschichte" oder „Archäologie" in gebührender Weise das Hauptthema. Das verändert die Schwerpunkte, die Traditionslinien, die Blickachsen. Im gemeinsamen Nachdenken von Kolleginnen und Kollegen aus der Alten Geschichte, der Archäologie, der Byzantinistik, der Kunstgeschichte, der Mittelalterlichen Geschichte, der Orientalistik, der Rechtsgeschichte und der Sinologie treten neue Zusammenhänge und Vergleichslinien hervor. Von allen Referentinnen und Referenten der vorbereitenden Tagung, aus der jetzt dieses Buch hervorgeht, war die Bereitschaft zur Zusammenschau auf das Kaisertum als Ordnungsform gefordert. Das kann nur in rigoroser Komplexitätsreduktion gelingen. Über jedes Kapitel dieses Bandes hätte man leicht ein dickes Buch schreiben können. Im Mut, große Themen mit einer langen Forschungsgeschichte prägnant aufzugreifen und auf kleinteilige Beispielreihen zu verzichten, liegen neue Chancen: Muster beschreiben, übergreifende wie individuelle Strukturmerkmale herausarbeiten, Gemeinsamkeiten und Unterschiede in globalen Perspektiven entdecken, Ungleiches in der Gleichzeitigkeit erkennen. In dieser Einführung sollen in drei Schritten Erwartungen abgesteckt werden.

Kaisertum, Imperium und die Chancen der großen Themen

Kaisertum: Das ist eines der großen Themen der Weltgeschichte.[3] Es bleibt untrennbar verbunden mit der Frage nach Kraft und Grenzen von Imperien,[4] nach den Relationen zwischen der ganzen Welt und ihren Teilen, nach dem Spannungsverhältnis von Einheit und Pluralität, von geglaubter und gelebter Größe, von realer Macht und virtueller Weltkonstruktion, von Sakralität und Repräsentation. Kaisertum bedeutet mehr als Monarchie,[5] im Kerngedanken nämlich die Herrschaft eines Einzelnen über alle. Kaisertum steigert die Königsherrschaft, die in der Vielzahl nebeneinander existieren kann. Kaisertum geht von der Idee der Einmaligkeit aus.[6]

---

3 Aus der reichen Literatur nenne ich nur zwei Titel von 2010: Jane Burbank/Frederick Cooper, Empires in World History. Power and the Politics of Difference, Princeton/Oxford 2010; Timothy H. Parsons, The Rule of Empires. Those Who Built Them, Those Who Endured Them, and Why They Always Fall, Oxford 2010.

4 Überblicke bei Herfried Münkler, Imperien. Die Logik der Weltherrschaft – vom Alten Rom bis zu den Vereinigten Staaten, Berlin 2005; John Darwin, After Tamerlane. The Rise and Fall of Global Empires, 1400–2000, London 2007; deutsche Ausgabe: Der imperiale Traum. Die Globalgeschichte großer Reiche 1400–2000. Aus dem Englischen von Michael Bayer/Norbert Juraschitz, Frankfurt/New York 2010.

5 Monarchie, in: Geschichtliche Grundbegriffe 4, Stuttgart 1978, S. 133–214; Rolf K. Hočevar, Monarchie, in: Historisches Wörterbuch der Philosophie 6, Basel/Stuttgart 1984, Sp. 126–130.

6 Ideen und Widersprüche bei Hans K. Schulze, Grundstrukturen der Verfassung im Mittelalter, Bd. 3: Kaiser und Reich, Stuttgart/Berlin/Köln 1998; Bernd Schneidmüller, Die Kaiser des Mittelalters. Von Karl dem Großen bis Maximilian I., 2. Aufl. München 2007.

Vielfach bezogen die Imperien der älteren Geschichte vor 1800 zumindest ihren Anspruch auf die ganze Welt, dachten eine Herrschaft ohne Grenzen, ein *imperium sine fine*.[7] Die Wahrnehmung der Umgebung jenseits der eigenen Reichsgrenzen variierte; man konnte sie einfach negieren oder als potenziellen Eroberungsraum betrachten. Zivilisation und Barbarei, das Eigene und das Fremde, wurden zwar durch konstruierte Grenzen geschieden, standen aber in funktionalen Erfahrungskontexten. Aus der Perspektive der Imperien schied sich das Universum in eine Welt und eine Un-Welt.

Politische Pluralität wurde in der Idee des Kaisertums universaler Einheit untergeordnet.[8] Damit entstand eine Ordnungsfigur zur Integration von Teilen in ein virtuelles Ganzes. Kaisertum und Imperium waren keineswegs nur antike, mittelalterliche, neuzeitliche Ordnungsfiguren, beschränkt auf einzelne Kulturkreise. Deshalb erkundigt sich dieser Band in ganz wenigen kontrollierten Vergleichen – nicht im flächendeckenden Zugriff auf alle globalen Kulturen – auch nach Kaisertum in distinkten Zivilisationen.

Ein frühmittelalterlicher Lehrtext über die verschiedenen Stufen von Herrschaft brachte die Steigerung von Königsherrschaft auf eine griffige Formel: „König ist, wer über ein Volk oder mehrere regiert, Kaiser ist, wer über die ganze Welt herrscht oder in ihr den Vorrang einnimmt (*super totum mundum aut qui precellit in eo*)." Effektives Durchregieren wurde dabei gar nicht gefordert. Es genügte ein klarer Vorsprung im Rang: „Kaiser ist, wessen Reich auf dem ganzen Erdkreis den ersten Rang besitzt und dem die Könige der anderen Reiche unterstehen. Und sie werden nicht Könige, sondern Kaiser genannt."[9] Papst Gregor der Große († 604) unterschied in einem Brief an Kaiser Phokas zwischen den Kaisern (*reipublicae imperatores*) als Herren über Freie und den Königen der Völker (*reges gentium*) als Herren über Sklaven.[10]

Solche Fixierungen transportierten universale Ansprüche, wichen aber einem effektiven Griff nach der Weltmacht[11] pragmatisch aus. Dem Kaisertum der Antike und des Mittelalters genügte der Vorrang vor den Königen. Für die byzantinische Geschichte wurde dafür das – inzwischen angefochtene – Bild vom Kaiser über der

---

7   Vergil, Aeneis, 1, 279.
8   Hartmut Leppin, Das Erbe der Antike (C. H. Beck Geschichte Europas), München 2010, S. 147ff.
9   Franz Beyerle, Das mittelalterliche Schulheft vom Ämterwesen, in: Zeitschrift der Savigny-Stiftung für Rechtsgeschichte. Germanistische Abteilung 69, 1952, S. 1–23, hier S. 7.
10 Monumenta Germaniae Historia. Epistolae, Bd. 2, hg. von Paul Ewald/Ludo M. Hartmann, Hannover 1899, S. 397.
11 So der seinerzeit provokative Titel des Buchs von Fritz Fischer, Griff nach der Weltmacht. Die Kriegszielpolitik des kaiserlichen Deutschland 1914/18, Düsseldorf 1961. Vgl. Klaus Große Kracht, Die zankende Zunft. Historische Kontroversen in Deutschland nach 1945, Göttingen 2005, S. 47–67.

Familie von Königen entworfen.[12] Deshalb erschraken europäische Beobachter vor dem mongolischen Plan einer wirklichen Welteroberung so heftig. Längst hatte sich das 13. Jahrhundert in gelebter Vielfalt eingerichtet. Die Nachbarn hielten Kaiser mit ihren vollmundigen Bedeutungszuschreibungen geduldig aus. Darum verstörte der imperiale Schwung einer wirklichen Weltmacht. Der italienische Franziskaner Johannes de Plano Carpini berichtete von seiner Asienreise, dass der gewählte Herrscher der Mongolen unumschränkte Macht besaß und keine Aufstände seiner Untertanen fürchtete: „Man muss wissen, dass der Kaiser alles so sehr in seiner Macht hat, dass niemand wagt zu sagen: ‚Dies ist mein oder sein‘, sondern alles gehört dem Kaiser, tote Dinge ebenso wie Menschen und Vieh, und darüber wurde gerade erst eine Verordnung des Kaisers erlassen."[13] Die ganz unbeschränkte Macht des mongolischen Kaisers und sein Griff nach der Weltmacht brachten andere Völker in große Gefahr: „Ein anderes Gesetz besagt, dass sie sich alle Welt untertan machen sollen und mit keinem Volk Frieden schließen dürfen, außer wenn es ihnen unterworfen ist, bis die Zeit ihres Unterganges gekommen sein wird."[14] Nur knapp entkamen die Europäer der mongolischen Welteroberung im 13. Jahrhundert.

Vergleichbare Grenzerfahrungen machten die Römer an der Peripetie ihrer Expansion, als sich ihr Kaisertum von einer Anspruchs- in eine Ordnungsfigur verwandelte. Auch das muslimische Kalifat von Bagdad musste nach ersten Erfolgsgeschichten Konkurrenz oder Zerstörung aushalten. Immer war es leichter, Vorrang zu beanspruchen als totale Herrschaft zu etablieren. Auf dem Nährboden solch weicher Faktoren entstanden die Kaisertümer der Neuzeit.

Bei der Abwicklung des Heiligen Römischen Reichs als Denkmodell im Jahr 1806 setzte in Europa die Pluralität nationaler Kaiserreiche ein. Napoleon, Kaiser der Franzosen, und Franz, Kaiser von Österreich, gaben 1804 den Startschuss. Bald folgten Kaiser in Brasilien (1822–1889), in Mexiko (1822–1823, 1864–1867) oder ein erneutes Kaisertum Napoleons III. in Frankreich. Ohne kaiserlichen Glanz wollten auch die Deutschen nicht mehr bleiben. 1871 ließen sie ihr angebliches zweites Kai-

---

12 Begriffsprägung bei Franz Dölger, Die „Familie der Könige" im Mittelalter, in: Historisches Jahrbuch 60, 1940, S. 397–420; Neudruck bei Franz Dölger, Byzanz und die europäische Staatenwelt. Ausgewählte Vorträge und Aufsätze, 2. Aufl. Darmstadt 1964, S. 34–69.

13 Johannes de Plano Carpini, Ystoria Mongalorum, in: Sinica Franciscana, Bd. 1: Itinera et relationes fratrum minorum saeculi XIII et XIV, hg. von P. Anastasius van den Wyngaert O.F.M., Quaracchi/Firenze 1929, S. 1–130, hier V 24, S. 69. Deutsche Übersetzung: Johannes von Plano Carpini, Kunde von den Mongolen 1245–1247, hg. von Felicitas Schmieder, Sigmaringen 1997, S. 72.

14 Johannes de Plano Carpini, Ystoria Mongalorum (wie Anm. 13), V 18, S. 64. Deutsche Übersetzung von Felicitas Schmieder (wie Anm. 13), S. 69. Zum mongolischen Anspruch auf Weltherrschaft: The Secret History of the Mongols. A Mongolian Epic Chronicle of the Thirteenth Century, hg. von Igor de Rachewiltz, 2 Bde. (Brill's Inner Asian Library 7/1–2), Leiden/Boston 2006.

serreich dem Heiligen Römischen Reich Deutscher Nation folgen. Die britische Königin Victoria sicherte sich ihren Titel im Konzert der Mächte über das neu geschaffene Kaiserreich Indien. Die russischen Zaren behaupteten ihren imperialen Vorrang bis 1917 in der Denkfigur von Moskau als dem dritten Rom. In der Neuzeit konkurrierte das europäische Konzept des mittlerweile pluralen Kaisertums mit autonom entwickelten Modellen in China, Japan oder Äthiopien.

Im 19. und 20. Jahrhundert hatten die Kaiserreiche den älteren universalen Geltungsanspruch des einen Imperiums aber weitgehend aufgegeben und sich ein offenes System imperialer Mitspieler geschaffen. Auch die byzantinischen, die muslimischen oder die lateineuropäischen Kaiserreiche des Mittelalters fügten sich in das Miteinander von Großreichen ein. Hier galt es, die faktischen Enden eigener Imperialität auszuhalten und den Umgang mit offensichtlich Ranggleichen im Gesandtschaftsverkehr oder in komplizierten Zeichensystemen zu strukturieren. Trotzdem gaben die vormodernen Imperien ihren Anspruch auf prinzipiellen Vorrang auf Erden oder in der göttlichen Heilsgeschichte nicht auf. Das eröffnet wichtige Vergleichslinien mit imperialen Anspruchsmodellen in China, Japan, Indien oder Äthiopien.

Die Andersartigkeit des ersten Jahrtausends

Unser Band zielt nicht auf eine globale Typologie von Kaisertum in der langen Dauer. Er profitiert trotzdem vom rückwärts gewandten Blick aus den Erfahrungen von mehr als 2000 Jahren Kaisergeschichte. Die hier gewählte Konzentration auf das erste Jahrtausend klammert die Pluralisierung der nationalen Kaisertümer ebenso aus wie die Historie globaler Imperien von Tamerlan bis zur Sowjetunion oder den USA im späten 20. Jahrhundert. So reizvoll die Einbeziehung all dieser Vielfalt wäre, so nützlich ist die Konzentration auf die Verwandlungen des *imperium Romanum* von Augustus bis Otto den Großen, Verwandlungen, die den vergleichenden Blick auf ältere imperiale Konzepte in China, im antiken Griechenland, in Byzanz oder in den muslimischen Reichen einfordern.

Dabei macht es schon einen großen Unterschied, ob man das erste Jahrtausend vom Anfang oder vom Ende her angeht. Bei allem Respekt vor der Bedeutung Magdeburgs und vor der historischen Leistung Ottos des Großen wird man in der Langzeitanalyse seinen Griff nach der römischen Kaiserkrone als Hineindrängen einer Randkultur in die lange imperiale Geschichte der Mittelmeerwelt beschreiben.

Den antiken Entstehungs- und Entwicklungsphasen kommt für das Kaisertum als Institution eine ungleich größere Bedeutung zu: die Entwicklung des Prinzipats aus der republikanischen Verfassung, die Verfestigung der Monarchie und ihre spätere Christianisierung schufen über fünf Jahrhunderte neue Ordnungsformen. Sie wirkten auf die Geschichte des Mediterraneums und angrenzender Regionen und fordern den Vergleich mit anderen Imperien ein. (Tafel 2)

Das römische Imperium wurde als Einheit gedacht, konnte aber von mehreren Kaisern regiert werden. Die Systematisierung des Kaiserrechts im 6. Jahrhundert bot nachfolgenden Jahrhunderten den Transmissionsriemen für Rezeption und Weiterentwicklung. Nach der antiken Grundlegung stellte die Verdreifachung des Kaisertums zwischen 476 und 962 entscheidende Weichen für die Zukunft des alten Mediterraneums, das bald sehr weit bis in den Mittleren Osten oder bis zur Elbe ausgriff. (Tafel 3) Während römische, byzantinische oder muslimische imperiale Modelle noch ganz auf der Verklammerung der bekannten Kontinente Asien, Europa und Afrika aufbauten, beschränkte sich das karolingische und das ottonische Kaisertum faktisch auf Teile Europas, ohne diesen Kontinent wirklich als Konzept aufzugreifen.

In seinem Selbstbewusstsein beharrte es immer auf dem Römernamen. Trotzdem führten zeitgenössische Beobachter von den britischen Inseln oder aus Sachsen den Europa-Begriff zur Beschreibung politischer Reichweiten ein. Für seine Dichter wurde Karl der Große zum „Vater Europas".[15] (Tafel 4) Und der Mönch Widukind von Corvey rühmte in seinem Kloster an der Weser den Aufstieg seines Volkes unter Otto dem Großen, „für dessen Macht nicht nur Germanien, Italien und Gallien, sondern fast schon ganz Europa nicht mehr genügt"[16]. (Tafel 5)

Was aus antiker Perspektive als bescheidene Reduktion auf die Mitte eines einzigen Kontinents wirken mochte, wurde in den imperialen Modellen der Franken wie ihrer Nachfahren umso tüchtiger gefeiert. Dabei mussten schon die ottonischen Kaiser lernen, dass ihr Imperium bei allem Vorsprung im Rang neben selbständigen Königreichen in der Nachbarschaft bestand.[17] Mit der Errichtung des ottonischen Kaisertums etablierte sich zur ersten christlichen Jahrtausendwende das Europa der Königrei-

---

15 Belege bei Jürgen Fischer, Oriens – Occidens – Europa. Begriff und Gedanke „Europa" in der späten Antike und im frühen Mittelalter (Veröffentlichungen des Instituts für Europäische Geschichte Mainz 15), Wiesbaden 1957; Bernd Schneidmüller, Die mittelalterlichen Konstruktionen Europas. Konvergenz und Differenzierung, in: „Europäische Geschichte" als historiographisches Problem, hg. von Heinz Duchhardt/Andreas Kunz (Veröffentlichungen des Instituts für Europäische Geschichte Mainz. Abteilung Universalgeschichte, Beiheft 42), Mainz 1997, S. 5–24.

16 Widukind von Corvey, Res gestae Saxonicae, hg. von Hans-Eberhard Lohmann/Paul Hirsch (Monumenta Germaniae Historia. Scriptores rerum Germanicarum in usum scholarum separatim editi [60]), 5. Aufl. Hannover 1935, I 34, S. 48.

17 Joachim Ehlers, Das westliche Europa (Die Deutschen und das europäische Mittelalter), München 2004; Bernd Schneidmüller, Die Begegnung der Könige und die erste Nationalisierung Europas (9.–11. Jahrhundert), in: Le relazioni internazionali nell'alto medioevo (Settimane di studio della fondazione Centro italiano di studi sull'alto medioevo 58), Spoleto 2011, S. 561–594.

che.[18] In der zweiten Hälfte des Mittelalters vermochten die römischen Imperatoren aus deutschen Landen dort allenfalls einen zeremoniellen Vorrang zu behaupten. Um 1000 wurden im lateinischen Europa die Weichen für das zweite Jahrtausend der Kaisergeschichte gestellt.

In zwei großen Schüben verwandelte sich das einheitlich gedachte Imperium aus der römischen Antike also in den Pluralisierungen politischer Macht. Der skizzierten Normalisierung des hoch- und spätmittelalterlichen *imperium Romanum* im Kreis der europäischen Monarchien, die nicht mehr Gegenstand dieses Bandes ist, war im frühen Mittelalter die Verdreifachung der Kaisertümer vorausgegangen. Nebeneinander standen jetzt:

- das oströmische Kaiserreich in Konstantinopel,
- die muslimische Großreichsbildung,
- das von den Franken, später den Ostfranken wieder errichtete weströmische Reich.

Das oströmische Reich präsentierte sich – bei allen kulturellen und politischen Mutationen vom 4. bis zum 15. Jahrhundert – stets als legitime Fortsetzung römischer Geschichte.[19] Wir werden darauf achten, in welchem Spannungsverhältnis zu diesem imperialen Block sich die muslimische Reichs- und Herrschaftsbildung vollzog und im Kalifat ein eigenständiges Profil entwickelte.[20] Der doppelte Griff Karls des Großen und Ottos des Großen nach der römischen Kaiserkrone ließ dann einstige Randkulturen des alten Mediterraneums zu imperialer Größe aufsteigen. Die Schwerpunktverlagerungen nach Aachen oder Magdeburg lenkten imperiale Würde in neue Räume und boten die Voraussetzungen für die Neuformierung Europas an der Wende vom ersten zum zweiten Jahrtausend.

---

18 Europas Mitte um 1000, Handbuch zur Ausstellung, 2 Bde., hg. von Alfried Wieczorek/Hans-Martin Hinz, Stuttgart 2000; Hans-Werner Goetz, Europa im frühen Mittelalter 500–1050 (Handbuch der Geschichte Europas 2), Stuttgart 2003; Michael Borgolte, Europa entdeckt seine Vielfalt 1050–1250 (Handbuch der Geschichte Europas 3), Stuttgart 2002.

19 Peter Schreiner, Byzanz. 565–1453 (Oldenburg Grundriss der Geschichte 22), 4. Aufl. München 2011; Byzanz. Pracht und Alltag, hg. von Falko Daim/Jörg Drauschke, München 2010.

20 Überblicke bei Anna Akasoy, Islamische Reichsbildungen, in: WBG Weltgeschichte. Eine globale Geschichte von den Anfängen bis ins 21. Jahrhundert, Bd. 3: Weltdeutungen und Weltreligionen 600 bis 1500, hg. von Johannes Fried/Ernst-Dieter Hehl, Darmstadt 2010, S. 147–165; Lutz Berger, Muslimische Herrschaftsordnung und Herrschaftsverdichtung, in: ebd. S. 238–256. Vergleichend jetzt Wolfram Drews, Die Karolinger und die Abbasiden von Bagdad. Legitimationsstrategien frühmittelalterlicher Herrscher im transkulturellen Vergleich (Europa im Mittelalter. Abhandlungen und Beiträge zur historischen Komparatistik 13), Berlin 2009; Jenny Rahel Oesterle, Kalifat und Königtum. Herrschaftsrepräsentation der Fatimiden, Ottonen und frühen Salier an religiösen Hochfesten (Symbolische Kommunikation in der Vormoderne. Studien zur Geschichte, Literatur und Kunst), Darmstadt 2009; Michael Borgolte, Christen, Juden, Muselmanen. Die Erben der Antike und der Aufstieg des Abendlandes 300 bis 1400 n. Chr. (Siedler Geschichte Europas), München 2006.

Solche Metamorphosen des antiken römischen Kaisertums über das 6. Jahrhundert hinaus erzeugten Konkurrenzen, stimulierten Selbstzuschreibungen, begrenzten aber auch die Reichweiten. Aus diesem Grund beurteilen neuere globalhistorische oder politikwissenschaftliche Ansätze die antiken oder mittelalterlichen Imperien ganz unterschiedlich. 2005 legte Herfried Münkler einen zusammenfassenden Versuch vor: „Imperien. Die Logik der Weltherrschaft – vom Alten Rom bis zu den Vereinigten Staaten". Er begreift die sogenannte augusteische Schwelle als Auftakt, entwickelt sein Modell eines Imperiums aber vor allem aus US-amerikanischen Beispielen an der Wende vom zweiten zum dritten Jahrtausend. Heute, wenige Jahre später, möchte man die gestaltende Kraft dieses angeblich letzten wirklichen Imperiums (im Münklerschen Sinn) bereits anders akzentuieren – ein Indiz für die Prognosekraft politikwissenschaftlicher Deutungskonzepte. Trotzdem helfen die Entwürfe bei der historischen Differenzierung. Münkler bezieht nämlich die mittelalterlichen Imperien nicht in seine Betrachtung ein, eine Entscheidung, die auf Grund der begrenzten Reichweiten des Heiligen Römischen Reichs oder des Kaiserreichs von Konstantinopel durchaus plausibel erscheint. Allerdings vernachlässigt dieser Verzicht wichtige Einsichten in das Imperium als historische Ordnungs- und Anspruchsfigur für Welt und Geschichte.

Gleichwohl können wir die modernen Definitionen von Imperien als Diskussionsgrundlage für den Blick auf Antike und Mittelalter nutzen. Wichtig sind Münkler die Einmaligkeit und die Grenzen des Imperiums. In drei Merkmalen werden erstens die Ränder von Imperien unterschieden von den Grenzen zwischen Staaten. Drei Zitate spitzen das zu: „Imperiale Grenzen trennen keine gleichberechtigten politischen Einheiten, sondern stellen eher Abstufungen von Macht und Einfluss dar." „Die an Imperien grenzenden politischen Gemeinwesen haben nicht dieselbe Dignität wie das Imperium." „Staaten gibt es stets im Plural, Imperien meist im Singular."[21] Wichtig ist Münkler zweitens die Unterscheidung von Dominanzstrukturen der Hegemonie. Hegemonie ist Vorherrschaft innerhalb einer Gruppe formal gleichberechtigter Akteure. Imperialität löst dagegen jede formale Gleichberechtigung auf. Klientelstaaten stehen dabei in „einer mehr oder weniger erkennbaren Abhängigkeit vom Zentrum".

Die dritte Differenzierung wendet sich gegen ältere Imperialismus-Modelle. Der Blick aufs Zentrum müsse ergänzt werden durch den Blick auf die Peripherie, weil deren Sogwirkung in ein besonderes Spannungsverhältnis zur Dynamik des Zentrums trete.

Nur bedingt sind solche Setzungen der Politikwissenschaft auf die Imperien des ersten Jahrtausends anzuwenden. In ihrer Andersartigkeit lassen sie dafür umso deutlicher deren Charakter als Ordnungsfiguren hervortreten.

---

21 Münkler, Imperien (wie Anm. 4), S. 16f.

Leitlinien zum Auftakt

Den Autorinnen und Autoren dieses Bands war im Vorfeld ein knappes Frageraster an die Hand gegeben worden. Es wollte Vielfalt nicht reduzieren, sondern den Vergleich eröffnen.

Folgende sechs Leitthemen und Leitfragen begleiten die Beiträge:

1. Kaisertum als gesteigerte Königsherrschaft – Wie gelingt die qualitative und quantitative Differenzierung?
2. Einheit des Kaisertums und Vielfalt monarchischer Herrschaften – Wie hielten Zeitgenossen dieses Spannungsverhältnis aus, und welche Erklärungsmodelle eröffnen sich für die Beschreibung des Politischen in vergangenen Zeiten?
3. Kaisertum und religiöse Transzendenz – Welche Bedeutung und welchen Wandel durchlief die sakrale Begründung von Herrschaft, und welche Aufgaben übten Kaiser als Mittler zwischen den Menschen und Gott aus?
4. Kaisertum im Spannungsfeld von imperialer Theorie und politischer Pragmatik – In welchem Wechselverhältnis entstand und veränderte sich das Denken vom Imperium?
5. Kaisertum als Weltherrschaft? – Wie verbanden sich Kaisertum und Weltdeutung mit Kaisertum und Repräsentation?
6. Innen und außen – Wie gestaltete sich das Verhältnis des Kaiserreichs zu seinen Nachbarn und zur Deutung der einen Welt?

Dank

Dieser Band geht aus einer Tagung hervor, die vom 6. bis zum 8. Mai 2010 im Kulturhistorischen Museum Magdeburg durchgeführt wurde. Aufgabe des Symposions war die wissenschaftliche Vorbereitung einer großen Ausstellung zum Kaisertum und zum Römischen Reich von Caesar und Augustus bis zu Otto dem Großen, die 2012 in Magdeburg präsentiert wird.

Die drei Herausgeber danken zuvorderst den beteiligten Kolleginnen und Kollegen für die Mitwirkung an der Tagung und für die Ausarbeitung der Vorträge. Zahlreiche Gäste haben die Tagung um ihre Diskussionsbeiträge bereichert. Die Veranstaltung profitierte von der großartigen Gastfreundschaft des Kulturhistorischen Museums Magdeburg unter seinem Direktor Prof. Dr. Matthias Puhle. Für die ausgezeichnete Organisation waren Olga Jürgens und Dr. Gabriele Köster verantwortlich.

Bei der Einrichtung der Manuskripte wurden die drei Herausgeber an den Universitäten Frankfurt am Main und Heidelberg von Verena Schenk zu Schweinsberg sowie Timo Christian und Marius Kalfelis unterstützt. Die gesamte Textredaktion lag in den Händen von Charlotte Rock (Heidelberg), der auch das Register verdankt wird. Für die Bildredaktion und die Koordination mit dem Verlag Schnell und Steiner sorgte Uta Siebrecht (Magdeburg). Ihnen allen sowie dem Verlag sind die Herausgeber zu großem Dank für eine vorzügliche Zusammenarbeit verpflichtet.

Frank Bernstein

Der Anfang: Das vermeintliche Kaisertum des Augustus[*]

Das Problem und die Fragestellung

Mancher antiker Autor ließ mit Gaius Iulius Caesar die Reihe der ‚Kaiser' beginnen, aber dessen sogenannte Alleinherrschaft fand wenig Akzeptanz und war nur Episode. Mit der Beseitigung des Dictators auf Lebenszeit an jenen Iden des März 44 war für die Caesarmörder und auch für andere Senatoren der Fall erledigt, eine drohende Monokratie vereitelt. Die Aristokratie suchte das kollektive Regiment zu stabilisieren, doch die schon so lang währende „Krise" der Römischen Republik, die eher wie eine Paralyse anmutet, mündete in einen weiteren Bürgerkrieg. Es war der Großneffe und (nach ‚Adoption') Sohn Caesars, der den inneren Frieden gewaltsam herstellte: Imperator Caesar Augustus. Seine dabei errungene Macht, die auf den Legionen Roms beruhte und alle Normen sprengen sollte, formte er geschickt zur verfassungsmäßigen und charismatisch gestützten Herrschaft: zum Principat. Mit Recht also konzentrierte sich moderne Erinnerung auf jenen Mann, der so dem Verlauf der Römischen Geschichte dauerhaft eine neue Richtung gab. Bei allen Fortschritten der Forschung

[*] Für Anregung und Kritik danke ich Leonhard Schumacher, für eine Lektüre aus nichtwissenschaftlicher Perspektive Ulla Saal. – Alle antiken Jahresangaben sind, sofern nicht anders angegeben, v. Chr. aufzulösen. Zur leichteren Lesbarkeit werden im Folgenden einige übliche Abkürzungen verwandt: AE = L'Année épigraphique [zitiert mit Jahrgang und Inschriftennummer] – CIL = Corpus Inscriptionum Latinarum [zit. mit Band-, Teilband-, Faszikel- und Inschriftennr.] – ILS = Inscriptiones Latinae Selectae [zit. mit Inschriftennr.] – Inscr. It. = Inscriptiones Italiae [zit. mit Band- und Faszikelnr. sowie Seite] – RIC = The Roman Imperial Coinage [zit. mit Bandnr., Seite und Nummer der Prägung] – SEG = Supplementum Epigraphicum Graecum [zit. mit Band- und Inschriftennr.].

und aller Wendung des historischen Urteils,[1] man spricht selbstverständlich vom „Kaiser Augustus". Allgemeiner, nicht selten auch wissenschaftlicher Sprachgebrauch suggeriert Gewissheit. Der Begründer des „Kaisertums" scheint ausgemacht, Augustus eröffnete die „Römische Kaiserzeit", Augustus setzte den Anfang.

In der Tat hatte Augustus eine neue Ordnungsform entwickelt, die den römischen Staat fortan rahmen wie tragen und ihn als gewandelte Herrschaftsidee und -praxis bis in unsere Tage überdauern sollte. Ihre einstige Vorläufigkeit indes tritt hinter ihrer Vollendung zurück, denn ihre Tragfähigkeit sollte sich erst erweisen. Wie schwierig war es, diese Ordnungsform zu verdauern! So kann – bei allem Rückbezug auf jenen Begründer – ihre Wirkmächtigkeit jedes Verständnis nur einengen. Der Princeps ist eine komplexe Abstraktion, der ‚Kaiser' hingegen eine bezwingende und erratische Denkfigur. Ihre Formung ist unserer Vorstellung, wenn nicht unbekannt, so doch allzu wenig bewusst. Dem Anfang ist das Punktuelle, das Ereignishafte eigen, nicht das Prozessuale, das Werden.[2] Ihn markiert „Kaiser Augustus", buchstäblich zum klassizistischen Marmorbildnis erstarrt.

Es ist der sogenannte Augustus von Prima Porta, der unser kollektives Bildgedächtnis beherrscht. (Abb. 1) Das Bildwerk zeigt einen entschlossenen Feldherrn und doch geneigten Gebieter, dessen Standhaftigkeit besticht und dessen skulptierte Jugendlichkeit Tatkraft verspricht. Solche Verklärung fand vielfältige Ausdrucksformen, die seine Herrschaft zum *saeculum Augustum*, gar *aureum*, zum „Augusteischen", ja „Goldenen Zeitalter" gerinnen ließen. Schon die Zeitgenossen, Dichter wie Vergil und Horaz allen voran, priesen es als Friedenszeitalter. Die *pax Romana*, der römische Frieden, den das Imperium Romanum im Inneren nun genoss und noch erstaunlich lange genießen sollte, war die *pax Augusta*, ihr Garant also Augustus. Wen, wenn nicht „Kaiser Augustus" verkörpert die Statue?

---

1   Großen Einfluss entfaltete das *cum ira et studio* geschriebene, längst zum Klassiker althistorischer Geschichtsschreibung avancierte Werk von Ronald Syme, The Roman Revolution, Oxford 1939; dann als grundlegend revidierte und erstmals vollständige Neuausgabe, übers. von Friedrich Wilhelm Eschweiler und Hans Georg Degen, mit einem Nachwort von Werner Dahlheim und einem Essay von Uwe Walter: Die Römische Revolution. Machtkämpfe im antiken Rom, Stuttgart 2003. Vgl. Géza Alföldy, Sir Ronald Syme, ‚Die römische Revolution' und die deutsche Althistorie (Sitzungsberichte der Heidelberger Akademie der Wissenschaften. Philosophisch-Historische Klasse 1983.1), Heidelberg 1983 sowie Ines Stahlmann, Vom Kaiser zum Gewaltherrscher. Das politologische Prinzipatsverständnis der Schaefer-Schule, in: Archiv für Kulturgeschichte 72, 1990, S. 1–22.

2   Vgl. Dieter Timpe, Über Anfänge in der Geschichte, in: Colloquium aus Anlaß des 80. Geburtstages von Alfred Heuß, hg. von Jochen Bleicken (Frankfurter Althistorische Studien 13), Kallmünz 1993, S. 9–27.

---

1   Augustus, Statue von Prima Porta. Marmorkopie 1. Jh. n. Chr. nach einem Original um 20 v. Chr. Rom, Musei Vaticani, 2290.

SECVRITATAVG
SACRVM
AVGVST

2   Augustus, Rest einer bronzenen Reiterstatue. Athen, National Archaeological Museum,
    NM X 23322.

Allein, dem strahlenden Friedensfürsten stehen ein dunkler Kriegsherr der Bürger-
kriegsjahre und ein düster-misstrauischer Herrscher zur Seite. Der schließliche Frieden war und blieb teuer erkauft und erinnerte manchen an eine Friedhofsruhe. Auch
im Inneren war er „durch Siege hervorgebracht" worden, um die berühmte Wendung
von der *parta victoriis pax* in einen weiteren Zusammenhang zu stellen. Der Rest einer
vor gar nicht langer Zeit aus der Ägäis geborgenen bronzenen Reiterstatue (Abb. 2)
zeigt Augustus mit lässig übergeworfenem Feldherrnmantel (*paludamentum*) und
mit anweisender rechter Hand. Erhaltungszustand und Material des Bildnisses schaf-

fen Distanz und lassen Augustus in unseren Augen weniger als einen fähigen Imperator denn als menschenverachtenden Technokraten erscheinen. Auffälligerweise wurde und wird er nicht zu den „Großen" gerechnet, derer so viele die Welt der Geschichte bevölkern.

Vielleicht konnte mit vorstehenden Bemerkungen angedeutet werden, dass Augustus mit dem Principat zwar eine neue, doch heikle Ordnungsform gefunden hatte, deren Vollendung längst nicht in Sicht war. So sehr der augusteische Principat einen Anfang darstellt und sein Beispiel wirken sollte, so prekär war Augustus' Position, so wenig war er – ein ‚Kaiser'.[3] Solcher Einwand ist keine akademische Petitesse. Denn jene Bezeichnung, die vom römischen Eigennamen Caesar abgeleitet wurde, aber erst spät titulare Bedeutung annahm, verursacht Unbehagen, ist eine nomenklatorische Falle, da sie eine Institution konnotiert, die an Selbstverständlichkeit und Dauer, ja auch an Weihe gemahnt. Die Bezeichnung täuscht über den tatsächlichen historischen Sachverhalt hinweg, macht die Vorläufigkeit und Erzwungenheit des Principats des Augustus vergessen, der – wie Walter Schmitthenner einmal trefflich sagte – „mit Terror und Konzessionen […] den Übergang von der Adelsoligarchie zur allmählich sich etablierenden Monarchie erkämpfte".

Augustus' Aufstieg zur Macht war ein buchstäblicher Kampf, die folgende Ausformung der als Principat kaschierten Monarchie ein anhaltendes, auch gewaltsames Ringen um die Bewahrung der Macht und Erlangung von Herrschaft. Es ist fraglich, ob er unter einem ‚Zwang der Verhältnisse' (re)agierte oder ob er nicht vielmehr selbst Zwang ausübte. „Terror und Konzessionen" säumten den langen und immer wieder versperrten Weg, den der vermeintliche Kaiser nahm. Kampf, Ringen und Bezwingen bilden gleichsam Stichworte der folgenden Skizze, die in starken Linien Voraussetzung, Bedingtheit und Entfaltung der neuen Ordnungsform herausstreichen soll.[4]

---

3 Vgl. zum Folgenden die instruktiven, an unvermuteter Stelle publizierten Bemerkungen von Walter Schmitthenner, in: Gnomon 37, 1965, S. 152–162, hier S. 153–155 (Zitat 154). Siehe auch Ders., Vorwort, in: Augustus, hg. von Dems. (Wege der Forschung 128), Darmstadt 1969, 2. Aufl. 1985, S. X.

4 Der Gegenstand stand und steht im besonderen altertums- und geschichtswissenschaftlichen Fokus. Angesichts der sich unablässig auftürmenden Literatur musste eine Auswahl getroffen werden. Im Folgenden werden deshalb zur Vertiefung der angesprochenen Probleme nur wenige Studien genannt, zum Teil auch und gerade ältere Forschungsbeiträge, deren Gehalt und Reflexionstiefe dem wissenschaftsfremden Aktualismus der Referenz ohne weiteres standhalten. – Über den Gesamtkomplex orientiert am besten zunächst die konzise Darstellung von Werner Eck, Augustus und seine Zeit (Wissen in der Beck'schen Reihe 2084), München 1998 [u. ö.]; siehe nun auch Werner Dahlheim, Augustus: Aufrührer, Herrscher, Heiland. Eine Biographie, München 2010. Vgl. dann die einschlägigen, auch problemorientierten Arbeiten von Jochen Bleicken, Augustus. Eine Biographie, Berlin 1998, ND (mit einem Nachwort von Uwe Walter) Reinbek bei Hamburg 2010 und von Klaus Bringmann, Augustus (Gestalten der Antike), Darmstadt 2007. Besonders hingewiesen sei schließlich auf das Standardwerk von Dietmar Kienast, Augustus. Prinzeps und Monarch, 4., bibliographisch aktualisierte und um ein Vorwort ergänzte Aufl. Darmstadt 2009, dem vorliegende Überlegungen das Meiste verdanken.

Der *cursus honorum* zur Zeit Ciceros

1. Station (*gradus dignitatis*): die **Quaestur**
insges. 20 Quaestoren
Mindestalter 31 Jahre

Intervall von zwei Jahren

2. Station (*gradus dignitatis*): die **Aedilität**
insges. 4 Aedilen, seit Caesar 6
Mindestalter 37 Jahre

Intervall von zwei Jahren

3. Station (*gradus dignitatis*): die **Praetur**
insges. 8 Praetoren,
seit Caesar 10, dann 14 bzw. 16
Mindestalter 40 Jahre

Intervall von zwei Jahren

4. Station (*gradus dignitatis*): der **Consulat**
insges. 2 Consuln
Mindestalter 43 Jahre

Einem gedrängten Narrativ der Ereignisgeschichte der Jahre 44–28 folgt die Analyse wesentlicher Grundlagen und situativer Eigenart des Augusteischen Ordnungsentwurfs (27 v.–14 n. Chr.). Die Herausbildung der Nomenklatur und Titulatur des schließlichen Monarchen strukturiert das Drama, dokumentiert, einer Peripetie nicht unähnlich, die Wandlung des einstigen *dux*, des „militärischen Führers", zum *princeps*.[5]

C. Octavius C. f(ilius)

Am 23. September 63, als Cicero, einer der beiden Consuln des Jahres, die angebliche Verschwörung des Catilina aufdeckte, wurde der spätere Augustus als Gaius Octavius geboren.[6] Seine Heimatstadt war nicht Rom, sondern die benachbarte Landstadt Velitrae. (Tafel 2) Der gleichnamige Vater entstammte dem sogenannten Munizipaladel, hatte allerdings in Rom den *cursus honorum*, die Ämterlaufbahn, eingeschlagen (Abb. 3) und durchlief so eine aussichtsreiche Karriere in der *res publica* (CIL VI 8,3,41023 Col. II). Sie hätte durchaus zum Consulat führen können, wäre er nicht bereits im Jahre 59 verstorben. Die Bekleidung des höchsten Jahresamtes der Römischen Republik hätte die Chancen des hinterbliebenen, allzu jungen Sohnes schlagartig erhöht. So aber rechnete die Familie nicht zur Nobilität Roms, die eine buchstäbliche Aristokratie war und ihr institutionelles und herrschaftliches Zentrum im Senat fand. Günstig aber waren die Verwandtschaftsverhältnisse.

Die Mutter Atia war eine Tochter der Iulia, der Schwester Caesars, jenes kommenden Mannes. Es bestand also eine Verbindung zur *gens Iulia*, zum aufstrebenden Iulischen Geschlecht. Der kleine Octavius war ein Großneffe Caesars. Wie alle römischen Aristokraten empfand und dachte der schließliche *dictator perpetuo*, der keinen legitimen Sohn hatte, dynastisch. Vielleicht früh das politische Talent des Jungen erkennend, förderte er seinen Verwandten, stellte ihn zunehmend durch Würden und Ehrerweisungen öffentlich heraus. Vor allem aber änderte Caesar am 13. September 45 sein Testament. Mit drei Vierteln der Erbmasse setzte er Octavius zum Haupterben ein und dokumentierte seinen Willen, diesen in das Iulische Geschlecht aufzunehmen (Sueton, Divus Iulius 83,2). Von den testamentarischen Bestimmungen erfuhr der junge Mann jedoch offenbar erst später, in der griechischen Stadt Apollonia

---

5 So werden im Folgenden ausschließlich die für den argumentativen Zugriff relevanten Zeugnisse angegeben. Die Kapitelüberschriften werfen lediglich situative Schlaglichter auf die Titulatur, um jene Wandlung zu beleuchten, verzichten im Übrigen bewusst auf die Angabe der imperatorischen Akklamationen. Dazu und zu allen im Weiteren genannten Daten siehe das Referenzwerk von Dietmar Kienast, Römische Kaisertabelle. Grundzüge einer römischen Kaiserchronologie, 4. Aufl. Darmstadt 2010.

6 Zum Folgenden vgl. Jürgen Malitz, „O puer qui omnia nomini debes". Zur Biographie Octavians bis zum Antritt seines Erbes, in: Gymnasium 111, 2004, S. 381–409.

(Tafel 2), wo er seinen Förderer erwartete, um ihn auf dessen geplanten Partherfeldzug zu begleiten. Die Ermordung des Dictators am 15. März 44 hatte indes alles geändert.[7]

Vom treuen Freund Marcus Vipsanius Agrippa[8] und einigen Vertrauten Caesars unterstützt, doch angesichts seines jugendlichen Alters erstaunlich selbständig und tatkräftig, machte er sich nach Rom auf. Unterwegs riss er die Kriegskasse und den Jahrestribut der reichen Provinz Asia an sich und verpflichtete Caesars Veteranen auf sich, die dieser zu ihrer Versorgung in Campanien angesiedelt hatte. Ausgestattet mit beträchtlichen Mitteln und von entschlossenen Caesarianern begleitet, dürfte Octavius zügig in der Urbs angelangt sein. Bereits am 8./9. Mai ließ er seine Erbeinsetzung vollziehen und sich als Caesar feiern. Die Erbeinsetzung war nicht strittig, die Aufnahme in die Familie Caesars aber – sein eigentliches Ziel – nicht ohne Probleme.[9] Die Adoptionsklausel des Testamentes verlangte ein gesondertes Verfahren. Für den Gentilwechsel war eine spezifische Volksversammlung erforderlich, nur die *comitia curiata* konnten ihn vollziehen. Da Octavius seit dem Tode seines leiblichen Vaters eine *persona sui iuris* war, eine Person eigenen Rechts, kam die klassische Adoption nicht in Betracht. Vielmehr verlangte der Wechsel vom Geschlecht der Octavier in das der Iulier ein gesondertes Gesetz: eine *lex curiata de adrogatione*. Dieser unverzichtbare Akt indes konnte erst nach dem 19. August 43 vollzogen werden. Dies ist keine juristische Spitzfindigkeit, sondern früher Beweis für die Entschlossenheit des im Mai 44 immer noch 18-jährigen Mannes, zugleich früher Hinweis auf die kommenden Hindernisse, die es zu überwinden galt. Denn Octavius geriet in Konflikt mit Marcus Antonius, einem wohl 38-jährigen, gestandenen und einflussreichen Mann.[10]

Als einer der beiden Consuln des Jahres 44 hatte Antonius nach der Ermordung des Dictators zunächst die politischen Geschäfte in Rom geschickt gelenkt. Und doch hatte er es nicht geschafft, sich als Anführer der Caesarianer durchzusetzen. Darüber hinaus kam ihm der *puer*, wie er Octavius abschätzig nannte, in die Quere; präsentierte dieser sich doch als junger Caesar. Der Consul verhinderte die erforderliche Verabschiedung des besagten Curiatgesetzes. Der „Junge" aber zeigte sich schon jetzt als Meister der politischen Kommunikation. Bei den *ludi Victoriae Caesaris*, allfälligen öffentlichen Spielen der Stadt Rom, die er im Juli veranstaltete, wurde ein Komet gesichtet, den er als Zeichen der Vergöttlichung seines ‚Vaters' zum *sidus Iulium* er-

---

7 Zu den für antike Verhältnisse außerordentlich gut bezeugten Ereignissen der Jahre 44 und 43 siehe etwa die Untersuchung von Ulrich Gotter, Der Diktator ist tot! Politik in Rom zwischen den Iden des März und der Begründung des Zweiten Triumvirats (Historia-Einzelschriften 110), Stuttgart 1996.

8 Zur Person vgl. die erschöpfende Biographie von Jean-Michel Roddaz, Marcus Agrippa (Bibliothèque des Écoles françaises d'Athènes et de Rome 253), Rom 1984.

9 Vgl. die klärende Studie von Leonhard Schumacher, Oktavian und das Testament Caesars, in: Zeitschrift der Savigny-Stiftung für Rechtsgeschichte. Romanistische Abteilung 116, 1999, S. 49–70.

10 Siehe jetzt die Biographie von Helmut Halfmann, Marcus Antonius (Gestalten der Antike), Darmstadt 2011.

4   Fragmente des *Feriale Cumanum*. Neapel, Museo Archeologico Nazionale.

klärte. Manches noch verschärfte das Verhältnis der so ungleichen Männer. Die Auseinandersetzung kulminierte darin, dass Octavius die campanischen Veteranen mo-
bilisierte und im Spätherbst einen Marsch auf Rom unternahm. Antonius verließ
fluchtartig die Stadt, nachdem er sich die Statthalterschaft über die wichtigen Provinzen Gallia Cisalpina und Gallia Comata vorzeitig gesichert hatte. Der „Junge" bot
nun dem Senat seine Privatarmee an – im Kampf gegen den Consul!

Im Senat bestimmte die republikanische Minderheit den Kurs. Ihr Sprachrohr war
Marcus Tullius Cicero, der als Caesargegner ausgerechnet für eine Unterstützung
warb.[11] Die militärische Basis, die der junge Caesar bot, sollten die Senatoren mit dessen offizieller Stellung vergelten. Das Bündnis kam zustande: Am 7. Januar 43 führte
er zum ersten Mal die Rutenbündel, wie ein italischer Festkalender verzeichnen und
damit metonymisch an seine Übernahme eines *imperium*, der militärischen Befehlsgewalt Roms, erinnern sollte.[12] (Abb. 4) Tatsächlich hatte der Senat am 2. Januar die
Verleihung einer propraetorischen Kommandogewalt beschlossen. Überdies hatte er

---

11 Siehe vor allem Heinz Bellen, Cicero und der Aufstieg Oktavians, in: Gymnasium 92, 1985, S. 161–189;
ND in: Ders., Politik – Recht – Gesellschaft. Studien zur Alten Geschichte, hg. von Leonhard Schumacher (Historia-Einzelschriften 115), Stuttgart 1997, S. 47–70.

12 Feriale Cumanum, Inscr. It. XIII 2 S. 279: *VII idus Ianuar(ias). [Eo die Caesar] primum fasces sumpsit.* [...].
Vgl. Abb. 4. – Zu den Festkalendern siehe neben den Kommentierungen von Atilio Degrassi, ebd., die
Studie von Jörg Rüpke, Kalender und Öffentlichkeit. Die Geschichte der Repräsentation und religiösen
Qualifikation von Zeit in Rom (Religionsgeschichtliche Versuche und Vorarbeiten 40), Berlin/New York
1995.

Octavius, der bislang kein Amt, das den Senatssitz ermöglichte (Abb. 3), bekleidet hatte, ja wegen seines jugendlichen Alters hätte bekleiden können, in seine Reihen aufgenommen und ihm sogar das Recht eingeräumt, anstelle eines gewesenen Consuls seine Stimme im Rat abzugeben. Gegen alles Herkommen, gegen den *mos maiorum*, war die Position des gerade 19-jährigen Usurpators im Staat mit einem Mal legalisiert.

Mit weiteren, von den amtierenden Consuln geführten Legionen zog er gegen Antonius nach Mutina (Modena, Tafel 2) in den Krieg: in das *bellum Mutinense*. Nach der Entscheidungsschlacht vom 21. April 43 floh der unterlegene Gegner in den rückwärtigen gallischen Raum, eigenmächtig übernahm Octavius die militärischen Verbände der gefallenen Consuln. Antonius bildete in der Folge eine machtvolle Koalition mit einigen Statthaltern im Westen, jener aber, in richtiger Einschätzung der Lage, setzte nicht nach, unternahm vielmehr im Sommer einen zweiten Marsch auf Rom – an der Spitze von acht Legionen. Der ohnmächtige Senat kapitulierte, der *populus Romanus* wählte den noch 19-Jährigen am 19. August 43 zum Consul. (Abb. 4) Und wohl schon bald wurde die ausstehende *lex curiata de adrogatione* verabschiedet, die Gaius Octavius rechtskräftig zu Gaius Iulius Caesar machte. Um seine unspektakuläre Herkunft zu betonen, bezeichneten ihn die Gegner gern mit dem Beinamen Octavianus. Dieser Namensbestandteil folgte dem republikanischen Brauch, bei einem Gentilwechsel die ursprüngliche Herkunft durch ein zweites, vom ursprünglichen Familiennamen (hier Octavius) abgeleitetes *cognomen* auf -ianus zu betonen. Dies allerdings lehnte der junge Caesar für sich kategorisch ab. Um ihn vom Dictator deutlich zu unterscheiden, nennt ihn ein Teil der deutschsprachigen Forschung aus gutem Grunde Oktavian.

In seinem sorgfältig komponierten und postum in Rom und in den Provinzen des Imperium Romanum publizierten Tatenbericht, in den sogenannten Res gestae Divi Augusti, sollte er am Ende seines Lebens jene dramatischen Ereignisse der Jahre 44 und 43 direkt zu Beginn mit der bezeichnenden Antiklimax Ich + *senatus* + *populus* = *res publica* selbstbewusst ‚zusammenfassen'.[13]

13　Vgl. zu den Res gestae Divi Augusti 1,1–4, im Einzelnen wie auch zu den im Folgenden zitierten Stellen jeweils die einschlägigen Kommentare: Res gestae Divi Augusti. Hauts faits du Divin Auguste, texte établi et traduit par John Scheid, Paris 2007 (hiernach im Folgenden zitiert); Alison E. Cooley, Res Gestae Divi Augusti. Text, Translation, and Commentary, Cambridge 2009. – Vgl. auch den Forschungsbericht von Ronald Ridley, The Emperor's Retrospect. Augustus' Res gestae in Epigraphy, Historiography and Commentary (Studia Hellenistica 39), Leuven/Dudley, MA 2003, sowie die Edition, Übersetzung und Kommentierung der „Königin der Inschriften" (so Theodor Mommsen) hg. von Klaus Bringmann und Dirk Wiegandt, Augustus. Schriften, Reden und Aussprüche (Texte zur Forschung 91), Darmstadt 2008, die die zahlreichen sogenannten Egodokumente wie Erlasse und persönliche Briefe versammeln und erklären.

C. Iulius C. f(ilius) Caesar,
co(n)s(ul), IIIvir r(ei) p(ublicae) c(onstituendae)

Die Situation war verfahren. Im Osten des Imperium Romanum sammelten die Caesarmörder und Verfechter einer idealisierten Republik, allen voran Marcus Iunius Brutus und Gaius Cassius Longinus, ihre militärischen Kräfte, um ihr Werk fortzusetzen, im Westen standen der Caesarerbe und Antonius einander feindlich gegenüber. Der Spätsommer des Jahres 43 war daher vom Ringen um einen Ausgleich der beiden Kontrahenten bestimmt. Als Vermittler trat der Statthalter der Gallia Narbonensis und der Hispania citerior hervor: Marcus Aemilius Lepidus.[14] Ende Oktober konnte er sie bei Bononia (Bologna, Tafel 2) zusammenbringen, wo man zur Sicherung der jeweiligen Machtposition den Westen des römischen Herrschaftsgebietes unter sich aufteilte und folgenreiche Absprachen zum Abschluss des (sogenannten Zweiten) Triumvirats traf.

Schon im Jahre 60 hatten Gnaeus Pompeius (Magnus), Caesar und Marcus Licinius Crassus die Vereinbarung getroffen, *ne quid ageretur in re publica, quod displicuisset ulli e tribus*, „dass nichts im Staate geschehen solle, was einem der drei missfalle" (Sueton, Divus Iulius 19,2). Dieser Drei(männer)bund jedoch behielt seinen privaten und damit formlosen Charakter, entbehrte jeder Legalität. Oktavian, Antonius und Lepidus gingen einen entscheidenden Schritt weiter. Zur Absicherung ihres auf militärischer Potenz basierten Machtkartells vereinbarten sie, sich in Rom durch Volksgesetz eine Sondergewalt mit weit gefasster Zuständigkeit beschließen zu lassen. Die am 27. November 43, ohne verfahrensrechtliche Rücksichten rasch verabschiedete *lex Titia de IIIviris rei publicae constituendae* machte die drei Männer zu Notstandsmagistraten, ermächtigte sie „zur Konsolidierung des Staates", ausgestattet mit einer auf fünf Jahre befristeten *triumviralis potestas*, die in Rom die Amtsgewalt eines Consuls, in den Provinzen wohl ein übergeordnetes *imperium consulare* beinhaltete.[15] Mit Recht hat man die *lex Titia* mit dem „Gesetz zur Behebung der Not von Volk und Reich vom 23. März 1933" (Reichsgesetzblatt I, 1933, 141 Nr. 25), dem sogenannten Ermächtigungsgesetz, verglichen.[16]

Der anstehende Rachefeldzug gegen die Mörder Caesars im Osten bedurfte auch der Ausschaltung der Gegner im Westen. So hatten Oktavian, Antonius und Lepidus schon bei Bononia den Triumvirat mit dem Ziel der politischen ‚Säuberung' ver-

---

14 Zur Person siehe Richard D. Weigel, Lepidus. The Tarnished Triumvir, London/New York 1992.

15 Fasti Colotiani, Inscr. It. XIII 1 S. 274; Appian, Bella civilia 4,7,27; Cassius Dio 46,55,3; 47,2,1f. – Zur Konstruktion der *triumviralis potestas* vgl. insbesondere Jochen Bleicken, Zwischen Republik und Prinzipat. Zum Charakter des Zweiten Triumvirats (Abhandlungen der Akademie der Wissenschaften in Göttingen. Philologisch-Historische Klasse. Dritte Folge 185), Göttingen 1990.

16 So etwa Leonhard Schumacher in einem denkwürdigen, bislang unveröffentlichten Vortrag mit dem Titel „Republiken am Abgrund: Triumvirat und ‚Ermächtigungsgesetz'", gehalten an der Johann Wolfgang Goethe-Universität Frankfurt am Main im Mai 2009.

knüpft, „dass jeder seine Gegner proskribiere".[17] Zahlreiche Senatoren und Ritter fielen der blutigen Verfolgung zum Opfer. Die Vermögenskonfiskationen im Zuge der Proskriptionen finanzierten den Krieg gegen Brutus und Cassius, die am 23. Oktober 42 bei Philippi militärisch vernichtet wurden. (Tafel 2) Einmal mehr sollte der schließliche Princeps in seinem rückblickenden Tatenbericht die Geschichte schönen (Res gestae Divi Augusti 2).

Rasch wurden die Zuständigkeiten unter den Triumvirn neu verteilt, die das Machtkartell sichern, freilich Lepidus' geringe Rolle im Dreibund schon anzeigen sollten. Antonius erhielt insbesondere den Osten des Imperium Romanum zur Befriedung, Oktavian bekam zwar die spanischen Provinzen zur Ausweitung seiner Machtposition hinzu, aber auch die problematische Aufgabe, die zahlreichen Veteranen in Italien anzusiedeln, etwa 50.000–60.000 Mann.[18] Dazu waren trotz der erfolgten Proskriptionen umfangreiche Enteignungen erforderlich. Unter Lucius Antonius, Consul des Jahres 41 und Bruder des Triumvirn, formierte sich der Widerstand, der sich schließlich in Perusia (Perugia, Tafel 2) verschanzte, aber bald gebrochen werden konnte. Das energisch geführte, von obszönen Tiraden begleitete *bellum Perusinum* beendete Oktavian an den berüchtigten *arae Perusinae* (Seneca, De clementia 1,11,1). Wohl mit Rücksicht auf seinen Amtskollegen schonte er den Kopf des Widerstandes und auch manchen anderen, ansonsten aber ließ er am 15. März 40, an den Iden, zahlreiche Gegner an jenen „Perusinischen Altären" abschlachten – in den Formen des blutigen Tieropfers und somit als Gabe an seinen demonstrativ als bereits vergottet ausgegebenen ‚Vater', der ja auf den Tag genau vier Jahre zuvor ermordet worden war.[19] Terminierung und Ritual sind beredt. In religiösen Formen hat Oktavian so einmal

---

17   Livius, Periochae 120: [...] *ut suos quisque inimicos proscriberent.* Dazu vgl. die Skizze von Hermann Bengtson, Zu den Proskriptionen der Triumvirn (Sitzungsberichte der Bayerischen Akademie der Wissenschaften. Philosophisch-Historische Klasse 1972.3), München 1972. Auch eine prosopographische Untersuchung der Liquidierungen bietet François Hinard, Les proscriptions de la Rome républicaine (Collection de l'École française de Rome 83), Paris/Rom 1985, S. 225–318, 413–552. – Die antiken Nachrichten über Oktavians Widerstand gegen die Proskriptionen sind wohl nichts anderes als nachträgliche Entlastungen des späteren ‚Friedensfürsten'. Vgl. zum Beispiel den allzu deutlichen Versuch des Velleius Paterculus 2,66,2.

18   Dazu vor allem Lawrence Keppie, Colonisation and Veteran Settlement in Italy, 47–14 B.C., London 1983.

19   Vgl. die technische Wortwahl in den Berichten des Sueton, Divus Augustus 15 (*hostiarum more mactatos*), und des Cassius Dio 48,14,3f. (ἐτύθησαν). – Nicht selten wird hinter diesen antiken Nachrichten eine tendenziöse Propaganda vermutet, die noch den späteren Augustus verunglimpfen sollte. Siehe etwa Syme, Revolution (wie Anm. 1), S. 219; Peter Wallmann, Triumviri rei publicae constituendae. Untersuchungen zur politischen Propaganda im Zweiten Triumvirat (43–30 v. Chr.) (Europäische Hochschulschriften. Reihe 3: Geschichte und ihre Hilfswissenschaften 383), Frankfurt am Main/Bern/New York/Paris 1989, S. 129f.; Alain M. Gowing, The Triumviral Narratives of Appian and Cassius Dio (Michigan Monographs in Classical Antiquity), Ann Arbor 1992, S. 84; Bleicken, Augustus (wie Anm. 4), S. 193, 711; Bringmann, Augustus (wie Anm. 4), S. 77. Vgl. indes die dezidierten Ausführungen von Stefan Weinstock, Divus Julius, Oxford 1971, S. 398f., sowie von Walter Schmitthenner, Die Zeit Vergils. Von der späten Republik zur augusteischen Monarchie, in: Gymnasium 90, 1983, S. 1–16, hier S. 7–9.

mehr eine ‚Säuberung‘ vornehmen können und damit zugleich loyalen Männern den Weg geebnet.

Die verbleibenden Gegner flohen zu Antonius, der nun nach Italien aufbrach und ein Bündnis mit Sextus Pompeius suchte, dem mächtigen *praefectus classis et orae maritimae*, der Sizilien erobert hatte und mit seiner Flotte das Meer kontrollierte. Alles schien auf einen erneuten Konflikt der beiden maßgeblichen Triumvirn hinauszulaufen, doch die kriegsmüden Legionen konnten ihn verhindern. Im Herbst 40 kam es in Brundisium (Brindisi, Tafel 2) zu einer vertraglich geschlossenen Einigung, die vor allem Oktavian begünstigte; erhielt er doch nun alle westlichen Provinzen als Machtbasis, freilich bis auf Africa, das dem zunehmend an den Rand gedrängten Lepidus verblieb, der nicht einmal an den Verhandlungen teilgenommen hatte. Vor allem aber sollte der junge Caesar als propagandistischer Sieger aus der Aussöhnung hervorgehen.

Infolge der *pax Brundisina* hatten er und Antonius ihre III. imperatorische Akklamation durch die Truppen zusammen angenommen und feierten vor den Toren Roms gemeinsam eine *ovatio*, einen ‚kleinen Triumph‘.[20] Im Zuge des Brundisinischen Friedens stellte Oktavian jedoch das Epitheton *imperator* an den Anfang seines Namens, direkt gefolgt vom alten *cognomen*, nannte sich also Imperator Caesar. Mit der Annahme des *praenomen Imperatoris* war bereits ein entscheidender Schritt vollzogen, und sein Name erhielt eine weitere, ungemein sinnfällige Akzentuierung.

Antonius hatte sich in Brundisium auch endlich zur Übernahme einer ihm reservierten Priesterwürde durchgerungen und wurde gegen Ende des Jahres 40 als *flamen Divi Iuli* inauguriert (Plutarch, Antonius 33,1). Erst mit seiner Annahme des Flaminats war Caesars Aufnahme unter die Staatsgötter formal vollzogen und abgeschlossen.[21] Allzu leichtfertig möchte man von der „Vergöttlichung“ des Dictators, gar von dessen „göttlichen Ehren“ zu Lebzeiten sprechen. Doch seine Vergottung, wie man sagen sollte, bedurfte nach tiefer römischer, sakralrechtlich begründeter Überzeugung eines eigenen Kultnamens, hier Divus Iulius, einer reservierten Kultstätte, also eines *templum*, eines gesonderten Kultes, d. h. eigener *sacrificia*, und eines zuständigen Priesters – eben eines *flamen Divi Iuli*. Aufgrund dieser nun gegebenen Voraussetzungen aber war Oktavian zur Annahme des Patronymikon, des Vaternamens *Divi* (*Iuli*) *f*(*ilius*) berechtigt und zum Sohn eines Gottes geworden.[22]

---

20 Vgl. dazu und zum Folgenden die überzeugende Argumentation von Leonhard Schumacher, Die imperatorischen Akklamationen der Triumvirn und die *auspicia* des Augustus, in: Historia 34, 1985, S. 191–222.

21 Siehe die scharfsinnige Studie von Helga Gesche, Die Vergottung Caesars (Frankfurter Althistorische Studien 1), Kallmünz 1968.

22 Vgl. etwa die Fasti triumphales Capitolini, Inscr. It. XIII 1 S. 87.

Imp(erator) Caesar Divi (Iuli) f(ilius),
IIIvir r(ei) p(ublicae) c(onstituendae)

Oktavians Bemühen um Ausweitung seiner Machtposition bestimmte die folgenden
Jahre. Neue Verträge sollten die Feindschaft der beiden Triumvirn überwinden helfen, unterstrichen jedoch nur das gegenseitige Misstrauen. Lepidus war längst an den
Rand gedrängt, wurde nicht einmal mehr einbezogen. Schon 39 trafen sich Antonius
und Oktavian mit Sextus Pompeius in Misenum (bei Neapel, Tafel 2), um ihn gleichsam zu integrieren. Der selbsternannte *filius Neptuni* hatte flüchtige Aristokraten,
sogar entlaufene Sklaven aufgenommen und stellte aufgrund seiner Seeblockade ein
ernstzunehmendes Problem dar. Für eine Kooperation wurde ihm Sizilien als Machtbasis vertraglich zugesichert, die Rehabilitierung der politischen Flüchtlinge gemeinsam ausgehandelt. Unter ihnen befand sich auch Livia Drusilla, Gattin des Tiberius
Claudius Nero und Mutter eines gleichnamigen Jungen sowie schwanger mit Nero
Claudius Drusus. Oktavian, der neue Iulier, ehelichte sie nach erzwungener Scheidung zu Beginn des Jahres 38 und gelangte damit zugleich in willkommene Nähe zu
einem alten und führenden Geschlecht, zur *gens Claudia*. Dass der ältere Stiefsohn
eines Tages den Principat übernehmen sollte, konnte er nicht ahnen.

Die Aussöhnung mit dem Admiral sollte nicht von Dauer sein, Oktavian bemühte
sich schon bald, ihn zu eliminieren. Wohl im Spätsommer 37 verständigte er sich mit
Antonius darüber in Tarent (Taranto, Tafel 2), Lepidus blieb einmal mehr außen vor.
Durch Vertrag versicherten sie sich einer wechselseitigen militärischen Unterstützung. (Antonius beabsichtigte, den von Caesar geplanten Partherfeldzug wiederauf-
zunehmen.[23]) Vor allem aber verständigten sie sich nachträglich über eine Verlänge-
rung ihrer *triumviralis potestas*, da die fünfjährige Amtsfrist am 31. Dezember 38 abgelaufen war. Der Schein der Legalität, den man im Jahre 43 bei der Schaffung der
Notstandsgewalt zumindest noch gewahrt hatte, wich unverhohlener Willkür. Ohne
Zweifel gestärkt, zog Oktavian nun in das *bellum Siculum*, in den Sizilischen Krieg.
Am Kampf gegen Sextus Pompeius, der schließlich 36 in der Seeschlacht von Nau-
lochos von Agrippa bezwungen werden konnte (Tafel 2), beteiligte sich der ignorierte
Lepidus trotzdem – und doch wurde er ausgeschaltet. Nach erzwungener Niederlegung seiner Amtsgewalt ging er in die Verbannung. Der Oberpontifikat, den er inne-
hatte, die lebenslängliche Würde des *pontifex maximus*, konnte ihm nicht entzogen

---

23 Dazu und auch zu den Aktionen der folgenden Jahre siehe immer noch Hans Buchheim, Die Orientpo-
    litik des Triumvirn M. Antonius. Ihre Voraussetzungen, Entwicklung und Zusammenhang mit den poli-
    tischen Ereignissen in Italien (Abhandlungen der Heidelberger Akademie der Wissenschaften. Philoso-
    phisch-Historische Klasse 1960.3), Heidelberg 1960. Siehe dann im Weiteren auch Thomas Schrapel, Das
    Reich der Kleopatra. Quellenkritische Untersuchungen zu den ‚Landschenkungen' Mark Antons (Trierer
    Historische Forschungen 34), Trier 1996.

werden, seine ihm einst zugesicherte Machtbasis ohne weiteres. Rasch ließ Oktavian die Provinz Africa besetzen – und vollzog einen unerwarteten Politikwechsel.

Die Kriegsgefangenen, darunter nicht wenige hochangesehene Senatoren, erfuhren eine gnädige Behandlung. Die Rückgabe der entlaufenen Sklaven an ihre Herren war eine demonstrative Ordnung der durch Krieg zerrütteten sozialen Verhältnisse. Folgerichtig erklärte Oktavian bei seiner Rückkehr nach Rom im Herbst des Jahres 36 den Bürgerkrieg für beendet und wurde mit maßlosen Ehren überhäuft. Der Senat beschloss ihm einen ‚kleinen Triumph‘ über Sizilien, den der Sieger am 13. November 36 beging.[24] Das Volk verlieh ihm die *sacrosanctitas* (Cassius Dio 49,15,5f.), jene religiös tabuisierte „Unverletzlichkeit", wie sie seit den sogenannten Ständekämpfen der Frühen Republik die Volkstribunen vor Übergriffen schützte. Alles Maß überschritt denn auch die ihm auf dem Forum errichtete, ihn buchstäblich heraushebende *columna rostrata*, eine mit Schiffsschnäbeln geschmückte Säule, auf der seine goldene Statue stand. Das Monument, von dem sich nur ein Münzbild erhalten hat, feierte ‚seinen‘ Seesieg in bewährten Formen und trug laut Appian die Inschrift: „Den lange gestörten Frieden stellte er zu Lande und zu Wasser wieder her."[25] Mit solcher Sprachregelung untermauerte der Kriegsherr seinen neuen politischen Kurs. Vor allem aber galt es, einer senatorischen Opposition zu begegnen, zumal den Antonianern unter ihnen. So griff Oktavian zu einer sublimen kommunikativen Strategie, indem er die Rückgabe seiner triumviralen Notstandsgewalt ankündigte und betonte, dass bestimmt auch Antonius dieses Amt niederlegen wolle, da doch der Bürgerkrieg beendet sei. Damit hatte er einen Propagandakrieg eröffnet.

Oktavian schöpfte seine Möglichkeiten voll aus, schließlich beherrschte er in Rom das politische Parkett. Nun war zwar die Besetzung der Consulate durch Absprachen der Triumvirn auf Jahre festgelegt, doch gelangten durch gesteuerte Volkswahlen zahlreiche Männer aus Italien in diejenigen Ämter, die jedenfalls einen Senatssitz beinhalteten. (Abb. 3) Und in den Jahren 35 und 34 führte Oktavian überdies einen erfolgreichen Krieg in Illyrien (Tafel 2), in dem er seine, von Antonius (mit Recht) bezweifelten feldherrlichen Qualitäten herausstreichen wollte.[26] Der Amtskollege hingegen trug selbst zu seiner Marginalisierung bei, indem er erfolglose militärische Operationen gegen die Parther unternahm. Auf die 20.000 Legionäre, zu deren Überstellung sich Oktavian im Vertrag von Tarent (siehe oben) verpflichtet hatte, wartete er vergeblich. Die tatsächlich entsandten 2.000 Soldaten waren eine Unverschämtheit, de-

---

24　Vgl. die Fasti triumphales Capitolini, Inscr. It. XIII 1 S. 87. Als Seeräuberkrieg kaschiert, sollte Augustus in seinen *Res gestae* 25,1, später noch vom *bellum Siculum* berichten: *Mare pacavi a praedonib*[*u*]*s*. [...].

25　RIC I² 60 Nr. 271; Appian, *Bella civilia* 5,130,542: „[...] τὴν εἰρήνην ἐστασιασμένην ἐκ πολλοῦ συνέστησε κατά τε γῆν καὶ θάλασσαν."

26　Vgl. immer noch Walter Schmitthenner, Octavians militärische Unternehmungen in den Jahren 35–33 v. Chr., in: Historia 7, 1958, S. 189–236.

likat aber war die gleichzeitige Entsendung der Octavia, der Schwester Oktavians und seit jener Aussöhnung von Brundisium (siehe oben) Gattin des Antonius.

Dessen Annäherung an die Ptolemaierin Kleopatra VII. folgte vielleicht persönlichen Gefühlen, ohne Zweifel aber politischen Zwängen, da Antonius der militärischen Unterstützung Ägyptens bedurfte. Es lag auf der Hand, dass die Königin dem Triumvir jede Hilfe versagen würde, sollte dieser seine Frau aufnehmen. Sehen wir von seinen kaum verifizierbaren Empfindungen ab, Antonius war gezwungen, Octavia zurückzuschicken, eine Düpierung, die dem Bruder nur willkommen war: Eine ehrbare Römerin sei zugunsten einer orientalischen Hure verstoßen worden, beklagte er lautstark in Rom und bediente damit manches Ressentiment. Und einen noch größeren politischen Fehler beging Antonius, als er im Jahre 34 in Alexandreia (Tafel 2) eine dynastische Herrschaftsordnung verkünden ließ, aus römischer Sicht ein unerträglicher Skandal: Den Ausverkauf Roms betreibe dieser, lauteten die populistischen Vorwürfe Oktavians. Antonius erwiderte, wenn auch nicht in der Urbs, so doch über seine einflussreichen politischen Freunde im Senat: Den Lepidus, um ein Beispiel zu geben, habe Oktavian seines Amtes enthoben und darüber hinaus dessen zugewiesene Truppen, Land und Einkünfte an sich gerissen. Der alarmistische Ton der Auseinandersetzung ließ ahnen, dass der Propagandakrieg der beiden Triumvirn kurz vor seinem Umschlag in einen erneuten Waffengang stand, dass alles auf einen wohl entscheidenden Kampf der beiden Rivalen um die Macht hinauslief. Während Oktavian über Agrippa, seinen treuen Gefährten, die Flotte ausbauen ließ, begrub Antonius alle Pläne, den Osten des Imperium Romanum zu befrieden, und sammelte seine militärischen Kräfte in Ephesos (Tafel 2). Zum offenen Bruch der beiden Triumvirn aber kam es erst im folgenden Jahr.

Am 1. Januar 32 traten zwei Vertraute des Antonius ihren Consulat an und beriefen kraft ihres Amtes sofort eine Senatssitzung ein: Gnaeus Domitius Ahenobarbus und Gaius Sosius. Letzterer griff den jungen Caesar durch einen Antrag, der gerade noch verhindert werden konnte, scharf an. In einer zweiten, von Oktavian einberufenen Versammlung erschien dieser bewaffnet sowie in Begleitung von Soldaten, was in gröbster Weise gegen alle Regeln verstieß, setzte sich demonstrativ zwischen die beiden Consuln auf einen dritten Amtsstuhl (*sella curulis*) und kündigte Beweise dafür an, dass Antonius gegen das Recht verstoße. Nichts hatte er in der Hand, sein Verhalten indes war ein genialer Schachzug. Beide Consuln und mehr als 300 Senatoren verließen fluchtartig die Stadt und begaben sich zu Antonius in den Osten. Mit Recht wird Oktavians Handeln von einem Teil der Forschung als Staatsstreich gewertet oder als sogenannte Machtergreifung bezeichnet. Denn seine zweite fünfjährige Amtsfrist eines Triumvirn war am 31. Dezember 33 wohl abgelaufen, so dass bereits seine Einberufung des Senats keinerlei Rechtsgrundlage hatte. Gewissheit ist in dieser staatsrechtlichen Frage aufgrund der Überlieferungssituation nicht zu gewinnen. Hatte Oktavian noch nach dem Sizilischen Krieg die Normen des Staates geachtet, darum

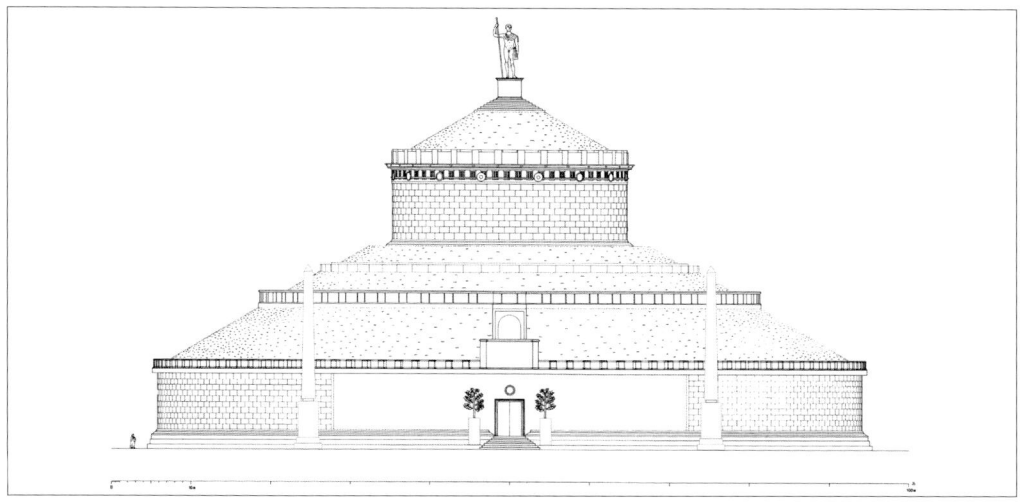

5 Das Augustusmausoleum in Rom. Rekonstruktion der Ansicht nach I. Boll und Henner von Hesberg.

bemüht, seine ungeheure Machtposition allmählich in Formen zu gießen, die mit den Traditionen der *res publica* vereinbar waren, so deutet alles darauf hin, dass er – wie schon im Jahre 37 (siehe oben) – die erste abgelaufene Amtsfrist ignoriert und seine triumvirale Amtsgewalt behauptet hat. Und sieht man einmal von allen legalistischen Bedenken ab, die Lagerung der Macht war eindeutig.

Antonius bildete mit den Überläufern in Athen einen Gegensenat. Aber dort sahen die Senatoren nicht nur einen geschminkten, dem Gott des Rausches verfallenen Antonius, der sich als „Neuer Dionysos" feiern ließ, sondern auch und gerade eine schrill anmutende Kleopatra, umgeben vom Pomp eines hellenistischen Königshofes, die Antonius' Scheidung von Octavia durchsetzte. Das alles war aus römischer Sicht einfach nur degoutant! Schon bald trafen manche Senatoren wieder in Rom ein, unter ihnen sogar so alte und treue Gefährten des Antonius wie Lucius Munatius Plancus und Marcus Titius. Beide hatten als Zeugen das Testament des Antonius gesiegelt, mit dem sie Oktavian jene zu Beginn des Jahres angekündigten, angeblichen Beweise lieferten. Der junge Caesar verschaffte sich das bei den Vestalinnen hinterlegte Original und ließ den letzten Willen öffentlich verlesen. Der Rechtsbruch schien geboten, denn was man hörte, zeugte von Verrat. Verfügte Antonius doch tatsächlich Landschenkungen an Kleopatra und die gemeinsamen Kinder, Land, das dem *populus Romanus* gehörte; bestimmte er doch seine Bestattung an der Seite der Königin in Alexandreia, was Senat und Volk von Rom nicht minder empörte. Die öffentliche Erregung muss gewaltig gewesen sein! Oktavian nutzte sie und setzte umgehend einen Kontrapunkt: Er begann mit der Errichtung seines monumentalen Grabbaus auf dem nördlichen Marsfeld der Urbs (Abb. 5) und demonstrierte damit seine tiefe, ja ewige Verbundenheit mit Rom und Italien. Die Eröffnung jenes Testaments – wohl kaum dynastische Erwägung, keinesfalls monarchische Repräsentation – dürfte der Anlass des gigantischen Grabmals gewesen sein,[27] das bereits 28 weitgehend fertiggestellt und später als „Mausoleum Augusti" bezeichnet wurde.

Was sollten die Antonianer in Rom Oktavians geschickter Steuerung der öffentlichen Meinung noch entgegensetzen? Die Anhänger des Antonius waren marginalisiert, er selbst vollends diskreditiert. Ohne große Hindernisse überwinden zu müssen, konnte der junge Caesar so eine Kriegserklärung erwirken, die – wie es bei Cassius Dio heißt – „dem Wortlaut nach zwar auf Kleopatra, in Wahrheit aber auf Antonius"[28] zielte. Tunlichst wurde also der Eindruck vermieden, man erkläre einen neuen Bürgerkrieg. Dies hätte Oktavians subtile ‚Friedenspolitik' der letzten Jahre allzu deutlich entlarvt. Und noch weit geschickter konnte Oktavian den kommenden Krieg begründen: In einer glanzvollen kommunikativen Leistung verpflichtete er auf sich Rom, Italien und den Westen des Imperium Romanum. Den bei einer Generalmobilmachung üblichen Militäreid hatte er auf die Zivilbevölkerung ausgeweitet.[29] Freiwillig – so insinuierte der spätere Augustus (Res gestae Divi Augusti 25,2) – hätten *tota Italia* und das westliche Herrschaftsgebiet ihn als *dux*, als „Führer", gefordert. Jedenfalls hatte er dadurch seine nach Erlöschen der Notstandsgewalt prekäre Stellung im Jahre 32 legitimiert und zugleich seine Anhängerschaft konsolidiert wie motiviert – eine brillante Strategie angesichts des dräuenden ‚totalen Krieges', zumal Italien und die Westprovinzen in den letzten Jahren so viel Leid hatten ertragen müssen.

Auch deshalb verlegte Oktavian schon zu Beginn des Jahres 31 Truppen jenseits der Adria, durch die Bekleidung des Consulats zusätzlich gestärkt. Die militärischen Operationen der folgenden Monate führten rasch zu Desertionen unter den Antonianern, darunter zahlreiche Senatoren, die ahnten, wo sich in Zukunft die ‚richtige Seite' befinden sollte. Das Kriegsgeschehen konzentrierte sich schließlich auf den Golf von Ambrakia im Nordwesten Griechenlands, wo bei Aktion (Tafel 2) der von Agrippa befehligte Flottenverband am 2. September 31 den vernichtenden Schlag führte. Antonius und Kleopatra konnten nur fliehen, ihre Landtruppen kapitulier-

---

27 Siehe jedenfalls die überzeugende Deutung von Konrad Kraft, Der Sinn des Mausoleums des Augustus, in: Historia 16, 1967, S. 189–206; ND in: Ders., Gesammelte Aufsätze zur antiken Geschichte und Militärgeschichte, hg. von Helmut Castritius/Dietmar Kienast, Darmstadt 1973, S. 29–46. – Zum Monument selbst und den mit ihm verbundenen archäologischen und epigraphischen Problemen vgl. Henner von Hesberg/Silvio Panciera, Das Mausoleum des Augustus. Der Bau und seine Inschriften (Abhandlungen der Bayerischen Akademie der Wissenschaften. Philosophisch-Historische Klasse. Neue Folge 108), München 1994.

28 Cassius Dio 50,4,5: [...] λόγῳ μὲν πρὸς τὴν Κλεοπάτραν, ἔργῳ δὲ καὶ πρὸς τὸ Ἀντώνιον [...].

29 Dazu und zum Vorbildcharakter für die Folgezeit siehe Peter Herrmann, Der römische Kaisereid. Untersuchungen zu seiner Herkunft und Entwicklung (Hypomnemata 20), Göttingen 1968.

ten. Auf vielfältige Weise sollte an jenen Tag des Sieges später erinnert werden,[30] was die Bedeutung der Seeschlacht unterstrich. Der Aktische Krieg aber, das nach dem Ort des Geschehens benannte *bellum Actiacum*, konnte erst am 1. August des folgenden Jahres mit der Einnahme Alexandreias beendet werden, wo Antonius und Kleopatra, als alles verloren, den Freitod suchten: jener durch das Schwert, diese durch den Biss einer Schlange.[31]

Im Kampf um die Macht hatte der gerade mal 33-jährige Oktavian seinen Rivalen marginalisieren, schließlich eliminieren können. Darüber hinaus war er nunmehr im alleinigen Besitz der Instrumente der Macht, nicht nur der Legionen und beträchtlicher materieller Mittel, die durch die Eroberung des reichen Ägypten ins Ungeheure wuchsen, sondern auch einer immer größer werdenden, ihm verpflichteten Anhängerschaft, die sein Handeln politisch entlastete. Das wiederholt bekleidete Jahresamt des Consulats erleichterte manches, vor allem aber behielt er wohl die *triumviralis potestas* bei und rechtfertigte dies durch den Verweis auf den anhaltenden allgemeinen Notstand. Oktavians Position also war alles andere als prekär, gefestigt, gar sicher aber war sie nicht. Auf Dauer nämlich einen Staatsnotstand zu behaupten und auf diese Weise Rom und das Imperium Romanum zu regieren, war unmöglich.

In der intensiven Propaganda der letzten Jahre war die *restitutio rei publicae*, die „Rückgabe des Staates", immer wieder in Aussicht gestellt worden. Und dieses Versprechen, das in der Auseinandersetzung mit Antonius stets bekräftigt worden war, musste eingelöst werden, wollte Oktavian seine politische Glaubwürdigkeit nicht verlieren. An die *triumviralis potestas* war das Ziel der *constitutio rei publicae* fest gebunden. Am Ende der „Konsolidierung des Staates" aber musste seine „Rückgabe" an Senat und Volk von Rom stehen. So hatte der junge Caesar keine Wahl, musste überdies eingedenk des Schicksals seines Vaters um ein gutes Verhältnis zum Senat bemüht sein. Mit offener, aber auch verdeckter Opposition war trotz aller ‚Säuberungen' und Hinrichtungen, selbst Förderungen weiterhin zu rechnen.[32] Die Frage, die sich gegen Ende des Jahres 30

---

30 Zur Gründung von Nikopolis, der „Siegesstadt", an der Stelle am Meerbusen von Ambrakia, wo Oktavian sein Lager aufgeschlagen hatte, dann auch zur Errichtung eines monumentalen Siegesdenkmals sowie zur Einrichtung der Ἄκτια/*Aktia*, penteterischer Agone, also alle vier Jahre ausgerichteter und dem nunmehr als „Apollo Actiacus" angesprochenen, siegbringenden Apollon von Leukas gewidmeter Spiele, zu all diesen kommemorativen Akten und Institutionen siehe nun die kontextualisierende Studie von Carsten Hjort Lange, Res Publica Constituta. Actium, Apollo and the Accomplishment of the Triumviral Assignment (Impact of Empire 10), Leiden/Boston 2009.

31 Auch die Eroberung Ägyptens sollte keinesfalls vergessen werden. Etwa ein bemerkenswerter, im Jahre 28 ausgegebener Denar (RIC I² 61 Nr. 275 b) feierte auf der Rückseite in Text (*AEGVPTO[CA]PTA*) und Bild (Krokodil nach rechts) den militärischen Erfolg.

32 Zu diesem virulenten Problem vgl. vor allem Peter Sattler, Augustus und der Senat. Untersuchungen zur römischen Innenpolitik zwischen 30 und 17 v. Christus, Göttingen 1960; Kurt A. Raaflaub/Loren J. Samons II, Opposition to Augustus, in: Between Republic and Empire. Interpretations of Augustus and His Principate, hg. von Kurt A. Raaflaub/Mark Toher, Berkeley/Los Angeles/Oxford 1990, S. 417–454,

also unweigerlich stellte, konnte nur lauten: Welchen Platz sollte der unbestrittene und waffenstarrende Sieger Imperator Caesar Divi filius, wie er doch hieß, zukünftig in der *res publica* einnehmen?[33] Wollte er seine außerordentliche Stellung im Staat behaupten, wollte er seine Macht zu Herrschaft formen, musste die erwartete *restitutio rei publicae* sorgfältig und umsichtig vorbereitet werden. Und so kam es nach seiner Rückkehr nach Rom nicht nur zu bedeutenden Ehrungen des Kriegsherrn wie einer ausladenden Siegesfeier in Form eines *triplex triumphus* und der Errichtung des „Actiumbogens" auf dem Forum, sondern vor allem zu wichtigen innenpolitischen Maßnahmen, die alle, wie nur die Rückschau erkennen lässt, den kommenden Principat ermöglichten.

Schon 29 machte Oktavian von seinem jüngst erhaltenen Recht der Patriziererennennung Gebrauch. Wie die *lectio senatus*, die Senatslese, förderte sie nicht nur seine Anhänger, sondern integrierte gewiss auch manchen Gegner. Der im Folgejahr unternommene *census* ermöglichte die Einschreibung zahlreicher Neubürger, die in den Wahlversammlungen des *populus Romanus* ihre dankbare Stimme gaben. Insbesondere aber erklärte Oktavian Ende 28 alle ungesetzlichen und rechtswidrigen Anordnungen, die er während der Bürgerkriegszeit aufgrund seiner triumviralen Amtsgewalt erlassen hatte, per Edikt für ungültig; die Rückseitenlegende eines wohl gleichzeitig emittierten Aureus verkündete: *LEGES ET IVRA P(opulo) R(omano) RESTITVIT.*[34] (Tafel 1a) Mit dieser offensichtlich an die Senatoren adressierten Prägung fand die „Konsolidierung des Staates" ihren symbolischen Abschluss. Nun wagte Oktavian die *restitutio rei publicae*.

---

sowie Maria H. Dettenhofer, Herrschaft und Widerstand im augusteischen Principat. Die Konkurrenz zwischen *res publica* und *domus Augusta* (Historia-Einzelschriften 140), Stuttgart 2000.

33 Eine gewisse Vorstellung von den politisch-strategischen Überlegungen nach Actium vermittelt eine Passage bei Sueton, Divus Augustus 28,1f., so sie denn zeitlich in den oben skizzierten Horizont gehört. Zum Problem vgl. Klaus M. Girardet, Das Edikt des Imperator Caesar in Suetons Augustusvita 28, 2. Politisches Programm und Publikationszeit, in: Zeitschrift für Papyrologie und Epigraphik 131, 2000, S. 231–243; ND in: Ders., Rom auf dem Weg von der Republik zum Prinzipat (Antiquitas. Reihe 1: Abhandlungen zur Alten Geschichte 53), Bonn 2007, S. 363–384.

34 Tacitus, Annales 3,28,2; Cassius Dio 53,2,5; Numismatica Ars Classica AG, Zürich. Auction 5, 25th February 1992, S. 68, Nr. 400 (seinerzeit ein Unikat); dazu Hans-Markus von Kaenel, Die antike Numismatik und ihr Material, in: Schweizer Münzblätter 44, Heft 173, 1994, S. 1–12, hier S. 2f.; John W. Rich/Jonathan H.C. Williams, *Leges et Ivra P. R. Restitvit.* A New Aureus of Octavian and the Settlement of 28–27 BC, in: Numismatic Chronicle 159, 1999, S. 169–213, Tafel 20–21. – Die bisweilen bestrittene Echtheit des Aureus wurde unterdessen durch die Publikation einer weiteren Prägung bestätigt. Vgl. Richard Abdy/Nicholas Harling, Two Important New Roman Coins, in: Numismatic Chronicle 165, 2005, S. 175–178, Tafel 15 (freundlicher Hinweis von Hans-Markus von Kaenel).

Imp(erator) Caesar Divi (Iuli) f(ilius) Augustus, co(n)s(ul) [VII–]XI, trib(unicia) potestate I

Zu Beginn des Jahres 27 kam es zu einem Staatsakt, der die Neuordnung des politischen Gefüges Roms einleitete und in mindestens zwei Senatssitzungen vollzogen, besser: inszeniert wurde. Was wann im Einzelnen geschah, wie die Vorgänge letztlich zu bewerten sind, muss aufgrund einer unzureichenden und gesteuerten Überlieferung strittig bleiben. Ihre Dunkelheit zumal kann nicht überraschen, berücksichtigt man, dass Oktavian im Januar 27 die Weichen stellte, niemand aber sein Gesicht verlieren durfte. Immerhin datieren und strukturieren Tageseinträge inschriftlicher Festkalender das Geschehen einigermaßen, wenigstens zeigt das kardinale 34. Kapitel des Tatenberichts des Hauptakteurs, was schon bald zu wissen reichte, zumindest bietet der ausführliche Bericht des Geschichtsschreibers Cassius Dio bei aller Kommentierung (etwa durch die fiktive Rede Oktavians) einige Anhaltspunkte, um nur wenige Spuren offenzulegen.[35]

Zum 13. Januar verzeichnen die Fasti Praenestini, dass Oktavian „den Staat dem römischen Volk wieder überstellt hat (*rest[it]u[it]*)“. Verklausuliert verbirgt sich hinter dieser *restitutio rei publicae* seine überfällige Rückgabe jener über Jahre behaupteten Notstandsgewalt, der *triumviralis potestas*. Auch wenn er sich seit dem Gefolgschaftseid von 32 (siehe oben) „durch allgemeine Zustimmung (*per consensum universorum*) im Besitz der Allgewalt“ fühlte, erinnerte der spätere Augustus gleichfalls daran, dass er den Staat aus seiner Amtsgewalt (*ex mea potestate*) in die Zuständigkeit von Senat und Volk von Rom übergeben (*transtuli*) hat, wie es in den Res gestae heißt.[36] So sehr er die *translatio rei publicae* wohl als einen Prozess verstanden wissen wollte, wie die einleitenden Worte „im sechsten und siebten Consulat“ nahelegen, so hatte Oktavian mit dieser „Übergabe“ am 13. Januar doch den Grundstein des „restituierten Staates“ gelegt. Dessen Fundament aber gossen die Senatoren aus. Noch am selben Tag erhielt er im Gegenzug eine erste Ehrung, die Senatsbeschlüsse vom 16. Januar überschlugen sich. Was war geschehen?

---

35 Fasti Praenestini, Inscr. It. XIII 2, S. 113, 115; Feriale Cumanum, ebd., S. 279 (siehe Abb. 4); Res gestae Divi Augusti 34,1–3; Cassius Dio 53,2,7–53,17,1. Vgl. mit weiteren Zeugnissen Walter K. Lacey, Octavian in the Senate, January 27 B.C., in: Journal of Roman Studies 64, 1974, S. 176–184; überarbeiteter ND in: Ders., Augustus and the Principate. The Evolution of the System (ARCA. Classical and Medieval Texts, Papers and Monographs 35), Leeds 1996, S. 77–99.

36 Vgl. den beziehungsreichen Wortlaut der Res gestae Divi Augusti 34,1: *In consulatu sexto et septimo* (d. h. 28 und 27) *postqua[m b]el[la civil]ia exstinxeram per consensum universorum [po]tens re[ru]m om[n]ium rem publicam ex mea potestate in senat[us populi]que R[om]ani [a]rbitrium transtuli.* – Zur emendierten Lesung von *[po]tens re[ru]m om[n]ium* und zur syntaktischen Stellung des ganzen Kolons (hier wurde bewusst auf jede, ohnehin moderne Interpunktion verzichtet) siehe die in Anm. 13 genannten Kommentare jeweils zur Stelle.

Wie Cassius Dio berichtet, habe sich Oktavian auf Drängen des Senats bereiter-
klärt, die „Fürsorge" des Staates (griechisch ἐπιμέλεια/*epimeleia*, also lateinisch *cura*)
zu übernehmen, allerdings nur in eingeschränkter Form (53,12,1f. und 13,1). Dahinter verbirgt sich eine Verteilung der Aufgaben, buchstäblich der *provinciae*, die zunächst einmal den Zuständigkeitsbereich eines Magistraten, sekundär einen Raum bezeichneten. In beiderlei Sinne wurde so eine Aufteilung der Provinzen vorgenommen,
beruhte doch Oktavians außerordentliche Stellung auch und gerade auf den in den
Provinzen stationierten Legionen, die sich ihrem Imperator und nur ihm verpflichtet
fühlten. Diese Lagerung der Macht(mittel) konnte die im Senat versammelte Aristokratie nur akzeptieren. Alles andere hätte einen neuerlichen Bürgerkrieg bedeutet,
die Erfahrungen der letzten Jahrzehnte waren bitter. Irgendeine Regelung musste also
gefunden werden, die den friedlich gestimmten Kriegsherrn keinesfalls düpierte und
zugleich den Senatoren Respekt zollte, die seit jeher alle die Provinzen betreffenden
Angelegenheiten unter sich regelten.

So verblieb die Zuständigkeit für einen Teil des Imperium Romanum bei Senat
und Volk von Rom. Diese Zuteilung betraf die befriedeten und von außen ungefähr-
deten Herrschaftsgebiete, in die weiterhin geloste Proconsuln und Propraetoren als
Statthalter entsandt wurden. Aber die *provinciae validiores* (so Sueton, Divus Augustus 47), die noch nicht befriedeten, vor allem Grenzprovinzen wie gerade im gallischen und syrischen Raum, wo das Heeresaufgebot Roms massiert war, wurden der
„Fürsorge" Oktavians unterstellt. So blieb er nach „Rückgabe der *res publica*" doch
weiter im Besitz seiner außerordentlichen Machtmittel. Durch gleichzeitigen Verzicht aber (schließlich übernahm er nicht alle Provinzen) wurde der gegenseitige
Respekt des neuen mächtigen Individuums und des alten ohnmächtigen Kollek-
tivs zum Ausdruck gebracht. Folgerichtig war auch die Kompetenz, mit der Oktavian ausgestattet wurde, zunächst auf zehn Jahre befristet. Der Forschungsstreit über
Art und Reichweite der Kommandogewalt, die er für seine Aufgabe benötigte, hält
an. Sie dürfte allerdings an den Consulat, den er zum siebten Mal bekleidete, angeknüpft haben.[37] Sie ermächtigte ihn, ‚seine' Provinzen durch Stellvertreter im Rang
eines Praetors (*legati pro praetore*) verwalten zu lassen, darüber hinaus wohl sogar,
den Statthaltern der befriedeten Provinzen Weisungen zu erteilen.[38] Mit diesen weg-
weisenden Regelungen war ein neues System von sogenannten senatorischen und so-

---

[37] Jochen Bleicken, *Imperium consulare/proconsulare* im Übergang von der Republik zum Prinzipat, in:
Ders., Colloquium (wie Anm. 2), S. 117–133; ND in: Ders., Gesammelte Schriften II, hg. von Frank Gold-
mann/Markus Merl/Markus Sehlmeyer/Uwe Walter, Stuttgart 1998, S. 705–721.

[38] Dies dürfte aus der „Augustusinschrift von Kyme" der Provinz Asia, SEG XVIII 555 = Die Inschriften von
Kyme, hg. von Helmut Engelmann (Inschriften griechischer Städte aus Kleinasien 5), Bonn 1976, Nr. 17, S.
46–57, hervorgehen.

genannten kaiserlichen Provinzen, besser: von *provinciae populi Romani* und *provinciae Caesaris* entstanden.[39]

Die irreversible Ausnahmestellung des jungen Caesar war auf eine institutionelle Grundlage gehoben, es war ein erster, gelungener Versuch, die Macht, über welche er verfügte, im Senat zu berechenbarer und berechneter Herrschaft zu formen. Dem betonten Verzicht des Einzelnen folgte die erneu(er)te Beauftragung durch die Gruppe. Dass alle Senatoren wussten, worauf sie sich damit eingelassen hatten, ist zu bezweifeln. Politische Analphabeten in hochmögenden staatlichen Institutionen kennt jede Zeit, jedes System. Allerdings verdankte sich dieses Ergebnis wohl kaum freier Sitzungsdynamik. Das Übereinkommen war ein im Vorfeld mühselig ausgehandeltes Entgegenkommen, mit Recht spricht ein Teil der Forschung von einem „Kompromiss".[40] Jeder Schritt im Verlauf der Sitzungen folgte Oktavians Choreographie. Die Profiteure der jüngsten Senatslese waren gewiss behilflich. Die Einstimmung aller Ratsmitglieder aber dürfte nicht leicht gewesen sein. Geringe Spuren dieses Ringens haben sich in der Überlieferung erhalten. Nicht jeder Antonianer hatte kaltgestellt werden können. Aber, so waren auch die eilfertigen Ehrungen des großen Mannes, die zur Bekräftigung des Einvernehmens in jenen Senatssitzungen beschlossen wurden, Teil eben dieses Kompromisses.

Zutiefst dankbar zeigte sich der Senat bereits am 13. Januar, als Oktavian für die Niederlegung der Notstandsgewalt die *corona civica* erhielt, die absurderweise den Bürgerkriegsherrn als *conservator civium* ehrte. Der aus Eichenblättern geflochtene „Bürgerkranz" sollte über der Tür seines Hauses hängen, auch das Herrscherportrait fortan zieren. – Den Eingang seines Heims sollten sogar zwei Lorbeerbäume schmücken, gleichfalls eine Ehrung, die in der Münzprägung in propagandistischer Absicht aufgegriffen wurde und wie der Kranz in die religiöse Sphäre weist. War die Eiche dem Iuppiter heilig, so der Lorbeer dem Gott Apollo. (Nicht zufällig befand sich Oktavians Haus auf dem Palatin in unmittelbarer Nähe des Apollotempels.) – Wie die *duae laureae* wurde wohl auch am 16. Januar seine Auszeichnung durch einen *clupeus aureus* beschlossen, der im Senatsgebäude aufgestellt wurde und den Rat an die ‚Tugenden' seines (Be)Herrschers erinnerte. Eine marmorne Kopie des goldenen (Ehren)Schildes aus Arelate (Arles) in der Gallia Narbonensis (Tafel 2) bestätigt inschriftlich die Be-

---

39 Siehe dann auch Strabon 17,3,25 (C 840) sowie Fergus Millar, The Emperor, the Senate and the Provinces, in: Journal of Roman Studies 56, 1966, S. 156–166; ND in: Ders., Rome, the Greek World, and the East, Bd. 1: The Roman Republic and the Augustan Revolution, hg. von Hannah M. Cotton/Guy M. Rogers (Studies in the History of Greece and Rome), Chapel Hill/London 2002, S. 271–291; Ders., „Senatorial" Provinces. An Institutionalized Ghost, in: The Ancient World 20, 1989, S. 93–97; ND in: Ders., Rome (wie oben), S. 314–320.

40 Vgl. vor allem Walter Schmitthenner, Augustus' spanischer Feldzug und der Kampf um den Prinzipat, in: Historia 11, 1962, S. 29–85; ND in: Ders., Augustus (wie Anm. 3), S. 404–485, hier S. 414, 477; Kienast, Augustus (wie Anm. 4), S. 91f.

6　Marmorkopie des *clupeus aureus*. Arles, Musée Lapidaire.

gründung (Abb. 6), die der stolze Empfänger in seinen Res gestae festhalten sollte:[41] Wegen seiner *virtus* wurde Oktavian geehrt, auch wenn er wenig „Mannhaftigkeit" im Kampf gezeigt hatte; ferner wegen seiner *clementia*, seiner „Milde", die doch nur wie eine Verhöhnung der zahllosen Blutopfer und wie eine Warnung an die Überlebenden

---

41　AE 1952, 165 (zur verwirrenden Angabe des achten Consulats vgl. ebd., S. 53: „[...] cette copie a été consac-
　　rée à Arles en 26, sans doute lors du passage d'Auguste à son retour d'Espagne."); Res gestae Divi Augusti
　　34,2.

anmuten konnte;[42] auch wegen seiner *iustitia* wurde er ausgezeichnet, hatte er doch durch Bestrafung der Caesarmörder und im *bellum iustum* gegen Kleopatra (das doch wieder nur ein Bürgerkrieg war) „Gerechtigkeit" walten lassen; schließlich wegen seiner *pietas*, denn von seiner „Loyalität" gegenüber den Göttern und den Ahnen zeugte nicht zuletzt der stets bewiesene Respekt gegenüber seinem Vater Divus Iulius, dessen gewaltigen Tempelbau auf dem Forum Romanum er noch 29 hatte einweihen lassen. – Über alles Maß aber ging die Verleihung des Namens Augustus, die im Tatenbericht kaum zufällig den Katalog der Ehrungen eröffnet und die angemessen gefeiert werden sollte, wie Festkalender der Augusteischen Zeit vorschreiben. Die Beilegung des *cognomen*, des Beinamens, keines Titels (!), hatte kaum zufällig der Antonianer Lucius Munatius Plancus (siehe oben) vorgeschlagen, ein klassischer Wendehals, der so seine neue Verbundenheit bekräftigen konnte. Der Name stattete seinen Träger mit einer gesteigerten Erhabenheit aus, konnotierte eine feinsinnige Vieldeutigkeit (Sueton, Divus Augustus 7,2). Denn die Zeitgenossen hörten hinter dem gebräuchlichen Adjektiv *augustus* das zugrundeliegende Verb *augere*, „mehren", fühlten sich auch an das *augurium* erinnert, eine weihevolle Institution zur Erkundung und Deutung göttlichen Willens. Einen beziehungsreich ergänzten und nun noch imposanteren Namen sollte Oktavian seit dem 16. Januar 27 tragen: Imp(erator) Caesar Divi (Iuli) f(ilius) Augustus.

Die senatorischen Ehrbeschlüsse für den „Mehrer" rundeten den so wichtigen Staatsakt des Jahres 27 in willkommener Weise ab. Vor allem zeigen sie, dass der neuen Position des Augustus in der *res publica* nicht allein aus staatsrechtlicher Perspektive beizukommen ist, wie die ältere Forschung unter dem Einfluss der Autorität Theodor Mommsens noch lange vermutete.[43] Einer institutionellen Herrschaftskomponente stand eine charismatische zur Seite. Der Kompromiss schloss die Ehrungen ein. Der *consensus universorum* der Vorjahre, der sich im Grunde nur auf jenen erzwungenen Gefolgschaftseid von 32 stützen konnte, hätte Oktavian keinesfalls dauerhaft tragen können. Tautologisch akzentuiert, erregt der Ausdruck besonderen Verdacht. Denn Konsens, in recht unterschiedlichen politischen Systemen immer wieder gern eingeschärft, scheint gerade dann die probate Parole zu sein, wenn es an Akzeptanz und/

---

42 In seinem Traktat De clementia sollte viel später noch der Philosoph Seneca wie in einer Retour d'horizon anmerken (1,11,1): [*Augustus*] *fuerit moderatus et clemens, nempe post mare Actiacum Romano cruore infectum, nempe post fractas in Sicilia classes et suas et alienas, nempe post Perusinas aras et proscriptiones./* „[Augustus] mag maßvoll und milde gewesen sein, freilich nachdem das Aktische Meer vom römischen Blut gefärbt war, freilich nachdem die Flotten vor Sizilien zerstört waren, sowohl die eigene als auch die fremde, freilich nach den Perusinischen Altären und den Proskriptionen."

43 Siehe Ines Stahlmann, Imperator Caesar Augustus. Studien zur Geschichte des Principatsverständnisses in der deutschen Altertumswissenschaft bis 1945, Darmstadt 1988, sowie die Beiträge in: Theodor Mommsens langer Schatten. Das römische Staatsrecht als bleibende Herausforderung für die Forschung, hg. von Wilfried Nippel/Bernd Seidensticker (Spudasmata 107), Hildesheim/Zürich/New York 2005.

oder Legitimität mangelt.[44] Durch jene Ehrungen aber war der beschworene *consensus universorum* 27 zu einer ostentativen Bejahung durch die alte Elite geformt worden. Deutlicher hätte sich die Bereitschaft zum Gehorsam kaum artikulieren können. Spannungen, die à la longue das politische Gefüge Roms hätten zerreißen können, waren symbolisch beigelegt worden, ein Prozess der Herrschaftskonstituierung eingeleitet. Gewiss, die Ordnungsform des Principats fand so zu Beginn des Jahres 27 ihre Grundlegung, so dass die Hand- und Lehrbücher zur Römischen Geschichte die „Kaiserzeit" mit einigem Recht zu diesem Zeitpunkt beginnen lassen. Doch so sehr eine politische Lösung gefunden schien, die Beschlüsse vom Januar 27 umrissen die zweifellos außerordentliche Stellung des nunmehrigen Augustus im Staat nur vorläufig. Das Ringen um die Herrschaft hielt an.

Schon der baldige Aufbruch nach Gallien, dann vor allem der bis in das Jahr 25 während Aufenthalt auf der Iberischen Halbinsel dienten der Rechtfertigung jener besonderen Kommandogewalt, die Augustus im Zuge der Aufteilung der Provinzen erhalten hatte. Der hoch im Norden geführte Kantabrerkrieg (Tafel 2) war zwar, aufs Ganze gesehen, wenig erfolgreich, zeigte aber immerhin, dass er die angenommene „Fürsorge" für die noch nicht befriedeten bzw. noch zu erobernden Provinzen ernst nahm. Viel problematischer als glücklose militärische Operationen allerdings war ein anderer Umstand. Denn als er 24 nach Rom zurückkehrte, hatte er den Consulat bereits zum zehnten Male inne, hatte ihn vor allem seit dem Jahre 31 ununterbrochen bekleidet. Damit verletzte Augustus das Tabu, das Jahresamt mehrfach zu bekleiden (Iteration), verstieß auch und gerade gegen die Regel, die eine unaufhörliche Einnahme des Jahreamtes (Kontinuation) keinesfalls billigte. Darauf hatten die strammen Republikaner unter den Senatoren nur gewartet. Denn die respektvolle Beachtung der altehrwürdigen Normen einer kollektiv verantworteten *res publica*, die Augustus im Zuge des großen Staatsaktes von 27 zu zeigen bemüht war, wurde Lügen gestraft. Im Jahre 23 – Augustus amtierte zum elften Male – spitzte sich die Lage offenbar zu. Eine vermutete Verschwörung, angeführt von einem gewissen Varro Murena, vielleicht sogar seinem Amtskollegen, zwang ihn zu handeln. Außerhalb der Stadt, auf dem Albanerberg während des Latinerfestes, „um nicht daran gehindert zu werden", wie Cassius Dio schreibt, legte Augustus sein Amt nieder: [– – – *Imp. Ca*]*esar co*(*n*)*s*(*ulatu*) *abdicavit*, heißt es in einem Festkalender; und um seinen Geg-

---

44 Vgl. in diesem Zusammenhang die heilsam irritierenden, vor dem zeitgeschichtlichen Horizont umso bemerkenswerteren Ausführungen von Hans Ulrich Instinsky, Consensus universorum, in: Hermes 75, 1940, S. 265–278; ND (mit Nachträgen) in: Römische Wertbegriffe, hg. von Hans Oppermann (Wege der Forschung 304), Darmstadt 1967, S. 209–228.

nern noch wirkungsvoller zu begegnen, wurde Lucius Sestius als sein Nachfolger gewählt, ein alter Anhänger des Caesarmörders Brutus.[45]

Auch dieses Vorgehen dürfte insgesamt gut vorbereitet gewesen sein. Denn auf den
demonstrativen Verzicht folgte einmal mehr sein umgehender Ausgleich, wie Cassius
Dio anschaulich berichtet (53,32,5f.). Welche Anhänger des Augustus den Verlust
der so wichtigen Kompetenz durch ihre Anträge in Senat bzw. Volksversammlung
wettmachten, ist nicht zu sagen. Jedenfalls erwirkte man im Senat das einem Consul
zustehende Recht der *prima relatio*. Mit dem gesonderten „ersten Rede- und Antragsrecht" erhielt Augustus ein Instrument für die politische Gestaltung zurück. Wichtiger aber war, dass ihm das Volk – nicht der Senat, wie Dio aus seiner Perspektive
anachronistisch verzeichnet – die volle *tribunicia potestas* auf Lebenszeit beschloss,
eine vom Amt des Volkstribunen entlehnte (!) Gewalt.[46] – Über die Jahrhunderte war
aus dem revolutionären Volkstribunat der Zeit der sogenannten Ständekämpfe eine
ordentliche Magistratur der *res publica* geworden. Aus dem einst nur behaupteten Interzessionsrecht der *tribuni plebis*, das die Plebejer durch „Dazwischentreten" vor den
Übergriffen der Patrizier schützen sollte, war ein vom ganzen Volk, vom *populus* anerkanntes Vetorecht geworden, aus dem Vorsitz der plebejischen Sonderversammlung
der Frühzeit war das Recht entstanden, nicht nur die ordentlichen Comitien des römischen Volkes, sondern sogar den Senat zu versammeln. Was hier nur angedeutet
werden kann,[47] lässt hoffentlich doch erkennen, dass Augustus mittels der *tribunicia potestas* auf Lebenszeit zentrale Institutionen des Staates wirksam kontrollieren
konnte. Nicht zuletzt vermochte er jeden unerwünschten Beschluss durch ein Veto
zu verhindern. In der *tribunicia potestas*, die er nun titular führte, jahrweise zählte
und die sein Biograph Sueton als eine *perpetua* ansprach, erkannte Tacitus, der kluge
politische Analytiker, bezeichnenderweise das *summi fastigii vocabulum*.[48] Und doch
konnte sie den niedergelegten Consulat nicht voll kompensieren, fehlte ihr doch die
Kommandogewalt, um in Italien und in den Provinzen zu herrschen. Das seit 27 ge-

---

45 Fasti feriarum Latinarum, Inscr. It. XIII 1 S. 151 (vgl. die Fasti consulares Capitolini, ebd., S. 59); Cassius
    Dio 53,32,3f.

46 Der Senat konnte die *tribunicia potestas* damals sicher nicht verleihen!

47 Vgl. ansonsten Jochen Bleicken, Das römische Volkstribunat. Versuch einer Analyse seiner politischen
    Funktion in republikanischer Zeit, in: Chiron 11, 1981, S. 87–108; ND in: Ders., Gesammelte Schriften I
    (wie Anm. 37), S. 484–505.

48 Sueton, Divus Augustus 27,5; Tacitus, Annales 3,56,1; siehe auch die Fasti consulares Capitolini, Inscr. It.
    XIII 1, S. 59. Im Übrigen spricht der Akt der Verleihung der *tribunicia potestas* für eine Distanzierung
    des Augustus vom Senat und eine Hinwendung zur *plebs Romana*. Siehe vor allem Zvi Yavetz, Plebs and
    Princeps, Oxford 1969, S. 92–96. Vgl. des Weiteren Walter K. Lacey, Augustus and the Senate, 23 BC, in:
    Antichthon 19, 1985, S. 57–67; überarbeiteter ND mit dem Titel: Protecting the People, in: Ders., Augustus (wie Anm. 35), S. 100–116; siehe auch Ders., Summi fastigii vocabulum. The Story of a Title, in: Journal of Roman Studies 69, 1979, S. 28–34; überarbeiteter ND mit dem Titel: Tribunicia potestas. The Path
    to summi fastigii vocabulum, in: Ders., Augustus (wie Anm. 35), S. 154–168.

führte *imperium*, das wohl an Augustus' Consulat anknüpfte, war obsolet und musste durch einen Senatsbeschluss substituiert werden. – Dio berichtet an oben genannter Stelle von einer lokalen Gültigkeitsklausel, welche die Stadt Rom betraf und hier außen vor bleiben kann. Vor allem aber schreibt er, dass das *imperium* des Augustus ein ἀνθύπατον/*anthypaton*, lateinisch ein *proconsulare*, darüber hinaus ein πλεῖον/ *pleion*, lateinisch ein *maius*, war. Die Forschungsdiskussion um die Eigenart der nun verliehenen Kommandogewalt reißt nicht ab.[49] Vieles spricht allerdings dafür, dass Augustus mittels seines *imperium* weiterhin auch den Proconsuln der sogenannten senatorischen Provinzen Weisungen erteilen konnte, was er wohl bis zur Abdikation vom Consulat durchaus vermocht hatte (siehe oben). Sein *imperium proconsulare* mit *maior potestas* übte er mit dem Titel eines Proconsuls aus, wie erst eine 1999 publizierte Inschrift zweifelsfrei erwiesen hat.[50] Mit dieser Kommandogewalt, die sich sogar auf das Beispiel der Republikaner Brutus und Cassius berufen konnte und befristet verliehen wurde, war eine weitere Ausnahmeregelung für Augustus getroffen worden. Diese aber ermöglichte ihm fürs Erste, das Imperium Romanum de facto allein zu beherrschen. Die alte Senatsaristokratie machte sich allmählich selbst zum bloßen Adel.

Der Prozess der Herrschaftskonstituierung fand durch einen erneuten Verzicht und dessen Ausgleich im Jahre 23 Beschleunigung und Verdichtung. Die Position des großen Mannes im Staat wurde neu bestimmt und zugleich erweitert. Von größter Bedeutung aber ist, dass beide Herrschaftsinstrumente, mit denen Augustus Rom und das Imperium Romanum nun regierte, keine Ämter waren, sondern von Ämtern entlehnte (!) Gewalten darstellten. Und diese subtile Konstruktion blieb für den Ordnungsentwurf des Augustus konstitutiv. Das 34. Kapitel seiner Res gestae, das oben bereits gewürdigt wurde, verrät viel über das Wesen der sich entfaltenden Augusteischen Herrschaft, auch wenn im Vordergrund die Grundlegung des Principats im Zuge der *restitutio rei publicae* vom Januar 27 steht. Der tiefe Sinn des letzten, überaus beziehungsreichen Satzes freilich erschließt sich umso mehr vor dem Hintergrund jener im Jahre 23 verliehenen institutionellen Herrschaftsgrundlagen, der vollen *tribunicia potestas* und des befristeten *imperium proconsulare* mit *maior potestas*. Es heißt dort: „Seit dieser Zeit (sc. 27) stand ich allen an *auctoritas* voran, an Amtsgewalt (*potestas*) aber besaß ich nicht mehr als die anderen, die ich in jedem Amt zu Kolle-

---

49 Siehe etwa Klaus M. Girardet, Imperium ‚maius': Politische und verfassungsrechtliche Aspekte. Versuch einer Klärung, in: La révolution romaine après Ronald Syme. Bilans et perspectives, Vandœuvres – Genève, 6–10 septembre 1999, hg. von Adalberto Giovannini (Fondation Hardt. Entretiens sur l'antiquité classique 46), Genève 2000, S. 167–228, 228–236 („Discussion"); ND in: Girardet, Rom (wie Anm. 33), S. 461–514, 515–521.

50 AE 2000, 760 Z. 1f.: *Imp(erator) Caesar Divi fil(ius) Aug(ustus) trib(unicia) pot(estate)* | *VIII{I} et pro co(n)s(ule) dicit.* [...].

gen hatte."[51] Die Übersetzung von *potestas* ist unproblematisch, denn der Begriff ist unmissverständlich, gehört der staatsrechtlichen Sphäre an. (Alternativ könnte man allenfalls von „Kompetenz" im Sinne von „Zuständigkeit" sprechen.) Das unübersetzbare Konzept römischer *auctoritas* aber, ein vieldeutiges Wort, das (zunächst einmal) keinerlei rechtliche Bedeutung aufweist,[52] rührt an die Frage einer charismatischen Grundlage der Augusteischen Herrschaft. Gerade sie sollte in den kommenden schwierigen Jahren eine entscheidende Stütze sein.

Imp(erator) Caesar Divi f(ilius) Augustus,
pontifex maximus, co(n)s(ul) XIII, trib(unicia) potest(ate) XXI,
p(ater) p(atriae)

Der Widerständigkeit mancher Senatoren durfte Augustus keine Angriffsfläche bieten. Politische Taten, manchmal nur Gesten, waren vonnöten. So gab er schon im Jahre 22 die Provinzen Gallia Narbonensis und Cyprus (Tafel 2) an Senat und Volk von Rom zurück – mit der Begründung, sie seien befriedet. Das eilfertige, wiederholte Angebot der Dictatur, jenes umfassenden Notstandsamtes, das C. Iulius Caesar kurz vor seiner Ermordung auf Lebenszeit erhalten hatte, wies Augustus stets ostentativ zurück, übernahm vielmehr besondere Verantwortung, als es in der stadtrömischen Getreideversorgung zu bedrohlichen Engpässen kam (Res gestae Divi Augusti 5,1f.). Auch solche Akte haben seine Position gestärkt, belegen im Umkehrschluss sein bedachtes Vorgehen. Und endlich konnte er im Jahre 20 drei außenpolitische Erfolge verbuchen, die seine außerordentliche Kommandogewalt rechtfertigten: die Anbindung Armeniens an das Imperium Romanum als Klientelstaat; den diplomatisch erreichten Ausgleich mit den Parthern, der durch Rückgabe der Feldzeichen besiegelt wurde; die Unterwerfung des Nordens der Iberischen Halbinsel.

Schritt für Schritt entfaltete Augustus so behutsam seine Herrschaft, lehnte auch eine ihm wiederholt freigehaltene Consulstelle ab. Die Besetzung des höchsten Amtes führte allerdings immer wieder zu Wahlunruhen. In der Tat verbot sich aber eine Annahme des Consulats, sie hätte die subtile Politik der letzten Jahre mit einem Schlag durchkreuzt. Deshalb kam es einmal mehr zur Verleihung einer vom Amt entlehnten (!) Gewalt, die „nur die logische Konsequenz aus den Wirren der vorauf-

---

51 Res gestae Divi Augusti 34,3: *Post id tem[pus a]uctoritate [omnibus praestiti, potest]atis au[tem n]ihilo ampliu[s habu]i quam cet[eri, qui m]ihi quoque in ma[gis]tra[t]u conlegae f[uerunt].*

52 Zur Semantik vgl. immer noch den bahnbrechenden und seiner Zeit weit vorausgreifenden Aufsatz von Richard Heinze, Auctoritas, in: Hermes 60, 1925, S. 348–366; ND in: Ders., Vom Geist des Römertums. Ausgewählte Aufsätze, hg. von Erich Burck, 4. Aufl. Darmstadt 1972, S. 43–58.

gehenden Jahre" war.[53] Zum Herbst des Jahres 19 berichtet Cassius Dio, dass Augustus das *imperium consulare* auf Lebenszeit verliehen wurde und er damit das Recht erhielt, wie ein Consul zwölf *fasces* zu führen und zwischen den amtierenden Consuln auf einem dritten Amtssessel, auf der *sella curulis*, Platz zu nehmen (54,10,5). Die Übernahme dieser Gewalt erweiterte die Kompetenzen des Augustus beträchtlich. Um nur ein Beispiel zu geben: Lediglich ein Consul konnte den Wahlen der höheren Magistrate vorstehen. Das Amt selbst aber sollte angesehenen Männern vorbehalten bleiben. Es ist gewiss kein Zufall, dass für das Jahr 19 mit Quintus Lucretius Vespillo ein ehemaliger Republikaner zum Consul gewählt wurde. Augustus hätte diese Wahl leicht vereiteln können, indem er aber gewähren ließ, zollte er Respekt. Er hatte es einmal mehr verstanden, seine Position zu festigen. Und in diesen Zusammenhang gehören auch die Neukonstituierung des Senats von 18 sowie im Jahr darauf die religions- wie zugleich kommunikationspolitisch höchst bedeutsame Staatsfeier, die in Form der *ludi saeculares* begangen wurde.

Die Ausrichtung sogenannter Saecularspiele folgte tiefer Tradition, ihre großartige Inszenierung allerdings verband Altes mit Neuem, wie umfangreiche, inschriftlich überlieferte Protokolle der Feier ausweisen.[54] An der konzeptionellen Neuakzentuierung des Festes, für die der angesehene Jurist Gaius Ateius Capito verantwortlich zeichnete, wirkte Augustus maßgeblich mit. Das Potential politisierter Religionsübung wurde durch eine komplexe Kombination und Sequenzierung der Rituale meisterlich ausgeschöpft. So hatte kein Geringerer als Horaz den Festgesang komponiert, jenes mit Recht gerühmte *carmen saeculare*, das die innen- und außenpolitischen Leistungen des Augustus in vollen panegyrischen Tönen verherrlichte. Doch die Aufführung dieses Kultliedes war nur der Höhepunkt eines dichten, durch aufwendige Opfer für die Götter strukturierten, mehrtägigen Programms, dessen Ziel die Verkündung des Anbruchs eines neuen *saeculum*, eines neuen Zeitalters, war. Es bedarf allerdings keines besonderen Misstrauens, dass solche Propaganda offensichtlich nötig war, im Umkehrschluss sogar erkennen lässt, wie prekär Augustus' Position im Staat blieb. Der Festtaumel konnte nicht vergessen machen, dass die Ausnahmestellung des Augustus immer wieder zur Debatte stand.

Ungeachtet der so wichtigen *tribunicia potestas* auf Lebenszeit sowie des zuletzt verliehenen vollen *imperium consulare*, die eigentliche Grundlage der Herrschaft, der Oberbefehl über das Heer, wurde Augustus stets nur befristet übertragen. Das *impe-*

---

53 So Kienast, Augustus (wie Anm. 4), S. 113, der durch eine umsichtige Kontextualisierung die von einem Teil der Forschung angemeldeten Zweifel ausräumt.

54 Auf der Grundlage einer revidierten Textkonstitution wurden die Texte eingehend kommentiert und analysiert von Bärbel Schnegg-Köhler, Die augusteischen Säkularspiele, München/Leipzig 2002 = Archiv für Religionsgeschichte 4, 2002, passim. Zu den Vorläufern vgl. Frank Bernstein, Ludi publici. Untersuchungen zur Entstehung und Entwicklung der öffentlichen Spiele im republikanischen Rom (Historia–Einzelschriften 119), Stuttgart 1998, S. 129–142.

rium proconsulare mit *maior potestas* war im Jahre 18 noch auf fünf Jahre verlängert worden, sollte auch 13 um die gleiche Dauer, in den Jahren 8 v., 3 n. wie 13 n. Chr. immerhin jeweils um zehn Jahre prolongiert werden, wie Cassius Dio eigens notiert (siehe nur 53,16,2). Nichts jedoch verdeutlicht besser, dass Augustus' Stellung in der *res publica* keineswegs sicher, gar institutionalisiert war. Militärische Potenz war alles, die unverzichtbare Kommandogewalt verlangte nach unentwegter Rechtfertigung. In diesem Umstand findet die expansive Außenpolitik, die Augustus im Jahre 16 einleitete und die nicht mehr abreißen sollte, wohl ihre letzte Begründung. Die Neuordnung Galliens, die Unterwerfung der Alpenländer und der baldige Beginn einer groß angelegten Offensive gegen den germanischen Raum, um nur Stationen der ersten Phase zu benennen, gehören in diesen Zusammenhang. Umso willkommener war es, dass Augustus im Jahre 12 seine herrschaftliche Basis zusätzlich befestigen konnte.

Der durch Verbannung schon früh kaltgestellte Triumvir Lepidus war verstorben. Die lebenslängliche Priesterwürde des Oberpontifikats, die er innehatte, hatte ihm der ehemalige Amtskollege auch als Augustus nicht nehmen können, es hätte gegen alles Herkommen verstoßen. Nun aber musste die Würde neu vergeben werden. Die Wahl des Augustus zum *pontifex maximus* am 6. März 12 verzeichnen die Festkalender als Feiertag,[55] die göttlichen Adressaten des beschlossenen Dankfestes verkörperten und bewahrten die Kontinuität des römischen Staates, Vesta, die Göttin des Herdfeuers, allen voran. Eine nie gesehene Menge aus ganz Italien soll zu den Wahlcomitien in Rom zusammengeströmt sein, wie Augustus später betonte (Res gestae Divi Augusti 10,2). Jedenfalls ist die Übertragung des Oberpontifikats in ihrer Bedeutung kaum zu überschätzen.[56] Moderne, durch das christliche, im Besonderen okzidentale Mittelalter vermittelte Vorstellungen versperren das Verständnis. Zumal die Trennung von geistlicher und weltlicher Macht war der Antike unbekannt. Der Kult der unsterblichen Götter wie die Führung des Staates lagen in den Händen derselben Männer. Für Rom hat Cicero diese Grundtatsache einmal prägnant formuliert (De domo sua 1,1). So versteht es sich fast von selbst, dass Augustus, schon früh zum Augur und zum Quindecimvir sacris faciundis bestellt, schließlich die wichtigsten Priesterwürden in seiner Person vereinigte und sie in seinem Tatenbericht listete (Res gestae Divi Augusti 7,3). Als höchster Priester des römischen Staates und damit Kontrolleur und Moderator des römischen Kultes stand Augustus allerdings an der Spitze aller religiösen Spezialisten, die den Frieden der Götter, die *pax de(or)um*, zu sichern hatten. Ihren Zorn, ihre *ira*, abzuwenden, auch diese Sorge der *res publica* war nunmehr Augustus ganz und gar anvertraut. Doch so sehr die Monopolisierung aller Politik vor-

---

55 Fasti Praenestini, Inscr. It. XIII 2 S. 121; siehe insbesondere den Eintrag des Feriale Cumanum, ebd., S. 279: [...] *Supplicat<i>o Vestae, dis pub(licis) P(enatibus) p(opuli) R(omani) Q(uiritium)*. Vgl. Abb. 4.

56 Siehe insbesondere John Scheid, Auguste et le grand pontificat. Politique et droit sacré au début du Principat, in: Revue Historique de Droit français et étranger 77, 1999, S. 1–19.

anschritt, die Konstituierung der Herrschaft verlangte weitere Anstrengungen. Die Position des Ersten Mannes im Staate sollte geradezu eingeschärft werden.

In den Kämpfen in Germanien und im Donauraum, welche die Jahre 13–8 bestimmten, musste sich Augustus als oberster Feldherr beweisen, in Rom freilich wurde der Gedanke eines wohlverstandenen Friedens propagiert: der *PAX AVGVSTA*. Schon 13 war der Bau eines gigantischen Friedensaltars beschlossen worden, am 30. Januar 9 sollte die reich geschmückte *ara Pacis* (*Augustae*) auf dem Marsfeld geweiht werden.[57] Das beziehungsreiche Bildprogramm der Marmorumhegung des Altars feierte auch und gerade Augustus sowie Angehörige seines Hauses. Ein sorgfältig ausgeführtes Relief zeigt ihn in Prozession, gefolgt von Priestern und der *domus Augusta* (Abb. 7). Die politische Aussage des Monuments war eindeutig, stellte den Frieden in engsten Zusammenhang mit Augustus. Die *pax Romana* war eine *pax Augusta*. Spätestens mit der reich geschmückten Altaranlage war Augustus in der offiziellen Propaganda zum ,Friedensfürsten' geworden. Propaganda – oder (auch) Kommunikation – ist aber gerade dann immer erfolgreich, wenn die Worte ihre Bedeutung verlieren, d. h. wenn Worte zu Wörtern werden. Das Dankfest, das ein Festkalender aus Cumae anlässlich der Dedikation vorschrieb, galt „der Herrschaft des Caesar Augustus, des Wäch[ters] | [des Imperium Romanum", dem *imperio Caesaris Augusti custo*[*dis*] | [*i*(*mperi*) *R*(*omani*) – – – – – –]. (Abb. 4) Umso wichtiger waren solche Botschaften, als im Jahre 8 eine weitere Verlängerung der befristeten Kommandogewalt des Augustus anstand (siehe oben). Sie musste dem Senat abgerungen werden, seine Geschlossenheit blieb Wunschdenken. Wieder waren Verschwörungen aufzudecken und zu verfolgen. Der Konformitätsdruck wurde erhöht.

Für die Frage nach der Herrschaftsentfaltung kommt einem symbolträchtigen Akt aus dem Jahre 2 schließlich besondere Bedeutung zu, als Augustus nach gebotener Zurückhaltung doch zum dreizehnten Male Consul war. Senat und Volk von Rom verliehen ihm am 5. Februar den Titel *pater patriae*, „Vater des Vaterlandes", und der Termin wurde auf Senatsbeschluss zum Feiertag erklärt.[58] Damit hatte sich der *populus Romanus* in seiner Gesamtheit der *patria potestas* des Augustus unterstellt, seiner „väterlichen Allgewalt", die bei aller Totalität auch Schutz, ja Geborgenheit versprach. „In umfassender, spontaner und größter Übereinstimmung", *universi repentino*

---

57 Fasti Praenestini, Inscr. It. XIII 2, S. 117; Feriale Cumanum, ebd., S. 279 (siehe Abb. 4). Vgl. grundsätzlich Paul Zanker, Augustus und die Macht der Bilder, München 1987, 4. Aufl. 2003 sowie im Überblick zu allen mit dem Augusteischen Friedensaltar verbundenen architektonischen und ikonographischen Fragen den informativen Museumsführer von Orietta Rossini, Ara Pacis, 2. Aufl. Milano 2007.

58 Fasti Praenestini, Inscr. It. XIII 2, S. 119: [...] *Feriae ex s*(*enatus*) *c*(*onsulto*), | *quod eo die Imperator Caesar Augustus, pontifex* | *maximus, trib*(*unicia*) *potest*(*ate*) *XXI, co*(*n*)*s*(*ul*) *XIII,* | *a senatu populoque Romano pater patriae* | *appellatus.* – Die so eigenen, uns prinzipiell aber nicht fremden Vatervorstellungen untersuchte im größeren Zusammenhang Meret Strothmann, Augustus – Vater der res publica. Zur Funktion der drei Begriffe *restitutio* – *saeculum* – *pater patriae* im augusteischen Principat, Stuttgart 2000.

7 Augustus, gefolgt von *flamines,* auf dem Prozessionsrelief der Ara Pacis, Südseite, 13–9 v. Chr.
   Rom, Museo dell'Ara Pacis.

maximoque consensu, so Sueton (Divus Augustus 58,1), wurde ihm der Titel angetragen, zuerst wiederholt von der Plebs, dann auch vom Senat. Wie schon im Jahre 27 bei der Verleihung des Augustusnamens trat ein ehemaliger Antonianer hervor, der hochangesehene Consular Marcus Valerius Messala Corvinus,[59] den die Senatoren zu einer unterwürfigen Adresse beauftragt hatten. Erst jetzt war jener größte Konsens umfassend – an seinem spontanen Zustandekommen darf gezweifelt werden. Für die Antwort des zu Tränen gerührten Augustus verbürgt sich sein Biograph, der sie wörtlich zitiert: „Da nun alle meine Wünsche in Erfüllung gegangen sind, Senatoren, worum kann ich die unsterblichen Götter noch bitten, als dass es mir vergönnt sein möge, diese Eure Übereinstimmung (*hunc consensum vestrum*) bis zum letzten Tag meines Lebens bewahrt zu sehen?"[60] – Als „Vater des Vaterlandes" hatte Augustus alle *auctoritas* monopolisiert. Von einer *auctoritas senatus*, einem würdigen Ausdruck, in dem sich das traditionelle kollektive Regiment begrifflich artikuliert hatte, konnte keine Rede mehr sein. Es ist kein Zufall, vielmehr bewusste Komposition, dass Augustus

59 Zu ihm vgl. Ronald Syme, The Augustan Aristocracy, Oxford 1986, S. 200–226.

60 Sueton, Divus Augustus 58,2: *compos factus votorum meorum, p. c., quid habeo aliud deos immortales precari, quam ut hunc consensum vestrum ad ultimum finem vitae mihi perferre liceat?*

seine Res gestae mit dem Bericht von der Verleihung des *pater patriae*-Titels beschließt
(35,1) und damit eine substantielle Klimax setzt. Das Haus des Herrschers war errichtet, mit Recht sieht Dietmar Kienast in der Titelverleihung den „Schlußstein im
Gebäude der neuen Monarchie".[61]

Princeps, oder: Personale Herrschaft in der *res publica*

Die Nomenklatur des Augustus, einst nur ein C. Octavius, dann immerhin Trä-
ger des Namens Caesars, bald schon Sohn eines vergotteten Vaters, war seit jenem
Staatsakt vom 16. Januar 27 voll ausgebildet. Als er am 19. August 14 n. Chr. starb,
führte er indes eine Titulatur, die nicht weniger eindrucksvoll als sein Name war.
Eine Inschrift dieser Zeit aus der Nähe von Ariminum (Rimini) hebt wie folgt an:
*Imp. Ca[e]sar Divi (Iuli) f. Augustus, pontifex maxim(us), cos. XIII, imp(erator)
XX[I], tribunic(ia) potest(ate) XXXVII, p(ater) p(atriae) [...]* (ILS 113). So präsen-
tierte sich der Erste Mann im Staat der Öffentlichkeit in zahlreichen epigraphischen
Zeugnissen, in Rom, in Italien und im Imperium Romanum.[62] Einen Herrschertitel
aber führte er nicht.

Ganz militärisch und damit ganz römisch umschrieb Augustus einmal seine Stellung als *statio*, als „Posten".[63] Vor allem aber sprach er von sich selbst als *princeps*:
me principe, „als ich Princeps war", heißt es wiederholt in seinem Tatenbericht.[64] In
der Tat war diese Wortwahl ein Kunstgriff, um die faktische Monarchie zu verbrä-
men. Das Wort war alt, war der politischen Sprache der Republik geläufig. Dem Geschichtsschreiber Livius zufolge galt etwa Publius Valerius Poplicola, ein hochange-
sehener Consul frühester Jahre, als *omnium consensu princeps belli pacisque artibus*,
„durch Übereinstimmung aller als *princeps* in den Künsten des Krieges und des Frie-

---

61 Kienast, Augustus (wie Anm. 4), S. 133. – Eine gewisse Vorstellung von der schließlichen Ohnmacht der
    alten Aristokratie vermittelt in gewohnter stilistischer Brillanz Tacitus, Annales 1,2,1, jener ätzende Kri-
    tiker des (augusteischen) Principats. § 2 lenkt die Perspektive vom Zentrum in die Peripherie. Der Ohn-
    macht wird eine bezeichnende Erleichterung der Provinzialen, jener unterworfenen Bevölkerung in den
    Provinzen, gegenübergestellt. Offenbar formte erst die neue Politik des Augustus, die Tacitus so im Um-
    kehrschluss andeutet, das Imperium Romanum zu einem Herrschaftsgebilde, das den Namen ‚Römisches
    Reich' verdient. Vgl. die Überlegungen von Frank Bernstein, Das Imperium Romanum – ein ‚Reich'?, in:
    Gymnasium 117, 2010, S. 49–66.
62 Vgl. grundsätzlich Géza Alföldy, Augustus und die Inschriften: Tradition und Innovation. Die Geburt der
    imperialen Epigraphik, in: Gymnasium 98, 1991, S. 289–324, Tafel I–VIII.
63 Augustus, Fragment 35, hg. von Bringmann/Wiegandt (wie Anm. 13), S. 45 (= Gellius 15,7,3).
64 So schrieb denn auch Tacitus schon zu Beginn seiner Annales (1,1,1; siehe auch 1,9,5), *nomine principis
    sub*, „unter dem Namen Princeps", habe Augustus das Gemeinwesen in seine Befehlsgewalt genommen. –
    Grundlegend bleibt der materialreiche und hochreflektierte Lexikonartikel von Lothar Wickert, Princeps
    (civitatis), in: Paulys Realencyclopädie der Classischen Altertumswissenschaft 22.2, Stuttgart 1954, Sp.
    1998–2296.

dens" (2,16,7). Das Wort bezeichnete also eine von der Gesellschaft anerkannte politische und soziale Vorrangstellung eines Einzelnen. Folglich präsentierte sich Augustus als Primus inter pares und suggerierte doch wieder nur einen ihn tragenden Konsens. Ebenso manifestiert sich besonders deutlich ein konstitutives Element aller Politik des Augustus, der Rückbezug auf die altehrwürdige Republik.[65] Denn mit dieser Selbstbezeichnung stellte er sich in die lange Reihe der *principes* – sogar buchstäblich.

Im Jahre 2 weihte Augustus in der Urbs ein weiteres Forum ein: das Forum Augustum.[66] (Abb. 8) Weit in den Platz hinein ragte ein gewaltiger Podiumstempel für Mars Ultor, für den Kriegsgott als Rächer. Zu beiden Seiten erhoben sich einstöckige Säulenhallen mit reichem Baudekor. In den Nischen dieser Portiken wurden marmorne Statuen errichtet, so dass eine Galerie entstand. Inschriften identifizierten die dargestellten Männer als *duces*, als „militärische Führer", bzw. als *summi viri*, als „höchst bedeutsame Männer" – oder mit einem Wort: als *principes*. Sie hatten den römischen Staat zu seiner Größe geführt. Im Zentrum der Platzanlage aber befand sich die wohl vom Senat gestiftete Quadriga des Augustus. Das Gesamtensemble ließ das Übergewicht des neuen Mannes förmlich spüren. Augustus stand nicht nur auf seinem Forum, der Princeps Augustus stand auch in der buchstäblichen Mitte aller Principes Roms.

Mit Augustus war es zu einem irreversiblen politischen Systemwechsel gekommen: zum Principat. Demonstrativer Verzicht und sensible Annahme außerordentlicher von Ämtern entlehnter Gewalten sowie außerordentlicher Ehrungen und Würden hatten seine Position Schritt für Schritt gestärkt. Seine herrschaftliche Ausformung der einst usurpierten Macht ringt Respekt ab, freilich vertritt man damit einen macchiavellistischen Standpunkt. Die Trennung von Amt und Amtsgewalt war konstitutiv, kein Herrschaftsamt nahm er schließlich ein! Seine rechtlichen Kompetenzen, das *imperium proconsulare* mit *maior potestas*, die *tribunicia potestas* und das *imperium consulare*, fügten sich auch nicht zu einer, sagen wir: totalen Gewalt. Die subtile Konstruktion so basierter Herrschaft setzte sich vielmehr aus genau bemessenen wie zugleich begrenzten Zuständigkeiten zusammen, die im Ergebnis doch das überkom-

---

65 Siehe insbesondere Walter Eder, Augustus and the Power of Tradition. The Augustan Principate as Binding Link between Republic and Empire, in: Raaflaub/Toher, Republic (wie Anm. 32), S. 71–122.

66 Vgl. zum Folgenden Res gestae Divi Augusti 35,1; Sueton, Divus Augustus 31,5; Historia Augusta, Alexander Severus 28,6; CIL VI 8,3,40931–41021a; Zanker, Augustus (wie Anm. 57); Martin Spannagel, *Exemplaria principis*. Untersuchungen zu Entstehung und Ausstattung des Augustusforums (Archäologie und Geschichte 9), Heidelberg 1999; Joseph Geiger, The First Hall of Fame. A Study of the Statues in the Forum Augustum (Mnemosyne Supplements 295), Leiden/Boston 2008, sowie im Überblick zu allen mit dem Augustusforum verbundenen architektonischen, ikonographischen und konzeptionellen Fragen die informativen Beiträge von Lucrezia Ungaro in dem von ihr herausgegebenen Führer: The Museum of the Imperial Forums in Trajan's Market, Milano 2007, S. 118–169.

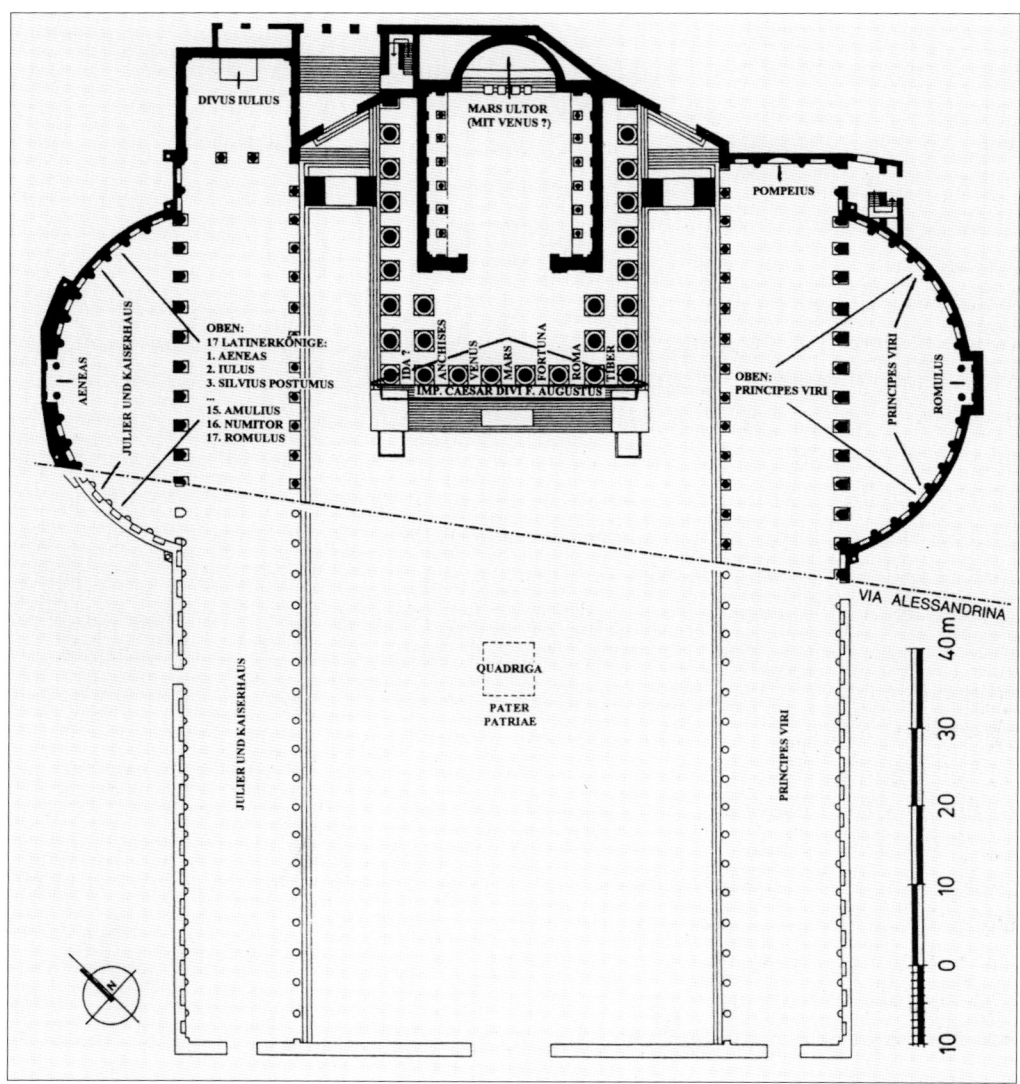

8 Rom, Augustusforum, Rekonstruktionsplan mit Disposition des Statuenprogramms nach Paul Zanker.

mene Entscheidungsmonopol der Aristokratie aufhoben, die politische Aktion der in ihrer Existenz unangetasteten alten Institutionen Senat, Magistratur und Volksversammlungen zunehmend lähmten und Augustus wie einen Monarchen schalten und walten ließen.

Von einer *res publica restituta* mögen manche Zeitgenossen nach bitteren Jahren aus allzu menschlichen Gründen gesprochen haben.[67] Doch dieser Ausdruck, der in der Moderne einer augusteischen Propaganda als kaschierende Rechtfertigungsformel unterstellt wurde,[68] findet keinen rechten Anhalt in den Quellen, ja, verwirrt nur: „Wiederhergestellt" war „das Gemeinwesen" nur in Teilen, denn die alte Ordnung war in einer neuen aufgegangen. So trifft auch die derzeitige Rede von einer Transformation der *res publica* nicht ganz. In eine neue Form war nicht der Staat als solcher überführt worden, vielmehr die politische Kultur Roms. Denn die buchstäblich errungene Herrschaft des Augustus fand in seiner Person eine zusätzliche, eine charismatische Begründung. Gewiss, das Gewicht des Augustus in der *res publica* war für manchen erdrückend. Die Verleihung des Titels eines „Vater des Vaterlandes", jene kaum zu überbietende Ehrung, konnte die Gehorsamspflicht der Unterlegenen letztlich nur äußerlich in uneingeschränkte Anerkennung verwandeln. Und doch verdichtet sich gerade im Konzept der *auctoritas* die Eigenart der augusteischen Herrschaft. Sie hing wesentlich an der Person und persönlichen Leistung des Augustus, fand ihre letzte Rechtfertigung in der Dauer und in dem Erfolg seines persönlichen Regiments.

Solche personale Herrschaft konnte auch nicht ohne Weiteres übertragen werden, war vor allem nicht vererbbar. Die Prinzipien einer Designation des Nachfolgers, die Herausstellung durch Ehrungen und Vermählung mit seiner Tochter Iulia, auch durch Adoption, vor allem durch Mitregentschaft in Form der Beteiligung an den rechtlichen Kompetenzen, entwickelte Augustus vor der Folie seiner außerordentlichen Stellung. So zeigt auch sein Ringen in der Frage der Sukzession, zumal in seinen letzten Jahren, als er nolens volens seinen ungeliebten, schließlich adrogierten Stiefsohn Tiberius als Nachfolger präsentierte, dass seine Herrschaft ein auf ihn zugeschnittener Ordnungsentwurf war, der mehr oder weniger erfolgreich übertragen werden konnte.

---

67 Siehe nur Dieter Flach, Die sogenannte Laudatio Turiae. Einleitung, Text, Übersetzung und Kommentar (Texte zur Forschung 58), Darmstadt 1991, S. 60, Z. 25f., die bezeichnenden Worte eines begnadigten senatorischen Proskribierten in seiner Rede auf seine verstorbene Frau: *Pácáto orbe terrárum, res[titut]á re publicá quieta deinde n[obis et felicia] | tempora contigerunt.*/„Nachdem die Welt befriedet, das Gemeinwesen wiederhergestellt war, waren uns ruhige und glückliche Zeiten vergönnt." – Vgl. in diesem Zusammenhang dann in Tiberischer Zeit das von Phrasen beherrschte Lob des Ritters Velleius Paterculus 2,89,3–6, der wenig überraschend 2,126,2–5, mit ähnlichen Worten dem Nachfolger huldigt.

68 Vgl. in jüngerer Zeit etwa die Beiträge in: Le Principat d'Auguste. Réalités et représentations du pouvoir Autour de la *Res publica restituta*. Actes du colloque de l'Université de Nantes, 1er–2 juin 2007, hg. von Frédéric Hurlet/Bernard Mineo (Collection « Histoire »), Rennes 2009.

Die entscheidenden Elemente des Principats hatte Augustus entwickelt, er hatte den Anfang gesetzt. Doch erst in der Sukzession festigte sich allmählich die so eigene Herrschaftsform. Die Herrscherwechsel bieten daher Aufschluss über Eigenart wie Entwicklung des frühen Principats zugleich und werfen die Frage auf, ab welchem Zeitpunkt er als Institution angesprochen werden kann.[69] Ob schon mit einem der ersten Nachfolger, mit Gaius Caesar (Caligula) vielleicht, oder gar erst mit Vespasian, der im Jahre 69 n. Chr. nach einem sogenannten Vier-Kaiser-Jahr den augusteischen Ordnungsentwurf geschickt wieder aufgriff und mit der Begründung der flavischen Dynastie die Ordnungsform des Principats kontinuierte, Augustus war ,nur' ein *princeps*, ein ,Kaiser' war er nicht. Die Bezeichnung sollte später von „Caesar" abgeleitet werden, dem ursprünglichen Beinamen des Dictators, den Oktavian unter Verzicht auf seinen Gentilnamen Iulius an die zweite Stelle seiner Nomenklatur gerückt und dadurch zum *nomen gentile* gemacht hatte.

---

69 Vgl. weiterhin die wichtige Studie von Dieter Timpe, Untersuchungen zur Kontinuität des frühen Prinzipats (Historia-Einzelschriften 5), Wiesbaden 1962.

Rolf Michael Schneider

Räume, Bauten, Bilder: Knotenpunkte der kaiserlichen Weltordnung Roms[1]

Bauten und Bilder spielen eine zentrale Rolle in unseren Bemühungen, vergangene Kulturen zu beschreiben und historisch zu bewerten. Ohne sie bleibt Geschichtsschreibung gesichtslos, fehlen primäre Zeugnisse der physischen, räumlichen und visuellen Ordnungsformen des gesellschaftlichen Lebens. Versuchen wir uns vorzustellen, wir würden die urbanen Räume der antiken Stadt Rom vor allem aus der schriftlichen Überlieferung kennen: so wie im 18. Jahrhundert der italienische Kupferstecher und Architekturtheoretiker Giovanni Battista Piranesi. Er nutzte die Situation des Mangels geschickt, indem er für die zum Mythos gewordene Kaiserstadt einen lückenlosen Idealplan entwarf (Abb. 1).[2] Piranesi hat ihn nach zeitgenössischen Architekturformen phantastisch ausgestaltet, unter Berücksichtigung der (wenigen) damals bekannten antiken Bauwerke, Ruinen und Münzbilder. Zugegeben, solche Entwürfe sind suggestiv, informativ und folgenreich. Jedoch helfen sie uns nicht, antike Räume, Bauten und Bilder von Rom nachprüfbar zu untersuchen und in Hinblick auf ihre eigene Wirkungsgeschichte zu deuten. Aber welche Qualitäten sind es, die Räume, Bauten und Bilder im Vergleich zu Texten historisch auszeichnen?

Gesprochene, gesungene und geschriebene Texte verwenden und stimulieren eine Vielzahl von Bildern: mentale und verbale, physische und räumliche, individuelle und

---

1 Herzlich danke ich den Herausgebern für die Einladung nach Magdeburg und den Teilnehmern des Kolloquiums für die anregende Diskussion. Im Folgenden stütze ich mich auf meinen Beitrag: Im Bann der Bilder. Rom unter Augustus, in: Machtfragen. Zur kulturellen Repräsentation und Konstruktion von Macht in Antike, Mittelalter und Neuzeit, hg. von Alexander Arweiler/Bardo Maria Gauly, Stuttgart 2008, S. 149–186.
2 Giovanni Battista Piranesi, Le antichità romane 1, Rom 1756, Taf. 43.

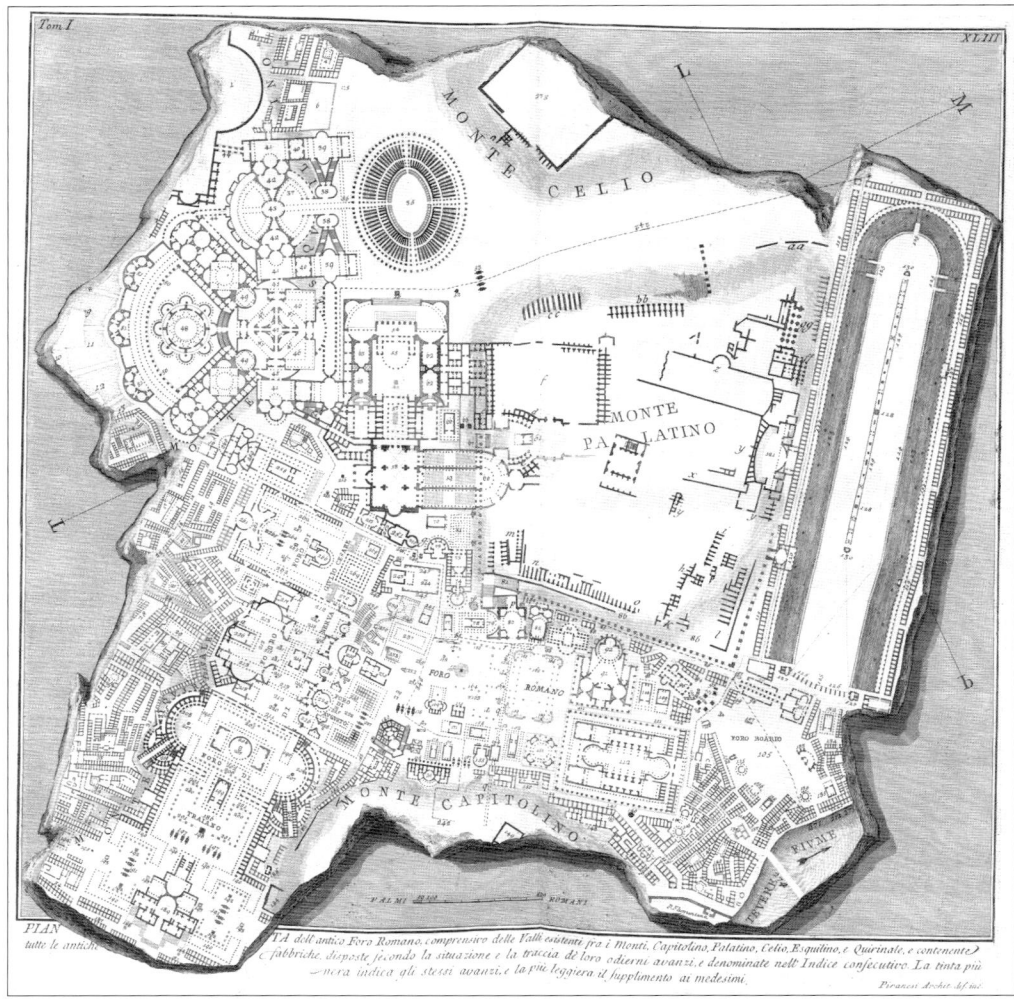

1 Giovanni Battista Piranesi, Fiktiver Plan des Zentrums Roms, um 1756.
München, Bayerische Staatsbibliothek, ESlg/2 Arch. 191–1, Taf. 43.

kollektive, politische und ideologische.[3] Das gilt auch umgekehrt. Ohne Sprache sind
weder Entwurf noch Deutungsverhandlung eines Bildes möglich. Dabei fasse ich den
Begriff des Bildes weit. Mit ihm bezeichne ich alle zwei- und dreidimensionalen Arte-
fakte, also auch Räume, Bauten und Monumente. Der Bildentwurf gewinnt seine spezifische Form in ständiger Auseinandersetzung mit Material und Funktion des Bild-
trägers. Und: Bildentwürfe sind immer an Prozesse des kontextuellen Handelns und

3 Hier und zum Folgenden: William J. T. Mitchell, Iconology. Image, Text, Ideology, Chicago/London
1986; Luca Giuliani, Bild und Mythos. Geschichte der Bilderzählung in der griechischen Kunst, München
2003, S. 9–37; Michael Squire, Image and Text in Graeco-Roman Antiquity, Cambridge 2009, S. 15–189.

der kontextuellen Beeinflussung gebunden.[4] In der sozialen Kommunikation sind Bild und Text bzw. Text und Bild wechselseitig aufeinander bezogen, als sich sperrig ergänzende Ausdrucksformen, die in ihrer unterschiedlichen Struktur jeweils starken Eigengesetzlichkeiten unterliegen.

Gegenüber dem Text zeichnet sich das Bild durch eine Reihe von besonderen Qualitäten aus.[5] Bilder können auch jenseits bildlicher Konventionen einen Sinn ergeben, während ein Text ohne Kenntnis von Vokabeln und grammatikalischen Regeln (weitgehend) unverständlich bleibt. Zudem kann der Leser Anfang und Ende eines Textes gewöhnlich klar bestimmen und diesen wenigstens oberflächlich auch zu Ende lesen. Anders der Betrachter. Er ist zumeist nicht in der Lage, Anfang und Ende eines Bildes zu definieren. Die Auseinandersetzung des Betrachters mit dem Bild bleibt ohne bestimmbaren Abschluss. Sie ist trotz der formalen Begrenzung des Bildes grenzenlos und entwickelt eigene Wirkmacht. Darin liegt einer der Gründe, warum der Betrachter mit dem Bild die Qualität subjektiver und kollektiver Mehrdeutigkeit verbindet. Die Intentionalität des Bildes muss darunter nicht leiden. Im Gegenteil, sie kann durch das weite, auch gegensätzliche Spektrum möglicher Assoziationen nachhaltig vermehrt werden. Am Bild haftet also ein vielschichtiger Mehrwert, der den Betrachter in ständig neue Formen ästhetischer und semantischer Debatten lockt. Und: Nur ein Bild kann im Bruchteil einer Sekunde wahrgenommen werden und sich dabei für immer in das Gedächtnis einprägen – unabhängig davon, welche Bedeutung(en) der Betrachter mit dem Bild verknüpft. Dieser Mehrwert des Bildes erschließt je nach Kultur unterschiedlich weite Assoziationsräume. Er wirkt für und über den Betrachter enorm suggestiv – und eröffnet dem Historiker jenseits von Texten neue Blickwinkel darauf, wer wo, wie, wann und warum ästhetische, emotionale und ideologische Einstellungen in einer Gesellschaft verhandelt hat.

Unter diesen Voraussetzungen werde ich über typische Räume, Bauten und Bilder der Kaiserstadt Rom sprechen (Abb. 2).[6] Um dabei die historische Bodenhaftung nicht zu verlieren, beschränke ich mich auf eine bestimmte Periode, die des Imperator Caesar Augustus, des ersten Kaisers von Rom (27 v. – 14 n. Chr.). Unter seiner Herrschaft ist Rom radikal umgeformt worden.[7] Welche neuen Formen kaiserlicher

---

4   Martina Löw, Raumsoziologie, Frankfurt 2001, S. 130–230.

5   Luca Giuliani, Macht und Ohnmacht der Bilder. Eine frisch gewaschene Schürze und die gemordeten Mamelucken, in: Iconic World. Neue Bilderwelten und Wissensräume, hg. von Christa Maar/Hubert Burda, Köln 2006, S. 185–192.

6   Hier und zum Folgenden: The Emperor and Rome. Space, Representation, and Ritual, hg. von Björn Ewald/Carlos Noreña (Yale Classical Studies 35), Cambridge 2010, S. 1–43.

7   Paul Zanker, Augustus und die Macht der Bilder, München 1987; Kaiser Augustus und die verlorene Republik. Eine Ausstellung im Martin-Gropius-Bau, Berlin, 7. Juni–14. August 1988, hg. von Mathias R. Hofter, Mainz 1988; Andrew Wallace-Hadrill, Augustan Rome, Bristol 1993; Diane Favro, The Urban Image of Augustan Rome, Cambridge 1996; Mapping Augustan Rome, hg. von Lothar Haselberger/Elisha A.

Ordnung lassen sich hier erkennen? Welche Formen der sozialen Kommunikation können wir nachzeichnen? Und welche davon könnten, trotz aller Unterschiede und der dazwischenliegenden historischen Brüche in der Überlieferung, die neue Herrschaftsordnung von Otto Imperator Augustus beeinflusst haben? Beim Abtasten dieser Fragen lasse ich mich von den thematischen Schwerpunkten leiten, die bereits dem Magdeburger Kolloquium als Leitfaden gedient haben. Es sind: 1) die neuen Räume kaiserlicher Macht; 2) die Allgegenwart des Kaisers im Bild; 3) das Verhältnis von Kaiser und Gott; 4) das Problem der Nachfolge; 5) kaiserliche Formen der Weltdeutung und Repräsentation; 6) das Fremde im Zentrum der Macht.

Kaisertum als gesteigerte Königsherrschaft: Räume kaiserlicher Macht

Konkurrierende Projekte der Infrastruktur, der Architektur und der bildlichen Selbstdarstellung haben Rom vom 6. bis zum 1. Jahrhundert v. Chr. immer wieder verändert.[8] Außergewöhnlich war die Wende in der Stadtentwicklung, die Caius Iulius Caesar, der Adoptivvater des Augustus, ab etwa 55 v. Chr. eingeleitet hat. Er schuf wichtige Grundlagen für den systematischen Umbau der republikanischen *urbs* zur neuen Kaiserstadt.[9] (Abb. 2) Zehn Jahre später, am 15. März 44 v. Chr., wurde Caesar ermordet und kurz darauf, als *Divus Iulius*, unter die Götter versetzt. Sein politischer Erbe war der *Divi filius*, der spätere Augustus. Er ging, vor allem seit seiner Alleinherrschaft im Jahr 31 v. Chr., weit über die Umbaupläne Caesars hinaus.[10] Im Jahr 27 v. Chr. begründete er als *Imperator Caesar Augustus Divi filius* das (sogenannte) Kaisertum von Rom.

Dumser/Dorian Borbonus (Journal of Roman Archaeology, Supplementary Series 50), Ann Arbor 2002; Karl Galinsky, The Cambridge Companion to the Age of Augustus, Cambridge 2005; Lothar Haselberger, Urbem Adornare. Die Stadt Rom und ihre Gestaltumwandlung unter Augustus (Journal of Roman Archaeology, Supplementary Series 64), Ann Arbor 2007; Andrew Lintott, The Romans in the Age of Augustus, Malden 2010; John R. Patterson, The City of Rome Revisited. From Mid-Republic to Mid-Empire, in: The Journal of Roman Studies 100, 2010, S. 210–232.

8   Tonio Hölscher, Die Anfänge römischer Repräsentationskunst, in: Mitteilungen des Deutschen Archäologischen Instituts, Römische Abteilung 85, 1978, S. 315–357; Zanker, Augustus und die Macht der Bilder (wie Anm. 7), S. 15–41; Ancient Rome. The Archaeology of the Eternal City, hg. von Jon Coulston/Hazel Dodge, Oxford 2000; Tonio Hölscher, Provokation und Transgression als politischer Habitus in der späten römischen Republik, in: Mitteilungen des Deutschen Archäologischen Instituts, Römische Abteilung 111, 2004, S. 83–104; Karl-Joachim Hölkeskamp, Reconstructing the Roman Republic. An Ancient Political Culture and Modern Research, Princeton 2010; Patterson, The City of Rome Revisited (wie Anm. 7), S. 210–232.

9   Haselberger, Urbem Adornare (wie Anm. 7), S. 49–53.

10 Am Besten veranschaulicht die Rekonstruktion der Baustelle im März 44 v. Chr. die radikale, von Caesar eingeleitete Umgestaltung des Forum Romanum: Jean-Claude Golvin/Catherine Salles, Voyage chez les empereurs romains, Arles/Paris 2006, S. 22–25 mit Abb.

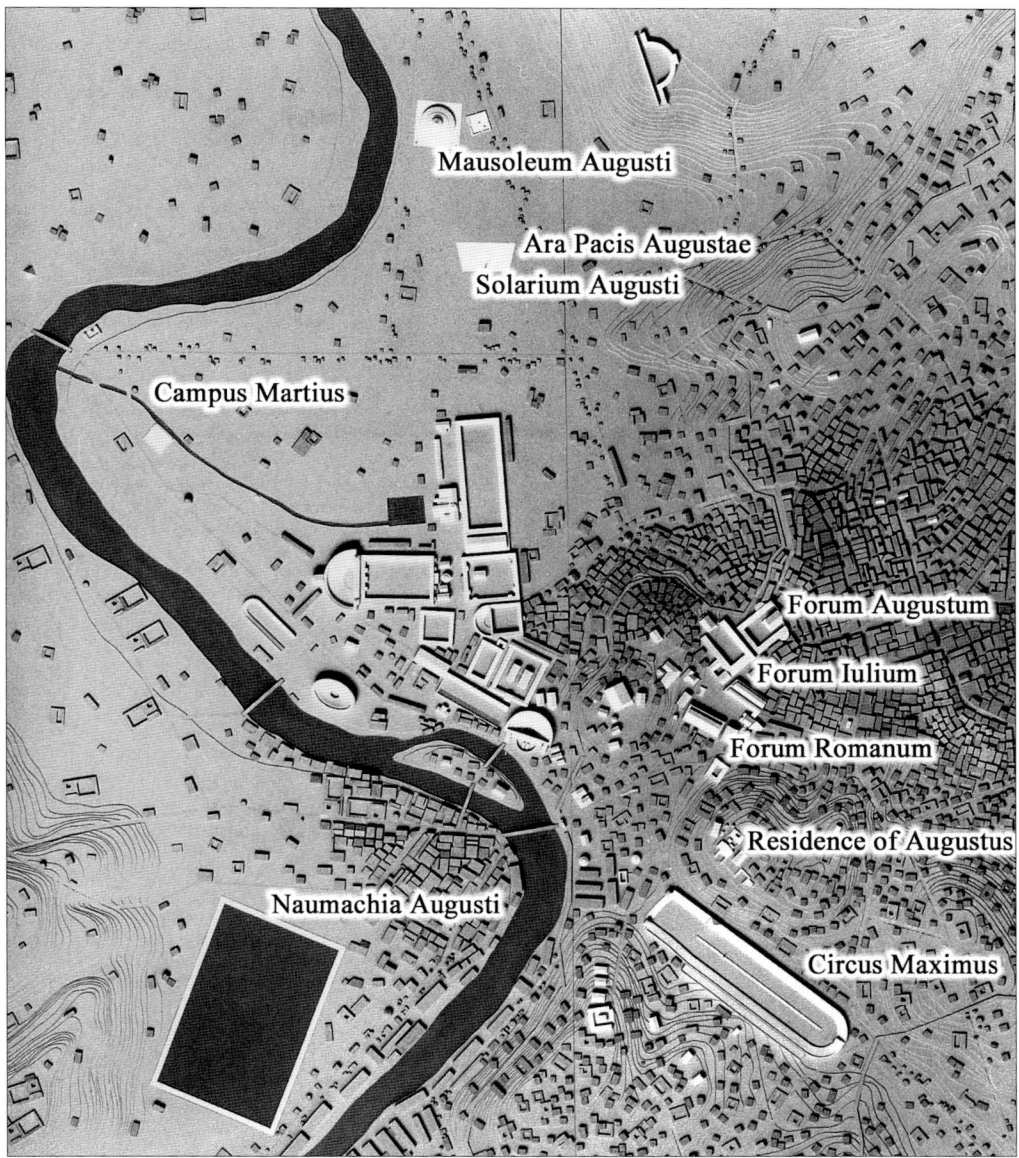

2 Modellrekonstruktion der Stadt Rom unter Augustus (Ausschnitt), 27 v. – 14 n. Chr., Berlin,
Staatliche Museen zu Berlin, Antikensammlung.

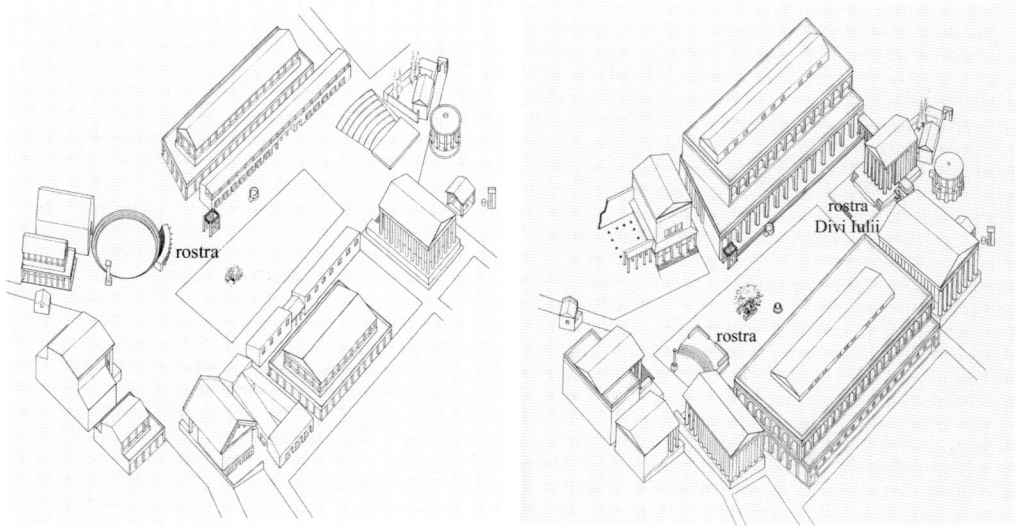

3 Rekonstruktion des Forum Romanum in Rom a) im 2. Jahrhundert v. Chr. und b) zur Zeit des Augustus.

Caesar folgend ließ der Kaiser das auf die römische Königszeit zurückreichende politische Zentrum der Stadt, das Forum Romanum, tiefgreifend verändern.[11] Unter Augustus wurde jeder Bau des altehrwürdigen Platzes erneuert (Abb. 3).[12] Viele Neubauten waren (Mit-)Stiftungen der kaiserlichen Familie, die meisten verwiesen namentlich auf sie: die Curia Iulia, die Basilica Iulia, der der Basilica Aemilia vorgeblendete Porticus der Augustusenkel Caius und Lucius, der Tempel des Divus Iulius und die zwei in Folge für Augustus errichteten Bögen. Nur die Basilica Aemilia, die von seinem designierten Nachfolger Tiberius erneuerten Tempel der Dioskuren und der Concordia sowie einige uralte Kultmale behielten ihre republikanischen Namen. Mehr noch, Caesar und nach ihm Augustus ließen das Comitium zerstören, den altväterlichen Platz der Volksversammlung. Er wurde fortan von der Curia Iulia, der Tagungsstätte des Senats besetzt. Damit war zugleich die republikanische Rednerbühne überflüssig geworden. Auch sie wurde dem Erdboden gleichgemacht und mittig vor der nordwestlichen Schmalseite des Forums in anderer Form und anderer Funktion neu errichtet. Um den außerordentlichen Charakter dieser Maßnahme zu verstehen,

---

11 Nicolas Purcell, Forum Romanum, in: Lexicon Topographicum Urbis Romae 2, hg. von Eva Margareta Steinby, Rom 1995, S. 325–336; Tonio Hölscher, Das Forum Romanum – Die monumentale Geschichte Roms, in: Erinnerungsorte der Antike. Die römische Welt, hg. von Elke Stein-Hölkeskamp/Karl-Joachim Hölkeskamp, München 2006, S. 100–122; Klaus Stefan Freyberger, Das Forum Romanum, Mainz 2009, S. 55–83 (Caesar & Augustus).

12 John E. Stambaugh, The Ancient Roman City, 2. Aufl. Baltimore 1990, S. 115, Abb. 9.

müssen wir 300 Jahre zurückblicken. Im späteren 4. Jahrhundert v. Chr. wurde die Funktion der Rednerbühne entscheidend erweitert: durch die Vorderteile der sechs Kriegsschiffe, die Caius Maenius nach seinem Sieg über die latinische Hafenstadt Antium im Jahr 338 v. Chr. erbeutet und danach an der Rednerbühne hatte befestigen lassen.[13] Damit ging eine folgenreiche Umbenennung einher. Die römische Rednerbühne hieß fortan *rostra*, „Rammsporne von Kriegsschiffen" (Abb. 3).[14] Dieser Name galt allein ihrer neuen Funktion. Er bezeichnete die Rednerbühne nicht mehr als den Ort der öffentlichen Debatte im politischen Leben der Stadt, sondern der Schaustellung von außenpolitischen Siegen herausragender Römer: als Symbol der militärischen Macht Roms.[15] Ein so unerhörter Akt öffentlicher Selbstdarstellung eines Einzelnen war in Rom bis dahin beispiellos. Gute 300 Jahre später trieb Augustus die politische Semantik der von Caesar versetzten Rednerbühne auf die Spitze. Seine Rednerbühne zeigte nicht mehr die alte funktional gerundete Form, sondern eine gerade Schaufassade. Sie diente nicht mehr als Rednerpult für die gewählten Volksvertreter, sondern als imperiale Bühne der berühmten Rostra von Antium (Abb. 3).[16] Mit welcher rigorosen ideologischen Konsequenz dabei vorgegangen wurde, zeigt die gleichzeitige Anbringung von neuen Rostra an der gegenüberliegenden Schmalseite des Forums. Dort, vor der hohen Podiumsfront des Tempels für den *Divus Iulius*, hatte der *Divi Filius* neue Rammsporne anbringen lassen (Abb. 3). Sie stammten von den ägyptischen Kriegsschiffen, die er 31 v. Chr. in der Seeschlacht von Actium erbeutet hatte. Dieser Sieg sicherte ihm die Alleinherrschaft in Rom. Das Fazit ist bekannt. In nur wenigen Jahrzehnten war das alte Forum verschwunden. Das über Jahrhunderte gewachsene politische Zentrum der römischen Republik hatte Platz zu machen für den römischen Kaiser. Fortan diente es in erster Linie ihm und der Inszenierung seiner Herrschaftsordnung in Rom.

Direkt hinter der Curia Iulia entstanden zwei weitere kaiserliche Repräsentationsräume, das von Augustus vollendete Forum Iulium (Abb. 2) und das von ihm in Auftrag gegebene Forum Augustum (Abb. 2, siehe auch Abb. 8, S. 52). Das 2 v. Chr. eingeweihte Forum Augustum verkündete in vielfachen Brechungen die Botschaften der neuen Kaiser-Ideologie.[17] Ihr Rückgrat war ein in außergewöhnlicher Dichte ge-

---

13 Hölscher, Die Anfänge römischer Repräsentationskunst (wie Anm. 8), S. 318–320; Filippo Coarelli, Rostra età repubblicana, in: Lexicon Topographicum Urbis Romae 4, hg. von Eva Margareta Steinby, Rom 1999, S. 212–214.

14 Stambaugh, The Ancient Roman City (wie Anm. 12), S. 112, Abb. 8.

15 Bezeichnenderweise ist uns der alte Name der Rednerbühne nicht überliefert.

16 Patrizia Verduchi, Rostra Augusti, in: Lexicon Topographicum Urbis Romae 4 (wie Anm. 13), S. 214–217.

17 Paul Zanker, Forum Augustum, Tübingen 1969; Valentin Kockel, Forum Augustum, in: Lexicon Topographicum Urbis Romae 2 (wie Anm. 11), S. 289–295; Martin Spannagel, Exemplaria Principis. Untersuchungen zu Entstehung und Ausstattung des Augustusforums (Archäologie und Geschichte 9), Heidelberg 1999; The Museum of the Imperial Forums in Trajan's Market, hg. von Lucrezia Ungaro, Mailand 2007,

4 Giebel des Mars Ultor-Tempels (Ausschnitt), Marmor, um 50 n. Chr. Rom, Villa Medici.

knüpftes Netz von Bauten und Bildern. In den Portiken und Exedren standen über 100 Bildnisstatuen von *principes viri*, ausgewählten Männern der historischen und mythischen Vergangenheit Roms (siehe Abb. 8, S. 52). Unter jeder Statue waren zwei Inschriften angebracht. Die eine nannte Name und Laufbahn des Geehrten, den *cursus honorum*. Die andere lobte in einem *elogium* besondere Verdienste um die Gemeinschaft. Unter ihnen ragten zwei kolossale Skulpturen durch Habitus, Größe, Thema und Ort heraus. Im Zentrum der nordwestlichen Exedra stand die Gruppe des trojanischen Helden Aeneas (Abb. 17), ihr gegenüber im Südosten die Statue des Romgründers Romulus. Das neue Kollektiv der Bildnisstatuen sollte die Alleinherrschaft des Augustus als selbstverständlichen Höhepunkt der über siebenhundertjährigen Geschichte Roms erscheinen lassen, konsequent, glanzvoll und einzigartig. Augustus selbst stand für sich allein: entrückt in einer Triumphal-Quadriga, mitten auf seinem Forum (Res Gestae Divi Augusti 35).

Ein gewaltiger Tempel beherrschte das Forum. Schon durch Größe, Material, Bildschmuck und handwerkliche Qualität war er ein einzigartiges Manifest der

---

S. 118–169; Joseph Geiger, The First Hall of Fame. A Study of the Statues in the Forum Augustum (Mnemosyne, Supplement 295), Leiden/Boston/Tokyo 2008; Roberto Meneghini, I Fori Imperiali e i Mercati di Traiano. Storia e descrizione dei monumenti alla luce degli studi e degli scavi recenti, Rom 2009, S. 59–78.

Kaisermacht Roms.[18] Er war Mars Ultor (Rächer) geweiht, der hier eine neue komplexe Definition erfuhr.[19] In Anspielung auf den neuen Pater Augustus wurde Mars als der uralte Vatergott aus der legendären Frühzeit Roms verehrt. Gemeinsam hatten Kaiser und Gott die Römer nach der Bürgerkriegszeit wieder geeint. Zugleich war Mars der schreckliche Rächer, den alle zu fürchten hatten, die sich gegen Rom und seinen neuen Alleinherrscher erhoben. Ähnlich anspielungsreich waren die Marmorstatuen, die ursprünglich auf der über 20 m breiten und bis zu 4 m hohen Giebelbühne des Tempels standen. Ein Marmorrelief der frühen Kaiserzeit in Rom überliefert uns die Grundzüge der Komposition (Abb. 4).[20] Es zeigt sieben handlungslose Figuren, die in strenger formaler und semantischer Hierarchie nebeneinander geordnet sind. In der Mitte steht, die anderen Figuren überragend, Mars, *pater* und *ultor* zugleich. Zu seiner Rechten, d. h. auf der Seite der Exedra mit der Gruppe des Aeneas, folgen zwei Repräsentanten der Familie des Augustus. Direkt neben Mars steht Venus, seine Geliebte und die göttliche Stammutter des iulischen Kaiserhauses (siehe unten). Daneben sitzt ihr trojanischer Enkel, der Aeneas-Sohn Iulus Ascanius, bartlos, in asiatischer Tracht und auf einen Hirtenstock gestützt. Im Zwickel hinter ihm lagert auf einem Fels die Personifikation eines Berges. Sie verkörpert entweder den iulischen Palatin oder die trojanische Ida. Zur Linken von Mars, d. h. auf der Seite der Exedra mit der Statue des Romulus, folgen zwei Repräsentanten Roms. Direkt neben Mars steht wieder eine Göttin, diesmal die augusteische Fortuna Redux mit Füllhorn und Steuerruder. Daneben sitzt, wie an der Ostseite der Ara Pacis Augustae, Roma auf einem Waffenhaufen. Im Zwickel hinter ihm lagert die Personifikation eines Flusses, wahrscheinlich des Tibers. Die politischen Botschaften der Giebelfiguren und der kolossalen Skulpturen im Zentrum der Exedren liegen eng beieinander. Beide verbinden die Ursprünge des römischen Volkes und seines Kaisers mit zwei antiken Macht- und Kulturzentren von legendärem Rang, der Genealogie vom östlichen Troja und der Lokalität vom italischen Rom.[21] Die Aeneas-Gruppe verbürgt die Abstammung vom fernen Troja (Abb. 17), die Romulus-Statue die heimische Verwurzelung der Römer in Latium. Der augusteische Historiker Dionysios von Halikarnassos (Rhomaike archaiologia I 76–79) berichtet, durch Mars seien beide Herkunftslinien miteinander vereint. Denn der Gott selbst soll mit der von Aeneas abstammenden Ilia, auch Rhea Silvia genannt, die Zwillinge Romulus und Remus

---

18 Joachim Ganzert, Der Mars-Ultor-Tempel auf dem Augustusforum in Rom, Mainz 1996; Joachim Ganzert, Im Allerheiligsten des Augustusforums. Fokus ‚oikoumenischer Akkulturation‘, Mainz 2000.

19 Spannagel, Exemplaria Principis (wie Anm. 17), S. 41–78.

20 Schneider, Im Bann der Bilder (wie Anm. 1), S. 153, Abb. 5 (mit Begründung der Deutung auf Iulus Ascanius). Gute Abb. bei Erika Simon, Die Götter der Römer, München 1990, S. 140, Abb. 174.

21 Egon Flaig, Über die Grenzen der Akkulturation. Wider die Verdinglichung des Kulturbegriffs, in: Rezeption und Identität. Die kulturelle Auseinandersetzung Roms mit Griechenland als europäisches Paradigma, hg. von Gregor Vogt-Spira/Bettina Rommel, Stuttgart 1999, S. 84–95; siehe unten Anm. 85.

gezeugt haben. Unter Augustus wurde die mythische Doppel-Genealogie von Rom in spektakulären Bildern vor Augen gestellt: an der Ara Pacis Augustae und auf dem Forum Augustum; für den von nicht-römischen Fremden durchsetzten Populus Romanus ebenso wie für den trojanischen Kaiser von Rom. Auf diesen Zusammenhang komme ich am Schluss noch einmal zurück.

Ein anderes Projekt von gigantischem Ausmaß war der umfassende Umbau des Circus Maximus.[22] Wie das Forum Romanum, so hatte auch er seinen Ursprung in der römischen Königszeit. Nach Umbaumaßnahmen von Caesar übergab Augustus dem römischen Volk die größte Arena der antiken Welt. Nunmehr ungefähr 620 m lang und 120 m breit bot sie etwa 150.000 Zuschauern Platz. In das Zentrum der neuen iulischen Arena hatte er einen Obelisken aus Ägypten stellen lassen, einen frühzeitlichen Koloss, den einst Sethos I. und Ramses II. (1290–1213 v. Chr.) in Auftrag gegeben hatten (siehe unten).[23] Über der Nordostseite des Circus erhob sich die Residenz des Augustus auf dem Palatin. In ihrer Nachbarschaft glaubte man, die legendäre *urbs quadrata* aus der mythischen Urzeit des Romulus lokalisieren zu können (Abb. 2).[24] Die Residenz bestand aus einem lockeren Ensemble mehrerer, teilweise älterer Häuser, die vielleicht in eine Grünanlage eingebettet waren. Der Kaiser hatte sie mit höchstem Luxus ausstatten lassen.[25] Die Residenz des Augustus war von nicht weniger als drei Tempeln umstellt. Im Südosten, direkt neben ihr, erhob sich der 28 v. Chr. eingeweihte Neubau des Apollo Palatinus, des persönlichen Schutzgottes des Kaisers.[26] Im Norden lagen zwei republikanische Tempel. Der eine war der Victoria geweiht.[27] In dem anderen wurde seit dem 2. Jahrhundert v. Chr. die *Mater Deum*

---

22 John Humphrey, Roman Circuses. Arenas for Chariot Racing, Berkeley 1986, S. 56–294; Paola Ciancio Rossetto, Circus Maximus, in: Lexicon Topographicum Urbis Romae 1, hg. von Eva Margareta Steinby, Rom 1993, S. 272–277.

23 Rolf Michael Schneider, Nicht mehr Ägypten, sondern Rom. Der neue Lebensraum der Obelisken, in: Städel Jahrbuch (Neue Folge) 19, 2004, S. 162–164.

24 Filippo Coarelli, Roma Quadrata, in: Lexicon Topographicum Urbis Romae 4 (wie Anm. 22), S. 207– 209; Clemens Krause, Die Domus Tiberiana – Vom Wohnquartier zum Kaiserpalast, in: Die Kaiserpaläste auf dem Palatin in Rom. Das Zentrum der römischen Welt und seine Bauten, hg. von Adolf Hoffmann/Ulrike Wulf, Mainz 2004, S. 46–48.

25 I marmi colorati della Roma imperiale, Roma, Mercati di Traiano, 28 settembre 2002–19 gennaio 2003, hg. von Marilda De Nucci/Lucrezia Ungaro, Venedig 2002, S. 437–445 (Beiträge von Patrizio Pensabene & Maria Antonietta Tomei); Maria Antonietta Tomei, Die Residenz des ersten Kaisers – Der Palatin in augusteischer Zeit, in: Die Kaiserpaläste auf dem Palatin in Rom (wie Anm. 24), S. 6–17.

26 Pierre Gros, Apollo Palatinus, in: Lexicon Topographicum Urbis Romae 1 (wie Anm. 22), S. 54–57; Stephan Zink/Heinrich Piening, Haec aurea templa. The Palatine Temple of Apollo and its Polychromy, in: Journal of Roman Archaeology 22, 2009, S. 109–122.

27 Patrizio Pensabene, Victoria, Aedes, in: Lexicon Topographicum Urbis Romae 5, hg. von Eva Margareta Steinby, Rom 1999, S. 149f.; Patrizio Pensabene/Alessandro D'Alessio, L'immaginario urbano: spazio sacro sul Palatino tardo-repubblicano, in: Imaging Ancient Rome. Documentation – Visualization – Imagination, hg. von Lothar Haselberger/John Humphrey (Journal of Roman Archaeology, Supplementary Series 61), Ann Arbor 2006, S. 31–49.

5   Diptychon der Lampadii mit Darstellung des Circus Maximus. Elfenbein,
     um 430 n. Chr. Brescia, Civici Musei d'Arte e Storia.

Magna Idaea verehrt. Ihren Tempel hatte Augustus 3 n. Chr. erneuern lassen.[28] Beide, die römische Siegesgöttin und die kleinasiatische Große Mutter der Götter, erlangten unter Augustus besondere Aktualität. Die Große Mutter der Götter erinnerte schon durch ihren trojanischen Beinamen *Idaea* an die trojanischen Urahnen der Römer.[29] Augustus leitete sich über die Gens Iulia von den berühmtesten Trojanern ab: dem Helden Aeneas, den sein Vater Anchises mit der iulischen Venus gezeugt haben soll; und von dem Sohn des Aeneas, dem trojanischen Prinzen Iulus Ascanius. Durch solche aufgeladenen Orts-, Bau- und Sinnbezüge schlossen sich Circus, Kaiserresidenz und Tempel als neues imperiales Ensemble im Bild der Stadt zusammen.[30] Sein sozialer und räumlicher Kristallisationspunkt war der Circus Maximus. Hier wurde, im Kontext strikter Hierarchie, entfesselter Leidenschaft und spontaner Kommunikation zwischen Kaiser, politischer Elite und Volk, die imperiale Ordnung Roms hautnah erfahren und dynamisch verhandelt. Ausschnitthaft und streng ritualisiert ist dieser Zusammenhang auf dem Mittelteil eines spätantiken Diptychons aus Elfenbein dargestellt (Abb. 5).[31] Es zeigt oben das Tribunal des Circus Maximus. In seinem Zentrum sitzt der Spielgeber in imperialem Ornat mit Kranz und Adlerszepter. Die darüber erhaltene Inschrift weist ihn als Vertreter der senatorischen Familie der Lampadii aus. Unter dem Tribunal, in vertikaler Hierarchie, ist der Circus Maximus wiedergegeben: reduziert auf die Spina mit dem Obelisken des Augustus, zwei Siegeszeichen (*tropaea*) und den konischen Wendemarken, die vier Quadrigen in rasender Fahrt umrunden.

Ein weiterer Schwerpunkt augusteischer Baupolitik lag auf dem Marsfeld (Abb. 2). Auch dort gelang es Augustus und seinem obersten Feldherrn Agrippa, mit höchst ambitiösen Maßnahmen das Bild der Stadt für immer zu verändern.[32] Während Agrippa die südlichen Areale des Marsfeldes bebauen ließ, hatte der spätere Augustus offenbar noch vor seiner Alleinherrschaft das nördliche Marsfeld für sich reklamiert und dort die Fundamente seines riesigen Mausoleums legen lassen (Abb. 6).[33] Darauf

---

28 Patrizio Pensabene, Das Heiligtum der Kybele und die Untergeschoßbauten im Südwesten des Palatin, in: Die Kaiserpaläste auf dem Palatin (wie Anm. 24), S. 18–31.

29 Timothy Peter Wiseman, Cybele, Vergil and Augustus, in: Poetry and Politics in the Age of Augustus, hg. von Thomas Woodman, Cambridge 1984, S. 117–128.

30 Weiterführend Allesandro Barchiesi, Phaeton and the Monsters, in: Paradox and the Marvellous in Augustan Literature and Culture, hg. von Philip Hardie, Oxford 2009, S. 170–188.

31 Rolf Michael Schneider, Römische Bilder ägyptischer Obelisken, in: Ägypten Griechenland Rom. Abwehr und Berührung, Städelsches Kunstinstitut und Städtische Galerie, Ausstellung vom 26. November 2005 bis 26. Februar 2006, hg. von Herbert Beck/Peter C. Bol/Maraike Bückling, Frankfurt am Main 2005, S. 421f., Abb. 5.

32 Zu Agrippa: Andreas Grüner, Das Pantheon des Agrippa. Architektonische Form und urbaner Kontext, in: The Pantheon in Rome. Contributions to the Conference, Bern, November 9–12, 2006, hg. von Gerd Graßhoff/Michael Heinzelmann/Markus Wäfler, Bern 2009, S. 41–68. – Zu Augustus: Timothy Peter Wiseman, Campus Martius, in: Lexicon Topographicum Urbis Romae I (wie Anm. 22), S. 220–224.

33 Edmund Buchner, Ein Kanal für Obelisken. Neues vom Mausoleum des Augustus in Rom, in: Antike Welt. Zeitschrift für Archäologie und Kulturgeschichte 27, 1996, S. 161–168; Henner von Hesberg, Das

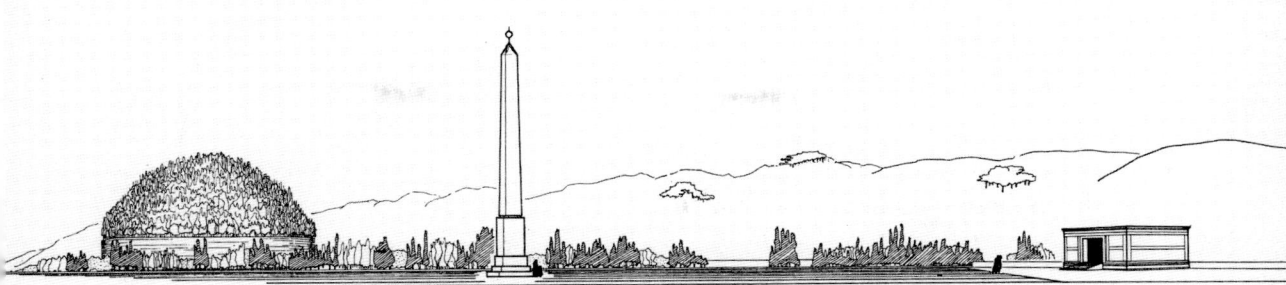

6 Horologium Augusti, Mausoleum Augusti und Ara Pacis Augustae in Rom um 9 v. Chr., Rekonstruktion.

wurde ein für Rom bis dahin einzigartig dimensionierter und geschmückter Grabbau errichtet. Er ragte annähernd 50 m hoch auf und maß etwa 90 m im Durchmesser, etwa doppelt so viel wie das Pantheon des Agrippa (siehe Abb. 5, S. 33). Er hatte es auf dem südlichen Marsfeld genau gegenüber vom Mausoleum Augusti und in enger Anbindung an den Kaiser erbauen lassen.[34] Der Eingang des Mausoleums wurde später durch außergewöhnliche Bildzeichen gerahmt. Wohl gegen 10/9 v. Chr. wurden dort zwei ägyptische Obelisken errichtet (siehe unten), danach zwei Bronzepfeiler mit den Res Gestae Divi Augusti, dem berühmten Tatenbericht des Augustus. An der Schwelle der neuen Augustuszeit formulierte das vielleicht schon 28 v. Chr. eingeweihte Mausoleum in äußerster Höhenlage das Monopol des späteren Kaisers auf Alleinherrschaft: in Rom und über die Welt. Diese in Rom bisher singuläre Form der Selbstdarstellung wurde durch zwei weitere Bauwerke flankiert, die im ideologischen Schatten des Mausoleums lagen, das Horologium Augusti und die Ara Pacis Augustae (Abb. 6). Beide waren im Jahr 9 v. Chr. geweiht.

Das Horologium Augusti ist die größte Anlage der Zeitmessung, die wir aus der Antike kennen. Es war deutlich größer als der Petersplatz in Rom.[35] In seinem Zentrum stand ein riesiger ägyptischer Obelisk. Er geht auf Pharao Psammetich II. (594–589 v. Chr.) zurück. Im Kontext des Horologium Augusti diente der Obelisk des Pharao als gigantischer Zeiger einer neuen Zeit. Er maß die Goldene Zeit, die *aurea aetas*, die Augustus sich rühmte verwirklicht zu haben. Durch die Aneignung pharaonischer Obelisken in Rom stellte sich der neue Kaiser, wie ptolemäische Könige in Ägypten vor ihm, in die Tradition des ältesten bekannten Gottkönigstums der (römischen) Welt, das bereits seit über 3000 Jahren bestand. In einem Punkt aber übertraf er alle

Mausoleum des Augustus – der Vater des Vaterlandes und sein Grabmal, in: Erinnerungsorte der Antike (wie Anm. 11), S. 340–361.

34 Zum augusteischen Pantheon siehe oben Anm. 32.

35 Michael Schütz, Zur Sonnenuhr des Augustus auf dem Marsfeld, in: Gymnasium 97, 1990, S. 432–457; Edmund Buchner, Horologium Augusti, in: Lexicon Topographicum Urbis Romae 3, hg. von Eva Margareta Steinby, Rom 1996, S. 35–37.

seine Vorgänger. Augustus war der erste Herrscher der Antike, der riesige Obelisken aus Ägypten abtransportieren und in Rom neu aufstellen ließ.[36] Die Einweihung der ägyptischen Riesen geschah offenbar annähernd gleichzeitig im Jahr 10/9 v. Chr.[37] Es waren insgesamt vier Obelisken, ausgewählt als Gegenstücke, zwei kleinere von 14,7 m und zwei größere von ca. 22 m Höhe. Durch diese Initiative hat Augustus Rom zur (neuen) Heimat ägyptischer Obelisken gemacht. Es sind Monolithe aus ägyptischem Rosengranit, einst herausgeschlagen in den Brüchen bei Assuan. In Rom verwiesen die Obelisken schon durch ihre Lage im Stadtbild pointiert auf Augustus. Die zwei kleineren standen vor seinem Mausoleum, neu aufgestellt als Paar (Abb. 5, S. 33), wie vormals die Obelisken der Pharaonen.[38] Die zwei Großen waren hingegen nach römischer Praxis als Einzeldenkmäler inszeniert. Der eine stand im gerade erneuerten Circus Maximus zu Füßen der kaiserlichen Residenz auf dem Palatin (Abb. 2), der andere im Zentrum des von Augustus gestifteten Horologium.[39] Der Circus Maximus und das Horologium Augusti waren Orte mit höchster Publikumswirkung. Diese räumliche und kommunikative Höhenlage bestimmte fortan die Wahrnehmung und Wirkung der Obelisken in Rom. Für immer eingebürgert in der neuen Kaiserstadt wurden die ägyptischen Fremdlinge zum wichtigsten Wahrzeichen von Rom.[40] Die zwei großen Obelisken waren, trotz ihrer räumlichen Trennung, in vielfacher Hinsicht Zwillinge. Sie waren Auftragsarbeiten von Pharaonen, kamen aus Ägypten, bestanden aus demselben exotischen Material, waren etwa gleich groß, wurden zur selben Zeit geweiht (10/9 v. Chr.), waren fest mit der Kaiserherrschaft des Augustus verbunden und trugen am Sockel zwei gleichlautende lateinische Inschriften. Sie unterstrichen den synchronen Charakter von Aufstellung und imperialer Botschaft der beiden Beutestücke in Rom:

---

36 Armin Wirsching, Wie die Obelisken Rom erreichten, in: Gymnasium 117, 2010, S. 255–73.

37 Arnim Wirsching, Wie die Obelisken um die Zeitenwende und im 4. Jahrhundert aufgerichtet wurden, in: Gymnasium 113, 2006, S. 329–358.

38 Buchner, Ein Kanal für Obelisken (wie Anm. 33), S. 161–168; Edmund Buchner, Rom unter Augustus – Sonnenuhr und Mausoleum, in: Archäologische Entdeckungen: Die Forschungen des Deutschen Archäologischen Instituts im 20. Jahrhundert, hg. vom Deutschen Archäologischen Institut, Mainz 2000, S. 179–83, Abb. 204, 205.

39 Schneider, Nicht mehr Ägypten, sondern Rom (wie Anm. 23), S. 161–167; Barchiesi, Phaeton and the Monsters (wie Anm. 30), S. 183–188.

40 Rolf Michael Schneider, Römische Bilder ägyptischer Obelisken, in: Ägypten Griechenland Rom (wie Anm. 30), S. 416–425.

IMP(erator) CAESAR DIVI F(ilius)
AVGVSTVS
PONTIFEX MAXIMVS
IMP(erator) XII CO(n)S(ul) XI TRIB(uniciae) POT(estatis) XIV
AEGYPTO IN POTESTATEM
POPVLI ROMANI REDACTA
SOLI DONVM DEDIT
„Imperator Caesar Augustus, Sohn des göttlichen Caesar,
[...] hat, nachdem Ägypten in die Macht
des römischen Volks gebracht worden war,
[den Obelisken] dem Sonnengott als Geschenk gegeben.“[41]

Durch das Horologium Augusti war der Sieg Roms über Ägypten in die Ideologie von kosmischer Ordnung und zeitlicher Gesetzmäßigkeit verwoben. Die dadurch begründete Alleinherrschaft des Augustus war das unabdingbare Ergebnis des ewigen Kreislaufs der Zeit, der Goldenen Zeit des Augustus. Unter ihm wurde die (Goldene) Zeit zum ersten Mal in kosmischen Dimensionen gemessen und von den Menschen erlebt.[42] Ebenso neu und ungewöhnlich waren der soziale Adressat und die an ihn gerichtete politische Botschaft. Erst nachdem Ägypten in die Macht des römischen Volks gebracht worden war, hatte der Kaiser die beispiellosen Beutestücke aufstellen lassen. Augustus hatte damit die Zielrichtung seiner Ägypten-Politik offiziell erklärt und sie auf den ägyptischen Obelisken für immer verewigt. Es war das römische Volk, dem der unermessliche Reichtum Ägyptens und die von dorther kommenden Getreidelieferungen zugutekommen sollten. Der Kaiser selbst garantierte dieses Versprechen, denn ihm, nicht dem Senat, war Ägypten als Provinz unterstellt. Beutestücke aus dem pharaonischen Ägypten wurden in Rom zu den ausdrucksstärksten Symbolen der neuen Kaiserherrschaft: die vier ägyptischen Obelisken und die ägyptischen Rostra auf dem Forum Romanum (Abb. 3).

Direkt neben dem Horologium Augusti ließ der Senat einen großen Altar für die Göttin des Friedens errichten, die Ara Pacis Augustae (Abb. 2).[43] Sie war entworfen, um die siegreiche Rückkehr des Augustus von militärischen Kampagnen in Spanien

---

41 Corpus Inscriptionum Latinarum VI, 701, 702.

42 Rolf Michael Schneider, Roma Aeterna – Aurea Roma. Der Himmelsglobus als Zeitzeichen und Machtsymbol, in: Kult, Kalender und Geschichte. Semiotisierung von Zeit als kulturelle Konstruktion, hg. von Jan Assmann/Ernest W. B. Hess-Lüttich (Special Issue of Kodikas/Code, An International Journal of Semiotics 20, 1/2), Tübingen 1997, S. 103–133, hier S. 109f.

43 Erika Simon, Ara Pacis Augustae, Tübingen 1967; David Castriota, The Ara Pacis Augustae and the Imagery of Abundance in Later Greek and Early Roman Imperial Art, Princeton 1995; Mario Torelli, Pax Augusta, Ara, in: Lexicon Topographicum Urbis Romae 4 (wie Anm. 13), S. 70–74; Orietta Rossini, Ara Pacis, Mailand 2006.

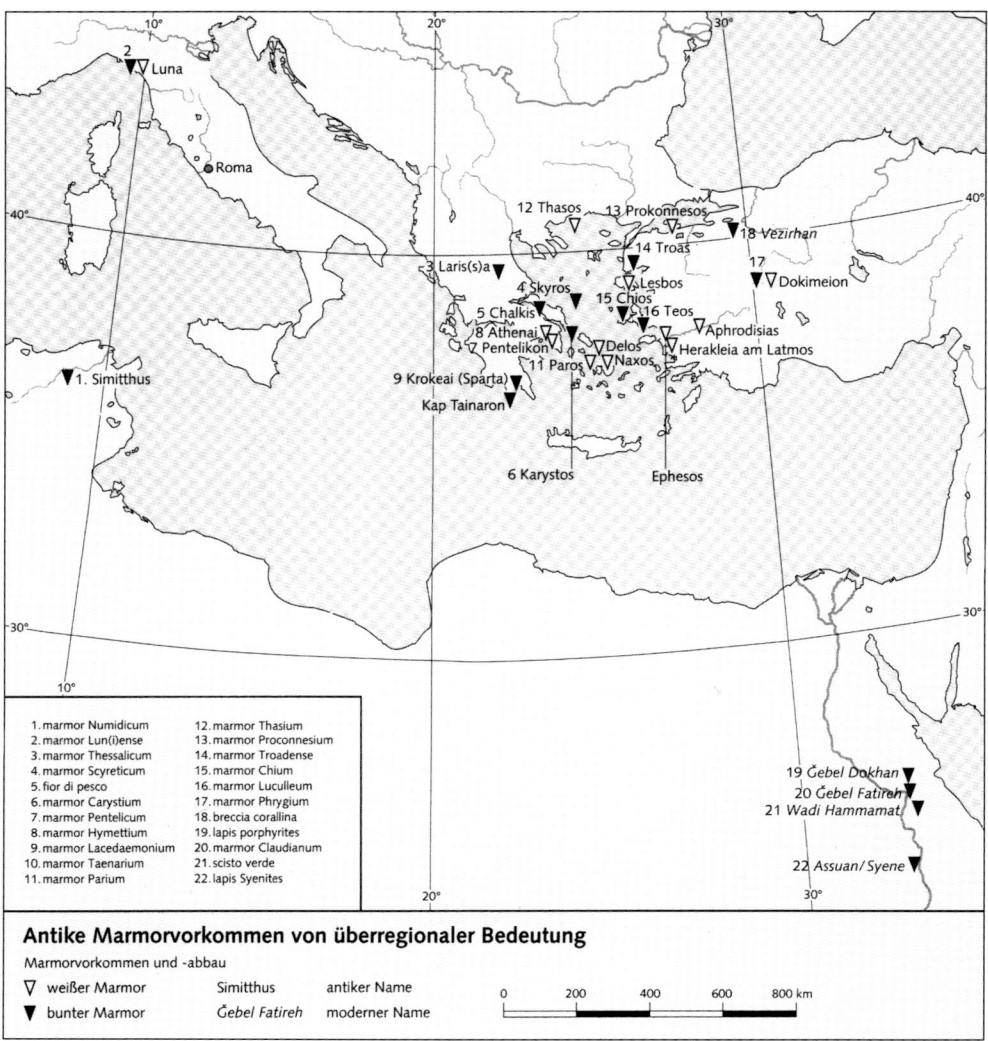

7   Wichtige Marmorbrüche im Mittelmeerraum während der römischen Kaiserzeit.

und Gallien zu feiern. Die Ara Pacis Augustae besteht aus Marmor. Sie wurde 9 v. Chr. eingeweiht. Nie zuvor war in Rom militärischer Sieg so dezidiert auf die Botschaft des Friedens bezogen wie hier.[44] Der römische Friedensaltar ist von Reliefbildern überzogen, ist als regelrechter Bildträger konzipiert. Sie formulieren auf höchstem handwerklichen und ikonographischen Niveau die ideologischen Standards der neuen Kai-

---

44   John W. Rich, Augustus, War and Peace, in: The Representation and Perception of Roman Imperial Power. Proceedings of the Third Workshop of the International Network Impact of Empire. Roman Empire, c. 200 B.C.–A.D. 476, Netherlands Institute in Rome, March 20–23, 2002, hg. von Lukas de Blois/Paul Erdkamp/Olivier Hekster/Gerda de Kleijn/Stephan Mols, Amsterdam 2003, S. 329–357.

serherrschaft. Die äußere Sockelzone ist mit symmetrisch wachsenden Wunderranken geschmückt, Sinnbilder der Segnungen des neuen Goldenen Zeitalters.[45] Darüber sieht man die Prozession der kaiserlichen Familie und römischer Würdenträger, außerdem römische Götter und mythische Vorfahren der Römer, an der Frontseite im Westen u. a. Mars sowie die trojanischen Fremden Aeneas und Iulus Ascanius. Marmorreliefs religiöser Symbole und ritueller Handlungen beherrschen den Dekor im Inneren.

Augustus transformierte das Stadtbild Roms durch zahllose weitere Maßnahmen, darunter auch solchen der Infrastruktur. So wurde das Volumen der Wasserzufuhr der Stadt nahezu verdoppelt, nach der Reparatur bestehender und dem Bau zweier neuer Wasserleitungen, der Aqua Iulia und der Aqua Virgo.[46] Das hatte weitreichende Folgen, für die Wahrnehmung von der Stadt und das Leben in ihr. Neben privaten haben öffentliche Parkanlagen den Stadtkern wie ein grüner Gürtel umzogen und den Bürgern neue Erlebnisräume erschlossen. Noch spektakulärer waren die Bilder der neuen römischen Marmor-Kultur. Niemals zuvor war Marmor in solchen Quantitäten und Qualitäten nach Rom geschafft worden.[47] Nicht nur hinsichtlich des reichen Spektrums mono- und polychromer Marmorsorten setzte die augusteische Marmor-Revolution neue Maßstäbe. Zum ersten Mal in der Geschichte der Mittelmeerkulturen avancierte fremdländischer Buntmarmor zur Standardausstattung großer öffentlicher Neubauten. Im augusteischen Rom zählten dazu der Tempel des Apollo Palatinus, des Apollo Sosianus, der Bellona, des Mars Ultor, der Mater Magna und der Concordia, die Porticus der Danaiden, die Basilica Aemilia und das Forum Augustum. Die neuen Buntmarmore liefern wichtige historische Informationen, da ihre Herkunft in der Regel identifizierbar ist. Der Kaiser und die politische Elite Roms hatten die exotischen Materialien aus weit entfernten Provinzen herbeischaffen lassen, ungeachtet aller Schwierigkeiten und Kosten (Abb. 7). Ausgemeißelt und poliert zu höchster Perfektion, entwickelten Farbe und Marmor sich zu einem neuen Symbol römischer Lebenskultur und römischer Kaisermacht.[48]

Die neuen Räume, Bauten, Bilder und Materialien änderten das Leben in und die Wahrnehmung von der kaiserlichen Metropole in nahezu jeder Hinsicht. Der Umbau von Rom zur Kaiserstadt war ein Vorgang, in dem imperiale Ordnung, kollektives

---

45 Andrew Wallace-Hadrill, The Golden Age and Sin in Augustan Ideology, in: Studies in Ancient Greek and Roman Society, hg. von Robin Osborne, Cambridge 2004, S. 159–176.

46 Carlos F. Noreño, Water Distribution and the Residential Topography of Augustan Rome, in: Imaging Ancient Rome (wie Anm. 27), S. 91–105; Grüner, Das Pantheon des Agrippa (wie Anm. 32), S. 49–53.

47 Rolf Michael Schneider, Bunte Barbaren. Orientalenstatuen aus farbigem Marmor in der römischen Repräsentationskunst, Worms 1986, S. 139–165; Martin Maischberger, Marmor in Rom. Anlieferung, Lager- und Werkplätze in der Kaiserzeit (Palilia 1), Wiesbaden 1997, S. 13–31; S. 102–103; I marmi colorati della Roma imperiale, Roma, Mercati di Traiano, 28 settembre 2002–19 gennaio 2003, hg. von Marilda De Nuccio/Lucrezia Ungaro, Venedig 2002, S. 82–123 und passim.

48 Mark Bradley, Colour and Meaning in Ancient Rome (Cambridge Classical Studies), Cambridge 2009.

Können und politische Loyalität immer wieder neu miteinander verhandelt wurden.
Trotz Sklaventums und extremer Hierarchien bot die frühkaiserzeitliche Gesellschaft
Roms Angehörigen aller sozialen Klassen neue Formen der Teilhabe an der urbanen
Lebenskultur. Zugleich wurde die Kaiserstadt (das) Vorbild der Stadtkultur im Mit-
telmeerraum.[49] Aber Rom war unter Augustus nicht die sterile Bilderbuchstadt, die
uns moderne Rekonstruktionen vor Augen stellen, sondern eine gigantische Baustelle.
Ihre Wirkung war, trotz aller Unannehmlichkeiten, vornehmlich positiv. Denn im
Gegensatz zu unserer Zeit waren antike Baustellen ein zentraler Raum für öffentliche
Debatten zwischen allen sozialen Schichten. Erfahren und verhandelt wurden hier
nicht nur Bau- und Bildentwürfe, handwerkliche Fähigkeiten und spezifische Leistungen der Infrastruktur, sondern auch das Prestige der Auftraggeber sowie die politischen, sozialen und ökonomischen Folgen für alle daran Beteiligten. Der Umbau
von Rom verschaffte nahezu allen Menschen in der Region, teilweise auch weit darüber hinaus, wirtschaftliche Vorteile. Er garantierte den Unternehmern, Bankiers,
Architekten, Bauleuten, Handwerkern, Händlern, Transporteuren, Handlangern etc.
neue Formen von Arbeit, Einkommen und Teilhabe. Der Umbau von Rom war also
mehr als eine Demonstration kaiserlichen Vermögens. Er war das sichtbare Ergebnis
einer kollektiven Leistung und eines gemeinsamen Könnens, getragen, vollbracht und
erfahren von der Bevölkerung Roms.

Der Kaiser wird unausweichlich: Allgegenwart im Bild

Die Praxis der öffentlichen Ehrenstatue mit Porträtzügen war im republikanischen
Rom seit Jahrhunderten in Gebrauch: als höchste Auszeichnung eines Einzelnen in
der Öffentlichkeit.[50] Auf die bisher gepflegten Formen bildlicher Selbstdarstellung
antwortete Augustus mit einem neuen Gesicht. Er war der Erste, der jugendlich un-
terlegte Alterslosigkeit als neuen Standard in das römische Porträt eingeführt hat.[51]
Er war der erste Römer, der sich in der Öffentlichkeit in mindestens drei verschiedenen Porträttypen hat darstellen lassen. Er war der Erste, dessen Porträts in riesiger Zahl im ganzen Reich verbreitet waren. Er war der Erste, dessen Porträts in jeder

---

49 Dietmar Kienast, Augustus. Prinzeps und Monarch, 3. Aufl. Darmstadt 1999, S. 408–449.

50 Luca Giuliani, Bildnis und Botschaft. Hermeneutische Untersuchungen zur Bildniskunst der römischen
    Republik, Frankfurt am Main 1986; Massimiliano Papini, Antichi volti della repubblica. La ritrattistica
    in Italia centrale tra IV e II secolo a. C. (Bullettino della Commissione Archeologica Comunale di Roma,
    Supplementi 13), Rom 2004.

51 Die Bildnisse des Augustus, Sonderausstellung der Glyptothek und des Museums für Abgüsse Klassischer
    Bildwerke München, hg. von Klaus Vierneisel/Paul Zanker, München 1979; Dietrich Boschung, Die Bild-
    nisse des Augustus. Das römische Herrscherbild, 1. Abteilung, Berlin 1993; Roland R. R. Smith, Typology
    and Diversity in the Portraits of Augustus, in: Journal of Roman Archaeology 9, 1996, S. 30–47.

Bildgattung und in jedem Lebenskontext gegenwärtig gewesen sind. Und er war der Erste, der durch sein Porträt die ‚idealen' Bilder des jugendlich-männlichen Körpers (nackt, halbnackt und bekleidet) und die damit zum Ausdruck gebrachten Rollen des Auftretens neu definiert hat. Das Bildnis des Kaisers galt sogar als vollgültige Vertretung seiner selbst.[52] Es bot Schutz vor rechtlicher Verfolgung und ausländische Könige unterwarfen sich (vor) ihm. Unter Augustus entwickelte sich das Kaiserporträt zu einem Ausdrucks- und Wirkungsbild römischer Kaisermacht, das in seiner chronologischen Konstanz, physischen Präsenz und ideologischen Dichte bis heute ohne Parallele ist.

Gegenwärtig kennen wir etwa 220 rundplastische Wiederholungen von Augustus-Bildnissen, vornehmlich solche aus Marmor. Die meisten von ihnen gehen auf drei verschiedene Prototypen zurück, die heute verloren sind (Abb. 8a–c). Sie lassen sich über Münzbilder sicher bestimmen. Unter Augustus eroberten das Bildnis und der Name des Kaisers die Münzvorderseite. Mit der neuen Koppelung von Bildnis und Name des Herrschers auf dem Avers wurde ein Standard gesetzt, der die Münzprägung bis in die Neuzeit bestimmte. Schriftliche Nachrichten über den Entstehungsprozess römischer Kaiserporträts fehlen. Was können wir darüber aus der archäologischen Überlieferung versuchen zu erschließen?[53] Am Anfang haben der Kaiser und/oder seine Berater offenbar allgemeine Vorgaben hinsichtlich des gewünschten Erscheinungsbilds und der intendierten Botschaft(en) eines neuen Kaiserporträts festgelegt. Diese Vorgaben wurden, vielleicht in einer Art Ausschreibung, an konkurrierende Werkstätten weitergereicht, die auf dieser Grundlage ein neues Kaisergesicht entworfen haben. Von den vorgelegten Entwürfen konnte (wenigstens) einer akzeptiert und möglicherweise weiter verfeinert werden. Schließlich gewann der Prototyp des neuen Kaiserporträts seine endgültige Form. Sie wurde wahrscheinlich in Gold oder Silber gefertigt. Dieser Prototyp diente als Modell für Gipsabgüsse, die ihrerseits von Werkstätten im ganzen Reich kopiert wurden.

Die Form der Haarlocken über der Stirn wurde zum kohärentesten und am besten kopierbaren Merkmal der Augustusporträts. Das spezielle Arrangement der Stirnlocken half der Forschung, eine verlässliche Typologie und Chronologie für die römischen Kaiserporträts zu entwickeln – und damit ihre Identifizierung nachprüfbar zu sichern (siehe unten). Welche Rolle Frisuren in der Wahrnehmung und bei der Wiedererkennung von Personen bis heute spielen, ist in der Forschung selten beachtet worden. Sie wird schlagartig klar, wenn wir das raffinierte Werbebild betrachten, das eine Münchner Bank wenige Wochen vor der Bundestagswahl im September 2002

---

52   Dietrich Boschung, Gens Augusta. Untersuchungen zu Aufstellung, Wirkung und Bedeutung der Statuengruppen des julisch-claudischen Kaiserhauses (Monumenta Artis Romanae 32), Mainz 2002, S. 170f.

53   Jane Fejfer, Roman Portraits in Context (ICON 3), Berlin/New York 2008, S. 407–419.

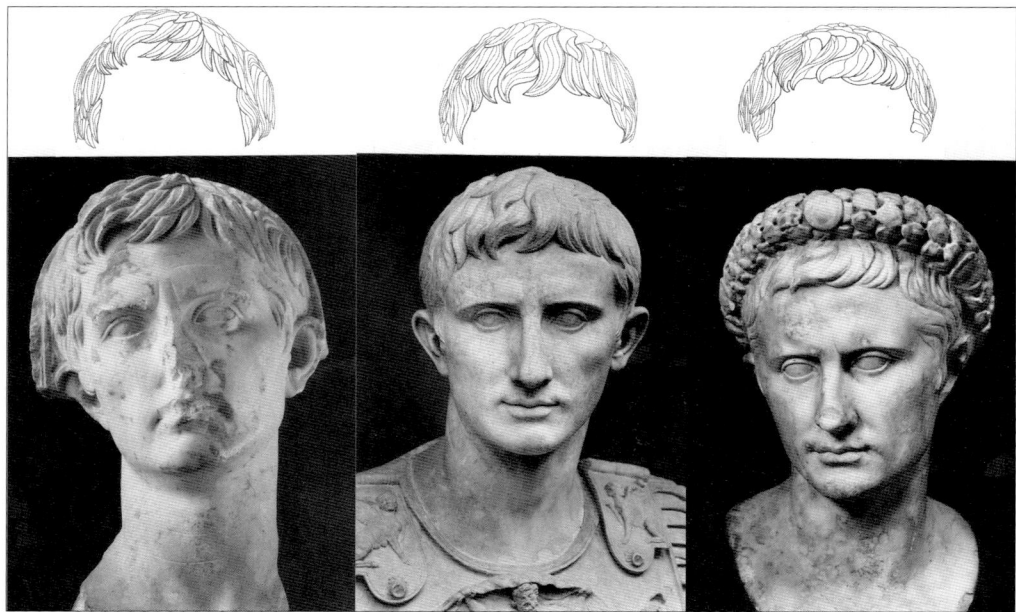

8   Die drei Bildnistypen des Augustus mit Umzeichnung des Schemas der Frontlocken:
    a) Erster Typus: Kopf mit übergezogener Toga, Marmor, nach 40 v. Chr. Mallorca, La Alcudia;
    b) Zweiter Typus (Haupttypus): Kopf der Augustusstatue von Prima Porta, Marmor,
       ca. 30–27 v. Chr. Rom, Vatikan, Musei Vaticani, Braccio Nuovo;
    c) Dritter Typus: Kopf mit Kranz, Marmor, nach 30 v. Chr. Rom, Musei Capitolini.

verbreiten ließ (Abb. 9).[54] Auf zwei Regalen stehen fünf gesichtslose Köpfe. Sie sind allein durch ihre Perücken individualisiert. Unterschiedliche Farben markieren ihre Sockel. Die Köpfe werden von einem Mann mit Halbglatze betrachtet, der durch seine Rückansicht anonym bleibt. Auch über den Kontext der Bundestagswahl von 2002 hinaus erlauben es die Frisuren, die Farbe der Haare und die farblich differen-zierten Sockel, in den Gesichtslosen die damaligen Vorsitzenden der wichtigsten po-litischen Parteien zu erkennen. Von links nach rechts sehen wir auf dem oberen Regal Gerhard Schröder, Edmund Stoiber und Gregor Gysi, auf dem unteren Joschka Fi-scher und Guido Westerwelle. Nur der Kenner bemerkt hier eine der vielen witzigen Anspielungen im Bild. Die Stirnlocken von Joschka Fischer folgen nicht seiner übli-chen Frisur, sondern dem ersten Bildnistypus des späteren Augustus (Abb. 8a)! Die zahllosen Bildnisse des Augustus sind vielleicht ähnlich wahrgenommen worden. Zu-nächst wurden sie wohl über die Inschrift und/oder den Kontext identifiziert, allmäh-lich aber immer stärker auch über die Frisur.[55] Indes keine Regel ohne Ausnahme. Die

---

54   Werbe-Faltblatt der Hypo-Vereinsbank München: Jetzt Rendite wählen: die HVB 13/3 Anleihe.
55   Zu den Aufstellungskontexten: Fejfer, Roman Portraits in Context (wie Anm. 53), S. 384–389.

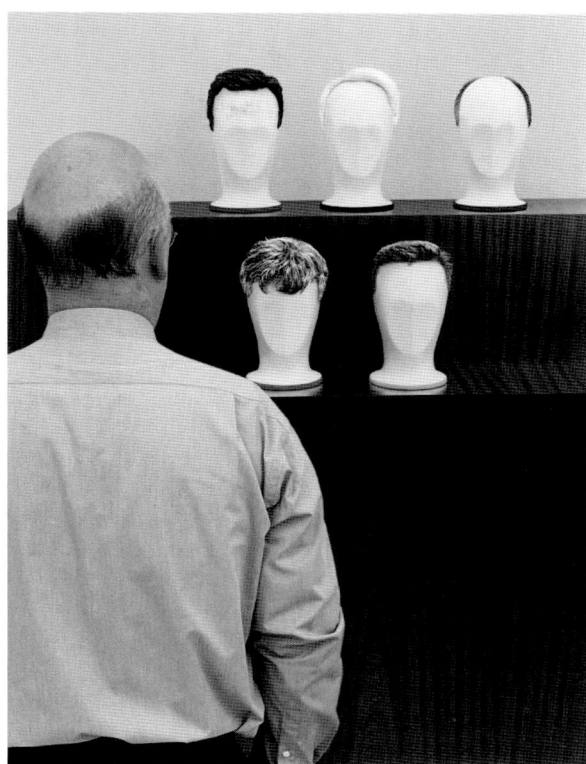

9 Die Haarperücken der Vorsit-
zenden der fünf großen Parteien.
Oben: Gerhard Schröder,
Edmund Stoiber, Gregor Gysi.
Unten: Joschka Fischer, Guido
Westerwelle. Werbebroschüre
zur Bundestagswahl 2002.

Frisur des Augustus lässt sich auch jenseits seiner Bildnisse greifen. Ein verblüffendes und daher wohl übersehenes Beispiel ist das Porträt eines Freigelassenen auf einem augusteischen Grabrelief aus Rom.[56]

Die drei Porträttypen überliefern die drei offiziellen Gesichter des Augustus. Sie wurden später weder geändert noch ersetzt (Abb. 8a–c). Im Gegenteil, sie repräsentierten den Kaiser bis zu seinem Tod im Alter von 78 Jahren – und blieben die gesamte römische Kaiserzeit über in Geltung. Die drei Porträttypen waren als Träger unterschiedlicher ideologischer Botschaften konzipiert, die je nach Kontext und Zeitstellung weitere Deutungsmöglichkeiten erlaubten. Der erste, etwa um 40 v. Chr. eingeführte Porträttypus stellt den jungen *Caesar Divi filius* in der expressiven Ikonographie hellenistischer Herrscher dar. Wir kennen ihn von knapp 30 rundplastischen Bildnissen aus dem ganzen Reich.[57] Ein guter Vertreter ist der qualitätvolle Marmorkopf in Alcudia

56 Valentin Kockel, Porträtreliefs stadtrömischer Grabbauten. Ein Beitrag zur Geschichte und zum Verständnis des spätrepublikanisch-frühkaiserzeitlichen Privatporträts, Mainz 1993, S. 151f., Nr. I 6, Taf. 64a, 64b, 64d; Flemming Johansen, Katalog Romerske Portrætter 1. Ny Carlsberg Glyptotek, Kopenhagen 1994, S. 270–73, Nr. 119 (S. 271, Abb. unten).

57 Boschung, Die Bildnisse des Augustus (wie Anm. 52), S. 11–22, S. 110–123, Nr. 6–33.

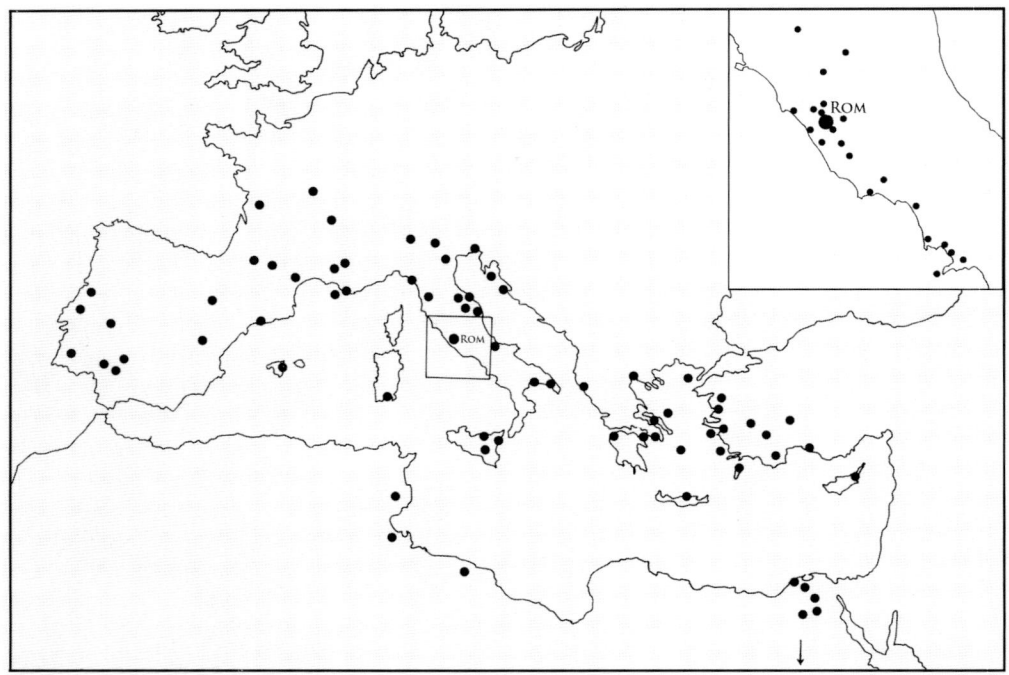

10 Fundkarte der bekannten Porträts des Augustus aus Marmor und Bronze (Stand 1993).

(Pollentia) auf Mallorca (Abb. 8a).[58] Charakteristische Merkmale dieser Ikonographie sind neben gerunzelter Stirn, kontrahierter Nasenwurzel und Tränensäcken die nach vorne geworfenen Frontlocken, eine emphatisch durchmodellierte Epidermis sowie die energische Drehung des Kopfes nach rechts. In dem ersten Bildnistypus stilisiert sich *Caesar Divi filius* als charismatische Führungsfigur Roms, betont Dynamik und Individualität. Auf andere Botschaften ist der zweite Porträttypus hin ausgerichtet. Er entstand offenbar im Horizont der neuen Alleinherrschaft des späteren Augustus um oder bald nach 30 v. Chr. Er wird Haupttypus genannt, da er uns in über 150 Wiederholungen überliefert ist.[59] Eine der besten Marmorkopien ist der Kopf der Augustusstatue von Prima Porta (Abb. 8b).[60] Hier ist jede Form von Dynamik und individualisierender Altersangabe vermieden. Die Gesichtszüge sind geglättet, die Frisur ist geschönt, die Stirnlocken sind feierlich inszeniert. Zum ersten Mal in der römischen Bildniskunst geben klassische bzw. klassizistische Bildformeln den stilistischen Entwurfsrahmen für

---

58 Boschung, Die Bildnisse des Augustus (wie Anm. 52), S. 110, Nr. 6, Taf. 7–8 und 28,3.
59 Boschung, Die Bildnisse des Augustus (wie oben Anm. 52), S. 38–50, S. 139–195, Nr. 64–217.
60 Boschung, Die Bildnisse des Augustus (wie oben Anm. 52), S. 179–181, Nr. 171, Taf. 1,5; S. 69–70; S. 82,1; S. 148,1; S. 213.

11 Augustus im Haupttypus (siehe Abb. 8b).
Marmor, 20 v. – 10 n. Chr. Pythagorion
(Samos), Rathaus.

das Porträt des Augustus vor.[61] In Anlehnung an Götter- und Heldenbilder betont der
Kaiser alterslose Vollkommenheit und grenzenlose Autorität. Eine ähnliche Botschaft
stand offenbar auch bei dem Entwurf des dritten Porträttypus' Pate. Er kam vielleicht
ebenfalls schon um 30 v. Chr. in Umlauf. Wir kennen ihn in rund 30 Wiederholungen,
darunter den qualitätvollen Marmorkopf mit Kranz in Rom (Abb. 8c).[62]

Die neue ideologische Bedeutung des Augustusporträts zeigt sich in vier Aspekten: seiner Präsenz in allen Bildgattungen; den unterschiedlichen Formaten und Materialien; den unterschiedlichen Darstellungsformen; seiner Verbreitung im ganzen
Reich (Abb. 10).[63] Das Augustusporträt eroberte alle Bildgattungen, Skulptur, Relief
und Malerei ebenso wie militärisches Gerät, Münzen, Kameen, Gemmen, Ringe und
Geschirr.[64] Augustusporträts gab es in jedem Maßstab, von extrem klein bis kolossal.
Augustusporträts bestanden aus allen Materialien, Gold, Silber und Bronze, weißem
und buntem Marmor, Halbedelstein, Glas und Knochen, Terrakotta, Holz, Gips und
Wachs. Die drei Typen des Augustusporträts bedienten ein weites Spektrum an Er-

61 Smith, Typology and Diversity in the Portraits of Augustus (wie Anm. 51), S. 41–45.
62 Boschung, Die Bildnisse des Augustus (wie Anm. 52), S. 129–131, Nr. 45, Taf. 38; S. 225,2; S. 226,1.
63 Fejfer, Roman Portraits in Context (wie Anm. 53), S. 373–429.
64 Fejfer, Roman Portraits in Context (wie Anm. 53), S. 152–180.

wartungen, reichten vom charismatischen Herrscher in hellenistischer Pose bis hin zum alterslosen Kaiser in götternaher Stilisierung. Augustusporträts wurden mit allen Statuentypen verbunden, die für die öffentliche Selbstdarstellung zur Verfügung standen: als Feldherr zu Pferd (siehe Abb. 2, S. 20) und im Panzer zu Fuß; als Bürger, Magistrat, Priester und Triumphator in verschiedenen Formen der Toga; im Habitus mythischer Heroen und olympischer Götter (siehe Abb. 3, S. 158). Das Augustusporträt expandierte in alle Räume des römischen Lebens. Es schmückte die Fora, die Basiliken und die Heiligtümer, die Ehren- und Triumphbögen sowie die Stadttore, die Theater, die Thermen und die Circusanlagen, die Geschäfte, die Häuser und die Villen. Kurzum, die Bildnisse des Augustus waren allgegenwärtig und insofern unausweichlich, wo immer man sich auch befand.

Die faszinierende Verschiedenartigkeit lokaler Stile und Bildhauertechniken macht klar, wie lebendig die reichsweite Rezeption des Kaisers im Bild erfolgte. Eine der vielen Möglichkeiten, den römischen Haupttypus zu interpretieren, zeigt uns ein Porträtkopf in Pythagorion auf Samos (Abb. 11). Er wurde, wie die meisten anderen Kaiserbildnisse, an seinen jeweiligen Aufstellungskontext angepasst, in Hinblick auf lokale Bedürfnisse, lokale Stiltraditionen und lokale Werkstätten.[65] Nur das Grundschema der Frontlocken blieb dabei resistent. Um die Dichte der Wahrnehmung und Wirkung des Augustusporträts in den lokalen Kontexten besser einschätzen zu können, brauchen wir Zahlen. Von antiken Texten und Statuenbasen wissen wir, dass in jeder römischen Stadt mehrere rundplastische Augustusporträts zur Aufstellung kamen, in öffentlichen wie häuslichen Räumen. Augustus nennt dazu in seinem Tatenbericht eine bezeichnende Zahl. Allein seine Porträtstatuen aus Silber, die bis 28 v. Chr. in Rom errichtet worden waren, sollen sich auf nicht weniger als 80 summiert haben.[66] Michael Pfanner hat überzeugend dargelegt, dass wir für das Römische Reich leicht auf die Zahl von 50.000 Bildnissen des Augustus kommen – und das nur in der Rundplastik.[67] Auch wenn diese Zahl zwangsläufig hypothetisch bleibt, so gibt sie uns doch eine Vorstellung von der Größenordnung, mit der wir hier zu rechnen haben. Überwältigend war auch die Omnipräsenz der Augustusporträts im regionalen Geldverkehr. Unter Augustus begannen plötzlich mehr als 200 Städte im Römischen Reich, Münzen mit dem Bildnis des neuen Kaisers zu prägen.[68] Wenn wir dazu noch die riesige Zahl der Augustusporträts rechnen, die unterhalb der kaiserlichen Bildmedien zirkulierten – etwa auf kleinen gemalten Bildern und Objekten des täg-

---

65 Boschung, Die Bildnisse des Augustus (wie Anm. 52), passim.
66 Res Gestae Divi Augusti, 24.
67 Michael Pfanner, Über das Herstellen von Porträts. Ein Beitrag zu Rationalisierungsmaßnahmen und Produktionsmechanismen von Massenware im späten Hellenismus und in der römischen Kaiserzeit, in: Jahrbuch des Deutschen Archäologischen Instituts 104, 1989, S. 178f.
68 Christopher Howgego, Ancient History from Coins, London/New York 1995, S. 84.

lichen Lebens –, so stehen wir vor einem Phänomen, das in der Geschichte der Herrscherrepräsentation auf lange Zeit unerreicht blieb. Keine andere Zivilisation machte
bis zum 20. Jahrhundert einen so exzessiven Gebrauch vom Bildnis des Herrschers
wie die Kultur des kaiserzeitlichen Roms. Die unausweichliche und über Jahrhunderte andauernde Allgegenwart der römischen Kaiser im Bild war eines der wirkungs-
vollsten Instrumente einer ideologischen ‚face to face'-Kommunikation – und eines
der eindrücklichsten Zeugnisse der medialen Macht des Kaisers.[69]

Kaiser und Gott: Formen der Nähe und Entrückung

Politische Machtträger Roms wurden im griechischen Osten seit dem 2. Jahrhundert v. Chr. zu Lebzeiten als Götter verehrt. An diese Praxis schließt der römische
Kaiserkult an, im Osten an dort ausgebildete Konventionen eines Gottmenschen-
tums, im Westen eingebunden in Traditionen und Praktiken römischer Staatskul-
te.[70] Der Kaiserkult ist zuerst in Kleinasien belegt, als Doppelkult für die Götter Augustus und Roma (29 v. Chr.). Unter Augustus breitet er sich rasch über das ganze
Reich aus, in Form von Altären, großen Tempeln und öffentlichen Anlagen (Abb.
10). Auch im Westen war Augustus gleichzeitig beides, Kaiser und Gott, wenn auch
mit unterschiedlichen Akzentsetzungen je nach Rolle, Publikum und Kontext. In
dieser ‚Doppelrolle' vermittelte der Kaiser flexibel zwischen beiden Einstellungen,
ohne seine Göttlichkeit durch eine kohärente Theologie festzulegen. Bereits die
offiziellen Namen des ersten Kaisers verwiesen auf seine göttliche Abstammung. Seit
42 v. Chr. trat er als (*Caesar* oder *Imperator*) *Divi filius* auf, nach dem Senatsbeschluss
von 27 v. Chr. dann als *Imperator Caesar Augustus Divi filius*. Daraus entwickelte
sich der offizielle Titel der römischen Kaiser. Der ungewöhnliche Beiname *Augustus*
rühmte, ähnlich wie *divinus*, übermenschliche Formen von Erhabenheit. Konsequent
wurde der Beiname *Augustus* von 27 v. Chr. an auf römische Gottheiten und Personifikationen übertragen. Im Jahr 12 v. Chr. übernahm Augustus das oberste römische
Priesteramt und wurde, wie fortan alle Kaiser, *pontifex maximus*. Diese Bezeichnung
ging später auf das Amt des Papstes über.

Der Kaiserkult des Augustus ist u. a. eng mit einschneidenden Veränderungen im
Stadtbild von Rom verknüpft. Wichtig ist hier die komplette Neuorganisation der

---

69 Die Inszenierung von Staatsoberhäuptern in öffentlichen Bildnissen wird bis heute gepflegt. Vgl. die Zu-
    sammenstellung von 191 amtierenden Staatsoberhäuptern (2004) bei Klaus Zwangsleitner, Official Por-
    traits. The Executive Heads of State of the 191 Member States of the United Nations Organisation, Berlin
    2004.
70 Für den Osten: Simon R. F. Price, Rituals and Power. The Roman Imperial Cult in Asia Minor, Cam-
    bridge 1984. – Für den Westen: Manfred Clauss, Kaiser und Gott. Herrscherkult im römischen Reich,
    Stuttgart/Leipzig 1999; Ittai Gradel, Emperor Worship and Roman Religion, Oxford 2002.

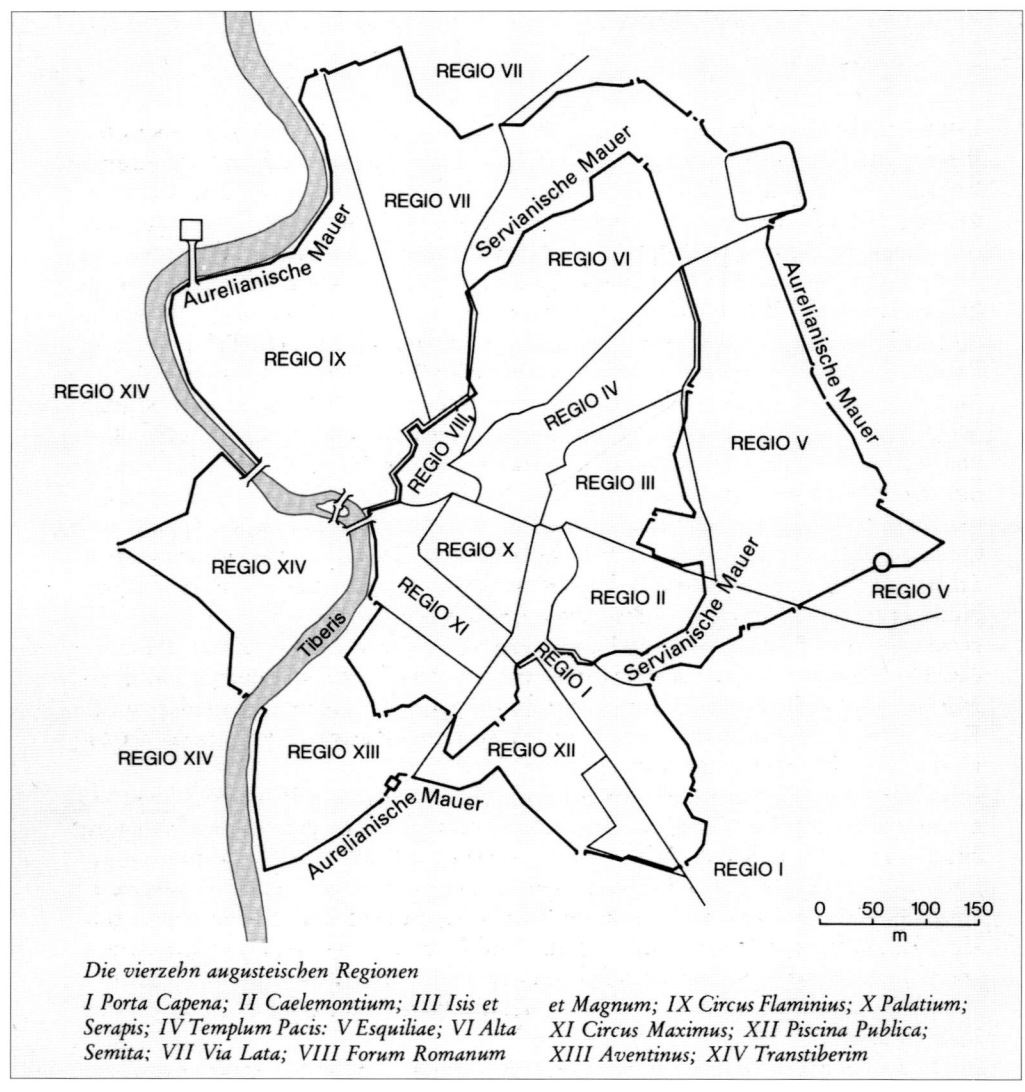

12   Karte Roms mit den 14 Regionen unter Augustus.

städtischen Verwaltungsbezirke. Im Jahre 7 v. Chr. ließ Augustus die Stadt in vier-
zehn neue Regionen aufteilen, die ihrerseits in *vici* untergliedert wurden (Abb. 12).
Wahrscheinlich 265 solcher Kleinbezirke lassen sich unter Augustus nachweisen.[71]
Rom hatte sich dadurch zumindest symbolisch verdoppelt. Die republikanische
Stadt der sieben Hügel wurde von der kaiserlichen Metropolis der vierzehn Regionen
überlagert. Die politische Neuorganisation ging einher mit der sakralen Umwand-

---

71 Domenico Palombi, Regiones Quattuordecim, in: Lexicon Topographicum Urbis Romae 4 (wie Anm.
    13), S. 199–204.

lung eines besonders von den unteren Schichten des Volkes getragenen Kults. Seit 7 v. Chr. wurde der alte Kult der Lares Compitales mit dem neuen Kult der Lares Augusti verschmolzen.[72] Die Lares Compitales waren volkstümliche Schutzgeister der Straßenkreuzungen, göttliche Hüter der kommunikativen Knotenpunkte im Leben der Stadt. Ihre Funktionen wurden durch die Lares Augusti der göttlichen Schutz- und Wirkmacht des Kaisers, dem Genius Augusti unterstellt. Es waren vor allem Freigelassene (*vicomagistri*) und Sklaven (*ministri*), die den Kult des Genius Augusti in der Öffentlichkeit ausübten. In diesem Kontext war ihnen die Aufstellung von Kultaltären aus Marmor erlaubt, auch solchen mit Reliefschmuck. Neben Larenfiguren und politischen Symbolen wurden dafür häufiger Darstellungen von Opferhandlungen ausgewählt, in denen die Freigelassenen und Sklaven sich selbst stark herausstellten. Die Eigenständigkeit dieser Bilder manifestiert sich in der Vielfalt der Rezeption offizieller Vorlagen. Der im Jahr 2/3 n. Chr. geweihte Altar vom Vicus Aescleti in Rom ist dafür ein gutes Beispiel (Abb. 13).[73] Er überliefert in kondensierter Form das Opferritual für den Genius Augusti. Vier Vicomagistri mit über den Hinterkopf gezogener Toga zelebrieren das unblutige Voropfer über dem Altar. Der gleichförmige Habitus und die über dem Altar sich treffenden Hände betonen ihr einträchtiges Vorgehen. Weitere Figuren unterstreichen die strenge liturgische Ordnung: im Hintergrund, etwa gleichgroß, ein Musikant mit Doppelflöte und ein Liktor mit Rutenbündel; im Vordergrund, stark verkleinert, zwei Opfersklaven mit je einem zum Opfer herangeführten Stier und Schwein. Die neuen Larenaltäre sind wichtige historische Zeugnisse. Sie reichen weit über Rom hinaus und dringen bis in das Leben der Häuser. Sie belegen nicht nur die politische und kultische Einbindung der unteren Bevölkerungsschichten in die Herrschaftsordnung des Augustus, sondern auch Reaktionen der Betroffenen auf diese Maßnahme. Die Altäre der Lares Augusti zeigen, wie auf Bildern unterhalb der Ebene der offiziellen Politik zentrale Themen der neuen Herrschaftsideologie aufgegriffen und in diesem sozialen Horizont verhandelt worden sind. Und sie weisen auf die bedeutsame Rolle der Bilder, um in Rom eine Atmosphäre der Zustimmung zu der neuen Kaiserherrschaft zu schaffen. In einer weiter gesetzten Perspektive war dieser Prozess zugleich mit einer radikalen Neuformierung der sakralen Topographie von Rom verknüpft.

---

72 Tonio Hölscher, Staatsdenkmal und Publikum. Vom Untergang der Republik bis zur Festigung des Kaisertums in Rom (Xenia, Konstanzer Althistorische Vorträge und Forschungen 9), Konstanz 1984, S. 27–30; Gradel, Emperor Worship and Roman Religion (wie Anm. 70), S. 116–128; Andrew Wallace-Hadrill, Rome's Cultural Revolution, Cambridge 2008, S. 275–301.

73 Birgit Bergmann, Der Kranz des Kaisers. Genese und Bedeutung einer römischen Insignie (ICON 6), Berlin/New York 2010, S. 16, Abb. 2; S. 308f., Nr. 30 (dort die ältere Literatur).

13 Larenaltar vom Vicus Ascleti in Rom. Vorbereitung des Stieropfers der
vicomagistri und *ministri* an den Genius Augusti, 2/3 n. Chr. Rom,
Palazzo dei Conservatori.

Das Problem der Nachfolge:
imperiale Ideologie und politische Pragmatik

Ein spannender Fall und ein zentrales Problem der (frühen) Kaiserordnung Roms war die Regelung der Nachfolge.[74] Die singuläre Stellung des Augustus schloss ein amtliches Verfahren aus. Denn welche Regel konnte es geben, um politische Einzigartigkeit fortzusetzen? Nur Augustus selber konnte seine Nachfolge anbahnen. Aber eine ausdrückliche Befugnis und ein anerkanntes Vorgehen fehlten dafür. Die Situation war also denkbar paradox. Einerseits war die Bestimmung eines Nachfolgers politisch lebenswichtig, andererseits war sie kein Gegenstand der Politik, über den man öffentlich hätte debattieren können. Die Folge: In der vitalen Angelegenheit der kaiserlichen Nachfolge gab es keine institutionelle Regelung. Vielmehr herrschte politische „Sprachlosigkeit".[75] Diese empfindliche Lücke in der politischen Kommunikation haben, so scheint es, Bilder aus der Umgebung des Kaisers gefüllt. Ein berühmtes Beispiel dafür ist die Gemma Augustea, eine der größten Kameen, die wir aus der Antike kennen (siehe Abb. 3, S. 158).[76] Sie wurde wahrscheinlich zwischen 4 und 10 n. Chr. aus einem zweibändigen Achat geschnitten, bestimmt für den exklusiven Gebrauch am Kaiserhof. Blicken wir zunächst auf die große obere Zone. Den meisten Platz nimmt hier das Paar ein, das auf einem *bisellium* sitzt. Dargestellt sind die Göttin Roma und der Kaiser Augustus, er in der Pose des thronenden Iuppiter. Roma und Augustus wurden gemeinsam im Kaiserkult verehrt, überall im Mittelmeerraum, nur nicht in Rom.[77] Eine Göttin mit Mauerkrone (*Mater Deum Magna Idaea*?) bekrönt Augustus mit dem Eichenkranz (*corona civica*). Seine erhobene Linke stützt sich auf ein Knaufszepter. In der gesenkten Rechten hält er den Krummstab (*lituus*) der Auguren. Er ist das Zeichen des obersten Feldherrn, unter dessen *auspicium* alle Kriege durchgeführt werden (daraus entwickelt sich später das Insigne höchster kirchlicher Amtsträger). Neben Roma steht in militärischer Rüstung und Paradehaltung der junge Germanicus, Großneffe des Augustus. Links davon steigt ein Togatus von einem Gespann. Dargestellt ist Tiberius, einer der Adoptivsöhne des Princeps. Tiberius trägt einen Lorbeerkranz und hält, wie Augustus, in der Rechten ein Knaufszepter. Hinter ihm steht seine Gespannführerin, die römische Victoria. Der Kameo ist hier am Rand modern beschnitten. Ursprünglich war er links etwa genauso breit wie die Zone mit den drei Figuren rechts von Augustus. Es handelte sich also um eine

---

74 Kienast, Augustus (wie Anm. 49), S. 136–150; Luca Giuliani/Gerhard Schmidt, Ein Geschenk für den Kaiser. Das Geheimnis des Großen Kameo, München 2010, S. 30–31.

75 Giuliani/Schmidt, Ein Geschenk für den Kaiser (wie Anm. 74), S. 31.

76 Erika Zwierlein-Diehl, Magie der Steine. Die antiken Prunkkameen im Kunsthistorischen Museum, Wien 2008, S. 98–123, Nr. 6; Bergmann, Der Kranz des Kaisers (wie Anm. 73), S. 55–58, S. 329–333, Nr. 43.

77 Heidi Hänlein-Schäfer, Veneratio Augusti. Eine Studie zu den Tempeln des ersten römischen Kaisers, Rom 1985.

annähernd symmetrische Zentralkomposition. In ihr waren zwei Gruppen und eine Einzelfigur besonders hervorgehoben: das sitzende Paar Augustus und Roma, das stehende Paar Tiberius und Victoria und, von ihnen gerahmt, der junge Germanicus im Panzer. Die untere Zone bleibt in Vielem rätselhaft. Das allgemeine Thema ist jedoch klar. Gefeiert werden römische Siege über Nicht-Römer. Dazu wird ein Tropaeum aufgerichtet.

Im Bild des Kameos geht es um die Regelung der Nachfolge des Augustus. Er hatte 4 n. Chr. Tiberius adoptiert und gleichzeitig veranlasst, dass dieser mit dem jungen Germanicus dasselbe machte. Offiziell ging mit der Adoption nur eine persönliche Erbfolge, nicht aber eine politische Nachfolgeregelung einher. Dennoch dürfte es den meisten Zeitgenossen klar gewesen sein, dass damit die Weichen für die Nachfolge der kommenden Kaiser gestellt waren. Im höfischen Bild konnte festgelegt werden, was der Sprache der Politik (zunächst) versagt blieb: die dynastische Regelung der auf Augustus nachfolgenden Kaiser. Die Regelung der Nachfolge des Kaisers stand unter dem Schutz der Götter. Ihre sichtbare Anwesenheit und Zuordnung im Bild war ungleich wirkmächtiger als ihre bloße Erwähnung in einem Text. Die Grundlage der neu gefestigten Kaiserherrschaft waren Siege über Feinde von Rom. Sie erscheinen daher unten, am Rande der Welt. In Aufbau und Ideologie folgt die Gemma Augustea dem Prinzip der vertikalen Hierarchie, das seit der Spätantike die kaiserliche (und christliche) Repräsentation im Bild beherrscht. In der großen oberen Zone erscheinen die Garanten der Ordnung kaiserlicher Herrschaft, in der kleinen unteren Zone die von ihnen bezwungenen Feinde.

Kaiserliche Ansprüche: Weltdeutung und Repräsentation

Der augusteische Dichter Ovid lässt an Roms Anspruch auf Weltherrschaft keinen Zweifel. Er schreibt über das römische Kalenderfest der *terminalia* am 23. Februar (fasti II 683–84):

> *Gentibus est aliis tellus data limite certo,*
> *Romanae spatium est urbis et orbis idem.*
> „Während anderen Völkern Land mit fester Grenze gegeben wurde,
> hat Rom dieselbe Ausdehnung wie die Welt."

Der Dichter trifft diese Feststellung am Festtag für Terminus. Terminus war der römische Gott, der über die richtige Ordnung der Grenzsteine und damit über alle Formen von Territorialbesitz wachte. Für Ovid ist Roms Anspruch auf Weltherrschaft Bestandteil des römischen Sakralrechts.

Unter Augustus setzen emblematische Bilder ein, die diesen Anspruch in neuen Formen propagieren. Herausragend ist das Reliefbild an einem länglichen Architekturblock aus Marmor (Abb. 14).[78] Er wurde auf dem südlichen Marsfeld in Rom im Bereich der Porticus Octaviae gefunden. Stilistisch gehört er in die augusteische Zeit. Im Zentrum eines kreisrunden, unten offenen Mauerrings steht ein von Astlöchern gemusterter Stab, der sich nach oben hin leicht verbreitert. Er ist durch ein doppelt umlaufendes Profil abgeschlossen. Darauf liegt der Himmelsglobus, auf dem ein Adler mit gespreizten Schwingen steht. Es ist der bisher früheste Bildbeleg eines voll ausgestalteten Adlerszepters mit Himmelsglobus und astförmigem Stab. Seine zeitgenössische Bedeutung belegt die Vorderseite einer Silbermünze des Augustus, die 18 v. Chr. in Spanien geprägt wurde.[79] Auf ihr sind zeichenhaft die römischen Triumphalinsignien Adlerszepter, *toga picta* und *corona Etrusca* versammelt. Dieser Typus des Adlerszepters entwickelte sich zu einer der wichtigsten Insignien der römischen Kaiserherrschaft. Es lässt sich über die Spätantike bis in das Mittelalter verfolgen. Eine detaillierte Darstellung überliefert ein Goldmedaillon, das Konstantin der Große 326 n. Chr. prägen ließ (Abb. 15). Es zeigt ihn mit Lorbeerkranz und in ornamentbeladen kaiserlicher Trabea. In den Händen hält er die traditionellen Insignien der römischen Kaisermacht, links den Himmelsglobus, rechts das Adlerszepter. Über 600 Jahre später lässt sich Otto Imperator Augustus in vergleichbarer Aufmachung darstellen. Ein um 965 angefertigtes Siegelbild zeigt eine große Oberkörperbüste des Kaisers mit Krone (siehe Abb. 6, S. 291).[80] Mit der Linken hält er den Globus, bekrönt vom Kreuzzeichen Christi, in der Rechten ein langes Szepter, bekrönt von einer kleinen Kugel. Szepter, (Himmels-)Globus und Adler sind exklusive Symbole der (kaiserlichen) Herrschaft. Sie bezeichnen und rechtfertigen bis heute außerordentliche Macht und Souveränität.

Innen und außen: Fremdheit im Zentrum der Macht

Intensive Auseinandersetzungen mit dem und geregelte Maßnahmen der Einbindung des Fremden gab es in Rom seit Langem, im täglichen Leben, im Handel, im Krieg, in der Politik. Unter Augustus wurden neue, wegweisende Formen und Deutungen des Fremden entwickelt. Hier waren Bilder des Fremden hochgradig ambivalent und pen-

---

78 Hans Lauter, Ein frühaugusteisches Emblem in der Porticus Octaviae, in: Bollettino della commissione archeologica comunale di Roma 87, 1980/81, S. 47–55; Schneider, Roma Aeterna – Aurea Roma (wie Anm. 42), S. 112f., Taf. 8,3 (auf die hypothetische Zuweisung des Blocks an den Ehrenbogen, der für den 19 n. Chr. verstorbenen Germanicus in *Circo Flaminio* errichtet worden ist, kann ich an dieser Stelle nicht eingehen).

79 Bergmann, Der Kranz des Kaisers (wie Anm. 73), S. 87f., Abb. 31a–b, S. 385f., Nr. 58.

80 Ludger Körntgen, Königsherrschaft und Gottes Gnade. Zu Kontext und Funktion sakraler Vorstellungen in Historiographie und Bildzeugnissen der ottomanisch-frühsalischen Zeit, Berlin 2001, S. 372; S. 537, Abb. 37.

14 Architekturblock
mit Darstellung
eines Mauerringes
und einem Adler-
szepter, Marmor,
um 30 v. – 20 n. Chr.
Rom, Porticus
Octaviae.

delten zwischen allen damit verbunden Debatten, von Integration bis Demarkation, von Faszination bis Aversion.[81] Am einflussreichsten waren hier die neuen Bilder des asiatischen Orientalen.[82] Dass sie auf griechischen Darstellungen fußen, ist für meinen Zusammenhang nebensächlich. In Rom avancierte das Bild des asiatischen Orientalen zu einem neuen Leitmotiv kaiserlicher Ideologie. Ein Relief von einer großen frühkaiserzeitlichen Grabexedra in Avenches gibt uns davon eine erste Vorstellung (Abb. 16).[83] Auf ihm sehen wir einen asiatischen Orientalen im Stützgestus, der sich gleichermaßen als Parther, östlicher Luxusdiener und/oder Trojaner deuten lässt. Die Ikonographie bleibt hier (bewusst) indifferent. Motivisch geht die Figur auf eine nur in Fragmenten belegte Serie von mindestens 20 überlebensgroßen Statuen aus buntem Marmor zurück, die nach 14 v. Chr. die Basilica Aemilia in Rom geschmückt haben.[84] Römische Bilder zeigen den asiatischen Orientalen gewöhnlich mit weichen Schuhen, langen Hosen, einem etwa knielangen Ärmelgewand, einem nach hinten

81 Zu vergleichbaren Debatten in der augusteischen Literatur: Paradox and the Marvellous in Augustan Literature and Culture (wie Anm. 30).

82 Hier und zum Folgenden: Rolf Michael Schneider, Friend and Foe. The Orient in Rome, in: The Age of the Parthians, hg. von Vesta Sarkhosh/Sarah Stewart (The Idea of Iran 2), London 2007, S. 60–79.

83 Daniel Castella/Laurent Flutsch, Sanctuaires et monuments funéraires à Avenches – en Chaplix VD, in: Archäologie der Schweiz 13, 1990, S. 24f., Abb. 9; Tobias Bitterer, Die Orientalenstatuen (Neue Forschungen zur Basilica Aemilia auf dem Forum Romanum), in: Mitteilungen des Deutschen Archäologischen Instituts, Römische Abteilung 113, 2007, S. 548f., Abb. 66.

84 Bitterer, Die Orientalenstatuen (wie Anm. 83), S. 535–551.

15   Medaillon zu 3 Solidi.
Konstantin der Große
mit Adlerszepter und
reichem Ornat, Gold,
Rom, 326 n. Chr.
London, The British Museum.

fallenden Mantel und der sogenannten phrygischen Mütze. Er ist bartlos, jugendlich
schön und hat reich gelocktes Haar. Ein solcher typisierter Bildentwurf machte es
möglich, alle Figuren asiatischer Herkunft unter einer Ikonographie zusammenzu-
fassen: historische Freunde und Feinde, mythische und menschliche Protagonisten,
fremde Gottheiten und Personifikationen. Es gab kaum eine andere Ikonographie
im kaiserzeitlichen Rom, die so gegensätzliche und widersprüchliche Vorstellungen
hervorgerufen hat wie die des asiatischen Orientalen. Ein Musterbeispiel ist das Bild
des trojanischen Prinzen Iulus Ascanius, der unter Augustus programmatische Bedeutung gewann (Abb. 17). Er war nach Auffassung römischer Schriftsteller mit Aeneas
von Troja nach Italien geflohen, als einer der wichtigsten mythischen Urväter Roms.

Seit dem 3. Jahrhundert v. Chr. belegen lateinische Texte, dass in Rom der Untergang von Troja als eine Urstunde der eigenen Zivilisation und die fremde Stadt als Ursprung der Römer galt.[85] Damit ging eine auffällige Harmonisierung der Sagen über

---

85 Siehe oben Anm. 21. Außerdem Nicolas M. Horsfall, The Aeneas-Legend form Homer to Vergil, in:,
    Roman Myth and Mythography, hg. von Jan N. Bremmer/Nicolas M. Horsfall (University of London,
    Institute of Classical Studies, Bulletin Supplement 52), London 1987, S. 12–24; Eric Gruen, Culture and
    National Identity in Republican Rome, Ithaca 1992, S. 6–51; Uwe Walter, Die Rache der Priamus-Enkel?
    Troia und Rom, in: Der Traum von Troia. Geschichte und Mythos einer ewigen Stadt, hg. von Mar-
    tin Zimmermann, München 2006, S. 89–103; Timothy Peter Wiseman, Unwritten Rome, Exeter 2008,
    S. 49f.; Brian Charles Rose, Forging Identity in the Roman Republic. Trojan Ancestry and Veristic Por-
    traiture, in: Role Models in the Roman World. Identity and Assimilation, Memoirs of the American
    Academy in Rome, Supplementary Volume 7, hg. von Inge Lyse Hansen/Sinclair Bell, Ann Arbor 2008,

die Urväter der Römer, Aeneas und Romulus, einher. Fortan können wir verfolgen, wie intensiv in Rom die Mythen um Troja aktualisiert und politisch neu gedeutet wurden. Im 1. Jahrhundert v. Chr. wurden sie geradezu inflationär. Vergil legt in der Aeneis der Göttin Venus über die trojanische Abstammung ihres römischen Nachkömmlings Augustus Folgendes in den Mund (I, 267–68, 286–90):

„Sein [Aeneas'] Sohn Ascanius, dem jetzt der Beiname Iulus zugefügt wird,
ehedem Ilus, als Iliums [Trojas] Macht ungebrochen war.
[...]
Aus edler Abkunft wird geboren ein trojanischer Caesar [Augustus],
– ein Iulius, sein Name stammt vom großen Iulus.
Möge enden sein Reich am Rande des Ozeans, sein Ruhm in den Sternen.
Beladen mit den Trophäen des Orients wirst Du, Iuppiter, ihn,
sei dessen sicher, dereinst im Himmel empfangen."

Vergil erklärt Ascanius zum i(u)lischen Urvater des Augustus. Nur auf ihn, den jüngsten der Trojaner, überträgt der Dichter den kaiserlichen Gentilnamen. Als adoptierter Iulus gewinnt Ascanius für den adoptierten Julier genealogisch und ideologisch besonderes Profil. Wie steht es hier mit seinen Bildern? Darstellungen des Iulus Ascanius schmückten die berühmtesten Monumente der neuen Kaiserstadt, darunter die Ara Pacis Augustae und das Forum Augustum. Die hier aufgestellte Trojaner-Gruppe hat das Bild des iulischen Ascanius am nachhaltigsten geprägt. Obwohl die originale Gruppe verloren ist, erlauben es mehr als 140 erhaltene Wiederholungen, ihr Aussehen in allgemeinen Zügen zu rekonstruieren.[86]

Ein Relief in der karischen Stadt Aphrodisias, gelegen im südwestlichen Kleinasien, überliefert die Gruppe fast vollständig (Abb. 17).[87] Es gehörte zu einer Serie von nicht weniger als 180 Marmorreliefs, die zwischen 20 und 60 n. Chr. entstanden.[88] Sie zeigen Bilder mit mythisch-historischen Themen aus dem Umkreis der Geschichte Roms. Die Marmorreliefs gehörten zum Dekor einer monumentalen Prozessionsstraße (etwa 14 x 90 m), die von reichen Bürgern für den Gemeinschaftskult der iulisch-claudischen Kaiser und der iulischen Stadtgöttin Aphrodite gestiftet war (Abb. 18).[89] Jeweils 45 Marmorreliefs schmückten die oberen Stockwerke der Fassade zweier dreigeschossiger Portiken, die den Prozessionsweg säumten. Er war dadurch, ähnlich wie die Kaiserfora

---

S. 97–102. Zu frühen Bildern des Trojamythos in Rom: Alexandra Dardenay, Les mythes fondateurs de Rome. Images et politique dans l'Occident romain, Paris 2010, S. 34–79.

86 Spannagel, Exemplaria Principis (wie Anm. 17), S. 90–132.

87 Roland R. R. Smith, The Imperial Reliefs from the Sebasteion at Aphrodisias, in: The Journal of Roman Studies 77, 1987, 132f.; Spannagel, Exemplaria Principis (wie Anm. 17), S. 371, Nr. A 17.

88 Smith, The Imperial Reliefs from the Sebasteion at Aphrodisias (wie Anm. 87), S. 88–138.

89 Smith, The Imperial Reliefs from the Sebasteion at Aphrodisias (wie Anm. 87), S. 94, Abb. 3.

in Rom, gegenüber der Stadt vollkommen abgeschlossen. Ähnlich wie auf dem Forum Augustum entstand ein auf äußerste Innenwirkung hin ausgerichteter Bild-Raum. In ihm waren Leben, Ritual, Politik, Loyalität und Ideologie eng ineinander verflochten und wurden von allen daran Beteiligten hautnah erfahren.

Hauptfigur der Familiengruppe ist der energisch nach rechts schreitende trojanische Held Aeneas (Abb. 17). Er trägt seinen in kleinerem Maßstab dargestellten Vater Anchises auf der linken Schulter und führt seinen Sohn Iulus Ascanius an der rechten Hand hinter sich her. Diese dramatische Bildfassung spielt offenbar auf den Augenblick der Flucht der drei Trojaner aus ihrer dem Untergang geweihten Heimatstadt an. Die Trojaner sind mit einem eigenen kulturellen Körperbild verbunden. Aeneas ist als römischer Feldherr im hellenistischen Muskelpanzer dargestellt. Nur sein unzeitgemäßer Bart weist ihn als mythischen Helden aus. Sein alter Vater Anchises trägt östliche und westliche Kleidungsstücke, Hosen, Tunika und Mantel. Der junge Trojanerprinz Iulus Ascanius tritt hingegen im Kostüm des asiatischen Orientalen auf. Dadurch personifiziert er besonders nachdrücklich den fremden Ursprung Roms. In Aphrodisias steht hinter der Trojaner-Gruppe zusätzlich Aphrodite, die Schutzgöttin der nach ihr benannten Stadt. Sie betont das besondere Loyalitätsverhältnis zwischen Aphrodisias und Rom. Und sie unterstreicht gerade in Kleinasien, welche herausragende Rolle der Trojamythos für die kaiserliche Staats- und Reichsordnung spielt: in Hinblick auf die Einbindung loyaler Fremder, die Legitimation des römischen Kaisers und seinen Anspruch auf Herrschaft über den *orbis terrarum*.

Das römische Bild des schönen Orientalen bezeichnet in einer betont einheitlich gehaltenen Darstellungsweise höchst unterschiedliche und gegensätzliche Figuren: den bedrohlichen Feind, den begehrten Luxusdiener, den mythischen Fremdling und den legendären Gründerheros (Abb. 16 u. 17). Als thematische Pole derselben Ikonographie waren Bilder feindlicher Parther, schöner Fremder, exotischer Götter (besonders Attis und Mithras) und der trojanischen Urahnen der Römer (besonders Iulus Ascanius, Ganymed und Paris) untrennbar ineinander verflochten. Gerade in ihrer mehrdeutigen Konstruktion, vielfältigen Rezeption und selbstverständlichen Integration entwickelten sich die römischen Bilder des schönen Orientalen zu einem vitalen Referenzpunkt der Kultur Roms. Das Ergebnis ist in der Tat überraschend. In den engen Wechselbeziehungen zwischen römischen Bildentwürfen der eigenen Abkunft (Trojaner) und der fremden Asiaten (Parther, Diener, Götter) lässt sich ein spezifischer Zug des kulturellen Selbstverständnisses der römischen Kaiserordnung greifen. Die römischen Bilder des schönen Orientalen erhellen diese Wechselbeziehungen jenseits der Überlieferung historischer Texte. Und damit jenseits einer bis heute vorherrschenden geschichtlichen Einstellung, die sich von schriftlich aufgezeichneten ‚Ereignissen‘ leiten lässt. Die Ikonographie des schönen Orientalen widersetzt sich der Aufspaltung in vermeintlich selbstredende Gegensätze wie Freund und Feind. Im Gegenteil, erst die Debatten, die zwischen den historischen Polen von Freund und Feind geführt wur-

16   Asiatischer Orientale im Stützgestus.
Teil einer großen Grabexedra in Aven-
ches, Kalkstein, nach augusteischen
Vorbildern in Rom, um 40 n. Chr.

den, umreißen den ideologischen Horizont, in dem Roms kulturelles Selbstverständnis verhandelt wurde. ‚Römisch‘ war in der neuen Kaiserstadt Rom ein Synonym für
‚Welt‘. Ein Nicht-Römer konnte ohne weiteres Römer werden und dabei seine eigene
kulturelle Herkunft bewahren.[90] Die unterschiedlichen Rollenbilder des schönen Orientalen werfen neues Licht auf die Vielfalt und die andauernde Dynamik, die die imperiale Kultur Roms grundsätzlich charakterisiert haben. Das, was als ‚römisch‘ galt,
war im konkreten gesellschaftlichen Kontext immer wieder neu auszuhandeln, jenseits
neuzeitlicher Kategorien wie nationaler Klischees, ethnischer Grenzen und kultureller
Unterschiede. Gerade unter dieser Perspektive war der Ursprungsmythos von Aeneas
und Iulus Ascanius für Rom fundamental: für ein Gemeinwesen, das, im Gegensatz zur
griechischen Polis, bereits früh Fremde in den Bürgerverband integriert hat.[91] In diesem Zusammenhang müssen wir noch einmal kurz auf Vergil zurückkommen. Bei ihm

90 Mary Beard, The Roman and the Foreign. The Cult of the Great Mother in Imperial Rome, in: Shama-
    nism, History and the State, hg. von Nicholas Thomas/Caroline Humphrey, Ann Arbor 1994, S. 164–190;
    David Noy, Foreigners at Rome. Citizens and Strangers, London 2000.
91 Flaig, Über die Grenzen der Akkulturation (wie Anm. 21), S. 84–95.

17 Wiederholung der Trojanergruppe des Augustusforums (siehe Abb. 8, S. 52). Aeneas trägt Anchises und hält Iulus Ascanius an der Hand, dahinter Aphrodite. Marmor. Gefunden im Sebasteion von Aphrodisias. 20–60 n. Chr. Aphrodisias, Museum.

tragen Trojaner bezeichnenderweise sowohl römische als auch orientalische Tracht.[92] Das taten auch die jungen Söhne der vornehmsten Familien Roms. Sie zogen sich das asiatische Kostüm ihrer Urväter aus Troja über, wenn sie an den trojanischen Reiterspielen der frühen Kaiserzeit in Rom teilnahmen.[93] Der *lusus Troiae* erfüllte vielschichtige gesellschaftliche Funktionen. Er sollte die nachwachsende Elite Roms an ihre trojanischen Urahnen erinnern. Er sollte ihnen das Fremde als zentrale Kategorie der kaiserlichen Politik Roms vor Augen stellen. Und er sollte sie in diesem Spannungsfeld zur dauernden Loyalität gegenüber Augustus verpflichten.

Völlig neue Akzente setzten die unter Augustus in Rom beheimateten Obelisken Ägyptens.[94] Auch sie machten das Fremde zu einem zentralen Referenzpunkt kaiserlicher Macht, freilich aus einem anderen Blickwinkel als der römische Trojamythos.

---

92 Emma Dench, Romulus' Asylum. Roman Identities from the Age of Alexander to the Age of Hadrian, Oxford 2005, S. 276f.

93 Rigobert W. Fortuin, Der Sport im augusteischen Rom. Philologische und sporthistorische Untersuchungen mit einer Sammlung, Übersetzung und Kommentierung der antiken Zeugnisse zum Sport in Rom (Palingenesia 57), Stuttgart 1996, S. 80; S. 83; S. 88–91; S. 161–175.

94 Schneider, Nicht mehr Ägypten, sondern Rom (wie Anm. 23), S. 155–179.

18   Die Prozessionstraße für den Kaiserkult in Aphrodisias, 20–60 n. Chr., Rekonstruktion.

Mit den nach Rom verpflanzten Obelisken knüpfte Augustus demonstrativ an die älteste bestehende Herrschaftsform im Mittelmeerraum an, an das Gottkönigtum der ägyptischen Pharaone. Es dürfte in Rom kaum unbekannt geblieben sein, dass Augustus (wie die meisten seiner Nachfolger) in Ägypten als lebender Pharao verehrt worden ist.

Blicken wir am Ende kurz in Richtung Mittelalter. Ab etwa 300 n. Chr. wurde das imperiale Bild des (schönen) asiatischen Orientalen von Rom aus grundlegend aktualisiert. Nun diente es auch als Vorlage für die neuen Darstellungen der Heiligen Drei Könige. Damit trat zum ersten Mal das Fremde in Gestalt persischer Magier, Priester und Weiser in das Zentrum christlicher Ikonographie. Im Bild war die Geburt Christi fortan fest mit der Darstellung huldigender Könige aus Asien verbunden. Während das Bild des asiatischen Orientalen aus der kaiserlichen Repräsentation allmählich verschwand, wurde die Ikonographie der Heiligen Drei Könige immer stärker von imperialen Darstellungsweisen durchprägt. Daraus entwickelten sich neue spannungsvolle Formen der Deutungsverhandlung.[95] Ein Beispiel dafür ist die Zentralkomposition auf einer Pilgerampulle aus Palästina, die im 6. Jahrhundert n. Chr.

---

95 Rolf Michael Schneider, Orientalism in Late Antiquity. The Oriental in Imperial and Christian Imagery, in: Ērān ud Anērān. Studien zu den Beziehungen zwischen dem Sasanidenreich und der Mittelmeerwelt, hg. von Philip Huyse/Josef Wiesehöfer, Stuttgart 2006, S. 247–256.

19 Pilgerflasche mit Maria und dem Christusknaben. Links die Drei Könige, rechts drei Hirten, Blei und Zinn, 6. Jahrhundert n. Chr. Monza, Museo e Tesoro del Duomo di Monza.

entstand (Abb. 19).[96] Maria mit dem Christusknaben thront in kaiserlichem Habitus in der Mitte. Mutter und Sohn werden an den Seiten von zwei unterschiedlichen Dreiergruppen verehrt. Links bieten in strengem Zeremoniell die Heiligen Drei Könige ihre Gaben dar. Rechts (re)agieren in starker Emotionalität drei Hirten. Beide Gruppen verkörpern unterschiedliche Formen religiöser, sozialer, ethnischer und kultureller Wirklichkeiten. Sie betonen die alles einigende Allmacht Christi und der ihn auf Erden vertretenden Kirche. Und sie bereiten den Weg für die (neuen) Formen christlicher und imperialer Repräsentation im Mittelalter.

---

96 Il Duomo di Monza. I tesori, hg. von Roberto Conti, Mailand 1989, S. 28–33, Nr. 1; Schneider, Orientalism (wie oben Anm. 95), S. 250f., Abb. 18.

Martin Dreher

Grundzüge des römischen Kaisertums

Die römische Kaiserzeit wird in den einschlägigen Handbüchern im Allgemeinen – und mit guten Gründen – so behandelt, dass die Grundlegung des Kaisertums durch Augustus ausführlich dargestellt wird, während aus der weiteren Kaiserzeit nur noch die Abweichungen von den Verhältnissen zur Zeit des Augustus, die Weiterentwicklung bestimmter Einrichtungen und spezifische Aspekte einzelner Phasen hervorgehoben werden. Der vorliegende Beitrag hat nun einerseits das Glück, dass die Zeit des Augustus von kompetenter Seite bereits in einem vorausgehenden Aufsatz vorgestellt wurde, andererseits das Pech, dass ihm nur eine „epigonale" Zeit als Gegenstand übrigbleibt, eine Zeit, in der scheinbar nicht viel Neues passiert ist. Nun, im vorliegenden Zusammenhang kommt es auch nicht so sehr auf die Heraushebung von neuen Entwicklungen und von Umbrüchen an, als vielmehr darauf, das Charakteristische oder eben die Grundzüge der Herrschaftsform ‚Kaisertum' herauszuarbeiten. Und diesbezüglich muss man feststellen, dass das römische Kaisertum zwar durch Augustus begründet wurde, aber als „Ordnungsform" – um diesen nicht unproblematischen Terminus aus dem Titel der Tagung zu verwenden – nur deshalb hier einen Platz hat, weil erst durch die Nachfolger des Augustus eine feste Herrschaft in ebendieser Form etabliert wurde. Und diese Herrschaft konnte auch nur deshalb, weil sie von langer Dauer war, prägend für die Geschichte des Kaisertums werden. Ich versuche daher im Folgenden, vorrangig die Verhältnisse vom Tod des Augustus 14 n. Chr. bis zum Ende der Prinzipatszeit und dem Beginn der Spätantike, nach der verbreitetsten fachlichen Einteilung, dem Regierungsantritt des Kaisers Diokletian 284 n. Chr., zugrundezulegen und von den vielfältigen konkreten Erscheinungsformen des Kaisertums tatsächlich, in „radikaler Komplexitätsreduktion", welche die Herausgeber angemahnt hatten, die Grundzüge des römischen Kaisertums thesenartig zusammenzustellen. Dass dies nicht völlig ohne Rückgriff auf Augustus möglich ist, wird man hoffentlich zugestehen.

Ursprünglich hatte ich das Gefühl, dass eigentlich in so gut wie jeder Überblicksdarstellung über die römische Kaiserzeit ein entsprechender Abschnitt vorhanden sein müsse, durch den die Leser mit den Grundzügen des römischen Kaisertums vertraut gemacht würden. Wie sich schnell herausstellte, beruhte das Gefühl darauf, dass selbstverständlich von den meisten dieser Grundzüge jeweils irgendwo mehr oder weniger intensiv die Rede ist.[1] Allerdings werden sie im jeweiligen thematischen Zusammenhang und neben zahlreichen weiteren Charakteristika der römischen Kaiserzeit behandelt. Eine systematische Zusammenstellung der auf das Kaisertum selbst bezogenen Grundzüge, wie sie hier angestrebt wird, habe ich hingegen nicht gefunden. Das mag vielleicht auch damit zusammenhängen, dass die Geschichtswissenschaft, zumindest in jüngerer Zeit, sich mehr sozialen, wirtschaftlichen, mentalen, kulturellen, visuellen, medialen und weiteren Phänomenen zugewandt hat und dass eine Fragestellung nach dem „Wesen" des Kaisertums daher als einseitig politisch-rechtlich und damit als veraltet gegolten haben mag.

Viel leichter als die Darstellung der Grundzüge des Kaisertums findet man hingegen in der Literatur eine zusammenfassende Beurteilung und Bewertung der römischen Kaiserzeit: ob es eine Zeit des Niedergangs war, eine Zeit der Stabilität, ob die Politik des Römischen Reiches in dieser Zeit imperialistisch genannt werden kann, ob es den Reichsbewohnern in dieser Zeit durchschnittlich gut ging oder zumindest besser als zuvor, und anderes mehr, alles höchst legitime und wichtige Fragen, die jedoch in eine andere Richtung zielen als das vorliegende Thema.

Die historische Ausgangslage

Die Ausgangslage für das römische Kaisertum war die bereits zur Alleinherrschaft entwickelte Diktatur Cäsars, um dessen Nachfolge blutige Bürgerkriege geführt wurden. Durch einen totalen militärischen Sieg gelangte Octavianus (später Augustus) in die Position eines alleinigen Machthabers. Die Folgezeit ist dadurch gekennzeichnet, dass, um es in den Begriffen Max Webers auszudrücken, diese *Macht*stellung in eine „normale", dauerhafte Allein*herrschaft* überführt und als solche ausgestaltet wurde. Schon

---

1   Daher versteht sich der vorliegende Beitrag mehr als eine Zusammenstellung von bekannten Aspekten denn als eine Erarbeitung neuer Erkenntnisse. Da das Gros der einschlägigen Literatur hier nicht einmal erwähnt werden kann, wird im Folgenden nur exemplarisch auf einschlägige Werke oder aber auf spezielle Aspekte des Themas verwiesen. Darüber hinaus sei auf folgende Standardwerke verwiesen, die überblicksartig in die römische Kaiserzeit einführen: Heinz Bellen, Grundzüge der römischen Geschichte, Bd. 2: Die Kaiserzeit von Augustus bis Diokletian, Darmstadt 1998; Jochen Bleicken, Verfassungs- und Sozialgeschichte der römischen Kaiserzeit, Bd. 1/2, 4./3. Aufl. Paderborn 1995/1994; Werner Dahlheim, Geschichte der römischen Kaiserzeit (Oldenbourg Grundriss der Geschichte 3), 3. Aufl. München 2003; Werner Eck, Augustus und seine Zeit, 2. Aufl. München 2000; Peter Garnsey/Richard Saller, Das römische Kaiserreich. Wirtschaft, Gesellschaft, Monarchie, Hamburg 1989.

Augustus wandelte sich von einem Usurpator der Macht in einen allseits anerkannten Monarchen. Seine Nachfolger bauten das Herrschaftssystem dann weiter aus.

Die römischen Kaiser mussten sich aus historischen Gründen vom frühen römischen Königtum distanzieren. Dessen Beseitigung und fortdauernde Desavouierung als Tyrannis bildeten geradezu die Existenzberechtigung der römischen Republik und waren tief ins kollektive Gedächtnis der Römer eingegraben, wie das kurze und vergebliche Aufflammen der Königsidee unter Cäsar noch einmal bewiesen hatte. Der Titel *rex* war nach diesen Erfahrungen auch für Augustus und seine Nachfolger unbrauchbar. Sie lehnten sich auch nicht direkt an nichtrömische „Modelle" hellenistischer Herrscher an, wie es zuletzt der Gegenspieler Oktavians, Marc Anton, getan hatte. Im Gegensatz dazu stellten sie sich explizit in die Tradition der römischen Republik, wie gleich näher zu zeigen sein wird.

Das römische Kaisertum ist als Herrschaftsform daher etwas grundsätzlich Neues, und, es sei vorweggenommen, auch eine historisch einmalige, situationsgebundene Herrschaftsform. Es handelt sich zwar um eine neue Herrschafts*form*, nicht jedoch um die Begründung eines neuen Staatswesens. Die Kaiser übernahmen vielmehr ein vergleichsweise riesiges Territorium und dazu (republikanisch geprägte) Herrschaftsstrukturen, die wir vielleicht nicht als „Staatsapparat" bezeichnen können, die aber erstaunlich stabil geblieben sind. Warum das Römische Reich in der ganz frühen Kaiserzeit nicht stärker durch zentrifugale Kräfte gefährdet war, müsste allerdings noch näher untersucht werden.

Die Herrschaftsform (die formale Seite des Kaisertums)

Die Bezeichnungen für den Kaiser[2]

„Charakteristisch für die kaiserliche Gewalt ist, dass sie keinen Namen hat", hat Theodor Mommsen gesagt.[3] *Princeps*, wie Augustus sich nannte, war kein Titel. Der Begriff wurde in den offiziellen Fasten nicht verwendet (außer typischerweise für Tiberius, Abb. 1); er geriet auch sonst zunehmend in den Hintergrund, findet sich aber häufig in den Schriften der Juristen zur Bezeichnung der Kaiser.[4]

---

2 Vgl. auch Die römischen Kaiser. 55 historische Porträts von Caesar bis Iustinian, hg. von Manfred Clauss, München 1997, S. 7f.

3 Theodor Mommsen, Römische Kaisergeschichte. Nach den Vorlesungs-Mitschriften von Sebastian und Paul Hensel 1882/86, hg. von Barbara und Alexander Demandt, München 1992, S. 98 (vgl. Ders., Römisches Staatsrecht 2, 2, 3. Aufl. Leipzig 1887, S. 770f.).

4 Belege bei Okko Behrends, Princeps Legibus Solutus, Die Ordnung der Freiheit. Festschrift für C. Starck, hg. von Rainer Grote/Ines Härtel/Karl-E. Hein/Thorsten I. Schmidt/Thomas Schmitz/Gunnar F. Schuppert/Christian Winterhoff, Tübingen 2007, S. 3–20.

1   Ganzkörperstatue von Kaiser Tiberius. Neapel, Museo Archeologico Nazionale, 5615.

Caesar, schon von Augustus, Tiberius und Caligula als Eigennamen verwendet und innerhalb der Dynastie vererbt, wurde ab Claudius zum festen Bestandteil des Herrschernamens, während der Gentilname, der die bürgerliche Identität ausdrückte, meist weggelassen wurde. Die Berufung auf den ersten Alleinherrscher mag insbesondere die persönliche und militärische Durchschlagskraft sowie die immer länger werdende Tradition der Herrschaftsform betont haben. Konsequenterweise lässt Sueton mit Gaius Iulius Caesar seine berühmten Kaiserviten beginnen, und – für uns verwirrend – nennt er auch alle folgenden Kaiser in Kurzform nur Caesar. Die Übernahme des Begriffs in moderne Bezeichnungen für einen Alleinherrscher mit entsprechendem Anspruch, also Kaiser oder Zar, dürfte auf diese literarische Tradition, die sich auch bei anderen römischen Autoren findet, zurückgehen.

Im weiteren Verlauf der Prinzipatszeit war allerdings nicht jeder Cäsar Alleinherrscher: Schon Galba verlieh seinem Adoptivsohn Piso den Cäsarnamen und unterstrich damit dessen Rolle als designierter Nachfolger. Nach anderer Meinung[5] wurde erst unter Hadrian der Kronprinz als Caesar bezeichnet, nämlich zuerst sein Adoptivsohn Lucius Aelius Verus, nach dessen Tod der dann adoptierte Titus Antoninus Pius. Septimius Severus hat seine Söhne Caracalla und Geta zunächst zu Caesares ernannt, dann zu Augusti; sie waren damit aber nur als Nachfolger designiert. In der Spätantike dann war Caesar die Bezeichnung für einen Unterkaiser. Da die Bezeichnung also zunehmend als Vorstufe zur Stellung des regierenden Kaisers verstanden wurde, wurde sie schließlich, seit den Antoninen, auch nur noch in diesem Sinne verwendet, während die Kaiser selbst darauf verzichteten und sich durch den Augustustitel von den Caesares abhoben. Diese Differenzierung gilt jedoch nur für die Verwendung, bei der allein die Titel Caesar und Augustus den Kaiser bezeichnen sollten. In der vollständigen Titulatur blieb Caesar als *cognomen* erhalten und wurde seit Marc Aurel zusammen mit dem *praenomen Imperatoris* (siehe unten) zu einem „vom Namen des Kaisers unabhängigen titularen Begriff"[6], den die Kaiser vor ihren bürgerlichen Namen setzten; an diesen schloss sich dann der Ehrenname Augustus an, z. B. Imperator Caesar Marcus Aurelius Antoninus Augustus. (Abb. 2)

Augustus wurde als Ehrenname von Oktavian/Augustus an Tiberius vererbt und drückt vor allem die sakral herausgehobene Stellung des Kaisers aus. Nach Mommsen meint Augustus einfach „von Gottes Gnaden"[7], womit das Tor für Analogien weit geöffnet ist. Den Kaisern nach Tiberius wurde der Begriff bei ihrer Erhebung vom Senat oder Heer übertragen, und mit dieser standardisierten Verleihung dürfen wir ihn eher als Titel denn als Name verstehen, ohne dass er bis ins 3. Jahrhundert den Namens-

---

5 Zur Kontroverse vgl. Dietmar Kienast, Römische Kaisertabelle. Grundzüge einer römischen Kaiserchronologie, Darmstadt 1990, S. 23.

6 Jochen Bleicken, Imperator, in: Der Kleine Pauly 2, Stuttgart 1967, Sp. 1377–1381, hier Sp. 1380.

7 Mommsen, Kaisergeschichte (wie Anm. 3), S. 100.

2　Aureus des Marcus Aurelius. Auf der Rückseite sind Marcus Aurelius und Lucius Verus zu sehen, die sich die Hände reichen. Gold, 161 n. Chr. Berlin, Münzkabinett der Staatlichen Museen zu Berlin, 18208751.

charakter ganz verloren hätte.[8] Bis Antoninus Pius war er dem regierenden Kaiser vorbehalten. Erst Marc Aurel übertrug den Titel auf seinen Adoptivbruder Lucius Verus und später auf seinen Sohn Commodus, um sie damit als Nachfolger zu designieren. (siehe Abb. 1, S. 362) Im 3. Jahrhundert wurde der Augustustitel gelegentlich ehrenhalber bereits den Caesares verliehen, bevor sie offiziell zu Augusti erhoben wurden.

Imperator war ursprünglich, in republikanischer Zeit, die Bezeichnung für den kommandierenden Feldherrn, bald auch ein Ehrentitel für den siegreichen Feldherrn, der von den Soldaten und vom Senat zum Imperator ausgerufen wurde. Von Oktavian wurde der Terminus seit 40 oder 38 v. Chr. als *praenomen* (Vorname) verwendet. Zusätzlich hat er *imperator* als militärischen Ehrentitel zugelassen und die jeweiligen Akklamationen gezählt. Die beiden Aspekte der Imperator-Bezeichnung hatten ein unterschiedliches Schicksal. Der Name, das *praenomen Imperatoris,* wurde von den Nachfolgern zunächst nicht mehr verwendet, von Tiberius sogar ausdrücklich abgelehnt. Erklärungen, nach denen diese Kaiser die im Begriff selbst gegebene, enge Verbindung zu ihrem *imperium proconsulare* und damit zum Truppenkommando vermeiden wollten,[9] erscheinen nicht überzeugend, da die weiterhin entgegengenommenen und gezählten Akklamationen des Kaisers zum Imperator die gleichen Konnotationen hervorrufen mussten, die also nicht wirklich anstößig waren. Den Namen Imperator hat dann erst wieder Nero zeitweise verwendet, nach ihm dann Otho, und ab Vespasian wurde er regelmäßig getragen.

Die Akklamationen zum Imperator wurden bald auf den Kaiser und seinen designierten Nachfolger beschränkt. Während die traditionelle Akklamation nach militärischen Siegen weiterhin praktiziert wurde, wurde die Ausrufung zum Imperator aber auch schon bei der Erhebung eines neuen Kaisers sozusagen vorweggenommen und ging der Übertragung des *imperium proconsulare* durch den Senat voraus oder fiel mit ihr zusammen. Als sich mit der Zeit die Bedeutung der senatorischen Einsetzung des

---

8　Vgl. Angela Pabst, Divisio Regni. Der Zerfall des Imperium Romanum in der Sicht der Zeitgenossen, Bonn 1986, S. 66f.

9　Vgl. Bleicken, Imperator (wie Anm. 6), Sp. 1379f. mit weiteren Verweisen.

Kaisers verringerte, wurde die Akklamation durch die Prätorianer oder andere Truppenteile der wichtigste Schritt einer Kaisererhebung, bis im 3. Jahrhundert die Ausrufung zum Imperator als gleichbedeutend mit der Erringung der Kaisergewalt galt. Entsprechend dieser Entwicklung wurde von den Kaisern als Tag ihres Herrschaftsbeginns, als *dies imperii*, zunächst die Einsetzung durch den Senat, zunehmend aber die Akklamation durch das Heer festgelegt und jährlich feierlich begangen.[10]

Diese Bedeutung der Akklamation zum Imperator führte auch dazu, dass die Autoren, vor allem die Juristen, der Kaiserzeit den Terminus Imperator zunehmend zur Bezeichnung des Kaisers überhaupt verwendeten. Diese Praxis wurde im Mittelalter übernommen und setzte sich in einigen modernen Sprachen (italienisch „imperatore", französisch „empereur", englisch „emperor") fort, während sich andere Sprachen, wie oben erwähnt, am Terminus Cäsar orientierten.[11]

Die Amtsgewalten

Die Nachfolger des Augustus übernahmen wie jener das *imperium proconsulare* bzw. das *imperium proconsulare maius*[12], also die militärische Gewalt, sowie die *tribunicia potestas*, also die bürgerliche Gewalt einschließlich der Rechtsetzung.[13] Diese Amtsgewalten wurden durch Senatsbeschluss verliehen und erhielten anfänglich noch durch Volksbeschluss Gesetzeskraft (*lex de imperio*). Ab spätestens 69 (Vespasian) wurden die Gewalten durch den Senat geschlossen auf den Herrscher übertragen. Ins traditionelle Amt des *pontifex maximus*, des obersten römischen Priesters, wurden die Kaiser zunächst gewählt, seit Nerva übernahmen sie den Titel sogleich bei Herrschaftsantritt.[14] Als oberste Priester hatten die Kaiser zwischen den Bürgern und den Göttern zu vermitteln und die Gunst der Götter für die *res publica* zu sichern.

---

10 Wie oben beim Cäsar-Titel gesagt, verselbständigten Marc Aurel und Verus die beiden Bezeichnungen Imperator und Caesar zu einem zusammengehörigen Titel, den sie vor den vollen bürgerlichen Namen setzten.

11 Reine Ehrentitel der Kaiser, wie *pater patriae* oder die Siegestitulaturen sollen hier nicht behandelt werden, weil sie nicht als vollgültigen Bezeichnungen der Kaiser verwendet wurden. Vgl. jedoch Peter Kneißl, Die Siegestitulaturen der römischen Kaiser. Untersuchungen zu den Siegernamen des 1. und 2. Jahrhunderts, Göttingen 1968.

12 Vgl. dazu jetzt Frank Bernstein, Das Imperium Romanum – ein ‚Reich'?, in: Gymnasium 117, 2010, S. 49–66, hier S. 62f.

13 Juristisch ausgedrückt war der Kaiser durch die vom Amt getrennte tribunizische Kompetenz „in Ausübung der Gesetzgebungshoheit des Volkes ermächtigt [...], in unmittelbar gesetzesvertretender Weise Rechtsnormen zu schaffen": Behrends, Princeps (wie Anm. 4), S. 12. Daher heißt es zusammenfassend in den Institutionen Ulpians (= Digesta 1,4,1): *Quod principi placuit, legis habet vigorem* – „was dem Willen des Princeps entspricht, hat Gesetzeskraft".

14 Vgl. dazu jüngst Stéphane Benoist, Du *pontifex maximus* à l'élu de dieu: l'empereur et les sacra (Ier s. av. n. e. – Ve s. de n. e.), in: Ritual Dynamics and Religious Change in the Roman Empire, hg. von Olivier Hekster/Sebastian Schmidt-Hofner, Leiden/Boston 2009, S. 33–51.

Das ebenfalls republikanische Amt eines Konsuls nahmen die Kaiser im Allgemeinen am 1. Januar nach ihrem Regierungsantritt an. Da sie es aber schon innerhalb desselben Monats, spätestens aber nach wenigen Monaten wieder ablegten, und da auch andere dem Kaiser nahestehende Männer mit dem Amt geehrt wurden, ist es nicht spezifisch für das Kaisertum. Ähnliches gilt für weitere Amtstitel, die noch seltener geführt wurden und die eher „dekorative" Funktionen besaßen, wie Prokonsul oder Zensor.

Trotz dieser „amtsförmigen" Bezeichnungen war das Kaisertum „kein klar umrissenes, rechtlich fixiertes kaiserliches Amt"[15]. Es versteht sich, dass die Übernahme der Amtsgewalten die Machtstellung des Kaisers nicht begründete. Vielmehr bedeuteten sie einerseits nur die formale Anerkennung dieser Stellung. Andererseits war ihre Übernahme eines der sichtbaren Zeichen dafür, dass der Kaiser bereit war, sich in die republikanische Tradition zu stellen. Wie weit das konkrete politische Handeln der Kaiser, das dann durch die Amtsgewalten grundsätzlich formal legitimiert war, gehen konnte, also der Konsens über die Tragweite der Amtsgewalten reichte, musste zwischen den beteiligten Kräften beständig neu ausgelotet werden. Jedoch hoben einige Kaiser ihren autokratischen Herrschaftsanspruch stark hervor, auch gegenüber dem Senat. Namentlich Domitian durchbrach schließlich, wie vor ihm wohl nur Caligula und nach ihm Commodus, Elagabal und Aurelian, das Konsensprinzip und verzichtete in weiten Teilen auf die Akzeptanz der relevanten gesellschaftlichen Kräfte.[16]

Das Prinzip, die republikanischen Magistraturen beizubehalten, hat Theodor Mommsen auf der formalen Ebene verabsolutiert: Er hat die Monarchie, an deren Substanz er jedoch nicht zweifelte, als eine Magistratur definiert, „da nie de iure der Gedanke der Erbfolge Platz gegriffen hat". Dagegen hat man zu Recht vorgebracht, dass es allein in der Entscheidung des Princeps gelegen habe, ob die Rechtsbindung Bestand gehabt habe oder nicht.[17]

Da die republikanischen Amtsgewalten ausschließlich Männern vorbehalten waren, konnte es, und das ist ein wichtiger Gesichtspunkt für den Vergleich verschiedener Kaiserherrschaften, kein Amt der Kaiserin geben. Die Frau des Kaisers erhielt Respektsbezeugungen und Ehrungen. Die wichtigste davon war die zum Augustus-Titel parallel stehende Bezeichnung Augusta. (Abb. 3) Als Ehrenname von Augustus an seine Frau Livia testamentarisch verliehen, wurde sie bald als Titel aufgefasst. Dieser wurde zur Betonung des dynastischen Zusammenhalts weiblichen Angehörigen

---

15 Hartmut Leppin, Einführung in die Alte Geschichte, München 2005, S. 115.

16 Sommers Entgegensetzung von Konsensprinzip und charismatischer Herrschaft ist sicher etwas zu radikal ausgefallen, vgl. Michael Sommer, Römische Geschichte 2: Rom und sein Imperium in der Kaiserzeit (Kröners Taschenausgabe 458), Stuttgart 2009, S. 183ff.

17 Mommsen, Kaisergeschichte (wie Anm. 3), S. 93; vgl. Ders. Staatsrecht (wie Anm. 3), S. 749, 760ff. Der Einwand z. B. bei Dahlheim, Kaiserzeit (wie Anm. 1), S. 179.

3 Aureus der Faustina Minor, Gattin des Kaisers Marcus Aurelius, mit Augusta-Titel und einer Salus-Darstellung auf der Rückseite. Gold, 161–176 n. Chr. Berlin, Münzkabinett der Staatlichen Museen zu Berlin, 18204946.

der Kaiser verliehen, z. B. durch Caligula seiner Großmutter Antonia, durch Claudius seiner Ehefrau Agrippina d. J. Keineswegs aber bestand hier ein Automatismus, und zahlreiche Ehefrauen der Kaiser erhielten den Titel nicht.[18]

In der Öffentlichkeit wurden die Ehefrauen, durchaus auch in propagandistischer Absicht, vielfältig präsentiert. (Abb. 4) Nicht zuletzt erleichterten sie die Identifizierung der Bevölkerung mit der kaiserlichen Familie und verstärkten so die emotionale Bindung an das Kaiserhaus. Einige Kaiserfrauen wurden nach ihrem Tod ebenso wie ihre Männer unter die Götter versetzt (siehe unten). Unsere Bezeichnung „Kaiserin" hat keine Entsprechung im Lateinischen, eine weibliche Form von Caesar ist nicht gebildet worden. Am weitesten in der Einbeziehung ihrer Frauen in offizielle Funktionen ging die severische Dynastie, in der mehrere Frauen als Vormünder ihrer Söhne fungierten.

Die Machtbasis

Die tatsächliche Machtbasis der römischen Kaiser ist schnell genannt: Es war das Heer. Auf das Heer gestützt errangen Augustus und seine Nachfolger die Macht, und ohne das Heer konnten sie sich nicht an der Macht halten. Unter Augustus umfasste die Armee 25 Legionen, die Flavier hatten sogar 28. Daher hat man mit gewissem Recht vom Kaisertum als einer „Militärmonarchie" oder einer „Militärdiktatur" gesprochen.[19] Die militärische Macht ging oft zusammen mit bzw. war abhängig von wirtschaftlicher Potenz. Die Umwandlung von finanziellen Mitteln in militärische

---

18 Vgl. zum ganzen Komplex etwa Kienast, Kaisertabelle (wie Anm. 5), S. 53ff. Ein weiterer Ehrentitel für die Frauen des Kaiserhauses lautete *mater castrorum*, offiziell erstmals unter Marc Aurel für Faustina II. verwendet, unter Septimius Severus erweitert zu *mater castrorum, senatus ac patriae*.

19 „Indem die alte Republik mit einer absoluten Militärmonarchie verschmolzen war": Mommsen, Kaisergeschichte (wie Anm. 3), S. 91, Anm. 127. Der Terminus taucht auch in der späteren Forschung immer wieder auf.

4   Livia, Gemahlin des Augustus, als segenspendende Göttin mit Füllhorn.
    Kopenhagen, Ny Carlsberg Glyptotek, IN 1643.

Machtmittel ist ein Grundfaktor in der römischen Politik, in großem Stil seit der späten Republik. (Abb. 5)

Neben dem Heer könnte man noch die ausgedehnte persönliche Klientel der Kaiser anführen, deren Größe und auch Loyalität wiederum nicht zuletzt von den ökonomischen Möglichkeiten des kaiserlichen *patronus* abhing. Innerhalb der Klientelverhältnisse entstanden zahlreiche personelle Verbindungen und Verflechtungen (Näheres dazu unten).

Die Herrschaftserringung und -stabilisierung

Verstetigt wurde die Kaiserherrschaft erst dadurch, dass sich eine ganze Reihe von Nachfolgern des Augustus an der Macht halten konnte. Bei der Regelung der Nachfolge verlangte jedoch die republikanische Form entsprechende Rücksichten.[20] In der Tradition sollte nur der Beste die Rolle des Prinzeps beanspruchen können. Augustus hat das in seinem Tatenbericht anerkannt, indem er sich als der in vieler Hinsicht herausragende Einzelne dargestellt und seine Sonderstellung gerechtfertigt hat.

Wie zu Beginn des Prinzipats Oktavian (siehe oben), so kamen auch einige seiner Nachfolger durch den Einsatz militärischer Gewalt an die Macht. Gewannen sie die Anerkennung der relevanten gesellschaftlichen Gruppen, also Heer, Senat und stadtrömische *plebs*, so hatten sie ihre Macht in eine Herrschaftsform transformiert. Zur Durchsetzung als Herrscher mussten die meisten Kaiser jedoch keine militärische Gewalt einsetzen, da sie auf friedlichem Weg ihre Anerkennung bei den genannten Gruppierungen erreichen konnten. Beteiligt an der Auswahl eines neuen Kaisers waren dabei: der Vorgänger, insofern er einen Nachfolger designiert hat; Familienmitglieder, darunter auch weibliche; der Senat (mit abnehmender Tendenz); die Prätorianer, also die in und um Rom stationierte Elitetruppe; später (ab Vitellius) die in den Provinzen stationierten Heeresabteilungen (mit zunehmender Tendenz). Da jeder Kaiser wieder von Neuem akzeptiert werden musste, ist es nicht angemessen, die Herrscher in Usurpatoren einerseits und legitime Herrscher andererseits zu unterteilen.[21]

Der Sohn des alten Kaisers war durch Abstammung, Erbschaft und Zustimmung der Familien-Klientel als Nachfolger prädestiniert. Obwohl *de facto* nur zwei leibliche Söhne ihren Vätern auf dem Kaiserthron nachfolgten, nämlich Titus und Commo-

---

20 Vgl. Dieter Timpe, Untersuchungen zur Kontinuität des frühen Prinzipats (Historia, Einzelschriften 5), Wiesbaden 1962; Angela Pabst, Comitia imperii. Ideelle Grundlagen des römischen Kaisertums, Darmstadt 1997.

21 Vgl. Egon Flaig, Den Kaiser herausfordern, in: Historische Zeitschrift 253, 1991, S. 371–384, hier S. 378f. Der Artikel fasst die ausführlichere Argumentation des zugrundeliegenden Buches zusammen: Egon Flaig, Den Kaiser herausfordern. Die Usurpation im Römischen Reich, Frankfurt am Main/New York 1992.

5   Caracalla als Kriegsherr, Kopf: Marmor,
    Büste: Porphyr. Rom, Musei Capitolini,
    464.

dus, wurde das dynastische Prinzip im weiteren Sinn quasi als naturgemäß und ohne
besondere Rechtfertigung anerkannt, das in den Adelsgeschlechtern der Republik
ja schon eine lange Tradition besaß. Ob die Adoption nur ersatzweise, beim Fehlen
eines leiblichen Nachfolgers, zum Tragen kam, wird in der Forschung nicht ganz einheitlich gesehen, erscheint mir aber zutreffend. Die Adoptionen des Augustus sind
bekannt, weitere Beispiele noch in der julisch-claudischen Dynastie sind diejenigen
von Germanicus durch Tiberius oder von Nero durch Claudius 50 n. Chr. Unter den
Adoptivkaisern wurde aus der Not eine Tugend gemacht und die Adoption in der
Panegyrik zur Ideologie erhoben: Durch die Adoption sollte die Auswahl des sittlich
Besten gesichert werden, so der jüngere Plinius; die leibliche Thronfolge wurde dadurch fast ausgeschlossen.

   Zur Stabilisierung der Herrschaft mussten die verschiedenen gesellschaftlichen
Gruppen an das Kaiserhaus gebunden werden, zuvörderst das Heer, dann Senat und
plebs.[22] (Abb. 6) Die Senatoren wurden zu Regierungstätigkeiten herangezogen, nicht
zuletzt zur Verwaltung der Provinzen, ebenso die Ritter (als *praefecti praetorio, vigi-
lum, annonae, Aegypti*); welcher der beiden oberen Stände bevorzugt wurde, wech-
selte in der Kaiserzeit, aber erst im 3. Jahrhundert konnte die senatorische Kompetenz

---

22 Zum Verhältnis des Kaisers zu diesen Gruppen vgl. Flaig (wie Anm. 21), S. 373ff., dem ich jedoch nicht
    darin folge, das Konsensprinzip als a-materialistisch oder sogar antimaterialistisch anzusehen.

durch den Ritterstand weitgehend ersetzt werden. Zur Gewinnung der gesellschaftlichen Gruppen pflegten die Kaiser des Weiteren einen Euergetismus (Munifizenz); die Tugend der *liberalitas* (Freigiebigkeit) war gerade bei den Adoptivkaisern ausgeprägt. Manche Senatoren und Ritter wurden mit dem Mindestvermögen ausgestattet. Zuwendungen bzw. Solderhöhungen sicherten die Ergebenheit der Soldaten. Getreidespenden, Geldzuwendungen und Spiele verschafften den Kaisern die Zustimmung der stadtrömischen *plebs*. Schuldenerlasse, Spenden an Städte, Bautätigkeiten in Rom und in den Provinzen sind weitere Beispiele für diese „Wohltaten".[23]

Zur Klientel des Kaisers rechnet man zunächst die Heeresklientel aus aktiven Soldaten sowie aus Veteranen, die vom Feldherrn bzw. Kaiser mit Land versorgt wurden; sodann die ganze römische *plebs*, die durch Getreidespenden, Speisungen (*congiaria*), Geschenke (*donativa*) und Spiele (*panem et circenses*) eingebunden wurde; weiterhin die italische Bevölkerung, die 32 v. Chr. einen Treueeid auf Augustus leisten musste. Die patronale Pflicht des Kaisers zur Fürsorge wurde dann übertragen auf die gesamte Reichsbevölkerung. Auch die Bevölkerung der Provinzen schwor den Treueeid. Sogar auswärtige Könige werden zur Klientel gezählt und daher Klientelkönige genannt. In diesem reichsumspannenden Klientelsystem waren natürlich nicht mehr dieselben formalen Rechte und Pflichten wie in der Republik lebendig. Es war viel grundsätzlicher ein Geben von Fürsorge und ein Nehmen von Treue und Gefolgschaft geworden. Wer diesen Aspekt des Kaisertums sehr hoch bewertet, kann mit Hermann Strasburger von einer „Patriarchalischen Monarchie" sprechen.[24]

Der Fürsorgepflicht und ebenso der effektiven Administration diente auch eine zuverlässige Rechtsprechung. Der Kaiser fungierte einerseits als oberster Richter,[25] andererseits löste er konkrete Probleme durch die Beantwortung von Bittgesuchen. Die Reskripte und Konstitutionen der Kaiser gewannen zunehmende Bedeutung für die Rechtsetzung (siehe oben).

Die Organisation der Verwaltung, die zu einer erfolgreichen Herrschaftsstabilisierung gehört, kann hier nur in Stichworten angedeutet werden: Wir sehen eine Tendenz zur Zentralisierung und Personalisierung, d. h. eine Ausrichtung auf die zentrale Person des Kaisers. Im Zentrum des Reiches stand mit dem Herrscher zusammen der kaiserliche Hof (*aula Caesaris*), ein informeller Kreis von Beratern, Männern mit hohen Ämtern und persönlicher Nähe zum Kaiser (*primores civitatis; consilium prin-*

---

23 Die Bautätigkeit des Augustus in den Provinzen wird besonders hervorgehoben von Bernstein, Imperium (wie Anm. 12), S. 63f. Zur intensiven Bautätigkeit Trajans vgl. Heiner Knell, Kaiser Trajan als Bauherr. Macht und Herrschaftsarchitektur, Darmstadt 2010.

24 Hermann Strasburger, Zum antiken Gesellschaftsideal (Abhandlungen der Heidelberger Akademie der Wissenschaften 1976, 4), Heidelberg 1976, S. 122.

25 Vgl. etwa Jochen Bleicken, Senatsgericht und Kaisergericht. Eine Studie zur Entwicklung des Prozeßrechts im frühen Prinzipat, Göttingen 1962; Michael Sommer, Die römischen Kaiser. Herrschaft und Alltag, Darmstadt 2010, S. 92ff.

6   Die *Anaglypha Traiani* mit der Darstellung eines Kaisers, der die *alimenta* einsetzt, niedrig
     verzinste Darlehen für die Landwirtschaft, deren Ertrag für die Unterstützung notleidender
     Kinder verwendet werden sollte. Rom, Forum Romanum, Curia.

cipis der Flavier). Kaiserliches Privatpersonal, die *servi* und *liberti*, die *familia Caesaris*, übernahmen Staatsaufgaben.[26]

Zur Bürokratisierung gehört die Ausbildung von Einzelressorts, die kaiserlichen Beamten unterstellt waren (*praefecti, curatores, procuratores*). Kaiserliche Freigelassene hatten *ministeria* inne: *a rationibus* (Finanzen); *ab epistulis* (Schriftwechsel); *a libellis* (Reskripte); *a studiis* (Kultur).

Es fand eine Professionalisierung in Militär und Verwaltung statt. Zunehmend wurden nichtsenatorische Amtsträger eingesetzt, die bezahlt wurden. In der Verwaltung hat besonders Hadrian diese Entwicklung vorangetrieben.

Schließlich kann man von einer Verstaatlichung der Steuer- und Abgabeneinziehung sprechen. Das bedeutet, dass man die Verpachtung dieser Aufgaben an *publicani* aus dem Ritterstand aufgab und die Aufgaben direkten kaiserlichen Amtsträgern übertrug.

An dieser Stelle sei nochmals auf eine markante Forschungsmeinung hingewiesen, die sich gegen alle verrechtlichenden Erklärungen kaiserlicher Herrschaft wendet. Der Machterhalt der Kaiser sei hingegen von der erfolgreichen Durchführung komplexer Akzeptanzrituale abhängig gewesen; die römische Monarchie sei ein Akzeptanz-System gewesen.[27] Nach meiner Meinung besteht der hier aufgemachte Gegensatz in Wirklichkeit nicht. Ein funktionierendes und stabiles Herrschaftssystem muss sich sowohl rechtlicher Formen als auch Akzeptanzritualen bedienen und so die Anerkennung der relevanten gesellschaftlichen Gruppen suchen und sichern. Akzeptanz war vorrangig wichtig bei den schon genannten Gruppen, also Heer, Senat und römischer *plebs*, aber zunehmend auch bei der gesamten Reichsbevölkerung. Seit Augustus war

---

26   Vgl. Aloys Winterling, Aula Caesaris. Studien zur Institutionalisierung des römischen Kaiserhofes in der
     Zeit von Augustus bis Commodus (31 v.–192 n. Chr.), München 1999.
27   Vgl. Flaig, Kaiser (wie Anm. 21), S. 379.

der Kaiser indirekter, zum Teil auch direkter Ansprechpartner für Provinziallandtage oder einzelne provinziale Städte, und verschiedentlich reagierten die Kaiser auf Missstände oder auf ihnen zur Kenntnis gebrachte Anliegen. Damit stellten sie nicht zuletzt ihre Fähigkeit zur Kommunikation mit der Reichsbevölkerung unter Beweis.

Die Herrschaftslegitimation oder die Prinzipatsideologie

a) Zur Legitimierung verwiesen die Kaiser verschiedentlich auf ihre persönliche Abstammung, die in den meisten Fällen auf Adoption beruhte, wie schon bei Oktavians Adoption durch Cäsar. Selbst vor Fiktionen wurde nicht haltgemacht: So bezeichnete sich Septimius Severus auf Münzen als Sohn von Marc Aurel. (Abb. 7)

b) In der Sieghaftigkeit zeigte sich im allgemeinen Bewusstsein die Gunst der Götter: der Prinzeps ist von den Göttern auserwählt. Daher sind Eroberungen ein Element der Selbstdarstellung. Persönliche Feldherrnleistungen wurden zwar auch gern gerühmt, waren aber nicht unbedingt nötig, sofern man die richtigen „Mitarbeiter" hatte, wie das schon bei Augustus der Fall war. Ein Zeichen dieses Elements sind die Siegestitulaturen.

c) Nur scheinbar im Widerspruch dazu stand die vielfach verkündete *pax Augusta* oder *pax Romana*. Erfolgreiche Kriege durften das Reich nicht in Mitleidenschaft ziehen. Im Inneren des Reiches musste Frieden herrschen.

d) Viele Kaiser pflegten ein besonderes Nahverhältnis zu einer persönlichen Schutzgottheit, wie Commodus zu Hercules, die Severer zu Sol. Von „Gottesgnadentum" kann man sprechen seit Aurelian, der als *deus et dominus natus* („geborener Herr und Gott") bezeichnet wurde.

e) Die Divinisierung (*consecratio*, Apotheose, Abb. 8) erfolgte nach dem Tod eines Kaisers durch Senatsbeschluss nach dem Vorbild Cäsars, den Oktavian vergöttlichen ließ.[28] Der Geehrte hieß dann *divus*, daher nannte sich Augustus *divi filius*, Sohn des Vergöttlichten (Cäsar). In einzelnen Fällen konnte der Senat durch die Verweigerung dieser Ehrung die Missliebigkeit eines Kaisers nachträglich zum Ausdruck bringen, wie es bei Tiberius geschah. Geradezu das Gegenteil der Divinisierung war die Verfügung der sogenannten *damnatio memoriae*, in antiker Formulierung der *abolitio nominis*, der Ächtung des Andenkens durch Namenstilgung in den Inschriften und Zerstörung der Bildnisse des betreffenden Kaisers. (Abb. 9) Vergöttlichte Kaiser wurden kultisch verehrt.[29] Der Kaiserkult erinnert am ehesten an die ägyptischen Pharaonen und in derselben Traditionslinie an die helle-

---

28 Vergöttlicht wurden darüber hinaus auch andere Mitglieder des Kaiserhauses, so verschiedene Ehefrauen der Kaiser (siehe oben) oder ihre Schwestern.

29 Vgl. Manfred Clauss, Kaiser und Gott. Herrscherkult im römischen Reich, Stuttgart 1999.

7 Septimius Severus bezeichnet
sich als Sohn von Marc Aurel,
Aureus, Gold, 195 n. Chr.
Privatbesitz.

nistischen Herrscher, steht aber ansonsten ohne Parallele da. Einige der natürlich
immer zahlreicher werdenden Kaiserkulte hatten nur eine kurze Fortexistenz. Gerade die von gestürzten Kaisern wie Caligula oder Nero eingesetzten Kulte wurden
bald nach deren Tod wieder aufgegeben.

f) Die Tugendhaftigkeit des Kaisers wurde schon unter Augustus, dann ganz besonders von den Adoptivkaisern herausgestellt. Das Cognomen Optimus, das diesen
Aspekt besonders hervorheben will, wird seit Trajan verwendet.
Werte wie *libertas* und *civilitas* wurden von den Kaisern beansprucht; *virtutes* wie
iustitia, pietas, aequitas, clementia, moderatio, fortitudo wurden ihnen zugesprochen.

g) Die Identifizierung des Kaisers und der kaiserlichen Familie bzw. des Hauses (*domus
Augusta*) mit der *res publica* entwickelte eine Tendenz zur ausgeprägten Selbstdarstellung und Überhöhung der kaiserlichen Person. Der Palast des Kaisers wurde zum
Symbol seiner Herrschaft. Ein Hofzeremoniell bildete sich aus. Der Kaiser als Person
– und mit ihm auch die Kaiserin – wurden zum Vorbild für die ganze Gesellschaft,
bis hin zu der Frisur, die man nach der des Kaiserpaares ausrichtete. Die vielfältigen
öffentlichen Repräsentationsformen können hier aber nicht besprochen werden.
Es ist klar, dass eine solche kaiserliche Stellung auch ein intensives gesellschaftli-
ches Interesse am Privatleben der Kaiser wecken musste.[30] Die kaiserliche Familie
war bevorzugter Gegenstand von Klatsch und Tratsch, ebenso wie es die Promi-
nenten der heutigen Zeit sind.

---

30 Vgl. Alexander Demandt, Das Privatleben der römischen Kaiser, München 1996.

8　Sabina wird als neue Staatsgöttin von der Personifikation der Aeternitas vom Scheiterhaufen in den Himmel getragen. Kaiser Hadrian wohnt der Apotheose seiner Frau bei. Rom, Palazzo dei Conservatori.

Machtanspruch

Die Überordnung der römischen Herrschaft über auswärtige Alleinherrscher (Klientelkönige, siehe oben), wie sie schon in der Republik bestand, wurde in der Kaiserzeit aufrechterhalten.

Wie sich Augustus in den *res gestae* (Überschrift) rühmte, „den Erdkreis (*orbis terrarum*) der Herrschaft des römischen Volkes unterworfen zu haben", so erhoben auch die nachfolgenden Kaiser den Anspruch auf die Weltherrschaft.[31] Unter der Welt wurde teils die zivilisierte Welt, also z. B. Europa bis zur Nordsee, teils die Gebiete jenseits davon, also z. B. Germanien unter Augustus oder Britannien unter Claudius verstanden. Je nach Bedingungen und Persönlichkeit verfolgten manche Kaiser eine

---

31　Vgl. Marcelo T. Schmitt, Die römische Außenpolitik des 2. Jahrhunderts n. Chr. Friedenssicherung oder Expansion?, Stuttgart 1997; Susan P. Mattern, Rome and the Enemy. Imperial Strategy in the Principate, Berkeley 1999.

9 *Damnatio memoriae* des Geta und
seiner Frau Plautilla nach der Ermordung Getas durch Caracalla 211 auf
einer Inschrift, Marmor, London,
The British Museum.

expansivere Politik als andere. Seine größte Ausdehnung erfuhr das Römische Reich
bekanntlich unter Kaiser Trajan.

In der Realität gab es einige Einschränkungen des römischen *imperium sine fine*
(„Reich ohne Grenzen": Vergil, Aeneis 1, 278f.). Das Partherreich musste als quasi
gleichberechtigt respektiert werden, auch wenn Augustus die Rückgabe der Feldzeichen als Unterwerfung bzw. Unterordnung feiern ließ, wie sich besonders aus Münzen ergibt, auf denen ein unterwürfig kniender Parther die Feldzeichen übergibt.
(Abb. 10) Die *limites* („Grenzbefestigungen") markierten seit den Flaviern die Grenzen zumindest der Gebiete, die unter direkter römischer Organisation standen.
(Abb. 11)

Mit dem Anspruch des Weltherrschers korrespondiert umgekehrt auch die Pflicht
des Herrschers, Monarch für alle Menschen zu sein: *gentis humanae pater atque custos*
(„des Menschengeschlechtes Vater und Hort", Horaz, Carmina 1,12,49). Die Leistungen der Kaiser wurden nicht mehr nur auf Rom, Italien und das Imperium, sondern auf die Oikumene und die gesamte Menschheit bezogen.

10 Denar, ... m 19 v. Chr.
... ceite ist ein
Auf ...ther zu sehen,
... .hen übergibt.
... k.,inzkabinett der
... ,en Museen zu Berlin,
... +70.

Beurteilungen in der Antike

Die Überlieferung der römischen Geschichte und daher auch die Beurteilung des römischen Kaisertums waren geprägt von der Senatsaristokratie. Für diese Autoren war der Prüfstein für die Kaiser deren Verhältnis zum Senat. Es wurden dabei weniger staatsrechtliche Gesichtspunkte in Anschlag gebracht, da keine republikanischen Entscheidungs-Institutionen mehr vorhanden waren, die mit der kaiserlichen Stellung in Konkurrenz gestanden hätten. Vielmehr wurde die eher sozialpolitische Frage gestellt, inwiefern die Oberschicht des Landes, nach eigenem Verständnis die Elite der Besten, an der Ausübung der Herrschaft beteiligt wurde und inwieweit die Kaiser ihr Anerkennung und Respekt entgegenbrachten. Die autokratisch auftretenden und den Senat stark missachtenden Kaiser Caligula, Nero, Domitian und Commodus waren aus dieser Sicht die besonders schwarzen Schafe.

Eine grundsätzliche Ablehnung des Kaisertums wird in der Literatur der Zeit nicht ausführlich entwickelt, obwohl einzelne Andeutungen in der augusteischen Zeit in diese Richtung gehen. Inwiefern senatorische Verschwörungen im frühen Prinzipat auf eine Beseitigung des Kaisertums überhaupt zielten, ist schwer zu eruieren. Nach der Konsolidierung des Prinzipats beabsichtigten Verschwörungen, soweit zu sehen ist, jedoch immer nur die Ersetzung des aktuellen durch einen neuen Kaiser.

In der gleichen senatorischen Tradition galt übrigens die Feststellung, dass ein Kaiser unter weiblichem Einfluss gestanden habe, als Kennzeichen einer schlechten Regierung.[32]

---

32 Vgl. Leppin, Einführung (wie Anm. 15), S. 116.

Moderne Beurteilungen

Nur drei Aspekte sollen hier angesprochen werden: Karl Christ, zwei. besten Kenner der Epoche, hat bestritten, dass das Kaisertum überhaup. tigte Staatsform gewesen sei. Schon die Bezeichnung „Kaiser Augustus" sei *es-*inadäquat. „Der Begriff ‚Kaiser' löst irreführende Assoziationen aus", weil *es-*tinuierlicher Kampf um die Behauptung und Sicherung der Macht" stattge. habe (siehe auch oben).[33] Ob aber der Kaiserbegriff wirklich eine solche Stab. voraussetzt? Es wäre schon ein Paradoxon, wenn der Kaiserbegriff nicht einmal me. auf die Herrscher, die ihn zuerst trugen und prägten, zuträfe!

Trifft die Bezeichnung „Absolutismus" auf die Herrschaft der römischen Kaiser zu? Cäsar „setzte sich selbst absolut", sagt Christ.[34] Augustus war nach Cassius Dio (53,18,1) *legibus solutus,* „von den Gesetzen befreit". Dieser Grundsatz galt auch im juristischen Sinn für Augustus und seine Nachfolger und korrespondierte mit einem oben zitierten (Anm. 13) zweiten Grundsatz *Quod principi placuit, legis habet vigorem* – „was dem Willen des Prinzeps entspricht, hat die Kraft eines Gesetzes".[35] Wenn manche Kaiser, gerade die Adoptivkaiser, stärker die Prinzipatsideologie betonten, so ordneten sie sich freiwillig den Gesetzen unter. Plinius hat im Sinne Trajans markant formuliert: *non est princeps supra leges, sed leges supra principem* („es steht nicht der Prinzeps über den Gesetzen, sondern die Gesetze stehen über dem Prinzeps"). Unter den Severern war ein offener Grundsatz, der Kaiser stehe zwar über den Gesetzen (*princeps legibus solutus*), lebe aber nach ihnen. Es wurden also unterschiedliche Facetten der kaiserlichen Souveränität betont. Insgesamt aber entwickelte sich das Kaisertum, wenngleich nicht linear, zum Absolutismus hin, der ab Diokletian nicht mehr wirklich in Frage stand. Allerdings fällt die moderne Beurteilung eines weniger absolutistisch auftretenden, eines „aufgeklärten" Kaisers im allgemeinen positiver aus, erstens wegen der heutigen Maßstäbe, die dabei angewandt werden, und zweitens wegen des Erfolgs dieser Kaiser. Stark absolutistische Kaiser wie Caligula scheiterten oft, nach antiker und moderner Meinung eben an ihrer Überheblichkeit.

Der „Cäsarenwahnsinn" war daher kein durchgehendes Attribut für alle Kaiser, sondern blieb auf bestimmte Kaiser beschränkt, wobei man der antiken (wie oben gesagt senatorischen) Einordnung folgte: Caligula, Nero, Domitian waren die einschlä-

---

33 Karl Christ, Die römische Kaiserzeit. Von Augustus bis Diokletian, München 2001, S. 18. Vgl. auch das ausführlichere Werk Karl Christ, Geschichte der römischen Kaiserzeit. Von Augustus bis Konstantin, 3. Aufl. München 1995.

34 Christ, Kaiserzeit (wie Anm. 33), S. 14.

35 Zu diesen Grundsätzen und ihrem Zusammenhang vgl. die überzeugenden Ausführungen von Behrends, Princeps (wie Anm. 4), S. 3ff.

11 Reste des von Kaiser Hadrian angelegten Schutzwalles in England.

gigen Vertreter.[36] Auch bei diesen Kaisern jedoch hat die jüngere Forschung eine solch einseitige Beurteilung relativiert.[37]

Gerade am zuletzt angesprochenen „Cäsarenwahnsinn", aber auch an zahlreichen anderen Stellen des vorstehenden Beitrags wurde deutlich, dass zwischen den einzelnen Inhabern der kaiserlichen Gewalt bzw. zwischen den einzelnen Dynastien, nach denen die Zeit zwischen Augustus und Diokletian eingeteilt wird, erhebliche Unterschiede bestehen. Diese sind teils durch individuelle charakterliche Eigenheiten der Kaiser bedingt, teils sind sie auf familiäre und personelle Einflüsse auf den Kaiser zurückzuführen, teils stehen sie im Zusammenhang mit gesellschaftlichen, wirtschaftlichen und nicht zuletzt außenpolitischen Entwicklungen, vor allem mit der eigenständigen Erstarkung und Expansion von Völkern außerhalb der römischen Reichs-

36   Der Terminus ist insbesondere von Ludwig Quidde (in seiner Schrift von 1894 Caligula. Eine Studie über römischen Cäsarenwahnsinn) populär gemacht worden. Vgl. Karl Holl/Hans Kloft/Gerd Fesser, Caligula – Wilhelm II. und der Caesarenwahnsinn. Antikenrezeption und wilhelminische Politik am Beispiel des „Caligula" von Ludwig Quidde, Bremen 2001.

37   Vgl. paradigmatisch Aloys Winterling, Caligula. Eine Biographie, 3. Aufl. München 2004.

grenzen.[38] Trotz dieser Unterschiede, so konnte hoffentlich im Vorstehenden auch gezeigt werden, war in der Zeit des Augustus eine Herrschaftsform entstanden, deren Grundstruktur seine Nachfolger, teils mehr, teils weniger bewusst ausbauten und variierten, die aber in ihrem Kern über etwa zweieinhalb Jahrhunderte hinweg Bestand hatte und daher als historisch relativ stabile „Ordnungsform" gelten darf.

---

38 Die Bedingungen, denen ein Kaiser ausgesetzt war, werden von einigen Forschern als so dominant angesehen, dass sie den Handlungsspielraum der Kaiser als minimal beurteilen und den Kaiser selbst als passive Person zeichnen, die nur auf äußere Anstöße reagiert habe: „Petition-and-response" war die Formel, unter der Fergus Millar, The Emperor in the Roman World (31 BC – AD 337), 2. Aufl. London 1992, diese Position begründet hat. Sie ist seitdem rege diskutiert, in ihrer Absolutheit oft abgelehnt worden, vgl. zuletzt Staatlichkeit und politisches Handeln in der römischen Kaiserzeit, hg. von Hans-Ulrich Wiemer, Berlin/ New York 2006.

10 Denar, Silber, um 19 v. Chr. Auf der Rückseite ist ein kniender Parther zu sehen, der Feldzeichen übergibt. Berlin, Münzkabinett der Staatlichen Museen zu Berlin, 18202470.

Beurteilungen in der Antike

Die Überlieferung der römischen Geschichte und daher auch die Beurteilung des römischen Kaisertums waren geprägt von der Senatsaristokratie. Für diese Autoren war der Prüfstein für die Kaiser deren Verhältnis zum Senat. Es wurden dabei weniger staatsrechtliche Gesichtspunkte in Anschlag gebracht, da keine republikanischen Entscheidungs-Institutionen mehr vorhanden waren, die mit der kaiserlichen Stellung in Konkurrenz gestanden hätten. Vielmehr wurde die eher sozialpolitische Frage gestellt, inwiefern die Oberschicht des Landes, nach eigenem Verständnis die Elite der Besten, an der Ausübung der Herrschaft beteiligt wurde und inwieweit die Kaiser ihr Anerkennung und Respekt entgegenbrachten. Die autokratisch auftretenden und den Senat stark missachtenden Kaiser Caligula, Nero, Domitian und Commodus waren aus dieser Sicht die besonders schwarzen Schafe.

Eine grundsätzliche Ablehnung des Kaisertums wird in der Literatur der Zeit nicht ausführlich entwickelt, obwohl einzelne Andeutungen in der augusteischen Zeit in diese Richtung gehen. Inwiefern senatorische Verschwörungen im frühen Prinzipat auf eine Beseitigung des Kaisertums überhaupt zielten, ist schwer zu eruieren. Nach der Konsolidierung des Prinzipats beabsichtigten Verschwörungen, soweit zu sehen ist, jedoch immer nur die Ersetzung des aktuellen durch einen neuen Kaiser.

In der gleichen senatorischen Tradition galt übrigens die Feststellung, dass ein Kaiser unter weiblichem Einfluss gestanden habe, als Kennzeichen einer schlechten Regierung.[32]

---

32 Vgl. Leppin, Einführung (wie Anm. 15), S. 116.

Moderne Beurteilungen

Nur drei Aspekte sollen hier angesprochen werden: Karl Christ, zweifellos einer der besten Kenner der Epoche, hat bestritten, dass das Kaisertum überhaupt eine gefestigte Staatsform gewesen sei. Schon die Bezeichnung „Kaiser Augustus" sei eigentlich inadäquat. „Der Begriff ‚Kaiser' löst irreführende Assoziationen aus", weil ein „kontinuierlicher Kampf um die Behauptung und Sicherung der Macht" stattgefunden habe (siehe auch oben).[33] Ob aber der Kaiserbegriff wirklich eine solche Stabilität voraussetzt? Es wäre schon ein Paradoxon, wenn der Kaiserbegriff nicht einmal mehr auf die Herrscher, die ihn zuerst trugen und prägten, zuträfe!

Trifft die Bezeichnung „Absolutismus" auf die Herrschaft der römischen Kaiser zu? Cäsar „setzte sich selbst absolut", sagt Christ.[34] Augustus war nach Cassius Dio (53,18,1) *legibus solutus*, „von den Gesetzen befreit". Dieser Grundsatz galt auch im juristischen Sinn für Augustus und seine Nachfolger und korrespondierte mit einem oben zitierten (Anm. 13) zweiten Grundsatz *Quod principi placuit, legis habet vigorem* – „was dem Willen des Prinzeps entspricht, hat die Kraft eines Gesetzes".[35] Wenn manche Kaiser, gerade die Adoptivkaiser, stärker die Prinzipatsideologie betonten, so ordneten sie sich freiwillig den Gesetzen unter. Plinius hat im Sinne Trajans markant formuliert: *non est princeps supra leges, sed leges supra principem* („es steht nicht der Prinzeps über den Gesetzen, sondern die Gesetze stehen über dem Prinzeps"). Unter den Severern war ein offener Grundsatz, der Kaiser stehe zwar über den Gesetzen (*princeps legibus solutus*), lebe aber nach ihnen. Es wurden also unterschiedliche Facetten der kaiserlichen Souveränität betont. Insgesamt aber entwickelte sich das Kaisertum, wenngleich nicht linear, zum Absolutismus hin, der ab Diokletian nicht mehr wirklich in Frage stand. Allerdings fällt die moderne Beurteilung eines weniger absolutistisch auftretenden, eines „aufgeklärten" Kaisers im allgemeinen positiver aus, erstens wegen der heutigen Maßstäbe, die dabei angewandt werden, und zweitens wegen des Erfolgs dieser Kaiser. Stark absolutistische Kaiser wie Caligula scheiterten oft, nach antiker und moderner Meinung eben an ihrer Überheblichkeit.

Der „Cäsarenwahnsinn" war daher kein durchgehendes Attribut für alle Kaiser, sondern blieb auf bestimmte Kaiser beschränkt, wobei man der antiken (wie oben gesagt senatorischen) Einordnung folgte: Caligula, Nero, Domitian waren die einschlä-

---

33 Karl Christ, Die römische Kaiserzeit. Von Augustus bis Diokletian, München 2001, S. 18. Vgl. auch das ausführlichere Werk Karl Christ, Geschichte der römischen Kaiserzeit. Von Augustus bis Konstantin, 3. Aufl. München 1995.

34 Christ, Kaiserzeit (wie Anm. 33), S. 14.

35 Zu diesen Grundsätzen und ihrem Zusammenhang vgl. die überzeugenden Ausführungen von Behrends, Princeps (wie Anm. 4), S. 3ff.

Cosima Möller

Römisches Kaiserrecht

I. Einleitung

Der Titel meines Beitrags ist allzu weit gefasst. Das wird schnell deutlich, wenn man sich vor Augen rückt, dass römisches Kaiserrecht zeitlich mit Augustus und der Errichtung des Prinzipats beginnt und einen plausiblen Endpunkt bei Justinian findet, unter dessen Herrschaft es im 6. Jahrhundert n. Chr. letztmals die Möglichkeit gab, im östlichen Teil des Römischen Reiches und auch in Teilen des westlichen Reiches kaiserlich legitimiertes Recht zu setzen. Über fast sechs Jahrhunderte kann in diesem Rahmen nicht umfassend Auskunft gegeben werden.

Der Sache nach enthält der Titel aber auch eine Einschränkung, die sogleich korrigiert werden muss. Wenn man nämlich die Perspektive dieser Tagung bedenkt, die auf die Tradition der Kaiseridee gerichtet ist, so scheint es erforderlich, nicht nur das römische Kaiserrecht, sondern das römische Recht der Kaiserzeit und das Verhältnis des Kaisers zu diesem Recht zu erörtern. Denn die durch kaiserliche Rechtssetzung erzeugte Rechtsmasse wurde weder in der Rechtsliteratur noch im Bewusstsein der Juristen als selbständiger und einheitlicher Bestand wahrgenommen.[1] Der Kaiser spielt zunächst nicht vorrangig als Urheber von Recht, sondern als Garant und Mitgestalter des Rechts eine Rolle.

Im Handbuch der Altertumswissenschaft hat Kaser die Darstellung des römischen Rechts nicht an den Epochen der staatsrechtlichen Form des römischen Gemeinwesens orientiert, sondern zu Recht den „gewaltigen Aufschwung des politischen und

---

1 Franz Wieacker, Römische Rechtsgeschichte. Zweiter Abschnitt. Die Jurisprudenz vom frühen Prinzipat bis zum Ausgang der Antike im weströmischen Reich und die oströmische Rechtswissenschaft bis zur justinianischen Gesetzgebung. Ein Fragment aus dem Nachlass von Franz Wieacker, hg. von Joseph G. Wolf, München 2006, S. 79.

1   Togastatue des Augustus, Marmor, 30/20 v. Chr. Rom, Museo Nazionale
     Romano, Palazzo Massimo.

kulturellen Schicksals Roms [...] von den Punischen Kriegen bis zum Zeitalter des Augustus" im Privatrecht noch bis tief in das 3. Jahrhundert n. Chr. weiterwirken sehen.[2] Auch diese Beobachtung zeigt, dass dem Recht, wie die Kaiser es vorfinden, eine eigenständige Bedeutung zukommt.

Ich möchte zunächst einen Blick auf den prägenden Beginn des kaiserlichen Einflusses auf das Recht unter Augustus werfen. Danach sollen anhand von Kaiser Hadrian (Regierungszeit 117–138) und der Severerkaiser (Regierungszeit 193–235) markante Einschnitte beleuchtet werden. Nach einem großen zeitlichen Sprung will ich abschließend die Anverwandlung, Umgestaltung und Ausrichtung des römischen Rechts durch Kaiser Justinian in den Blick nehmen, die für die Rezeptionsgeschichte von größter Bedeutung sind. Dabei bleibt eine Lücke bei auch für die Rechtsentwicklung wichtigen Kaisern, von denen insbesondere Diokletian (Regierungszeit 284–305)[3] und Konstantin (Regierungszeit 306–337)[4] genannt werden sollen. Im Hinblick auf die durch Kaiserrecht gestalteten Rechtsmaterien werde ich mich der Rechtsquellenlehre und dem Privatrecht anhand von Beispielen besonders zuwenden. Dem Prozessrecht werde ich außerdem Beachtung schenken.

II. Augustus

1. Prozessrecht, insbesondere der Zivilprozess

Ganz im Sinne seines Konzepts der *res publica restituta* respektierte Augustus die vorhandene Ordnung des Zivilprozesses. Das weit überwiegend angewandte Formularverfahren war in einen Abschnitt vor dem Prätor (*in iure*) und einen vor dem *iudex* (*apud iudicem*) eingeteilt. Dem Prätor wurde das rechtliche Anliegen vorgetragen. Dieser gewährte eine *formula*, die das Prozessprogramm für die Verhandlung vor dem *iudex* enthielt.[5] Eine eher klärende Funktion hatte die *lex Iulia de iudiciis privatis*, mit der die prätorische Jurisdiktion im anerkannten Formularverfahren gestärkt und das altzivile Legisaktionenverfahren abgeschafft wurde. Macht sich der kaiserliche Ein-

---

2 Max Kaser, Römisches Privatrecht. Erster Abschnitt. Das altrömische, das vorklassische und klassische Recht, 2. Aufl. München 1971, S. 177.

3 Vgl. zu den Besonderheiten seiner Herrschaft Alexander Demandt, Geschichte der Spätantike, München 1998, S. 30ff.

4 Zur neuen Rolle der Religionspolitik, einschließlich der zunehmenden Bevorzugung der Christen und der Fülle gesetzgeberischer Tätigkeit siehe Demandt, Spätantike (wie Anm. 3), S. 51ff. Vgl. auch Hartwin Brandt, Konstantin der Große. Der erste christliche Kaiser, München 2006, S. 68ff. sowie Detlef Liebs, Recht und Gesetzgebung, in: Imperator Caesar Flavius Constantinus. Konstantin der Große, hg. von Alexander Demandt/Josef Engemann, Mainz 2007, S. 190–194.

5 Zu den Grundzügen des Verfahrens siehe Max Kaser/Rolf Knütel, Römisches Privatrecht, 19. Aufl. München 2008, S. 406ff.

fluss damit zur Erhaltung und Festigung dieser formalen Struktur geltend, so muss in Bezug auf den Formularprozess aber auch ein deutlicher Eingriff des Augustus genannt werden. Der Prinzeps behielt sich nämlich die Aufstellung der Geschworenenliste, aus der die Richter in der zweiten Phase des Zivilprozesses bestimmt wurden, vor – und zwar auf Lebenszeit.[6]

Einen neuen Akzent setzte Augustus, indem er eine außerordentliche Gerichtsbarkeit (*extraordinaria cognitio*) begründete. (Abb. 1) Diese wirkte in unterschiedlicher Weise: zum einen wurde eine Berufung, eine *appellatio*, an den Prinzeps zugelassen. Sueton zufolge hat bereits Augustus diese Berufungen delegiert und damit einerseits den stadtrömischen Prätor, andererseits in den Provinzen Männer konsularischen Ranges betraut.[7] Zum anderen werden Tatbestände bezeichnet, die zuvor nicht Grundlage von Prozessen sein konnten, kraft kaiserlicher Autorität aber im Wege der *extraordinaria cognitio* Klagbarkeit erlangen. So werden Fideikommisse, also auf die Treue des Erben gerichtete Aufträge in Bezug auf Teile des Nachlasses, in einer eigenen Gerichtsbarkeit klagbar gemacht, die Augustus den Konsuln kraft ihrer – oder seiner – *auctoritas* anvertraute.[8] Wieacker hebt hervor, dass der Prinzeps es vermied, den Anschein eigenen Eingreifens in die Rechtspflege zu erwecken, indem er die Konsuln mit der Angelegenheit befasste.[9]

Schließlich kann als eigenes Element der Aufbau einer Gerichtsbarkeit in den kaiserlichen Provinzen gewertet werden.[10] Hier stand dem Prinzeps kraft seines *imperium* die volle Rechtsprechungsgewalt zu.

2. Formen kaiserlicher Rechtssetzung

Auch bei der Rechtssetzung nutzte der Prinzeps die republikanischen Formen, wie Volksgesetze oder Plebiszite, stärkte Senatsbeschlüsse durch seine Unterstützung in ihrem Anspruch auf Beachtung und schuf durch die *constitutiones principum* eine Äußerungsform kaiserlichen Willens.[11] Der hochklassische Jurist Gaius, der in der Mitte des 2. Jahrhunderts n. Chr. wirkte, beschreibt sie noch in der Weise, dass sie nur gesetzesgleiche Wirkung hätten:

---

6 Wieacker, Römische Rechtsgeschichte (wie Anm. 1), S. 16.

7 Sueton, Augustus, 33,3 und dazu Michael Rainer, Römisches Staatsrecht, Darmstadt 2006, S. 224f.

8 Institutiones 2,23,1 und dazu Max Kaser/Karl Hackl, Römisches Zivilprozeßrecht, 2. Aufl. München 1996, S. 437 mit Anm. 11; Rainer, Römisches Staatsrecht (wie Anm. 7), S. 227; Wieacker, Römische Rechtsgeschichte (wie Anm. 1), S. 20f.

9 Wieacker, Römische Rechtsgeschichte (wie Anm. 1), S. 21.

10 Wieacker, Römische Rechtsgeschichte (wie Anm. 1), S. 26.

11 Siehe zum Beispiel die Darstellung bei Wolfgang Kunkel/Martin Schermaier, Römische Rechtsgeschichte, 13. Aufl. Köln 2001, S. 165ff.

Gaius Inst. 1,5: *nec umquam dubitatum est, quin id (scil. quod imperator decreto vel edicto vel epistula constituit) legis vicem optineat.*[12]

Diese *constitutiones* waren zunächst meist auf die Entscheidung von Einzelfällen gerichtet.[13]

3. Inhalte

Augustus griff inhaltlich insbesondere in das Ehe- und Familienrecht wie auch in das Erbrecht ein.[14] Dies geschah durch die *lex Iulia de maritandis ordinibus* von 18 v. Chr. und die *lex Papia Poppaea* aus dem Jahr 9 n. Chr. Nach der Zeit der Bürgerkriege sollte durch Eheverbote für freigeborene Bürger und insbesondere für Senatoren, die eine Eheschließung mit bescholtenen Personen bzw. mit freigelassenen Frauen oder Schauspielerinnen untersagten, eine Führungsschicht wieder aufgebaut und gestärkt werden. Ein mittelbarer Ehezwang ergab sich aus den Nachteilen für Unverheiratete oder Kinderlose, die einen Erwerb durch erbrechtliche Verfügungen, also durch Legate oder Erbeinsetzungen, unmöglich machten oder auf die Hälfte beschränkten. Hierdurch wurde zugleich der Staatskasse eine Einnahmequelle erschlossen, da verfallende erbrechtliche Ansprüche in den meisten Fällen dem Staatsvermögen zufielen. Vergünstigungen für Frauen, die mehr als drei oder mehr als vier Kinder geboren hatten, zeigen die Doppeltaktik von Zuckerbrot und Peitsche. Für diese Frauen entfiel die Notwendigkeit, einen Vormund zu haben, dessen Zustimmung für wichtige Rechtsgeschäfte erforderlich war.

4. Legitimationsgrundlage: die lex de imperio

In der erst für den Regierungsantritt Vespasians überlieferten *lex de imperio* ist eine Vielzahl herausgehobener Kompetenzen für den Prinzeps geregelt. Dazu gehören die Zuständigkeit für den Abschluss von Staatsverträgen, das Recht zur Einberufung des Senats und zur Antragstellung im Senat, das Vorschlagsrecht für Magistrate und anderes. Insbesondere aber ist eine Generalklausel enthalten, die den Prinzeps ermächtigt, jede Maßnahme zu ergreifen, die zum Nutzen des Staates im Bereich des gött-

---

12 Siehe dazu Kaser, Das Römische Privatrecht (wie Anm. 2), S. 209.

13 Zu den verschiedenen Formen kaiserlicher Rechtssetzung, ihres Geltungsbereichs und ihrer Geltungskraft vgl. Wieacker, Römische Rechtsgeschichte (wie Anm. 1), S. 71–76, und dazu die kritische Würdigung in der Rezension von Detlef Liebs, in: Göttingische Gelehrte Anzeigen 260, 2008, S. 99–123, hier S. 105f.

14 Rainer, Römisches Staatsrecht (wie Anm. 7), S. 225f. unter Anführung von Valerius Maximus 7.3 und 4; Wieacker, Römische Rechtsgeschichte (wie Anm. 1), S. 18ff.; Jochen Bleicken, Augustus. Eine Biographie, Berlin 1998, S. 484ff.; Dietmar Kienast, Augustus. Prinzeps und Monarch, 4. Aufl. Darmstadt 2009, S. 164ff.

lichen, menschlichen, privaten und öffentlichen Rechts notwendig ist.[15] Behrends hat den Zusammenhang dieser Übertragung der Staatsgewalt vom Volk auf den Prinzeps mit der Mandatslehre, also dem Auftragsrecht, der vorklassischen Juristen, nämlich der Generation der Gracchenzeit und des Quintus Mucius, herausgestellt.[16] Es geht dabei um eine inhaltliche Interpretation der Staatsgewalt, die dem Imperiumsträger zusteht. Die Ermächtigung ist, wie die Generalklausel zeigt, wahrhaft umfassend. Die rechtsgestaltenden Akte, die auf diese Gewalt gestützt werden, sind wirksam. Sie stehen allerdings außerhalb der republikanischen Formen der Rechtssetzung.[17]

In dieser Weise gesetztes Kaiserrecht schafft also eine weitere Rechtsschicht, die das *ius civile* und das prätorische *ius honorarium*, das Amtsrecht der Gerichtsmagistrate, überlagert.[18]

5. Die Position des Prinzeps innerhalb der Rechtsordnung

Wie verhält sich nun der Prinzeps zu der vorgefundenen und zu der von ihm geschaffenen Rechtsordnung? Zwei berühmte Sentenzen, die gerade für die Wirkungsgeschichte des römischen Rechts im Mittelalter zentral sind, ermöglichen eine Annäherung an die Antwort: *Princeps legibus solutus est* (D. 1,3,31 Ulpianus lb. 13 ad legem Iuliam et Papiam) und *quod principi placuit, legis habet vigorem* (D. 1,4,1 pr. Ulpianus lb. 1 institutionum). Entspricht der zweite Satz vollkommen der gerade beschriebenen Ermächtigung durch die *lex de imperio*, die auch als *lex regia* bezeichnet wird, so ist die Befreiung des Prinzeps von den Gesetzen im Zusammenhang der Überlieferung mit einem konkreten gesetzlichen Anwendungsfall erstmals verknüpft, nämlich mit den augusteischen Ehegesetzen. Augustus hatte nur eine Tochter und seine Ehe mit Livia war kinderlos. Die Sanktionen seiner Gesetzgebung hätten also auch ihn selbst getroffen. Nach heute allgemeiner Meinung war die Befreiung in den Gesetzen ausdrücklich ausgesprochen.[19]

Welche Informationen lassen sich aus den beiden Fragmenten über die Stellung des Prinzeps gewinnen? Es geht in den zitierten Quellen um *leges*, von denen der Prinzeps nicht erfasst sein soll. Damit sind nicht nur zu augusteischer Zeit neu zustande gekommene Gesetze gemeint, sondern auch Gesetze aus republikanischer Zeit, wie anhand eines Beispiels aus dem Recht der XII-Tafeln von Behrends kürzlich gezeigt

---

15 Rainer, Römisches Staatsrecht (wie Anm. 7), S. 218ff.; Okko Behrends, Princeps legibus solutus, in: Die Ordnung der Freiheit. Festschrift für Christian Starck zum siebzigsten Geburtstag, hg. von Rainer Grote/Ines Härtel/Karl-E. Hain/Thorsten J. Schmidt/Thomas Schmitz/Gunnar F. Schuppert/Christian Winterhoff, Tübingen 2007, S. 3–20, hier S. 13.

16 Behrends, Princeps (wie Anm. 15), S. 12f.

17 Behrends, Princeps (wie Anm. 15), S. 13.

18 Kaser/Hackl, Das römische Zivilprozeßrecht (wie Anm. 8), S. 437, sprechen von Ergänzung.

19 Wolfgang Waldstein/Michael Rainer, Römische Rechtsgeschichte, 10. Aufl. München 2005, S. 214f.; Behrends, Princeps (wie Anm. 15), S. 4.

worden ist.[20] Dieser Umstand führt zu der weiteren Klärung, dass nicht nur eine ausdrückliche, im Wortlaut eines Gesetzes enthaltene Befreiung wirksam ist, sondern dass im Hinblick auf die Rolle des Prinzeps mit einer grundsätzlichen Verfassungsinterpretation gerechnet werden muss. Überzeugend hat Behrends den Befund so interpretiert, dass derjenige, der die Republik wiederhergestellt hat und dem kraft seiner Ausnahmegewalt auch ihre Erhaltung anvertraut ist, den Gesetzen, die er achtet, nicht auch selbst unterworfen sein kann.[21]

Eine im geschilderten Sinne theoretisch fundierte Grundlage bereits des augusteischen Prinzipats wird in der Literatur zum Teil bezweifelt. Doch ist Augustus auf der Höhe der staatstheoretischen, insbesondere durch Ciceros Schriften geprägten Debatte der Zeit gewesen. Ein „systematisch-programmatisches Vorgehen" bescheinigt ihm daher auch Rainer in seiner Darstellung des Römischen Staatsrechts.[22]

6. Das Verhältnis zu den Juristen

In das geschilderte Gefüge des Prinzipats mit seiner Achtung der republikanischen Formen und des vorhandenen Rechts und der zugleich herausgehobenen Rolle des Prinzeps fügt sich die Haltung des Augustus gegenüber den Juristen in überzeugender Weise. Als markantes Signal ist die Förderung der Juristen durch den Bau einer Bibliothek überliefert, in der also das Schrifttum der republikanischen Zeit in Ehren gehalten wurde. Noch bedeutsamer ist aber die Einführung des *ius respondendi ex auctoritate principis*.[23] Damit ist eine Erhöhung der ausgezeichneten Juristen, aber zugleich auch eine Mediatisierung der Juristen verbunden. Außerdem ist mit der *auctoritas* ein urrömischer Hoheitsanspruch in Bezug genommen, der die restaurative Tendenz der Prinzipatsverfassung einfängt.[24] Darüber hinaus zeigt die Verleihungspraxis, dass der Prinzeps keinen inhaltlichen Einfluss auf die dogmatischen Streitigkeiten der Juristen zu nehmen beabsichtigte. In augusteischer Zeit bildeten sich vielmehr die in der Methode und in vielen dogmatischen Fragen, insbesondere aber in der konzeptionellen Grundlage widerstreitenden Rechtsschulen der Sabinianer und der Prokulianer. Knüpften die Sabinianer an die Lehren der vorklassischen Juristen an, die von der stoischen Philosophie angeregt eine fruchtbare, naturrechtliche Interpretation des XII-Tafel-Rechts und eine an Prinzipien orientierte Fassung des *ius gentium* gestaltet hatten, so führten die Prokulianer die empirisch-skeptische Grundhaltung des Cicero-Freundes Servius Sulpicius weiter, der angeregt durch die Philosophie der skeptischen

---

20 Behrends, Princeps (wie Anm. 15), S. 9.
21 Behrends, Princeps (wie Anm. 15), S. 8.
22 Rainer, Römisches Staatsrecht (wie Anm. 7), S. 153.
23 Digesta 1,2,2,49 Pomponius libro singulari enchiridii: [...] *primis divus Augustus, ut maior iuris auctoritas haberetur, constituit, ut ex auctoritate eius responderent.*
24 Zu weiteren Interpretationen siehe Rainer, Römisches Staatsrecht (wie Anm. 7), S. 202f.

Akademie eine von Vorgaben des Naturrechts freie Rechtslehre entwickelt hatte.[25] Dieser fruchtbare Streit der Rechtsschulen und seine Duldung durch die Prinzipes waren Stützen für die andauernde Blüte der römischen Rechtswissenschaft.

7. Zusammenfassung

Die Achtung der vorhandenen Rechtsordnung und zugleich die Potenz zu ihrer Gestaltung machen das Recht der frühen römischen Kaiserzeit aus. Die Rolle des Prinzeps war durch seine umfassende Ermächtigung verfassungsrechtlich herausgehoben. Im Hinblick auf das Privatrecht zeichnete sich die neue Staatsform aber durch eine förderliche Pluralismusfähigkeit aus. Augustus mischte sich nicht in dogmatische Streitfragen ein. Entscheidend war die soziale Friedenswirkung des Rechts. Darin liegt die Fortführung einer altrömischen Tradition. Der augurale Rechtsgeltungswille der Frühzeit, an den Augustus durch Begriffe wie *auctoritas* und seine „Amtsbezeichnung" Augustus anknüpft, kennzeichnet das Recht als höhere Ordnungsmacht. Diese wird auch im Prinzipat von der Rechtswissenschaft betreut und gewährleistet.

III. Hadrian – Konsolidierung und Ordnung der Rechtsquellen

Birley hat hervorgehoben, dass Hadrian sich besonders in die Nachfolge des ersten Prinzeps stellte.[26] (Abb. 2) Dies gelte vor allem für seine Friedens- und Konsolidierungspolitik. 123 n. Chr., im 150. Jahr nach der Verleihung des Augustus-Titels an Oktavian, verkürzte Hadrian in auffälliger Weise seine Titulatur und hieß danach nicht mehr Imperator Caesar Traianus Hadrianus Augustus, sondern Hadrianus Augustus.[27] Die Vorstellung eines grenzenlosen Reiches, eines *imperium sine fine*

---

25 Siehe zu dieser in der Wissenschaft vom römischen Recht umstrittenen Sicht die Forschungen von Okko Behrends, z. B. Institutionelles und prinzipielles Denken im römischen Privatrecht, in: Savigny-Zeitschrift für Rechtsgeschichte, Romanistische Abteilung 95, 1978, S. 187–231. Dieser Aufsatz ist erneut abgedruckt in der Sammlung ausgewählter Aufsätze unter dem Titel Okko Behrends, Institut und Prinzip. Siedlungsgeschichtliche Grundlagen, philosophische Einflüsse und das Fortwirken der beiden republikanischen Konzeptionen in den kaiserzeitlichen Rechtsschulen. Ausgewählte Aufsätze, hg. von Martin Avenarius/ Rudolf Meyer-Pritzl/Cosima Möller, 2 Bde., Göttingen 2004, Bd. 1, S. 15–50. Diese Einflüsse und Traditionslinien habe ich in meiner Schrift Die Servituten. Entwicklungsgeschichte, Funktion und Struktur der grundstücksvermittelten Privatrechtsverhältnisse im römischen Recht. Mit einem Ausblick auf die Rezeptionsgeschichte und das BGB, Göttingen 2010, für die Grunddienstbarkeiten aufgedeckt und nachgezeichnet.

26 Anthony Birley, Hadrian. Der rastlose Kaiser, Darmstadt 2006, S. 31, 49.

27 Birley, Hadrian (wie Anm. 26), S. 49.

2   Kaiser Hadrian als Sieger über die Barbaren. Marmor, 2. Jh. n. Chr. Troas (Türkei), Museum.

(Vergil), habe Hadrian unmissverständlich zu den Akten gelegt und dies durch seine Grenzbefestigungen nach außen kundgetan.[28] Der Limes, bislang durch Wachtürme und Kastelle gekennzeichnet, wurde mit einer durchgehenden Palisade aus halbierten Eichenstämmen gestaltet und als Grenze markiert. Der Hadrianswall (siehe Abb. 11, S. 115) ist vielleicht ein weiterer Beleg für die Konsolidierungspolitik Hadrians.

Auch in der Rechtspolitik ist der Gedanke der Konsolidierung und Sicherung erkennbar.[29] Hadrian reorganisierte die Rechtsfortbildung zugunsten der Zentrale.[30] Er vertraute dem Juristen Julian[31], dem Schuloberhaupt der sabinianischen Rechtsschule, die Endredaktion des Edikts an. Damit war das Edikt nicht mehr als Quelle lebendigen Rechts, als *viva vox iuris civilis*, zu betrachten. Vielmehr entstand das *edictum perpetuum*. Die Rechtsfortbildung verlagerte sich stärker als bisher in das Kaiserrecht.

Die herausragende Rolle der Juristen bei der Rechtsfortbildung hatte Augustus durch die Verleihung des *ius respondendi ex auctoritate principis* in eine Beziehung zur neuen Staatsform gebracht.[32] Auch in diesem Bereich knüpfte Hadrian an sein Vorbild an und erließ ein Reskript, das in allgemeiner Weise die Bedeutung von Responsen klärte. Bei übereinstimmenden Gutachten von Respondierjuristen wurde der *sententia*, der Rechtsansicht, Gesetzeskraft zugesprochen. Das bedeutete in dem von Gaius in seinem Anfängerlehrbuch geschilderten Zusammenhang insbesondere, dass der Richter im Prozess an diese Rechtsauffassung gebunden war. Erteilten Respondierjuristen unterschiedliche Gutachten, blieb der Richter in der Entscheidung, welcher Ansicht er folgen wollte, frei.

---

28   Birley, Hadrian (wie Anm. 26), S. 41f. unter Heranziehung von Tacitus.

29   So schon Fritz Pringsheim, The Legal Policy and Reforms of Hadrian, in: Journal of Roman Studies 24, 1934, S. 141–153 = Gesammelte Abhandlungen, Bd. 1, Heidelberg 1961, S. 91–101.

30   Detlef Liebs, Jurisprudenz, in: Handbuch der lateinischen Literatur der Antike, Bd. 4: Die Literatur des Umbruchs. Von der römischen zur christlichen Literatur. 117 bis 284 n. Chr., hg. von Klaus Sallmann, München 1997, S. 83–217, hier S. 83.

31   Wieacker, Römische Rechtsgeschichte (wie Anm. 1), S. 99ff.; Hans Hermann Seiler, Iulianus, in: Juristen. Ein biographisches Lexikon. Von der Antike bis zum 20. Jahrhundert, hg. von Michael Stolleis, München 1995, S. 317f.

32   Digesta 1,2,2,49 Pomponius libro singulari enchiridii: *Ante tempora Augusti publice respondendi ius non a principibus dabatur, sed qui fiduciam studiorum suorum habebant, consulentibus respondebant; neque responsa utique signata dabant, sed plerumque iudicibus ipsi scribebant, aut testabantur qui illos consulebant. primus divus Augustus, ut maior iuris auctoritas haberetur, constituit, ut ex auctoritate eius responderent.* „Vor der Zeit des Augustus pflegte das Recht, öffentlich Gutachten zu erteilen, nicht von den Kaisern gewährt zu werden, sondern alle, die Zutrauen in ihre Rechtskenntnisse hatten, pflegten Ratsuchenden Rechtsgutachten zu erteilen; auch gaben sie keineswegs versiegelte Rechtsgutachten ab, sondern sie schrieben meist selbst an die Richter, oder jene, die um Rat fragten, nahmen eine Zeugenurkunde auf. Als Erster hat der vergöttlichte Augustus, auf dass des Rechtes Hoheit höher gehalten würde, angeordnet, dass aus seiner Hoheitsgewalt respondiert werde."

Gaius Inst. I,7

Responsa prudentium sunt sententiae et opiniones eorum, quibus permissa est iura condere. quorum omnium si in unum sententiae concurrunt, id quod ita sentiunt, legis vicem optinet; si vero, dissentiunt, iudici licet quam velit sententiam sequi; idque rescripto divi Hadriani significatur.

Die Gutachten der Rechtskundigen sind die Ansichten und Überzeugungen derer, denen es erlaubt ist, Recht zu begründen. Wenn von diesen allen die Ansichten übereinstimmen, dann erhält, was sie meinen, Gesetzeskraft; wenn sie aber verschiedener Meinung sind, dann kann der Richter der Ansicht folgen, der er folgen will; und das ergibt sich aus einem Reskript des vergöttlichten Hadrian.

Der Kaiser schafft mit einer kaiserrechtlichen Regelung eine ausdrückliche Grundlage für die Einordnung von Gutachten der Respondierjuristen in der Rechtsquellenlehre. Die kaiserliche Autorität stützt in den Formen des Kaiserrechts, nämlich durch eine Konstitution in Form eines Reskripts, die Stellung des Juristenrechts und formalisiert die Voraussetzungen für eine Bindung des Richters an ein Rechtsgutachten.

Die Verknüpfung von Juristenrecht und Kaiserrecht zeigt sich noch in anderer Weise, nämlich bei dogmatischen Streitfragen. Beraten von dem bereits eben erwähnten bedeutenden Juristen Julian, der als Statthalter eine Zeitlang in Niedergermanien mit Sitz in Köln tätig war, klärt Hadrian eine solche Streitfrage. Deren Lösung war vorbereitet durch die Schulenkonvergenz, also die Annäherung der beiden, seit der Zeit des Augustus konkurrierenden Rechtsschulen der Sabinianer und der Prokulianer.[33] Ich will dieses Beispiel gerne aufgreifen, weil es in der mittelalterlichen Rechtswelt eine gewisse Rolle gespielt hat. Es geht um die Frage, wem ein Schatzfund zusteht, wenn der Fund nicht durch den Eigentümer auf seinem eigenen Grundstück gemacht wird, sondern Grundeigentümer und Finder verschiedene Personen sind.

---

33 Zur Schulenkonvergenz siehe nur Behrends, Denken (wie Anm. 25), S. 187ff.

Institutiones Iustiniani 2,1,39

Thesauros, quos quis in suo loco invenerit, divus Hadrianus naturalem aequitatem secutus ei concessit qui invenerit. idemque statuit, si quis in sacro aut in religioso loco fortuito casu invenerit. at si quis in alieno loco non data ad hoc opera, sed fortuitu invenerit, dimidium domino soli concessit. et convenienter, si quis in Caesaris loco invenerit, dimidium inventoris, dimidium Caesaris esse statuit. cui conveniens est, ut, si quis in publico loco vel fiscali invenerit, dimidium ipsius esse, dimidium fisci vel civitatis.

Schätze, die jemand auf seinem Grund und Boden gefunden hat, hat der vergöttlichte Kaiser Hadrian gestützt auf die natürliche Billigkeit demjenigen zugesprochen, der sie gefunden hat. Das gleiche hat er festgelegt für den Fall, dass jemand an einem sakralen oder religiösen Ort aus Zufall (einen Schatz) gefunden hat. Aber wenn jemand auf einem fremden Grundstück, ohne dass er sein Bemühen darauf gerichtet hat, sondern zufällig gefunden hat, hat er die Hälfte dem Grundeigentümer zugesprochen. Entsprechend hat er bestimmt, dass bei einem Fund auf dem Grund und Boden des Kaisers die Hälfte dem Finder und die Hälfte dem Kaiser gehört. Dementsprechend gehört, wenn jemand auf einem öffentlichen Grundstück oder einem solchen des Fiskus gefunden hat, die Hälfte ihm selbst, die Hälfte dem Fiskus oder der Gemeinde.

Die Entscheidung Hadrians ist im Anfängerlehrbuch erhalten, das Justinian als krönenden Abschluss seiner Kompilation im Jahr 533 n. Chr. nach Vorbildern der Juristen des 2. und 3. Jahrhunderts n. Chr. zusammenstellen ließ.[34] Der Ausgangspunkt, den Justinian im Einklang mit Hadrian in den Vordergrund rückt, ist die *naturalis aequitas*, die natürliche Billigkeit. Gestützt darauf, erkennt er dem Finder auf eigenem Boden den Schatz als Eigentum zu.[35] Damit ist eine mögliche Gegenansicht zurückgewiesen, der zufolge dem Prinzeps ein Anteil oder gar der ganze Schatz hätte zugesprochen werden können. Ein Schatzregal gab es also bei Hadrian nicht.

---

34 Vgl. dazu die der Übersetzung ins Deutsche mitgegebenen Erläuterungen, insbesondere den Beitrag von Okko Behrends, Die Institutionen Justinians als Lehrbuch, Gesetz und Ausdruck klassischen Rechtsdenkens, in: Corpus Iuris Civilis. Text und Übersetzung, Bd. 1: Institutionen, hg. von Okko Behrends/Rolf Knütel/Berthold Kupisch/Hans Hermann Seiler, 2. Aufl. Heidelberg 1997, S. 269–277.

35 Kaser, Das Römische Privatrecht (wie Anm. 2), S. 426f.; Rolf Knütel, Von schwimmenden Inseln, wandernden Bäumen, flüchtenden Tieren und verborgenen Schätzen, in: Rechtsgeschichte und Privatrechtsdogmatik, hg. von Reinhard Zimmermann, Heidelberg 1999, S. 549–578.

In den typischen Streitfällen, in denen Grundstückseigentümer und Finder zwei verschiedene Personen sind, hat Hadrian die hälftige Teilung des Schatzes angeordnet. Die beiden möglichen Extrempositionen – der Finder oder der Grundstückseigentümer erhalten den Schatz – weist er damit zurück, ohne sie ausdrücklich zu bezeichnen. Diese Positionen können anhand anderer Überlieferung in den Digesten[36] bestimmten rechtlichen Konzeptionen zugewiesen werden. Die Vorgänger der Sabinianer, die vorklassischen Juristen des 2. und beginnenden 1. Jahrhunderts v. Chr., sprachen dem Eigentümer wegen seines umfassenden Rechts den Schatz zu, während die Prokulianer den Finder zum Eigentümer erklärten, da dieser eine herrenlose Sache an sich genommen habe. Die Entscheidung Hadrians, hinter der, wie gesagt, als juristischer Berater Julian stehen dürfte, enthält also eine echte *media sententia*, eine der in hochklassischer Zeit im Zeichen der Schulenkonvergenz gefundenen vermittelnden Ansichten.

Der große Einfluss der Juristen stützt sich auch auf ihre Tätigkeit in der Zentral- und Provinzialverwaltung sowie auf ihre Mitgliedschaft im *consilium*.

Eine fortschreitende Integration von *ius civile*, *ius honorarium* und Kaiserrecht wird an den herausragenden literarischen Werken der Juristen erkennbar. Von den führenden Juristen der hochklassischen Zeit, von Celsus, dem Schuloberhaupt der Prokulianer, und von Julian, dem Schuloberhaupt der Sabinianer, stammt je ein Werk Digesten, in denen die Darstellung des Rechts grundsätzlich der Ediktsordnung folgt und dann durch die Kommentierung der Kaisergesetze angereichert wird. Das Werk Julians hat Justinian zum Vorbild für seine Digesten gewählt.

IV. Die Severerkaiser

„Die spätklassische Jurisprudenz, welcher der größte Anteil an den Digesten und der europäischen Wirkung des römischen Rechts zukommt, fällt genau in die Zeit der severischen Dynastie [...].“ Mit diesen Worten beginnt der große Rechtshistoriker Wieacker seinen Abschnitt zur spätklassischen Zeit im Handbuch der Altertumswissenschaft.[37]

Die Zeit der Severerkaiser ist durch unterschiedliche, ja zum Teil gegensätzliche Einstellungen zum Recht geprägt. Einerseits ist die kaiserliche Äußerung erhalten:

---

36 Vgl. insbesondere Digesta 41,2,3,3 Paulus lb. 54 ad edictum, der die Ansichten der *fundatores*, der Juristen Manilius, Brutus und Publius Mucius aus der Mitte des 2. Jahrhunderts v. Chr. bewahrt.

37 Wieacker, Römische Rechtsgeschichte (wie Anm. 1), S. 120.

sind wir auch von den Gesetzen befreit, leben wir doch nach ihnen.[38] Andererseits ist durch Caracalla ein Jurist zum Märtyrer geworden: Papinian wurde hingerichtet, weil er sich weigerte, den Brudermord des Caracalla an Geta zu rechtfertigen.[39]

Die Juristen sind – beginnend mit Hadrian und nun verstärkt – zunehmend in den Staatsapparat eingegliedert. Sie übernehmen wichtige Ämter, wie überhaupt die kaiserliche Bürokratie ausgebaut wird.[40] Die Rechtsanfragen werden in dafür zuständigen Kanzleien *ab epistulis* und *a libellis* beantwortet. Die drei bedeutendsten Juristen der Severerzeit, Papinian, Ulpian[41] und Paulus[42], sind sämtlich in den kaiserlichen Kanzleien und im kaiserlichen *consilium* tätig gewesen. Sie hatten auch politisch eine herausragende Stellung.

Die kaiserliche Gesetzgebung nimmt weiter an Bedeutung zu. Die Legitimationsgrundlage für die kaiserlichen Konstitutionen bleibt aber, wie eine Überlieferung in den Digesten zeigt, dauerhaft in Erinnerung. Die *lex regia* oder auch die *lex de imperio* führt dazu, dass die Anordnungen der *principes* die Kraft eines Gesetzes haben. So heißt es im *principium* der sogleich angeführten Ulpian-Quelle. In § 1 lässt die Formulierung den subtilen Unterschied nicht mehr erkennen. Die beschriebenen Arten kaiserlicher Rechtssetzung werden als Gesetz anerkannt.

D. 1,4,1 pr. (= Institutiones Iustiniani 1,2,6)
Ulpianus libro primo institutionum

Quod principi placuit, legis habet vigorem: utpote cum lege regia, quae de imperio eius lata est, populus ei et in eum omne suum imperium et potestatem conferat.	Was der Kaiser bestimmt, hat Gesetzeskraft, weil ja das Volk durch das ‚königliche‘ Gesetz, das über die Herrschaft des Kaisers ergangen ist, diesem und auf diesen seine gesamte Herrschaftsgewalt übertragen hat.

---

38 Institutiones Iustiniani 2,17,8: *licet enim inquiunt* (sc. Severus et Antoninus) *legibus soluti sumus, attamen legibus vivimus.*

39 Rolf Knütel, Papinianus, in: Juristen (wie Anm. 31), S. 473f.; Okko Behrends, Papinians Verweigerung oder die Moral eines Juristen, in: Literatur und Recht. Literarische Rechtsfälle von der Antike bis in die Gegenwart, hg. von Ulrich Mölk, Göttingen 1996, S. 243–291.

40 Detlef Liebs, Jurisprudenz, in: Handbuch der lateinischen Literatur der Antike, Bd. 4: Die Literatur des Umbruchs, hg. von Klaus Sallmann, S. 83–217, hier S. 187, hat die Zunahme an Ausbildungsliteratur seit Hadrian mit einem Zuwachs an beruflichen Möglichkeiten für Juristen in Verbindung gebracht.

41 Wieacker, Römische Rechtsgeschichte (wie Anm. 1), S. 130ff.; Rolf Knütel, Ulpianus, in: Juristen (wie Anm. 31), S. 625f.

42 Wieacker, Römische Rechtsgeschichte, S. 138ff.; Rolf Knütel, Paulus, in: Juristen (wie Anm. 31), S. 477ff.

1 Quodcumque igitur imperator per epistulam et subscriptionem statuit vel cognoscens decrevit vel de plano interlocutus est vel edicto praecepit, legem esse constat: haec sunt, quas volgo constitutiones appellamus.

1 Alles, was der Kaiser durch Brief oder Bescheid auf der Eingabe bestimmt, aufgrund streitiger Verhandlung entscheidet oder ohne streitige Verhandlung verfügt oder durch Edikt verordnet, ist daher anerkanntermaßen Gesetz. All dies bezeichnen wir gewöhnlich als Konstitutionen.

Die Quelle zeigt unterschiedliche Erscheinungsformen von kaiserlichen Konstitutionen.[43] Als Formen sind zu nennen:

Reskripte, die als Brief, *epistula*, der Beantwortung von Anfragen von Beamten und aus der Provinzialverwaltung dienen, und als *subscriptio*, an den Rand Geschriebenes, das als Randbescheid Antwort auf die Briefe (*libelli*) von Privatpersonen enthält. Diese *subscriptiones* werden nicht persönlich zugestellt, sondern öffentlich bekannt gemacht. Die genannten *decreta* sind richterliche Entscheidungen durch das Kaisergericht. Auch kaiserliche Auskünfte, die im Vorübergehen erteilt werden, nimmt Ulpian in seine Liste auf.[44] Und schließlich werden die *edicta* genannt, die eine geeignete Form für alle an die Öffentlichkeit gerichteten Rechtsakte bieten. Die Bedeutung der Rechtsgutachten, der *responsa*, geht insbesondere durch die Zunahme der Reskriptenpraxis zurück. Für diese kaiserlichen Antworten waren allerdings die Kanzleien *ab epistulis* und *a libellis* zuständig, die von den führenden Juristen der Zeit geleitet wurden.

Die kaiserliche Rechtssetzung wird mit der Geltung des gesamten römischen Rechts auf alle Reichsbewohner ausgedehnt, als Caracalla im Jahr 212 in der Constitutio Antoniniana, einem Edikt, das Bürgerrecht auf alle Reichsbewohner erstreckt.

V. Justinian

Ich mache den angekündigten großen zeitlichen Sprung und lande etwa 300 Jahre später bei Justinian, der mit seiner großen Arbeit als Bewahrer und Gestalter des Rechts das Fundament für die Rezeption des römischen Rechts geschaffen hat. (Abb. 3) Diese Arbeit ist von einem entscheidend veränderten Selbstverständnis getragen. Als beson-

---

43 Vgl. auch die Darstellung bei Waldstein/Rainer, Römische Rechtsgeschichte (wie Anm. 19), S. 188–190.

44 Detlef Liebs, Reichskummerkasten. Die Arbeit der kaiserlichen Libellkanzlei, in: Herrschaftsstrukturen und Herrschaftspraxis. Konzepte, Prinzipien und Strategien der Administration im römischen Kaiserreich, hg. von Anne Kolb, Berlin 2006, S. 137–152, hier S. 143.

3   Kaiser Justinian mit Gefolge, Mosaik, vor 547. Ravenna, San Vitale, Presbyterium.

ders ausdrucksstarke Quelle ziehe ich eine der Einleitungskonstitutionen zu den Digesten, die Constitutio Tanta, heran.

Justinian sieht seine Bemühungen um eine Aufzeichnung und Verbesserung des Rechts als eine Arbeit am göttlich legitimierten Recht. Er beruft sich bei seiner Tätigkeit daher immer wieder auf göttliche Inspiration – Constitutio Tanta pr.[45] Er sieht es als Ziel an, die zwischen den Juristenschulen bestehenden Streitigkeiten, die sogar das Kaiserrecht verwirrt hätten, in eine lichtvolle Übereinstimmung zu rücken – Constitutio Tanta § 1:[46] *omnes ambiguitates decisae nullo seditioso relicto* („alle Zweifelsfragen entschieden, ohne dass eine einzige streitträchtige Stelle geblieben wäre").

45 Okko Behrends, Der Schlüssel zur Hermeneutik des Corpus Iuris Civilis. Justinian als Vermittler zwischen skeptischem Humanismus und pantheistischem Naturrecht, in: Hermeneutik der Quellentexte des Römischen Rechts, hg. von Martin Avenarius, Baden-Baden 2008, S. 193–297, hier S. 223.
46 Behrends, Hermeneutik (wie Anm. 45), S. 215f.

Justinian betont den hohen Rang und die hohe Wertschätzung gegenüber den Juristen der Blütezeit des römischen Rechts, aus deren Werken er die Digesten hat zusammenstellen lassen. Ausdrücklich nennt er Julian und führt ihn als jemanden an, der den Gedanken der notwendigen Rechtsfortbildung und insbesondere der Rolle der kaiserlichen Rechtssetzung bereits richtig formuliert habe.[47] Im Zusammenhang mit der Ediktsredaktion habe auch Kaiser Hadrian darauf hingewiesen, dass bei neu auftretenden Rechtsfragen aufgrund der im Edikt enthaltenen Regelungen Schlussfolgerungen und Analogien möglich seien, durch die neue gültige Regeln geschaffen werden könnten.

Justinian schätzte das römische Recht und die Juristen als Gestalter dieses Rechts hoch. Er setzte ihnen mit den Digesten und insbesondere durch die Inskriptionen, die eine Zuweisung der Fragmente zu den Ursprungswerken ermöglichen, ein Denkmal. Zugleich sah er aber seine Rolle und damit die Rolle des Kaiserrechts darin, die Verwirrung und Weitläufigkeit des Rechts zu beenden und eine wohlgeformte und innerlich wahre Rechtsordnung zu gestalten (Const. Tanta § 13: *omnibus itaque hominibus eandem sanctionem manifestam facere necessarium perspeximus, ut sit eis cognitum, quanta confusione et infinitate absoluti in quam moderationem et legitimam veritatem pervenerunt*).

Justinians Perspektive reichte dabei über jede zeitliche Begrenzung hinaus. Ein Beleg dafür ist der Dank an die allerhöchste Gottheit, den er in der Constitutio Tanta formuliert. Dieser Dank schließt mit ein, dass Kriege glücklich geführt wurden und ehrenvolle Friedensschlüsse möglich waren. Als dritten Grund der Dankbarkeit nennt er, dass das allerbeste Recht gesetzt werden konnte, „nicht nur für unser eigenes, sondern auch für alle Zeitalter, für das unmittelbar bevorstehende ebenso wie für spätere" (*et non tantum nostro, sed etiam omni aevo tam instanti quam posteriori leges optimas ponere*).[48]

Justinian unternimmt in seiner großen Gesetzgebung den Versuch, ein von allen Streitigkeiten befreites römisches Recht als Teil des göttlichen Heilsplans zusammenstellen zu lassen. Dieses Recht mit seinen altrömischen und insbesondere republikanischen Wurzeln ist die Grundlage der Rezeption geworden.

---

47 Constitutio Tanta § 18 und dazu Okko Behrends, Das staatliche Gesetz in biblischer und römischer Tradition. Sinn- und Gemeinschaftsstiftung durch Gehorsam fordernden Befehl oder positive Satzung im Rahmen einer immer schon bestehenden Rechtsordnung, in: Der biblische Gesetzesbegriff. Auf den Spuren seiner Säkularisierung, hg. von Dems., Göttingen 2006, S. 225ff., S. 291ff.

48 Constitutio Tanta § 12.

4   Darstellung der Aequitas auf der Rückseite einer
      Münze des Trajanus Decius. Wien,
      Kunsthistorisches Museum, MK RÖ 018255.

VI. Schlussbetrachtungen

Augustus knüpft auch und gerade im Hinblick auf die Rechtsordnung an die republikanischen Formen an und begründet damit eine Rolle des Kaisers im Recht und für das Recht. (Abb. 4) Das Fundament für ein Kaiserrecht wird durch die *lex de imperio* gelegt. Die Rolle des Kaiserrechts ändert sich – dem Umfang nach und durch die Rückbindung an neue Heilsvorstellungen. Punktuelle Eingriffe und die Nutzung der republikanischen Formen von Rechtssetzung zur Äußerung kaiserlichen Willens weichen zunehmend einer schöpferischen Gestaltung des Rechts allein im Wege kaiserlicher Konstitutionen. Justinian erlässt im Hinblick auf seine Gesetzessammlung sogar ein Kommentierungsverbot, das begleitet ist von der Erkenntnis, dass Rechtsfortbildung nötig sei. Diese wird aber eindeutig auf den Kaiser als einzig legitime, göttlich inspirierte Rechtsquelle konzentriert.

Josef Wiesehöfer

Das Weltreich der Perser – ein Kontrast[1]

I.

Die Geschichte des Reiches der aus der Persis (altpersisch Pārsa, heute: Fars) in Südwestiran stammenden Könige, die mit der militärischen Auseinandersetzung zwischen dem Teispiden Kyros (II.) und dem Meder‚könig‘ Astyages ca. 550 v. Chr. begann, unter dem Achaimeniden Dareios I. (521–486) und seinem Sohn Xerxes I. (486–465), trotz der Niederlagen bei Marathon, Salamis und Plataiai gegen Athen bzw. die Mitglieder des Hellenenbundes, ihren Höhepunkt erreichte und mit dem überraschenden Erfolg Alexanders und der Ermordung Dareios' III. 330 v. Chr. endete, ist als Erfolgsgeschichte zu begreifen. Dieser Erfolg beruhte auf folgenden Faktoren: einer klugen königlichen Politik von zugleich gewährter Autonomie und

---

1 Die besten detaillierten Einführungen in die Geschichte und die Strukturen des Reiches der Teispiden und Achaimeniden, denen sich auch die Überlegungen in Teil I verdanken, sind: Amélie Kuhrt, The Achaemenid Persian Empire (c. 550–c. 330 BCE). Continuities, Adaptations, Transformations, in: Empires. Perspectives from Archaeology and History, hg. von Susan Alcock/Terence N. D'Altroy/Kathleen D. Morrison/Carla M. Sinopli, Cambridge 2001, S. 93–123; Pierre Briant, From Cyrus to Alexander. A History of the Persian Empire, Winona Lake 2002; Christopher Tuplin, The Persian Empire, in: The Long March. Xenophon and the Ten Thousand, hg. von Robin Lane Fox, Oxford 2004, S. 154–183; Josef Wiesehöfer, Das antike Persien. Von 550 v. Chr. bis 650 n. Chr., 4. Aufl. Düsseldorf 2005, S. 25–148; Philip Huyse, La Perse antique, Paris 2005, passim; Lindsay Allen, The Persian Empire. A History, Chicago 2006; Maria Brosius, The Persians. An Introduction, London 2006, S. 6–78; Christopher Tuplin, Herodotus on Persia and the Persian Empire, in: The Landmark Herodotus, hg. von Robert B. Strassler, New York 2008, S. 792–797; Josef Wiesehöfer, The Achaemenid Empire, in: The Dynamics of Ancient Empires. State Power from Assyria to Byzantium, hg. von Ian Morris/Walter Scheidel, Oxford 2009, S. 66–98; Christopher Tuplin, A History of the Persian Empire, Oxford 2011. – Eine vorzügliche Quellensammlung in Übersetzung verdankt man Amélie Kuhrt, The Persian Empire, 2 Bde., London 2007.

strenger Aufsicht; einer geschickten ideologischen, in Wort und Bild verbreiteten, ‚Verbrämung' von konkreten Macht- und Sozialverhältnissen, die die Idee einer auf Ausgleich und gegenseitige Unterstützung ausgerichteten Schicksalsgemeinschaft von Herrscher und Untertanen propagierte; schließlich einer Verbindung von wirtschaftlichem und politischem Ethnozentrismus – Perser befanden sich an den Schaltstellen der Macht und waren Hauptprofiteure ökonomischen Erfolgs – mit gleichzeitiger Akzeptanz und Förderung kultureller und politisch-sozialer Vielfalt im Reich. Letzteres zeigte sich weniger auf der höchsten politischen Ebene, als vielmehr in regionalen und lokalen Bezügen und spiegelte sich in Kooperationsangeboten der lokalen und regionalen Eliten wider. Eine solche Aufgeschlossenheit, die sich, wie ihr ethnozentrisches Pendant, politischem Kalkül verdankte, konnte auf königlicher Seite in unterschiedlichem Gewande daherkommen: etwa dem der Finanzierung von Opfern zugunsten nichtiranischer Götter in allen Reichsteilen, dem der Ausrichtung von Herrscherideologie und Herrscherrepräsentation an regionalen Mustern und Bedürfnissen (etwa in Ägypten oder Babylonien), der Zulassung unterschiedlichster regionaler und lokaler politischer Ordnungssysteme oder dem der Schaffung eines Hofstils in der Bildkunst aus vielen kulturell disparaten Elementen zum Zwecke der Darstellung ewig gültiger ‚Wahrheiten'. Wenn sich also etwa Kyros der Große und Dareios I. in Babylonien als Verehrer des Marduk-Bel gerieren, dann tun sie das deshalb in erster Linie, um ihre Herrschaft über das ehemals unabhängige und mit eigenen Herrschaftstraditionen ausgestattete Südmesopotamien nicht als Fremdherrschaft erscheinen zu lassen. Allerdings gilt zugleich: Wenn Kyros in der griechischen und alttestamentlichen Überlieferung als idealer König erscheint und bis heute, etwa in Iran und in der iranischen Diaspora, auch *realiter* nur zu gern als ein solcher angesehen wird, dann ist dies Ausweis der Wirkabsicht und Überzeugungskraft antiker Autoren wie der Bedürfnisse eines antiken wie heutigen Publikums gleichermaßen. Es nimmt angesichts der politischen Weitsicht achaimenidischer Politik, die aus dem Scheitern altorientalischer Vorbilder (Assyrer, Babylonier) gelernt hatte, nicht wunder, dass sich die Eliten der Reichsteile vielfach an den von den Großkönigen gesetzten Maßstäben orientierten. Ebensowenig erstaunlich ist, dass die Flexibilität des achaimenidischen Herrschaftsverständnisses und die Bandbreite der achaimenidischen Herrschaftsmittel viele Reichsbewohner beeindruckte, dass selbst die Konsequenzen politischer und militärischer Aufsicht von vielen akzeptiert wurden, solange sie Sicherheit und Ordnung, etwa an den Grenzen oder auf den Straßen des Reiches, garantierten. Die – nach der Reichsaufrichtungsphase und mit Ausnahme Ägyptens – äußerst seltenen Unruhen im Innern des Imperiums, das sich immerhin zeitweilig von Libyen und Thrakien im Westen bis Zentralasien (h. Usbekistan) und Nordwestindien (h. Pakistan) im Osten, vom Kaukasus im Norden bis nach Nordostarabien im Süden erstreckte, sind nämlich in erster Linie den politischen Ambitionen hoher iranischer Würdenträger, nicht Aufständen der Untertanenvölker geschuldet.

In der Regel standen Satrapen (wörtlich: „Reichsschützer") mit administrativen, juristischen, fiskalischen und militärischen Aufgaben an der Spitze der Provinzen des „Landes des Königs", wie das Perserreich in Verträgen mit griechischen Poleis genannt wird. Sie erhoben den an lokalen Gegebenheiten und Traditionen ausgerichteten Tribut, von dem sie einen Teil in die Schatzhäuser des Zentrums abführten; sie schützten die Außengrenzen und sorgten – zusammen mit königlichen Garnisonen – für Ruhe im Innern. Ihrem Machthunger, der nicht zuletzt durch die faktische ‚Erblichkeit' von Ämtern und Würden gespeist wurde, begegnete der Großkönig, in der Regel erfolgreich, mit Überwachungsmaßnahmen (etwa den „Augen und Ohren des Königs" der griechischen Überlieferung), mit der Förderung von satrapaler Konkurrenz und notfalls mit militärischem Druck. Anders als die Karrieren berühmter Satrapen wie Tissaphernes oder Pharnabazos sind die administrativen Strukturen des Reiches nicht leicht auszumachen: Zum Ersten stellen die Königsinschriften das Reich nicht als ein Ensemble von Verwaltungseinheiten, sondern als ein solches von „Ländern" bzw. „Völkern" (altpersisch *dahyāva*) vor. Zum Zweiten sind die Titel und Namen, die die griechischen Autoren für persische Amtsträger und Institutionen benutzen, nur schwer in persischen Kontexten zu verorten. Und zum Dritten sind auch die Grenzen der persischen Verwaltungseinheiten, denen auch Mitglieder des Königshauses, regionale Dynasten, lokale Eliten oder, wenn notwendig, supra-regionale Würdenträger vorstehen konnten, nur schwer zu zeichnen. Ähnlich vielfältig wie die Verwaltungsstrukturen waren auch die von den Untertanen geforderten Loyalitätsbeweise: regelmäßigen Abgaben und Geschenken zu bestimmten Gelegenheiten konnten durchaus auch Steuerprivilegien oder gar großkönigliche Zahlungen an die Seite treten (siehe unten). Das „Gold und Silber des Großkönigs", nur zu einem Teil ausgemünzt, diente diplomatischen Zwecken ebenso wie, in Form von Gabe und Gegengabe, der Unterbeweisstellung der großköniglichen Sonderstellung. Was die Heeresfolge angeht, wurde das aus Bauernmilizen und Militärsiedlern (mit ‚Soldatenlehen') bestehende Heer später immer häufiger durch Garnisons- und Söldnertruppen ersetzt, ohne an Kampfkraft zu verlieren; dass im Notfall auch ein Reichsheer mobilisiert werden konnte, zeigt die Vorgeschichte der Schlacht von Gaugamela (331 v. Chr.).

Eine vorbildliche Infrastruktur und ein exzellentes Nachrichtenwesen, deren Qualität sich nicht zuletzt an der Tatsache der Übernahme relevanter Termini ins Griechische oder Lateinische festmachen lässt, erlaubten die rasche Übermittlung großköniglicher Anweisungen ebenso wie den schnellen Transport von Mensch und Tier zu militärischen und ökonomischen Zwecken; unter königlicher Aufsicht und mit königlicher Unterstützung angelegte und gepflegte Irrigationssysteme (in Iran: Qanate) erweiterten in vielen Reichsteilen die landwirtschaftlichen Anbauflächen und bewässerten die „Paradiese" (aus altpersischem *paridaida*), Parks, die – neben ihrer ökonomischen Funktion – in ihren z. T. exotischen Pflanzen und Tieren das Reich ideologisch im Kleinen abbildeten und dem König und seinen Würdenträgern zugleich Zerstreuung boten. Es verwundert nicht, dass die Autoren der Septuaginta mit dem Fremdwort *paradeisos* den „Garten in Eden" zu übersetzen suchten. Es war nicht zuletzt die Perserzeit, in der – dank der günstigen politischen und infrastrukturellen Voraussetzungen – östliche Vertreter von Flora und Fauna ihren Weg in die Welt des Mittelmeerraumes fanden. Der Kommunikation der multilingualen Untertanen diente die Nutzung des Aramäischen als *lingua franca* des Reiches („Reichsaramäisch"), das damals endgültig seinen schon früher begonnenen Siegeszug durch den ganzen Vorderen Orient antrat. Das Altpersische, die Sprache der Könige, für die Dareios ein eigenes Schriftsystem schaffen ließ, war dagegen, mit großköniglicher Billigung, auf Westiran und hochoffizielle Verlautbarungen (Monumentalinschriften) beschränkt.[2] Multilingual und multikulturell bestimmt waren auch die uns aus den elamischen Texten aus Persepolis[3] bekannten Kollektive der *kurtaš*, die in königlichem Auftrag Arbeiten verrichteten (etwa beim Palastbau). Heute steht fest, dass dieser Begriff die gesamte abhängige Arbeiterschaft umschließt, die unter der Kontrolle der großköniglichen Verwaltungsinstanzen in Persepolis steht und von der Versorgung durch eben jene Funktionäre abhängig ist. Unter ihnen befanden sich neben einfachen (ungelernten) Arbeitskräften auch z. T. regelrecht angeworbene (Kunst-)Handwerker, Spezialisten und Bedienstete besonderer Güte sowie Angehörige von verschiedensten Untertanenvölkern. Sie kamen deshalb wohl auch aus den unterschiedlichsten Verpflichtungszusammenhängen: Kriegsgefangene und Deportierte befanden sich wohl ebenso darunter wie handwerkliche Spezialisten und Personen, die zu Arbeitsleistungen in staatlichem Auftrag dann verpflichtet waren, wenn diese anfielen.

Ohne ein zentrales Reichsgesetz, vielmehr auf der Grundlage von Einzelfallgerechtigkeit und lokalem Herkommen, sprachen der König und seine Funktionäre Recht und bestätigten, gewährten oder verwarfen Vorrechte; die Unterstützung der militärisch kaum zu kontrollierenden Berg- und Steppenvölker (von Zagros und Elburz sowie der nordöstlichen ariden Graslandschaften) gewann man durch eigene Zahlungen, Aufrührer (und die von ihnen genutzten Heiligtümer) ließ man dagegen, nicht anders als die angeblich so viel ‚intoleranteren' Assyrer, in der Regel die ganze Härte des ‚Gesetzes' spüren, gewährte ihnen zuweilen, wie dem alten Feind, dem Salamissieger Themistokles, oder dem aufrührerischen König des zyprischen Salamis, Euagoras, aber auch Verzeihung, wenn es politisch opportun war.

---

2 Zur ‚Sprachenpolitik' der Achaimeniden siehe demnächst Josef Wiesehöfer, The Role of Lingua Francas and Communication Networks in the Process of Empire-Building, in: State Formation and State Decline in the Near and Middle East Past and Present, hg. von Christoph Werner u. a. (im Druck).

3 Zu diesen Texten siehe zuletzt L'archive des fortifications de Persépolis. État des questions et perspectives de recherches, hg. von Pierre Briant/Wouter F. M. Henkelman/Matthew Stolper, Paris 2008. Vgl. auch: http://persepolistablets.blogspot.com (Zugriff 4.1.2011).

Der mit herrscherlichem ,Charisma' (*farnah) ausgestattete „König der Könige" (altpersisch xšāyaϑiya xšāyaϑiyānām) – ein Titel mesopotamisch-urartäischer Provenienz wurde zum iranischen Königstitel *par excellence* – stellte sich in seinen in der Regel mehrsprachigen Monumentalinschriften selbst als „Perser, eines Persers Sohn, Arier, von arischer Abstammung" und als Herrscher „von Ahuramazdas (sowie später: Mithras und Anahitas) Gnaden" vor. Er, der keine göttliche Abkunft für sich in Anspruch nahm, sagte von sich, sein ,Gesetz' (dāta) binde alle Untertanen; allerdings verdiene er dank göttlicher Gunst und eigener Qualitäten auch deren Loyalität. Von den Magiern, religiösen und ,historischen' Spezialisten, in die Herrscherkunst und die Traditionen Persiens eingewiesen, wurde der „Großkönig", wie er sich ebenfalls nannte, nach dem Tode des Vorgängers rituell investiert, bestätigte oder verwarf seinerseits Privilegien, Würden und Vorrechte. Wie von ihm erwartet wurde, vergalt er Wohltaten überreichlich und begegnete den Untertanen in zeremoniell gestalteten und ständisch hierarchisierten Zusammentreffen als ,Reisekönig' vor Ort.

In der Regel ernannte der Großkönig seinen Nachfolger – zumeist den ältesten, zuweilen aber auch den ersten in Purpur geborenen Sohn. War kein Thronfolger aus der Verbindung mit der „Frau des Königs" (griechisch gynê tou basileôs), d. h. der ,ersten' Ehefrau, vorhanden, konnten, wie im Falle Dareios' II., auch Abkömmlinge aus anderen Ehen den Thron besteigen, niemals aber männliche Angehörige anderer Familien, selbst wenn sie mit weiblichen Mitgliedern des Königshauses verheiratet waren. Der möglichen Gefahr von persisch-aristokratischer Seite begegneten die Perserkönige zuweilen durch eine ausgesprochen endogame Heiratspolitik, z. T. auch zwischen Halbgeschwistern. Thronstreit war in Iran, wie in den meisten monarchischen Systemen, ein wichtiger Krisenfaktor; im Achaimenidenreich scheint er sogar, wie die zahlreichen Königsmorde belegen, der wichtigste gewesen zu sein.

Beim Tod eines Königs war es die Aufgabe des Thronfolgers, für eine würdevolle und rituell korrekte Bestattung des Vorgängers – in den kreuzförmigen Felsgräbern von Naqsch-i Rustam oder Persepolis – zu sorgen. Das bei der Thronbesteigung des Königs entzündete ,Königsfeuer' wurde dabei gelöscht und ein Kult des Verstorbenen in der Nähe des Bestattungsortes eingerichtet und aus Mitteln des Staates unterhalten.[4] Die Krönung des neuen Herrschers fand in Pasargadai statt, dem alten Residenzort Kyros' II. Dabei waren gleichfalls bestimmte Passageriten zu beachten, die den neuen König an die Anfänge des Reiches und der Dynastie erinnern sollten. Am Ende der Zeremonien standen dann die Übertragung der königlichen Insignien und die öffentliche Vorstellung des neuen Herrschers. In Anbetracht des Krisenpotentials des Königstodes verwundert nicht, dass der Herrscher sich nur selten der Todesgefahr

---

4 Wouter F. M. Henkelman, An Elamite Memorial. The šumar of Cambyses and Hystaspes, in: A Persian Perspective. Essays in Memory of Heleen Sancisi-Weerdenburg, hg. von Wouter F. M. Henkelman/Amélie Kuhrt (Achaemenid History 13), Leiden 2003, S. 101–172.

1 Kreuzfelsgräber in Naqsch-i Rustam bei Persepolis. Rechts das Grab von Dareios I.

im Felde aussetzte und sich ein in den Quellen als tapfer gerühmter Herrscher wie Dareios III. bei Issos und Gaugamela dem ohne Rücksicht auf Verluste auf ihn losstürmenden Alexander zu entziehen suchte.

II.

„Es kündet Dareios, der König: Nach dem Willen Ahuramazdas bin ich dergestalt, dass ich dem Recht Freund, dem Unrecht aber kein Freund bin. Es ist nicht mein Bestreben, dass der Schwache ungerecht behandelt wird um des Starken willen, und es ist nicht mein Wunsch, dass der Starke ungerecht behandelt wird um des Schwachen willen." (DNb 5–11)

Der ein oder andere Leser mag diese Sätze kennen: Dareios I., König der Könige von 522 bis 486 v. Chr., hat sie für eine seiner beiden Grabinschriften am Kreuzfelsgrab von Naqsch-i Rustam (Abb. 1) konzipiert. Der für Recht und Gerechtigkeit

Sorge tragende Großkönig, der zwischen Starken und Schwachen einen Ausgleich sucht, ist integraler Bestandteil achaimenidisch-persischer Herrscherideologie[5] und Voraussetzung des durch die Königsinschriften und die Reliefs der Paläste und Gräber vermittelten Bildes einer universalen *pax Achaemenidica* zum Nutzen von Herrscher und Untertanen gleichermaßen.[6] Das Zitat führt zugleich in die achaimenidisch-altpersische Herrschaftsterminologie ein: Die Sprache des Königs benutzt als Wort für recht und gerecht bzw. Recht und Gerechtigkeit gleichermaßen das Adjektiv bzw. Substantiv *rāsta* mit der eigentlichen Bedeutung „gerichtet", „geordnet", verwandt dem lateinischen *rectus* („gerade", „aufrecht").

Die – allerdings vom Gewalthaber selbst verfasste – sogenannte Fürstenspiegelinschrift „Dareios Naqsch-i Rustam b" (DNb), aus der das Anfangszitat stammt, erschöpft sich, was Recht und Gerechtigkeit angeht, nicht in den soeben zitierten Verlautbarungen; sie führt vielmehr den Gedanken des gesellschaftlichen Ausgleichs und der Notwendigkeit gerechter Verhältnisse im Reich noch weiter aus:

„Was recht ist, das ist mein Bestreben. Dem, der der Lüge folgt, bin ich nicht freundlich gesinnt. [...] Für denjenigen, der [mit mir] zusammenarbeitet, für den trage ich, gemäß seiner Zusammenarbeit, Sorge; denjenigen, der Schaden anrichtet, den bestrafe ich gemäß dem [angerichteten] Schaden. Es ist nicht mein Wunsch, dass jemand Schaden anrichtet; darüber hinaus ist es nicht mein Wunsch, dass der, der Schaden anrichtet, nicht bestraft werde. Was jemand über einen anderen sagt, das überzeugt mich erst, wenn ich beider Stellungnahme vernommen habe. Was jemand erreicht oder bringt gemäß seinen Fähigkeiten, das stellt mich zufrieden und das ist mein sehnlichster Wunsch; und ich bin erfreut und gebe loyalen Menschen auf großzügige Weise." (DNb 11–27)

Das Zitat macht zunächst einmal deutlich, wer definiert, was unter Recht und Gerechtigkeit zu verstehen ist und wer dem so bestimmten Recht zum Sieg verhilft: der Großkönig selbst (nach dem Willen und mit Hilfe der Götter; siehe unten). Recht von Seiten der Untertanen ist es, den Herrscher bei seinen Bemühungen um die Stabilität der Herrschaft und des Reiches zu unterstützen, Unrecht, sich gegen den Herrscher zu stellen, illoyal zu sein, der „Lüge" – dem „Trug" – (altpersisch *drauga*) zu folgen und Schaden anzurichten: Recht von Seiten des Herrschers ist es, für eine gerechte

---

5 Einen Überblick über die achaimenidische Herrschaftsauffassung bietet demnächst: Josef Wiesehöfer/ Robert Rollinger, Periodisierung und Epochenbewusstsein in achaimenidischer Zeit, in: Periodisierung und Epochenbewusstsein in der antiken Geschichtsschreibung, hg. von Thomas Krüger/Josef Wiesehöfer, Stuttgart (im Druck).

6 Zum Folgenden vgl. demnächst besonders Josef Wiesehöfer, Justice and Law in Achaemenid Iran, in: Law and Religion in the Eastern Mediterranean, hg. von Anselm Hagedorn/Reinhard Kratz, Oxford (im Druck).

2   Triumphrelief Dareios' I. in Bisutun.

Ordnung zu sorgen und gegen Störenfriede vorzugehen.[7] Schon in seinem frühen Tatenbericht aus Bisutun, der einzigen, wenn man so will, ‚historischen', nicht zeit- und
raumlosen Inschrift der Achaimenidenkönige, hatte Dareios für sich beansprucht, die
vom Rebellen Gaumata und den anderen sogenannten Lügenkönigen außer Kraft gesetzte rechte Ordnung wiederhergestellt zu haben: durch die Rückerstattung geraub-
ten Besitzes, die Restauration zerstörter Kultstätten, die Niederschlagung zahlreicher
Aufstände und die Bestrafung der Rechtsbrecher (Abb. 2). Nicht nur mit den sich
selbst zugeschriebenen Geistesgaben und Fähigkeiten „Urteilskraft" (altpersisch *ušīy*)
(DNb 28), „Einsicht" (*xraθu*) und „Handlungskraft" (*aruvasta*) (DNb 3f.), sondern
auch mit den konkreten rechtsetzenden bzw. Recht wiederherstellenden Maßnah-

---

7   Analoge Vorstellungen reichen zwar ebenfalls weit in die mesopotamische Geschichte zurück, doch schei-
    nen sie in achaimenidischer Zeit eine besondere Dynamisierung erfahren zu haben; vgl. Beate Pongratz-
    Leisten, ‚Lying King' and ‚False Prophet'. The Intercultural Transfer of a Rhetorical Device within Anci-
    ent Near Eastern Ideologies, in: Ideologies as Intercultural Phenomena. Proceedings of the Third Annual
    Symposium of the Assyrian and Babylonian Intellectual Heritage Project Held in Chicago, USA, Octo-
    ber 27–31, 2000, hg. von Antonio Panaino/Giovanni Pettinato (Melammu Symposia 3), Milano 2002,
    S. 215–243.

men befindet sich Dareios in guter Tradition, hatten doch schon die altorientalischen Herrscher vor ihm diese Herrscherqualitäten und diese ‚rechtschaffenen' Taten betont und gewürdigt.

Wie in Mesopotamien, so wird auch im achaimenidischen Iran kein Zweifel daran gelassen, wem der König Eigenschaften wie Urteilskraft und Rechtschaffenheit, aber auch den Auftrag zum Vorgehen gegen Rechtsbrecher verdankt: dem Gott bzw. den Göttern, im Falle des Dareios dem Ahuramazda, dem „großen Gott". „Nach dem Willen Ahuramazdas" (altpersisch *vašnā Auramazdāha*), so darf man etwa den Tenor der Bisutuninschrift beschreiben, ist Dareios gegen alle Widerstände an die Macht gelangt; in den Worten einer Inschrift dieses Königs aus Susa: „So war es Ahuramazdas Wunsch: Auf der ganzen Erde wählte er mich als [seinen] Mann, mich machte er zum König auf dieser Erde" (DSf 12–18). Mit Gottes Hilfe hat der König aber auch – mittels seiner Siege über die „Lügenkönige" – an der Macht bleiben können;[8] er ist so zum Stellvertreter Gottes auf Erden geworden – ohne allerdings, wie Herrscher in Ägypten und zeitweise auch in Mesopotamien, Sohn des Gottes zu sein oder selbst göttliche Qualitäten zu besitzen. Seine Unterstützung hat Ahuramazda dem Dareios im Laufe seiner Regentschaft nie entzogen: „Nach dem Willen Ahuramazdas" ist der König zum Freund des Rechts geworden (DNb 6–8), nach dem Willen des Gottes, „der diese wunderbare Schöpfung geschaffen, der dem Menschen segensreiches Glück beschieden, der Weisheit und Handlungskraft Dareios, dem König, verliehen hat" (DNb 1–5). Zusammenfassend betont Dareios in seiner oberen Grabinschrift: „[...] das, was ich getan habe, alles das habe ich nach dem Willen Ahuramazdas getan", oder besser: „tun können" (DNa 48–50). Mit anderen Worten, wie der Erfolg sich göttlicher Gnade verdankt, so ist er zugleich Ausweis göttlicher Erwählung des Herrschers und unterstreicht die Rechtmäßigkeit des großköniglichen Herrschaftsanspruches. Einer solchen Vorstellung entspricht der Umstand, dass die Personen, gegen die Dareios in den Krieg zieht, alle als Anhänger der „Lüge" gekennzeichnet werden. Es sind Menschen, die die gottgewollte gute Weltordnung, deren Garant der Herrscher ist, zu erschüttern oder gar zu stürzen planen. Doch da Ahuramazda am Erfolg des Herrschers gelegen ist, kann dieser einen vernichtenden Sieg über seine Feinde davontragen (vgl. DB I 94f.).[9] Umgekehrt gilt: Wer Ahuramazda verehrt, der ist vor der Versuchung der „Lüge", der Rebellion, des sich Vergehens gegen Gottes gute Schöpfung gefeit (XPh 35–41). Wenn Dareios in seiner Inschrift d aus Persepolis ausführt: „Möge Ahuramazda dieses Land vor einem feindlichen Heer, vor Missernten und vor

---

8 Michael Stausberg, Die Religion Zarathushtras. Geschichte – Gegenwart – Rituale, Bd. 1, Stuttgart 2002, S. 165.

9 Gregor Ahn, Religiöse Herrscherlegitimation im archämenidischen Iran. Die Voraussetzungen und die Struktur ihrer Argumentation (Acta Iranica 31 – Troisième séric: textes et mémoires 17) Leiden 1992, S. 300.

3 Zylinder des Persischen Königs Kyros (559–530 v. Chr.), Ton, 539 v. Chr. London, The British Museum, ME 90920.

der Lüge bewahren" (DPd 15–18), dann zeigt sich darin einerseits, dass auch ein Angriff auswärtiger Feinde die gottgewollte Friedensordnung bedrohen kann und großkönigliche Gegenmaßnahmen rechtfertigt, dann beweist dies andererseits, dass der Herrscher in guter altorientalischer Manier auch als guter „Gärtner" gefordert ist, der Land und Leuten ein gedeihliches Auskommen verschafft.

Wie die altorientalischen Herrscher vor ihm sind Dareios und sein Sohn Xerxes, denen wir den Großteil der Inschriften verdanken, mit ihrem Handeln in kosmische Ordnungsstrukturen eingebunden; als Beauftragte Ahuramazdas und als Herrscher von des Gottes Gnaden ist es Ziel ihrer Regierung, Recht und Gerechtigkeit im Reiche zum Durchbruch zu verhelfen, die Bösen, die der „Lüge" folgen, zu vernichten und damit, und diesen Aspekt betonen die Achaimeniden in Wort und Bild besonders deutlich, die gute Schöpfung Ahuramazdas – mit Gottes Hilfe – in einer menschlichen, politisch-ökonomischen Friedensordnung zu perpetuieren.

Dass die persische Herrscher- und Herrschaftsideologie altorientalischen Traditionen und Mustern verpflichtet ist, zeigt sich besonders anschaulich in den großköniglichen Verlautbarungen aus dem Zweistromland selbst: im Textfragment einer babylonischen Kopie der Bisutuninschrift etwa, die den Namen Ahuramazda durch den Namen Bel ersetzt, ebenso wie in der berühmten Inschrift des Kyroszylinders

(Abb. 3), in der sich der Teispide zwar einerseits ohne Wenn und Aber in die Tradition der ihm voraufgehenden, legitimen Könige Babylons stellt, sich aber andererseits im Herrscherprotokoll genealogisch nicht auf diese Könige zurückführt, sondern auf seine persischen Ahnen.[10] Kyros, von Bel-Marduk erwählt und legitimiert, stellt im Auftrag des Gottes die durch das Fehlverhalten des letzten Chaldäerherrschers Nabonid verlorengegangene universale Ordnung wieder her, sorgt für Frieden und Freude im neugewonnenen Land und weiß sich so in der Gunst des Gottes seiner neuen Untertanen.

Wenn auch zahlreiche Verbindungen zwischen den altorientalischen und den achaimenidischen Formen der Herrscherlegitimation, nicht zuletzt im Bereich ihrer theologisch-religiösen Fundierung und auf dem Felde des uns hier besonders interessierenden, legitimatorisch unabdingbaren königlichen Einsatzes für Recht und Gerechtigkeit existieren, also im Bereich der „Legitimationsargumentation", so sind die Perserkönige doch nicht einfach Kopisten altorientalischer Traditionen gewesen; sie haben vielmehr durchaus eigene Akzente gesetzt, allerdings vor allem, wie Gregor Ahn zu Recht betont hat, im Bereich der „Ausdrucksformen und Bilder dieser Legitimation."[11] Hier kommen dem Betrachter sofort die Palastreliefs der Achaimenidenkönige in den Sinn, die ihm in der Gestalt der Thronträger (Abb. 4) und der Gabenbringer (Abb. 5), aber auch des monsterbezwingenden königlichen Helden „eine mythisch-transhistorische, ideale Welt der vollkommenen Herrschaft vor Augen" führen.[12] Der König steht im Mittelpunkt des irdischen Teils der von Ahuramazda geschaffenen und am Leben gehaltenen universalen Ordnung; zumindest in der Flachbildkunst und an den Palastaußenwänden in Susa und Persepolis erscheint die Macht des – zumeist thronenden – Königs „gefestigt und dem militärischen Tagesgeschehen entrückt – sie muss gar nicht mehr erst verteidigt werden, jedenfalls nicht gegen menschliche Gegner."[13] Der königliche Held bezwingt Mischwesen als Repräsentanten des Bösen (Abb. 6), er wird von Vertretern der Untertanenvölker und des Militärs im wahrsten Sinne des Wortes „auf Händen getragen", er hat es nicht mehr nötig, wie noch in Bisutun, die irdischen Feinde „mit Füßen zu treten" (Abb. 2), er hat schließlich – versinnbildlicht durch den Flügelmann auf den Reliefs – den „Glücksglanz" über sich als Zeichen göttlicher Erwählung und Unterstützung.[14]

---

10 Ahn, Herrscherlegitimation (wie Anm. 9), S. 136. – Zur Frühgeschichte des Perserreiches siehe zuletzt die grundlegende Arbeit von Wouter F. M. Henkelman, The Other Gods Who Are. Studies in Elamite-Iranian Acculturation Based on the Persepolis Fortification Texts (Achaemenid History 14), Leiden 2008.

11 Ahn, Herrscherlegitimation (wie Anm. 9), S. 307.

12 Stausberg, Religion (wie Anm. 8), S. 167.

13 Stausberg, Religion (wie Anm. 8), S. 167.

14 Zum Flügelmann und anderen Symbolen vgl. demnächst (mit z. T. anderer Auffassung als der Autor) Mark Garrison, Visual Representation of the Divine and the Numinous in Early Achaemenid Iran:

4 Thronträgerrelief in Persepolis, östliche Tür der Thronsaalsüdwand.

5 Völkerschaftsreliefs vom
 Apadana in Persepolis.

Andererseits: Auch wenn die Unterwerfung der Untertanen – jedenfalls in der
Kunst der Palastaußenwände und der königlichen Grablegen – nicht explizites Bild-
thema ist, so wird sie doch implizit vorausgesetzt: auf den Reliefs in Form von Thron-
trägern und Gabenbringern, in den Inschriften in Form von Hinweisen auf die Belohnung treuer Dienste der *bandakā* („Gefolgsleute"), die die Griechen als *douloi* („Sklaven") des Großkönigs denunzieren. Michael Stausberg hat das Verhältnis von Gott
und König zum Verhältnis zwischen König und Untertanen in Beziehung gesetzt und
in diesem Zusammenhang – im Anschluss an Jan Assmann – von einer Konzeption
der „vertikalen Solidarität" gesprochen.[15] Eine solche Titulierung ist sicher zutreffend, muss aber im achaimenidischen Fall durch die Vorstellung ergänzt werden, dass
sich auch der König unter Zugzwang setzt: Er muss seinen Untertanen Recht und Gerechtigkeit garantieren, muss ihnen inneren Frieden und Wohlstand bescheren, muss
sie vor auswärtigen Feinden beschützen. Die Loyalität der Untertanen – ein wichtiges
Thema der Inschriften und der Reliefs – kann zu Recht von Dareios und seinen Nach-

Old Problems, New Directions, in: Iconography of Ancient Near Eastern Religions, hg. von Christoph
 Uehlinger/Fritz Graf, Bd. 1, Leiden (im Druck).
15 Stausberg, Religion (wie Anm. 8), S. 168.

6　Der ‚Königliche Held‘ im Kampf gegen ein Mischwesen, Pfeilerrelief in Persepolis.

folgern eingefordert werden, weil sie schließlich die von Ahuramazda gestellten Aufgaben dank der ihnen von demselben Gott verliehenen Qualitäten zu erfüllen in der Lage sind. Nur so hat der Herrscher auch jedes Recht, Illoyalität streng zu bestrafen; schließlich richtet sie sich gegen eine Person, die im Namen und Auftrag des Gottes nur das Beste für die Untertanen will und tut.

Für all das, was sich gegen die gottgewollte Herrschaft der Achaimenidenkönige richtet, die Frieden, Wohlstand, Recht und Ordnung garantiert, benutzen Dareios und Xerxes in ihren Inschriften den altpersischen Terminus *drauga*, „Lüge"; dieser Begriff, der religiös-ethischen Sphäre des Zoroastrismus entlehnt, steht damit für untertänige Illoyalität, für Aufruhr und Rebellion; Anhänger des *drauga*, wie die „Lügenkönige" des Monumentes von Bisutun, versündigen sich gegen die göttlich gesetzte Ordnung. Man hat sogar die Vermutung geäußert, Dareios könne sich selbst in seinem Kampf gegen die Anhänger des *drauga* mit dem avestischen Helden Θraetaona verglichen haben, der den furchterregenden Drachen Dahaka zu besiegen in der Lage war. Der monsterbezwingende königliche Held der Reliefs und Siegel könnte dann die bildliche Umsetzung dieser Vorstellung sein.[16] Allerdings gilt es zu betonen, dass das avestische Gegenstück von *draoga-*, *aša-* („Gerechtigkeit", „Ordnung", „Wahrheit"), in seiner altpersischen Form *r̥ta-* in den Inschriften des Dareios fehlt; es taucht nur in der berühmten Daivā-Inschrift seines Sohnes Xerxes (XPh 41.51.54) auf und bezieht sich dort wohl – ähnlich wie in bestimmten avestischen Zusammenhängen (vgl. Yt. 8,15) – auf die rechte Verehrung Gottes. Allerdings ist der Begriff *r̥ta-* immerhin Bestandteil des beliebtesten Thronnamens der Achaimenidenzeit, Artaxerxes (altpersisch *R̥taxšaçā*; wohl: „dessen Herrschaft sich durch Wahrheit/Gerechtigkeit auszeichnet"). Auch andere Namen der Achaimenidenlinie enthalten im übrigen – anders als die der Teispidenlinie – avestische Termini oder sind sogar direkt im avestischen Namengut bezeugt.

In besonders anschaulicher Weise hat Michael Stausberg aufgezeigt, wie die Achaimeniden jungavestische religiös-ethische Konzepte politisch transformierten. Dies gilt für die Konzeption Ahuramazdas als eines herrschaftsverleihenden und -erhaltenden Gottes ebenso wie für die politisierende Transformation dualistischer Vorstellungen: So wird dann etwa aus dem im Bereich von Ethik und Moral angesiedelten *draoga-* der *drauga* als „potentielle Destabilisierung gottgewollter politischer Herrschaft",[17] werden – in der Inschrift XPh – aus den avestischen „Dämonenverehrern" (*daēuuaiiasna-*; *daēuuaiiāz-*) diejenigen, die bei ihren Rebellionen die falsche, dämonische Hilfe ihrer Lokalgötter anfordern und der anti-dämonischen, d. h. mazdaverehrenden und gottgewollten Religionspolitik des Xerxes, die den *drauga* zu ver-

---

16 Stausberg, Religion (wie Anm. 8), S. 169f.
17 Stausberg, Religion (wie Anm. 8), S. 170.

hindern und ṛta- zu bewahren sucht, mit Gewalt Widerstand leisten. Wenn Xerxes in seiner Inschrift XPl die untere Grabinschrift seines Vaters (DNb 1–49) gleichsam kopiert, dann zeigt dies zur Genüge, wie ‚zeitlos‘ und programmatisch die politischen Verlautbarungen des Dareios gemeint waren und auch gelesen wurden.

Mit der Aufforderung des Xerxes an den Untertanen: „Verhalte Dich entsprechend dem Gesetz [dāta], das Ahuramazda eingesetzt hat! Verehre Ahuramazda zur rechten Zeit und auf rechte Art und Weise"[18] (XPh 49–51) lernen wir nun einen weiteren zentralen Begriff der achaimenidischen ‚Rechtssprache‘ kennen: das dāta. Auch dieses Wort (eigentlich: „das Niedergelegte/Festgesetzte"), ja die gesamte Ermahnung des Königs erinnert an einen avestischen Text, der besagt, dass der, der Ahura Mazda, die Aməša Spəntas (die „Wohltätigen Unsterblichen"), Mithra, das Gesetz (dāta-), Rašnu und die Gerechtigkeit verachte, nicht die Gunst Ahura Mazdās, der Wohltätigen Unsterblichen und Mithras erlangen könne (Yt. 10, 139). Wie das Gesetz des Gottes, das nun zum Gesetz des Königs geworden ist, nach reichsweiter Befolgung verlangt, so hat auch der altpersische Terminus dāta universale Bedeutung erlangt: Babylonier, die Sprecher des Aramäischen, Juden und Armenier etwa haben ihn als Lehnwort (dātu, dāt bzw. dat) übernommen, zahlreiche Personen führen ihn als Bestandteil ihres Namens oder ihrer juridischen Titulatur. Dahinter steht das ebenfalls in den Inschriften vorkommende Femininum framānā („Befehl", „Order") deutlich zurück.

Es verwundert nicht, dass ein ‚Gesetz‘ solcher Tragweite und solcher Grundsätzlichkeit, wie es Dareios etwa in seiner oberen Grabinschrift in Erinnerung ruft, reichsweit großen Eindruck gemacht haben muss: Der Großkönig gibt nicht einfach nur Erlasse heraus, veröffentlicht nicht einfach nur Anordnungen und Befehle, nein, er gibt seinen Untertanen eine regelrechte wohlgemeinte, wohlartikulierte, wohlausgewogene und wohlbegründete Gesamtordnung von Verhaltensweisen vor, die dem Willen Ahuramazdas entspricht, Recht und Gerechtigkeit zum Wohle aller schafft und garantiert und – in den Worten des Xerxes (XPh 54–56) – letztlich dafür sorgt, dass der Befolger des dāta „zu Lebzeiten glücklich und nach dem Tode selig wird". Die enge Verbindung von göttlichem und königlichem dāta unterstreicht auch das in Kapitel 7:12–26 des Esra-Buches zitierte Reskript Artaxerxes' I., das „das Gesetz deines [d. h. Esras] Gottes" und das „Gesetz des Königs" im Zusammenhang erwähnt, während die Bücher Daniel (6:9.13.16) und Esther (1:19) die Unverletzlichkeit des dāta der Meder und Perser betonen. Es verwundert auch nicht, dass der Ausdruck „das Gesetz des Königs" (dātu ša šarri) sich auch in babylonischen Dokumenten findet, allerdings erst, wenn der Autor richtig unterrichtet ist, seit der Zeit Dareios' I., also

---

18 Vgl. dazu Robert Rollinger, Herodotus, Human Violence and the Ancient Near East, in: The World of Herodotus. Proceedings of an International Conference Held at the Foundation Anastasios G. Leventis, Nicosia, September 18–21, 2003, hg. von Vassos Karageorghis/Iohannes Taifacos, Nicosia 2004, S. 121–150.

des Mannes, der dem Terminus *dāta* die entscheidende Tragweite verliehen hat. In den babylonischen Wirtschafts- bzw. Rechtstexten wird allerdings eher auf konkrete achaimenidische Rechtsvorschriften, nicht auf die Rechtsordnung als Ganze Bezug genommen.[19]

III.

Ziehen wir nun am Ende noch einen direkten Vergleich mit Rom: Das Perserreich kannte, wie Rom, die Idee einer universalen Herrschaft. Allerdings zeichnete es sich weder durch einen propagierten zivilisatorisch-missionarischen Auftrag, noch durch einen Prozess der „Persianisierung" – vergleichbar dem der „Romanisierung" – aus: Erstens spielten weder die „Sprache der Könige", das Altpersische, noch persische Kultur und Religion eine ihren römischen Pendants vergleichbare Rolle als reichseinigende Faktoren. Ja, eine solche Rolle wurde ihnen von den Königen nicht einmal zugedacht. Achaimenidische Kunst und Kultur waren ganz auf die Idee des legitimen, starken, gerechten und großzügigen Herrschers als der Götter Repräsentant auf Erden zugeschnitten; sie fanden deshalb auch nach dem überraschenden Zusammenbruch achaimenidischer Herrschaft ein ähnlich abruptes Ende. Zum Zweiten entwarfen die Perserkönige nie ein reichsweites ideologisches System, in dem regionale oder lokale Identitäten zugunsten einer gemeinsamen Identität als „Perser" gleichsam aufgehoben waren; indirekte Herrschaftsmittel waren denn auch ein entscheidendes Kennzeichen persischer Herrschaft – neben Tributeinzug und Forderung von Heerfolge, ohne die kein Imperium existieren kann. Die dauerhaften Folgen persischer Herrschaft wurden daher oft genug erst lange nach dem Zusammenbruch des Reiches sichtbar. Zum Dritten hatten die Perser weder die finanziellen Mittel noch die Manpower, ein neues einheitliches politisches und ideologisches System für alle Untertanen gleichermaßen durchzusetzen; dies gilt, obgleich Teile der persischen Herrschaftsauffassung, der Herrschaftspraxis und der Herrscherrepräsentation zweifellos auf die regionalen Eliten Eindruck machten und von ihnen kopiert wurden. Was man üblicherweise als „persische Toleranz" bezeichnet, war ein Weg, die Untertanen ruhig und zufrieden zu stellen, und Kyros', Dareios' und Xerxes' höchst erfolgreiche Reichsreformen, eigentlich aus der Not heraus geboren, ein Weltreich unter Kontrolle halten zu müssen, künden von ihrer politischen Weitsicht und Lernbereitschaft. Viertens gab es, wie bereits betont, keine persische Form des kulturellpolitischen Missionierungsdrangs, wie wir ihn in Werken der römischen Literatur beobachten können. Die Achaimeniden bedienten sich in ihren Inschriften in Iran

---

19 Rüdiger Schmitt, Dàta, in: Encyclopaedia Iranica 7, Costa Mesa 1996, S. 114–115.

zwar avestisch-zoroastrischer Terminologie und religiös-ethischer Ideen, die sie ins
Politische verkehrten, doch wurden weder der echte noch der pervertierte Zoroastrismus jemals zu weltanschaulichen Klammern des Reiches, wie etwa das Christentum der römischen Spätantike.[20]

Auch wenn man das Ausmaß von untertäniger Zustimmung, Hinnahme und Ablehnung der königlich-achaimenidischen ‚Friedensordnung‘ nicht wirklich bestimmen kann, so ist eine an heutigen Bedürfnissen ausgerichtete unkritische Glorifizierung der Perserherrschaft ebenso ‚unzeitgemäß‘ und unangemessen wie die in Europa
noch immer häufig anzutreffende simple Gegenüberstellung von „griechischer Freiheit“ bzw. „griechischem Individualismus“ und „orientalischem Despotismus“. Letztlich hat das Achaimenidenreich, das dank königlichen Handelns zum Wohlergehen
der Untertanen, dank des erstaunlichen Maßes an gewährter Autonomie und struktureller ‚Toleranz‘, nicht zuletzt aber auch dank der strikten und z. T. unnachsichtigen
Aufsicht durch die Reichszentrale eine erstaunliche Vitalität besaß, vor allem wegen
des überragenden militärischen und taktischen Geschicks eines militärischen Gegen-
spielers sein Ende gefunden, nicht aufgrund eines Mangels an innerem Zusammen-
halt oder wegen administrativ-ökonomischer Krisen. Dass es in manchen seiner Einrichtungen auch diesem Eroberer als vorbildhaft und nachahmenswert erschien, hat
ihm, Alexander, zu Recht das Urteil eingebracht, *auch* der „letzte Achaimenide“ zu
sein,[21] und es erklärt zugleich die achaimenidischen Anteile späterer vorderasiatischer
Großreichsherrschaften.

---

20 Stausberg, Religion (wie Anm. 8), S. 157–186.
21 Pierre Briant, Alexander the Great and His Empire. A Short Introduction, Princeton 2010.

Hartmut Leppin

Kaisertum und Christentum in der Spätantike

Kann ein Christ denn Kaiser sein?

Die Lehre des galiläischen Wanderpredigers, die zum Christentum wurde, war über Jahrhunderte hin weit entfernt vom Zentrum der Macht. Auch als um 200 immer mehr Gebildete sich dem neuen Glauben zuwandten, stand dies außer Zweifel. Bezeichnend ist, was der juristisch gebildete Kirchenvater Tertullian in seiner Verteidigungsschrift des Christentums, dem Apologeticum, sagt. Zunächst behauptet er, dass Pontius Pilatus einst dem Kaiser von all dem berichtet habe, was laut den Evangelien nach der Kreuzigung Jesu geschehen war: Eine Sonnenfinsternis sei eingetreten, der Gekreuzigte begraben worden, am dritten Tage aber auferstanden, schließlich nach vierzig Tagen in den Himmel aufgefahren. Pontius Pilatus sei daraufhin selbst zum Christ geworden, ja Tertullian geht noch weiter: „Doch auch die Kaiser hätten an Christus geglaubt, wenn nicht einerseits die Kaiser für die Welt nötig wären oder andererseits Kaiser zugleich auch hätten Christen sein können."[1]

Obwohl Tertullian die Legitimität der römischen Ordnung nicht anzweifelt und den Gemeinden das christliche Gebet für den Kaiser anempfiehlt, konstruiert er, ohne eine Begründung für nötig zu halten, einen unüberwindbaren Gegensatz zwischen kaiserlicher Rolle und christlichem Glauben. Eine solche Position erschien seinen Zeitgenossen gewiss plausibel. Denn der römische Kaiser war unter verschiedenen Gesichtspunkten unlösbar mit heidnischen Kultpraktiken verbunden, seine Stel-

---

1 *Sed et Caesares credidissent super Christo, si aut Caesares non essent necessarii saeculo aut si et Christiani potuissent esse Caesares* (Tertullian, Apologeticum 21,24, Übers. nach Adolf Martin Ritter). Vgl. ferner für das Folgende 5,5f. und 30,1.

1 Kaiser Mark Aurel beim Opfer für Jupiter, Rom, Musei Capitolini, MC 807/S.

lung in einem hohen Maße religiös fundiert, und das auf eine sehr unterschiedliche Weise.

Römische Amtshandlungen, wie sie auch ein Kaiser vornahm, verbanden sich mit gewissen kultischen Akten, etwa dem Einholen von Vorzeichen. Da es in der römischen Religion keinen eigenen Priesterstand gab, bekleideten zudem viele römische Beamte Priesterwürden. So fungiert auch der Princeps, der Kaiser, zugleich als Priester, nämlich als *pontifex maximus*. Er hatte damit die höchste Priesterwürde im römischen Kult inne. Der *pontifex maximus* hatte die Oberaufsicht über sakrale Angelegenheiten und als Priester natürlich auch Opfer darzubringen. (Abb. 1) Nicht nur das: Der Kaiser konnte sogar den Göttern angeglichen und selbst als Gott kultisch verehrt werden.[2]

Die entsprechende Praxis war innerhalb des Reiches keineswegs einheitlich. Den Senatoren, die sich auf eine republikanische Tradition beriefen und daher die herausgehobene Stellung des Kaisers mit Argwohn betrachteten, mutete man eine kultische Verehrung des lebenden Herrschers normalerweise nicht zu. Allerdings besaß der Senat das Recht, einen verstorbenen Kaiser im Akt der Konsekration zum Gott zu erheben, insofern eine Apotheose („Vergottung") vorzunehmen, so dass er als Gott verehrt wurde und einen Kult mit Tempel und Priester erhielt. (Abb. 2) Darüber hinaus wurden in wichtigen Zentren der Provinzen Altäre für Kaiser bereits zu deren Lebzeiten errichtet, und die Soldaten an den Grenzen des Reiches huldigten dem Kaiserbild tagtäglich. Der hellenistisch geprägte Osten kannte im Übrigen schon lange eine Tradition, Herrscher als Götter zu verehren, schien sich doch in der Gewährung von Wohltaten und in der Sieghaftigkeit das Göttliche zu manifestieren. Diese Haltung übertrug man in jenen Landschaften auch auf die römischen Kaiser, die dort allenthalben göttlich verehrt wurden: Sie hatten am Göttlichen teil, wurden zum Teil als Göttersöhne betrachtet und sogar als Götter bezeichnet.

Nicht adäquat sind die sich aus modern-christlicher Perspektive aufdrängenden Fragen, ob man den Kaiser dabei *wirklich* für einen Gott gehalten habe oder ob *echte* religiöse Gefühle im Spiel gewesen seien. Die Grenze zwischen Mensch und Gott wurde in der griechisch-römischen Welt viel weniger scharf gezogen als in der jüdisch-christlichen Tradition; den antiken Göttern wurde auch nicht die Allmacht zugeschrieben, die der jüdisch-christliche Gott besaß. Das Göttliche an den Herrschern bezog sich besonders auf die Fähigkeit, zu helfen oder Siege zu gewinnen. Der

---

2   Duncan Fishwick, The Imperial Cult in the Latin West. Studies in the Ruler Cult of the Western Provinces of the Roman Empire (Études préliminaires aux religions orientales dans l'Empire Romain 108), 3 Bde. (in 7 Teilbänden), Leiden 1987–2004; Ittai Gradel, Emperor Worship and Roman Religion, Oxford 2002; Die Praxis der Herrscherverehrung in Rom und seinen Provinzen, hg. von Hubert Cancik, Tübingen 2003; sehr pointiert in der Thesenbildung Manfred Clauss, Kaiser und Gott. Herrscherkult im römischen Reich, Stuttgart 1999, ND München 2001.

2 Apotheose des Antoninus Pius und seiner Gemahlin Faustina der Älteren. Hauptrelief auf der
Basis der Antoninus Pius-Säule in Rom. Rom, Musei Vaticani, 5115.

Kult zeigte, dass man derartige, insofern göttliche Eigenschaften voraussetzte. Und so
war die Vorstellung eines im Kaiser oder durch den Kaiser erscheinenden und tätig
werdenden Gottes für den Kaiserkult beherrschend. (Abb. 3)

   All dies spricht dafür, dass man Tertullian tatsächlich Recht geben muss: Man
konnte offenbar nicht Christ und römischer Kaiser zugleich sein. Die Ordnung des
Römischen Reiches, die auf der Vorstellung beruhte, dass es viele Götter gebe und
Menschen wie der Kaiser Göttliches repräsentierten, dass das Verhältnis zu den Göttern besonders durch den Kult bestimmt werde, wie ihn auch Priester-Politiker praktizierten – diese Ordnung war in der Tat mit dem Christentum inkompatibel. Denn es
ging von dem einen wahren Gott aus, der von den Menschen streng geschieden wurde,
und kannte einen eigenen Priesterstand, der die Beziehung zu Gott vermittelte. Es
schien offensichtlich: Ein christlicher Kaiser war undenkbar, ein Widerspruch in sich.

Kaisertum in einer christlichen Welt

Konsequent fortgedacht, müsste ich damit meinen Beitrag schließen, doch Geschichte entwickelt sich nicht in logischen Bahnen. Gut 100 Jahre nach Tertullian,

spätestens seit 312, bekannte sich mit Konstantin dem Großen ein römischer Kaiser zum Christengott. Was war geschehen? Der äußere Anlass für die sogenannte Bekehrung Konstantins musste nach antiken Maßstäben Christen wie Heiden plausibel erscheinen: Vor einer Entscheidungsschlacht – es war die eben 312 ausgetragene Schlacht an der Milvischen Brücke vor Rom, mit der Konstantin seinen Rivalen Maxentius ausschaltete – hatte ein Gott Konstantin ein Zeichen gegeben, und in diesem Zeichen hatte er gesiegt. (Abb. 4) Dass die Intervention von Göttern einen Sieg herbeiführte, war nichts Ungewöhnliches. Von Jupiter wusste man Derartiges zu berichten oder auch von den Dioskuren, jetzt war es allerdings ein in seriösen Kreisen weniger anerkannter Gott, dem der Sieg zugerechnet wurde, nämlich der Christengott; Konstantin hatte übrigens zuvor eine besondere Nähe zum Sonnengott bzw. Apoll bekundet. Der Umstand ist zunächst einmal kontingent. Hätte Konstantin verloren, so hätte sich die Christianisierung des Kaisertums wohl verzögert, wenn sie überhaupt eingetreten wäre – allerdings hatten die christlichen Gemeinden es jüngst geschafft, eine Verfolgung zu überstehen, und das Christentum war daher als erlaubter Kult anerkannt worden, so dass es seine Kraft schon bewiesen hatte.[3]

Doch weg von den Spekulationen, „was wäre wenn", hin zu dem, was unter Konstantin geschah. In vielfältiger Weise förderte er das Christentum. Aber das musste keinen Heiden alarmieren. Warum sollte man die Priester eines erfolgverheißenden Gottes, die christlichen Kleriker, denn nicht besserstellen? Warum sollte der Kaiser denn kein Kultgebäude für diesen Gott erbauen? Schon zuvor hatten ja Kaiser einzelne Götter besonders gefördert, so Kaiser Aurelian (270–275) den Kult des Sonnengottes Sol, ohne dass man die traditionellen Kulte verworfen hätte.[4]

Aber das Römische Reich wurde nicht solarisiert, sondern christianisiert. Was machte das Christentum zu einer anderen Religion? Warum konnte der Christengott keine anderen Kulte neben sich dulden?[5]

---

3 Aus der uferlosen Literatur zu Konstantin auch als Repräsentanten unterschiedlicher Positionen Hartwin Brandt, Konstantin der Große. Der erste christliche Kaiser, München 2006; Elisabeth Herrmann-Otto, Konstantin der Große, Darmstadt 2007; vor allem jetzt Klaus Martin Girardet, Der Kaiser und sein Gott. Das Christentum im Denken und in der Religionspolitik Konstantins des Großen (Millennium Studien 27), Berlin/New York 2010, der den entscheidenden Schritt zum Christentum schon 311 vollzogen sieht.

4 Stephan Berrens, Sonnenkult und Kaisertum von den Severern bis zu Constantin I. (193–337 n. Chr.) (Historia Einzelschriften 185), Stuttgart 2004, S. 89–126; Udo Hartmann, Claudius Gothicus und Aurelianus, in: Die Zeit der Soldatenkaiser. Krise und Transformation des Römischen Reiches im 3. Jahrhundert n. Chr., hg. von Klaus-Peter Johne, 2 Bde., Berlin 2008, S. 297–323, insbes. S. 320f.

5 Aus Raumgründen beiseitebleiben muss hier die das Christentum einerseits verfolgende, andererseits in ihrer Herrscherkonzeption durchaus auf christliche Herrschaft vorausweisende Tetrarchie, die eine spezifische Lehre von der Einsetzung der Kaiser durch Götter und ihrer Nähe zu bestimmten Göttern entwickelte. Sie bildet in mancherlei Weise, nicht nur chronologisch, ein Scharnier zwischen nicht-christlichem und christlichem Kaisertum.

3 Augustus als Jupiter auf der Gemma Augustea, 9–12 n.Chr. Wien, Kunsthistorisches Museum, ANSA IX A 79.

Vielleicht konnte er es ja doch. Jedenfalls gab es im 4. Jahrhundert in der kaiserlichen Repräsentation deutliche Versuche, ein Terrain auszuloten, das gegenüber religiösen Symbolen neutral war. So blieben die großen öffentlichen Plätze zunächst weitgehend frei von Kreuzeszeichen; zentral gelegene Kirchenbauten entstanden an den meisten Orten erst im 5. Jahrhundert. In der Münzprägung wurde das Kreuzeszeichen anfangs nur zurückhaltend verwendet. Die Ausrufung des Herrschers bewegte sich in einem religiös neutralen Feld, auch wenn man seine Einsetzung auf einen göttlichen Willen zurückführte.

Umgekehrt verschwand das Heidentum weitgehend aus dem öffentlichen Raum: Bestimmte Praktiken wurden im 4. Jahrhundert aus ihrem religiösen Kontext gelöst: Beamte mussten anders als in der hohen Kaiserzeit üblich bei ihren Amtshandlungen keine Opfer mehr darbringen. Die Theateraufführungen, die in den Rahmen religiöser Feste gehörten, wurden ihrer kultischen Elemente entkleidet. Der christliche

Kaiser blieb im Übrigen zunächst auch noch *pontifex maximus*. Auch ein christlicher Kaiser konnte mit heidnischen Kultpraktiken verehrt werden. Man strebte offenbar nach einer Neutralisierung religiöser Symbole im öffentlichen Raum.[6]

Dieses Bestreben wird besonders deutlich in der kaiserlichen Panegyrik, in den Lobreden, die zu den verschiedensten Gelegenheiten auf den Kaiser gehalten wurden. Man sprach von dem *einen* Gott, was sowohl im Rahmen der griechischen Philosophie möglich war, als auch den Christen entgegenkam. Man sprach auch von *philanthropia*, was wörtlich Menschenliebe bedeutet und im heidnischen Kontext als Milde, im christlichen als Nächstenliebe gedeutet werden konnte, und man verzichtete auf jeglichen genaueren theologischen Hinweis. Solche Reden waren so konzipiert, dass sie weder bei Heiden noch bei Christen Anstoß erregen sollten. Gerade diese vielfältige Ausdeutbarkeit machte ihre Qualität aus.

Berühmte Reden von angesehenen Senatoren wie Themistios und Symmachus können sogar im Sinne einer Forderung nach Toleranz verstanden werden, wenn sie etwa darüber räsonieren, dass man auf vielen Wegen zur Wahrheit gelangen könne.[7] Angesichts solcher Verhältnisse ist man geneigt, von einer Phase der Säkularisierung in der Spätantike zu sprechen. So paradox es aus heutiger Sicht klingen mag: Gerade das Christentum machte diese scheinbare Säkularisierung möglich. Denn es löste (nicht als einzige religiöse Gruppe, aber doch mit ungewöhnlicher Wirkungsmacht) die Frage der religiösen Orientierung vom ethnisch-politischen Kontext. Das Bekenntnis zum Christentum war eine Sache der persönlichen Entscheidung, die auch gegen alles Herkommen und gegen die Umgebung gefällt werden konnte, ja sollte. Dadurch schwand die Selbstverständlichkeit der Verbindung gemeinschaftlicher Handlungen und bestimmter religiöser Praktiken, die die antike Stadtkultur gekennzeichnet hatte.[8]

Das wiederum zeitigte schwerwiegende Folgen für das antike Heidentum, denn es zog ein Ende des Heidentums im Sinne einer Polisreligion nach sich – wobei diese, das kann ich hier nur kurz einwerfen, nur einen Teil der großen Vielfalt von Kulten und religiösen Praktiken ausmachte, die das Christentum als Heidentum definierte.

---

6 Diese Verwendungsweise des Begriffs der Neutralisierung plane ich in einem eigenen Aufsatz (Christianisierungen im Römischen Reich) näher zu begründen; vgl. einstweilen zu den Zusammenhängen Hartmut Leppin, Christianisierung, Neutralisierung und Integration. Überlegungen zur religionsgeschichtlichen Entwicklung in Konstantinopel während des vierten Jahrhunderts, in: Christentum und Politik in der Alten Kirche, hg. von Jan van Oort/Otmar Hesse (Studien der Patristischen Arbeitsgemeinschaft 8), Leuven/Walpole, MA 2009, S. 1–24; wichtig vor allem Robert A. Markus, The End of Ancient Christianity, Cambridge 1990.

7 Vor allem Themistios, Rede 6 (vgl. Sokrates, Kirchengeschichte 3,26); Symmachus, Rede 3, der aber stärker auf das spezifisch Römische abhebt.

8 Dazu Hartmut Leppin, Pastoral und Politik. Politische Ordnungsvorstellungen im frühen Christentum, in: Die Anfänge des Christentums, hg. von Friedrich Wilhelm Graf/Klaus Wiegandt, Frankfurt am Main 2009, S. 308–338.

4   Kreuzesvision Konstantins des Großen vor der Schlacht an der Milvischen Brücke, Fresko
     von Giulio Romano nach Raffael, um 1520/1525. Rom, Musei Vaticani.

Insofern bedeutete der Wandel des städtischen Heidentums nicht seinen Untergang.
Tatsächlich orientierten sich viele Heiden neu und pflegten vornehmlich im privaten
Raum ihre Kulte weiter.

Aus heutiger Sicht mag der Zustand, der sich für eine gewisse Zeit im 4. Jahrhundert, in den ersten Jahrzehnten nach der Hinwendung Konstantins zum Christentum,
ausgebildet hatte, als durchaus wünschenswert erscheinen: Eine Vielzahl unterschiedlicher religiöser Praktiken bestand nebeneinander, dennoch gab es einen gemeinsamen Verständigungshorizont über politische Ziele und keinen Zweifel an der jeweiligen Loyalität gegenüber der kaiserlichen Herrschaft. Doch das auf den ersten Blick
friedliche Zusammenleben scheiterte, die Duldsamkeit kam zu ihrem Ende. Und das
zeichnete sich schon früh ab.

Denn der Kaiser konnte, sofern er sich dem Christengott zugewandt hatte, nicht
mehr die Rolle eines Moderators zwischen den religiösen Angeboten spielen. Er
musste angesichts des Anspruchs des Christentums, die ganze Person zu erfassen, zum
christlichen Kaiser werden, an dessen Person sich bestimmte, christlich konturierte
Erwartungen knüpften. Die Gründe dafür sind vielschichtig, zwei Faktoren möchte
ich herausheben: die Eigendynamik der theologischen Reflexion und die spezifische
Stellung der christlichen Autoritäten. Beides hängt mit einem Charakteristikum des

Christentums zusammen: Es war an einen autoritativen Text, die Bibel, gebunden, und es gab Personengruppen, die diesen Text autoritativ interpretierten, ohne dem kaiserlichen Befehl unmittelbar zu unterstehen, Kleriker und Mönche.

Manche von ihnen bekleideten ein Amt, viele besaßen auch eine spirituelle Autorität, galten gar als Heilige und konnten daher auch jenseits von hierarchischen Strukturen agieren. Damit waren sie für den Kaiser unangreifbar, denn sie leiteten ihre Stellung von Gott her, nicht von einer kaiserlichen Ernennung. Spielte der Kaiser seine überlegene weltliche Macht gegen sie aus, gefährdete er sein Ansehen und weckte Zweifel an seinem christlichen Glauben. Zudem konnte er diesen Männern in deren Selbstwahrnehmung gar nicht schaden, da sie, falls der Kaiser Gewalt anwendete, zu Märtyrern wurden und zumindest als solche Verehrung fanden. Entsprechend freimütig traten viele vor dem Kaiser auf, Freimut, Parrhesie im damaligen Griechisch, wurde sogar zu einer zentralen Tugend von Bischöfen und Mönchen. Er war besonders wirksam, wenn sie den Kaiser direkt mit ihrem Tadel konfrontierten, etwa während eines Gottesdienstes oder auch bei Hofe, doch konnte bereits das Gerücht einer Kritik oder ein Brief einen erheblichen Einfluss ausüben.

Damit hatte sich das Machtgleichgewicht im Römischen Reich verschoben. Hatte der Herrscher in der hohen Kaiserzeit vor allem bei Volk, Heer und Senat Akzeptanz finden müssen, so musste er nun auch mit den führenden Christen rechnen, die sein Verhalten nach ihren strengen Regeln beurteilten. Anders als in der heidnischen Welt standen die christlichen Kaiser nämlich nicht an der Spitze der religiösen Organisation. Sie waren nicht einmal Priester. Da sie sich aber auf den Christengott bezogen, mussten sie ihr Handeln christlich rechtfertigen, d. h. gemäß dem Verständnis von Christentum, das diese Gruppen pflegten.

Die normative Ordnung des Römischen Reiches musste nun in christliche Rechtfertigungen eingebettet werden, und der Kaiser hatte durch sein Handeln zu beweisen, dass er sich daran orientierte. Zugleich hatte die Erwartung, dass der Kaiser sich um die Bewahrung seiner Religion kümmere, eine weitreichende Folge, die Konstantin möglicherweise gar nicht bewusst war: Der christliche Kaiser hatte die Aufgabe, den rechten Glauben zu stützen, der aber wiederum nicht vom Kaiser selbst zu formulieren war, sondern von Kirchenleuten oder deren Versammlungen, den Konzilen. Sie stellten die Gretchenfrage auf ihre Weise: Wie hielt es der Kaiser mit der Konfession, wie mit dem Dogma? Und was tat er, um den wahren Glauben durchzusetzen? Wie konnte er überhaupt wissen, was der wahre Glaube sei?

Überhaupt war gar nicht so klar, welche Rolle der christliche Kaiser in einer christlichen normativen Ordnung spielen sollte. Man konnte leicht jubeln, wenn ein Kaiser sich zum Christengott bekannte, doch musste man das erst einmal begreifen. Was hieß es denn, ein christlicher Kaiser zu sein? Was konnte man von einem christlichen Kaiser erwarten? Mit wem sollte man seine Stellung vergleichen? War er doch weder Priester noch Bischof und dennoch von Gott eingesetzt, wie alle Obrigkeit:

Das wusste man seit Paulus[9], der aber eben gerade nicht mit einem christlichen *Kaiser* rechnen konnte.

Noch mehr kam hinzu. Wenn der Kaiser ein gewöhnlicher Mensch war, so war er auch sündhaft. Wenn sich heidnische Kaiser frevelhaft benahmen, so passte das für die Christen ins Bild. Wie aber sollte man mit dem Fehlverhalten eines christlichen Kaisers umgehen? Konstantin der Große hatte seinen Sohn und seine Frau umbringen lassen und so gleich gezeigt, wozu ein christlicher Kaiser imstande war.[10] Wie aber sollte man sich darauf einstellen, dass der Kaiser Sünden begehen konnte, und was bedeutete das für seine kaiserliche Rolle?

Christliche Kaiser

Die Rolle des christlichen Kaisers, die eigentlich gar nicht vorgesehen war im Christentum – ich darf noch einmal an Tertullian erinnern – war mithin schwer zu definieren. Dennoch kam es zu einem Prozess, den man als die Christianisierung des Kaisertums bezeichnen könnte. Diese Geschichte lässt sich vordergründig als eine lineare Entwicklung zeichnen, bei der es übrigens eine geringe Rolle spielt, welcher Konfession ein Kaiser anhing; dafür will ich zunächst ganz kurz, notgedrungen oberflächlich auf einige Herrscher hinweisen, die für die Christianisierung des Kaisertums bedeutsam waren, um dann systematisch und abstrakter danach zu fragen, wie der Kaiser in einer christlichen Welt seine Rolle finden konnte, und so eine Ahnung davon geben, wie kompliziert sich das Verhältnis zwischen Kaisertum und Christentum gestaltete.[11]

Vieles spricht dafür, dass Konstantin erst allmählich bewusst wurde, welche Probleme er sich mit dem Bekenntnis zum Christengott eingehandelt hatte. Er war jedenfalls kein Herrscher, der danach strebte, schnell eine christliche Ordnung zu etablieren. Zwar begünstigte er Christen in vielerlei Hinsicht, führte auch den Sonntag als Feiertag ein, aber er untersagte nur die anstößigsten Kulte der Heiden. Unter gewissen Bedingungen förderte er sogar weiter den Kaiserkult. Er erprobte Maßnahmen, um den innerchristlichen Streit zu schlichten, so die Einberufung von Konzilien und die kaiserliche Verbannung von Streithähnen, scheiterte daran aber gänzlich. An seinem

---

9 Römer 13,1; vgl. Titus 3,1; 1. Petrus 2,13.

10 Zur Polemik darüber Sozomenus, Kirchengeschichte 1,5,1f.; Zosimus, Neue Geschichte 2,29.

11 Nach wie vor grundlegend für das christliche politische Denken Francis Dvorník, Early Christian and Byzantine Political Philosophy. Origins and Background, 2 Bde. (Dumbarton Oaks Studies 9), Washington, D.C. 1966. Eine sehr nützliche Quellensammlung bietet Adolf Martin Ritter, „Kirche und Staat" im Denken des frühen Christentums. Texte und Kommentare zum Thema Religion und Politik in der Antike (Traditio Christiana 13), Bern 2005.

5 Magnentius in drapierter Panzerbüste. Auf der Rückseite ist ein Christogramm dargestellt. Münze, Bronze, 352-353 n. Chr. Berlin, Münzkabinett der Staatlichen Museen zu Berlin, 18201475.

privaten Verhalten ist nichts von einer christlichen Lebenseinstellung zu erkennen. In gewisser Weise förderte er das Christentum aus einem Geist des Heidentums heraus.

Ganz anders Constantius II.[12] Sein persönlicher Lebenswandel scheint nach christlicher Auffassung untadelig gewesen zu sein. Für ihn stand die Einigung der streitsüchtigen Christen im Vordergrund; ein Hauptmittel waren Konzile und Kompromissformeln, doch auch vor Verbannungen schreckte er nicht zurück. Dennoch scheiterte er am innerchristlichen Streit. Heiden bekämpfte er mit Gesetzen, die indes eine geringe Reichweite hatten. In seiner Selbstdarstellung als christlicher Kaiser blieb Constantius zurückhaltend. Ein Usurpator, Magnentius (350–353), war der erste Herrscher, der ein Kreuzeszeichen groß auf eine Münze prägte. (Abb. 5) Und er wurde damit zunächst nicht zum Vorbild.

Während Valentinian (364–375) sich aus kirchlichen Konflikten heraushielt, wie es wohl auch sein Bruder Valens (364–378) aufs Ganze gesehen tat, auch wenn er vom größten Teil der Überlieferung als aggressiver Häretiker geschmäht wird,[13] bekannte Theodosius der Große (378–395) sich klar zu einer Richtung. Ihm gelang es auch, Konzile durchzuführen, mit denen seine kirchlichen Gegner weitgehend marginalisiert wurden. Er, der den Titel eines *pontifex maximus* nicht mehr annahm, erließ überdies eine streng antiheidnische Gesetzgebung, die selbst private Kultausübung unterband. Allerdings hat er selbst sie wohl relativ milde angewendet.[14]

Die konsequente Umsetzung seiner Gesetze unter seinen Nachfolgern, jedenfalls im Osten, bedeutete einen wichtigen Schritt der Christianisierung. Um 400 zeigt

---

12 Zu ihm Pedro Barceló, Constantius II. und seine Zeit. Die Anfänge des Staatskirchentums, Stuttgart 2004.

13 Zu den Kaisern Sebastian Schmidt-Hofner, Reagieren und Gestalten. Der Regierungsstil des spätrömischen Kaisers am Beispiel der Gesetzgebung Valentinians I. (Vestigia 58), München 2008; Noel Lenski, Failure of Empire. Valens and the Roman State in the Fourth Century A.D. (The Transformation of the Classical Heritage 34), Berkeley 2002.

14 Meine Auffassungen zu ihm finden sich in Hartmut Leppin, Theodosius der Große. Auf dem Weg zum christlichen Imperium (Gestalten der Antike), Darmstadt 2003; wichtig bleibt Adolf Lippold, Theodosius der Große und seine Zeit, 2. Aufl. München 1980.

sich auch, dass weite Teile der Eliten, ob freiwillig oder nicht, weitgehend christianisiert waren. Christliche Lebensregeln wurden in diesen Kreisen ernster genommen,
es bereitete zum Beispiel größere Schwierigkeiten als zuvor, verwitwete Aristokratin-
nen dazu zu bringen, wieder zu heiraten. Die christliche Formierung der Gesellschaft
schritt voran. Immer stärker berief die Gesetzgebung sich auf christliche Werte.[15]

Doch wieder scheiterten die Versuche, über große Konzile eine Einigung herbeizuführen. Weder das Konzil von Ephesos 431 noch das von Chalkedon 451 zeitigten
einen dauerhaften Erfolg. Ebenso wenig gelang der Versuch Kaiser Zenons (474–491),
ein Glaubensbekenntnis, das er in Abstimmung mit dem Bischof von Konstantinopel
Akakios verfasst hatte, durchzusetzen. Das christliche Engagement des Kaisers ver-
tiefte die Gräben innerhalb der Christenheit noch.[16]

Justinian (537–565) suchte nach einer Lösung. War er anfangs noch bereit, über
ein eigenes, relativ offen formuliertes Glaubensedikt und Gespräch sich seinen Geg-
nern, den sogenannten Miaphysiten, anzunähern, so begann er immer mehr, von sich
aus Glaubenssätze zu formulieren und diese forciert durchzusetzen. Er ließ in seinem
Namen längere theologische Traktate veröffentlichen und brachte 553 die Bischöfe
unter Zwang dazu, auf dem 2. Konzil von Konstantinopel seine Lehren anzuerkennen. Er, der sich als Stellvertreter Gottes inszenierte, förderte mit größter Konsequenz die Christianisierung der Gesellschaft, auch insoweit, dass er etwa die Stellung
von Sklaven und Frauen markant verbesserte, sich also prononciert den Schwachen
in dieser Gesellschaft zuwandte.[17] Einen gewissen Abschluss des Prozesses bildet die
Zeit des Heraklios (610–641), der die Christianisierung des Krieges vorantrieb –
allerdings sollte sich auch zu seiner Zeit zeigen, dass das Verhältnis zwischen Kaisertum und Christentum immer instabil blieb.[18]

Bei dieser von mir gewählten Darstellung muss ich allerdings vor zwei Missver-
ständnissen warnen. Der Prozess der Christianisierung verlief nicht immer linear. Er
wurde unterbrochen durch die kurze Herrschaft eines Heiden (Julian Apostata: 361–
363), vor allem aber versuchten die Kaiser in vielfältiger Weise, ihre Rolle innerhalb

---

15 Dies hat Peter Brown in zahlreichen Studien, ausgehend von Augustine of Hippo. A Biography, zuerst
    London 1967, zahlreiche Nachdrucke und Übersetzungen, deutlich gemacht; siehe ferner Markus, Chris-
    tianity (wie Anm. 6).

16 Zum Akakianischen Schisma nach wie vor grundlegend Eduard Schwartz, Publizistische Sammlungen
    zum acacianischen Schisma (Abhandlungen der Bayerischen Akademie der Wissenschaften, Philoso-
    phisch-Historische Abteilung, Neue Folge 10), München 1934, siehe ferner Mischa Meier, Anastasios I.
    Die Entstehung des Byzantinischen Reiches, Stuttgart 2009, passim, insbes. S. 15–17.

17 Zu ihm Mischa Meier, Das andere Zeitalter Justinians. Kontingenzerfahrung und Kontingenzbewälti-
    gung im 6. Jahrhundert n. Chr. (Hypomnemata 147), 2. Aufl. Göttingen 2004; Hartmut Leppin, Justi-
    nian. Das christliche Experiment, Stuttgart 2011.

18 Dazu James Howard-Johnston, Heraclius' Persian Campaigns and the Revival of the East Roman Empire,
    622–630, in: War in History 6, 1999, S. 1–44; Walter E. Kaegi, Heraclius. Emperor of Byzantium, Cam-
    bridge 2003.

des christlichen Kosmos zu definieren, man kann nachgerade von einem Experimentieren mit der kaiserlichen Rolle im Zeichen des Christentums sprechen.

Konzeptionen eines christlichen Kaisertums

Im Folgenden werde ich daher gleichsam als Gegenprobe systematisch drei m. E. besonders bedeutsame Konzeptionen für das christliche Kaisertum in der Spätantike heuristisch unterscheiden, die ich sehr vorläufig und nicht ohne Unbehagen als die *christozentrische,* die *alttestamentliche* und die *hierokratische* Konzeption bezeichne. Diese drei Formen sollen exemplarisch beleuchtet werden, wobei vorauszusetzen ist, dass ein und derselbe Kaiser ganz unterschiedliche Formen der Repräsentation wählen konnte, auch wenn ich ihn in Hinblick auf eine bestimmte Konzeption behandle. Obgleich sich die Konzeptionen in meiner Darstellung mit drei Kaisernamen verbinden, sind sie daher, vielleicht mit Ausnahme der ersten, nicht auf diese beschränkt.

Zur christozentrischen Konzeption: Konstantin der Große, der ein multireligiöses Reich regierte, nutzte sehr unterschiedliche Formen kaiserlicher Repräsentation. Ein Modus der Selbstdarstellung, der besonders in den Schriften Eusebs von Caesarea deutlich wird, war die Annäherung an Christus.[19] (Abb. 6) Das lag umso näher, als die frühe Kirche ohne Scheu eine Metaphorik zur Beschreibung Christi gebraucht hatte, die der politischen Sprache des antiken Herrschertums entlehnt war. Unser Wort Heiland etwa, griechisch *sotér,* war eine gängige Formel der hellenistischen Herrscherrepräsentation. Bemerkenswert in Hinblick auf die Annäherung an Christus ist, wie Konstantin sich in dem nicht mehr erhaltenen, aber aus Beschreibungen bekannten Mausoleum bei der späteren Apostelkirche in Konstantinopel bestatten ließ: Man errichtete Kenotaphe für die zwölf Apostel und baute *seinen* Sarkophag als dreizehnten dazwischen, sei es, dass er als dreizehnter Apostel gelten wollte oder aber als Christus inmitten der Jünger.[20]

Gerade die letztere Deutung erscheint mir plausibel, denn Euseb von Caesarea, ein Zeitgenosse, formuliert eine derartige Vorstellung der Nähe des Kaisers zu Christus ausdrücklich in seinen Laudes Constantini, in seiner Lobrede auf Konstantin, einer höfischen Rede, die sicherlich bestrebt war, den Vorstellungen des Kaisers nahezukommen, auch wenn sie kein kaiserliches Selbstzeugnis im engeren Sinne darstellt.

19 Dazu Gilbert Dagron, Empereur et prêtre. Études sur le „césaropapisme“ byzantin, Paris 1996, S. 141–159; Claudia Rapp, Imperial Ideology in the Making: Eusebius of Caesarea on Constantine as ‚Bishop‘, in: Journal of Theological Studies 49, 1998, S. 685–695; Bruno Bleckmann, Einleitung, in: Eusebius von Caesarea, De Vita Constantini. Über das Leben Konstantins. Griechisch-deutsch, hg. von Horst Schneider (Fontes Christiani 83), Turnhout 2007, S. 7–106, insbes. S. 96–106.

20 Stefan Rebenich, Vom dreizehnten Gott zum dreizehnten Apostel? Der tote Kaiser in der Spätantike, in: Zeitschrift für Antikes Christentum 4, 2000, S. 300–324.

6   Konstantin der Große, Münze nach 312 als Sonnengott
     mit Feldzeichen und Christogramm. München, Staatliche
     Münzsammlung.

Es heißt hier in einer platonisierenden Sprache, dass Christus Gottes Abbild darstelle und entsprechend auch Konstantin ein Abbild Christi. Konstantin kam nach dieser Vorstellung auf die Erde als heilsgeschichtliches Werkzeug, das in die Geschichte eingriff und die Reinheit der Lehre durchsetzte, so wie Christus zu *seiner* Zeit die Reinheit der Lehre in die Welt gebracht hatte.[21] Das ist weit mehr als einfach nur die Nachahmung Christi, wie man sie aus dem Mittelalter gut kennt, denn es geht hier um die Annäherung an Christus in seiner heilsgeschichtlichen Funktion. Eine solche Position verlieh Konstantin auch gegenüber Priestern und Mönchen eine überlegene Position, da seine Stellung direkt auf Christus bezogen und nicht kirchlich vermittelt war. Da war es nur konsequent, dass er sich, obwohl noch ungetauft, nicht scheute, Predigten zu halten.

Doch konnte eine solche Position, so sehr sie dem selbstbewussten Kaisertum Konstantins entsprechen mochte, keinen Erfolg haben: Innerhalb des theologischen Diskurses der Christen des 4. Jahrhunderts war die Annäherung eines Kaisers an Christus unplausibel, da sie die Singularität Jesu Christi in Frage stellte, für die man aufgrund der aktuellen theologischen Debatten besonders sensibilisiert war. Schließlich stritten die verschiedenen Richtungen gerade darum, inwieweit man bei Christus von Mensch oder Gott sprechen könne. Einen wirklichen Nachfolger fand so über längere Zeit weder Euseb mit seiner Prunkrede noch Konstantin mit seiner Selbstdarstellung. Diese Konzeption, dass der Kaiser wie ein zweiter Christus auf die Erde gekommen sei, bildete für die Antike gewissermaßen eine Sackgasse.

---

21 Euseb von Caesarea, Laudes Constantini, insbes. 5,2; 7,12; siehe dazu Harold A. Drake, In Praise of Constantine. A Historical Study and New Translation of Eusebius' Tricennial Orations (University of California Publications. Classical Studies 15), Berkeley 1976, der auf S. 56 betont, dass Euseb diese Dinge möglichst unanstößig für Heiden zu formulieren sucht; Marilena Amerise, Monotheism and the Monarchy. The Christian Emperor and the Cult of the Sun in Eusebius of Caesarea, in: Jahrbuch für Antike und Christentum 50, 2007, S. 72–84.

Überaus folgenschwer war hingegen die alttestamentliche Konzeption, die zuerst im ausgehenden 4. Jahrhundert belegt ist und wirkungsgeschichtlich eine besondere Bedeutung erlangte. Das Christentum war zwar in seinen Anfängen vom Kaiser weit entfernt, doch kannte sein autoritativer Text, die Bibel, natürlich monarchische Herrschaft, nämlich in Gestalt der alttestamentlichen Herrscher, über die ausführlich berichtet wurde. Viele unter ihnen versündigten sich und mussten durch Propheten an ihre Pflichten gegenüber Gott gemahnt werden. Derartige Berichte waren vermutlich während des Babylonischen Exils im 6. Jahrhundert v. Chr. entstanden. Sie sollten erklären, warum das Volk Gottes in Gefangenschaft geraten war, und die Fehlbarkeit der Herrscher spielte dabei eine besondere Rolle. Der König wurde nach diesem Geschichtsbild nicht dadurch als Herrscher gerechtfertigt, dass er ausnahmslos richtig handelte, sondern dadurch, dass er bereit war, seine Fehler einzusehen und Buße zu tun, wie es insbesondere von König David berichtet wurde. Er hatte mit Bathseba Ehebruch begangen und ihren Gatten sterben lassen, sich aber durch die Ermahnungen des Propheten Nathan zur Buße bewegen lassen. Diese Erzählung, die sich auf ein altorientalisches Kleinkönigtum bezog und wohl erst in einer Zeit entstand, da dieses Königtum erloschen war, erlangte fast 1.000 Jahre später eine bemerkenswerte Aktualität. Es ist ein interessantes Beispiel dafür, wie ein Narrativ in einem geschriebenen Text gespeichert und Jahrhunderte später in einer anderen Kultur und in einem anderen Sprachraum aktualisiert werden kann.

Ambrosius, Bischof der zeitweiligen Kaiserresidenz Mailand, hatte sich mit dieser Episode, die in christlichen Bußtexten schon lange reflektiert wurde, intensiv beschäftigt und konnte sie 389/90 zu einer praktischen Anwendung bringen, als Bischof und Kaiser in eine Sackgasse geraten waren.[22] Der damalige Herrscher Theodosius der Große galt als verantwortlich für ein Massaker, das seine Soldaten in Thessalonika angerichtet hatten. Ambrosius tadelte ihn dafür öffentlich und verweigerte ihm, der schon getauft war, sogar das Abendmahl; die Akzeptanz des Kaisers zumindest im christlichen Milieu war gefährdet. Den Ausweg fand man, indem der Kaiser seine Schuld eingestand und als Büßer öffentlich in der Kirche erschien, ausdrücklich nach dem Vorbild König Davids. Damit hatte der Bischof bewiesen, dass er gegen Unrecht eintrat, der Kaiser aber wahrte sein Gesicht, indem er eine neue religiöse Praxis vollzog, die aber gar nicht als neu galt, da sie auf einer mehrhundertjährigen Tradition basierte, die ein alter Text bewahrte, der hohe Autorität und dringliche Gegenwartsbedeutung besaß.

---

22 Dazu Hartmut Leppin, Das Alte Testament und der Erfahrungsraum der Christen. Davids Buße in den Apologien des Ambrosius, in: Die Bibel als politisches Argument. Voraussetzungen und Folgen biblizistischer Herrschaftslegitimation in der Vormoderne, hg. von Andreas Pečar/Kai Trampedach (Historische Zeitschrift, Beiheft 43), München 2007, S. 119–133; Ders., Theodosius (wie Anm. 15), S. 153–167.

Der Kaiser fand so eine ganz neue Rolle, die sich mit einer besonderen, neuen Kaisertugend verband, mit der Demut, lateinisch gesprochen der *humilitas*. Sie war dem Kanon kaiserlicher Tugenden der nichtchristlichen Welt völlig fremd. Nun stand sie im Zentrum, und nicht nur als abstrakter Wert, der in Reden gefeiert wurde, sondern sie wurde auch performativ umgesetzt: In Prozessionen schritt der Kaiser als Büßer einher, in Krisenzeiten warf er sich im härenen Gewand auf den Boden. Man konnte förmlich sehen, wie streng der Kaiser seinen Glauben nahm, wie fromm er war, wie sehr er Gottes Gnade verdiente.[23]

Der Bezug auf das Alte Testament eröffnete ferner dem Kaiser neue Handlungsspielräume. Eine kaiserliche Untat wie das erwähnte Massaker konnte gesühnt werden. Der Kaiser hatte zwar die Fratze des Tyrannen geboten, vertauschte sie aber jetzt mit dem milden Antlitz eines Büßers. Andererseits brachte diese Konstellation eine ganz wesentliche Einschränkung mit sich. Indem der Herrscher Buße tat, unterwarf er sich der Bußautorität des Bischofs. Allerdings war diese auf den pastoralen Aspekt beschränkt und nicht unmittelbar auf die Position des Kaisers bezogen. Die Absetzung eines Kaisers durch einen Bischof war in der Antike unmöglich – wobei die Sündhaftigkeit des Kaisers selbstverständlich zu einem Akzeptanzverlust führen musste und so auch seine Position zumindest schwächte.

Spätere christliche Herrscher griffen noch stärker auf das alttestamentliche Drehbuch zurück, so bei der Salbung des Königs durch einen Priester, die den Betroffenen zu einem Gesalbten, insofern, wörtlich ins Griechische übersetzt, zu einem Christus machte. Sie ist zum ersten Mal im Westgotenreich 672 belegt, als König Wamba gesalbt wurde, der sich für seine Stellung nicht auf eine dynastische Legitimation berufen konnte; im 8. Jahrhundert ist sie auch im Frankenreich bezeugt.[24] Für die Antike blieb es in Hinblick auf die Nachahmung alttestamentlicher Könige bei dem Aspekt der Buße und der Demut, mit der der Kaiser als Christ, zumal als getaufter Christ, der bischöflichen Bußgewalt untergeordnet war.

Wenn dem Kaiser die Möglichkeit offenstand, Buße zu tun, so setzt dies voraus, dass er Fehler machen durfte, da er sie ausgleichen konnte. Fehler, selbst Sünden wie das Massaker von Thessalonika, delegitimierten den Kaiser nicht. Vielleicht ist das einer der Gründe dafür, dass diese Vorstellung überlebte oder erneuert werden konnte.

---

23 Heinz Bellen, Christianissimus Imperator. Zur Christianisierung der römischen Kaiserideologie von Constantin bis Theodosius, in: E fontibus haurire. Beiträge zur römischen Geschichte und zu ihren Hilfswissenschaften. Festschrift für Heinrich Chantraine, hg. von Rosmarie Günther/Stefan Rebenich (Studien zur Geschichte und Kultur des Altertums. Reihe 1, Monographie 8), Paderborn/München 1994, S. 3–19.

24 Janet L. Nelson, Symbols in Context: Rulers' Inauguration Rituals in Byzantium and the West in the Early Middle Ages, in: The Orthodox Churches and the West, hg. von Derek Baker (Studies in Church History 13), Oxford 1976, S. 97–119; zu einem die Unterschiede betonenden Vergleich zwischen Ost und West, S. 108–119.

Pointiert gesprochen: Das Römische Reich im Westen ging unter, und König David lebte weiter, vor allem aber die Idee des büßenden Herrschers.

Die Bedeutung des Ambrosius für die Durchsetzung der kaiserlichen Buße darf nicht zu dem Missverständnis führen, dass es sich hier um eine spezifisch westliche Vorstellung handele, wie es der traditionellen europäischen Meistererzählung entspräche, die den Westen als die Welt der Trennung von Staat und Kirche dem byzantinischen Osten als der Welt des Caesaropapismus gegenüberstellt, in der kaiserliches und priesterliches Amt angeblich zusammenfielen. Auch im Osten wurden die Demutsvorstellungen aufgenommen. Demut, griechisch *tapeinophrosýne*, war dort ebenfalls eine wichtige Kaisertugend. Auch durch die Straßen Konstantinopels zogen Kaiser als Büßer, auch Kaiser des Ostens mussten sich strenge Ermahnungen von Bischöfen und Mönchen anhören.[25]

Doch entwickelte sich im Osten, wo die heiligen Männer eine besondere Bedeutung besaßen, etwas Neues, ein im Wortsinne hierokratisches (wörtlich: heiligmächtiges) Konzept des Kaisertums, die Vorstellung, dass sich im Kaiser selbst Heiliges verkörpere. Besonders gut lässt sich das in der Zeit Justinians beobachten: Noch mit viel größerem Nachdruck als seine Vorgänger berief er sich darauf, dass er von Gott eingesetzt sei, und fühlte sich darin mit seinen Erfolgen bestätigt. Er eroberte gewaltige Gebiete – Nordafrica und Italien – für das Römische Reich zurück, zudem gelang es ihm, das Römische Recht neu zu ordnen und enorm aufwendige Bauwerke zu errichten. All das hinderte ihn aber nicht daran, sich auch als Asket, der die Nacht durchwachte und kaum aß, und als Büßer zu inszenieren, verstärkt in den Krisenzeiten, die seit dem Beginn der vierziger Jahre des 6. Jahrhunderts eintraten, mit außenpolitischen Rückschlägen, mit einer Seuche, Erdbeben und ähnlichen Katastrophen. Diese Katastrophen stellten überhaupt seine Legitimität in Frage, denn in dem gemeinsamen christlich-heidnischen Diskurs konnten sie als Ausdruck des Zornes Gottes interpretiert werden. Justinian ließ sich feiern als denjenigen, der als Mittler zwischen den sündigen Menschen und seinem Gott auftrat, aber er war eben auch bereit, persönlich als Büßer aufzutreten.[26]

Der Kaiser bedurfte in dieser Situation einer neuen Rechtfertigung seiner Herrschaft, und er inszenierte sich in Formen, die sich dem Habitus eines heiligen Mannes annäherten. Dies ist in der Spätantikeforschung ein Terminus, mit dem man Gestalten bezeichnet, die aufgrund ihres asketischen Lebenswandels eine besondere Heiligkeit für sich beanspruchen konnten und die so die Autorität gewannen, auch in politische Geschäfte einzugreifen. Ihnen eiferte Justinian nach. Zum einen ließ er sich, und das hatte schon in den Anfängen seiner Regierungszeit begonnen, selbst gegen-

---

25 Mischa Meier, Die Demut des Kaisers. Aspekte der religiösen Selbstinszenierung bei Theodosius II. (408–450 n. Chr.), in: Die Bibel als politisches Argument (wie Anm. 22), S. 135–158.
26 Grundlegend dafür Meier, Zeitalter (wie Anm. 17).

über provozierenden Mönchen nicht zu Übergriffen hinreißen, sondern erduldete die wüstesten Schmähungen – eine ganz besondere Art der Demut, die ausdrücklich darauf verzichtet, die eigenen Machtmöglichkeiten auszuspielen, um die Autorität der Heiligen demonstrativ anzuerkennen und sie in gewisser Weise, durch Zurückhaltung, zu übertreffen.[27]

Zunehmend inszenierte der Kaiser sich als Asket, der körperliche Bedürfnisse abtötete. Da die christliche Liturgie den Alltag immer tiefer durchdrang, wurde der Kaiser auch bei religiösen Geschehnissen stärker sichtbar und als religiöse Gestalt repräsentiert, so an der Spitze von Prozessionen. Seine Lobredner berichteten von Wundern, die er vollbrachte.[28] Die Beziehung des Kaisers zu Gott musste nicht mehr über Dritte hergestellt werden. Vielmehr besaß er eine besondere, ihn vor seinen anderen Untertanen auszeichnende Nähe zu Gott, ohne in die kirchliche Hierarchie eingebunden zu sein, und er stand auch jenseits der religiösen Konflikte. Zugleich erhob er einen umfassenden Regelungsanspruch im kirchlichen Bereich, von der Bischofswahl über die Klosterordnung bis hin zum Prozessionswesen.

Das ist ein wesentlicher Zug einer verstärkten Sakralisierung des Kaisertums in der Zeit Justinians, die in der letzten Zeit zu Recht betont worden ist. In seinen Erscheinungsweisen gemahnt dieses Phänomen teils an das frühmittelalterliche Königtum des Westens, ohne dass man voraussetzen müsste, dass der Osten hier den Westen beeinflusst habe. Bei aller Annäherung an die Rollen eines heiligen Mannes und eines Liturgen wagte Justinian im Übrigen einen entscheidenden Schritt nicht: Er gab sich nicht selbst als Priester, so dass die Rede vom Caesaropapismus für ihn besonders unpassend ist.[29]

Fazit

Mit den drei Konzeptionen – der christozentrischen, der alttestamentlichen und der hierokratischen – sind, keineswegs abschließend, drei Möglichkeiten des spätantiken Christentums für den Umgang mit der kaiserlichen Rolle umrissen. Man müsste vieles ausdifferenzieren, Verbindungen ziehen und könnte die Liste vielleicht noch verlängern, doch wichtiger scheinen hier folgende allgemeinere Schlussfolgerungen:

Die Annahme des Christentums durch Kaiser, dann auch die Christianisierung des Reiches beeinflusste die politische, soziale und normative Ordnung des Römi-

---

27 Hartmut Leppin, Power from Humility. Justinian and the Religious Authority of Monks, in: The Power of Religion in Late Antiquity, hg. von Andrew Cain/Noel Lenski, Farnham 2009, S. 155–164.

28 Meier, Zeitalter (wie Anm. 17), insbes. S. 608–641.

29 Zur Sakralisierung der kaiserlichen Rolle unter Justinian siehe Meier, Zeitalter (wie Anm. 17), S. 608–641; grundlegend ferner Dagron, Empereur (wie Anm. 19).

schen Reiches auf den ersten Blick kaum. Der Vorgang ist nicht entfernt vergleichbar mit jenen Umbrüchen, die man etwa aus dem letzten Jahrhundert kennt. Man veränderte fast nichts am politischen System bewusst: Kaum eines der vorhandenen Gesetze wurde abgeschafft, die Formen der Gesetzgebung blieben gleich, die Gerichte wandelten sich nicht, ebenso wenig die hohen Ämter; die soziale Schichtung tastete man nicht an und genauso wenig die wirtschaftlichen Strukturen, selbst die Sklaverei bestand fort.

Obwohl der christliche Kaiser als verantwortlich für die Durchsetzung des wahren Glaubens galt, wurden die Kaiser nicht aufgrund kirchlicher Konflikte ihres Thrones enthoben; kein Papst oder Patriarch sprach einem Kaiser sein Amt ab.[30] Selbst ein Julian Apostata (361–363), der vom Christentum abfiel und zum Heidentum überging, wurde von den christlichen Zeitgenossen als Kaiser anerkannt. Die normative Ordnung des Kaisertums blieb insofern auch unter christlichen Vorzeichen bemerkenswert stabil. Es herrschte ein ausgeprägter Loyalismus.

Sogar die Rechtfertigungsgrundlage des Kaisertums blieb im Kern gleich: Der Kaiser hatte für Siege und Wohlstand zu sorgen, und er tat dies dank göttlicher Hilfe, die er durch die treue Befolgung bestimmter religiöser Regeln bewahrte.

Allerdings bestand die Herrschaft der spätantiken *christlichen* Kaiser nicht mehr aufgrund ihrer persönlichen, wie auch immer gearteten Zugehörigkeit zur göttlichen Sphäre, sondern weil sie von einem Gott, der anders war als die Menschen, eingesetzt waren. In diesem Punkt haben die christlichen Konzeptionen etwas Gemeinsames, auch wenn sie die Vielfalt des christlichen Kaisertums verdeutlichen sollten.

Und es trat noch etwas zur bisherigen Ordnung hinzu. Es gab neben dem Kaiser nun neue, christliche und damit weder politisch noch juristisch legitimierte Autoritäten, die in der Lage waren, sich dem kaiserlichen Zugriff in einem ungewöhnlichen Maße zu entziehen. Damit verlagerten sich die Gewichte erheblich. Denn diese Autoritäten vermochten in Fragen, die sie als relevant für das Christentum betrachteten, ihre Position durchzusetzen, auch wenn sie von jener des Kaisers abwich, und zum Teil überhaupt erst zu definieren, was als relevant in Hinblick auf den christlichen Glauben gelten sollte.

Indem der Kaiser neue Verhaltenserwartungen erfüllen und sich vor diesen Autoritäten rechtfertigen musste, veränderten sich auch seine Aufgaben. Die Christianisierung des Kaisertums führte also dabei zu keiner einheitlichen Neukonzeption der kaiserlichen Rolle, sondern zu höchst unterschiedlichen Lösungen. Anders gewendet: Es

---

30 Einen Sonderfall bildete der Sturz des Basiliskos durch Daniel Stylites – keinen Bischof, sondern einen Säulenheiligen; allerdings stellte sich der Asket hier auf die Seite des legitimen Herrschers, der geflohen war. Das Volk versuchte allerdings aus religiösen Gründen einen Gegenkaiser gegen Anastasios zu installieren, siehe Mischa Meier, Σταυρωθεὶς δι' ἡμᾶς – Der Aufstand gegen Anastasios im Jahr 512, Millennium 4, 2007, S. 157–237.

gab keine schlechthinnige Christianisierung des Kaisertums, sondern vielfältige Weisen, in denen das Christentum sich das Kaisertum aneignete.

Auch darin zeigt sich, wie schwierig es war, dem Kaiser eine feste Rolle im christlichen Reich zuzuweisen. Das spricht ferner dagegen, das spätantike Christentum in seiner tastenden Auseinandersetzung mit dem Kaisertum einfach als dessen verlässliche Stütze zu interpretieren. Denn gerade die christlichen Legitimationsformen, die den Kaiser eben als Christ in den Blick nahmen und von daher sein Agieren beurteilten, lieferten jederzeit Ansatzpunkte für Kritik eben daran. Gerade wenn er sich an christliche Gebote zu halten suchte, setzte der Kaiser sich der Kritik christlicher Autoritäten aus. Die wirkungsmächtigste Konzeption unter den drei diskutierten war, wenn ich recht sehe, die alttestamentliche, und ihr wohnte bezeichnenderweise die Kritik am Herrscher von Beginn an inne, da dieser sich als Person der Bußgewalt des Bischofs zu unterwerfen hatte. Es blieb schwierig, Christentum und Kaisertum zusammenzubringen; die wichtige und wirkungsmächtige europäische Synthese von beidem, die sich im mittelalterlichen Kaisertum ausdrückte, war etwas Unwahrscheinliches, und sie veränderte beides, Christentum wie Kaisertum. Insofern hatte Tertullian vielleicht am Ende nicht ganz unrecht, als er sagte, dass ein Christ nicht Kaiser sein könne.

Hans van Ess

CHINESISCHES KAISERTUM

Das Wort für den Kaiser

„Kaiser" ist ein in europäischen Sprachen gut eingeführtes Wort, dessen Etymologie allseits bekannt ist. Dennoch sieht man daran, dass im Englischen und Französischen anstelle des Kaisers von einem „empereur" oder „emperor" die Rede ist, dass auch in Europa unterschiedliche Töne mitschwingen. Zwar gehört der „imperator", auf den die englische und die französische Bezeichnung zurückgeht, zu „Caesar", dem Vorbild für das deutsche Wort. Doch im Deutschen soll der Kaiser offenbar eindeutig an Caesar erinnern und eine Kontinuität des Kaisertums im Heiligen Römischen Reich Deutscher Nation eben bis zu den römischen Caesaren suggerieren. Damit evoziert das Wort möglicherweise etwas andere Vorstellungen als sie im Englischen und im Französischen vorliegen. Vielleicht spricht man dort sogar mit Absicht vom Imperator, um sich damit vom Kaiser abzusetzen.

Wenn man den Begriff in außereuropäische Sprachen übersetzt, dann wird die Sache noch schwieriger, zumal natürlich für China dasselbe gilt wie für Europa: Das Konzept des Kaisertums war niemals statisch. Vielmehr unterlag es im Laufe der Jahrtausende erheblichen Veränderungen, die in einem einzelnen Aufsatz nicht alle berücksichtigt werden können. Der vorliegende Beitrag muss sich deshalb auf einige Grundzüge beschränken, die großenteils der alten Literatur entnommen sind, also der Zeit entstammen, in der das chinesische Kaisertum entstand. Bezüge zur späten Kaiserzeit (Tafel 11), also in etwa des Zeitraums der tausend Jahre bis zum Zusammenbruch des Kaiserreichs im Jahr 1911, werden zwar hin und wieder hergestellt, doch muss eine genauere Untersuchung dieser Periode aus Platzgründen ausgeklammert bleiben.

Das chinesische Wort für den Kaiser lautet „di" 帝 und ursprünglich stand es offenbar für eine oder mehrere Hochgottheit(en). Nicht selten taucht „di" in den ältesten Texten der chinesischen Tradition zusammen mit dem Wort „shang" auf, das „oben" bedeutet, also „shangdi", das von den Missionaren, die als erste die kanonischen Schriften in europäische Sprachen übersetzten, gerne als „Gott in der Höhe" wiedergegeben wurde. Ob es das wirklich heißt, wird kontrovers diskutiert: Genauso gut möglich wäre es, den Begriff „shangdi" als „die hohen Mächte" zu übersetzen. Frühe Kommentare setzen „di" mit dem „Himmel" (tian 天) gleich, der höchsten Gottheit der Zhou-Dynastie (ca. 1050 bis drittes Jahrhundert v. Chr.).[1] Eine sehr einflussreiche Theorie besagt, dass „di" die zum Gott gewordenen Ahnen der Shang-Dynastie waren, die man sich offenbar als im Himmel thronend vorstellte. Hierauf dürfte auch der Ursprung des Titels „Himmelssohn" zurückzuführen sein, den wir für den Zentralherrscher schon in den frühesten Schriftzeugnissen finden: Man stellte ihn sich als Sohn des Himmels bzw. der darin befindlichen Vorgängerahnen vor, der stellvertretend für sie auf Erden regierte. Dies bedeutete, dass er ihnen Respekt schuldig war und dass er die Regierung auf Erden in ihrem Sinne zu führen hatte. Er hatte ihr Erbe durch verantwortungsvolles Handeln pfleglich zu behandeln, was nicht nur er, sondern auch seine Beamtenschaft wusste. Dies konnte seine Machtbefugnisse durchaus einschränken.

Das Wort „di" findet sich zunächst nur mit Bezug auf verstorbene Herrscher. Die Texte legen nahe, dass die lebenden Herrscher selbst nicht als „di" bezeichnet wurden, sondern nur von ihren Ahnen als solche sprachen.[2] In der tradierten Literatur des vierten und dritten Jahrhunderts v. Chr. werden dann die mythischen Herrscher Yao, Shun, Yu, der Begründer der Xia-Dynastie, und Tang, der Gründer der Shang, als „di" bezeichnet, im Gegensatz zu den Herrschern der Zhou-Dynastie, die als „Könige" (wang 王) bezeichnet werden. Retrospektiv werden also die mythischen und auch die historischen Herrscher der Shang „di" genannt. Dieser Titel ist in der Forschungsliteratur im Allgemeinen mit „Kaiser" wiedergegeben worden. Die früheste Dynastiegeschichte erklärt, dass der Titel „di" nach dem Sturz der Shang-Dynastie aufgrund der moralischen Verworfenheit ihres letzten Herrschers als herabsetzend empfunden

---

1 Dies ist vor allem die Praxis des dem im zweiten Jahrhundert v. Chr. lebenden Kong Anguo zugeschriebenen Kommentars zur kanonischen Schrift Buch der Urkunden (Shangshu). Im Gegensatz zu dem Zeichen für „di", für das es keine befriedigende Erklärung gibt, ist das Zeichen für den Himmel eine Zusammensetzung aus den beiden Zeichen für „eins" und „groß".

2 Die traditionelle Geschichtsschreibung lässt die chinesische Geschichte mit Herrschern des dritten Jahrtausends vor Christus beginnen. Historisch gesicherten Boden betreten wir allerdings erst mit der Shang-Dynastie, die nach traditionellen Daten in der ersten Hälfte des zweiten Jahrtausends v. Chr. begann. Die klassische Darstellung zum Verhältnis der Gottheiten „Himmel" und „Di" ist Herrlee G. Creel, The Origins of Statecraft in China, Bd. 1: The Western Chou Empire, Chicago 1970, S. 493–506. Vgl. neuerdings auch den Aufsatz von Sarah Allan, On the Identity of Shangdi and the Origin of the Concept of a Celestial Mandate (Tian Ming), in: Early China 31, 2007, S. 1–46, wobei allerdings vor der These, dass „shangdi" einfach der Polarstern gewesen sei, Zurückhaltung geboten ist.

wurde und dass die Zhou sich deshalb „wang" nennen ließen.[3] Gleichzeitig wird für die drei Dynastien Xia, Shang und Zhou in der tradierten Literatur der Sammelbegriff „Die Drei Könige" (san wang) üblich.

Der Titel des Königs, der ursprünglich nur dem Zentralherrscher zugestanden hatte, wurde im Laufe der Zhou-Zeit systematisch dadurch entwertet, dass ihn sich Herrscher verschiedener Staaten anmaßten, die zuvor nur den Titel „gong", der gemeinhin als „Herzog" übersetzt wird, tragen durften. Sie sollen ursprünglich von den Zhou belehnte Fürsten gewesen sein. Dies könnte allerdings historiographische Fiktion sein. Schon früh hatte die Zhou-Dynastie ihre faktische Macht eingebüßt. Ihre Königsherrscher übten zwar dem Vernehmen der späteren Schriftquellen zufolge noch rituelle Macht aus, doch waren sie auf politischer Ebene ohne Einfluss. Unter den Lehnsfürsten wanderte die Vorherrschaft, das Hegemonentum (ba), von einem starken Führer zum nächsten. Dem Hegemonen haftet in der chinesischen Geschichtsschreibung immer ein Unterton des Illegitimen an. Am Ende der sogenannten Zeit der Kämpfenden Staaten, im dritten Jahrhundert v. Chr., gab es schließlich neben den Zhou selbst, die irgendwann, angeblich ohne dass größere Gewaltanwendung notwendig gewesen wäre, in den Staat Qin aufgesogen wurden, sieben Mittelstaaten, denen „Könige" vorstanden.

Als der Erste Erhabene von Qin im Jahr 221 das Reich einen konnte, nahm er deshalb den alten Titel des „di" an. Seine Beamten hatten ihn darauf hingewiesen, dass vordem die „Fünf – mythischen – Kaiser"[4] jeweils nur über ein Territorium von eintausend Meilen im Geviert geherrscht hätten. Er hingegen herrsche über zehntausend Meilen. Auch sonst seien die alten Herrscher nicht an ihn herangekommen. Er solle daher einen Titel annehmen, der diesen überlegen sei und nicht auf denjenigen des „di" zugreifen. Vermutlich steht im Hintergrund auch der Gedanke, dass der Titel des „di" seit den Shang abgenutzt war. Der Herrscher folgte dem Vorschlag allerdings nicht. Er fügte nur den Zusatz „erhaben" (huang) zum „di" hinzu, bezeichnete sich also als „huangdi", als „Erhabener Kaiser".[5] Dieser Titel sollte für die nächsten zwei Jahrtausende Bestand haben.

---

3 Shiji („Aufzeichnungen des Schreibers"), verfasst von Sima Qian (145 v. Chr.?–87 v. Chr.?), Peking 1959, 3.108f.; vgl. die Übersetzung bei William Nienhauser, The Grand Scribe's Records, Bloomington 1994, S. 52. Das Zeichen „wang" setzt sich aus den beiden Zeichen für „eins" und für „Erde" zusammen.

4 Unter der Rubrik „Fünf Kaiser" sind zu verschiedenen Zeiten unterschiedliche Namen gefasst worden. Hier ist wohl die Rede vom mythischen Gelben Kaiser, mit dessen Regierungsantritt im Jahr 2697 v. Chr. westlicher Zeitrechnung noch heute im chinesischen Bauernkalender die Zeitrechnung beginnt, von zwei weiteren Herrschern mit Namen Dixu und Diku sowie von den Herrschern Yao und Shun, nach denen im Jahr 2205 die halb-mythische Xia-Dynastie begann, auf die schließlich die Shang folgten.

5 Sima Qian, Shiji (wie Anm. 3), 6.236; Nienhauser, Records (wie Anm. 3), S. 135f. Das Wort „huang" als Titelzusatz ist uns allerdings aus Bronzeinschriften, die aus der Zeit des frühen ersten Jahrtausends stammten, bereits bekannt. Es wurde also nicht vom Ersten Erhabenen erfunden.

Doch die Sache ist nicht deswegen pikant, weil sich der Erste Erhabene seinen
Titel selbst aussuchte, sondern aus anderem Grund. Die „di" sind nämlich bezeugt im
Staatskult des Staates Qin, aus dem der Kaiser hervorging. Die Qin hatten der Reihe
nach einem Weißen Kaiser, einem Grünen Kaiser, einem Gelben Kaiser und einem
Flammenkaiser, also einem Roten Kaiser, Opfer dargebracht.[6] Sie hatten dafür vier
Schreine eingerichtet. Es ist nicht unwahrscheinlich, dass man diese vier „di" unter
dem Sammelbegriff „shangdi" fasste, der hier sicherlich als „die hohen Mächte" zu verstehen ist und weder mit den Ahnen der Dynastie noch mit einem einzelnen Hoch-
gott etwas zu tun hat. Vom Gründer der Han-Dynastie, der nur wenige Jahre nach der
Reichseinigung durch die Qin an die Macht kam, heißt es, er habe festgestellt, dass
nur vier Kaisern geopfert wurde und zu der traditionell Vollständigkeit symbolisie-
renden Fünferzahl ein Kaiser fehle. Daher habe er selbst ein Opfer für einen Schwarzen Kaiser ausrufen lassen.

Seit dem Ersten Erhabenen galt die Regel, dass Dynastien im Zeichen von jeweils
einem der fünf chinesischen Elemente Erde, Wasser, Holz, Metall und Feuer standen.
Diesen Elementen waren die oben genannten fünf Farben zugeordnet. Schwarz war
die Staatsfarbe der Qin gewesen, was bedeutete, dass die höchsten Rangabzeichen,
Fahnen oder Uniformen in Schwarz gehalten waren. Eigentlich richtete der Han-
Kaiser mit seiner Maßnahme ein Opfer für seine Vorgängerdynastie ein, möglicherweise in der Annahme, dass die anderen Farben für andere frühere Dynastien gestanden hatten. Er übernahm allerdings die Staatsfarbe auch für seine eigene Dynastie,
ebenso wie er sich den Kaisertitel des Ersten Erhabenen unverändert aneignete.[7]

Entscheidend ist daran, dass den „di" offenbar ein göttlicher Status zukam, der
gleichzeitig wohl mit dem chinesischen Ahnenkult in Verbindung zu bringen ist. In
der englischsprachigen Forschungsliteratur ist deshalb und auch in Anbetracht der
Tatsache, dass die frühen „di" offenbar nur die Ahnen der lebenden Kaiser, nicht aber
die Kaiser selbst gewesen waren, in den letzten Jahren ein Trend dahingehend zu beobachten, dass der Titel „di" nicht mehr als „Kaiser", sondern als „Thearch" wiedergegeben wird. Diese Neuerung hat sicherlich damit zu tun, dass der Begriff „Emperor"
im Lauf der Jahrhunderte sehr unterschiedliche Assoziationen evoziert hat, dass aber
in unserem Gedächtnis vor allem die Kaiser bzw. Kaiserinnen des neunzehnten Jahrhunderts haften geblieben sind, bei denen man kaum mehr Göttlichkeit vermutet,
sondern vielmehr leicht an Militarismus denken kann, der mit den chinesischen Verhältnissen nichts zu tun hat. Dabei wird allerdings übersehen, dass den westlichen
Kaiserbegriffen lange Zeit durchaus Göttliches innewohnte, ja dass die Göttlichkeit
sogar zu den bestimmenden Qualitäten des Kaisers gehörte. Der europäische Kaiser

---

6 Sima Qian, Shiji (wie Anm. 3), 28.1358–1364; vgl. die Übersetzung bei Burton Watson, Records of the
   Grand Historian of China, New York 1961, Bd. 2, S. 17–22.
7 Sima Qian, Shiji (wie Anm. 3), 28.1376; Watson, Records (wie Anm. 6), S. 31.

ist eben nicht nur ein Imperator im Felde, sondern er ist auch *divus*. Genauso war wohl auch die Vorstellung seit den Qin: Der Herrscher war ein göttlicher Kaiser, der in aller Machtfülle auf Erden weltliche Herrschaft ausübte. Ich denke deshalb, dass wir guten Gewissens bei der Übersetzung „Kaiser" bleiben können, zumindest wenn von den chinesischen Herrschern seit dem Jahr 221 v. Chr. die Rede ist.

Die militärische Komponente

In China war der Kaiser im Normalfall kein militärischer Imperator: Die Kriegführung überließ er den eigens dafür ausgebildeten Generälen. Mehrere Anekdoten aus der beginnenden Kaiserzeit unterstreichen gar, dass der Kaiser im Feldlager nicht einmal den Oberbefehl für sich reklamieren durfte, auch nicht theoretisch. Besonders eindrücklich ist eine im 57. Kapitel der Aufzeichnungen des Schreibers überlieferte Geschichte, derzufolge Kaiser Wen (reg. 180–157 v. Chr.) für einen Feldzug ein Heer aushob und dann drei Generälen unterstellte. Das Heer kampierte zunächst an drei Orten in der Nähe der Hauptstadt. Diese suchte der Kaiser der Reihe nach auf, um sich nach den Verhältnissen zu erkundigen und offensichtlich auch, um die Moral der Truppe zu stärken. In die ersten beiden Feldlager konnte er zügig einreiten, doch vor dem dritten wurde er von Scharfschützen mit gespannten Bögen und Armbrüsten empfangen, die ihm den Eintritt verwehrten. Als seine Vorhut dann rief: „Da kommt doch der Himmelssohn!", da antwortete ein einfacher Oberst, der für die Bewachung des Tores zuständig war: „Im Befehl unseres Generals heißt es, dass im Feldlager der Befehl des Generals gilt und man auf Erlasse des Himmelssohnes nicht zu hören hat." Nachdem der Kaiser schließlich doch noch Einlass erhalten hat, belehrt ihn der General, dass man im Feldlager nicht schnell fahren dürfe und dass sich Bewaffnete im Feld außerdem vor ihm nicht niederzuwerfen hätten. Dem Kaiser, der nach dem militärischen Zeremoniell hastig seinen Besuch beendete, schien diese Behandlung gefallen zu haben, denn er pries seinen General als besonders tüchtig.[8]

Solche Anekdoten müssen nicht für bare Münze genommen werden. Natürlich ist dies nur eine Beispielgeschichte und sie gilt nicht zu allen Zeiten. Dynastiegründer sind fast grundsätzlich aufgrund ihrer militärischen Fähigkeiten auf den Thron gelangt und auch dafür gepriesen worden.[9] Chinesische Kaiser haben über die zwei

---

8 Sima Qian, Shiji (wie Anm. 3), 57.2074f.; Watson, Records (wie Anm. 6), Bd. 1, S. 434f.
9 Siehe zum Beispiel die 1990 unter dem Titel Man from the Margin: Cao Cao and the Three Kingdoms gehaltene „Morrison Lecture" von Rafe de Crespigny, die unter http://www.anu.edu.au/asianstudies/decrespigny/morrison51.html im Internet abrufbar ist. Diese legt Wert auf die Feststellung, dass der Gründer der Wei-Dynastie (220–280 n. Chr.) in Nordchina, vor allem für seine militärischen Tugenden gepriesen wurde.

1 Die Einkreisung. Ausschnitt aus: Herbstjagd des Kaisers Qianlong (Mulantu), Querrolle Nr. 4, China, 17. Jh. Paris, Musée Guimet - Musée National des Arts Asiatiques, EO 3568.4.

Jahrtausende des Bestehens des Kaiserreichs postum sogenannte Tempelnamen erhalten, die für die Verehrung im Ahnentempel bestimmt waren und gleichzeitig die Namen sind, unter denen sie in die Geschichtsschreibung eingingen. Ihr eigentlicher Personenname wurde mit einem Tabu belegt und durfte während des gesamten Bestehens der Dynastie in keinerlei Schriftstücken mehr verwendet werden.[10] Unter diesen postumen Namen stechen zwei besonders hervor: Der eine lautet „Wu" und bedeutet „der Kriegstüchtige", der andere „Wen", „der Zivile" oder aber der „durch Schrift Herrschende". „Kriegstüchtige" Herrscher sind sehr häufig Dynastiegründer, manchmal auch besondere Ausnahmeerscheinungen von Herrschern, die das Territorium der Dynastie durch Kriege erweiterten.[11] Insgesamt wurde Freude am Krieg einem Kaiser aber nicht als Positivum zugeschrieben, sondern eher als ein Versagen. Denn wer zur Waffe greift, ist kein guter Administrator, eine Funktion, die für den Herr-

10 Siehe dazu Wolfgang Bauer, Der chinesische Personenname. Die Bildungsgesetze und hauptsächlichsten Bedeutungsinhalte von Ming, Tzu und Hsiao-Ming, Wiesbaden 1959, S. 265, und die dort zitierte Literatur, sowie Thomas Emmrich, Tabu und Meidung im antiken China. Aspekte des Verpönten, Bad Honnef 1992, S. 22–25.

11 Präzedenzfall für die Vergabe des Tempelnamens Wen und Wu waren die beiden Gründerkönige der Zhou-Dynastie, bei denen man sich allerdings nicht sicher ist, ob die Namen tatsächlich postum waren oder ob die Könige sie bereits zu Lebzeiten trugen. König Wen war der Vater des Königs Wu. König Wen

2 Das Feldlager, Ausschnitt aus: Herbstjagd des Kaisers Qianlong (Mulantu), Querrolle Nr. 2, China, 17. Jh. Paris, Musée Guimet - Musée National des Arts Asiatiques, EO 3568.2.

scher in China von zentraler Bedeutung ist, wenn auch auf diesem Gebiet erwünscht ist, dass er die Kompetenzen an darauf spezialisierte Beamte möglichst weitgehend abgibt. Die daraus resultierende Eigenmächtigkeit militärischer Führer hat im Laufe der Jahrhunderte allerdings allerhand Probleme mit sich gebracht. Besonders über die Tang-Dynastie (618–907) sagen die Geschichtswerke, dass sie daran zugrundeging. Das führte dazu, dass man seit den Song (960–1280), deren Gründer selbst General gewesen war, begann, das Militär zivilen Kontrolleuren zu unterstellen. Dennoch ist zu verzeichnen, dass sich auch unter den späten Dynastien Kaiser im Allgemeinen nicht selbst als Feldherren hervortaten.

In der Literatur gibt es zahlreiche Stellen, denen zu entnehmen ist, dass die Beamten versuchten, ihren Herrschern die Ausübung von ertüchtigenden Betätigungen abzugewöhnen, die mit dem Militär in Beziehung zu setzen sind. Dazu gehört u. a. das

baute die Macht der Zhou beträchtlich aus, nahm aber davon Abstand, den letzten Shang-Herrscher zu stürzen. Dies tat erst sein Sohn, der dafür den Titel König Wu erhielt. Unter den Han war ebenfalls der Wen-Kaiser, der von Kriegführung Abstand nahm, ein Vorgänger des Wu-Kaisers (141–87 v. Chr.). Dieser war bekannt für seine Expansionskriege. Auf die Dynastie Han folgte im Jahr 220 die Cao-Wei Dynastie, deren erster Herrscher den posthumen Namen Kaiser Wen trug, weil er für seine literarischen Interessen bekannt war, während man seinen Vater als Kaiser Wu – bzw. korrekter wohl als „Wu-Ahn" – bezeichnete, obwohl er noch nicht wirklich Kaiser war. Danach gab es in fast jeder Dynastie einen Wu und einen Wen, wobei der Wudi zumeist am Anfang der Dynastie stand.

schnelle Querfeldeinfahren mit einem Wagen oder aber die Jagd.[12] Die Kaiser unter-
hielten zwar Jagdparks, doch scheinen die Berater versucht zu haben, das kaiserliche
Vergnügen daran nach Kräften einzudämmen. Die Jagd gehörte zwar den Vorgaben
alter Ritenhandbücher zufolge zu den zentralen Aufgaben des Zhou-Königs,[13] weil
sie dem militärischen Training diente, doch scheinen konfuzianische Beamte sehr
schnell erkannt zu haben, dass man den Kaiser nicht selbst für diese Zwecke brauchte.
Die Kaiser der tungusischen Dynastien der Dschurdschen und der Mandschuren, die
über Nordchina von 1127 bis 1234 und dann über ganz China von 1644 bis 1911
regierten, betonten mehrfach die Bedeutung der Jagd, weil sie hofften, durch sie die
Kriegstüchtigkeit ihres Adels zu erhalten, denn nur diese hatte ihnen erlaubt, die un-
trainierten Chinesen zu bezwingen. Sie setzten Jagden bewusst im Kampf gegen die
drohende Sinisierung ein. (Abb. 1 und 2)

Der Kaiser im Zentrum des Reiches

Könige spielen in China nach dem ersten Jahrhundert der Han-Herrschaft kaum
mehr eine Rolle: Zwar war es anfänglich noch einmal zu einer Einführung größerer Königslehen gekommen, nachdem die Qin diese komplett abgeschafft und durch
bürokratisch verwaltete Einheiten (Provinzen) abgelöst hatten. Doch die Macht der
Könige wurde den Han-Herrschern bald zu gefährlich, so dass sie sie allmählich in
kleinere Einheiten zerlegten und schließlich ganz abschafften. Den Titel des Königs
gab es zwar anschließend noch, doch war damit kaum mehr reale Macht verbunden,
sondern im Allgemeinen nur Apanagen. Als die Macht der Han verfallen war, erhob
sich ein General, der um 200 n. Chr. den letzten Han-Herrscher gefangensetzte und
ihm den Titel eines „Herzogs" abpresste. Er ließ sich später gar zum „König" aufwer-
ten. Dabei ging es jedoch nicht um eine Wiedereinführung königlicher Machtfülle.
Vielmehr war es ein Schritt auf dem Weg zur Ablösung der Dynastie und des Kaisers.
Den endgültigen Schritt vollzog allerdings erst der Sohn des Cao Cao, der sich dann

---

12 So berichtet Sima Qian, Shiji (wie Anm. 3), 101.2740 davon, dass Kaiser Wen einmal mit seinem Wagen
    einen Abhang hinunterrasen wollte, ein militärischer Berater ihm aber in die Zügel griff. Der Kaiser fragte,
    ob denn sein General ein Feigling sei, worauf der Berater zurückgab, dass der Kaiser sich nicht selbst in
    Gefahr bringen dürfe. Sima Qian, Shiji (wie Anm. 3), 117.2053 berichtet davon, dass Kaiser Wu der Han
    bei der Jagd gerne persönlich Bären oder Eber anging und wilde Tiere in rasendem Galopp verfolgte. Auch
    dies wird ihm von seinen Beratern ausgetrieben.

13 Die entsprechenden Vorgaben finden sich in einem Handbuch für die Aufgaben einer idealen Zhou-Be-
    amtenschaft, dem Zhouli, das in 6 Sektionen unterteilt ist. Eine dieser Sektionen ist dem Amtsbereich des
    Großmarschalls gewidmet, zu dessen vornehmsten Aufgaben die Organisation der herrscherlichen Jagd
    einmal im Frühling, Sommer und Herbst gehört. Siehe den Text in Shisan jing zhushu (Kommentierte
    Ausgabe der 13 kanonischen Schriften, so zusammengestellt zu Anfang des 19. Jahrhunderts), Peking 1980,
    S. 836A–840A.

wieder zum Kaiser machte und den Königen eine ähnlich unbedeutende Rolle zuwies, wie sie sie auch unter den Han gehabt hatten. Ein vom Kaisertum weitgehend
unabhängiges Königtum wie in Europa sollte es in China nicht mehr geben.

Dem Kaisertitel wohnte also etwas Göttliches inne. In ihm religiöse Transzendenz
zu suchen, wäre jedoch wohl zu viel. Wie der König der Zhou-Dynastie, so hatte auch
der Kaiser späterer Dynastien eher Bedeutung als rituelles Zentrum des Reiches. Er
hatte zu Beginn des Jahres die erste Furche im Feld zu ziehen, um den Startschuss für
die Ackerbausaison zu geben. (Abb. 3) Und er repräsentierte die Dynastie im Staatskult: Einerseits bei den ab Mitte des ersten vorchristlichen Jahrhunderts eingeführ-
ten zentralen Opfern an Himmel und Erde, andererseits im Rahmen des ausgefeilten
Ahnenkultes, mit dem er seinen Eltern, Großeltern und den früheren verstorbenen
Kaisern diente.[14] Im kanonischen *Buch der Riten* sind eine Reihe von rituellen Regeln
festgelegt, die darlegen, dass alle Riten der Welt in Abstufung durchzuführen sind.
Von der Anzahl der Frauen über die Höhe der Mauern bis zur Ausstattung der Equi-
page stand dem Kaiser jeweils ein Grad zu, den niemand anders im Reich imitieren
durfte. Wir haben kaum Grund dazu, daran zu zweifeln, dass diese Regeln auch eingehalten wurden, wenn auch die genauen Zahlen Idealisierungen sind.[15]

Theoretisch war der Kaiser das unantastbare Zentrum der Welt. Seine Erlasse hatten den Charakter von Befehlen, und oft – später regelhaft – wurde er mit dem Titel
eines „Weisen" oder „Heiligen" belegt, den niemand anders im Reich trug. Diese Tatsache führte dazu, dass das Kaisertum als Institution auch heftige Krisen wie die lange
Phase der Herrschaft von Kindkaisern überstand, welche zum Beispiel das zweite
nachchristliche Jahrhundert charakterisieren. Obwohl mehrere dieser Kindkaiser
offenbar ermordet wurden, fiel es in dieser Zeit niemandem ein, die Institution als

---

14 Man könnte versucht sein, den chinesischen Kaiser aufgrund dieser Funktionen auch zum Pontifex
   Maximus zu erklären. Doch ist es bezeichnend, dass man in China nie die Notwendigkeit empfunden hat,
   einen äquivalenten Titel zu erfinden. Den Priestern kam generell offenbar nicht die gleiche Bedeutung zu
   wie in Rom. Sie waren notwendig, hatten aber keine bedeutende Funktion.

15 Zur Anzahl der Frauen siehe Liji, Hunyi, Shisan jing (wie Anm. 13), S. 1681C: „Die Kaiserin des Himmelssohnes ließ sechs Paläste errichten, in denen drei [weitere] Gattinnen, neun Gefährtinnen, siebenund-
   zwanzig Ehefrauen aus erblichem Hause und 81 kaiserliche Frauen lebten." Die um 80 n. Chr. von Ban Gu
   (32–92 n. Chr.) verfasste Dynastiegeschichte Buch der Han (Han shu) enthält ein umfangreiches Kapitel
   mit Biographien der wichtigsten Kaiserinnen und Nebenfrauen in den ersten beiden Jahrhunderten vor
   Christus. An deren Anfang steht eine Auflistung der einzelnen Ränge, welche diese Frauen bekleideten,
   sowie der Gehälter, die sie erhielten. Ähnliche und noch weit detailliertere Kapitel enthalten spätere Dy-
   nastiegeschichten wie diejenige der nächsten großen Dynastie, der Tang. Dazu auch: Hans Bielenstein,
   The Bureaucracy of Han China, Cambridge 1980. Zur Höhe der Mauern siehe Zhouli, Kaogong ji, Shisan
   jing (wie Anm. 13), S. 927B–928C. Zu den Equipagen vor allem den Traktat am Ende der um 400 n. Chr.
   entstandenen Dynastiegeschichte der Späteren Han, in dem das System der Wagen und Uniformen beschrieben ist. Eine wissenschaftliche Bearbeitung desselben bei Burchard Mansvelt Beck, The Treatises of
   Later Han. Their Author, Sources, Contents and Place in Chinese Historiography, Leiden 1990, S. 227–
   268.

3 I. S. Helman, Der Kaiser von China am Pflug, Paris 1786 (10/18). Paris, Musée Guimet - Musée National des Arts Asiatiques, MG 1392.97.

solche infrage zu stellen oder eine neue Dynastie zu gründen. Man brauchte einen Kaiser, damit das System weiter funktionierte. Doch natürlich war der Kaiser kein Autokrat. Das Machtgeflecht war kompliziert. Die Familien der Kaiserinnen, auf chinesisch als „Äußere Verwandtschaft" (wai qi) bezeichnet, stellten eine Aristokratie, deren Interessen mit denen des Kaisers selbst alles andere als identisch waren. Um die Position des Thrones gegen sie zu verteidigen, brauchten die Kaiser Eunuchen. Eunuchen sind zwar schon sehr früh in Chinas Geschichte bezeugt – man brauchte sie als Wächter im Harem und als Palastbeamte, die im Innersten, dem „Verbotenen Bezirk", tätig waren, ohne eine potentielle Konkurrenz für den Kaiser darzustellen. Eine echte politische Macht werden sie indes erst im zweiten Jahrhundert n. Chr., als sie diejenigen sind, welche die Kindkaiser vor machthungrigen Regenten beschützen, die in mehreren Fällen alles daran setzen, die Kaiser daran zu hindern, das Volljährigkeitsalter zu erreichen.[16] Hätte es ihn denn im alten China gegeben, dann könnte man

---

16 Die grundlegende Studie zu den Eunuchen der Späteren Han ist Ulrike Jugel, Politische Funktion und soziale Stellung der Eunuchen zur späteren Hanzeit (25–220 n. Chr.), Wiesbaden 1976.

versucht sein, damals oder in vergleichbaren späteren Zeiten eher vom „Thron" zu sprechen, also einer Institution, die mehr als nur eine Person umfasst, und nicht vom Kaiser. Der Kaiser wird zur Institution und ist nicht mehr Person.[17]

Die Notwendigkeit von Herrschaft durch eine einzelne Person wird in der alten chinesischen Philosophie an verschiedenen Stellen ausführlichst diskutiert. Begründet wird sie damit, dass dies die einzige Möglichkeit sei, Streit unter den Menschen zu unterbinden. „So wie es am Himmel nur eine Sonne gibt, so kann es auf Erden nur einen König geben," heißt es im *Buch der Riten* gleich dreimal und noch einmal in dem kanonischen Buch *Mengzi*[18], und der Satz wird in Zeiten, da es keinen König mehr gibt, sondern einen Kaiser, auch auf diesen übertragen. Sobald ein Konkurrent da ist, herrscht Streit: *homo homini lupus*. Die Weisen des Altertums, die in China für alle guten Institutionen auf Erden verantwortlich sind, haben sich den Zentralherrscher ausgedacht, „nicht aus Begünstigung des Himmelssohnes", so wie sie auch die Beamten „nicht aus Begünstigung der Beamten" einsetzten.[19] Vielmehr haben beide dazu beizutragen, dass kein Streit entsteht, sondern umgekehrt den Menschen Nutzen. In der Kaiserzeit wird das Wirken der Weisen argumentativ zurechtgerückt: Nun ist es vor allem der Himmel, der Herrscher aussucht und ihnen das Mandat übergibt, eine Vorstellung, die natürlich schon in der Zeit der Zhou anzutreffen ist, die aber nun nach einer rationalistisch-philosophischen Phase gewissermaßen wieder an Fahrt gewinnt. Der Himmel zeigt seinen Willen dadurch, dass er auspiziöse Omina herabsendet, süßen Tau beispielsweise, der bei dem auftritt, der als Herrscher ausersehen ist – etwa wenn eine neue Dynastie begründet wird, oder wenn die Thronfolge unklar ist. In der Realität gibt es aber mehrere Fälle, bei denen Thronfolger, wenn sich nicht der älteste Sohn automatisch aufgedrängt hatte, nach ihrer Fähigkeit ausgesucht wurden und zwar vom Herrscher selbst nach Rücksprache mit der Beamtenschaft. Thronfolger wie auch Dynastiegründer lehnten die angetragene Würde im Normalfall erst einmal ab, da sie nicht würdig seien. Dieser Akt wurde im Laufe der Zeit formalisiert

17 Erst ab der Tang-Zeit begann sich eine Art Thron zu etablieren. Der Herrscher sitzt aber auch in späterer Zeit im Allgemeinen noch auf einer Matte und ist also nicht durch sein Sitzmöbel über die Beamtenschaft erhöht. Am besten beschrieben ist das Machtgefühl aus Thron, Karrierebürokratie und Familien der „Äußeren Verwandtschaft" im vierten Band der Aufsatzserie von Hans Bielenstein, The Restoration of the Han Dynasty (Bulletin of the Museum of Far Eastern Antiquities 51), 1979, S. 1–300. Eine kürzere Fassung findet sich in The Cambridge History of China, hg. von Denis Twitchett/Michael Loewe, Bd. 1: The Ch'in and Han Empires, 221 B. C.–A.C. 220, Cambridge 1986, S. 517–519.

18 Liji, Kap. Zengzi wen (Die Fragen des [Konfuziusschülers] Zengzi), Shisan jing (wie Anm. 13), S. 1392C; Kap. Fangji (Regeln zur Abwehr [von Schlechtem]), Shisan jing (wie Anm. 13), S. 1619A; Kap. Sangfu sizhi (Viererlei Regeln für die Trauerkleidung), Shisan jing (wie Anm. 13), S. 1695A; Mengzi, Kap. Wanzhang, in: The Chinese Classics, hg. von James Legge, Bd. 2: The Works of Mencius, London 1875, verschiedene ND, S. 352.

19 Lü shi chunqiu xin jiaoshi, hg. von Chen Qiyou, Shanghai 2002, Kap. 20.1, S. 1330f.; siehe die Übersetzung von Richard Wilhelm, Frühling und Herbst des Lü Bu We, Düsseldorf/Köln 1971, Neuausgabe 1979, S. 347.

und in der Zeit der dynastischen Spaltung nach den Han, als ständig neue Dynastien entstanden, von allen Gründern in rituell formalisierter Form durchgeführt. Erst
nach dreimaliger Ablehnung durfte die Herrschaft dann angenommen werden.

Die Beamtenschaft ist ein wichtiger Faktor, der das Phänomen Kaisertum in China
umgrenzt. Sie hat nämlich ein Interesse daran, dessen theoretische Omnipotenz zu
limitieren. Daher hat sie schon recht früh das Ideal in die Welt gesetzt, dass der Herrscher sich nicht aus seinem Palast hinausbegibt, sondern das Reich lenkt, ohne es zu
sehen und ohne selbst einzugreifen. Er überlässt das aktive Handeln den Beamten,
denn diese sind nach Fähigkeit ausgesucht. Zudem sind der Geschäfte im Reiche ja
viel zu viele. Ein Einzelner kann sie gar nicht alle handhaben – also sollte er es besser ganz bleibenlassen. „Der Gelbe Kaiser, [und die Kaiser] Yao und Shun ließen ihre
Gewänder [in Falten] herabhängen, und das Reich war darob geordnet,"[20] so heißt es
schon in einem einflussreichen Kommentar zum *Buch der Wandlungen*, dem Yijing,
der wohl im dritten vorchristlichen Jahrhundert verfasst worden ist – will sagen:
Diese Drei Herrscher taten nichts, sondern ließen den Dingen ihren Lauf, und so geriet alles am besten.

Die Idee ist überaus einflussreich gewesen, und sie hat dazu geführt, dass die Repräsentation der Dynastie ein umstrittenes Thema war. „Conspicuous consumption",
wie wir es aus anderen Kulturen kennen, hat es zwar gegeben, sie ist aber immer Ziel-
scheibe von Attacken konfuzianischer Beamter und auch solcher anderer Couleur gewesen. Ausnahmen von der Regel, dass Kaiser sich mit der Selbstdarstellung zurück-
hielten, gibt es nur wenige. Der Erste Kaiser ist ein Beispiel gewesen, doch wurde
es von der Geschichtsschreibung als negatives Vorbild hingestellt: Sein Hang zur
Selbstdarstellung sei Hybris gewesen und habe den schnellen Untergang der Dynastie
heraufbeschworen. Versuche des Gründers der Han, sich selbst als Feldherr zu beweisen, werden ebenfalls mit Spott bedacht, und auch die Reisetätigkeit des dritten Han-
Herrschers wird von Teilen der Geschichtsschreibung als hektisch und wenig effizient
beschrieben.

Schon im ersten Kapitel des Mengzi, eines Enkelschülers des Konfuzius, ist davon
die Rede, dass der Herrscher, in diesem Fall der Fürst eines Großstaates, seinen Jagd-
park für das Volk öffnen solle – dann werde es ihn in allem unterstützen, was er tun
möchte. Der durchaus naheliegende Gedanke, dass der Herrscher mit diesem Jagd-
park gewisse Prärogativen verbinden könnte, die das Volk sehen muss und von dem es

---

20 Yijing, Xici zhuan (Kommentar der Angehängten Zeichen; anderer Name einfach Dazhuan, „Der große
    Kommentar") Teil 2, Shisan jing (wie Anm. 13), S. 87A. Siehe die Übersetzung bei Richard Wilhelm, I
    Ging. Das Buch der Wandlungen, Jena 1924: „Der Gelbe Herr, Yau und Shun ließen die Ober- und Un-
    terkleider herabhängen, und die Welt war in Ordnung." Die 1924 erstmals erschienene Übersetzung des
    I Ging ist mittlerweile in so vielen unterschiedlichen Ausgaben erhältlich, dass es sinnvoll erscheint, die
    Belegstelle nur nach der Wilhelm'schen Einteilung anzugeben: Da Dschuan. Die große Abhandlung, II.
    Abteilung, Kapitel II Kulturgeschichte, § 5.

4   Kaiser Kangxi inspiziert die Überschwemmungsgebiete bei Pizhou. Auschnitt aus: Südreise des
     Kaisers Kangxi, Querrolle Nr. 4, China 17. Jh. Paris, Musée Guimet – Musée National des Arts
     Asiatiques, MA 2460.

ausgeschlossen bleibt, damit sein Respekt vor ihm steigt, tritt also hinter denjenigen
zurück, dass Selbstbeschränkung die Herzen des Volkes gewinnt. Das heißt nicht, dass
die Dynastie sich nicht zu bestimmten Anlässen mit großem Pomp inszenierte. Gelegenheiten boten sich dafür vor allem beim Ahnenkult, im Rahmen dessen es galt, zu
den außerhalb der Hauptstadt gelegenen Gräbern zu reisen, oder bei anderen Teilen
des Staatskultes und bei den Inspektionsreisen, die für alle Beteiligten – den Kaiser
und die ihn empfangenden Institutionen und Personen – unglaublich teuer werden
konnten.[21] (Abb. 4) Aber zumeist erhoben sich dann mahnende Stimmen, die vor
solcher Verschwendung warnten. Dennoch sieht die Geschichtsschreibung die Vor-
kommnisse im Reich durch die Brille des Kaisers: Ab den Späteren Han, also ab dem
ersten Jahrhundert n. Chr., bilden sogenannte „Aufzeichnungen über ‚Aufstehen und
Ruhen‘" (qiju zhu) des Herrschers das Grundgerüst, auf dem die Annalen ruhen, in
denen das Wirken der Dynastie beschrieben ist. Die „qiju zhu" sind Tagesaufzeich-
nungen, in denen idealerweise jeder Schritt des Kaisers verzeichnet ist, besonders aber
seine Erlasse und sonstigen Befehle.

21   Die bildende Kunst der späteren Kaiserzeit hat solche Anlässe vielfach festgehalten. Diese Bilder geben
     einen Eindruck von der Pracht, die in China möglich war.

Materielles Symbol der kaiserlichen Herrschaft war das kaiserliche Jadesiegel, das dazu diente, Dokumente zu authentifizieren.[22] Ein Hofzeremoniell wurde gleich zu Beginn der Han-Dynastie eingeführt, um eine geordnete Herrschaftsausübung zu gewährleisten.[23] Zur täglichen Morgenaudienz in der Haupthalle des kaiserlichen Palastes wurden Beamte vorgelassen, die zu bestimmten politischen Themen vorsprachen. Hier holten sie sich auch die kaiserliche Billigung bzw. Autorisierung für besondere Vorhaben. Es gab mehrere Paläste, u. a. diejenigen für die Kaiserin, die Kaiserinwitwe oder den Kronprinzen. Im kaiserlichen Palast wurden Bittsteller vorgelassen und normalerweise zum Gespräch in größerer Runde eingeladen. Auch Vorschläge zur Verbesserung der Regierungspraxis wurden normalerweise auf diese Art und Weise eingebracht. Eine wichtige Institution war in diesem Zusammenhang die Mahnrede oder auch Remonstranz: Es war heilige Pflicht eines jeden Beamten, die Stimme zu erheben, wenn er meinte, dass eine Ungerechtigkeit geschehen sei oder dass eine Staatsangelegenheit nicht den richtigen Verlauf nahm. In der konfuzianischen Rhetorik, auch in der alten Hofdichtung, die wohl manchmal bei Festivitäten vorgetragen wurde, gibt es deshalb kaum ein wichtigeres Thema als die Warnung vor Schmeichlern, Sykophanten und Schönrednern. Das ist ein untrügliches Anzeichen dafür, dass der Konkurrenzkampf um die kaiserliche Gunst erheblich war und dass der Kaiser in der Praxis wahrscheinlich häufiger für seine Entscheidungen gelobt als getadelt wurde. Bei der Audienz wurden aber wichtige Themen oftmals auch kontrovers diskutiert, wenn der Kaiser dazu aufgefordert hatte.

Rechtsprechung gehörte nicht direkt zu den Aufgaben des Kaisers – dafür gab es einen Justizminister –, doch war er die Quelle jeden Gesetzes. Bei besonders wichtigen Fällen, zum Beispiel wenn Todesurteile gegen hochadlige Angehörige der eigenen Familie verhängt wurden, machte er allerdings von seiner Autorität Gebrauch, die ihm der Theorie nach doch auch die Position des höchsten Richters einräumte. Umgekehrt sprach der Kaiser regelmäßig Gnadenerlasse aus, wenn entweder besonders freudige Ereignisse eingetreten waren, oder aber, was häufiger war, wenn Katastrophen wie Überschwemmungen das Land heimgesucht hatten. Solche Zeichen hatte der Kaiser als Ausdruck der Unzufriedenheit des Himmels mit seiner eigenen Tugend zu interpretieren.[24] Da es nicht selten zu Katastrophen und Anomalitäten kam, hat-

---

22 Siehe dazu Michael Loewe, The Concept of Sovereignty, in: The Cambridge History of China (wie Anm. 17), S. 726–746, hier S. 742.

23 Siehe dazu Hans van Ess, The Imperial Court in Han China, in: The Court and Court Society in Ancient Monarchies, hg. von Anthony Spawforth, Cambridge 2007, S. 233–266, besonders S. 237f.

24 „Tugend" ist ein unvollkommenes Übersetzungswort für das chinesische „de", das eigentlich die Strahlkraft oder das Charisma einer Person bezeichnet. Doch gehören dazu auch die Mittel, mithilfe derer Strahlkraft erworben wird. Dies sind im Allgemeinen Wohltaten, die möglichst vielen Personen getan werden und die dazu führen, dass diese Personen sich an die Person des Wohltäters gebunden fühlen.

Das spekulative Weltbild der Chinesen
Konzentrisches Zonenmodell der Zhou-Zeit

(nach Claudius Müller im Wade-Giles Umschriftsystem)

a) 5 Zonen
(*Shangshu*, mit geringen Änderungen auch im *Guoyu*; etwa 5./4. Jh. v. Chr.)

0 *zhong bang* (Hauptstadt)
1 *dian fu* (Königliche Domäne)
2 *hou fu* (Tributpflichtige Lehns fürsten)
3 *sui fu* (nach *Guoyu* : *bin fu*; Befriedungszone, die von der chinesischen Zivilisation durchdrungen wird)
4 *yao fu* (Zone der mit China alliierten Barbaren)
   300 *li*: Yi-Barbaren
   200 *li*: Steppenvölker
5 *huang fu* (Wildnis)
   300 *li*: Man-Barbaren
   200 *li*: Schweifende Völker

b) 9 Zonen
(*Zhouli*, etwa 3. Jh. v. Chr.)

0 *wang qi* (Königliche Domäne)
1 *hou qi* (Lehnsfürstenzone)
2 *dian qi* (Äußere Domäne)
3 *nan qi* (Verwaltungszone)
4 *cai qi* (Tributzone)
5 *wei qi* (Garnisonszone)
6 *Man qi* (Verbündete Man-Barbaren)
7 *Yi qi* (Benachbarte Yi-Barbaren)
8 *zhen qi* (Okkupierte Territorien)
9 *fan qi* (Grenzregion)

0 bis 5 = nei qi (Innere Zone = China)
6 bis 9 = wai qi (Äußere Zone = Barbaren)

Königliche Domäne (0) 1.000 *li*
(1 *li* = ca. 500 m) im Quadrat.
Jede Zone erweitert sich um jeweils 500 *li*.
Modell a) umfasst demnach 6.000 *li* im Quadrat,
Modell b) 10.000 *li* im Quadrat.

a)

b)

ten Sträflinge im alten China offenbar eine recht hohe Chance, einen Gnadenerweis des Kaisers zu erhalten und einer Bestrafung zu entgehen.

Die Grenzen der Theorie

Der oben erwähnte Anspruch, dass es nur einen Herrscher auf Erden geben dürfe, war *de facto* natürlich nicht aufrechtzuerhalten. Auch in Zeiten dynastischer Einheit gab es Nachbarn, die sich den Herrschern in der Hauptstadt der Han ebenbürtig fühlten und die auch versuchten, entsprechende Anerkennung durch die Han zu erhalten. Die chinesische Theorie ließ dies nicht zu. Kommentatoren zu den heiligen kanonischen Schriften hatten Modelle entworfen, denen zufolge die königliche Domäne der Zhou – und als ihr Rechtsnachfolger die kaiserliche Hauptstadt – den Mittelpunkt der Welt bildete, um die sich andere Zonen in konzentrischen Quadraten legten. Am Rande befanden sich die Barbaren, denen man den Kaisertitel nicht zusprechen konnte.[25] (Abb. 5) Es gibt einen Text, in dem die Han einen Gesandten zu einem ehemaligen General der Qin-Dynastie schicken, der sich nach dem Zusammenbruch der Qin im barbarischen Südchina, in dem er stationiert gewesen war, als Herrscher ausgerufen und sich den Kaisertitel zugelegt hatte. Aufgabe des Beamten war es, den Herrscher davon zu überzeugen, dass es besser für ihn wäre, die Oberhoheit der Han nominell anzuerkennen, was er schließlich angeblich auch tat.[26] Auch die nördlichen Nachbarn, die nomadischen Xiongnu, der gefürchtetste Gegner der Han, beharrten auf nomineller Ebenbürtigkeit. Durch blutige Kriege wurden sie zur Unterwerfung gezwungen. Zwar hat es für diese Kriege natürlich materielle und auch politische Gründe gegeben. Doch sollte man auch nicht übersehen, dass allein die Tatsache, dass ein Feind den Anspruch des Han-Kaisers auf alleinige Herrschaft infrage stellte, einen Kriegsgrund dargestellt haben dürfte, und das aus ganz pragmatischen Gründen. Wenn nämlich *ein* Feind dies ungestraft tun durfte, dann konnten auch andere Personen im Reich selbst sehen, dass die kaiserliche Tugend nicht über alle Zweifel erhaben war und dass man deshalb die Legitimität des Kaisers anzweifeln konnte.

Dies ist ein wichtiger Aspekt auch für die Betrachtung der Dynastien, die auf die Han folgten: Das Reich war nämlich nach dieser großen, wahrhaft imperialen Dynas-

---

25 Diese Anordnung ist in der Forschungsliteratur vielfach besprochen worden. Eine der ersten Darstellungen findet sich in The Chinese Classics, hg. von James Legge, Bd. 3: The Shoo King or the Book of Historical Documents, London 1865, S. 146–149; vgl. des Weiteren China und die Fremden. 3000 Jahre Auseinandersetzung in Krieg und Frieden, hg. von Wolfgang Bauer, München 1980, S. 54f., für eine graphische Abbildung.

26 Sima Qian, Shiji (wie Anm. 3), 97.2697f.; Watson, Records (wie Anm. 6), Bd. 1, S. 275f.

tie für mehrere Jahrhunderte gespalten und mehrere Personen maßten sich die Kaiserwürde an, mit den bisher dargelegten Merkmalen – *mutatis mutandis* zwar, aber doch mit bemerkenswerter Kontinuität. Die Geschichtsschreibung musste sich überlegen, wie sie damit umging. Der Verfasser der Aufzeichnungen über die Drei Reiche (Sanguo zhi), der Dynastiegeschichte, welche die Phase von 220 bis 280 n. Chr. abhandelt, stand beispielsweise vor dem Problem, dass es, wie der Name schon sagt, gleich drei Herrscher gab, die einen Anspruch darauf erhoben, rechtmäßiger Kaiser Chinas zu sein, obwohl jeder nur einen Teil des Territoriums unter seiner Kontrolle hatte. Er bezeichnete schließlich nur den Herrscher, der Nordchina regierte, als Kaiser und die anderen einfach als „Herrscher".[27] Einfacher hatten es die Tang, unter denen zahlreiche Werke über die Vorgängerdynastien verfasst wurden. Sie erkannten ihnen allen die Kaiserwürde sämtlich zu, obwohl auch unter ihnen den Herrschern über den Norden Chinas, die großenteils türkischen, protomongolischen oder tungusischen Ursprungs waren, mehr Legitimität zugesprochen wurde. Erst im elften Jahrhundert begann sich das Blatt zu wenden. Nun entstand die berühmte Theorie von der „korrekten dynastischen Abfolge" (zhengtong), welche die südlichen Linien bevorzugte. Diese Versuche, in der Theorie Ordnung zu schaffen, mögen akademisch anmuten, doch sind sie Abbild eines ernsten Problems: Da nur Einer Kaiser sein durfte, war es theoretisch nicht möglich, friedlich mit jemand anderem zu koexistieren, der dies auch sein wollte. In der Praxis gab es zwar Perioden, wo diese Koexistenz aus pragmatischen Gründen bestand, weil man einsehen musste, wo die Grenzen der eigenen Möglichkeiten waren – doch allein der Anspruch auf Alleinvertretung sorgte für ausreichend Zündstoff. So war es zum Beispiel wahrscheinlich den meisten Beobachtern klar, dass die Song-Dynastie ihren nördlichen und westlichen Nachbarn militärisch unterlegen war und dass man deshalb deren Herrschern, die Teile Nordchinas unterworfen hatten, den Kaisertitel zugestehen, sie manchmal gar als „älteren Bruder" anreden musste.[28] Dennoch gab es immer wieder Versuche, die Verhältnisse so zurechtzurücken, dass sie der Theorie entsprachen. Zum größten Teil scheiterten sie in vorhersehbarer Weise kläglich. Erst die Kaiser der mongolischen Yuan- und der mandschurischen Qing-Dynastie konnten den Anspruch auf Weltherrschaft wieder glaubhaft machen – ein Anspruch, der die Engländer in große Verlegenheit brachte, als ihre Handelsinteressen zu Ende des achtzehnten Jahrhunderts mit den Machtansprüchen der Qing kollidierten.

---

27 Ob diese Bezeichnungen tatsächlich schon auf Chen Shou (233–297) zurückgehen oder das Werk späterer Herausgeber sind, ist nicht definitiv zu klären. Entscheidend ist jedoch die Tatsache, dass man schließlich fand, dass es nur einen Herrscher gegeben haben konnte.

28 Morris Rossabi hat deshalb mit Bedacht den Titel China Among Equals. The Middle Kingdom and its Neighbours, 10th to 14th Centuries, Berkeley 1983, für eine Beschreibung dieses Verhältnisses gewählt.

Michael Grünbart

Die Fortdauer Roms im byzantinischen Kaisertum des früheren Mittelalters

Die hier gestellte Aufgabe sieht auf den ersten Blick einfach aus, denn die Kaiser des byzantinischen Reiches empfanden sich als in der römischen Tradition stehende Herrscher. Doch bei näherem Hinsehen wird die Rekonstruktion dieses Bewusstseins diffuser, wenn nicht Rom gar eine schwindende Größe darstellt – dieser Prozess soll im Folgenden mit ein paar Beispielen untermalt werden, um herauszufinden, was von Rom in Byzanz geblieben ist.

Die Schwierigkeiten bei der Annäherung an dieses Thema beginnen mit der Periodisierung: Wann ist das Römische Reich zu einem (überwiegend) byzantinischen geworden oder wie lange ist Byzanz römisch?[1] Gerade in der letzten Zeit wurde verstärkt über „frühbyzantinisch", „präbyzantinisch" und dergleichen diskutiert und es wird auch noch weiter gesprochen werden.[2] Die Epochengrenzen liegen auch in den Berührungsgebieten zwischen den Fachrichtungen Byzantinistik und Alter Geschichte – und dann gibt es noch die christliche Archäologie, die übergreifend operiert. Keramikforscher meinen mit „frühbyzantinisch" die Zeit vom sechsten bis zum achten Jahrhundert, bringen den Begriff also in den sogenannten dunklen Jahrhunderten zur Überlappung. Die Forschungsdebatte soll hier beiseitegelassen werden,

---

1 Die frühbyzantinische Epoche beginnt nach landläufiger Meinung mit Kaiser Konstantin und endet in dem zeitlichen Bereich von Kaiser Justinian bis zum Beginn der arabischen Expansion (Stichdatum 641, Eroberung Alexandreias). Alois Riegl hat den Begriff „spätrömisch" geprägt, welcher in den kunsthistorischen Forschungen ein Revival erlebt, siehe Alois Riegl, Spätrömische Kunstindustrie, Wien 1927. Vgl. Alois Riegl Revisited. Beiträge zu Werk und Rezeption, hg. von Peter Noever/Artur Rosenauer/Georg Vasold, Wien 2010.

2 Ausgelöst und wiederbelebt durch die dritte Auflage der Einführung von Peter Schreiner, Byzanz 565–1453 (Oldenbourg. Grundriss der Geschichte 22), München 2008. Vgl. dazu die Rezensionen von Günter Prinzing, in: Südostforschungen 65/66, 2006/2007, S. 602–606, und Ralph-Johannes Lilie, in: Byzantinische Zeitschrift 101, 2008, S. 581–583.

und es soll dem Titel entsprechend nach Römischem/Rom/*romanitas* in der Kultur gesucht werden, die man oströmisch, früh- oder einfach nur byzantinisch nennt. Vielleicht nimmt bei dieser Suche auch der Begriff Byzanz an Konturen zu. Kleinigkeiten erweisen sich oft als richtungsweisend und -prägend und zeigen Brüche bzw. Kontinuitäten deutlicher auf.

Was macht *romanitas* aus? Es scheint geraten, mit dem Symbol dafür zu beginnen, der Stadt Rom: Die Rom-Idee, der Gedanke der *Roma aeterna*, setzte sich vor der Zeitenwende in der Politik des Augustus durch; während dieser Zeit wurde Römisches auch literarisch in Szene gesetzt durch Vergils Aeneis.[3] Dieses Epos und die Wirkung Augustus' auf die lateinische Patristik (Ambrosius, Augustinus) sollen hier nicht behandelt werden, lediglich soll darauf hingewiesen werden, dass Vergil auch im griechisch geprägten Ostteil des Reiches bekannt war und auch in Maßen weiterlebte.[4] So zitierte laut Lactanz, Lehrer bei Konstantin bis 315, gestorben etwa 325, Konstantin in einer Rede Vergils 4. Ekloge, die von der Geburt eines Kindes handelt, worin eine Prophezeiung der Geburt Christi gesehen wurde.[5]

Das sich ausbreitende Christentum nahm Vorstellungen der Ewigkeit auf und entwickelte ein Rombild, das auch entsprechend heilsgeschichtlich gedeutet wurde. Durch die spirituelle und ideologische Verknüpfung mit dem Apostel Petrus hatte die Tiberstadt unbestreitbare Autorität erlangt. Die sich ausbreitende Kirche und ihre Meinungsträger prägten ein universalhistorisches Weltbild, in dem sich zwei Städte gegenüberstehen: Jerusalem und Babylon. Beide werden nicht nur als irdische, sondern auch als transzendente Mächte wahrgenommen. Als das irdische Babylon nichts mehr wert ist und zum Inbegriff des Schlechten wird, wendet man sich der transzendentalen Ebene, dem himmlischen Jerusalem, zu. Rom nahm die Stelle von Babylon ein, wo sich auch realiter Katastrophe an Katastrophe fügte, was sich für eine eschatologische Deutung eignete. Die äußeren Umstände führten auch zu einer Transformation der einst heidnischen Weltmetropole zu einem christlichen Rom. Die schwindende politische Macht im Reichszentrum schuf einen Leerraum, der religiös/spirituell besetzt wurde – ein Prozess, den man zeitversetzt auch im Osten erkennen kann:

---

3 Siehe allgemein den Sammelband Rom als Idee, hg. von Bernhard Kytzler (Wege der Forschung 656), Darmstadt 1993; weiters Federico Marazzi, „Cadavera urbium", nuove capitali e Roma aeterna: l'identità urbana in Italia fra crisi, rinascita e propaganda (secoli III–V), in: Die Stadt in der Spätantike, Niedergang oder Wandel?, hg. von Jens-Uwe Krause/Christian Witschel (Historia-Einzelschriften 190), Stuttgart 2006, S. 33–66.

4 Barry Baldwin, Vergil in Byzantium, in: Antike und Abendland 28, 1982, S. 81–93.

5 L. Caelius Firmianus Lactantius, Divinarum institutionum libri septem, hg. von Eberhard Heck/Antonie Wlosok (Bibliotheca Teubneriana), München 2005, I 11, 24.

Als die kaiserliche Macht nicht mehr allen Teilen des Reiches umfassend Schutz bieten konnte, kann man eine Zunahme von (heiligen) Stadtpatronen feststellen.[6]

Unter Papst Damasus (366–384) wurde in der Stadt am Tiber eine Büßerin gesehen, die wieder in die Heilsgemeinschaft aufgenommen wurde. Ambrosius schreibt: „Ich erröte nicht, mich im hohen Alter mit der ganzen Welt zu bekehren. In Wahrheit ist doch kein Alter zum Lernen zu spät. Schämen möge sich das Alter, das sich nicht zu bessern vermag.“[7] Als diese Sätze formuliert wurden, war die Veränderung der geopolitischen Situation schon längst im Gange. Eine junge/neue Stadt begann, die Aufmerksamkeit der Oikumene auf sich zu ziehen.

„Dort ist Rom, wo immer der Kaiser ist,“[8] formuliert Herodian um 240, und der Satz mag das Verständnis des Kaisertums im dritten und vierten Jahrhundert und darüber hinaus erklären sowie auf den Punkt bringen. Der Kaiser wird von einer ihm loyal gesonnenen Gefolgschaft (*comitatus*) begleitet und zieht dorthin, wo er am meisten gebraucht wird. Das ist besonders in den Regionen der Fall, wo römisches Hoheitsgebiet bedrängt wurde. Der Kaiser muss nicht in Rom residieren, sondern er verkörpert gleichsam Rom. Ab den 280er-Jahren wurde Rom als Herrschersitz bewusst oder aus der Not geboren vernachlässigt, während andere Städte aufgewertet wurden (z. B. Trier oder Serdica). Zu erinnern ist auch an Diokletian, der Nikomedeia (İzmit) nach seiner Erhebung zum *augustus* im Jahre 284 zu seinem Stützpunkt auswählte; damit verbunden war, dass er die dortige herrschaftliche Infrastruktur (z. B. Hippodrom, Palast) der Ewigen Stadt gleichmachen wollte, was Unsummen verschlang, wie der christliche Apologet Laktanz noch im Jahre 321 kritisiert.

Der spätere Alleinherrscher Konstantin wurde in York zum *augustus* proklamiert, seine Partner erkannten ihn als *caesar* an; er verließ die nordenglische Stadt und zog nach Trier, wo er zunächst residierte. Im Zuge der Rangstreitigkeiten mit Maxentius, dem Sohn des Kaisers Maximinian, der 306 in Rom zum *augustus* ausgerufen worden war, zog er gen Süden. Maxentius hatte sich seit 306 am Tiber aufgehalten und die Stadt nochmals großzügig mit Prunkbauten ausstatten lassen. Er führte auch zum letzten Mal einen Triumphzug in alter Manier durch, nachdem er Alexander,

---

6 Dionysios Stathakopoulos, To Have and To Have Not. Supply and Shortage in the Late Antique World, in: Material Culture and Well-Being in Byzantium (400–1453), hg. von Michael Grünbart/Ewald Kislinger/Anna Muthesius/Dionysios Ch. Stathakopoulos (Veröffentlichungen zur Byzanzforschung 11), Wien 2007, S. 211–218.

7 Friedrich Klingner, Rom als Idee, in: Friedrich Klingner, Römische Geisteswelt. Essays zur lateinischen Literatur, Stuttgart 1979, S. 645–666, hier S. 659 (ND aus: Die Antike 3, 1927, S. 17–34).

8 Herodianus, Ab excessu divi Marci libri 8, hg. von Curt Stavenhagen (Bibliotheca Teubneriana), Stuttgart 1967, 1,6,5: ἐκεῖ τε ἡ Ῥώμη, ὅπου ποτ’ ἂν ὁ βασιλεὺς ἦ. – Vgl. jetzt Emmanuel Mayer, Rom ist dort, wo der Kaiser ist. Untersuchungen zu den Staatsdenkmälern des dezentralisierten Reiches von Diocletian bis zu Theodosius II. (Römisch-Germanisches Zentralmuseum, Forschungsinstitut für Vor- und Frühgeschichte, Monographien 53), Mainz 2002.

1   Konstantin I. mit Diadem. Auf der Rückseite ist die thronende Stadtgöttin von Konstantinopel zu sehen. Münze, Silber, 330 n. Chr. Berlin, Münzkabinett der Staatlichen Museen zu Berlin, 18200825.

den selbsternannten *augustus*, in Africa 310 besiegt hatte. Am 28. Oktober 312 ging Konstantin aus der Schlacht an der Milvischen Brücke als Sieger hervor. Nach dem Mailänder Treffen (313) mit dem Ergebnis der Vereinbarung der Duldung des Christenvereines (*corpus Christianorum*) regierte Konstantin im Westen, während sich Licinius (nach dem Tod des Galerius 311 Regierungspartner von Maximinus Daia) im Osten durchsetzen konnte. Es kam in der Folge zu einem Konflikt zwischen den beiden *augusti*, als Licinius die Standbilder Konstantins stürzen ließ. Nach Schlachten bei Laibach, Sirmium und Adrianopel wurde ein Waffenstillstand vereinbart. Konstantin residierte nun in Serdica, während sich der Aufenthaltsort Licinius' nicht genau bestimmen lässt. Die Nähe der beiden Machtzentren provozierte in der Folge Spannungen, die wiederum – ausgehend von Konstantin – in einen offenen Kampf mündeten. Im Juli 324 besiegte Konstantin Licinius bei Adrianopel; dieser konnte nach Chrysopolis flüchten, wo er im September 324 endgültig unterworfen, in der Folge gefangen und in Thessalonike ein Jahr später ermordet wurde, nachdem Gerüchte einer bevorstehenden Usurpation seitens des Inhaftierten in Umlauf gekommen waren.

Nun war Rom am Goldenen Horn angekommen, denn Konstantin bestimmte die Stadt zu seinem Residenzort. Was die ausschlaggebenden Gründe waren, wissen wir nicht, aber allein die Lage spricht für sich: Wie weit ökonomische und politische Weitsicht eine Rolle spielten, ist nicht zu klären, aber jedenfalls konnte man von dort rascher die Außengrenzen an der Donau und im Osten jenseits des Taurusgebirges erreichen. Die Stadt erhielt den Namen Konstantins, der sich ab 326 schon auf Münzen nachweisen lässt; der Kaiser tat damit etwas für antike Herrscher ganz Übliches. In diese Zeit lässt sich auch die Aussage des Optatianus Porphyrius datieren, der die Stadt als *soror Romae* bezeichnet (dies formulierte er allerdings nicht aus ideologischen Gründen, sondern er wollte wieder in der Gunst Konstantins stehen).[9] (Abb. 1)

---

9   Heinrich Chantraine, Konstantinopel – vom zweiten zum neuen Rom, in: Geschichte in Wissenschaft und Unterricht 43, 1992, S. 3–15; Averil Cameron, Old and New Rome. Roman Studies in Sixth-Century Constantinople, in: Transformations of Late Antiquity. Essays for Peter Brown, hg. von Philip Rousseau, Aldershot 2009, S. 15–36.

Am 11. Mai 330 schließlich weihte er seine Stadt KONSTANTINOPEL ein. Diesen Akt beging man noch lange festlich: Laut der Weltchronik des Malalas (6. Jahrhundert) wurde im Hippodrom eine hölzerne, vergoldete Kaiserstatue, die eine Tyche hielt, von Soldaten herumgetragen, der jeweilige Kaiser musste dieser Statue seine Referenz erweisen[10] – es ist somit auch eine eigene, von Rom unabhängige Stadtgeschichte greifbar.

Konstantin wollte bei seiner Wahl Rom in keiner Weise ablösen, sondern primär ein Denkmal für sich schaffen, indem er die Tiberstadt imitierte. Byzantion war nun Konstantins Rom, wie auch kurz zuvor schon Serdica (Sofia) sein Rom gewesen war. Rom konnte man am besten durch bauliche Eingriffe visualisieren: „Diese Stadt befahl er, Konstantinopel zu nennen, nachdem er auch den Hippodrom aufgeführt und ihn mit bronzenen Standbildern und jeglicher Zier ausgestattet hatte; er erbaute darin auch eine kaiserliche Loge in Angleichung zu der, die sich in Rom befand. Er errichtete aber auch einen großen, schönen Palast, ebenfalls in Angleichung an den von Rom, und zwar in der Nähe des Hippodroms."[11] Für „Angleichung" verwendet der griechische Autor den Begriff *homoiotes* (ὁμοιότης).

Der konstantinopolitanische Hippodrom imitierte den Circus Maximus, wie das Chronicon Paschale im siebten Jahrhundert vermerkt.[12] Man muss aber dazu sagen, dass ein Hippodrom gleichsam zur Grundausstattung einer Herrscherresidenz gehörte und dies auch schon bei Diokletian in Nikomedeia sichtbar war.[13] Beim konstantinopolitanischen Hippodrom wird die *imitatio* bis ins Detail betrieben: Die Anspielung an Rom wird durch die beiden Obelisken perfektioniert: Der heliopolitanische wurde in Rom von Augustus aufgestellt, der thebanische von Konstantios II., dem Sohn und Nachfolger Konstantins. (Abb. 2) Ursprünglich war dieser von Konstantin für seine Stadt bestimmt gewesen, aber sein Tod verhinderte den Abtransport. Erst Konstantios veranlasste die Überführung – heute steht er auf dem Lateranplatz (der Kaiser ließ zwei Obelisken aus dem Bezirk des Amontempels abtransportieren, einer ging nach Rom, der andere nach Konstantinopel, 357 – das Exemplar für Konstantinopel wurde von Theodosius I. aufgestellt; um die Gleichung perfekt zu machen,

10 Ioannis Malalae chronographia, hg. von Johannes Thurn (Corpus Fontium Historiae Byzantinae 35), Berlin/New York 2000, 13, 8; Übersetzung bei Johannes Malalas, Weltchronik, übers. von Johannes Thurn (Bibliothek der griechischen Literatur 69), Stuttgart 2009.

11 So Malalas (wie Anm. 10), 13, 7.

12 Chronicon paschale ad exemplar Vaticanum, hg. von Ludwig Dindorf (Corpus Scriptorum Historiae Byzantinae), Bonn 1832, Ol. 277.1.

13 Franz Alto Bauer, Konstantinopel – Kaiserresidenz und künftige Hauptstadt, in: Imperator Caesar Flavius Constantinus/Konstantin der Große. Ausstellungskatalog, hg. von Alexander Demandt/Josef Engemann, Mainz 2007, S. 171 (Skizzen von Kaiserresidenzen).

2   Der Hippodrom in Konstantinopel (Istanbul), Ansicht vor dem Jahr 1885.

errichtete man in Konstantinopel einen falschen, gemauerten zweiten Obelisken, der mit goldenen Platten versehen war).[14] (Abb. 3)

Die für den konstantinopolitanischen Hippodrom erwähnten Denkmäler können in vier Gruppen eingeteilt werden: Apotropaia, Siegesmonumente, öffentliche Figuren und Darstellungen Roms.[15] Zur letztgenannten Gruppe gehörten die Wölfin mit Romulus und Remus und eine Sau mit Jungen, die die Gründungsgeschichten Roms verdeutlichen sollen. Die erste Geschichte ist wohl bekannt, die zweite rührt von einer Prophezeiung her, die Aeneas bekommen hatte:[16] Wo eine weiße Sau ihre Schweinchen säugen würde, da würde er seine Stadt errichten.[17] Woher die Statuen kamen, lässt sich nicht genau klären, aber römischer Ursprung scheint wahrscheinlich zu sein.

Die Wölfin mit den Zwillingen stand bis ins beginnende 13. Jahrhundert im Hippodrom, als sich die Lateiner nach der Einnahme Konstantinopels im Jahre 1204 anschickten, Beutestücke entweder abzutransportieren oder einzuschmelzen. Niketas Choniates berichtet dazu in seiner Schrift über die Statuen in Konstantinopel: „Die Lateiner ließen ihre Hände auch nicht von der Hyäne und der Wölfin, welche Rhomos [Remus] und Rhomylos [Romulus] gesäugt hatte. Für wenige Statere, noch dazu kupferne, gaben die Lateiner Denkmäler ihres eigenen Volkes [τοῦ γένους] preis und steckten sie in die Schmelztiegel.“[18] Das Zeugnis ist bemerkenswert, zeigt es doch, dass ein hochgebildeter Byzantiner „Rom" abgetreten hat, dass die Lateiner für ihre Geschichte in Konstantinopel nicht empfänglich waren bzw. die Aussage der Denkmäler nicht verstanden. Oder erinnerten sie sich an die Statue der Wölfin im römischen Lateran?[19]

Auch im Kaiserpalast selbst achtete man auf Anknüpfungen an die imperiale Idee. Noch im zwölften Jahrhundert bemerkt Anna Komnene bei der Beschreibung des kaiserlichen Kreißsaales (*Porphyra*), dass die früheren byzantinischen Kaiser den rötlichen, mit weißen Punkten versehenen Marmor aus Rom hatten heranschaffen lassen.[20]

---

14 Wolfgang Müller-Wiener, Bildlexikon zur Topographie Istanbuls. Byzantion, Konstantinupolis, Istanbul bis zum Beginn des 17. Jahrhunderts, Tübingen 1977, S. 65, 71.

15 Sarah Guberti Bassett, The Antiques in the Hippodrome of Constantinople, in: Dumbarton Oaks Papers 45, 1995, S. 87–96, hier S. 88.

16 Zu Vergil siehe Malalas (wie Anm. 10), 7, 6.

17 Bassett, The Antiques (wie Anm. 15), S. 93.

18 Nicetae Choniatae historia, hg. von Joannes A. van Dieten (Corpus Fontium Historiae Byzantinae 11, 1–2), Berlin/New York 1975, S. 650, 17–20: Οὐδὲ μὴν τῆς ὑαίνης τε καὶ λυκαίνης τὰς χεῖρας ἀπήγαγον, ἃς Ῥῶμος καὶ Ῥωμύλος ἐθήλασαν· σταθήρων δὲ βραχέων, καὶ τούτων χαλκῶν, τὰ παλαιὰ σεμνώματα τοῦ γένους ἀπέδοσαν καὶ καθῆκαν αὐτὰς ἐς τὸ χωνευτήριον. Übersetzung nach Franz Grabler, Die Kreuzfahrer erobern Konstantinopel (Byzantinische Geschichtsschreiber 9), Graz 1958.

19 Fernande Hölscher, Das Capitol – das Haupt der Welt, in: Erinnerungsorte der Antike: Die römische Welt, hg. von Elke Stein-Hölkeskamp/Karl-Joachim Hölkeskamp, München 2006, S. 75–99, hier S. 91f.

20 Annae Comnenae Alexias, hg. von Diether R. Reinsch/Athanasios Kambylis (Corpus Fontium Historiae Byzantinae 40, 1–2), Berlin/New York 2001, VII 2, 71–80.

Neben Monumenten erhielt Konstantinopel wie Rom eine öffentliche kaiserliche Getreideversorgung für die Armen und Steuerfreiheit, wodurch rasch ein Zuzug aus dem Umland erfolgte. Dass Konstantinopel ebenfalls 14 Regionen und sieben Hügel aufwies bzw. mit Rom auch topographisch verglichen wurde, ist erst später – im siebten Jahrhundert zum ersten Mal greifbar – tradiert worden.[21]

Auch die gesellschaftliche Struktur wollte man ähnlich wie beim Vorbild gestalten – dies dürfte sich prägender auf die Mentalität der Stadt ausgewirkt haben, denn nur Menschen mit Bezug zu Rom konnten auch die Erinnerung am Leben erhalten: Senatoren wurden eingesetzt, die im Rang zunächst unter den römischen standen (sie trugen im Titel „von Konstantinopel", Präturen fehlten, der kaiserliche Repräsentant war *proconsul*, noch nicht *praefectus urbi*). Was nicht geschaffen wurde, war eine vergleichbare stadtrömische Priesterwürde. Knapp 50 Jahre nach der Einweihung erlangte die Stadt hinter Rom den zweiten Rang; den Sitz eines Patriarchen und die Vorrangstellung gegenüber den östlichen Patriarchaten konnte sich Konstantinopel aber erst im Laufe des fünften Jahrhunderts sichern. Ein Heiligtum der kapitolinischen Trias wurde allerdings nicht eingerichtet. Rom zu übertreffen war wohl schwierig, zunächst auch gar nicht intendiert, aber ähnlich wie die ewige Stadt wollte man sein.

Nur in Spuren sind Kontinuitäten altrömischen Brauchtums fassbar: Das Fest der Brumalien lebte in der frühbyzantinischen Zeit und darüber hinaus weiter: Es war üblich, in der Zeit vor der Wintersonnenwende Geschenke an Bekannte zu verteilen.[22]

Was richtungsweisend in der neuen Residenz war, waren die Kirchengründungen – die neueingeweihte Stadt musste nicht nur mit einer antiken Tradition ausgestattet werden, sondern auch mit einer christlichen, denn das ziemte sich für den Kaiser, der nun auch Hüter der Orthodoxie war.[23] Anders als in Rom wurden an zentralen Stellen in der Stadt (und nicht vor den Stadtmauern) sakrale Bauten errichtet: Die Apostelkirche ließ Konstantin für sich erbauen und bestimmte sie zu seiner Grabstätte; interessanterweise gab er kein Mausoleum, das auch der Beisetzung seiner Familie dienen konnte, in Auftrag. Auch die erste Errichtung der Hagia Sophia dürfte er veranlasst haben.

---

21 Albrecht Berger, Regionen und Straßen im frühen Konstantinopel, in: Istanbuler Mitteilungen 47, 1997, S. 349–414; Wolfram Brandes, Sieben Hügel. Die imaginäre Topographie Konstantinopels zwischen apokalyptischem Denken und moderner Wissenschaft, in: Rechtsgeschichte. Zeitschrift des Max-Planck-Instituts für europäische Rechtsgeschichte 2, 2003, S. 58–71.

22 Ilse Rochow, Zu heidnischen Bräuchen bei der Bevölkerung des Byzantinischen Reiches im 7. Jahrhundert, vor allem aufgrund der Bestimmungen des Trullanum, in: Klio 60, 1978, S. 483–497, hier S. 487f.

23 Allgemein Deno John Geanakopulos, Church Building and „Caesaropapism", A.D. 312–565, in: Greek, Roman and Byzantines Studies 7, 1966, S. 167–186.

---

3 Gemauerter Obelisk auf dem Hippodrom in Konstantinopel (Istanbul) mit Weihinschrift Kaiser Konstantins VII. Porphyrogennetos, 10. Jh.

4   Phokassäule auf dem Forum Romanum in Rom, 2. Hälfte 2. Jh. n. Chr. von Papst Bonifatius für
     den byzantinischen Kaiser Phokas um 608 wiedererrichtet.

Nach dem Auftakt durch Konstantin stagnierte die Entwicklung Konstantinopels. Als der erste, kurz vor seinem Tode getaufte, christliche Kaiser 337 starb, hinterließ er vieles unfertig, vor allem die Nachfolge scheint nicht zukunftsorientiert geregelt gewesen zu sein. Konstantios II. führte einige Bauten zu Ende, darunter die Apostelkirche mit einem Mausoleum; in diese Kirche kamen erst in der Mitte des vierten Jahrhunderts Reliquien von Timotheos, dann von Andreas und Lukas. Ausgelöst dürfte der Boom durch die Reise Konstantios' anlässlich seines 20-jährigen Regierungsjubiläums in den Westen im Jahre 357 gewesen sein, denn er war von der Stadt Rom als Schauplatz wahrer *romanitas* begeistert. Hinsichtlich der christlichen Tradition hatte Rom immer einen Vorsprung, da es die Stadt der Apostel und der ersten Märtyrer war, wodurch es nach den Worten Papst Leos beanspruchen konnte, das Haupt der Welt zu sein.

Auffällig ist auch, dass die unmittelbaren Nachfolger Konstantins vergleichsweise selten in Konstantinopel anzutreffen waren, was sich erst unter den Kaisern Arkadios (395–408) und Theodosios (408–450) änderte. 395 kam es zur Aufteilung der Kompetenzen zwischen Westrom und Ostrom. Mit Arkadios kann die Entwicklung zur Hauptstadt als definitiv abgeschlossen betrachtet werden – Konstantinopel war Haupt(stadt) des oströmischen Reiches geworden. Dieses Haupt konnte im Bedarfsfall auch das gesamte Imperium Romanum vertreten. Der Expansion der Stadt wurde durch eine Erweiterung der Stadtmauer durch Theodosios Rechnung getragen.

Das Reichszentrum war in den folgenden zweihundert Jahren sicher und es litt auch nicht in dem Maße unter den Verschiebungen und gesellschaftlichen Veränderungen wie die westlichen Reichsgebiete. Überlegungen, die Hauptstadt wieder in den Westen zu verlegen, gab es unter zwei byzantinischen Kaisern im 7. Jahrhundert: Der Exarch von Karthago, Herakleios, revoltierte 610 gegen Kaiser Phokas (602–610). Phokas war übrigens der Kaiser, der in einem Erlass die apostolische Kirche des heiligen Petrus als Haupt aller Kirchen anerkannte (die Patriarchen von Konstantinopel waren es seit dem 6. Jahrhundert gewohnt, sich ökumenisch zu nennen, wogegen Papst Gregor I. [590–604] heftig protestierte). Aus Dankbarkeit wurde dem byzantinischen Kaiser von Papst Bonifatius III. im Jahre 608 die sogenannte Phokassäule auf dem Forum Romanum errichtet – dieses ist das letzte, noch heute sichtbare Monument, das gleichsam einen Schlussstein der Antike bildet. (Abb. 4) Phokas schenkte Bonifatius IV. auch das Pantheon, welches in die Kirche Santa Maria ad Martyres umgewandelt wurde.

Herakleios durchlebte am Beginn seiner Regierung eine unruhige Zeit, es galt die Ostgrenze zu sichern. Er trug sich mit dem Gedanken, das Reichszentrum in den lateinischen/afrikanischen Westen zu verlegen. Eine zeitnahe byzantinische Quelle ist das Breviarium des Patriarchen Nikephoros (802–815) aus dem neunten Jahrhundert, der auch aus kirchlicher Sicht die Zustände um 619 schildert:[24]

„Der Kaiser war sehr aufgewühlt und verstört über diese Vorgänge [...]. Zusätzlich brach eine schwere Hungersnot im Reich zu dieser Zeit aus: Ägypten lieferte nicht mehr Getreide, aus diesem Grund hörte die kaiserliche Getreideverteilung auf. Weiters befiel eine Seuche die Bewohner der Hauptstadt und viele starben daran. Aus all diesen Dingen umgab den Herrschenden viel Missstimmung und Ratlosigkeit. Und deswegen entschied er sich, nach Libyen auszuwandern. Er schickte darum sehr viel Geld, Gold, Silber und die kostbarsten Steine voraus; von diesen wurde ein großer Teil von einem gewaltigen Seesturm erfasst und sank in den Meeresfluten. Als das einige der Bürger bemerkten, versuchten sie es zu verhindern, soweit es möglich war. Der Erzpriester [Patriarch] lud diesen in die Kirche ein, wo er ihn mit Eiden band, dass er keineswegs von der Hauptstadt ablasse. Er gab nach – gegen seinen Willen – und akzeptierte ihre Meinungen, während er die gegenwärtigen Missstände beklagte."[25]

---

24 Walter E. Kaegi, Heraclius, Emperor of Byzantium, Cambridge 2003, S. 88f.

25 Nikephoros, Patriarch of Constantinople, Short History, hg. von Cyril Mango (Corpus Fontium Historiae Byzantinae 13 = Dumbarton Oaks Texts 10), Washington, D.C. 1990, 8 (S. 48,23–16): Ταῦτα οὐ μικρῶς ἠνία τὸν βασιλέα καὶ ἐπετάραττεν. ἐφ' οἷς καὶ λιμὸς τηνικαῦτα τῇ πολιτείᾳ ἐπεφύη βαρύτατος· οὐ γὰρ ἡ Αἴγυπτος αὐτοῖς τὸ λοιπὸν ἐπεσίτιζεν, ἐξ οὗ καὶ τὰ πλεῖστα τῶν βασιλικῶν ἐπελελοίπει σιτηρεσίων. ἐν τούτοις καὶ νόσος λοιμώδης τοῖς ἐν τῇ πόλει ἐνσκήψασα θανάτῳ τὰ πλήθη τὰ ἐν αὐτῇ διέφθειρεν. ὧν ἁπάντων ἕνεκεν πολλὴ δυσθυμία καὶ ἀπορία τῷ κρατοῦντι περιεκέχυτο. Καὶ οἴχεσθαι διὰ ταῦτα πρὸς Λιβύην βουλομένῳ ἦν.

Bemerkenswert ist die Rolle des Patriarchen, der den Kaiser umstimmen kann (die Episode der Verlegung der Hauptstadt gibt es nur bei Nikephoros). Die Widerstände, das Neue Rom, welches seit dem Konzil von Konstantinopel 381 so benannt wurde, aufzugeben, waren zu groß, obwohl kurz darauf – 626 – die Stadt die erste richtige Bedrohung durch Perser und Avaren überstehen musste – überstehen mit Hilfe der Theotokos, die schützend eingriff, aber das ist eine andere Geschichte.[26]

Herakleios tat sich auch darin hervor, in der Kaisertitulatur Neuerungen einzuführen. Bis in seine Zeit hatte sich der römische Usus fortgesetzt, Epitheta in die Titulatur einzufügen, etwa die kaiserlichen Siege einzuführen und damit bombastische Eindrücke zu erwecken. Während sich Kaiser Justinian noch Αὐτοκράτωρ καῖσαρ Φλάβιος Ἰουστινιανός, ἀλαμανικός, γοτθικός, φραγγικός, γερμανικός, ἀντικός, ἀλανικός, οὐανδαλικός, ἀφρικανός, εὐσεβής, εὐτυχής, ἔνδοξος, νικητής, τροπαιοῦχος, ἀεισέβαστος, αὔγουστος (*Autokrator kaisar Phlabios Iustinianos, alamanikos, gotthikos, phrangikos, germanikos, antikos, alanikos, vandalikos, aphrikanos, eusebes, eutyches, endoxos, niketes, tropaiuchos, aeisebastos, augustos*) nennen lassen konnte,[27] so vollzog Herakleios während der ersten Jahre seiner Regierung Änderungen, welche schließlich zu einer „Abspeckung" führten. In der Novelle des Jahres 629 erschien zum ersten Mal der Titel *basileus* in der *intitulatio* einer byzantinischen Kaiserurkunde. Ἡράκλειος καὶ Ἡράκλειος νέος Κωνσταντῖνος πιστοὶ ἐν Χριστῷ βασιλεῖς.[28] Damit war die jahrhundertelange Tradition des römischen imperialen Titelwesens grundsätzlich beendet, wenngleich einige Beinamen noch über geraume Zeit hin anzutreffen sind.[29] Irgendwann hat sich das Bedürfnis herausgebildet, besonders darauf hinzuweisen, dass man römisch ist. „Kaiser der Römer" findet man auf kaiserlichen Siegeln schon bei Konstans II. und Konstantinos IV. (654–669),[30] auf Münzen, die sehr konservative Me-

---

Καὶ αὐτόθι χρήματα τέως πλεῖστα χρυσόν τε καὶ ἄργυρον καὶ λίθων τοὺς τιμιωτάτους προύπεμπεν· ὧν οὐκ ὀλίγιστα καταίροντα κλύδωνι μεγίστῳ περιπέπτωκε καὶ τοῖς ποντικοῖς ῥείθροις βρύχια γέγονε. Ταῦτα τοίνυν τῶν πολιτῶν αἰσθόμενοι, ὡς δυνατὰ ἦν αὐτοῖς,διεκώλυον. ὁ γοῦν ἱεράρχης ἐπὶ τοῦ ἱεροῦ τοῦτον καλέσας ὅρκοις ἐνταῦθα περιεδέσμει ὡς ἥκιστα τῆς βασιλευούσης ἐξίστασθαι. Οἷς εἶξας τὰς μὲν παρούσας τύχας ἀπωλοφύρετο, τὰς δὲ γνώμας τὰς αὐτῶν καὶ οὐκ ἐθελοντὶς ἔστεργε.

26　Ab dem sechsten Jahrhundert ist eine Affinität der Stadt(gesellschaft) zur Mutter Gottes festzustellen, siehe Averil M. Cameron, The Theotokos in Sixth-century Constantinople. A City Finds Its Symbol, in: The Journal of Theological Studies N.S. 29, 1978. S. 79–108.

27　Gerhard Rösch, Ὄνομα βασιλείας. Studien zum offiziellen Gebrauch der Kaisertitel in spätantiker und frühbyzantinischer Zeit (Byzantina Vindobonensia 10), Wien 1978, Nr. 47.

28　Johannes Konidaris, Die Novellen des Kaisers Herakleios, in: Fontes Minores 5, 1982, S. 33–106, hier S. 94f. Dazu Otto Kresten, Herakleios und der Titel βασιλεύς, in: Varia 7, hg. von Paul Speck (Poikila Byzantina 18), Bonn 2000, S. 178f. Herakleios führte die Kreuzesreliquien schon 628 nach Jerusalem zurück und verwendete in alttestamentlicher Anspielung (David) im Jahr darauf den einfachen *basileus*-Titel.

29　Rösch, Ὄνομα βασιλείας (wie Anm. 27), S. 107.

30　George Zacos/Alexander Veglery, Byzantine Lead Seals 1, Basel 1972, Nr. 19; Peter Classen, Romanorum gubernans imperium, in: Deutsches Archiv 9, 1952, S. 103–121, hier S. 115f. βασιλεὺς Ῥωμαίων ab dem Ende des siebten Jahrhunderts.

dien sind, erst 812 – dies stand in Zusammenhang mit der Einigung zwischen Byzanz und dem westlichen Kaisertum.[31] Bis der Zusatz „der Römer" in Urkunden hinzutritt, vergeht auch Zeit, Konstantinos VI. und Eirene sind im Jahre 787 πιστοὶ βασιλεῖς Ῥωμαίων.[32] (siehe Abb. 2, S. 274)

Die Wahl des Titels *basileus* von Herakleios dürfte auch damit zusammenhängen, dass er sich mit dem alttestamentlichen König David stark identifizierte. Indizien dafür gibt es einige. Der Höhepunkt dieser Vorstellung dürfte im Gefolge des Sieges über den Perser Chosroes gewesen sein; er konnte die Kreuzreliquien nach Jerusalem retournieren (630),[33] wie seinerzeit David die Bundeslade dorthin brachte.[34] Dass der Sohn Herakleios' auf den Namen David getauft wurde und dass es berühmte Silberteller mit Darstellungen Davids gibt, sei nur en passant angeführt.

Das zweite (und letzte) Mal trat die Idee einer Verlegung der Hauptstadt bei Konstans II., Herakleios' Nachfolger und Kaiser ab 641 (eigentlich Konstantinos, Sohn des Herakleios Konstantinos), auf. Der Druck von arabischer Seite auf das oströmische Reich wurde immer stärker. Konstans II., Enkel von Herakleios, operierte nicht sehr erfolgreich gegen den ersten Umayyaden-Kalifen Mu-awiya, obwohl er Konstantin den Großen als Schutzherrn im Kampf gegen die Muslime anrief. Es fällt auf, dass in dieser Zeit Konstantin häufig als Name im Kaiserhaus vergeben wurde. Auffällig sind in dieser Zeit die hervorragenden Münzprägungen aus Sizilien und ebenfalls neu ist, dass man die ersten griechischen Inschriften auf byzantinischen Münzen findet, was eine Veränderung der Tradition bedeutet. Eine Legende lautet EN TUTO NIKA – „In diesem Zeichen mögest du siegen", was sich auf die Konstantinslegende bezieht, auf der Reversseite ist *ananeosis* „Erneuerung" zu finden.[35] Konstans II. hat also die Vorstellung, ein *neos Konstantinos* zu sein, von seinem Vater Herakleios Konstantinos übernommen.[36] (Abb. 5)

---

31 Rösch, Ὄνομα βασιλείας (wie Anm. 27), S. 113.

32 Rösch, Ὄνομα βασιλείας (wie Anm. 27), S. 111–116 (Nr. 67).

33 Zur Adventuszeremonie siehe Kaegi, Heraclius (wie Anm. 24), S. 185f.; weiters Sabine G. MacCormack, Art and Ceremony in Late Antiquity (The Transformation of the Classical Heritage 1), Berkeley, Cal. 1981, S. 84ff. Georgios Pisides dichtet auf dieses Ereignis, Agostino Pertusi, Giorgio di Pisidia. 1. Panegirici epici (Studia patristica et Byzantina 7), Ettal 1959, S. 228.

34 Kaegi, Heraclius (wie Anm. 24), S. 184f.; die Bezugstelle im Alten Testament ist 2 Sam 6,16f.; vgl. auch Andrea Sommerlechner, Kaiser Herakleios und die Rückkehr des Heiligen Kreuzes nach Jerusalem, in: Römische Historische Mitteilungen 45, 2003, S. 319–360.

35 Abbildung z. B. bei Philip D. Whitting, Münzen von Byzanz, München 1973, Nr. 226; vgl. auch Alexander Kazhdan, Constantin imaginaire. Byzantine Legends of the Ninth Century about Constantine the Great, in: Byzantion 57, 1987, S. 196–250 (Aufleben des Konstantinsbildes im 8.–9. Jahrhundert und seine propagandistische Ausweitung).

36 Wolfgang Hahn, Moneta Imperii Byzantini 3. Von Heraclius bis Leo III. Alleinregierung (610–720) (Veröffentlichungen der Numismatischen Kommission 10), Wien 1981, S. 136.

5 Miliarense Konstans II.,
Silber, 351–354 n. Chr.
Zürich, Sunflower
Foundation.

Konstans begab sich 663 in den Westen – nach vorangegangenem Streit mit seinem Bruder Theodosios, der von ihm bei der Verleihung der Mitregentschaft übergangen worden war. Das Volk nannte ihn entrüstet einen Kain. Die Reise hatte den „Charakter eines Bruches mit der alten Residenz".[37]

Konstans kam über Thessalonike, Athen, Tarent und Neapel schließlich nach Rom.[38] Die Apenninenhalbinsel war in dieser Zeit politisch ruhiger und sicherer als der Osten. Konstans war der erste und zugleich letzte Kaiser seit 476, der Rom einen Besuch abstattete. Der Empfang von Papst Vitalian an der Spitze des römischen Klerus gestaltete sich freundlich: Sechs Meilen vor der Stadt begegnete man ihm und holte ihn in die Stadt; dort blieb er zwölf Tage und verließ die Ewige Stadt am 17. Juli 663 wieder. Der Eindruck muss nachdrücklich gewesen sein, denn Konstans stellte sich vor, in Syrakus seine neue Residenz einzurichten. Wie schon bei Herakleios widersetzte sich Konstantinopel der Übersiedlung.[39] Konstans wurde im September 668 in Sizilien ermordet, sein Leichnam nach Konstantinopel überführt und in der Apostelkirche bestattet (dorthin gehörte ein verstorbener byzantinischer Kaiser!).

Das oströmische Reich war Bollwerk gegen den aus dem Osten sich ausbreitenden Islam geworden, das dessen Kräfte band. Gleichsam im Windschatten konnten die aufstrebenden westlichen Mächte die Anknüpfung an Rom vorbereiten.

Nach Konstantinopel kamen nicht nur wertvolle Denkmäler aus der römischen Geschichte, es wurden – wie gesagt – auch bewusst Familien in die Stadt am Goldenen Horn verpflanzt, die im öffentlichen Leben als Senatoren oder bis Justinian I. als Konsuln eine wichtige Rolle spielten und auch in die Kaisersukzession eingreifen konnten.

---

37 Georg Ostrogorsky, Geschichte des byzantinisches Staates (Handbuch der Altertumswissenschaft, Abteilung 12, Byzantinisches Handbuch 1,2), München 1963, S. 101.

38 Ernest Walter Brooks, The Sicilian Expedition of Constantine IV, in: Byzantinische Zeitschrift 17, 1908, S. 455–459.

39 Theophanis chronographia, hg. von Carl de Boor, Leipzig 1883, S. 348,4; S. 351,14/15.

Eine Episode, die Gregor von Tours gegen Ende des sechsten Jahrhunderts überliefert,[40] kann als beispielhaft für das Zusammentreffen von Traditionen verstanden werden.[41]

Als Kaiser Justinian 527 den Thron bestieg, bat er die Patrizierin Juliana Anicia um eine Stiftung für den Staatsschatz. (Abb. 6) Anicia willigte ein, bedingte sich aber Zeit aus zur Sammlung und Bereitstellung von Schätzen. Anicia trug ihren Handwerkern auf, ihr Gold in Plättchen umzuwandeln, die sie dann auf dem Dach ihrer Kirche, die dem Polyeuktos geweiht war, anbringen ließ.[42] Justinian kam daraufhin zur Patrizierin, die ihn in ihre Kirche bat. Dabei ließ sie sich von ihm stützen. Justinian kniete zum Gebet nieder und wollte dann sein Geschenk in Empfang nehmen. Anicia forderte ihn auf, emporzublicken: Von dort oben könne er nehmen, was er wolle. Justinian war verwirrt und aus dem Konzept gebracht. In dieser Situation schenkte sie ihm einen Smaragdring, den sie vom Finger zog. Der Ring sei mehr wert als alles in der Kirche Befindliche. Er enthält also hohes symbolisches Kapital.[43]

Der Hintergrund dieser Geschichte sind Spannungen zwischen der Familie der Anicii und der regierenden Herrscherfamilie. Der Vater von Anicia war Flavius Anicius Olybrius, welcher kurz im Jahre 472 weströmischer Kaiser gewesen war; mütterlicherseits war sie eine Nachkommin von Kaiser Theodosius I., ihre Mutter war eine Tochter von Galla Placidia – Juliana wurde also in eine sehr prominente Familie hineingeboren und dementsprechend selbstbewusst agierte sie auch. 479 hatte sie Areobindus geheiratet, den sie auf dem Thron sehen wollte, aber es gelang nicht. Und es glückte auch nicht mit ihrem Sohn Flavius Anicius Olybrius, der 518 gegen Justin unterlag. Es scheint so, dass Anicia nach diesen Enttäuschungen ihre Aktivitäten darauf konzentrierte, der Familie Denkmäler einer großen Vergangenheit zu errichten. Die Polyeuktoskirche wird als Produkt der Auseinandersetzung gegen Justin gesehen, der darauf nicht reagierte; erst Justinian nahm die Herausforderung an. Die Episode bei Gregor kann man wohl dahingehend interpretieren. Jedenfalls begann Justinian kurz nach der Vollendung der Polyeuktoskirche die Hagia Sophia planen und erbauen zu lassen, zu deren Einweihung 537 auch Romanos Melodos ein Konta-

---

40 Alexander Demandt, Die Spätantike. Römische Geschichte von Diocletian bis Justinian 284–565 n. Chr. (Handbuch der Altertumswissenschaft Abteilung 3, 6), München 1989, S. 342; in den westlichen Provinzen war der senatorische Adel noch präsent, aus diesen Kreisen stammte Gregor von Tours. Die Episode findet man bei Gregor von Tours, De gloria martyrum, in: Gregor von Tours, Opera omnia (Patrologia Latina 71), hg. von Jacques-Paul Migne, Paris 1849, Sp. 793–795.

41 Auch bei Mischa Meier, Das Ende des Konsulats im Jahr 541/542 und seine Gründe. Kritische Anmerkungen zur Vorstellung eines „Zeitalters Justinians", in: Zeitschrift für Papyrologie und Epigraphik 138, 2002, S. 277–299, hier S. 284.

42 Martin Harrison, Ein Tempel für Byzanz. Die Entdeckung und Ausgrabung von Anicia Julianas Palastkirche in Istanbul, Stuttgart/Zürich 1990.

43 Übersetzung der Passage in Harrison, Tempel (wie Anm. 42), S. 36–40.

6   Juliana Anicia (462–527/528), Widmungsbild im Wiener Dioskurides, Wien, Österreichische
Nationalbibliothek, Cod. Med.gr.1 (Faks), Folio 6v.

kion wahrscheinlich im (politischen) Auftrag des Kaisers vortrug.[44] In der Polyeuktos-kirche war zwar eine Widmungsinschrift (auf Griechisch und in Hexametern) ange-bracht worden, aber Justinian siegte nun durch ein anderes Medium: Sein Sieg über Salomon wurde auch akustisch vorgetragen und erreichte die breiten Massen. Damit hatte Justinian die patrizische Tradition übertönt; eine Maßnahme scheint in dieselbe Richtung zu zielen: Der Konsulat wurde abgeschafft. Diese Institution war nicht nur mit enormen Kosten verbunden, danach wurde auch die Zeitrechnung organisiert, die Justinian ebenfalls im Jahre 537 erneuerte. Anstelle der Zählung nach Konsuln treten nun die Indiktion und das Weltjahr. Die Abschaffung des Amts der Konsuln wird auch als Ausdruck der Stimmung Justinians gegen den senatorischen Adel ge-wertet, dem damit ein Mittel der Selbstdarstellung genommen war.

Zum Schluss noch ein Aspekt, der im Vorangegangenen hin und wieder schon an-geklungen ist. Mit der Verschiebung des Reiches/Reichszentrums nach Osten wird die griechische Sprache wichtiger. Theodosios II. lässt etwa an seinem Obeliskenmonument im Hippodrom die Inschriften noch zweisprachig anbringen, aber das Lateinische war auf verlorenem Posten.[45] (Abb. 7) Juliana Anicias Widmungsinschrift in der Polyeuktos-kirche ist natürlich griechisch.[46] Eine Stimme aus dem sechsten Jahrhundert ist Johan-nes Lydos, der in seinen antiquarischen Schriften mehrmals auf das Verschwinden der Latinität hinweist. Man findet dort auch Bestrebungen, Latein wieder zu forcieren.[47] Der Prozess wird durch Justinians Gesetzeswerk beschleunigt, Novellen werden nun griechisch ausgegeben (der Codex Iustinianus ist aber noch in Latein abgefasst).[48] Das Gesetz wirkt global, wenngleich im westlichen frühen Mittelalter der Codex Theo-dosianus wichtiger ist. Der Codex Iustinianus kommt erst über Bologna zu seiner gro-ßen Verbreitung. Justinian ist aber eine ferne autoritätsstiftende Größe (Collectio Gaudenziana).[49]

---

44 Paul Maas/Konstantinos A. Trypanis, Sancti Romani Melodi cantica, Oxford 1963, Kontakion 54; Johan-nes Koder, Justinians Sieg über Salomon, in: Θυμίαμα στη μνήμη της Λασκαρίνας Μπούρα, hg. von Luse Mpratziote, Athen 1994, Bd. 1, S. 135–142.

45 Cameron, Rome (wie Anm. 9), S. 17f.

46 Die Inschrift ist überliefert in der Anthologia Graeca, hg. von Hermann Beckby, 2. Aufl. München 1965, Bd. 1, S. 10; dazu Cyril Mango/Ihor Ševčenko, Remains of the Church of St. Polyeuktos at Constantino-ple, in: Dumbarton Oaks Papers 15, 1961, S. 243–247.

47 Bruno Rochette, Justinien et la langue latin. À propos d'un prétendu oracle rendu à Romulus d'après Jean le Lydien, Byzantinische Zeitschrift 90, 1997, S. 413–415; ausführliche Bibliographie bei Cameron, Rome (wie Anm. 9), S. 22, Anm. 40.

48 Zum Lateinischen in der Rechtsliteratur siehe Joëlle Beaucamp, Byzance et l'héritage latin. Le discours juridique du VIe au Xe siècle, in: Ktema 23, 1998, S. 475–484.

49 Dazu Wolfgang Kaiser, Die Epitome Iuliani. Beiträge zum römischen Recht im frühen Mittelalter und zum byzantinischen Rechtsunterricht (Studien zur europäischen Rechtsgeschichte 175), Frankfurt am Main 2004.

DIFFICILISQVONDAMDOMINISPARERESERENIS
IVSSVSETEXTINCTISPALMAMPORTARETYRANNIS
OMNIATHEODOSIOCEDVNTSVBOLIQVEPERENNI
TERDENISSICVICTVSEGODOMITVSQVEDIEBVS
IVDICESVBPROCLOSVPERATASQVETVLERAMAD AVRAS

Die Erinnerung an Rom und seine Größe bleibt: Als Prokop 550 in Rom weilt, fallen ihm historische Denkmäler auf. Er formuliert davor: „Dabei sind aber die Römer von allen Menschen, die wir kennen, ihrer Stadt in treuester Liebe zugetan und eifrig bemüht, sämtliche Denkmäler der alten Zeit zu pflegen und zu schützen, damit nichts von dem früheren Glanze Roms zugrunde geht [...]".[50] Besonders das Schiff des Aeneas wird wie eine Reliquie verehrt und bewahrt.[51] Interessant ist dabei, dass Prokop die Erinnerung in Rom lässt und nicht mit Konstantinopel verknüpft – damit ist er verwandt mit Niketas, der viel später die Statue der Wölfin nicht der eigenen, sondern der Geschichte der westlichen Lateiner überlässt.

Fazit

Was ist nun Rom im byzantinischen Kaisertum des früheren Mittelalters? Aus den Ausführungen wird klar, dass sich die positive Entwicklung für Konstantinopel zwar schon früh abzeichnete, es aber der Konstituierung bedurfte. Die Stadt am Goldenen Horn bedeutete zunächst nicht Konkurrenz oder Konterpart zu Rom, sondern bloß Angleichung oder Nachahmung der Tiberstadt. Rom bzw. andere kaiserliche Residenzstädte dominierten, bald kam es zum Ausgleich, und ab etwa 410 ist Konstantinopel klar der wichtigere Faktor in dem Kräftespiel. Ob die Bestrebungen im siebten Jahrhundert, die Metropole der (ost)römischen/christlichen Welt wieder in den Westen zu verlegen, glücklich gewesen wären, kann man nicht beurteilen. Aus dem Verständnis der Zeitgenossen muss das aber als Schutz gegen die drohende Gefahr aus dem Osten (zunächst Perser, dann Araber) eine Option bedeutet haben. Dagegen waren allerdings das Volk und das schon einflussreiche Patriarchat von Konstantinopel (626 ist ein Schlüsseljahr auch für die Position des Patriarchen, da er mit der Bevölkerung den Schutz durch die Theotokos für die Stadt erflehen konnte).

---

50 Prokop VIII 22,4ff. – Vgl. Marianne Pollak, Vom Erinnerungsort zur Denkmalpflege. Kulturgüter als Medien des kulturellen Gedächtnisses (Studien zu Denkmalschutz und Denkmalpflege 21), Wien/Köln/Weimar 2010, S. 26f.

51 Susanne Muth, Rom in der Spätantike – die Stadt als Erinnerungslandschaft, in: Erinnerungsorte der Antike. Die römische Welt, hg. von Elke Stein-Hölkeskamp/Karl-Joachim Hölkeskamp, München 2006, S. 438–456, hier S. 438f.

---

7 Theodosiusobelisk. Der ägyptische Obelisk von Pharao Tutmosis III. wurde im 4. Jh. n. Chr. von Kaiser Theodosius auf dem Hippodrom in Konstantinopel (Istanbul) aufgestellt. Der Sockel trägt auf der Ost- und Westseite eine Inschrift in Griechisch und Lateinisch.

Jedenfalls war Kaiser Konstantin in der Erinnerung der Byzantiner immer Bestandteil der eigenen Kultur und ideologischer Angelpunkt.

Durch die Verlagerung der politischen Macht nach Osten setzt die Zurückdrängung des ohnehin schwach vertretenen oder verankerten Römischen ein. Es greift im sechsten Jahrhundert auf die Institutionen über, zunächst auf die Verwaltung (Konsulat, Gesetz) und dann auch auf das Kaisertum, das mehr und mehr das Lateinische zurückdrängte – nicht angesprochen wurde die Kaiserinauguration, die sich zum kirchlichen Zentrum verlagerte.

Justinian ist sicher der Kaiser, der das byzantinische Kaisertum zu *dem* Kaisertum machte, denn er hängte die römische Tradition ab (Ende Konsulat, Zurückdrängen der senatorischen Aristokratie, neue Zeitzählung nach Weltjahren).

Einen weiteren Schritt hin zu einer frühmittelalterlichen Gesellschaft macht Herakleios, der einen starken ideologischen Bezug zum alttestamentlichen David aufbaut – Justinian prahlt noch damit, Salomon übertroffen zu haben, während Herakleios in die Rolle Davids schlüpft. Gepaart ist das ideologisch mit einer Erneuerung des Kreuzes, propagandistisch untermauert durch den Münzausstoß – die Erinnerung und das *revival* Konstantins des Großen sind aus diesem Grund selbstverständlich.

Das Jahr 629 setzt dem römisch bestimmten Titelwesen ein Ende, der einfache *basileus* löst die Triumphaltitel ab. Es wird noch mehr als 150 Jahre dauern, bis für die Kaiser am Goldenen Horn auch die Betonung des Römischen im Titel wieder wichtig wird. Aber das gehört nicht mehr zum Frühmittelalter.

Stephan Freund

Traditionslinien des Kaisertums von der Antike zum Mittelalter

Die Absetzung des weströmischen Kaisers Romulus Augustus durch den germanischen Söldnerführer Odoaker im Jahre 476 gilt gemeinhin als Epochendatum, endete mit diesem Ereignis doch das antike Kaisertum im Westen.

Die damit verbundene formale Zäsur, die häufig auch zur Abgrenzung der (Spät-) Antike zum (Früh-)Mittelalter bemüht wird, präsentiert sich jedoch erst in der Retrospektive als solche. Von den Zeitgenossen wird Romulus Augustus kaum jemand eine Träne nachgeweint haben, zu ephemer war die Episode des wegen seiner Jugend als Augustulus, als ‚Kaiserlein‘, Bezeichneten, und zu sehr glich sie der anderer kurzlebiger Kaiser jener Jahrzehnte, die keine große Wirksamkeit zu entfalten in der Lage waren. Dass den Menschen des späten 5. Jahrhunderts die mit der Absetzung des Romulus verbundene Tragweite für die Geschichte des Kaisertums bewusst war, erscheint auch deshalb fraglich, weil in den folgenden Jahren nichts darüber verlautet, dass ein nachdrücklicher Versuch unternommen worden wäre, einen neuen Kaiser zu erheben. Es sollte schließlich bis zur Kaiserkrönung Karls des Großen im Jahre 800 dauern, bis es im Westen wieder zu einem Kaisertum kam.

Neue Völker formierten sich auf dem Boden des einstmaligen (West-)Römischen Imperiums, nahmen zum Teil dessen Traditionen auf, adaptierten diese und schufen so – unbewusst! – Neues, das für die weitere Entwicklung zukunftweisend werden sollte. Aus der spätantiken Welt wurde die mittelalterliche. Eines Kaisers bedurfte man dabei offenbar nicht. In den Jahren und Jahrzehnten von 476 bis 800 fungierten nichtrömische Herrscher und Reiche im Westen des ehemaligen Imperium Romanum als Ordnungsfaktoren. Verwiesen sei lediglich auf das Ostgotenreich Theoderichs des Großen und das spätere Langobardenreich in Italien, vor allem aber auf das Fränkische Reich der Merowinger und Karolinger im einstigen Gallien.

Versteht man das Kaisertum als Ordnungsform, wie das als Ausgangsthese und -frage der Tagung postuliert wurde, so steht man damit vor einem Phänomen: Das

Kaisertum wurde im Westen bis zur Kaiserkrönung Karls des Großen im Jahre 800 nicht erneuert und dennoch herrschte „Ordnung".

Die konkreten (Hinter-)Gründe für Karls Kaisertum werden und wurden seitens der Forschung intensiv diskutiert. Die Frage, weshalb zwischen 500 und 800 kein Versuch zu einer Erneuerung des Kaisertums unternommen wurde, auf welchen Grundlagen die „nachrömische" Ordnung im Westen Europas stattdessen beruhte und welche antiken Traditionen ohne Kaiser weiterlebten bzw. die Genese der frühmittelalterlichen Herrschaftsbildungen und -formen beeinflusst haben, bedarf hingegen einer vertiefenden Betrachtung. Diese kann hier aus Zeit- und Platzgründen nicht geleistet werden, jedoch sollen einige Beobachtungen mitgeteilt werden, die geeignet erscheinen, einzelne, für die frühmittelalterliche Königsherrschaft namentlich des Frankenreichs charakteristische Phänomene und deren (spät-)antike Ursprünge aufzuzeigen. Dazu ist es erforderlich, in groben Umrissen einige Charakteristika des antik-spätantiken Kaisertums aufzuzählen, um vor diesem Hintergrund den Vergleich mit den Herrschaftsstrukturen des merowingisch-karolingischen Königtums unternehmen zu können.

Das spätantike Kaisertum – Versuch einer Phänomenologie

Das antike, sich aus der Abgrenzung zum römischen Königtum entwickelnde und definierende Kaisertum erscheint auf den ersten Blick als feste Größe, entpuppt sich bei näherer Betrachtung jedoch als in ihrem Erscheinungsbild ausgesprochen heterogene Herrschaftsform, deren Phänomenologie noch deutlicher Präzisierungen bedarf. Auch lässt sich keine endgültige Klarheit darüber gewinnen, auf welches Kaiserbild die behauptete Erneuerung des Kaisertums durch Karl den Großen konkret Bezug genommen hat. Beide Umstände erschweren die Herausarbeitung der Kennzeichen des antik-spätantiken Kaisertums sowie die davon möglicherweise ausgehenden Traditionslinien.

Mit aller Vorsicht und im Bewusstsein um die Ungleichzeitigkeit bestimmter Phänomene lassen sich dennoch folgende Merkmale als Grundlagen für die Anerkennung des Kaisertums der Antike ansprechen:

Die entscheidende Macht- und Herrschaftsgrundlage bildete stets das Heer. Wenngleich zur Zeit Diokletians und der Tetrarchie der Versuch unternommen wurde, der Kaiserherrschaft Grundlagen zu verschaffen, die sie von familiär-dynastischen Einflüssen befreien, den Einfluss des Militärs auf die Erhebung minimieren und stattdessen das Kriterium der Qualifikation als Voraussetzung für das kaiserliche Amt betonen sollten, so blieb dieser letztlich erfolglos: Das dynastische Moment spielte schon bald wieder eine wichtige Rolle bei den Nachfolgeregelungen, vor allem aber blieben die Macht über und die Billigung durch das Heer der Dreh- und Angelpunkt einer stabilen Kaiserherrschaft. Aufgrund der starken Bedeutung des Heeres für das Kaisertum gewannen in Person der sogenannten „germanischen", in römischen Diensten stehenden Söldnerführer seit dem 4. Jahrhundert zunehmend Nichtrömer Einfluss auf das Zustandekommen und die Ausübung der kaiserlichen Herrschaft. Seit Konstantin wurden wichtige militärische Funktionen wie die Befehlsgewalt und Gerichtsbarkeit über das Heer dem neu geschaffenen Amt des Heermeisters, dem *magister militum*, übertragen. Aus der rückblickenden Perspektive, vermutlich aber auch aus der Perspektive der Zeitgenossen, übten diese *magistri militum* die eigentliche Macht aus, hielten die Zügel in der Hand und war das Kaisertum in Teilen ein bloß formales. Der Heermeister Stilicho (ca. 365–408) wäre hierfür als Beispiel zu nennen, noch mehr aber Ricimer (456–472).

Neben dem Militär stellte die Senatsaristokratie ein weiteres personales Element dar, ohne dessen Zustimmung ein Kaisertum entweder gar nicht erst zustande kam oder aber nicht auf Dauer funktionsfähig sein konnte. In Form des *sacrum consistorium*, des heiligen Rates, der den Kaiser bei der Findung von Entscheidungen unterstützen sollte, wurden zahlreiche Mitglieder des alten senatorischen Adels in die Herrschaft integriert. Die antike Kaiserherrschaft bedurfte also der zumindest partiellen Zustimmung seitens der Eliten.

Zu den die Kaiserherrschaft stützenden Faktoren zählten zudem, ohne dass dies hier im Detail ausgeführt werden soll, dessen gesetzgeberische Tätigkeit, ein ausgeklügeltes Zeremoniell und eine umfangreiche herrscherliche Selbstdarstellung, bei der speziell die Münzen für eine reichsweite Verbreitung geeignet waren.

Für die konkrete Herrschaftsausübung stellte hingegen der Zugriff auf eine funktionierende Verwaltung und deren Amtsträger die entscheidende Größe dar. In diesem Zusammenhang kommt der unter Diokletian (284–305) erfolgten Verkleinerung der Provinzen besonderes Gewicht zu. Diese nun über 100 Provinzen sollten eine effizientere Erfassung des Reiches bewirken und damit dessen bessere Beherrschbarkeit sowie die Sicherung des Steueraufkommens gewährleisten. Vielleicht noch unter Diokletian, gewiss aber unter Konstantin (306–337) wurden diese Provinzen dann in insgesamt zwölf Diözesen zusammengefasst, die unter der Leitung eines *vicarius* standen. Seit dem Konzil von Konstantinopel im Jahre 381 entwickelten sich aus diesen zunächst staatlichen Verwaltungseinheiten kirchliche Einheiten, die vielfach identisch sein sollten mit den späteren Bistümern/Diözesen des Mittelalters. Christentum und Kirche gewannen seit Konstantin und der sogenannten „Konstantinischen Wende" jedoch nicht nur in struktureller Hinsicht zunehmend an Bedeutung für das spätantike Kaisertum, sondern insbesondere in ideell-ideologischer Hinsicht.

Während Zeitpunkt und Ausmaß der persönlichen Hinwendung Konstantins zum Christentum noch immer kontrovers diskutiert werden und die Ambivalenz zahlreicher kaiserlicher Handlungen und gesetzgeberischer Maßnahmen eine Entscheidung, ob es sich um dezidiert prochristliche Aktionen handelt, erschwert, herrscht weitgehend Konsens darüber, dass seit Konstantin der Aufstieg für Christen in führende Positionen des antiken Staates möglich wurde. Damit gelang die Integration wichtiger, noch unter Diokletian aus öffentlichen Tätigkeiten ausgeschlossener Eliten und zugleich wurden damit strukturelle Entscheidungen gefällt, die dem Kaisertum eine neue, zusätzliche Anerkennungsgrundlage verschafften: Als *pontifex maximus* war Konstantin nach antikem Verständnis verantwortlich für die Religionspolitik und engagierte sich nun – und zwar unabhängig von der Frage nach seinem persönlichen Verhältnis zum Christentum! – für den christlichen Kult. Dies schlug sich in zahlreichen Kirchenbauten im Reich nieder. Für die Folgezeit wurden dann aber insbesondere Konstantins Eingriffe in innere Belange der keineswegs homogenen Christenheit von Bedeutung. Konstantin beanspruchte das – innerhalb der Christen umstrittene, letztlich aber akzeptierte – Recht, bei dogmatischen Fragen mitzuentscheiden. Der Donatistenstreit, die Auseinandersetzung um den Arianismus oder die Streitigkeit um Athanasius bzw. mit den Meletianern wären hier zu nennen. Etwa ab dem Jahre 325 setzte sich Konstantin „an die Spitze der Bewegung". Damals erließ er einen Aufruf zur Versammlung der Bischöfe der östlichen Kirche im Palast der kaiserlichen Residenz in Nicäa. Wir greifen damit nicht weniger als das erste der sogenannten ökumenischen Konzilien, also Kirchenversammlungen der gesamten Christenheit, auf denen gemeinsame Beschlüsse über Glaubensfragen, aber auch über Fragen der Kirchendisziplin beraten und beschlossen wurden. Betrachtet man die Weiterwirkung des Konzils von Nicäa, so sind nicht allein die dort gefassten Beschlüsse das Entscheidende, sondern der Umstand, dass Konstantin die Versammlung nicht nur einberufen, sondern auch geleitet hatte.

Damit wurden zwei einander eigentlich entgegenstehende Traditionen miteinander verbunden: Die traditionelle Auffassung des Kaisers, für die Religion verantwortlich zu sein und an der Spitze des Glaubens zu stehen und damit auch innerkultische Auseinandersetzungen zu schlichten, um den sonst drohenden Zorn der Götter abzuwehren, und die christliche Ansicht, wonach nur Mitglieder der eigenen Glaubensgemeinschaft, speziell Bischöfe, als Vorsteher größerer Christengemeinden an derartigen Zusammenkünften teilnehmen sollten. Konstantin setzte sich als Nichtgetaufter darüber hinweg. Das stellte vereinzelt bereits die Zeitgenossen, vor allem aber die später darüber berichtenden christlichen Autoren vor erkennbare Argumentationsschwierigkeiten, weshalb sie ihn als „allgemeinen Bischof" oder „Bischof der Bischöfe" bezeichneten. Doch die Kritik an Konstantins Eingreifen zog keine Konsequenzen nach sich. Ähnlich selbstverständlich beanspruchte Konstantin auch das Recht, Bischöfe zu ernennen. Damit schuf er – ohne sich dessen bewusst zu sein! – die Tradition, wonach der Kaiser/König an der Spitze christlich-kirchlicher Versammlungen stehen und Bischofseinsetzungen vornehmen konnte.

Weitere strukturelle, die Stellung des Christentums ebenfalls berührende Weichenstellungen erfolgten unter Konstantin hinsichtlich der „geostrategischen" Neu-

Ausrichtung des Reiches: Mit der im Jahre 324 erfolgenden Neugründung von Byzanz, das den programmatischen Namen „Konstantinopel", „Stadt des Konstantin", erhielt, entwickelte sich im Osten des Reiches eine neue Hauptstadt, die aufgrund ihrer Lage zwischen der bedrohten Rhein-Donau-Grenze und der Ostgrenze in Asien zunehmend zum Zentrum des Römischen Reichs avancierte. Konstantinopel wurde damit zum Symbol für Konstantins Herrschaft auch im Osten und bildete gewissermaßen den Gegenpol zu Rom, der alten Hauptstadt des Westens. Auf diese Weise etablierte sich in Konstantinopel nicht nur eine ganz eigene, griechisch geprägte Kultur, sondern Rom geriet dadurch in den folgenden Jahrzehnten ins Hintertreffen. Für die weitere Entwicklung Europas sollte dies erhebliche Konsequenzen haben. Die weitgehende Preisgabe Roms hatte einen nachhaltigen, äußerlich sichtbaren Niedergang der Bausubstanz sowie einen drastischen Bevölkerungsrückgang zur Folge und setzte Rom überdies beträchtlichen äußeren Bedrohungen aus. Zudem entstand in der Stadt dadurch ein Machtvakuum, das in zunehmendem Maße durch den Bischof von Rom, den Papst, gefüllt wurde. Die spätantiken-frühmittelalterlichen Päpste rückten allmählich in die Rolle des Stadtherrn von Rom, übernahmen Aufgaben der öffentlichen Verwaltung, waren verantwortlich für die Bautätigkeit in der Stadt und ergriffen Maßnahmen, die dem Schutz und den Bedürfnissen der Bevölkerung zugute kamen.

Gegenüber diesen summarischen, unterschiedliche Zeitzustände pauschal zusammenfassenden Charakteristika des antik-spätantiken Kaisertums markieren die politischen Entwicklungen und Verhältnisse des weiteren 4. und 5. Jahrhunderts einen deutlichen Kontrast: Die in Teilen unter Diokletian und Konstantin noch einmal wiedererlangte Stabilität des Imperium Romanum begann nun immer mehr zu erodieren.

Im Westen des sich zunehmend in zwei Teile aufspaltenden Imperiums standen Auseinandersetzungen mit den Alemannen und Maßnahmen zur Sicherung der Rheingrenze sowie der Grenzen in Britannien, Rätien, Noricum und besonders Pannonien im Vordergrund. Im Osten bedrohten die Westgoten das Reich. Im Zusammenhang mit Kämpfen gegen sie erlitt Valens (364–378), der Herrscher des Ostens, im Jahre 378 eine vernichtende Niederlage bei Adrianopel. Dort wurde Theodosius (379–395) sein Nachfolger, der von 394 bis 395 die Führung des Gesamtreichs ein letztes Mal in einer Hand vereinte. Während der Herrschaft des Theodosius wurde die „Germanisierung" des Heeres, d. h. die Indienstnahme barbarischer Soldaten, nochmals deutlich gesteigert. „Barbaren" wie der bereits erwähnte Vandale Stilicho (ca. 365–408) rückten nunmehr in höchste Führungspositionen auf.

Nach dem Tod des Theodosius im Jahre 395 kam es zur Aufteilung des Reiches unter seinen beiden Söhnen Arcadius (um 377–408) und Honorius (384–423), die – im Nachhinein betrachtet – die endgültige Auseinanderentwicklung des östlichen und des westlichen Reichsteils einläutete, weshalb die Forschung die Epoche des Weströmischen Reichs von 395 bis 476 datiert, der die von 395 bis 1453 reichende des Oströmischen bzw. Byzantinischen Reichs gegenübergestellt wird. Das Weströmische Reich schrumpfte in diesem Zeitraum räumlich immer weiter zusammen, um schließlich im Jahre 476 ganz unterzugehen.

Um 400 wurde die Rhein-Donau-Grenze aufgegeben. „Germanen" rückten in die Gebiete in Gallien und Spanien ein. Das für den Westen, wo Stilicho seit 390 in der Funktion des Heermeisters die Leitlinien der Politik bestimmte, entscheidende Problem jener Jahre stellten die Westgoten unter ihrem Führer Alarich I. († 410) dar, die in beiden Reichsteilen mehrmals plünderten. Ein herausragendes, für den Westen nachhaltige strukturelle Veränderungen nach sich ziehendes Ereignis war dabei die Bedrohung Mailands im Jahre 401/402, die die Verlegung der kaiserlichen Residenz nach Ravenna zur Folge hatte. Hinzu traten Aufstände in Britannien sowie in Gallien Bedrohungen seitens der Vandalen, Sueben und Alanen. Das Reich befand sich in einem Erosionsprozess, der durch den Tod Stilichos im Jahre 408 noch gesteigert wurde und die Auseinanderentwicklung von Mailand/Ravenna und Konstantinopel zusehends beschleunigte.

Die Westgoten unter Alarich machten sich diese Spannungen zunutze und belagerten 408, 409 und 410 Rom. Im Jahre 410 kam es schließlich sogar zur Eroberung Roms und damit zu einem Ereignis, das die Gemüter der Zeitgenossen erregte und bis heute stets als wesentlicher Einschnitt in der Geschichte des spätantiken Weströmischen Reichs genannt wird. Die Eroberung wurde von zahlreichen heidnischen und christlichen Schriftstellern wie dem Kirchenvater Aurelius Augustinus (354–430), dem Spanier Orosius († nach 418) oder Prokop von Caesarea († nach 550) ausgiebig diskutiert und gewürdigt.

Die restliche Herrschaftszeit des Honorius (bis 423) ist gekennzeichnet durch Usurpationen und Barbareninvasionen sowie dadurch, dass Nichtrömer die bestimmenden Gestalten im Inneren waren. Die Goten ließen sich schließlich seit 418 in Südgallien nieder und schufen auf dem Gebiet Aquitania Secunda, Narbonensis Prima und Novempopulana das *regnum* Tolosanum, das erste dauerhafte, nichtrömische Reichsgebilde auf römischem Boden, das bis zum Jahre 507 bestehen und erst durch Chlodwig I. zerstört werden sollte. Die späten 420er- und die 430er-Jahre brachten den endgültigen Verlust Britanniens.

Von 424 bis 455 regierte im Westen nominell Valentinian III. Tatsächlich übten wiederum Heermeister die Macht aus. In Afrika etablierten damals die aus Spanien von den Römern zu Hilfe gerufenen Vandalen ein bis ins 6. Jahrhundert bestehendes Reich. Und im Norden und Westen setzten sich Franken, Alanen und Burgunder gegen römische Interessen durch. Die Römer versuchten dem zu begegnen, indem sie föderierte Hunnen zum Einsatz brachten, beispielsweise Mitte der 430er-Jahre gegen die in Worms ansässigen Burgunder.

Doch die Hunnen blieben nicht auf Dauer in den ihnen zugewiesenen Gebieten in Pannonien, sondern zogen im Jahre 451 unter ihrem König Attila nach Westen und erhielten dabei Unterstützung durch zahlreiche andere sich formierende Gruppen. Im Jahre 451 konnten die Römer unter ihrem Heermeister Aëtius auf den Katalaunischen Feldern noch einmal mit Mühe die Oberhand behalten.

Nach der Ermordung des Aëtius im Jahre 454 durch Valentinian III., die dessen eigene Ermordung im Jahre 455 nach sich zog, kam es zu einem raschen Wechsel im Amt des Kaisers und bestimmten erneut Heermeister nichtrömischer Herkunft die Geschicke, darunter von 456 bis 472 der Westgote (oder Suebe) Ricimer. Die Bedrohungen von außen, namentlich durch die Vandalen, nahmen beständig zu. Den Endpunkt in dieser Entwicklung markiert schließlich im Jahre 476 die Absetzung des letzten, 475 eingesetzten Kaisers Romulus Augustus durch Odoaker. Sie stellt in formaler Hinsicht die eingangs angesprochene Zäsur dar, denn Odoaker hat keinen Versuch unternommen, den Kaiserornat zu beanspruchen, er schickte ihn vielmehr nach Konstantinopel, da man im Westen keinen Kaiser mehr brauche!

In jener Zeit hatten die Ostgoten eine immer größere Rolle zu spielen begonnen und zwischen 456 und 473 ein ostgotisches Reich in Pannonien etabliert, das locker an den Kaiser in Konstantinopel gebunden war. Ihr Anführer und König war seit 474 Theoderich, der auf dem Balkan und in Griechenland außergewöhnliche Erfolge erzielen konnte, so dass Konstantinopel ihn schließlich Richtung Westen entsandte, wo er 489 eintraf und Odoaker in zwei Schlachten besiegte und zu einer gemeinsamen Herrschaft über Italien zwingen konnte. Kurz danach ermordete Theoderich Odoaker. Im Jahre 493 wurde er von seinen Truppen zum König ausgerufen und regierte als solcher bis 526 über Goten und Italiker. Wenngleich auch Theoderich keinen Versuch unternommen hat, das weströmische Kaisertum zu erlangen, so bediente er sich doch in seiner Regierungspraxis vielfach der römischen Gewohnheiten. Nicht zuletzt wegen seiner Religionspolitik wurde Theoderich verschiedentlich mit Konstantin dem Großen verglichen.

Zusammenfassend lässt sich somit aufgrund der angeführten Entwicklungen festhalten, dass bereits das spätantike Kaisertum im Westen kaum mehr Bindungskraft besaß, als Integrations- und Stabilitätsfaktor quasi nicht mehr existent war und seit geraumer Zeit allenfalls bedingt als Ordnungsfaktor wahrgenommen wurde. Der Versuch einer Stabilisierung der Verhältnisse wurde vielmehr von unterschiedlichen Seiten unternommen: Ostrom bzw. dessen Statthalter, das Militär, die Senatsaristokratie, germanische Söldnerführer und nicht zuletzt die Päpste in Rom sowie einzelne herausragende Bischofspersönlichkeiten wie Ambrosius von Mailand. Zugespitzt formuliert heißt dies: Das spätantike Kaisertum stellte im Westen keine Ordnungsform mehr dar!

Vor diesem Hintergrund kann man die folgenden Entwicklungen – die Errichtung des Ostgotenreichs Theoderichs in Italien sowie des Frankenreichs unter Chlodwig I. in Gallien – durchaus als „Fortschritt" bezeichnen, sofern man darunter eine Stabilisierung der politischen Lage versteht. Vor diesem Hintergrund sind aber auch die frühmittelalterlichen Verhältnisse der Zeit zwischen 500 und 800 zu betrachten. Es gilt aufzuzeigen, auf welchen Faktoren die Macht der sich neu formierenden Herrschaftsordnungen beruhte und welche spätantiken Elemente weiterwirkten.

Herrschaftsstrukturen des merowingisch-karolingischen Königtums und deren antike Traditionslinien

Fragt man konkret nach den Traditionslinien, die Spätantike und Frühmittelalter miteinander verbinden und die möglicherweise auch den Boden für das frühmittelalterliche Kaisertum bereitet haben, so ist in erster Linie das Christentum zu nennen: Durch das Christentum kam es nicht nur zu einer Neuorientierung und -fassung der Wertevorstellungen jener Zeit, sondern das Christentum vermittelte durch Personen und Strukturen auch Ordnungsfaktoren der Spätantike an das Frühmittelalter weiter.

Auf der politisch-ereignisgeschichtlichen Ebene des Frankenreichs, auf dessen Geschichte seit etwa 500 sich die folgenden Betrachtungen konzentrieren, vollzog sich der Verschmelzungs- oder Akkulturationsprozess zwischen römisch-christlichen und „germanischen" Traditionen vor allem in der Zeit Chlodwigs I. († 511). Nahm dessen Vater Childerich († 482) noch eine für die Spätantike charakteristische Zwischenstellung zwischen diesen beiden Welten und Kulturräumen ein, so schuf Chlodwigs bekannte und vielfach beschriebene, um das Jahr 500 stattfindende Hinwendung zum Christentum die Voraussetzungen für das endgültige Zusammenwachsen der fränkischen und gallorömischen Bevölkerungsgruppen seines Herrschaftsgebietes und damit zugleich für die Stabilisierung seiner Herrschaft.

Die Details des merowingisch-fränkischen Aufstiegs unter Chlodwig sind bekannt, das Augenmerk soll daher denjenigen Aspekten gelten, mit denen – zum Teil sicherlich unbewusst – Herrschaftstraditionen des (spät-)antiken Kaisertums aufgegriffen und für das frühmittelalterliche, auf gentilen Grundlagen beruhende merowingische Königtum nutzbar gemacht wurden.

Bereits im Kontext von Chlodwigs Herrschaftsantritt sind Verhaltensmuster zu beobachten, die spätantik-römischen Traditionen entsprechen: Der katholisch-christliche Bischof Remigius von Reims beglückwünschte den nichtchristlichen Chlodwig brieflich dazu, die Herrschaft in der *Belgica Secunda* angetreten zu haben. Zugleich ermahnte Remigius Chlodwig, Ratgeber, insbesondere (christliche) Priester, hinzuzuziehen, um sein Ansehen zu steigern, Verhaltensnormen wie den Schutz von Witwen und Waisen und der Schwächeren zu praktizieren und Gerechtigkeit zu üben. Chlodwig wurden damit dezidiert christliche Wertvorstellungen ans Herz gelegt. Implizit wurde damit die römisch-antike Tradition von Mahnschreiben von Bischöfen an Kaiser aufgegriffen, als deren prominentestes Beispiel der Austausch zwischen

Bischof Ambrosius von Mailand (374–397) und Theodosius dem Großen (379–395) angeführt werden kann.

Versucht man – vergleichbar dem im ersten Abschnitt gewählten Verfahren – herauszuarbeiten, auf welchen Faktoren Chlodwigs Stellung beruhte, so lässt sich eine zunächst paradox klingende Antwort geben: Chlodwigs Erfolg resultierte zum einen aus seiner Gewalttätigkeit und zum anderen aus seiner Hinwendung zum Christentum. Was auf den ersten Blick als Widerspruch erscheint, entpuppt sich bei näherem Hinsehen als Charakterisierung, die durchaus auch auf die spätantiken Soldatenkaiser zutreffen könnte. Chlodwigs Stellung innerhalb der Salfranken beruhte in starkem Maße auf seiner Gefolgschaft, also dem Heer. Dessen Loyalität gewann Chlodwig durch persönliche Tapferkeit, insbesondere durch Grausamkeit, aber auch durch das Teilen der auf den Kriegszügen errungenen Beute. Die aus der Retrospektive berichtenden Decem libri historiarum des Gregor von Tours sind voll von derartigen Beispielen. Für Chlodwigs kriegerische Erfolge war darüber hinaus seine Hinwendung zum katholischen Christentum ursächlich. Der christliche Gott schenkte Chlodwig nicht nur den Sieg über die Alemannen bei Zülpich – so die spätere historiographisch-legendarische Stilisierung –, sondern Chlodwigs Bekehrung und Taufe schufen die Voraussetzungen für den endgültigen Assimilierungsprozess zwischen der fränkischen, militärischen Führungsschicht seines Reiches und der gallorömischen, in der weit überwiegenden Mehrheit befindlichen und zugleich die geistige Elite bildenden Bevölkerungsgruppe. Infolge der Christianisierung wurden die letzten Ehehindernisse beseitigt, vor allem aber kam es nun zum Schulterschluss mit den Bischöfen. Damit partizipierten Chlodwig und die Merowinger an der lateinischen Schriftkultur und wurden die von den Bischöfen getragene spätantike Verwaltungsstruktur sowie die kirchliche, aus der Spätantike herrührende Diözesanstruktur für deren Herrschaft adaptiert.

Die Rolle der Bischöfe, insbesondere in der späteren Merowingerzeit, als die innermerowingischen *bella civilia* die Integrationskraft des Königtums nachhaltig beeinträchtigten, gleicht damit in vielerlei Hinsicht Mustern der Spätantike, als der Bischof von Rom, aber auch andere geistliche Würdenträger das infolge der Schwäche des spätantiken Kaisertums im Westen entstandene staatliche Machtvakuum kompensierten. Für Chlodwigs Expansionspolitik bildete seine Hinwendung zum Christentum katholischer Prägung zudem eine entscheidende Voraussetzung für den im Jahre 507 errungenen Sieg auf dem vogladensischen Feld über das arianische Westgotenreich unter Alarich II., da dessen katholische Bischöfe rasch auf Chlodwigs Seite wechselten. Chlodwig konnte durch die errungene Beute nicht nur die Bindung seines Gefolges stärken, sondern er und die Merowinger nahmen auch den Kult des hl. Martin von Tours für sich in Anspruch, der rasch zu ihrem persönlichen Familienheiligen stilisiert wurde, und erhielten somit eine zusätzliche ideelle Fundierung ihrer Herrschaft. Auch dabei handelt es sich um einen Vorgang, der spätantiken Mustern gleicht.

Chlodwigs Sieg über die Westgoten führte zur Anerkennung seiner Herrschaft und seiner herausgehobenen Stellung durch den byzantinischen Kaiser, der ihm die Ernennung zum Ehrenkonsul und die damit verbundenen Insignien Purpurtunika, Mantel und Diadem überbringen ließ. Dadurch wurde nicht nur Chlodwigs Stellung gegenüber den restlichen fränkischen Königen deutlich erhöht, sondern überdies sein Ansehen bei den sogenannten gallorömischen Eliten nochmals gestärkt. Chlodwigs Herrschaft entwickelte sich gewissermaßen im Banne und mit Duldung des (östlichen!) Imperium Romanum. Niederschlag fanden diese Ereignisse im Jahre 511 auf dem ersten fränkischen Reichskonzil in Orléans. Chlodwig stand damals – zumindest aus der Retrospektive erscheint dies ganz klar – in einer kaiserlich-christlichen Traditionslinie: Wie Konstantin trat er als Gesetzgeber auf und übte die Kirchenhoheit aus. Die zwischen 507 und 511 erfolgte Kodifikation des fränkischen Rechts (65-Titel-Text des Pactus legis Salicae) ist hierzu ebenso zu zählen wie die Umstände des Konzils: Chlodwig hatte den Einberufungsbefehl gegeben, den Versammlungsort bestimmt, den Bischöfen die Beratungsgegenstände vorgelegt und wurde von diesen auch um die Bestätigung der Beschlüsse ersucht. Ausdruck und Bündelung dieser Vorgänge war die Apostrophierung des lediglich formal christianisierten Merowingerkönigs Chlodwig I. als *novus Constantinus* durch die Konzilsteilnehmer. Spätere Frankenherrscher, insbesondere die Karolinger Karl der Große und Ludwig der Fromme, haben diese Tradition fortgesetzt, und auch die Ingelheimer Synode des Jahres 948 unter dem Vorsitz Ottos des Großen ist ohne diese Traditionslinie schwerlich vorstellbar. Zu diesem antiken Erbe ist auch das herrscherliche Zugriffsrecht auf Bischofseinsetzungen zu zählen, das bereits durch Konstantin und seine Nachfolger praktiziert wurde und seit Kaiser Justinian I. (527–565) durch die Kaiser im Osten in Form eines Anspruchs auf die Verfahrenshoheit ausgeübt wurde. In ähnlicher Form, wenngleich nicht rechtlich fixiert, ist dies im fränkisch-ostfränkischen Reich zu beobachten, bisweilen *ex negativo*: Die königliche Gewährung von Wahlfreiheit für bestimmte Bischofskirchen und Klöster heißt nichts anderes, als dass der Herrscher für sich entscheidenden Einfluss auf die Erhebungsvorgänge reklamierte.

Strukturell vergleichbar ist zudem auch das sich seit dem 7. Jahrhundert entwickelnde Amt des Hausmeiers, dessen Funktion der der spätantiken *magistri militum* ähnelt. Diesen vergleichbar stellten auch die Hausmeier zunehmend die eigentliche Macht im Hintergrund dar. Andere Charakteristika des spätantiken, speziell des östlichen Kaisertums wie das ausgeklügelte Hofzeremoniell bzw. die Selbstrepräsentation in Form von herrscherlicher Bautätigkeit waren beim merowingischen und später auch beim karolingischen Königtum hingegen ungleich schwächer ausgeprägt.

Die Vermittlung dieser antiken Traditionen an das Mittelalter erfolgte wie gezeigt in starkem Maße über das personelle Element der Bischöfe, aber auch durch die spätantik-christliche Geschichtsschreibung, die römische Traditionen mit christlichen Vorstellungen verband. Entscheidend für den Anknüpfungs- und Verschmelzungsprozess zwischen römischer und christlicher Geschichtsschreibung waren die vergleichbaren Auffassungen von einer Endlichkeit der Welt. Die römische Geschichtsschreibung sah die Welt im Imperium Romanum gipfeln, verstand Geschichte also linear. Auch die christliche Weltsicht begriff die Welt als endlich und interpretierte die geschichtliche Entwicklung als teleologisch, auf das Kommen des Herrn im Jüngsten Gericht ausgerichtet.

Die Darlegung der Einzelheiten dieses mit den Personen und Werken Eusebios' von Kaisereia († um 339/340), Rufinus' von Aquileia († 411/412), Hieronymus' († 419/420), Aurelius Augustinus' († 430), Orosius' († nach 418) und anderen verbundenen Vorgangs ist hier verzichtbar. Entscheidend ist die damit entstandene Auffassung, wonach das römische Imperium in Verbindung mit dem Christentum die Verwirklichung des Reiches Gottes auf Erden vorbereiten werde. Der Verschmelzungsprozess der antiken Geschichtsschreibung mit der christlichen vollzog sich auf drei Ebenen: einer formalen, einer personellen und einer inhaltlichen. Formal bildete auch im Mittelalter Latein die Sprache der Geschichtsschreibung. Damit aber wurden zugleich bestimmte stilistische Mittel an das Mittelalter tradiert. Personell stellten im Frühmittelalter Gallorömer, also Angehörige der alten römischen Führungsschicht, die Autoren der ersten Werke, in denen die Geschichte der auf dem Boden des ehemaligen Römischen Reichs entstehenden neuen Völker geschildert wurde. Der prominenteste unter ihnen war Gregor, der Bischof von Tours (* 538 oder 539, † nach dem 4. Juli 593, vermutlich am 17. November 594). Römische oder römisch geprägte Autoren wie Cassiodor (um 485–um 580), Jordanes († 552) oder Isidor von Sevilla († 636) verfassten somit im Frühmittelalter die Entstehungsgeschichten, sogenannten *Origines*, von Völkern, die nicht der römischen Kultur angehören und nicht über eine Schriftkultur verfügten! Dieser Umstand wirkte sich in doppelter Hinsicht auf die inhaltliche Ebene aus, denn damit wurde die römische Geschichte zur Vorgeschichte beispielsweise der fränkischen Geschichte. Zugleich wurden die Geschichten der zum Christentum bekehrten, neu entstandenen Völker als Sieg des rechten Glaubens interpretiert. Zudem wurden auf diesem Weg Werke und Inhalte der antiken Geschichtsschreibung und damit deren Bildungsgut an das Mittelalter tradiert.

Für die Frage nach Traditionslinien zwischen dem antiken Kaisertum und dem frühmittelalterlichen Königtum kann die Form, in der Chlodwigs Übertritt zum Christentum erzählt wird, als charakteristisch gelten: Gregor von Tours stilisiert die Bekehrung Chlodwigs in Parallele zur Konversion Konstantins des Großen. Dessen aus christlicher Perspektive verstandene Geschichte wird damit für Chlodwig bzw. dessen merowingische Nachfolger beansprucht. Die Geschichte des spätantik-christlichen Kaisertums wird somit zugleich zur Vorgeschichte des merowingisch-fränkischen Königtums!

Zusammenfassend lässt sich festhalten, dass das merowingisch-karolingische Königtum des Frankenreichs als Herrschaftsform etabliert war und dabei inhaltlich in vielerlei Hinsicht auf vergleichbaren Strukturen fußte wie das spätantike Kaisertum. Diese Könige hatten in der Zeit vom späten 5. bis ins ausgehende 8. Jahrhundert im ehemaligen Gallien und in Teilen auch östlich des Rheins eine relativ stabile Ordnung geschaffen, die trotz aller innerer Zerwürfnisse von Bestand war. Eines Kaisertitels bedurften sie dazu nicht!

Angesichts dessen drängt sich die Frage auf, weshalb es dennoch im Jahre 800 zu einer Erneuerung des Kaisertums kam und weshalb dieses auch auf die Ottonen offenbar eine derartige Anziehungskraft ausübte, dass es 962 zu dessen Wiedererlangung für das ostfränkisch-deutsche Reich des Mittelalters kam.

Das Kaisertum des Mittelalters und dessen Hintergründe

Die Wiederherstellung des Kaisertums im Mittelalter erfolgte aus zeitlich und inhaltlich ganz unterschiedlichen Gründen, die sich nicht auf einen einzigen Nenner bringen lassen. Dennoch sei hier thesenhaft und impulsgebend folgende, auf einem Wechsel der Perspektive beruhende Überlegung zur Diskussion gestellt: Der eigentliche Anstoß zur Erneuerung des Kaisertums ging vom Papsttum aus!

Den Forschungen zum Kaisertum Karls des Großen im Jahre 800 ist eines weitgehend gemeinsam: Gefragt wird nach der Form dieses Kaisertums, nach den Einzelheiten und konkreten historischen Hintergründen der Zeit um 800, nach den Beziehungen zu Byzanz bzw. insbesondere nach dem Verhältnis dieses Kaisertums zum Papsttum. Die Perspektive, von der aus die Entwicklungen betrachtet werden, ist also vornehmlich die fränkisch-karolingische. Die päpstliche Sicht wird dazu kontrastierend bzw. erläuternd hinzugefügt. Stillschweigend vorausgesetzt wird bei all diesen Betrachtungen, dass die „weltliche Herrschaft" daran interessiert gewesen sei, das Kaisertum zu erlangen. Dies mag vielleicht für die Zeit kurz vor 800 zutreffen, als sich im Umfeld Karls des Großen, speziell in den Briefen Alkuins entsprechende Überlegungen finden lassen, ob man dies aber grundsätzlich sagen kann, scheint fraglich. Generell gewinnt man eher den Eindruck, als habe es sich bei der Erneuerung des Kaisertums im Westen um einen fast das gesamte 8. Jahrhundert andauernden Prozess gehandelt, dessen Anfänge ursächlich mit genuin päpstlichen Interessen nach einem neuen und effizienten Schutzherrn zu tun hatten, weshalb vom Papsttum auch die ersten und wesentlichen Impulse ausgegangen sind. Folgende Argumente lassen sich für diese Sicht vorbringen:

Das Papsttum war seit dem Ende des 7. Jahrhunderts mit zwei gravierenden Problemen konfrontiert: Zum einen bedrängten die weite Teile Italiens beherrschenden Langobarden das Papsttum politisch und militärisch, zum anderen trübte sich das Verhältnis zu Byzanz zunehmend. Die traditionelle Schutzherrschaft von Byzanz über Rom und die Päpste wurde um 700 immer mehr vernachlässigt. Zugleich taten sich vielfach massive dogmatische Gegensätze zu den römischen Glaubensauffassungen auf, als Stichwort muss hier der Verweis auf den Umgang mit Bildern religiösen Inhalts und deren Verehrung genügen. Diese theologischen Differenzen traten jedoch in den Hintergrund gegenüber der unmittelbar erlebten und empfundenen Bedrohung durch die arianisch-polytheistischen Langobarden.

Die Päpste suchten daher im Westen nach neuen Partnern, die Beistand gewähren könnten. Die merowingischen Könige des Frankenreichs waren zu dieser Zeit bereits zu Marionetten der die Richtlinien der Politik bestimmenden karolingischen Hausmeier degradiert, die sich ihrerseits um 715 einer schwierigen innerfamiliären Auseinandersetzung um die Nachfolge Pippins des Mittleren gegenüber sahen. Wohl deshalb kam es um das Jahr 715 zunächst zu einem Zusammengehen zwischen Papst Gregor II. und dem agilolfingischen, über gute Kontakte zum Langobardenreich verfügenden Bayernherzog Theodo. Theodo, der aufgrund seiner eigenen kirchenpolitischen Situation seinerseits päpstlichen Beistand benötigte, zog nach Rom, wo es zu Unterredungen mit dem Papst und schließlich zur Entsendung päpstlicher Legaten kam, mit deren Hilfe die bayerische Kirche die Grundzüge ihrer Organisationsstruktur, sprich eine Einteilung in Bistümer erhielt. Mögliche Absprachen einer weitergehenden Kooperation gelangten infolge des Todes Theodos († um 718) und der anschließenden Nachfolgewirren nicht zur Verwirklichung, erhalten blieben jedoch bis in die frühen 780er-Jahre päpstlich-bayerische Beziehungen.

Das Verhältnis der Päpste zum Frankenreich, denen zumeist das alleinige Augenmerk der Forschung gilt, gestaltete sich hingegen zunächst schwierig, obwohl der Papst als Nachfolger des Apostels Petrus – vermittelt durch die seit dem späten 7. Jahrhundert stattfindende angelsächsische Mission Willibrords und Bonifatius' – im Frankenreich immer mehr an Ansehen und Bedeutung gewonnen hatte: Der karolingische Hausmeier Karl Martell (714–741) hatte päpstliche Hilfeersuchen stets freundlich, aber unbestimmt beantwortet. Erst in der Zeit Pippins des Jüngeren (741–768) kam es zu einem Zusammengehen zwischen dem Papsttum und dem fränkischen Hausmeier, das dessen Aufstieg zum Königtum absicherte und den Päpsten wirksamen Schutz gegen die Langobarden brachte. Das sich damit entwickelnde päpstlich-fränkische Bündnis, das in Form einer *amicitia*-Vereinbarung sowie des Pippin'schen Schenkungsversprechens und insbesondere durch die Verleihung des Titels eines *patricius Romanorum* im Jahre 754 einen konkreten Ausdruck gefunden hatte, hatte auch unter Karl dem Großen Bestand. Der Impuls dazu ging erneut vom Papst, diesmal Hadrian I. (772–795), aus, der Karls Beistand gegen die Langobarden benötigte. Karls Sieg über das langobardische Königtum, der Ostern 774 zugleich den ersten persönlichen Besuch eines fränkischen Herrschers beim Papst in Rom mit sich brachte, trug Karl spätestens seit dem 5. Juni 774 die neue Titulatur *rex Francorum et Langobardorum* ein. Ambitionen Karls, den Kaisertitel zu erlangen, sind zunächst nicht auszumachen.

Resümierend lässt sich daher festhalten, dass bis zu diesem Zeitpunkt stets das auf der Suche nach Schutz befindliche Papsttum die Initiative ergriffen hatte.

Und dennoch scheint in Karls Italienzug des Jahres 774 der Kairos zu liegen. Salopp und pointiert könnte man über die Päpste formulieren: Die Geister, die sie riefen, wurden sie nicht mehr los. Seit der Eroberung des Langobardenreichs begannen Rom und Italien eine immer wichtigere Rolle in Karls Politik zu spielen. Dafür mag neben den politischen Verhältnissen auch die von der Stadt und Italien ausgehende Faszination beigetragen haben. Seitdem ist zunehmend auch Karls Anspruch auf die tatsächliche Stadtherrschaft in Rom zu beobachten. Darüber sowie über die Frage der Realisierung des Pippin'schen Schenkungsversprechens, sprich die tatsächliche Übertragung einstmals langobardischer Gebiete und Besitzungen an den Papst, kam es zunehmend zu Diskussionen und Differenzen. Wohl vor diesem Hintergrund ist die nach manchen Forschungen in jene Zeit zu datierende Entstehung des *Constitutum Constantini* als Abwehrmaßnahme zu interpretieren: Die Ambitionen des neuen Schutzherrn auf den seit der Spätantike durch die Päpste behaupteten Anspruch auf die Herrschaft über die Stadt Rom waren nicht gewollt und wurden mittels einer Fälschung dezidiert zurückgewiesen. Interessant dabei ist, dass sich das Papsttum in seiner Selbstsicht offenbar stets in einer Beziehung zu einem Gegenpol, nämlich dem Kaiser, sah, was ebenfalls für die Annahme spricht, die Initiative zu einer Erneuerung des westlichen Kaisertums sei in ihren Ursprüngen auf die Päpste zurückgegangen.

Karls Politik nahm in jenen Jahren zunehmend expansive Züge an und wirkt in diesem Sinne beinahe imperial. Karl begann nun systematisch gegen seinen vermeintlichen Rivalen, den Bayernherzog Tassilo III., vorzugehen, diesen zunächst zu isolieren, um ihn dann vollends von der Macht zu verdrängen und dessen *Regnum* zu usurpieren. Diese Expansionsbestrebungen fanden ihren Niederschlag aber auch in den lang andauernden Kriegszügen gegen die Sachsen sowie seit den 790er-Jahren gegen die Awaren, die jeweils als Auseinandersetzungen unter christlichem Vorherrschaftsanspruch geführt wurden. Generell ist den Selbstaussagen der Herrscherdiplome, den Briefen Alkuins, aber auch der zeitgenössischen Historiographie, speziell den seit 791 entstehenden Reichsannalen, zu entnehmen, dass bei der Durchsetzung der Ziele von Karls Politik immer stärker dessen Rolle zunächst als Verbreiter des christlichen Glaubens, schließlich sogar als dessen Beschützer, gar Haupt betont wurde. Daraus leiteten Karl und seine Berater das Recht ab, sich in innerkirchliche dogmatische Auseinandersetzungen wie die Kontroverse zwischen Rom und Byzanz um den Umgang mit Bildern einzumischen, aber auch gegen vermeintliche Irrlehren wie den Adoptianismus sowie gegen dessen Propagator Felix von Urgel vorzugehen. Dieses dem Verhalten der spätantiken Kaiser seit Konstantin entsprechende Gebaren führte bereits während des Pontifikats Hadrians I. (772–795) zunehmend zu Irritationen, die sich in der Amtszeit Leos III. (795–816) noch deutlich verstärkten. Angesichts eines derartigen herrscherlichen Selbstverständnisses sowie vor dem Hintergrund der un-

klaren politischen Situation in Byzanz und Leos III. unsicherer Stellung in Rom ist
der Schritt nicht weit von den Gedanken Alkuins, wonach Karl an der Spitze des
Imperium Christianum stehe, hin zur tatsächlichen Erneuerung des Kaisertums unter
fränkischer Führung.

Bezugs- und Orientierungspunkt dafür war aber nicht das antike Kaisertum, sondern das Christentum bzw. das Papsttum. In diesem Kontext sind die Ausführungen
Alkuins zu verstehen, der Karl als David apostrophierte: In Karls rechter Hand – so
Alkuin – erglänze das Schwert der triumphierenden Macht und Karls Rede sei die Pre-
digt der katholischen Lehre. So habe auch David Israel einst mit siegreichem Schwert
überall die Völker unterworfen und dem Volk die Gesetze Gottes gepredigt. Christus
habe seinem Volk nun einen neuen David als König gegeben, der den katholischen
Glauben gegen die häretischen Lehren schütze, damit er überall im Lichte der himmlischen Gnade erscheine. Hier ist ein deutlich über das Königtum hinausreichender
Anspruch zu greifen, den man möglicherweise bereits als universal bezeichnen kann.
Gerade diese Versuche Alkuins, Karls Herrschaft und damit auch sein Kaisertum als
eigenständig zu begründen, zeigen eines in aller Deutlichkeit: Der Petrusnachfolger
ist der Dreh- und Angelpunkt, mit dessen Rolle man sich auseinandersetzen muss.
Ohne den Papst und ohne Rom als ideellen, aber auch wirklichen Ort des Kaisertums
geht es nicht.

Das Papsttum und Rom bildeten aber nicht nur inhaltlich-theoretisch den Bezugspunkt, an dem sich die frühmittelalterlichen Herrscher des Westens orientierten
und maßen, sondern auch hinsichtlich der herrscherlichen Selbstdarstellung, speziell ihrer Bautätigkeit: Die Bautätigkeit der antiken Kaiser hatte mit der Verlegung
der Hauptstadt des römischen Imperiums nach Konstantinopel seit dem Jahre 324
deutlich nachgelassen, um schließlich gänzlich zum Erliegen zu kommen. Bauen in
Rom wurde seitdem zu einer päpstlichen Aufgabe – unter christlichen Vorzeichen!
Die Kirchen wurden von den seit dem 6. Jahrhundert in immer größerer Zahl nach
Rom ziehenden Pilgern aufgesucht und diesen Umstand machten sich die Päpste bewusst zunutze. Verwiesen sei lediglich auf Leo den Großen, der in S. Paolo fuori le
mura und vermutlich auch in St. Peter und damit in den beiden bedeutendsten Pil-
gerkirchen Medaillons der Päpste als Nachfolger des Apostels Petrus hatte anbringen
lassen, wodurch der Petrusgedanke weithin sichtbar gemacht wurde.

Durch diese baulichen Aktivitäten der Päpste wurde generell die Kenntnis von diesen Erscheinungsformen verbreitet und wurden Impulse zur Nachahmung gegeben.
Insofern ist es bezeichnend, dass die bedeutendsten schöpferischen Leistungen auf
dem Gebiet der Baukunst, aber auch der Buchmalerei, die von den fränkisch-ostfränkischen Herrschern des Mittelalters initiiert wurden, in liturgischem Kontext entstanden sind. Nicht Pfalzen, sondern in erster Linie Kirchen und liturgische Bücher
dienten der herrscherlichen Selbstrepräsentation. Dies gilt für Karl den Großen, aber
noch mehr für Otto den Großen.

Generell tritt uns in der herrscherlichen Selbstdarstellung der mittelalterlichen Kaiser in erster Linie die Propagierung des Herrschers in einer christlichen Dimension entgegen. Das belegt das Prooemium zur sogenannten *Ordinatio Imperii* Ludwigs des Frommen aus dem Jahre 817, in der der Entschluss zur Nachfolgeregelung als göttliche Eingebung erscheint, vergleichbar der Inspiration der Papstwähler durch den Heiligen Geist. Das zeigt aber auch die Darstellung Ludwigs des Frommen im *Laus sanctae crucis* des Hrabanus Maurus: Ludwig der Fromme wird als christlicher Herrscher dargestellt, der an der Spitze einer christlichen Herrschaft steht, diese verteidigt und deren Ideale verkörpert! Diese christlichen Herrschertugenden entsprechen in Teilen auch antiken Vorbildern, ergänzt um das Ideal der *humilitas*, der Demut; doch die Vermittlung erfolgte nicht in unmittelbarer Orientierung an den römischen Kaisern, sondern auf dem Umweg der Verschmelzung der antiken Historiographie mit der christlichen, also bereits seit dem 5. Jahrhundert. Dadurch wurden antike Traditionen adaptiert und erweitert, zum Beispiel um die christliche Dimension der *misericordia*. Antike Herrschaftssymbole wie Szepter und Globus konnten so unter christlichen Prämissen übernommen werden.

papa verus imperator est

Anstelle eines Fazits seien wesentliche, sich aus den Ausführungen ergebende Konsequenzen nochmals kurz zusammengefasst und zugespitzt:

1. Zwischen dem antik-spätantiken Kaisertum und dem frühmittelalterlichen fränkischen Königtum lassen sich zahlreiche vergleichbare Strukturen ausmachen. Die Vermittlung dieser Strukturen erfolgte in Teilen unter Bezugnahme auf das klassisch-antike Rom und das Römische Recht, vor allem aber über das Christentum.

2. Anders als in der Antike stellte das mittelalterliche Kaisertum keinen Gegensatz zum Königtum dar und bildeten sich nach der Erlangung des Kaisertums keine grundsätzlich anderen Formen der Herrschaftsausübung und -darstellung aus. Vielmehr trat der Kaisertitel im Mittelalter zum Königstitel hinzu, ohne dass dadurch eine prinzipiell neue Herrschaftsform etabliert worden wäre. In seiner räumlichen und ideellen Dimension reichte das Kaisertum mit dem Anspruch, an der Spitze der Christenheit zu stehen und diese zu verteidigen, allerdings sehr wohl über das fränkische Königtum hinaus, ohne damit Ambitionen auf eine konkrete, politisch verstandene Weltherrschaft zu verbinden.

3. Das frühmittelalterliche Kaisertum gewann seine spezifische Erscheinungsform aus der gedanklichen und formalen Auseinandersetzung mit dem Papsttum und verstand sich zunächst in erster Linie als Amt, dessen wichtigste Aufgabe im Schutz der Christenheit bestand.

Betrachtet man die Rolle der Päpste bei der Neuentstehung des Kaisertums im Westen im Allgemeinen sowie Leos III. Anteil an Karls Kaiserkrönung im Besonderen und berücksichtigt man die weitere Entwicklung, die schließlich dazu führte, dass aufgrund einer für die Päpste günstigen historischen Konstellation im Verlauf des 9. Jahrhunderts der päpstliche Anteil am Zustandekommen des Kaisertums als konstitutiv erachtet wurde, so könnte man in bewusster Zuspitzung und in vollem Bewusstsein dessen, dass die Aussage anachronistisch ist, weil sie der um 1169 entstandenen Summa coloniensis entstammt, formulieren: *papa verus imperator est* – Der wahre Kaiser ist der Papst!

Weiterführende Literatur

Mary Alberi, The Evolution of Alcuin's Concept of the Imperium christianum, in: International Medieval Research 4: The Community, the Family and the Saint. Patterns of Power in early medieval Europe, hg. von Joyce Hill/Mary Swan, Turnhout 1998, S. 3–17; Arnold Angenendt, Das Frühmittelalter. Die abendländische Christenheit von 400 bis 900, 3. Aufl. Stuttgart/Berlin/Köln 2001; Hans Hubert Anton, *Solium imperii* und *Principatus sacerdotum* in Rom, fränkische Hegemonie über den Okzident/Hesperiden, in: Von Sacerdotium und Regnum. Geistliche und weltliche Gewalt im frühen und hohen Mittelalter. Festschrift Egon Boshof zum 65. Geburtstag, hg. von Franz-Reiner Erkens/Hartmut Wolff (Passauer historische Forschungen 12), Köln/Weimar/Wien 2002, S. 203–274; Frank M. Ausbüttel, Theoderich der Große (Gestalten der Antike), Darmstadt 2003; Matthias Becher, Merowinger und Karolinger (Geschichte kompakt), Darmstadt 2009; Helmut Beumann, Das Paderborner Epos und die Kaiseridee Karls des Großen, in: Karolus Magnus et Leo Papa. Ein Paderborner Epos vom Jahre 799. Mit Beiträgen von Helmut Beumann, Franz Brunhölzl, Wilhelm Winkelmann, Paderborn 1966, ND mit Nachträgen, in: Zum Kaisertum Karls des Großen, hg. von Gunter Wolf (Wege der Forschung 38), Darmstadt 1972, S. 309–383; Helmut Beumann, Nomen imperatoris. Studien zur Kaiseridee Karls des Großen, in: Zum Kaisertum Karls des Großen, hg. von Gunter Wolf (Wege der Forschung 38), Darmstadt 1972, S. 174–215; Hartwin Brandt, Konstantin der Große. Der erste christliche Kaiser. Eine Biographie, München 2006; Peter Brown, Die Entstehung des christlichen Europa, München 1996; Donald A. Bullough, Die Kaiseridee zwischen Antike und Mittelalter, in: 799. Kunst und Kultur der Karolingerzeit. Karl der Große und Papst Leo III. in Paderborn, 3 Bde., Mainz 1999, Bd. 3, S. 36–46; Peter Classen, Karl der Große, das Papsttum und Byzanz. Die Begründung des karolingischen Kaisertums, hg. von Horst Fuhrmann/Claudia Märtl (Beiträge zur Geschichte und Quellenkunde des Mittelalters 9), Sigmaringen 1988; Alexander Demandt, Der Fall Roms. Die Auflösung des Römischen Reiches im Urteil der Nachwelt, München 1984; Steffen Diefenbach, Frömmigkeit und Kaiserakzeptanz im frühen Byzanz, in: Saeculum 47 (1996), S. 35–66; Steffen Diefenbach, Zwischen Liturgie und *civilitas*. Konstantinopel im 5. Jahrhundert und die Etablierung eines städtischen Kaisertums, in: Bildlichkeit und Bildort von Liturgie. Schauplätze in Spätantike, Byzanz und Mittelalter, hg. von Rainer Warland, Wiesbaden 2002, S. 21–49; Eugen Ewig, Das Bild Constantins in den ersten Jahrhunderten des abendländischen Mittelalters, in: Ders., Spätantikes und fränkisches Gallien. Gesammelte Schriften (1952–1973), hg. von Hartmut Atsma (Beihefte der Francia 3), München/Zürich 1976, S. 72–113; Eugen Ewig, Die Merowinger und das Frankenreich, 2. Aufl. Stuttgart 1993; Robert Folz, L'Idée d'Empire en Occident du Ve au XIVe siècle, Paris 1955; Stephan Freund, Ein Bayer beim Papst zwischen Gebet und Politik. Herzog Theodo († ca. 718) und die Pläne einer bayerischen Kirchenorganisation, in: Bayern und Italien. Kontinuität und Wandel ihrer traditionellen Bindungen, hg. von Hans-Michael Körner/Florian Schuller, Lindenberg 2010, S. 54–71; Manfred Fuhrmann, Rom in der Spätantike. Porträt einer Epoche, München/Zürich 1994; Patrick Geary, Die Merowinger. Europa vor Karl dem Großen, München 1996; Hans-Werner Goetz, Europa im frühen Mittelalter 500–1050 (Handbuch der Geschichte Europas 2), Stuttgart 2003; Ernst-Dieter Hehl, 798 – ein erstes Zitat aus der Konstantinischen Schenkung, in: Deutsches Archiv für Erforschung des Mittelalters 47, 1991, S. 1–17; Elisabeth Herrmann-Otto, Konstantin der Große (Gestalten der Antike), Darmstadt 2007; Reinhold Kaiser, Das römische Erbe und das Merowingerreich (Enzyklopädie deutscher Geschichte 26), 3. Aufl. München 2004; Hartmut Leppin, Die Kirchenväter und ihre Zeit. Von Athanasius bis Gregor dem Großen, München 2000; Jochen Martin, Spätantike und Völkerwanderung (Oldenbourg Grundriss der Geschichte 4), 4. Aufl. München 2001; Hartmut Leppin, Theodosius der Große (Gestalten der Antike), Darmstadt 2003; Jochen Martin, Zum Selbstverständnis, zur Repräsentation und Macht des Kaisers in der Spätantike, in: Saeculum 35, 1984, S. 115–131; Andreas Mehl, Römische Geschichtsschreibung. Grundlagen und Entwicklung. Eine Einführung, Stuttgart/Berlin/Köln 2001; Walter Pohl, Die Völkerwanderung. Eroberung und Integration, Stuttgart 2002; Georg Scheibelreiter, Die barbarische Gesellschaft. Mentalitätsgeschichte der europäischen Achsenzeit 5.–8. Jahrhundert, Darmstadt 1999; Rudolf Schieffer, Charlemagne and Rome, in: Early Medieval Rome and the Christian West. Essays in Honour of Donald A. Bullough, hg. von Julia M. H. Smith, Leiden/Boston/Köln 2000, S. 279–295; Sebastian Scholz, Politik – Selbstverständnis – Selbstdarstellung. Die Päpste in karolingischer und ottonischer Zeit (Historische Forschungen 26), Stuttgart 2006; Martin Wallraff, Von der antiken Historie zur mittelalterlichen Chronik. Die Entstehung der christlichen Universalgeschichtsschreibung, in: Weltzeit. Christliche Weltchronistik aus zwei Jahrtausenden in Beständen der Thüringer Universitäts- und Landesbibliothek Jena, hg. von Martin Wallraff, Berlin/New York 2005, S. 1–16.

Wolfram Drews

Universale Herrschaft aus muslimischer Perspektive im frühen und hohen Mittelalter

Gab es ein islamisches Kaisertum oder ein islamisches Imperium? Leser des ausgesprochen vielseitigen Bandes „Imperien. Die Logik der Weltherrschaft" von Herfried Münkler gewinnen den Eindruck, dass zwar in der Antike die Athener ein Seeimperium begründeten, ebenso wie auch Römer und Chinesen ihre jeweiligen Weltreiche; aus dem frühen und hohen Mittelalter behandelt Münkler jedoch nur das mongolische Steppenimperium, um sich dann der Konkurrenz von Osmanen, Portugiesen, Niederländern, Spaniern und Engländern in der Frühen Neuzeit zuzuwenden. Trifft es aber zu, dass die Osmanen das erste islamische Weltreich begründeten? Ein Blick auf die frühislamische Geschichte lässt hieran berechtigte Zweifel aufkommen.

Als ein Zeuge hierfür sei Garth Fowden genannt: Gerade weil das islamische Kalifat weder nur das iranische oder nur das römische Imperium fortsetzte,[1] sondern Traditionen aus beiden Bereichen übernahm und zumindest Zentralregionen der beiden antiken Weltreiche unter seiner Herrschaft vereinte, kommt er zu der Aussage, das Kalifat sei „antiquity's one and only true world empire" gewesen, womit er sehr deutlich eine Gegenposition zu Münkler markiert.[2]

---

1 Zu letzterem John S. Richardson, Imperium Romanum. Empire and the Language of Power, in: Theories of Empire, 1450–1800, hg. von David Armitage (An Expanding World. The European Impact on World History 1450–1800, 20), Aldershot 1998, S. 1–9 (= Journal of Roman Studies 81, 1991, S. 1–9).

2 Garth Fowden, Empire to Commonwealth. Consequences of Monotheism in Late Antiquity, Princeton 1993, S. 152. Zusätzlich zum erwähnten territorialen Argument verweist Fowden auch auf „a much more thoroughgoing combination of moral and political authority in the person of the caliph than had been achieved by the rulers of either Rome or Iran" (S. 156). Vgl. bereits programmatisch die Einleitung S. 6: „The Islamic Empire was antiquity's only *politico-cultural world empire*." (Hervorhebung im Original). Vgl.

Der Universalitätsanspruch des Islams

Nach der Etablierung der islamischen *umma* in Medina erlangte der Prophet Muḥammad eine auf Verträgen basierende Oberherrschaft über verschiedene, zuvor eigenständige, üblicherweise als Stämme bezeichnete Völker auf der Arabischen Halbinsel. Zunächst war damit kein universaler Herrschaftsanspruch verbunden, denn es ging ihm nur darum, alle Araber zum Islam als der monotheistischen Religion der Araber zu bekehren.

Da das Kalifat als Nachfolge des Propheten und in umayyadischer Zeit sogar als Vertretung Gottes auf Erden konzeptualisiert wurde, war hiermit ein aber gleichwohl universaler Anspruch verbunden: Es konnte prinzipiell nur einen Inhaber eines solchen Amtes geben, von dem alle anderen Machtbefugnisse abgeleitet werden mussten.[3] Die Verankerung des Amtes in einer transzendenten Wirklichkeit verschaffte seinem Inhaber innerhalb der islamischen Welt eine wahrhaft einzigartige Position, die weit über jede bloße Hegemonie hinausging: Es konnte nur einen Kalifen geben, der als „Befehlshaber der Gläubigen" (*amīr al-muʾminīn*) an der Spitze der *umma* stand. Die beiden Titel „(Stell)vertreter Gottes bzw. des Propheten" (*ḫalīfa [rasūl] llāh*) und „Befehlshaber der Gläubigen" bezogen sich auf die Position an der Spitze einer religiösen Gemeinschaft, was dem obersten Amt schon terminologisch eine sakrale Dimension verlieh, die mit einem universalen Anspruch einherging.[4]

Das Prophetenamt konnte nach islamischem Selbstverständnis nicht fortgesetzt werden. Einerseits war mit dem Tod Muḥammads die Epoche der Prophetie zu Ende gegangen, andererseits war mit seiner Hidschra jedoch eine neue Epoche angebrochen, die als Bruch mit der vorangehenden Zeit der Unwissenheit (*ǧāhiliyya*) verstanden wurde. Ausdruck dieses Bruchs ist die Tatsache, dass das oberste islamische Amt nicht als Fortsetzung eines vorislamischen Amtes konzeptualisiert werden konnte: Das Kalifat war eine Herrschaftsform *sui generis*, insofern es die Herrschaft eines Propheten fortsetzte, ohne dass es noch Propheten geben konnte, die Offenbarungen hätten empfangen kön-

---

auch Hugh Kennedy, The Decline and Fall of the First Muslim Empire, in: Der Islam 81, 2004, S. 3–30. Kennedy behandelt das frühislamische Kalifat bis zum beginnenden 10. Jahrhundert als „a political system in which a dominant élite rules over a collection of countries in which different areas have their own ethnic and cultural identities. Among the defining features of such a polity is the role of a dominant ideology [...] and the loyalty to a ruling dynasty." (S. 3, Anm. 1).

3   Vgl. umfassend Patricia Crone/Martin Hinds, God's Caliph. Religious Authority in the First Centuries of Islam, Cambridge 1986.

4   Vgl. Helmer Ringgren, Some Religious Aspects of the Caliphate, in: La regalità sacra. Contributi al tema dell'VIII Congresso Internazionale di Storia delle Religioni (Studies in the History of Religion. Supplements of Numen 4), Leiden 1959, S. 737–748.

nen.[5] Die Schaffung eines neuen Amtes kann als Ausdruck des in der Vorstellung der Muslime vollzogenen Bruchs mit der vorislamischen Zeit verstanden werden.[6]

Gerade angesichts der großen Bedeutung byzantinischer Traditionen für die Organisation und Verwaltung des frühislamischen Reiches ist es bemerkenswert, dass der kaiserliche Titel vom Kalifen nicht übernommen wurde, anders als etwa Herrscherbezeichnungen iranischer Provenienz, die von lokalen, nicht-imperialen Machthabern im 10. Jahrhundert bewusst eingesetzt wurden.[7] Schon im ersten islamischen Jahrhundert kamen die Muslime mit dem byzantinischen Reich in Kontakt, und das ehemals oströmische Damaskus wurde Hauptstadt der ersten islamischen Kalifendynastie, der Umayyaden. Unter ihrer Herrschaft blieben zunächst noch byzantinische Münzen im Umlauf, bevor dann eigene umayyadische Münzen geprägt wurden, die sich zunächst noch stark am byzantinischen Vorbild orientierten; sogar der Kalif wurde hier – dem Vorbild entsprechend – bildlich dargestellt.[8] (Abb. 1) Für die Verwaltung des sich rasch ausdehnenden islamischen Reiches mussten die Kalifen auf byzantinische Beamte zurückgreifen, die sich weiterhin der griechischen Sprache bedienten. Erst Ende des 7. Jahrhunderts, unter dem Kalifen ʿAbd al-Malik, ging man zur Verwendung des Arabischen in der Verwaltung über,[9] und man begann, islamische Münzen ohne jegliche bildliche Darstellung zu prägen.[10] (Abb. 2)

Nach der Niederwerfung und vollständigen Eroberung des Sasanidenreiches blieb das byzantinische Reich der Hauptkonkurrent der umayyadischen Kalifen, die wiederholt Versuche unternahmen, Konstantinopel einzunehmen, allerdings letztlich vergeblich. Der Felsendom in Jerusalem, der gerade in dieser Zeit errichtet wurde, wird häufig als architektonischer Ausdruck des Wetteiferns mit dem byzantinischen

---

5 Vgl. Wolfram Drews, Die Karolinger und die Abbasiden von Bagdad. Legitimationsstrategien frühmittelalterlicher Herrscherdynastien im transkulturellen Vergleich (Europa im Mittelalter 12), Berlin 2009, S. 404–415. In der Praxis kamen den Kalifen vornehmlich politische Aufgaben zu, sodass sie zwar „königliche" Aufgaben wahrnahmen, ohne sich aber so bezeichnen zu können; vgl. Rudi Paret, Das islamische Weltreich, in: Historische Zeitschrift 187, 1959, S. 521–539, hier S. 531.

6 Vgl. Paret, Weltreich (wie Anm. 5), S. 530: „Entscheidend war der Anfang, die Entstehung der Institution. Hierbei waren keine Einflüsse von außen her wirksam."

7 Vgl. Clifford E. Bosworth, The Heritage of Rulership in Early Islamic Iran and the Search for Dynastic Connections with the Past, in: Iran 11, 1973, S. 51–62; Roy Mottahedeh, The ʿAbbāsid Caliphate in Iran, in: The Cambridge History of Iran, Bd. 4: The Period from the Arab Invasion to the Saljuqs, hg. von Richard N. Frye, Cambridge 1975, S. 57–89.

8 Vgl. John Walker, A Catalogue of the Arab-Byzantine and Post-Reform Umaiyad Coins, London 1956; Stephen Album/Tony Goodwin, The Pre-Reform Coinage of the Early Islamic Period (Sylloge of Islamic Coins in the Ashmolean 1), Oxford 2002; Tony Goodwin, Arab-Byzantine Coinage (Studies in the Khalili Collection 4), London 2005.

9 Dimitri Gutas, Greek Thought, Arabic Culture. The Graeco-Arabic Translation Movement in Baghdad and Early ʿAbbāsid Society (2nd–4th/8th–10th centuries), London/New York 1998, S. 17.

10 Norman D. Nicol, Early Post-Reform Coinage (Sylloge of Islamic Coins in the Ashmolean 2), Oxford 2009.

1 Solidus des 'Abd al-Malik (685–705), geprägt 691/692, imitiert einen Solidus des Heraclius (632–638). Privatbesitz.

Gegner verstanden:[11] Die Umayyaden ließen eine riesige Kuppel errichten, die sich am Vorbild der Hagia Sophia orientiert haben könnte, um in der drittheiligsten Stadt des Islams ihren Anspruch auf eine imperiale Herrschaft zu bekunden, und zwar gerade zu einer Zeit, als die heiligen Städte auf der Arabischen Halbinsel von einem Gegenkalifen beherrscht wurden.[12] Die in der arabischen Tradition vorher nicht belegte Verwendung von Kuppeln in der Architektur verweist auf das imperiale byzantinische Vorbild, das in Jerusalem selbst auch in der christlichen Grabeskirche präsent war. Die Kuppel über dem heiligen Felsen in der Stadt der ersten Gebetsrichtung ist ein optischer Hinweis auf das Himmelszelt, eine architektonische Analogie zum Kosmos, die als Ausdruck des Anspruchs auf Weltherrschaft verstanden werden kann.[13]

---

11 In diesem Sinn Andrew Marsham, Rituals of Islamic Monarchy. Accession and Succession in the First Muslim Empire, Edinburgh 2009, S. 142: „The early metropolitan architecture of the Marwanid court – the Dome of the Rock and the Great Mosque [d. h. in Damaskus, W. D.] chief among them – reveal the importance of the Roman imperial heritage in the expression of caliphal authority in their post-Roman and post-Ghassanid Syrian heartlands." Vgl. auch Josef van Ess, Theologie und Gesellschaft im 2. und 3. Jahrhundert Hidschra. Eine Geschichte des religiösen Denkens im frühen Islam, Bd. 1, Berlin/New York 1991, S. 9–11, hier S. 10: „Er [d. h. der Felsendom, W. D.] ist eine Machtdemonstration gegenüber Byzanz. Darum steht er in Jerusalem, als Widerpart der [seit dem Persereinfall z. T. noch zerstörten] Anastasis und – vielleicht – der Himmelfahrtskirche."

12 Nach einigen Zeugnissen erfolgte der zeremonielle Herrschaftsantritt des ersten umayyadischen Kalifen auf dem Jerusalemer Tempelberg; vgl. Marsham, Rituals (wie Anm. 11), S. 88. Auch der Kalif 'Abd al-Malik, der Bauherr des Felsendoms, könnte 685 in Jerusalem seine Herrschaft angetreten haben; vgl. ebd. S. 135.

13 In der vermutlich nur wenig älteren sogenannten maronitischen Chronik wird der erste umayyadische Kalif Mu'āwiya als „König in der Welt", d. h. als Weltherrscher, verstanden, nach dem Vorbild der römischen Kaiser oder Alexanders des Großen, mit dessen Regierungsantritt die vom Autor dieser Chronik noch benutzte seleukidische Ära einsetzte; hierzu Marsham, Rituals (wie Anm. 11), S. 88. Zu überkuppelten Zelten im frühen Kalifat ebd. S. 141. Zur symbolischen Bedeutung von Kuppeln in der spätantiken Architektur umfassend Achim Arbeiter, Kuppel II (Bedeutung), in: Reallexikon für Antike und Christentum 22, Stuttgart 2008, Sp. 488–517.

2 Dinar des ʿAbd al-Malik,
   geprägt 702. Zürich,
   Sunflower Foundation.

Die Tendenz der frühislamischen Expansion lief darauf hinaus, alle bewohnten Gebiete der muslimischen Herrschaft zu unterwerfen.[14] Dabei ging es nicht darum, die Bewohner dieser Gebiete zum Islam zu bekehren; ein solches Unterfangen hätte die finanzielle Grundlage des islamischen Gemeinwesens ruiniert, das zum großen Teil auf der Besteuerung der nichtmuslimischen Bevölkerung beruhte. Die kanonischen Texte wurden schon früh dahingehend interpretiert, dass den Anhängern der monotheistischen Schriftreligionen, zu denen neben Juden und Christen auch Zoroastrier gerechnet wurden, die Ausübung ihrer angestammten Religion gestattet wurde, wenn sie die politische Herrschaft des Islams anerkannten und eine Sondersteuer, die *ǧizya*, entrichteten. Den politischen Anspruch islamischer Herrschaft wird man somit als universal bezeichnen können,[15] zumal er von einer Religion getragen wurde, die den Anspruch erhob, auf der letzten, definitiven göttlichen Offenbarung zu beruhen.

Quṣayr ʿAmra als Ausdruck des imperialen Anspruchs der Umayyaden

Der weltumspannende Anspruch des Islams geht aus legendarischen Erzählungen hervor, die in frühislamischer Zeit kursierten und vom Biographen des Propheten, Ibn Isḥāq, in der zweiten Hälfte des achten Jahrhunderts zusammengestellt wurden. Angeblich habe Muḥammad die Könige der Welt brieflich aufgefordert, sich zum Islam zu bekehren; erwähnt werden neben drei Herrschern auf der Arabischen Halbinsel der Anführer des ġassanidischen arabischen Stammesverbandes in Syrien, der als Herrscher imaginierte Patriarch von Alexandria, der byzantinische Kaiser, der Negus von Abessinien und schließlich Chosroes, der sasanidische Großkönig.[16]

---

14 Dementsprechend bezeichnet Crone diesen Impetus als „divinely enjoined imperialism" (Patricia Crone, Medieval Islamic Political Thought, 650–1250, Edinburgh 2004, S. 372).

15 Vgl. Crone, Thought (wie Anm. 14), S. 367: „[…] *jihād* as the bulk of the Arab tribesmen understood it was Arab imperialism at God's command. Their universalism was political."

16 Garth Fowden/Elizabeth Key Fowden, Studies on Hellenism, Christianity and the Umayyads (Meletēmata. Kentron Hellēnikēs kai Rōmaïkēs Archaiotētos 37), Athen 2004, S. 72f.

Ein eindrucksvolles architektonisches Beispiel für diesen Herrschaftsanspruch aus der Spätzeit der ersten Kalifendynastie bildet der umayyadische Landsitz Quṣayr 'Amra im heutigen Jordanien, der höchstwahrscheinlich von al-Walīd II. (Kalif 743/744) noch in seiner Zeit als Thronfolger errichtet wurde, womöglich um 735.[17] (Abb. 3) Zunächst sei darauf hingewiesen, dass es sich auch hier in spätantiker Tradition um einen Kuppelbau handelt; das Caldarium zeigt Sternbilder und Zodiak des nördlichen Nachthimmels,[18] was an den Kuppelschmuck eines um 500 von Johannes von Gaza beschriebenen, wohl in Antiochia zu lokalisierenden Bades erinnert, das in traditioneller antiker Manier das Universum vor Augen führte.[19] Im Folgenden sollen jedoch nicht die Kuppelarchitektur und ihr Dekor, sondern die Wanddarstellungen im rechten Schiff der Haupthalle von Quṣayr 'Amra analysiert werden; hier wird der Kalif als Gegenüber einer Gemeinschaft von Herrschern gezeigt. Symbolisch wird so die Überordnung des umayyadischen Kalifen über alle anderen Machthaber zum Ausdruck gebracht, die ihm in einer geschlossenen Gruppe gegenübertreten. (Tafel 6)

Es ist bemerkenswert, dass die sechs Herrscher in Quṣayr 'Amra durch Inschriften in arabischer und griechischer Sprache identifiziert werden. Es handelt sich allerdings nicht um Individuen, sondern um symbolische Darstellungen: „The six kings are symbolic figures who stand for the whole political and cultural heritage of the world the Arabs had now inherited."[20] Die vier noch lesbaren Inschriften wurden entziffert von links als Kaisar, Rodorikos, Chosdroes und Negus, sie beziehen sich also auf die Herrscher von Byzanz, Spanien, Iran und Abessinien. Die arabischen Inschriften entsprechen der generischen Bezeichnung der Herrscher des jeweiligen Gemeinwesens, mit Ausnahme des Namens des letzten Westgotenkönigs.[21] Die zwei nicht mehr lesbaren Inschriften könnten sich auf den Khagan, das Oberhaupt der Turkvölker, auf den Kaiser von China oder vielleicht auf einen indischen Fürsten bezogen haben. Chosroes, der in der Mitte erscheint, nimmt als *primus inter pares* die Stellung des Anführers der huldigenden Delegation ein.[22]

Auffallend ist, dass die Herrscher in zwei Reihen angeordnet sind: In der vorderen befinden sich die Vertreter solcher Gemeinwesen, die ihrerseits einen imperialen Anspruch entweder vertreten haben oder immer noch vertreten, wie die Beherr-

17 Fowden/Key Fowden, Studies (wie Anm. 16), S. 37–42; Marsham, Rituals (wie Anm. 11), S. 127. Vgl. die umfassende Dokumentation der Bauten bei Claude Vibert-Guigue/Ghazi Bisheh, Les peintures de Quṣayr 'Amra: un bain omeyyade dans la bâdiya jordanienne (Bibliothèque archéologique et historique 179), Beirut 2007.

18 Garth Fowden, Quṣayr 'Amra. Art and the Umayyad Elite in Late Antique Syria (The Transformation of the Classical Heritage 36), Berkeley 2004, S. 297; Fowden/Key Fowden, Studies (wie Anm. 16), S. 32.

19 Vgl. Arbeiter, Kuppel II (wie Anm. 13), Sp. 514–517.

20 Fowden, Quṣayr 'Amra (wie Anm. 18), S. 198.

21 Fowden, Quṣayr 'Amra (wie Anm. 18), S. 205.

22 Fowden/Key Fowden, Studies (wie Anm. 16), S. 65.

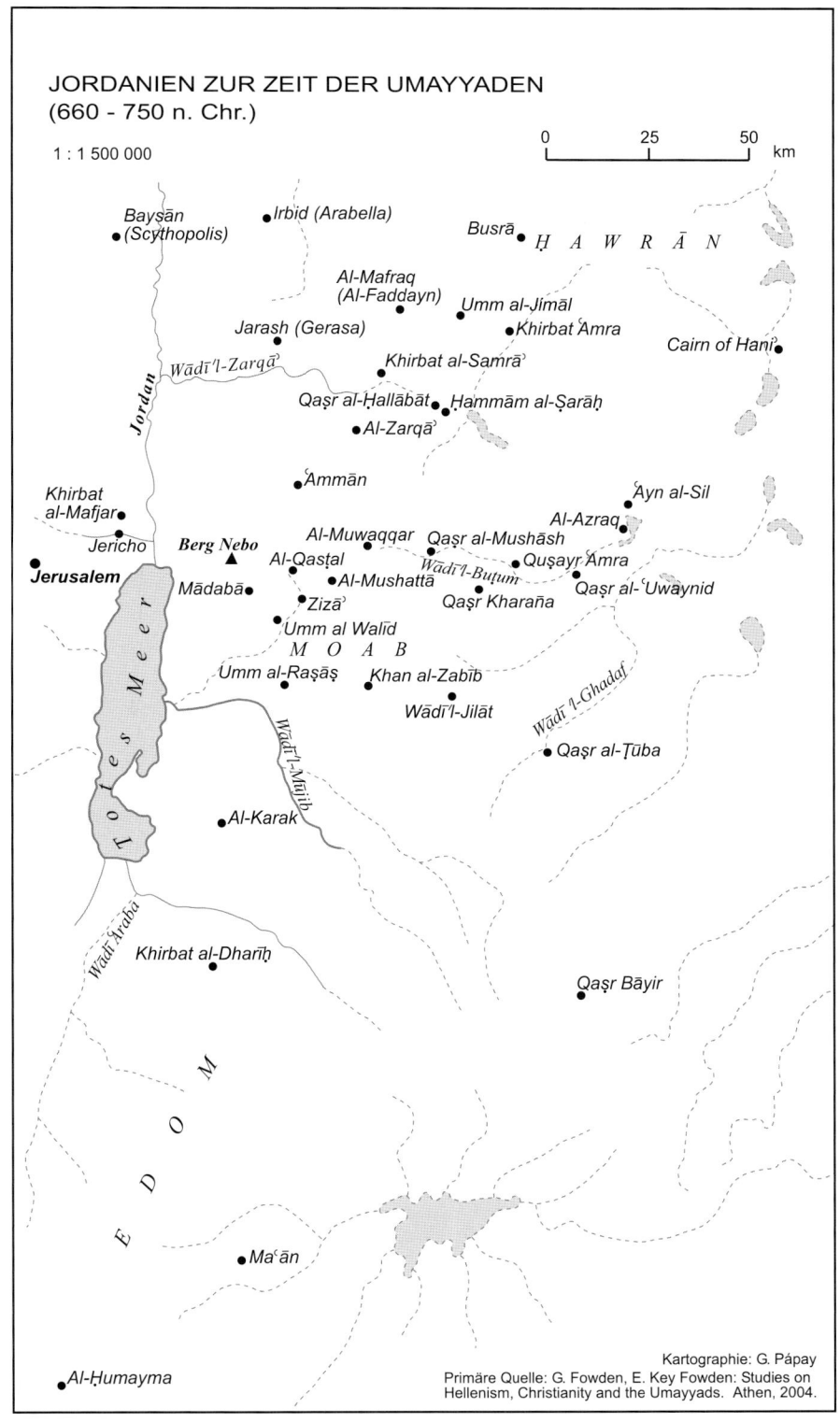

JORDANIEN ZUR ZEIT DER UMAYYADEN
(660 - 750 n. Chr.)

1 : 1 500 000

0   25   50   km

Baysān
(Scythopolis)
Irbid (Arabella)
Busrā   ḤAWRĀN
Al-Mafraq
(Al-Faddayn)
Umm al-Jimāl
Jarash (Gerasa)
Khirbat ʿAmra
Cairn of Hani
Wādīʾl-Zarqāʾ
Khirbat al-Samrāʾ
Qaṣr al-Ḥallābāt
Ḥammām al-Ṣarāḥ
Al-Zarqāʾ
Jordan
ʿAmmān
ʿAyn al-Sil
Khirbat
al-Mafjar
Al-Azraq
Jericho
Berg Nebo
Al-Muwaqqar
Qaṣr al-Mushāsh
Al-Qasṭal
Wādīʾl-Buṭum
Quṣayr ʿAmra
Jerusalem
Mādabā
Al-Mushattā
Ziẓāʾ
Qaṣr Kharaña
Qaṣr al-ʿUwaynid
Umm al Walīd
MOAB
Wādī ʾl-Ghadaf
Umm al-Raṣāṣ
Khan al-Zabīb
Wādīʾl-Jilāt
Toles Meeer
Qaṣr al-Ṭūba
Wādī ʾl-Mūjib
Al-Karak
Wādī ʾArāba
Khirbat al-Dharīḥ
Qaṣr Bāyir
E D O M
Maʿān
Kartographie: G. Pápay
Primäre Quelle: G. Fowden, E. Key Fowden: Studies on
Hellenism, Christianity and the Umayyads. Athen, 2004.
Al-Ḥumayma

scher Ostroms, Irans und (eventuell) Chinas. In der zweiten Reihe erscheinen Herrscher, deren Machtbereich sich als vergleichsweise eher regional charakterisieren lässt: die Vertreter des Westgotenreiches, Abessiniens, Indiens oder der Turkvölker.[23] Der Kalif begegnet als ihr Gegenüber zunächst im Kreis seiner eigenen Familie, im rechten Winkel gleich rechts von der Sechsergruppe; als Insignie seiner Herrschaft hält er den Stab des Propheten in der Hand, außerdem trägt er die Qalansuwwa, eine sasanidische Kopfbedeckung.[24] (Tafel 6 und 7) Sodann erscheint der Hausherr ein zweites Mal als thronender Herrscher, und zwar direkt gegenüber dem Eingang zum Audienz- und Festsaal. (Abb. 4) Parallelen zu dieser Frontaldarstellung eines thronenden Herrschers finden sich am ehesten in spätantiken römischen Kaiserdarstellungen bzw. in davon inspirierten Christusbildern.[25] Die umgebenden Darstellungen des Universums (Nillandschaften, die vom Ozean umschlossene Erde, darüber das Himmelszelt) gemahnen an das Bild eines Weltherrschers: „The prince in his alcove is, first and foremost, a reflection of the late Roman iconography of *imperium*."[26] Wenn die These zutrifft, dass die Darstellung auf den koranischen Adam anspielt, dann handelt es sich hier überdies um eine Bezugnahme auf den ersten *ḫalīfa*, den Gott nach koranischem Bericht auf Erden einsetzte.[27]

Die Art der Darstellung suggeriert, dass die Herrscher der Welt dem Kalifen huldigen; sie erscheinen in seiner Audienzhalle, wobei jeder von ihnen beide Hände ausstreckt, die Handflächen nach oben gekehrt, was als bittende Geste, zumindest aber als Ausdruck der Ehrerbietung zu verstehen ist.[28] Dem islamischen Herrscher und seinen Gästen wird bildlich vor Augen geführt, dass große und kleine Machthaber der bekannten Welt vor dem Kalifen erscheinen und ihm somit untergeordnet sind, denn die sechs Könige orientieren sich nach rechts, zur sich im rechten Winkel unmittelbar anschließenden Darstellung der Kalifenfamilie, die überdies etwas höher angebracht ist.[29] Die Tatsache, dass einige der von den dargestellten Herrschern symbolisierten

---

23 Fowden, Quṣayr ʿAmra (wie Anm. 18), S. 207.

24 Fowden/Key Fowden, Studies (wie Anm. 16), S. 56f.

25 Fowden/Key Fowden, Studies (wie Anm. 16), S. 46. Zu sasanidischen Vergleichsbeispielen vgl. Prudence O. Harper, Thrones and Enthronement Scenes in Sasanian Art, in: Iran 17, 1979, S. 49–64.

26 Fowden/Key Fowden, Studies (wie Anm. 16), S. 47.

27 Sure 2, 30. Vgl. Fowden/Key Fowden, Studies (wie Anm. 16), S. 55; Tilman Nagel, Die islamische Welt bis 1500 (Oldenbourg. Grundriss der Geschichte 24), München 1998, S. 151f. Zu Bezugnahmen auf das spätantike monotheistische Königtum durch ikonographische Anspielungen auf Adam, Abraham und David vgl. Marsham, Rituals (wie Anm. 11), S. 128.

28 Fowden, Quṣayr ʿAmra (wie Anm. 18), S. 198. Zur vergleichbaren Deutung der Dekoration des Felsendoms vgl. Fowden, Empire to Commonwealth (wie Anm. 2), S. 143: „Islam has come not to destroy universal human history but to fulfil it – except in the case of the rulers of the old, partial empires, who must throw down their crowns before the Commander of the Faithful." Konsequenterweise spricht van Ess bezüglich der Darstellung in Quṣayr ʿAmra vom „großen Fresko der unterworfenen Könige" (Theologie und Gesellschaft [wie Anm. 11], S. 25).

29 Fowden, Empire to Commonwealth (wie Anm. 2), S. 145–148.

4   QuṣayrʿAmra (Jordanien), Südwand der Audienzhalle: Der thronende
     Herrscher, Fresko, um 730/740 n. Chr.

Gemeinwesen zum Zeitpunkt der Erbauung des Landsitzes bereits vollständig vom
islamischen Reich erobert worden waren, andere aber nicht, könnte als Hinweis darauf interpretiert werden, dass nach umayyadischer Erwartung auch den noch nicht
eroberten Gebieten ein vergleichbares Schicksal bevorstehen sollte.[30] Garth Fowden
hat darauf hingewiesen, dass alle Herrscher bartlos dargestellt sind, was ihnen ein
weiches Erscheinungsbild verleiht, insbesondere angesichts des bärtigen und virilen
Emirs in den an anderer Stelle angebrachten Jagdszenen: „This softness of the six kings

---

30   Vgl. Fowden, Empire to Commonwealth (wie Anm. 2), S. 148f.: „[...] victory is more than just a military
     triumph – it is the key to political legitimation and cultural appropriation. Having defeated them, the
     Arabs can now feel worthy to exercise the political power symbolized by the six kings."

identifies them as representatives of an older, more sophisticated but also less dynamic civilization than that of the Arabs."[31]

Das Selbstverständnis umayyadischer Herrscher geht nicht nur aus dieser bildlichen Darstellung, sondern auch aus einer Äußerung hervor, die dem Cousin und Nachfolger al-Walīds II., dem Kalifen Yazīd III., zugeschrieben wird: „Ich bin der Sohn Kisrās; mein Vater ist Marwān. Ein Großvater ist ein *qayṣar*, der andere ein *ḫāqān*."[32] Der islamische Herrscher stellt sich somit selbst in die genealogisch konzeptualisierte Tradition nicht nur der eigenen arabischen Familie (Marwān), sondern auch Irans, Roms und Zentralasiens, wodurch ein universaler Herrschaftsanspruch formuliert wird.

Die in unterschiedlichen Kontexten und Medien zum Ausdruck gebrachte Kombination ikonographischer und architektonischer Traditionen aus dem byzantinischen und sasanidischen Raum gab den Umayyaden die Möglichkeit, ihren Anspruch auf das Erbe der spätantiken Weltreiche zu unterstreichen.[33] Die selbstbewusste Übernahme und Synthese nichtarabischer und nichtislamischer symbolischer Formen geht weit über das Konzept einer bloßen Hegemonie hinaus: Der umayyadische Herrscher erscheint sowohl als Nachfolger des Propheten als auch als Weltherrscher, der in kultureller, religiöser und politischer Hinsicht einen universalen Anspruch erhebt.[34]

Die Abbasiden und die Entwicklung der klassischen politischen Theorie

Der Impetus, das islamische Weltreich immer weiter auszudehnen, erlahmte schon unter den späten Umayyaden, die vergeblich versucht hatten, das byzantinische Reich vollständig zu unterwerfen. Ihre Nachfolger, die ab 749 herrschenden Abbasiden, residierten nicht mehr im vormals byzantinischen Syrien, sondern im ehemals sasanidischen Mesopotamien. Im 8. Jahrhundert ging das islamische Reich von der Expan-

---

31 Fowden, Quṣayr ʿAmra (wie Anm. 18), S. 200.

32 al-Ṭabarī 2, 1874 (hg. von Michael Jan de Goeje, Bd. 2/3, Leiden 1885/1889, 1874, 14; engl.: The History of al-Ṭabarī, Bd. 26: The Waning of the Umayyad Caliphate, übersetzt von Carole Hillenbrand, Albany 1989, S. 243).

33 Vgl. Fowden/Key Fowden, Studies (wie Anm. 16), S. 51: „[...] a vision of universal and divinely sanctioned empire." Zur Rezeption iranischer politischer Kultur schon in spätumayyadischer Zeit, etwa in der Nutzung von Schriftlichkeit zur Regelung der Thronfolge, Marsham, Rituals (wie Anm. 11), S. 163f. Das in späterer Zeit stärker hervortretende „Paradigma des Bruchs", das vornehmlich von Religionsgelehrten propagiert wurde, war in umayyadischer Zeit noch nicht prominent; daher knüpfen die Fresken in Quṣayr ʿAmra noch erstaunlich unbefangen an vorislamische Traditionen an: „Islam has triumphed but cannot yet entirely dismiss what went before as jahiliyya, or ,ignorance'. Islam has inherited a world whose variety it is compelled to accept and called to exploit." (Fowden, Empire to Commonwealth [wie Anm. 2], S. 149).

34 Verwiesen sei auch auf den überregionalen, imperialen Charakter der umayyadischen Herrschaftselite; vgl. Kennedy, Decline and Fall (wie Anm. 2), S. 18.

sions- in die Konsolidierungsphase über, es überschritt also – in der von Münkler übernommenen Terminologie Michael Doyles – die augusteische Schwelle.[35] In der frühen Abbasidenzeit erlebte das islamische Imperium seine Blütezeit: Eine islamische Weltkultur bildete sich heraus, ebenso wie die islamischen Rechtsschulen und andere grundlegende Institutionen des sunnitischen Islams.[36]

Die Abbasiden waren im Gefolge einer durch eschatologische Erwartungen getragenen Revolution zur Herrschaft gelangt; als der „Architekt" des abbasidischen Erfolges, der zweite Kalif al-Manṣūr, 775 starb, könnten angebliche Himmelserscheinungen als Hinweis auf millenaristische Weltherrschaft gedeutet worden sein.[37] Der Anspruch der Kalifen auf universale Herrschaft wurde zwar islamisch begründet; praktisch inszenierten sich die Abbasiden jedoch als Nachfolger der sasanidischen Großkönige, indem sie sich symbolischer Formen iranischer Provenienz bedienten.[38] Auch in arabischsprachigen Fürstenspiegeln erscheinen die Kalifen dementsprechend als Nachfolger der sasanidischen Herrscher – sie setzen die Reihe der spätantiken Großkönige fort, die als außenpolitische Hauptkontrahenten des Römischen Reiches agierten. Auch in der Nachfolge der Sasaniden konnten die Abbasiden somit als universale Herrscher erscheinen.

Im 9. Jahrhundert wurde das kalifale Zentrum in Bagdad von der imperialen Peripherie her mehrmals stabilisiert und, in Münklers Terminologie, „revitalisiert":[39] Zunächst eroberten 813 Truppen aus dem östlichen Iran, aus Chorazan, den Irak; ihre Nachkommen bildeten für einige Jahrzehnte das militärische Rückgrat des Imperiums, bis die Kalifen dazu übergingen, von der afrikanischen, kaukasischen und mittelasiatischen Peripherie her nichtarabische Militärsklaven (Mamluken) zu rekrutieren, die fortan als militärische Basis des Kalifats dienten, wobei sich ihre Anführer allerdings wiederholt selbst der Herrschaft bemächtigten, indem sie in innerabbasidische Thronkämpfe eingriffen bzw. diese provozierten.[40] Phasen der Instabilität führten

---

35 Vgl. Herfried Münkler, Imperien. Die Logik der Weltherrschaft – vom Alten Rom bis zu den Vereinigten Staaten, Berlin 2005, S. 80; vgl. ebd. S. 115f.: „Die augusteische Schwelle bezeichnet also ein Ensemble einschneidender Reformen, durch die ein Imperium seine Expansionsphase beendet und in die Phase der geordneten Dauer, des lange während Bestandes überführt wird."

36 Vgl. Tilman Nagel, Das Kalifat der Abbasiden, in: Geschichte der arabischen Welt, hg. von Ulrich Haarmann/Heinz Halm, München 1987 (3. Aufl. 1994, 5. Aufl. 2004), S. 101–165; Dominique Sourdel, The 'Abbāsid Caliphate, The Cambridge History of Islam, Bd. 1: The Central Islamic Lands, Cambridge 1970, S. 104–139; Hugh Kennedy, The Prophet and the Age of the Caliphates. The Islamic Near East from the Sixth to the Eleventh Century, London/New York 1986.

37 Vgl. Marsham, Rituals (wie Anm. 11), S. 205.

38 Vgl. Bertold Spuler, Iranische Einflüsse auf das abbasidische Kalifat, in: Ders., Gesammelte Aufsätze, Leiden 1980, S. 280–285; zum Einfluss von Eliten aus dem östlichen Iran unter den Abbasiden Kennedy, Decline and Fall (wie Anm. 2), S. 23.

39 Münkler, Imperien (wie Anm. 35), S. 95.

40 Das Beispiel der Mamluken fehlt in Münklers Argumentation hinsichtlich der „Barbarisierung der Armee", die er unnötigerweise vornehmlich in Rom durchgeführt sieht; vgl. Münkler, Imperien (wie Anm. 35), S. 153.

jedoch nicht dazu, dass das politische System grundsätzlich in Frage gestellt wurde: Der universale Herrschaftsanspruch der abbasidischen Kalifen blieb bis zur mongolischen Eroberung 1258 unverändert erhalten, auch wenn sich die universale Gewalt *de facto* auf die Repräsentation der islamischen religiösen Legitimität beschränkte, während die tatsächliche politische Herrschaft in andere Hände überging. Die meisten selbständig herrschenden Dynastien hielten an der theoretischen Souveränität des Kalifen fest, doch stützten sie ihren Herrschaftsanspruch daneben auch auf andere Fundamente, namentlich auf die behauptete Abstammung von vorislamischen Herrschern, so etwa im Iran oder im Jemen.[41]

Spätestens ab der Mitte des 9. Jahrhunderts gelang es den abbasidischen Kalifen nicht mehr, von Bagdad aus das gesamte islamisch beherrschte Territorium zu kontrollieren; beginnend in Spanien und im östlichen Iran (Chorazan) sowie später in Nordafrika, verwandelten sich die lokalen Machthaber in autonome Herrscher, die der Autorität des Kalifen nur noch nominell unterstanden.[42] Die Emire und Sultane besaßen keine eigenständige Herrschaftsbefugnis; sie ließen sich vom Bagdader Kalifen in ihre Herrschaft einsetzen, was die wesentliche Legitimation ihrer Regierung darstellte.[43]

Nach dem weitgehenden Verlust der Möglichkeit realer politischer Machtausübung in weiten Teilen der islamischen Welt blieb das Kalifat als symbolischer Ausdruck der Einheit der *umma* und als Garant für die Geltung der Scharia bestehen, doch war dieser universale Anspruch auf die konzeptionelle Ebene beschränkt. Geht man von Münklers Beobachtung aus, dass es Staaten „stets im Plural, Imperien meist im Singular" gibt,[44] könnte man den Herrschaftsanspruch des Kalifen auch in dieser Periode noch immer als imperial bezeichnen: Er war mit einer Vielzahl von Herrschern konfrontiert, die ihre Herrschaftsberechtigung von ihm als der Verkörperung der religiös legitimierten Rechtsordnung ableiteten, die universale Geltung beanspruchte.[45] Allerdings stand dem universalen Herrschaftsanspruch die politische Realität einer zunehmend fragmentierten Welt gegenüber, deren Einheit nur noch religiös und kulturell begründet werden konnte.

---

41 Vgl. Kennedy, Decline and Fall (wie Anm. 2), S. 27.

42 Zur Desintegration der pan-imperialen islamischen Elite, die in der Praxis durch regionale Orientierungen abgelöst wurde, Kennedy, Decline and Fall (wie Anm. 2), S. 9f. und S. 17–27.

43 Vgl. Jenny Rahel Oesterle, Eine Investitur durch den Kalifen von Bagdad nach Hilāl al-Ṣābīs Zeremonienbuch. Zur Rolle von Religion, Ehre und Rangordnungen in der Herrschaftsrepräsentation, in: Investitur- und Krönungsrituale. Herrschaftseinsetzungen im kulturellen Vergleich, hg. von Marion Steinicke/Stefan Weinfurter, Köln/Weimar/Wien 2005, S. 305–320.

44 Münkler, Imperien (wie Anm. 35), S. 17.

45 Oberherrschaft über „multiple dominions" ist nach Armitage ein Kriterium für „Imperium": vgl. David Armitage, Introduction, in: Theories of Empire (wie Anm. 1), S. XVI.

Gerade im Bereich der Religion konnte der Kalif seinen universalen Anspruch aufrechterhalten. Auch als sich zunächst die Peripherie und dann auch das Zentrum politisch von seiner Herrschaft emanzipierte, wurde die Autorität des Befehlshabers der Gläubigen doch durch das Konstrukt der durch ihn garantierten Herrschaft des islamischen Rechts sowie durch die Nennung des Kalifennamens im Freitagsgebet und auf den Münzen juristisch und symbolisch aufrechterhalten.[46]

Garth Fowden hat die Transformation des frühislamischen Gemeinwesens auf die griffige Formel „Empire to Commonwealth" gebracht.[47] Mit dem Begriff Commonwealth, den er auch auf die frühbyzantinische Welt und das griechisch-orthodoxe Osteuropa bezieht, bezeichnet er „a group of politically discrete but related polities collectively distinguishable from other polities or commonwealths by a shared culture and history."[48] Der Bezugspunkt jedes einzelnen Commonwealths ist nach Fowden ein Weltreich, das seinen imperialen Zenit überschritten hat,[49] in bestimmten kulturellen und religiösen Dimensionen aber nachwirkt und gleichsam einen mentalen Rahmen für Identitätsentwürfe bereitstellt. In politischer Hinsicht steckt jeder Commonwealth einen Rahmen ab, innerhalb dessen allerdings die Möglichkeit von Konflikten um die Hegemonie strukturell angelegt ist. Die imperiale Tradition von Rom, Byzanz und Bagdad blieb als identitätsstiftender Bezugspunkt in den sich aus den entsprechenden Imperien heraus entwickelnden religiös-kulturellen Gemeinschaften erhalten, die sich aus verschiedenen politischen Gemeinwesen zusammensetzten.[50]

Der Begriff Commonwealth verweist einerseits auf eine Pluralität verschiedener Einheiten und andererseits auf das gemeinsame Band, das sie zusammenhält. Allerdings waren diejenigen Gemeinschaften, die sich im 20. Jahrhundert selbst so bezeichnet haben (ich sehe hier vom englischen Commonwealth Mitte des 17. Jahrhunderts ab) immer stark vom Primat eines unumstrittenen imperialen Zentrums bestimmt: Das britische Commonwealth of Nations definiert sich seit 1926 durch die Treue zur

---

46 Vgl. Erwin I. J. Rosenthal, Politisches Denken im Islam. Kalifatstheorie und politische Philosophie, in: Saeculum 23, 1972, S. 148–171; Jenny Rahel Oesterle, Die Namensnennung des Herrschers im islamischen Freitags- und Festtagsgebet. Eine religiöse Herrschaftsrepräsentationsform und ihre Konflikte im Spannungsfeld von Religion und Politik, in: Egypt and Syria in the Fatimid, Ayyubid and Mamluk Eras, Bd. 5, hg. von Urbain Vermeulen/Kristof D'Hulster (Orientalia Lovaniensia Analecta 169), Leuven 2007, S. 153–165.

47 Zum Begriff Commonwealth vgl. Fowden, Empire to Commonwealth (wie Anm. 2), S. 160–168.

48 Fowden, Empire to Commonwealth (wie Anm. 2), S. 6. Vom „Muslim commonwealth" spricht auch Kennedy, Decline and Fall (wie Anm. 2), S. 28, der die Desintegration des islamischen „Imperiums" vor allem auf den Erfolg der islamischen Religion als „dominant culture" zurückführt (S. 27). Vgl. auch Kennedy, Prophet (wie Anm. 36), S. 200ff.

49 Vgl. Fowden, Empire to Commonwealth (wie Anm. 2), S. 80: „Commonwealths do not form without imperial stimulus."

50 Vgl. Fowden, Empire to Commonwealth (wie Anm. 2), S. 170; schon Isidor von Sevilla spricht vom Imperium Romanum und davon abhängigen Königreichen (Isid. orig. 9, 3, 2).

britischen Krone, und auch innerhalb der Gemeinschaft Unabhängiger Staaten als Nachfolgeorganisation der UdSSR, deren englische Bezeichnung Commonwealth of Independent States lautet, besteht eindeutig ein Primat Russlands. Die Frage der Hegemonie innerhalb dieser als Commonwealth bezeichneten Gemeinschaften ist also jeweils von vornherein geklärt, ja die Gemeinschaften wurden sogar vom jeweiligen Zentrum her ins Leben gerufen, um den hegemonialen Primat des vormaligen Imperiums nach dessen Schwächung bzw. Verschwinden in veränderter Form zu verlängern.[51] Nichts hiervon trifft auf das islamische Commonwealth im Sinne Fowdens zu: Weder wurde es planvoll ins Leben gerufen, noch war in ihm die Frage der Hegemonie geklärt; vielmehr gab es unterschiedliche, rivalisierende Mächte, die Anspruch auf die religiöse und politische Vorherrschaft erhoben und dies durch die Verwendung imperialer Universaltitulaturen aus der islamischen Tradition unterstrichen, wie unten gezeigt wird.

Die frühesten Vertreter der islamischen politischen Theorie waren damit konfrontiert, dass der abbasidische Kalif nach wie vor den Anspruch erhob, als aktuelles Oberhaupt der „Familie des Propheten" dessen Nachfolge innezuhaben, was ihn zum „Beherrscher der Gläubigen" machte und prinzipiell mit der umfassenden politischen und religiösen Gewalt ausstattete. *De facto* war die tatsächliche Herrschaft des Kalifen jedoch nur noch ein Schatten ihrer selbst: Auch in Mesopotamien befand sich die tatsächliche Gewalt oft in den Händen der Anführer nichtarabischer Militärsklaven.

Der Autor des frühesten und bekanntesten Werkes über die Grundlagen des islamischen Gemeinwesens, al-Māwardī, starb 1031. Die ihm folgenden islamischen Theoretiker hielten an der Fiktion umfassender Gewalt des Kalifen fest:[52] Er symbolisiert für sie die Herrschaft des Islams, genauer des islamischen Rechts, der Scharia. Die Tatsache, dass alle Machthaber ihre Herrschaft vom Kalifen legitimieren ließen, diente dazu, den Fortbestand des allumfassenden islamischen Weltreichs weiter imaginieren zu können. Selbst die Buyiden, eine iranische Dynastie schiitischen Bekenntnisses, respektierten den sunnitischen Kalifen von Bagdad, der von 945 bis 1055 unter ihrer Kontrolle amtierte.

Zumindest theoretisch erkannten auch die Nachkommen der von den Abbasiden gestürzten ersten islamischen Dynastie, die in Spanien das Emirat von Córdoba regierten, den sunnitischen Kalifen von Bagdad an: Die spanischen Umayyaden galten protokollarisch als „Söhne des Kalifen", was ihnen symbolisch einen Platz innerhalb des islamischen Weltreiches zuwies. Auf diese Weise war der umayyadische Emir in die universale islamische Rangordnung integriert, so dass der abbasidische Kalif als

---

51 In diesem Punkt vergleichbar ist der von David Armitage benutzte Begriff „imperial federation": vgl. Armitage, Introduction (wie Anm. 45), S. XVII.

52 Hamilton Gibb, Al-Māwardī's Theory of the Caliphate, in: Studies on the Civilization of Islam, hg. von Stanford J. Shaw/William R. Polk, London/Boston 1962, S. 151–165.

das alleinige legitime Oberhaupt der allumfassenden *umma* erscheinen konnte, also als Verkörperung des ungebrochen imperialen Anspruchs des islamischen Kalifats.

Da die tatsächliche Macht der abbasidischen Kalifen an lokale Machthaber delegiert worden war, die nur theoretisch als Beauftragte des Kalifen regierten, wurde der Anspruch universaler Einheit von der konkreten politischen Herrschaft getrennt. Die Ausdifferenzierung des islamischen politischen Systems begann an der imperialen Peripherie, in Transoxanien, Nordafrika und Spanien; im 10. Jahrhundert erreichte der Prozess der Etablierung autonomer politischer Herrschaften auch die Kernräume des Kalifats. Solange der abbasidische Kalif seine Position als legitimes Oberhaupt der *umma* behaupten konnte, der Emire und Sultane einsetzte und, wenn von diesen gewünscht, sogar krönte, blieb seine Rolle als Zentrum eines universalen religiös-politischen Zentrums unangefochten. In der islamischen politischen Theorie wurde dieser Zustand gleichsam kanonisiert und ungeachtet aller Veränderungen in der politischen Wirklichkeit noch Jahrhunderte fortgeschrieben.

Universaler Anspruch und hegemoniale Herrschaft

Allerdings erhoben sich im 10. Jahrhundert in Nordafrika die Fatimiden, die zum ismailitischen, also siebenerschiitischen Bekenntnis gehörten. Als sie ab 909 das Kalifat für sich beanspruchten, kam es erstmals zu einer andauernden Spaltung des obersten islamischen Amtes, was eine erhebliche Herausforderung für den imperialen Anspruch des sunnitischen Kalifen bedeutete, der sich auf den östlichen Bereich des *dār al-Islām* beschränkt sah.[53] Das Gegenkalifat der Fatimiden verstand sich eben nicht mehr als halbautonome Herrschaft, das vom sunnitischen Zentrum legitimiert wurde. Der fatimidische Imam-Kalif erhob seinerseits den Anspruch, das einzig legitime Oberhaupt der *umma* zu sein, womit im Prinzip der Anspruch auf universale Herrschaft über alle Muslime verbunden war. Zudem initiierten die Fatimiden eine offensiv geführte antiabbasidische Propaganda, die von ismailitischen „Missionaren" getragen wurde, was besonders deutlich auf eines der Merkmale imperialer Mächte verweist: „Hegemonialmächte brauchen keine Mission, Imperien hingegen kommen ohne sie nicht aus."[54]

Die wohl stärksten Konkurrenten der Fatimiden im islamischen Westen, die spanischen Umayyaden, reagierten hierauf innerhalb weniger Jahre mit der Ausrufung eines dritten Kalifats, was in erster Linie als Zurückweisung des fatimidischen Machtanspruchs verstanden werden kann. Der Emir von Córdoba fühlte sich durch den

---

53 Heinz Halm, Die Kalifen von Kairo. Die Fatimiden in Ägypten 973–1074, München 2003.
54 Münkler, Imperien (wie Anm. 35), S. 132.

universalen Anspruch des nordafrikanischen Kalifats in seinem Herrschaftsbereich herausgefordert, was ihn dazu veranlasste, nun seinerseits 929 den Kalifentitel anzunehmen, also eine eigene imperiale Tradition zu begründen, die allerdings mehr der Logik außenpolitischer Selbstbehauptung entsprang und zu keiner realen Machtsteigerung beitrug. Anders als bei den beiden anderen Kalifaten ist es im Fall der spanischen Umayyaden gerechtfertigt, ihre Herrschaft als gesteigertes Königtum zu interpretieren; nur in ihrem Fall handelte es sich um eine Rangerhöhung, die im Hinblick auf außenpolitische Konkurrenten erfolgt war. Während die Abbasiden die Existenz eines umayyadischen Emirats im fernen Westen stets toleriert hatten, da es die Einheit der islamischen *umma* und den universalen Herrschaftsanspruch des Kalifats nicht in Frage stellte, fürchteten die Umayyaden offenbar, dass ein expandierendes schiitisches Kalifat in Nordafrika die eigene Position im islamischen Westen auf Dauer würde schwächen können;[55] durch die eigenmächtige Rangerhöhung eines Konkurrenten fühlten sie sich zur Nachahmung herausgefordert.

Die Universalität des kalifalen Titels war somit fortan eingeschränkt, denn es gab zwei sunnitische und ein schiitisches Kalifat, von denen zwei überdies um die Herrschaft in den islamischen Kernländern konkurrierten, denn die Fatimiden errangen sogar die Kontrolle über die heiligen Städte Mekka und Medina. Auch wenn die Fiktion der allumfassenden *umma* bestehen blieb, näherte sich die Realität kalifaler Machtausübung immer mehr einer hegemonialen Herrschaft an, denn keinem der drei Kalifate gelang es, einen Rivalen auf Dauer entscheidend zu schwächen, vielmehr kämpften Fatimiden und verschiedene Sultane der Abbasiden um die Vorherrschaft innerhalb der islamischen Welt. Diese Auseinandersetzungen wurden nicht mehr an einer Peripherie, sondern im Zentrum des vormals einigen islamischen Weltreichs ausgefochten.

Die Konkurrenz der drei Kalifate am Ende des hier betrachteten Zeitraums lässt sich als Streben nach Dokumentation eines imperialen (bei den Umayyaden eher eines hegemonialen) Führungsanspruchs in der islamischen Welt verstehen, doch verdeutlicht die Multiplikation des obersten islamischen Amtes eben auch die Ausdifferenzierung, wenn nicht den Zerfall des islamischen Weltreichs, der schon mit der Spaltung der *umma* in Sunniten und Schiiten begonnen hatte und im 10. Jahrhundert erstmals auch auf der Ebene politischer Herrschaft manifest wurde. Der Zerfall islamischer Einheit und die innerkalifalen Kämpfe können als erneute Bürgerkriege aufgefasst werden, die es innerhalb der *umma* seit dem 7. Jahrhundert gegeben hatte. Insofern trifft eines der von Münkler aufgestellten Kriterien für imperiale Binnenräume,

---

55 Das abbasidische Kalifat im Osten störte die „Welt" der andalusischen Umayyaden nicht, im Unterschied zu den Fatimiden, die die Kräfteverhältnisse innerhalb der westlichen islamischen „Welt" einschneidend veränderten; vgl. Münkler, Imperien (wie Anm. 35), S. 27.

dass es sich bei ihnen, anders als im Fall von hegemonial beherrschten Räumen, um Zonen des Friedens handele, im Hinblick auf das islamische Weltreich nicht zu.[56]

In den Ausführungen al-Māwardīs spiegelt sich die Situation, dass der sunnitische Abbasidenkalif faktisch unter der Vorherrschaft einer schiitischen iranischen Dynastie, der Buyiden, stand. Trotzdem besteht in der Vorstellungswelt al-Māwardīs die einige islamische Welt fort, die vom sunnitischen Kalifen als dem Verwandten und Nachfolger des Propheten symbolisiert wird.[57] Er legitimiert nicht nur alle tatsächlichen Machthaber, sondern er garantiert auch die Anwendung und Auslegung des islamischen Rechts, wodurch sich die islamische Einheit in der Praxis verwirklicht. In der Sicht der ʿulamāʾ beruhte die Einheit der islamischen Welt auf der Tätigkeit der islamischen Rechtsgelehrten, deren Betätigungsgebiet, die Anwendung der Scharia, wiederum vom Kalifen garantiert wurde. Aus dem imperialen, universalen Machtanspruch des Kalifen war im Alltag aus der Perspektive der Gelehrten die universale Geltung des islamischen Rechts geworden. Eines der vier Grundprinzipien des Rechts ist der Konsens (iğmāʿ) der Gelehrten, die die islamische Tradition überliefern und auslegen. Das Postulat eines intellektuell-juristischen Konsenses begründete die Annahme einer allumfassenden, universalen Rechtsordnung.[58]

Die islamische Rechtsordnung kann nun ihrerseits als imperial charakterisiert werden, insofern sie die Lebenswirklichkeit aller Bewohner der islamischen Welt bestimmte und gleichzeitig tolerierte, dass die nichtmuslimischen Schutzbefohlenen in ihren eigenen Angelegenheiten jeweils nach ihrem eigenen Recht lebten, solange sie die Herrschaft des Islams anerkannten und die Sondersteuer zahlten. Die universale Herrschaft des Kalifen bestand nur theoretisch fort, praktisch verwirklichte sich die Einheit der islamischen Welt eben in der Anwendung des islamischen Rechts, das – metaphorisch gesprochen – einen imperialen Rahmen vorgab, innerhalb dessen die Anwendung anderer Rechtstraditionen möglich war, solange deren Exponenten die imperiale Stellung des Islams und seines Rechts anerkannten.[59]

---

56 Vgl. Münkler, Imperien (wie Anm. 35), S. 67. Andererseits zur Notwendigkeit, Gegensätze und Spannungen gerade im Fall von Imperien im Innern auszutragen, ebd., S. 101.

57 Vgl. Nagel, Die islamische Welt (wie Anm. 27), S. 150f.; Gibb, Al-Mawārdīʾs Theory (wie Anm. 52); Hamilton Gibb, Some Considerations on the Sunni Theory of the Caliphate, in: Studies on the Civilization of Islam (wie Anm. 52), S. 141–150; Eric J. Hanne, Abbasid Politics and „The Classical Theory of the Caliphate", in: Writers and Rulers. Perspectives on Their Relationship from Abbasid to Safavid Times, hg. von Beatrice Gruendler/Louise Marlow (Literaturen im Kontext 16), Wiesbaden 2004, S. 49–71.

58 Dies ist die Grundlage des von Paret angeführten, unspezifischen „Gefühls der Zusammengehörigkeit": vgl. Paret, Weltreich (wie Anm. 5), S. 539.

59 Vgl. Josef van Ess, Theologie und Gesellschaft im 2. und 3. Jahrhundert Hidschra. Eine Geschichte des religiösen Denkens im frühen Islam, Bd. 4, Berlin/New York 1997, S. 684: „Juristen sprachen später vom ‚Haus des Islams' [...] gemeint war [...] der Herrschaftsbereich des islamischen Rechts."

Islamische Ordnungsmodelle als Stimulus?
Mögliche Grenzüberschreitungen und Verflechtungen

Als Herrschaftsform *sui generis* erscheint das Kalifat zwar unterschieden vom Kaisertum, doch lässt sich diese Gegenüberstellung relativieren, wenn man eine mögliche Grenzüberschreitung in den Blick nimmt, die mit der Adaption des kalifalen Titels an hegemoniale Herrschaftsformen im Bereich des europäischen Islams einhergegangen sein könnte. Ich gehe aus von der Beobachtung, dass es im 10. Jahrhundert im christlichen Westeuropa offenbar möglich war, ein Königtum auch ohne Kaiserkrönung imperial zu überhöhen,[60] was im westfränkischen, angelsächsischen und nordspanischen Raum vorkam.[61] Im 10. Jahrhundert bildete sich auf der Iberischen Halbinsel, im Königreich León, eine besondere spanische Kaiseridee heraus, die sich in Anknüpfung an die westgotische Tradition als imperiales Königtum verstand und den Vorrang vor allen anderen christlichen Herrschaftsbildungen auf iberischem Territorium beanspruchte. Die Könige von León nannten sich selbst *basileus*, nachdem erstmals Ordoño II. um 916/917 seinen Vater Alfons III. als *imperator* bezeichnet hatte.[62] Aus der westgotischen Tradition übernahm Ramiro III. (967–984) den Beinamen Flavius, der auch von den Kaisern der konstantinischen Dynastie geführt worden war.

Primärer Bezugspunkt hierfür war allerdings nicht das römische Kaisertum, sondern das westgotische Königtum. Schon seit dem 9. Jahrhundert existierte eine spanische imperiale Tradition, die ihre Unabhängigkeit vom römischen Universalreich betonte und gleichzeitig für Spanien ein territorial begrenztes „Imperium" reklamierte (nach José Antonio Maravall sogar schon in der frühen Westgotenzeit).[63] Hiermit war kein universaler, sondern ein hegemonialer Anspruch verbunden; dementsprechend wurde im hohen Mittelalter für León-Kastilien die Suprematie eingefordert. Selbst das römisch-deutsche Reich konnte aus dieser Perspektive lediglich als ein par-

---

60　Vgl. Bernd Schneidmüller, Karolingische Tradition und frühes französisches Königtum. Untersuchungen zur Herrschaftslegitimation der westfränkisch-französischen Monarchie im 10. Jahrhundert (Frankfurter Historische Abhandlungen 22), Wiesbaden 1979, S. 190: „[...] daß es im zehnten Jahrhundert im Bereich des Denkbaren lag, eine Überhöhung des Königtums ohne Kaiserkrönung zu vollziehen."

61　Zur imperialen Überhöhung des westfränkischen Königtums vgl. Schneidmüller, Karolingische Tradition (wie Anm. 60), S. 187: „[...] das frühkapetingische Königtum hatte wegen der realpolitischen Schwäche eine Selbstüberhöhung nötig." Hiermit reagierten die westfränkischen Herrscher auf die hegemoniale Stellung des ottonischen, romzentrierten Kaisertums, dem sie eine auf das französische *regnum* bezogene, eigene imperiale Tradition entgegensetzten, die zwar den Imperator-Titel vermied, stattdessen aber auf die Titel Augustus (oder Caesar) rekurrierte (S. 191f.) Vgl. auch Edmund Ernst Stengel, Imperator und Imperium bei den Angelsachsen, in: Deutsches Archiv 16, 1960, S. 15–72.

62　Joseph Canning, A History of Medieval Political Thought 300–1450, London/New York 1996, S. 80.

63　Victor Frankl, Imperio Particular e Imperio Universal en las Cartas de Relación de Hernán Cortés, in: Theories of Empire (wie Anm. 1), S. 99–138, hier S. 101.

tikulares Imperium in Mitteleuropa erschienen.[64] Die Verwendung imperialer Titulaturen war in diesem Kontext Ausdruck eines hegemonialen Herrschaftsanspruchs, worunter nach Münkler die „Vorherrschaft innerhalb einer Gruppe formal gleichberechtigter politischer Akteure" zu verstehen ist.[65] Womöglich reagierten die leonesischen Herrscher auf die zunehmende Eigenständigkeit der Grafen von Kastilien, indem sie ihren Vorrang zum Ausdruck brachten, auch in Abgrenzung zu den Königen vom Pamplona bzw. Navarra.[66]

Einiges spricht darüber hinaus für die Annahme, dass die christlichen Könige Nordspaniens im 10. Jahrhundert mit der Annahme kaiserlicher Titel auch auf die Erhebung des Emirs von Córdoba zum Kalifen im Jahr 929 reagierten. Als 1034 Sancho III. von Navarra León eroberte, ließ er sogar auf einige Münzen den Titel *imperator* prägen.[67] Bezeichnenderweise war das Kalifat von Córdoba nur drei Jahre zuvor untergegangen; an seine Stelle waren verschiedene Kleinkönigreiche getreten, auf deren Herrscher bemerkenswerterweise die in der islamischen Frühzeit verpönte arabische Bezeichnung „König" (*malik*) angewandt wurde: Der umayyadische Kalif wurde durch zahlreiche *mulūk al-ṭawāʾif* (Teilkönige) ersetzt. Der navarresische König, der mehrere zuvor selbständige christliche Königreiche erobert hatte, stellte sich mit der ostentativen Übernahme des Imperator-Titels möglicherweise nicht nur in die „imperiale" Tradition Leóns, sondern auch in die kurz zuvor untergegangene imperiale Tradition der Umayyaden, indem er nun seinerseits wie zuvor die Kalifen eine regionale Hegemonie beanspruchte.

Yūsuf b. Tāšfīn, der Anführer der Almoraviden, siegte 1086 in der Schlacht bei Sagrajas über die kastilischen Truppen. Bis 1095 annektierte er die Taifa-Königreiche, vorerst mit Ausnahme von Valencia und Saragossa. Daraufhin erkannten ihm die Abbasiden – höchstwahrscheinlich im Jahr 1098 – den imperialen Titel *amīr al-muslimīn wa-nāṣir al-dīn* („Befehlshaber der Muslime [!] und Verteidiger des Glaubens") zu, der die hegemoniale Stellung der Almoraviden im Gebiet des westlichen Islams unterstreichen sollte, aber immer noch eine terminologische Differenz gegenüber der üblichen Kalifentitulatur (*amīr al-muʾminīn* = „Befehlshaber der Gläubigen") wahrte und den Almoravidenherrscher zu einer Art Vertreter des Kalifen im

---

64 Vgl. Wilhelm Berges, Kaiserrecht und Kaisertheorie der „Siete Partidas", in: Festschrift für Percy Ernst Schramm, hg. von Peter Classen/Peter Scheibert, Bd. 1, Wiesbaden 1964, S. 143–156.

65 Münkler, Imperien (wie Anm. 35), S. 18.

66 Victor Frankl diagnostiziert bei Kastilien-León eine „concepción ‚hegemonial' de imperio", während er beim Römischen Reich einen „mito auténtico de la universalidad imperial" zu erkennen meint; vgl. Frankl, Imperio Particular (wie Anm. 63), S. 100.

67 Canning, History (wie Anm. 62), S. 80.

Westen machte.[68] Die nachfolgende Berberdynastie der Almohaden überschritt auch diese Grenze. Ibn Tūmart, der Begründer dieser Bewegung, starb 1130. Sein Nachfolger ʿAbd al-Muʾmin wurde 1132 offiziell zum Kalifen (*amīr al-muʾminīn*) proklamiert.[69] 1147 errang er einen endgültigen Sieg über die Almoraviden, nachdem bereits ein Jahr zuvor die Eroberung Andalusiens begonnen worden war.

Bemerkenswert ist die Tatsache, dass sich gerade in dieser Epoche, im 11. und 12. Jahrhundert, im christlichen Spanien wiederholt eine Benutzung imperialer Titulaturen nachweisen lässt, die in der darauffolgenden Zeit wieder zurückgeht.[70] Der Kaisertitel wurde in dieser Periode von Alfons VI. von León (1065/1072–1109; *Imperator toletanus* oder *Imperator, constitutus super omnes Hispaniae nationes*),[71] Alfons I. von Aragón (1104–1134; *totius Hispaniae imperator*)[72] sowie von Alfons VII. von Kastilien-León geführt; letzterer ließ sich 1135 – also drei Jahre nach Begründung des almohadischen Kalifats – in León sogar zum Kaiser krönen und nannte sich in der Folge *Imperator Hispaniarum*.[73] Man könnte vermuten, dass die christlichen Könige Nordspaniens mit der gerade in dieser Zeit intensivierten Annahme kaiserlicher Titel aus der lateinischen (und zuvor auch griechischen) Tradition auf die Erhebung des Emirs von Córdoba und später dann der Almoraviden- und Almohadenherrscher zu Kalifen bzw. zu imperial-hegemonialen Herrschern reagierten, wobei es sich also um eine Art titularen Kulturtransfer handeln könnte,[74] um Strategien zur imperialen

---

68 Yūsuf erkannte die Oberhoheit des abbasidischen Kalifen an, indem er von ihm die Investitur (*taqlīd*) für die Gebiete des westlichen Islams erbat. Zu seiner Rolle als kalifaler Vertreter (*al-qāʾim bi-daʿwat amīr al-muʾminīn*) Jacinto Bosch Vilá, Los Almorávides, 3. Aufl. Granada 1998, S. 168f.; Evariste Lévi-Provençal, Le titre souverain des Almoravides et sa légitimation par le califat ʿAbbāside, in: Arabica 2, 1955, S. 265–288; Max van Berchem, Titres califiens d'Occident, in: Journal Asiatique 10/9, 1907, S. 269–275. Der folgende Almoravidenherrscher ʿAlī führte ebenfalls den Titel *amīr al-muslimīn*, obwohl ihm vom Kalifen nach Ausweis numismatischer Zeugnisse lediglich der Rang eines „Bewahrers der abbasidischen Dynastie und Anführers ihrer magrebinischen Truppen" (*muqīm al-dawla al-ʿabbāsiyya wa-zaʿīm ğuyūšihā al-maġribiyya*) zuerkannt wurde; vgl. Bosch Vilá, Almorávides (siehe oben), S. 174, Anm. 2.

69 Vgl. Bosch Vilá, Almorávides (wie Anm. 68), S. 224 und 301: „Los almorávides [...] no se atreven a colocar sobre sí, como audazmente han de hacer los almohades, el título de califa, de *amīr al-muʾminīn*, que les hubiera colocado en la cima política y religiosa frente al califa de Bagdad. Ellos no quiebran la unidad espiritual del Islam en la cabeza visible del califa, sino que teóricamente la refuerzan, y también prácticamente, a los ojos de los cristianos."

70 Vgl. Miguel-Angel Caballero Kroschel, Reconquista und Kaiseridee. Die Iberische Halbinsel und Europa von der Eroberung Toledos (1085) bis zum Tod Alfonsos X. (1284) (Beiträge zur deutschen und europäischen Geschichte 37), Hamburg 2008; Percy Ernst Schramm, Das kastilische Königtum und Kaisertum während der Reconquista (11. Jhd. bis 1252), in: Festschrift für Gerhard Ritter zum 60. Geburtstag, hg. von Richard Nürnberger, Tübingen 1950, S. 87–139; Hermann Joseph Hüffer, Die mittelalterliche spanische Kaiseridee und ihre Probleme, in: Saeculum 3, 1952, S. 425–443.

71 Klaus Herbers, Geschichte Spaniens im Mittelalter. Vom Westgotenreich bis zum Ende des 15. Jahrhunderts, Stuttgart 2006, S. 141.

72 Herbers, Geschichte Spaniens (wie Anm. 71), S. 147.

73 Herbers, Geschichte Spaniens (wie Anm. 71), S. 149.

74 Vgl. Canning, History (wie Anm. 62), S. 80.

Überhöhung eines sich selbst hegemonial verstehenden Königtums, die freilich an ältere Traditionen im christlichen Spanien anknüpfen konnten.

Fazit

Die Besonderheit des islamischen Weltreichs besteht darin, dass es einerseits an spätantike Traditionen anknüpfte, andererseits jedoch seinen expansiven Impetus einer neuen Religion verdankte.[75] Titulatur und Amtsverständnis der obersten Amtsträger dieses Weltreichs waren maßgeblich von dieser Religion her abgeleitet, wodurch eine gewisse Differenz, ein „Kontrast", zum Kaisertum markiert wurde. Betrachtet man die Geschichte des islamischen Weltreichs während der ersten 400 Jahre seines Bestehens, so wird deutlich, dass es sich gerade bei Anwendung einiger der von Münkler vorgeschlagenen Kriterien um ein Imperium handelte, das die augusteische Schwelle zur Konsolidierung überschreiten konnte, anders als etwa beim attischen Seeimperium oder im Fall des mongolischen Steppenreichs.

Die imperialen Dimensionen des Kalifats wurden im 10. Jahrhundert in die universale Herrschaft des islamischen Rechts im Rahmen einer islamischen Weltkultur transformiert, während sich auf politischer Ebene eine Vielzahl unterschiedlicher Reiche und sogar Kalifate ausbildete. Diese politischen Gemeinwesen konnten allerdings nur noch um die Hegemonie innerhalb des von Muslimen beherrschten Gebietes, des *dār al-Islām*, konkurrieren. Erst als die Osmanen am Beginn der europäischen Neuzeit erneut alle islamisch beherrschten Gebiete des Mittelmeerraums unterwarfen und mit der Eroberung Konstantinopels sogar erreichten, was den Arabern verwehrt geblieben war, kam es erneut zur Herausbildung eines islamischen Weltreichs, dessen oberster Herrscher zusätzlich auch den Kalifentitel annahm, der politisch bis ins 18. Jahrhundert hinein allerdings nicht im Vordergrund stand. Die Frage, wie sich die Problematik universaler Herrschaft auf das Verhältnis zwischen dem sunnitischen Reich der Osmanen und dem in prononcierter Abgrenzung von ihnen schiitisch geprägten Reich der Safawiden in Iran auswirkte, überschreitet den hier behandelten zeitlichen Rahmen. Wenn man das von Münkler berücksichtigte Osmanische Reich mit in den Blick nimmt, lassen sich gute Gründe dafür finden, im frühislamischen Reich einerseits und im Osmanischen Reich andererseits zwei Phasen des islamischen Weltreichs zu sehen: „Das Zyklenmodell hat für die Rekonstruktion der Imperiengeschichte mehrere Vorzüge. [...]

---

75 Vgl. Fowden, Empire to Commonwealth (wie Anm. 2), S. 138: „The Islamic Empire was implicit in late antiquity, but nothing quite like it had ever been seen before." Zur Selbstwahrnehmung von Muslimen als „Vollendern" der Spätantike ebd., S. 142.

[Es] vermag [...] das Auf und Ab der Imperien sehr viel genauer darzustellen als das nur auf zwei Entwicklungsrichtungen festgelegte Aufstiegs-/Niedergangsmodell."[76]

Wollte man universale Herrschaft im Islam als Kontrast auffassen, dann dürfte dies in erster Linie mit der ausschließlich religiösen Ableitung des obersten Amtes begründbar sein, die sich klar in den verwendeten Titulaturen spiegelt. Daneben bleibt aber die Kontinuität zu beachten, in der das Kalifat zweifelsohne auch steht: In ihm wirkten hellenistische, byzantinische und iranische Traditionen weiter, die in der Abbasidenzeit in einer charakteristisch islamischen Synthese verschmolzen. Zur Repräsentation der imperialen Ansprüche islamischer Universalherrschaft nutzten die Kalifen spätantike Überlieferungen. Als sich das islamische Universalreich in eine Welt unterschiedlicher politischer Herrschaften ausdifferenziert hatte, brachen zwischen ihnen Auseinandersetzungen um die Hegemonie aus. In Einzelfällen kam es dabei zu einer imperialen Überhöhung partikularer Herrschaften, die sich mit parallelen Entwicklungen in der christlichen lateinischen Welt vergleichen lassen und diese möglicherweise sogar beeinflussten, was als Indiz für eine Verflechtung lateinisch-christlicher und arabisch-islamischer Herrschaftskonzeptionen interpretiert werden kann.

---

76 Münkler, Imperien (wie Anm. 35), S. 110. Zur Neubegründung des islamischen Imperiums durch die Osmanen Fowden, Empire to Commonwealth (wie Anm. 2), S. 165.

Matthias Becher

Das Kaisertum Karls des Grossen zwischen Rückbesinnung und Neuerung

Das Kaisertum ist als eine besondere Form der monarchischen Herrschaft mit dem Anspruch auf Weltgeltung zu verstehen, zumindest auf einen ideellen Vorrang in einer bestimmten Großregion, kurz: als „gesteigerte Königsherrschaft".[1] Mit der Krönung Karls des Großen am Weihnachtstag des Jahres 800 und der Akklamation der Römer entstand das westliche Kaisertum, das bei mancherlei Brüchen und Veränderungen bis 1806 fortbestehen sollte – so kann man zumindest in der Rückschau festhalten. Welches Bild aber machte Karl der Große sich selbst von seiner neuen Stellung, wie sahen die Zeitgenossen sein Kaisertum – als ein Wiederaufleben des 476 untergegangenen weströmischen Kaisertums oder als etwas gänzlich Neues, das nur noch über den Ort des Zeremoniells mit dem alten Imperium Romanum verbunden war?[2] Ein Zeitgenosse, der Verfasser der Lorscher Annalen, schilderte die Entscheidungsfindung, die zur Kaisererhebung Karls des Großen führte, mit folgenden Worten:

„Und weil schon damals der Name des Kaisers von den Griechen gewichen war, und sie ein weibliches Kaisertum hatten, erschien es dem Apostelnachfolger Leo selbst und allen heiligen Vätern, die an diesem Konzil teilnahmen, und dem übrigen

---

1 Bernd Schneidmüller, Die Kaiser des Mittelalters. Von Karl dem Großen bis Maximilian I., München 2006, S. 7, und öfters, zum universalen Anspruch S. 10f.; vgl. auch Rudolf Schieffer, Konzepte des Kaisertums, in: Heilig – Römisch – Deutsch. Das Reich im mittelalterlichen Europa, hg. von Bernd Schneidmüller/Stefan Weinfurter, Dresden 2006, S. 44–56; Ders., Tausend Jahre Kaisertum vor Otto dem Großen, in: Heiliges Römisches Reich Deutscher Nation 962 bis 1806. Von Otto dem Großen bis zum Ausgang des Mittelalters, Bd 2: Essays, hg. von Matthias Puhle/Claus Peter Hasse, Dresden 2006, S. 34–43.
2 Zur Frage des Kaisertums zwischen 476 und 800 vgl. Hans Hubert Anton, Solium imperii und Principatus sacerdotum in Rom, fränkische Hegemonie über den Okzident/Hesperien. Grundlagen, Entstehung und Wesen des karolingischen Kaisertums, in: Von Sacerdotium und Regnum. Geistliche und weltliche Gewalt im frühen und hohen Mittelalter. Festschrift für Egon Boshof zum 65. Geburtstag, hg. von Franz-Reiner Erkens/Hartmut Wolff (Passauer Historische Forschungen 12), Köln/Weimar/Wien 2002, S. 203–274.

christlichen Volk, dass sie Karl, den König der Franken, als Kaiser bezeichnen müssten, der Rom selbst, wo die Cäsaren immer zu residieren pflegten, und die übrigen Residenzen in Italien, Gallien und Germanien besaß; weil der allmächtige Gott alle diese Residenzen in seine Gewalt gegeben hatte, erschien es ihnen gerecht, dass er mit Gottes Hilfe und auf Bitten des gesamten Christenvolkes diesen Namen erhielt. Ihre Bitte konnte König Karl nicht abschlagen, sondern er unterwarf sich mit aller Demut Gott und nahm auf Bitten der Bischöfe und des gesamten Christenvolkes am Fest der Geburt unseres Herrn Jesu Christi den Kaisernamen mit der Weihe durch den Herrn Papst Leo an."[3]

Deutlich stellt der Annalist Karls Kaisertum in einen weltpolitischen Kontext. Eigentlich gab es einen legitimen Kaiser, der von den Griechen gestellt wurde. Diese hatten aber eine Frau als Herrscherin akzeptiert, was die in Rom unter dem Vorsitz Papst Leos III. tagende Kirchenversammlung für nicht akzeptabel hielt. Daher, so argumentierten die Konzilsväter, müsse Karl Kaiser genannt werden. Die Argumentation geht aber noch weiter: Der Sache nach sei Karl eigentlich schon vorher Kaiser gewesen, weil er die Kaiserstadt Rom und die meisten anderen Kaiserresidenzen beherrschte. Damit und mit dem Hinweis auf das *nomen imperatoris* schloss sich der Autor einem am Karlshof verbreiteten Argumentationsmuster an, das von der modernen Forschung als *Nomen-* bzw. Namentheorie bezeichnet wird.[4] Demnach musste ein Herrscher die mit seinem Titel verbundenen Pflichten auch erfüllen, wenn er die-

---

3 Annales Lauribamenses ad 800, hg. von Georg Heinrich Pertz (Monumenta Germaniae Historica. Scriptores 1), Hannover 1826, S. 38: *Et quia iam tunc cessebat a parte Graecorum nomen imperatoris, et femineum imperium apud se abebant, tunc visum est et ipso apostolico Leoni et universis sanctis patribus qui in ipso concilio aderant, seu reliquo christiano populo, ut ipsum Carolum regem Franchorum imperatorem nominare debuissent, qui ipsam Romam tenebat, ubi semper Caesares sedere soliti erant, seu reliquas sedes quas ipse per Italiam seu Galliam nec non et Germaniam tenebat; quia Deus omnipotens has omnes sedes in potestate eius concessit, ideo iustum eis esse videbatur, ut ipse cum Dei adiutorio et universo christiano populo petente ipsum nomen aberet. Quorum petitionem ipse rex Karolus denegare noluit, sed cum omni humilitate subiectus Deo et petitione sacerdotum et universi christiani populi in ipsa nativitate domini nostri Iesu Christi ipsum nomen imperatoris cum consecratione domni Leonis papae suscepit*; vgl. Roger Collins, Charlemagne's Imperial Coronation and the Annals of Lorsch, in: Charlemagne: Empire and Society, hg. von Joanna Story, Manchester 2005, S. 52–70.

4 Vgl. Heinrich Fichtenau, Karl der Große und das Kaisertum, in: Mitteilungen des Instituts für Österreichische Geschichtsforschung 61, 1953, S. 257–334, ND Darmstadt 1971, hier S. 259ff.; Helmut Beumann, Nomen imperatoris. Studien zur Kaiseridee Karls des Großen, in: Historische Zeitschrift 185, 1958, S. 515–549, zit. nach dem ND in: Zum Kaisertum Karls des Großen, hg. von Gunther Wolf (Wege der Forschung 38), Darmstadt 1972, S. 174–215; Arno Borst, Kaisertum und Nomentheorie im Jahre 800, in: Festschrift für Percy Ernst Schramm zum 70. Geburtstag, Bd. 1, Wiesbaden 1964, S. 36–51, zitiert nach dem ND in: Zum Kaisertum Karls des Großen (wie oben), S. 216–240; Peter Classen, Karl der Große, das Papsttum und Byzanz. Die Begründung des karolingischen Kaisertums (Beiträge zur Geschichte und Quellenkunde des Mittelalters 9), Sigmaringen 1985, S. 70f.; zur Einordnung der Nomentheorie zuletzt Thomas Ertl, Byzantinischer Bilderstreit und fränkische Nomentheorie. Imperiales Handeln und dialektisches Denken im Umfeld der Kaiserkrönung Karls des Großen, in: Frühmittelalterliche Studien 40, 2006, S. 13–42.

sen Titel, diesen Namen zu Recht führen wollte. Tat er das nicht, legitimierte dies die Erhebung eines neuen Königs oder Kaisers. Karls Erhebung zum Kaiser erscheint so als völlig logischer Schritt am Ende einer Ereigniskette. Während die Byzantiner die Kaiserwürde verloren, war Karl faktisch schon längst Kaiser und erhielt diesen Titel nun auch formell. Deutlich formulierte der Annalist – und vielleicht auch schon die römische Synode selbst – den Anspruch Karls auf das römische Kaisertum ohne jede Einschränkung!

Aber war Karl der Große wirklich ein Kaiser wie die römischen und die byzantinischen? Die Forschung legte lange Zeit Wert auf die Feststellung, er habe ganz neue Vorstellungen gehabt. So sprach man von einem romfreien oder zumindest romfernen Kaisertum, das er angestrebt habe.[5] Von solchen Deutungskonzepten hat man sich inzwischen zwar weitgehend gelöst, aber noch in der neuesten Biographie Karls des Großen heißt es, dieser habe keineswegs „Kaiser der Römer" sein wollen und auch keinen universalen Anspruch erhoben.[6] Diese Auffassung verdeckt, dass der Aufstieg der Karolinger zum Kaisertum ein lang anhaltender, ca. 60 Jahre dauernder Prozess gewesen ist, während dessen sie von Anfang an mit den Ansprüchen des oströmischen Kaisertums auf Weltgeltung konfrontiert waren. Vor allem aber wird man mit dieser Einschätzung dem Selbstverständnis Karls des Großen nicht gerecht, denn dieses war schon einige Zeit vor dem Weihnachtstag des Jahres 800 kaiserlich geprägt. Um den Aufstieg der frühen Karolinger zur Kaiserwürde und die Art und Weise, in der Karl diese nach 800 ausübte, soll es im Folgenden gehen.

Der Aufstieg der Karolinger zur Kaiserwürde

Der Aufstieg der Karolinger zur Kaiserwürde vollzog sich in einer Welt, die auf christlicher Seite zum einen vom oströmischen Kaiser in Konstantinopel und zum anderen vom Papst, dem Bischof von Rom, dominiert wurde. Der Kaiser verstand sich in der Nachfolge der römischen Imperatoren als Weltherrscher, zumindest als Vormacht der christlichen Ökumene.[7] (Abb. 1) Dies wurde von keinem anderen christlichen Monarchen ernsthaft bestritten, auch wenn etwa die Langobardenkönige in Italien die oströmischen Besitzungen im Lande immer wieder erfolgreich attackier-

---

5 Siegfried Epperlein, Über das romfreie Kaisertum im frühen Mittelalter, in: Jahrbuch für Geschichte 2, 1967, S. 307–342; vgl. jüngst noch Elke Goez, Papsttum und Kaisertum im Mittelalter (Geschichte kompakt), Darmstadt 2009, S. 25f.

6 Wilfried Hartmann, Karl der Große (Urban-Taschenbücher 643), Stuttgart 2010, S. 214, 216.

7 Zur Stellung Ostroms vgl. etwa Ralph-Johannes Lilie, Byzanz unter Eirene und Konstantin VI. (780–802). Mit einem Kapitel über Leon IV. von Ilse Rochow (Berliner Byzantinistische Studien 2), Frankfurt am Main 1996; Ilse Rochow, Byzanz im 8. Jahrhundert in der Sicht des Theophanes. Quellenkritisch-historischer Kommentar zu den Jahren 715–813 (Berliner Byzantinistische Arbeiten 57), Berlin 1991.

1 Karl der Große als IMP(erator) AUG(ustus) mit Lorbeerkranz und Kaisermantel und einer viersäuligen Kirche als Zeichen der *Christiana Religio* auf der Rückseite, Denar, Silber, 800–814. Berlin, Münzkabinett der Staatlichen Museen zu Berlin, 18202748.

ten und Schritt für Schritt eroberten. Der Papst war als Patriarch des Westens, als Bischof der alten Kaiserstadt Rom und als Nachfolger des heiligen Petrus unbestritten der vornehmste Geistliche der christlichen Ökumene.[8] Die Märtyrergräber in Rom waren das Ziel für christliche Pilger schlechthin, und die Petrusfrömmigkeit machte den Papst als Nachfolger des hochverehrten Heiligen zu einer unbestrittenen Autorität sogar in Regionen, die allenfalls oberflächlich christianisiert waren.[9] Zudem trat der Papst seit der Spätantike immer wieder als Gegenpart des oströmischen Kaisers in kirchenpolitischen und theologischen Fragen auf, auch wenn er bis weit in die zweite Hälfte des 8. Jahrhunderts hinein in weltlicher Hinsicht ein Untertan des oströmischen Kaisers war.[10] Dessen politische Dominanz aber war gefährdet, weil er wegen der Angriffe der Bulgaren auf dem Balkan und der Araber in Anatolien nicht mehr willens oder in der Lage war, Rom und den Papst vor den immer aggressiver auftretenden Langobarden zu schützen.

Zum ersten Mal kamen die Karolinger direkt mit der Kaiserwürde in Berührung, als sich der von den Langobarden bedrängte Papst Gregor III. an Karl Martell, den Großvater Karls des Großen, wandte. In den Jahren 739/740 schickte Papst Gregor III. zwei Gesandtschaften an den fränkischen Hausmeier, um ihn um Hilfe gegen den Langobardenkönig Liutprand zu bitten, der damals in den Dukat von Rom eingedrungen war.[11] Da Liutprand jedoch ein alter Verbündeter Karl Martells war und ihn gerade auch gegen die Araber im Süden Galliens unterstützt hatte, unternahm dieser

---

8 Vgl. Rudolf Schieffer, Der Papst als Patriarch von Rom, in: Il Primato del vescovo di Roma nel primo Millenio. Ricerche e testimonianze. Atti de Symposium Storico-Teologico, Roma 9–13 ottobre 1989, hg. von Michele Maccarone, Vatikanstadt 1991, S. 433–451.

9 Vgl. Theodor Zwölfer, St. Peter, Apostelfürst und Himmelspförtner, seine Verehrung bei den Angelsachsen und Franken, Stuttgart 1929.

10 Vgl. Erich Caspar, Geschichte des Papsttums. Von den Anfängen bis zur Höhe der Weltherrschaft, Bd. 2: Das Papsttum unter byzantinischer Herrschaft, Tübingen 1933.

11 Vgl. Jörg Jarnut, Geschichte der Langobarden, Stuttgart 1982, S. 86ff.; zum römisch-langobardischen Verhältnis vgl. auch Stefano Gasparri, Roma e i Longobardi, in: Roma nell'alto medioevo (Settimane di studio del centro italiano di studi sull'alto medioevo 48), Bd. 1, Spoleto 2001, S. 219–247.

nichts gegen ihn.[12] Interessant ist, wie der wichtigste fränkische Geschichtsschreiber dieser Zeit die päpstliche Initiative interpretierte. In den sogenannten Fortsetzungen Fredegars, die im Auftrag von Karl Martells Halbbruder Hildebrand verfasst wurden, ist von den Langobarden wohl aus politischer Rücksichtnahme überhaupt keine Rede, sondern es heißt, der Papst habe angeboten, die „Seite des Kaisers" zu verlassen.[13] Wie kam der Fortsetzer der Fredegar-Chronik auf diesen Gedanken?

Ein Blick auf die Entwicklung der päpstlichen Politik dieser Zeit mag hier eine Antwort geben.[14] Bereits Gregors gleichnamiger Vorgänger hatte damit begonnen, ein eigenes Territorium rund um Rom aufzubauen und damit der römischen Kirche eine politisch eigenständige Basis zu schaffen. Bezeichnend ist der Anspruch, den Gregor II. erhob: Mehrfach stellte er sich auf den Standpunkt, umstrittene Gebiete seien der *sancta res publica* bzw. dem heiligen Petrus *zurück*zuerstatten, obwohl sie bis zu ihrer Eroberung durch die Langobarden dem byzantinischen Reich und gerade nicht dem heiligen Petrus unterstanden hatten.[15] Gregor II. begann also, seine politische Stellung auf Kosten des byzantinischen Kaisers auszubauen. Den Grund hierfür wird man in dem wachsenden theologischen und politischen Gegensatz der beiden Universalgewalten vermuten dürfen. Als Gregor III. 739 mit dem langobardischen Einmarsch in den römischen Dukat konfrontiert war, dürfte er gegenüber dem fränkischen Hausmeier Karl Martell ähnlich wie sein Vorgänger gegenüber anderen Adressaten argumentiert und ihn aufgefordert haben, für die Rückgabe der von Liutprand annektierten Gebiete an die *sancta res publica* zu sorgen. Mehr oder minder offen kam dies der Aufforderung gleich, den oströmischen Kaiser ganz außen vor zu lassen. Wenn die Franken auch nur halbwegs über die staatsrechtlichen Verhältnisse in Rom informiert waren, dann war ihnen deutlich, dass ein solches Hilfegesuch gleichbedeutend mit einer Abkehr von Konstantinopel war. Entsprechend legte die

---

12 Zur innerfränkischen Lage vgl. Matthias Becher, Eine Reise nach Rom, ein Hilferuf und ein Reich ohne König. Bonifatius in den letzten Jahren Karl Martells, in: Bonifatius – Leben und Nachwirken. Die Gestaltung des christlichen Europa im Frühmittelalter, hg. von Franz Felten/Jörg Jarnut/Lutz E. von Padberg (Quellen und Abhandlungen zur mittelrheinischen Kirchengeschichte 121), Mainz 2007, S. 231–253.

13 Continuationes chronicarum quae dicuntur Fredegarii Scholastici, hg. von Bruno Krusch (Monumenta Germaniae Historica. Scriptores rerum Merovingicarum 2), Hannover 1888, c. 22, S. 178f.: *Eo etenim tempore bis a Roma sede sancti Petri apostoli beatus papa Gregorius claves venerandi sepulchri cum vincula sancti Petri et muneribus magnis et infinitis legationem, quod antea nullis auditis aut visis temporibus fuit, memorato principi destinavit, eo pacto patrato, ut a partibus imperatoris recederet et Romano consulto praefato principe Carlo sanciret.*

14 Grundlegend Thomas F. X. Noble, The Republic of St. Peter. The Birth of the Papal State, 680–825, Philadelphia 1984; Sebastian Scholz, Politik – Selbstverständnis – Selbstdarstellung. Die Päpste in karolingischer und ottonischer Zeit (Historische Forschungen 26), Stuttgart 2006.

15 Vgl. Matthias Becher, Costantino il Grande, l'incoronazione imperiale nell'816 e le relazioni tra papato e Franchi dopo la prima metà del secolo VIII, in: Costantino il Grande tra Medioevo ed Età moderna, hg. von Giorgio Bonamente/Giorgio Cracco/Klaus Rosen (Annali dell'Istituto storico italo-germanico in Trento, Quaderno 75), Bologna 2008, S. 15–50, hier S. 23f.

offiziöse Fortsetzung Fredegars den Akzent auf diesen Aspekt der päpstlichen Initiative und nicht etwa auf die Bedrohung Roms durch die Langobarden. So ließ sich das fränkische Prestige ungemein steigern. Zugleich blieben die Langobarden als Bundesgenossen der Franken von dem Vorwurf verschont, Feinde des heiligen Petrus zu sein. Auf jeden Fall nahmen die Franken 739 wohl erstmals den Anspruch des Papstes zur Kenntnis, eine eigenständige politische Macht zu sein, die unabhängig vom oströmischen Kaiser agierte.

In den 740er-Jahren änderten sich die Rahmenbedingungen der päpstlich-fränkischen Kommunikation von Grund auf. Zum einen endete die Herrschaft Liutprands und seiner Familie über die Langobarden. Damit lockerte sich das fränkisch-langobardische Bündnis.[16] Zum anderen festigte die von Bonifatius angestoßene Reform der fränkischen Kirche die Bindungen der Frankenherrscher an den Papst in Rom.[17] Als Karl Martells Sohn Pippin an die Entthronung des machtlosen Merowingerkönigs Childerich III. ging, suchte er daher Unterstützung bei Papst Zacharias. Unter Berufung auf die apostolische *auctoritas* wurde 751 der Dynastiewechsel im Frankenreich vollzogen.[18] Im gleichen Jahr war Ravenna abermals in die Hand der Langobarden gefallen, deren König Aistulf schließlich sogar Rom bedrohte. Erneut wandte sich der Papst an die Franken: Papst Stephan II. zog im Herbst 753 sogar selbst über die Alpen, um seiner Bitte größeren Nachdruck zu verleihen.[19] Seiner Vita zufolge entschloss er sich zu diesem Schritt, weil vom oströmischen Kaiser keine Hilfe zu erwarten gewesen sei.[20] Stephan erreichte, dass der Frankenkönig die Rückgabe des Exarchats von Ravenna sowie der *reipublice iura seu loca* versprach – die sogenannte

---

16　Vgl. Jarnut, Langobarden (wie Anm. 11), S. 112.

17　Vgl. Josef Semmler, Bonifatius, die Karolinger und „die Franken", in: Mönchtum – Kirche – Herrschaft 750–1000. Josef Semmler zum 65. Geburtstag, hg. von Dieter R. Bauer/Rudolf Hiestand/Brigitte Kasten /Sönke Lorenz, Sigmaringen 1998, S. 3–49.

18　Continuationes Fredegarii (wie Anm. 13), c. 33, S. 182; vgl. Werner Affeldt, Untersuchungen zur Königserhebung Pippins. Das Papsttum und die Begründung des karolingischen Königtums im Jahre 751, in: Frühmittelalterliche Studien 14, 1980, S. 95–187, hier S. 129ff.; Josef Semmler, Der Dynastiewechsel von 751 und die fränkische Königssalbung (Studia humaniora, Series minor 6), Düsseldorf 2003; Der Dynastiewechsel von 751. Vorgeschichte, Legitimationsstrategien und Erinnerung, hg. von Matthias Becher/ Jörg Jarnut, Münster 2004.

19　Wolfgang Hermann Fritze, Papst und Frankenkönig. Studien zu den päpstlich-fränkischen Rechtsbeziehungen von 754 bis 824 (Vorträge und Forschungen, Sonderbd. 10), Sigmaringen 1973, S. 63–94; zur Darstellung der Quellen fränkischer und päpstlicher Provenienz vgl. Gerd Althoff, Die Macht der Rituale. Symbolik und Herrschaft im Mittelalter, Darmstadt 2003, S. 42ff.; Schneidmüller, Kaiser (wie Anm. 1), S. 26ff.

20　Vita Stephani II., hg. von Louis Duchesne, in: Le Liber pontificalis. Texte, introduction et commentaire, Bd. 1, Paris 1886, ND Paris 1955, c. 15, S. 444.

Pippinische Schenkung.[21] Im April 754 stimmte dem eine fränkische Reichsversammlung in Quierzy nach anfänglichem Widerspruch zu.[22] In zwei Feldzügen 754 und 756 besiegte Pippin die Langobarden und zwang sie, dem Papst wenigstens den Exarchat auszuhändigen bzw. – nach päpstlicher Terminologie – zu restituieren.

Was aber bedeutete die Reise Stephans II. über die Alpen für den Frankenkönig? Bis dahin hatte ein Papst Italien allenfalls in Richtung Konstantinopel verlassen, um den byzantinischen Kaiser aufzusuchen[23], und nun verbrachte der Nachfolger des heiligen Petrus insgesamt rund ein halbes Jahr im Frankenreich. Die Prestigesteigerung für die Franken war immens, zumal die Handlungen des Papstes während dieser Zeit genau auf diese Wirkung abzielten. Unter den Franken gab es Widerstand gegen einen Angriff auf die Langobarden und daher musste Stephan II. alles tun, um seinem Gastgeber Pippin den Rücken zu stärken. Daher salbte er den Frankenherrscher und seine Söhne zu Königen und zu Patriziern der Römer.[24] Pippin war schon vorher König, aber nun war er vom Nachfolger des heiligen Petrus abermals mit dieser heiligen Handlung ausgezeichnet worden.[25] Nach Arnold Angenendt war noch ein ande-

---

21 Vita Stephani II. (wie Anm. 20), c. 26, S. 448; zum Umfang der Schenkung vgl. Florian Hartmann, Hadrian I. (772–795). Frühmittelalterliches Adelspapsttum und die Lösung Roms vom byzantinischen Kaiser, Stuttgart 2006, S. 130–147; Ders., Nochmals zur so genannten Pippinischen Schenkung und zu ihrer Erneuerung durch Karl den Großen, in: Francia 37, 2010, S. 25–48.

22 Vgl. Jörg Jarnut, Quierzy und Rom. Bemerkungen zu den promissiones donationis Pippins und Karls, in: Historische Zeitschrift 220, 1975, S. 265–297, ND in: Herrschaft und Ethnogenese im Frühmittelalter. Gesammelte Aufsätze von Jörg Jarnut. Festgabe zum 60. Geburtstag, hg. von Matthias Becher, Münster 2002, S. 201–233.

23 Zuletzt 711, vgl. Klaus-Peter Todt, Die letzte Papstreise nach Byzanz: Der Besuch Konstantins I. in Konstantinopel im Jahre 711. Zugleich ein Beitrag zur Geschichte der Papstreisen, in: Zeitschrift für Kirchengeschichte 113, 2002, S. 24–50.

24 Annales regni Francorum et qui dicuntur Einhardi ad a. 754, hg. von Friedrich Kurze (Monumenta Germaniae Historica. Scriptores rerum Germanicarum in usum scholarum separatim editi [6]), Hannover 1895, S. 12; Clausula de unctione Pippini, hg. von Georg Waitz (Monumenta Germaniae Historica. Scriptores 15/1), Hannover 1887, S. 1; zum Wert dieser Quelle vgl. Olaf Schneider, Die Königserhebung Pippins 751 in der Erinnerung der karolingischen Quellen: Die Glaubwürdigkeit der Reichsannalen und die Verformung der Vergangenheit, in: Der Dynastiewechsel von 751 (wie Anm. 18), S. 243–275, S. 268ff.; mit dem Titel eines Patrizius könnte Pippin auch die Funktion des Exarchen erhalten haben, so Ennio Cortese, Une carrière byzantine de Charlemagne. Échos de droit vulgaire romano-gothique au Moyen Âge, in: Tijdschrift voor Rechtsgeschiedenis 69, 2000, S. 1–10; zustimmend: Olivier Guillot, À propos du titre de patrice des Romains reçu d'Etienne II par Pépin le Bref et ses deux fils en 754, in: Inquirens subtilia diversa. Dietrich Lohrmann zum 65. Geburtstag, hg. von Horst Kranz/Ludwig Falkenstein, Aachen 2000, S. 11–22; kritisch dazu wie zur Verleihung des Titels patricius Romanorum Josef Semmler, Verdient um das karolingische Königtum und den werdenden Kirchenstaat: Fulrad von Saint-Denis, in: Scientia veritatis. Festschrift für Hubert Mordek zum 65. Geburtstag, hg. von Oliver Münsch/Thomas Zotz, Ostfildern 2004, S. 91–115, hier S. 94f.

25 Zu den Salbungen von 751 und 754 vgl. Arnold Angenendt, Pippins Königserhebung und Salbung, in: Der Dynastiewechsel von 751 (wie Anm. 18), S. 179–209; gegen Semmler, Dynastiewechsel (wie Anm. 18), S. 10–57, der die Salbung des Jahres 751 anzweifelt.

rer Aspekt der Salbung von 754 wichtig: Sie war abgeleitet von der Firmsalbung nach römischem Ritus und begründete eine *compaternitas*, eine Taufpatenschaft Stephans II. über Pippins Söhne, und somit eine enge geistliche Verwandtschaft zwischen Papst und Frankenkönig.[26] Diese *compaternitas* war der Kern der päpstlich-fränkischen Beziehungen, zumindest aus Sicht des Papstes, der in seinen Briefen an die Frankenherrscher ständig darauf verwies.[27] Bis dahin war die Taufpatenschaft vor allem ein Mittel der oströmischen Kaiser gewesen, ihre Oberherrschaft über fremde, bisher heidnische Fürsten zu dokumentieren.[28] Für den Westen trat nun der Papst an die Stelle des Kaisers, mehr noch: Seine Position war ungleich gewichtiger, da er nicht nur als Taufpate auftrat, sondern die Taufe oder Firmung auch selbst spendete.

Dennoch blieben die Verhältnisse zwischen der alten Kaisermacht in Konstantinopel, den Päpsten und dem Frankenreich äußerst facettenreich und ziemlich unübersichtlich. So waren 756 byzantinische Gesandte bei Pippin erschienen und hatten die Herausgabe des Exarchats von Ravenna verlangt.[29] Der Frankenkönig hatte dies abgelehnt, und wohl erst 757 war es zu einem politischen Ausgleich zwischen beiden Mächten gekommen. Auch die Päpste unternahmen keine weiteren Schritte in Richtung einer politischen Selbständigkeit und erkannten *pro forma* die staatsrechtliche Zugehörigkeit zu Byzanz weiterhin an, orientierten sich aber zugleich stärker an den Franken. So zeigten die Päpste Paul I. und Konstantin (II.) 757 bzw. 767 dem Frankenkönig offiziell ihre Wahl an, was bis dahin nur dem Kaiser gegenüber erfolgt war.[30] 773 geriet Rom wieder stärker unter den Druck der Langobarden. Papst Hadrian sah sich wie seine Vorgänger veranlasst, den Frankenkönig um Hilfe zu bitten. Erneut kam es zu einem fränkischen Angriff auf die Langobarden. Karl schloss den Langobardenkönig Desiderius in dessen Hauptstadt Pavia ein. Noch während dieser Belagerung zog Karl im Frühjahr 774 nach Rom, um dort das Osterfest zu feiern. Papst Hadrian war seinem Biographen zufolge sehr erschrocken über diesen Besuch.[31] Ei-

26 Arnold Angenendt, Das geistliche Bündnis der Päpste mit den Karolingern (754–796), in: Historisches Jahrbuch 100, 1980, S. 1–94.

27 Angenendt, Bündnis (wie Anm. 26), S. 40ff.

28 Vgl. allgemein Arnold Angenendt, Kaiserherrschaft und Königstaufe. Kaiser, Könige und Päpste als geistliche Patrone in der abendländischen Missionsgeschichte (Arbeiten zur Frühmittelalterforschung 15), Berlin/New York 1984.

29 Vgl. hierzu und zum Folgenden Daniel Nerlich, Diplomatische Gesandtschaften zwischen Ost- und Westkaisern 756–1002 (Geist und Werk der Zeiten 92), Bern/Berlin/Frankfurt am Main u. a. 1999, S. 36.

30 Vgl. Anna M. Drabek, Die Verträge der fränkischen und deutschen Herrscher mit dem Papsttum von 754 bis 1020 (Veröffentlichungen des Instituts für österreichische Geschichtsforschung 22), Wien/Köln/Graz 1976, S. 29f.

31 Vita Hadriani, in: Le Liber pontificalis (wie Anm. 20), c. 35, S. 496; vgl. Erich Caspar, Das Papsttum unter fränkischer Herrschaft, in: Zeitschrift für Kirchengeschichte 54, 1935, S. 132–264, zitiert nach dem ND Darmstadt 1956, S. 37, mit neutraler Übersetzung, sowie die gegensätzlichen Interpretationen von Eugen Ewig, Das Zeitalter Karls des Großen (768–814), in: Handbuch der Kirchengeschichte, hg. von Hubert Jedin, Bd. 3/1: Vom kirchlichen Frühmittelalter zur gregorianischen Reform, Freiburg 1966, S. 62–118,

nerseits war Karl sein Bundesgenosse, andererseits bargen dessen schnelle Erfolge und vor allem sein rasches Erscheinen in Rom aber auch Gefahren für die politische Unabhängigkeit des Papsttums. Trotzdem oder gerade deswegen empfing ihn der Papst mit den protokollarischen Ehren, die einem Exarchen oder *patricius* zustanden.[32] Freilich suchte Papst Hadrian die politischen Konsequenzen dieser Ehrung zu vermeiden. Karl der Große durfte anders als der Exarch in früheren Zeiten nicht in der Stadt selbst nächtigen, sondern musste sein Quartier vor der Stadt bei St. Peter nehmen. Der Papst duldete also keinen weltlichen Herrscher mehr neben sich. Auch musste Karl noch vor den Osterfeierlichkeiten einen Sicherheitseid in der Petersgruft leisten. Bei dieser Gelegenheit erneuerte er die Pippinische Schenkung von 754.[33]

Das weitere Geschehen ist bekannt: Karl kehrte nach Pavia zurück, eroberte die Stadt und erweiterte seither seinen Königstitel um zwei wichtige Komponenten: Er nannte sich fortan nicht nur König der Franken, sondern auch König der Langobarden und Patrizius der Römer. Dieser Rang hatte aus Sicht der Päpste bislang vor allem betonen sollen, dass die Frankenkönige im päpstlichen Auftrag die römische Kirche zu beschützen hatten.[34] Nun herrschte Karl in unmittelbarer Nachbarschaft zur Ewigen Stadt als König, und der *patricius*-Titel sollte damit auch einen Herrschaftsanspruch untermauern. Dieser intendierte Bedeutungswandel blieb Hadrian sicherlich nicht verborgen. Dieser war sehr auf seine Eigenständigkeit bedacht, vor allem auch gegenüber Byzanz: Der Name des byzantinischen Kaisers wurde in päpstlichen Urkunden und auf päpstlichen Münzen unter Hadrian nicht mehr genannt.[35] Vielmehr betonte der Papst seine unabhängige Stellung, indem er seinen eigenen Namen an die Stelle des Kaisers setzen ließ.

Gleichwohl arbeiteten Papst und Kaiser als höchste Autoritäten der Christenheit zumindest in kirchlichen Dingen weiterhin zusammen. 787 beriefen Kaiser Konstantin VI. und seine Mutter Irene ein allgemeines Konzil nach Nicäa ein, um dort den Streit um die Verehrung der Heiligenbilder zu beenden, der die Kirche schon seit rund einer Generation entzweite.[36] Wie üblich waren als Vertreter der westlichen Kirchen Legaten des Papstes eingeladen, aber keine Gesandten des Frankenkönigs. Dies

---

hier S. 66f.; Odilo Engels, Zum Rombesuch Karls des Großen im Jahr 774, in: Jahrbuch für fränkische Landesforschung 52, 1992, S. 15–24, hier S. 18f.; Classen, Karl (wie Anm. 4), S. 17.

32 Vgl. Classen, Karl (wie Anm. 4), S. 18; Achim Thomas Hack, Das Empfangszeremoniell bei mittelalterlichen Papst-Kaiser-Treffen (Forschungen und Beiträge zur Kaiser- und Papstgeschichte des Mittelalters. Beihefte zu J. F. Böhmer, Regesta Imperii 18), Köln/Weimar/Wien 1999, S. 298f.; Hartmann, Hadrian I. (wie Anm. 21), S. 114f.

33 Hartmann, Hadrian I. (wie Anm. 21), S. 148ff.

34 Vgl. die in Anm. 24 genannte Literatur.

35 Hartmann, Hadrian I. (wie Anm. 21), S. 157–181.

36 Vgl. Johannes Bernhard Uphus, Der Horos des Zweiten Konzils von Nizäa 787. Interpretation und Kommentar auf der Grundlage der Konzilsakten mit besonderer Berücksichtigung der Bilderfrage (Konziliengeschichte, Reihe B: Untersuchungen), Paderborn 2004.

missfiel Karl dem Großen, dessen Beziehungen zu Byzanz damals ausgesprochen gut waren. Aber nun wurde ihm vermutlich deutlich, dass ihm alle militärischen Erfolge und das politische Bündnis mit dem oströmischen Kaiser doch niemals die Gleichberechtigung mit diesem bringen würden. Obwohl die Beschlüsse von Nicäa eigentlich mit den fränkischen Vorstellungen übereinstimmten und sie Karl auch mit einer entsprechenden Stellungnahme des Papstes übermittelt wurden, ließ er sie von seinen Hoftheologen gründlich widerlegen. Mit Theodulf von Orléans an der Spitze verfassten sie eine Widerlegung der Beschlüsse von Nicäa, die sogenannten Libri Carolini.[37] In ihnen betonte Karl die Tatsache, dass er über Gallien, Germanien und Italien herrschte, also über drei Provinzen des ehemaligen Römerreiches.[38] Zwar wurde diese Schrift nie offiziell veröffentlicht, aber dafür machte Karl auf dem Konzil von Frankfurt 794 seine Position überaus deutlich. Dort ließ er die Beschlüsse von Nicäa ostentativ ablehnen und betonte auf diese Weise gegenüber Kaiser und Papst seine Unabhängigkeit in einer grundlegenden theologischen Frage und damit seine kaisergleiche Stellung.

In dieser Tradition trat Karl auch gegenüber Hadrians Nachfolger Leo III. auf.[39] Nach seinem Sieg über die heidnischen Awaren schrieb er, der Papst solle sich auf die Aufgabe des Betens beschränken, während er, Karl, die römische Kirche schützen und die Christen gegen Heiden und Ungläubige verteidigen wolle. Insgesamt steigerte der Sieg über die einst als Geißel der Christenheit gefürchteten Awaren das Selbstbewusstsein des fränkischen Hofes erheblich. So bezeichnete Karls Ratgeber Alkuin aus diesem Anlass das Reich des Frankenkönigs als *imperiale regnum*, als kaiserliche Königsherrschaft.[40] Mehrfach sprach der Angelsachse auch vom *imperium christianum*. Das am fränkischen Hof gepflegte Selbstbewusstsein spiegelt sich am besten in einem an Karl selbst gerichteten Brief Alkuins aus dem Jahr 799:

„Drei Personen nahmen auf der Welt bisher die höchste Stelle ein, nämlich der Papst in Rom, der den Stuhl des heiligen Apostelfürsten Petrus als Stellvertreter innehat, dann die kaiserliche Würde und die weltliche Macht des zweiten Rom, an drit-

---

37 Opus Caroli regis contra synodum (Libri Carolini), hg. von Ann Freeman unter Mitwirkung von Paul Meyvaert (Monumenta Germaniae Historica. Concilia 2, Supplementum 1), Hannover 1998.

38 Opus Caroli (wie Anm. 37), S. 97: *Incipit opus inlustrissimi et excellentissimi seu spectabilis viri Caroli, nutu Dei regis Francorum, Gallias, Germaniam, Italiamque sive harum finitimas provintias Domino opitulante regentis* [...].

39 Zu ihm vgl. Klaus Herbers, Der Pontifikat Papst Leos III. (795–816), in: 799 – Kunst und Kultur der Karolingerzeit. Karl der Große und Papst Leo III. in Paderborn, 3 Bde., Bd. 3: Beiträge zum Katalog der Ausstellung Paderborn 1999. Handbuch zur Geschichte der Karolingerzeit, hg. von Christoph Stiegemann/ Matthias Wemhoff, Mainz 1999, S. 13–18, hier S. 17; Ders., Papst Leo III. (795–816), der Koronator Karls des Großen – Möglichkeiten päpstlicher Politik an der Schwelle des 9. Jahrhunderts, in: Geschichte im Bistum Aachen 5, 1999/2000, S. 1–24.

40 Alkuin, Epistolae, hg. von Ernst Dümmler, in: Epistolae Karolini Aevi II (Monumenta Germaniae Historica. Epistolae 4), Berlin 1895, Nr. 121, S. 177.

ter Stelle die königliche Würde, zu der Euch die Gnade unseres Herrn Jesus Christus erhoben hat, als Lenker des christlichen Volkes, mächtiger als die Genannten, hehrer an Weisheit, erhabener durch die Würde des Reiches. Auf Dir allein beruht das ganze Wohl der Kirchen Christi. Du strafst die Verbrecher, führst die Irrenden auf den rechten Weg zurück; Du bist der Tröster der Betrübten, Du erhöhst die Guten."[41]

Wir könnten Alkuins Worte als Schmeicheleien eines Höflings abtun, wenn der Brief nicht in einer besonderen Situation geschrieben worden wäre, in der sich sowohl das Papst- als auch das Kaisertum in einer schweren Krise befanden. Im Jahr 797 war Kaiser Konstantin VI. von seiner eigenen Mutter Irene gestürzt worden, die ihren Sohn sogar blenden ließ und als erste Frau im Römischen Reich selbständig die Regierung führte.[42] Einer vereinzelten Nachricht zufolge soll eine Partei in Byzanz, möglicherweise sogar die Kaiserin selbst, Karl 798 die Kaiserwürde angeboten haben.[43] Entscheidender aber war ein Ereignis in Rom. Dort hatte es im Frühjahr 799 einen Anschlag auf Papst Leo gegeben, der angeblich sogar geblendet und der Zunge beraubt worden war.[44] Gegner des Papstes, die verwandtschaftlich mit dessen Vorgänger Hadrian verbunden waren, hatten sich gegen ihn erhoben. Vorwürfe standen im Raum, die auf Leos Lebenswandel zielten; letztlich ging es vermutlich auch um politische Gegensätze. Die Forschung geht von einer begonnenen, aber unvollendet gebliebenen Absetzung aus.[45] Es folgte eine Ereigniskette, an deren Ende die Kaiserkrönung am Weihnachtstag des Jahres 800 stehen sollte.

Die durch das Attentat ausgelöste Flucht des Papstes zu Karl ins Frankenreich und seine Rückführung nach Rom können hier auf sich beruhen bleiben. Wichtig ist, dass der Frankenkönig nach intensiven Vorbereitungen im November 800 persönlich in Rom erschien. Anders als 774 wurde er in Rom selbst empfangen, bevor er weiter nach St. Peter zog, wo Leo ihn erwartete. (Tafel 8) Es folgte eine Synode unter dem Vorsitz von Papst und König, die mehr als vier Wochen lang über die Vorwürfe gegen Leo beriet. Am Ende leistete dieser einen Reinigungseid. Am folgenden Tag, dem Weihnachtstag, krönte er dann Karl den Großen und die versammelten Römer ak-

----

41 Alkuin, Epistolae (wie Anm. 40), Nr. 174, S. 287ff.

42 Zu den byzantinischen Verhältnissen vgl. Paul Speck, Kaiser Konstantin VI. Die Legitimation einer fremden und der Versuch einer eigenen Herrschaft, 2 Bde., München 1978; Peter Schreiner, Byzanz (Oldenbourg Grundriß der Geschichte 22), München 1986, S. 125; Ralph-Johannes Lilie, Byzanz unter Irene und Konstantin VI. (wie Anm. 7).

43 Heinz Löwe, Eine Kölner Notiz zum Kaisertum Karls des Großen, in: Rheinische Vierteljahrsblätter 14, 1949, S. 7–34, S. 7 (Text); vgl. Johannes Fried, Papst Leo III. besucht Karl den Großen in Paderborn oder Einhards Schweigen, in: Historische Zeitschrift 272, 2001, S. 281–326.

44 Zum Hergang vgl. Matthias Becher, Die Reise Papst Leos III. zu Karl dem Großen. Überlegungen zu Chronologie, Verlauf und Inhalt der Paderborner Verhandlungen des Jahres 799, in: Am Vorabend der Kaiserkrönung. Das Epos ‚Karolus magnus et Leo papa' und der Papstbesuch in Paderborn 799, hg. von Peter Godman/Jörg Jarnut/Peter Johanek, Berlin 2002, S. 87–112.

45 Vgl. Harald Zimmermann, Papstabsetzungen des Mittelalters, Graz/Wien/Köln 1968, S. 27.

klamierten: *Carolo augusto, a Deo coronato magno et pacifico imperatori Romanorum, vita et victoria!*[46] Danach, so die fränkischen Reichsannalen weiter, leistete der Papst dem neuen Kaiser die Proskynese *more antiquorum principum*, also in der Art, die schon den antiken römischen Kaisern zugestanden habe. Dies ist jedenfalls die Sicht der fränkischen Reichsannalen, während der Liber pontificalis als offiziöse päpstliche Quelle diese hochsymbolische Anerkennung des neuen Kaisers durch den Papst unerwähnt lässt.[47]

Alles in allem war also Karl die treibende Kraft bei seiner Erhebung zum Kaiser. Leo III. war zunächst eher ein Getriebener, der lange Zeit um seine Stellung als Papst bangen musste und schließlich an Karls Kaisererhebung mitwirken durfte. (Abb. 2) Als Nachfolger des heiligen Petrus war er aber der ideale Legitimationsstifter für Karls neue Würde, ganz so wie sein Vorgänger Zacharias an der Erhebung Pippins zum König mitgewirkt hatte. Daher kam er als Koronator auch zuerst zum Zuge, während in Konstantinopel ein Thronprätendent zunächst vom Volk zum Kaiser ausgerufen und anschließend vom Patriarchen gekrönt wurde, ohne dass diese Krönung konstitutiven Charakter besessen hätte.[48] Am Weihnachtstag des Jahres 800 orientierte man sich an diesem Vorbild,[49] aber in Rom lagen die Dinge etwas anders: Der Papst verstand sich zugleich als das politische Oberhaupt der Stadt und konnte daher vermutlich seine zeremonielle Rolle stärker zum Ausdruck bringen, wenn man nicht gar von einem eigenmächtigen Vorgehen ausgehen will. Karl selbst sah sich durch die neue Würde auch vor neue Aufgaben gestellt, insbesondere musste er seine Stellung in Rom selbst klären und eine Einigung mit Byzanz herbeiführen.

---

46 Annales regni Francorum ad 801 (wie Anm. 24), S. 112.

47 Vgl. Fried, Papst Leo III. (wie Anm. 43), S. 319; Matthias Becher, Die Kaiserkrönung im Jahr 800. Eine Streitfrage zwischen Karl dem Großen und Papst Leo III., in: Rheinische Vierteljahrsblätter 66, 2002, S. 1–38, hier S. 14.

48 Vgl. Peter Classen, Der erste Römerzug in der Weltgeschichte, in: Historische Forschungen für Walter Schlesinger, hg. von Helmut Beumann, Köln/Wien 1974, S. 325–347, hier S. 332ff.; Otto Treitinger, Die Oströmische Kaiser- und Reichsidee nach ihrer Gestaltung im höfischen Zeremoniell, Jena 1938, S. 71ff.; Eduard Eichmann, Die Kaiserkrönung im Abendland. Ein Beitrag zur Geistesgeschichte des Mittelalters mit besonderer Berücksichtigung des kirchlichen Rechts, der Liturgie und der Kirchenpolitik, Bd. 1, Würzburg 1942, S. 14ff.; Kurt-Ulrich Jäschke, Frühmittelalterliche Festkrönungen? Überlegungen zu Terminologie und Methode, in: Historische Zeitschrift 211, 1970, S. 556–589, hier S. 571ff.; Paul Speck, Zum Vollzug der Kaiserkrönung Karls des Großen, in: Byzantium and the North. Acta Byzantina Fennica 10, 1999/2000, S. 110–116.

49 Eichmann, Kaiserkrönung (wie Anm. 48), S. 29ff.; Classen, Karl (wie Anm. 4), S. 62ff.; vgl. aber auch Percy Ernst Schramm, Die Anerkennung Karls des Großen als Kaiser, in: Ders., Kaiser, Könige und Päpste, Bd. 1: Von der Spätantike bis zum Tode Karls des Großen, Stuttgart 1968, S. 215–263, hier S. 26, Anm. 141; Carlrichard Brühl, Fränkischer Krönungsbrauch und das Problem der „Festkrönungen", in: Historische Zeitschrift 194, 1962, S. 265–326, hier S. 308, Anm. 6.

2   Alt-St. Peter in Rom, Innenansicht, Fresko. Rom, Basilica di San Martino ai Monti.

Nach der Kaiserkrönung

Mit der Krönung veränderte sich die Stellung der Stadt Rom fundamental, gab es doch nun einen neuen römischen Kaiser. Seit Hadrian hatte der Papst die Ewige Stadt praktisch selbst verwaltet. Dies änderte sich nun grundlegend. Schon Anfang 801 ist dies mit Händen zu greifen. Nicht der Papst, sondern der neue Kaiser verurteilte die Verschwörer des Jahres 799 als Majestätsverbrecher zum Tode bzw. zum Exil im Frankenreich. Die Urkunden Leos III., bisher nach seinen eigenen Pontifikatsjahren und erst in zweiter Linie nach den Herrschaftsjahren Karls in Italien datiert, wurden nun allein auf den neuen Kaiser bezogen.[50] Für Rom war auf fränkischer Seite Karls Sohn

---

50 Vgl. Heinrich Fichtenau, „Politische" Datierungen des frühen Mittelalters, in: Intitulatio II., hg. von Herwig Wolfram (Mitteilungen des Instituts für Österreichische Geschichtsforschung, Ergänzungsbd. 24), Wien/Köln/Graz 1973, S. 453–548, hier S. 495f.; Thomas F. X. Noble, Topography, Celebration and

Pippin in seiner Eigenschaft als König von Italien zuständig, in der Ewigen Stadt selbst und dem gesamten *patrimonium Petri* fungierten kaiserliche *missi*.[51] Zwar scheint Leo ihnen das Leben so schwer gemacht zu haben, dass Karl schließlich kaum noch jemanden fand, der diesen Posten übernehmen wollte, aber in der Theorie fiel Rom nun unter die kaiserliche Oberherrschaft, während der Papst seine Position nur in diesem Rahmen finden konnte. Eine Papstwahl gab es zu Lebzeiten Karls nicht mehr, weil Leo ihn um mehr als ein Jahr überlebte. Aber bezeichnend ist doch, wie der Papst den Tod des Kaisers 814 zu seinen Gunsten auszunutzen suchte: Über die Teilnehmer einer weiteren römischen Verschwörung verhängte er 815 eigenständig die Todesstrafe, also ohne Rücksprache mit Karls Nachfolger Ludwig dem Frommen oder dessen Vertretern vor Ort.[52] Leo beanspruchte demnach die volle Gerichtsbarkeit über die Stadt Rom – wenn man so will: die volle Souveränität – und musste erst wieder in die Schranken gewiesen werden. Ludwig der Fromme akzeptierte das päpstliche Vorgehen jedoch nicht und ließ die Vorgänge von seinem Neffen König Bernhard von Italien untersuchen. Damit demonstrierte er seinen kaiserlichen Herrschaftsanspruch über Rom, während der Papst sich genötigt sah, zu seiner Rechtfertigung eine hochrangige Gesandtschaft zum Kaiser zu schicken.

Aber nicht nur in weltlichen Dingen, auch in Angelegenheiten der Kirche agierte Karl ganz wie ein Kaiser in römisch-byzantinischer Tradition. Dies galt sogar für eine Frage, von der sowohl der Westen als auch der Osten betroffen waren: In Jerusalem, als dessen Schutzherr sich der neue westliche Kaiser verstand, war ein theologischer Streit zwischen griechischen und fränkischen Mönchen ausgebrochen, weil die Franken über den Wortlaut des gemeinsamen Glaubensbekenntnisses hinaus lehrten, der Heilige Geist sei vom Vater *und* vom Sohn ausgegangen, *ex patre filioque procedit*.[53] Karl ließ 809 den *Filioque*-Streit auf der Synode von Aachen in einer Art und Weise entscheiden, die in ihrer Haltung gegenüber dem Papst sehr an das Vorgehen Karls im Bilderstreit erinnert. Die fränkische Kirchenversammlung forderte den Papst auf, diesen Zusatz in das Glaubensbekenntnis einzufügen. Leo III. lehnte dies zwar ab,

Power: The Making of Papal Rome in the Eighth and Ninth Centuries, in: Topographies of Power in the Early Middle Ages, hg. von Mayke de Jong/Frans Theuws, Leiden/Boston/Köln 2001, S. 45–91, hier S. 81.

51 Caspar, Papsttum (wie Anm. 10), S. 148ff.

52 Vgl. Egon Boshof, Ludwig der Fromme (Gestalten des Mittelalters und der Renaissance), Darmstadt 1996, S. 135f.; Othmar Hageneder, Das crimen maiestatis, der Prozeß gegen die Attentäter Papst Leos III. und die Kaiserkrönung Karls des Großen, in: Aus Kirche und Reich. Studien zu Theologie, Politik und Recht im Mittelalter. Festschrift für Friedrich Kempf, hg. von Hubert Mordek, Sigmaringen 1983, S. 55–79, hier S. 73; Herbers, Pontifikat (wie Anm. 39), S. 17; Ders., Leo III. (wie Anm. 39), S. 16f.

53 Concilia aevi Karolini I, hg. von Albert Werminghoff, Teil 1 (Monumenta Germaniae Historica. Concilia 2/1), Hannover 1906, Nr. 33, S. 235–244; vgl. Classen, Karl (wie Anm. 4), S. 98f.; Michael Borgolte, Papst Leo III., Karl der Große und der Filioquestreit von Jerusalem, in: Byzantina 10, 1980, S. 403–427; Peter Gemeinhardt, Die Filioque-Kontroverse zwischen Ost- und Westkirche im Frühmittelalter (Arbeiten zur Kirchengeschichte 82), Berlin/New York 2002; Scholz, Politik (wie Anm.14), S. 139ff.

da damit die Einheit zwischen östlicher und westlicher Kirche gestört worden wäre, aber im Frankenreich zählte sein Wort nicht: Hier blieb es beim Zusatz *filioque* im Glaubensbekenntnis. Darin und überhaupt im selbstbewussten Auftreten gegenüber dem Papst zeigt sich das imperiale Selbstverständnis Karls des Großen, der sich selbst in kirchlichen Fragen dem Nachfolger des heiligen Petrus nicht mehr unterordnen wollte.

Auch kirchenpolitisch füllte Karl also seine Rolle als Kaiser voll und ganz aus. Daneben aber stand als entscheidendes Problem im Verhältnis zum Papst die Frage seiner Nachfolge. Sollte sein Nachfolger im Zusammenwirken mit dem Papst bestimmt werden oder würde Karl ganz auf eine Beteiligung des Papstes verzichten? Die Entscheidungsfindung war nicht zuletzt deshalb schwierig, weil Karl nicht bloß einen, sondern drei Söhne besaß, die seit längerem selbst den Königstitel trugen. Im Jahr 806 entschloss er sich schließlich zu einer schriftlich fixierten Regelung seiner Nachfolge, der sogenannten *Divisio regnorum*, der Teilung der Reiche.[54] Dies geschah in Form eines Kapitulars oder Gesetzes und orientierte sich an den schon früher getroffenen Maßnahmen. Karls gleichnamiger ältester Sohn sollte den gesamten fränkischen Kernraum von der Loire bis an den Rhein und die neuerworbenen Gebiete bis an die Elbe und die Donau erhalten, Pippin Italien, das er ja bereits regierte, vermehrt um Bayern und das südliche Alemannien. Für Ludwig waren schließlich nicht nur Aquitanien, sondern auch Septimanien, die Provence und Teile Burgunds vorgesehen. Als gemeinsame Aufgabe wurde den drei Brüdern vor allem anderen der Schutz der römischen Kirche ans Herz gelegt, weshalb jeder einen Anteil an den Alpenübergängen erhielt. Sogar der Papst wurde eingebunden: Er erhielt ein Exemplar der *Divisio*, um es gegenzuzeichnen.

Trotz dieser Beteiligung des Papstes ließ Karl eine überaus bedeutsame Frage offen: Welcher seiner Söhne sollte ihm als Kaiser nachfolgen? Im Unterschied zum fränki-

---

54 Capitularia regum Francorum I, hg. von Alfred Boretius (Monumenta Germaniae Historica. Capitularia regum Francorum 1), Hannover 1883, S. 126–130; vgl. Peter Classen, Karl der Große und die Thronfolge im Frankenreich, in: Festschrift für Hermann Heimpel zum 70. Geburtstag, Bd. 3 (Veröffentlichungen des Max-Planck-Instituts für Geschichte 36.3), Göttingen 1972, S. 109–134, ND in: Ders., Ausgewählte Aufsätze von Peter Classen, hg. von Josef Fleckenstein (Vorträge und Forschungen 28), Sigmaringen 1983, S. 205–229; Matthew Innes, Charlemagne's Will: Piety, Politics and the Imperial Succession, in: English Historical Review 112, 1997, S. 833–855; Dieter Hägermann, Karl der Große. Herrscher des Abendlandes. Eine Biographie, Berlin/München 2000, S. 496–508; Sören Kaschke, Die karolingischen Reichsteilungen bis 831. Herrschaftspraxis und Normvorstellungen in zeitgenössischer Sicht (Schriften zur Mediävistik 7), Hamburg 2006, S. 298–323; Ders., Tradition und Adaption. Die „Divisio regnorum" und die fränkische Herrschaftsfolge, in: Herrscher- und Fürstentestamente im westeuropäischen Mittelalter, hg. von Brigitte Kasten (Norm und Struktur 29), Köln/Weimar/Wien 2008, S. 259–289; Johannes Fried, Erfahrung und Ordnung. Die Friedenskonstitution Karls des Großen vom Jahr 806, ebd., S. 145–192; Matthias Tischler, Die „Divisio regnorum" zwischen handschriftlicher Überlieferung und historischer Rezeption, ebd., S. 193–258.

schen Königtum war das Kaisertum als Universalgewalt seinem Wesen nach unteilbar. Zudem stand für Karl die Bestätigung seiner Würde durch den byzantinischen Kaiser, also der in dieser Frage einzig legitimen Instanz, noch aus. Wohl aus diesem Grund unterließ er es im Jahre 806, auch seine Nachfolge als Kaiser zu regeln. Dies erfolgte bezeichnenderweise erst, nachdem ihn der oströmische Kaiser Michael I. im Jahr 812 anerkannt hatte.[55] Erst jetzt entschied er sich, die Kaiserwürde an die nächste Generation weiterzugeben. Inzwischen waren allerdings seine beiden älteren Söhne Karl und Pippin gestorben. Im September 813 setzte er nach oströmischem Vorbild seinen dritten Sohn Ludwig zum Mitkaiser ein, ohne den Papst an diesem Akt zu beteiligen: Wahrscheinlich krönte er ihn sogar nach oströmischem Vorbild selbst zum Kaiser.[56] Nach Karls Tod am 28. Januar 814 konnte Ludwig dann ohne weiteren Formalakt die Herrschaft im Reich übernehmen.

Bis zur Anerkennung seines Kaisertums durch Ostrom war Karl im gewissen Sinne kein rechtmäßiger Kaiser.[57] Offiziell räumte er dies zwar niemals ein, aber bezeichnenderweise unternahm er den wichtigsten Schritt zur festen Etablierung seiner neuen Würde – die Bestimmung eines Nachfolgers – erst, nachdem der oströmische Kaiser ihn als seinen Kollegen anerkannt hatte. Das geschah allerdings nicht ganz freiwillig, da man in Konstantinopel dezidiert an dem Anspruch festhielt, alleine in der Tradition des römischen Imperiums zu stehen.[58] Demnach konnte es keinen anderen Kaiser als den oströmischen geben, und jeder, der wie Karl Anspruch auf die Kaiserwürde erhob, war daher ein Usurpator. Dennoch reagierte die Kaiserin Irene im Jahr 801 sehr vorsichtig auf die Erhebung Karls zum Kaiser. Sie schickte eine Gesandtschaft in den Westen, die Karls Absichten erkunden sollte.[59] Mit einer – unbekannten – Antwort zogen fränkische und päpstliche Boten nach Konstantinopel. Möglicherweise kamen damals die Gerüchte von einem Eheprojekt zwischen Karl und Irene auf, die zwar jeder Grundlage entbehrten, jedoch die ältliche Kaiserin, die mit dem barba-

---

55 Annales regni Francorum ad 812 (wie Anm. 24), S. 136; vgl. Classen, Karl (wie Anm. 4), S. 100f.

56 Vgl. Wolfgang Wendling, Die Erhebung Ludwigs d. Fr. zum Mitkaiser im Jahre 813 und ihre Bedeutung für die Verfassungsgeschichte des Frankenreiches, in: Frühmittelalterliche Studien 19, 1985, S. 201–238; vgl. auch Johannes Fried, Elite und Ideologie oder die Nachfolgeordnung Karls des Großen vom Jahre 813, in: La royauté et les élites dans l'Europe carolingienne (du début du IXe siècle aux environs de 920), hg. von Régine Le Jan (Centre d'Histoire de l'Europe du Nord-Ouest 17), Lille 1998, S. 71–109.

57 Zum Verhältnis Karls zu Ostrom grundlegend Classen, Karl (wie Anm. 4), passim; vgl. auch Ders., Italien zwischen Byzanz und dem Frankenreich, in: Nascita dell'Europa ed Europa carolingia: un' equazione da verificare (Settimane di studio del centro italiano di studi sull'alto medioevo 27), Spoleto 1981, S. 919–967, ND in: Ausgewählte Aufsätze von Peter Classen, hg. von Josef Fleckenstein (Vorträge und Forschungen 28), Sigmaringen 1983, S. 85–115; Rudolf Schieffer, Die europäische Welt um 800: Byzanz – Rom – Islam und die Kaiserkrönung in Rom, in: Krönungen. Könige in Aachen – Geschichte und Mythos. Katalog der Ausstellung, hg. von Mario Kramp, Mainz 2000, S. 185–193.

58 Zu Ostrom in dieser Zeit vgl. die in Anm. 7 genannte Literatur.

59 Vgl. Classen, Karl (wie Anm. 4), S. 41f.; Fried, Papst Leo III. (wie Anm. 43), S. 308, 311ff.

rischen Usurpator verhandelte, statt ihn zu bekämpfen, in den Augen ihrer Gegner kompromittierten. So ist es vielleicht kein Zufall, dass die Kaiserin Ende Oktober 802 gestürzt wurde, noch während sich die westlichen Gesandten an ihrem Hof aufhielten. Immerhin beschritt auch Nikephoros I., der neue Kaiser, den Verhandlungsweg, ohne dass vorerst eine Einigung erzielt werden konnte. Auch ihm war die Rangfrage keinen Angriffskrieg wert. Zu militärischen Auseinandersetzungen kam es schließlich trotzdem – allerdings wegen handfester territorialer Interessen.[60] In Venedig, das dem Byzantinischen Reich unterstand, nach innen aber weitgehend autonom war, kam es damals zu bürgerkriegsähnlichen Unruhen. Die verschiedenen Parteien suchten Anlehnung entweder bei den Franken oder den Byzantinern. Als Karl 806 Venedig und Dalmatien formal seinem Reich einverleibte, konnte Nikephoros dies nicht hinnehmen. Es kam zum Krieg, der sich vier Jahre hinzog. Während die Franken zu Lande übermächtig waren, beherrschte Ostrom das Meer.

Beide Seiten konnten sich daher keinen entscheidenden Vorteil verschaffen. Erst 810 trat eine Wende ein. Damals plante Nikephoros einen Krieg gegen die Bulgaren, die ständig seine Hauptstadt bedrängten. Daher entsandte er Boten zu den Franken, um die kriegerische Auseinandersetzung mit ihnen zu beenden. Karl ergriff die Gelegenheit, um in der Frage seiner Anerkennung als Kaiser eine Lösung herbeizuführen. Um die Voraussetzung dafür zu schaffen, war er sogar bereit, auf Venedig zu verzichten. Als die fränkischen Gesandten in Konstantinopel eintrafen, um diesen Vorschlag zu unterbreiten, war Nikephoros jedoch bereits nicht mehr am Leben. Er war im Juli 811 gegen die Bulgaren gefallen. Sein Schwiegersohn und Nachfolger Michael I. führte die Verhandlungen weiter und erkannte Karls Kaisertum schließlich an. Im Sinne der byzantinischen Auffassung von der grundsätzlichen Überlegenheit des eigenen Reiches als Fortsetzung des Imperium Romanum interpretierte er Karls Kaisertum jedoch als bloße Rangerhöhung für einen König, der zahlreiche Völker beherrschte. Um diesen Unterschied deutlich zu machen, nahmen Michael und seine Nachfolger einen eindeutigen Hinweis auf den römischen Charakter ihres Kaisertums in die offizielle byzantinische Titulatur auf: Nicht allein ‚Kaiser‘, sondern ‚Kaiser der Römer‘ nannten sich fortan die im zweiten Rom am Bosporus residierenden Herrscher.[61] Karl aber wurde im Sommer 812 in Aachen von byzantinischen Gesandten als Kaiser akklamiert. Nach zwölf Jahren war er am Ziel und hatte die Anerkennung seiner neuen Würde durch Konstantinopel erreicht.

---

60 Vgl. hierzu und zum Folgenden Classen, Karl (wie Anm. 4), S. 91–97; Nerlich, Gesandtschaften (wie Anm. 29), S. 38ff.

61 Classen, Karl (wie Anm. 4), S. 94f.

Resümee und Ausblick

Nach allem, was wir wissen, hat Karl spätestens im Jahr 800 mit Macht den Erwerb der Kaiserwürde angestrebt. Er nutzte die Schwäche des Papstes entschieden aus, um die langersehnte Gleichberechtigung mit dem oströmischen Kaiser zu erreichen. Sein Ziel war es nicht, etwas gänzlich Neues zu schaffen, sondern ihm schwebte eine Kaiserherrschaft vor, die an das oströmische Kaisertum anknüpfte, dabei aber deutlich über dieses hinauswies. So wählte er nach einigem Zögern einen Kaisertitel, der mehr als andere die Tatsache betonte, dass er nicht einfach Kaiser war, sondern tatsächlich das Römische Reich regierte: *Karolus serenissimus augustus a Deo coronatus magnus, pacificus imperator, Romanum gubernans Imperium, qui et per misericordiam Dei rex Francorum atque Langobardorum.*[62] Es handelte sich hier nicht um einen Verlegenheitstitel, wie lange Zeit von der Forschung angenommen wurde, sondern um einen Titel, der in doppelter Weise Karls Stellung als römischer Kaiser betonte: *magnus, pacificus imperator,* der tatsächlich das Römische Reich regiert bzw. besitzt.[63] Damit rekurrierte Karl im Sinne der eingangs erwähnten Nomen-Theorie auf die Tatsache, dass er Gallien, Germanien und Italien beherrschte, also große Teile des ehemaligen Römerreiches. In diesen Kontext gehört wohl auch die Umschrift seiner Goldbullen: *Renovatio Rom(ani) Imperii.* Karl verstand sich als erster richtiger Kaiser seit langem und wollte daher das Römische Reich erneuern.

All dies richtete sich nach Lage der Dinge gegen das oströmische Kaisertum. Aber die fränkischen Argumente und Legitimationsstrategien verfingen zwar im eigenen Reich, nicht aber in der ideologischen Auseinandersetzung mit Byzanz. In Konstantinopel glaubte man felsenfest an die eigene, aus einer langen Tradition gespeiste Legitimität. Letztlich konnte dies auch Karl nicht bestreiten, weshalb die Anerkennung durch den byzantinischen Kaiser einen besonderen Stellenwert für ihn besaß. Für sie war er schließlich bereit, auf Venedig und Istrien zu verzichten, nicht aber auf seinen römischen Anspruch. Jedenfalls folgte er der oströmischen Interpretation des beiderseitigen Verhältnisses nicht, die ihn nach 812 zu einem Kaiser der Franken degradieren sollte: Er behielt den schon erwähnten Kaisertitel mit dem eindeutigen Anspruch

---

62 Die Urkunden Pippins, Karlmanns und Karls des Großen, hg. von Engelbert Mühlbacher (Monumenta Germaniae Historica. Diplomatum Karolinorum 1), Hannover 1906, Nr. 197 (29. Mai 801); vgl. Peter Classen, Romanum gubernans Imperium. Zur Vorgeschichte der Kaisertitulatur Karls des Großen, in: Deutsches Archiv für Erforschung des Mittelalters 9, 1952, S. 103–121, zit. nach dem ND mit Nachtrag in: Zum Kaisertum (wie Anm. 4), S. 4–29.

63 Zu *gubernare* im Sinne von „verwalten, ersitzen, besitzen" vgl. Reinhard Schneider, Der rex Romanorum als gubernator oder administrator imperii, in: Zeitschrift der Savigny-Stiftung für Rechtsgeschichte, Germanistische Abteilung 114, 1997, S. 296–317, hier S. 307ff.; bereits Classen, Romanum gubernans Imperium (wie Anm. 62), S. 23f., interpretierte diesen Titel als dezidiert gegen Ostrom gerichteten Anspruchstitel.

auf die Regierung bzw. den Besitz des Römischen Reiches in seinen Urkunden bei.[64] Im direkten brieflichen Kontakt mit dem oströmischen Kaiser verzichtete er zwar auf den römischen Bezug, das betraf aber nicht nur ihn selbst, sondern auch seinen „Bruder" im Osten.[65] Auch mit dieser konsequent gebrauchten Anrede beharrte Karl auf seiner Gleichrangigkeit, wie ein noch an Nikephoros I. gerichteter Brief Karls von 810 zeigt.[66]

Für Karls Selbstverständnis als Kaiser war die Anerkennung durch Konstantinopel von größter Bedeutung, jedenfalls scheint sie ihn dazu veranlasst zu haben, seine Nachfolge nach oströmischem Vorbild zu gestalten. Der Papst spielte keine Rolle mehr, und dies sollte auch unter Karls Nachfolger Ludwig dem Frommen so bleiben. Er bestimmte bereits 817 ohne Rücksprache mit dem Papst seinen ältesten Sohn Lothar zum Mitkaiser und Haupterben und setzte damit seine nachgeborenen Söhne deutlich zurück.[67] Zwar wurden auch Ludwig der Fromme und Lothar I. später von Päpsten gekrönt, doch kam diesen Akten keine konstitutive Bedeutung zu.[68] Solange es einen Kaiser gab, der das gesamte Frankenreich beherrschte, war der Papst nicht einmal mehr als Legitimationsstifter unbedingt vonnöten. Diese Funktion hatte er zunächst nur für die Neu- oder Wiederbegründung des Kaisertums im Westen im Jahr 800 gehabt und war dabei letztlich doch nur ein Instrument Karls des Großen gewesen. Erst in bzw. nach der Krise des Frankenreiches in den 830er- und frühen 840er-Jahren erlangte der Papst diese Position des notwendigen Legitimationsstifters zurück. Nachdem es Kaiser Lothar nach dem Tod Ludwigs des Frommen 840 nicht

---

64 Diplomatum Karolinorum I. (wie Anm. 62), 218 (9. Mai 813); mir scheint auch fraglich, ob der absolute Kaisertitel Ludwigs des Frommen ein Nachgeben gegenüber Ostrom bedeutete, da im Vergleich zu Karl dem Großen nicht nur der Verweis auf den römischen Charakter des westlichen Kaisertums entfiel, sondern auch der auf Franken und Langobarden bezogene Königstitel.

65 Epistolae variorum Carolo Magno regnante scriptae, hg. von Ernst Dümmler, in: Epistolae Karolini Aevi II (Monumenta Germaniae Historica. Epistolae 4), Berlin 1895, Nr. 37, S. 556; vgl. Herwig Wolfram, Lateinische Herrschertitel im neunten und zehnten Jahrhundert, in: Intitulatio II., hg. von Dems. (MIÖG, Ergänzungsband 24), Wien/Köln/Graz 1973, S. 19–178, hier S. 22f.

66 Etwa Epistolae variorum (wie Anm. 65), Nr. 32, S. 547ff.; der Brief ist ohne Adresse überliefert.

67 Kaschke, Reichsteilungen (wie Anm. 54), S. 324–353; Steffen Patzold, Eine „loyale Palastrebellion" der „Reichseinheitspartei"? Zur ‚Divisio imperii' von 817 und zu den Ursachen des Aufstands gegen Ludwig den Frommen im Jahre 830, in: Frühmittelalterliche Studien 40, 2006, S. 43–77; Dieter Hägermann, „Divisio imperii" von 817 und „Divisio regni" von 831. Überlegungen und Anmerkungen zu den „Hausgesetzen" Karls des Großen und Ludwigs des Frommen, in: Herrscher- und Fürstentestamente (wie Anm. 54), S. 291–299.

68 Boshof, Ludwig (wie Anm. 52), S. 137 (zu 816), 160 (zu 823); Schneidmüller, Kaiser (wie Anm. 1), S. 33ff.; Scholz, Politik (wie Anm. 14), S. 149, 158; über die Krönung Ludwigs des Frommen heißt es immerhin in einer nicht über alle Zweifel erhabenen Urkunde des Kaisers für die Kirche von Reims, der Papst habe ihn *ad nomen et potestatem imperialem* gekrönt, Flodoard von Reims, Historia Remensis ecclesiae II, hg. von Martina Stratmann (Monumenta Germaniae Historica. Scriptores 36), Hannover 1998, c. 19, S. 180; vgl. hierzu Philippe Depreux, Zur Echtheit einer Urkunde Kaiser Ludwigs des Frommen für die Reimser Kirche, in: Deutsches Archiv für Erforschung des Mittelalters 48, 1992, S. 1–16.

gelungen war, gegen seine jüngeren Brüder eine dominierende Stellung im Frankenreich zu erkämpfen, fühlte er sich offenbar nicht stark genug, seine Nachfolge im Kaisertum völlig eigenständig zu regeln.[69] Immerhin behielt er aber noch die Initiative
und entsandte seinen ältesten Sohn Ludwig II. im Jahr 850 nach Rom, damit er von
Papst Leo IV. zum Kaiser gekrönt würde. Als dann Ludwig II. 875 ohne Erben verstarb, entschied letztlich Papst Johannes VIII., dass dessen Onkel Karl der Kahle, der
jüngste Bruder Lothars I., neuer Kaiser werden sollte. Nachdem dieser bereits zwei
Jahre später gestorben war, bemühten sich die Päpste immer wieder vergebens, einen
Kaiser zu erheben, der sie gegen innere und äußere Feinde schützen konnte. Aber der
nun einsetzende Niedergang der karolingischen Dynastie bedeutete auch einen Niedergang des westlichen Kaisertums. Dieses wurde zum Spielball italienischer Adliger
und blieb nach der Ermordung Berengars I. 924 sogar fast 40 Jahre lang unbesetzt, bis
Otto der Große 962 zum Kaiser gekrönt wurde. Auch wegen dieser Brüche hatte sich
aus dem Imperium Romanum Karls des Großen etwas Neues entwickelt, das jüngst
als „kaiserlich-päpstliches Kondominat" der späten Karolinger-, Ottonen- und Salier-
zeit beschrieben worden ist.[70]

---

69 Schneidmüller, Kaiser (wie Anm. 1), S. 37; Scholz, Politik (wie Anm. 14), S. 180; vgl. auch Christian Tho-
    mas, Das Kaisertum – Gewinn oder Bürde?, phil. Magisterarbeit, Bonn 2009, S. 77f.
70 So Eckhard Müller-Mertens, Römisches Reich im Frühmittelalter: kaiserlich-päpstliches Kondominat,
    salischer Herrschaftsverband, in: Historische Zeitschrift 288, 2009, S. 51–92; vgl. auch die Beiträge von
    Jenny Rahel Oesterle und Rudolf Schieffer in diesem Band.

Ernst-Dieter Hehl

Zwei christliche Kaiser im mittelalterlichen Europa. Eine problematische Geschichte

In einem Band „Kaisertum" über „Zwei christliche Kaiser im mittelalterlichen Europa" zu handeln, heißt über eine mögliche Störung nachzudenken. Sollten doch die Mitwirkenden an diesem Band (und der vorausgegangenen Tagung) das Kaisertum als „Ordnungsform" in den Blick nehmen, und gehen wir doch mehr oder weniger stillschweigend davon aus, mehrere Kaiser könnten nicht nebeneinander existieren bzw. mehrere Kaiser setzten mehrere Kulturen voraus, in denen es jeweils nur einen einzigen Kaiser geben könne. Kaiser in diesem Sinne sind Träger einer universalen Herrschaft, genauer: einer Herrschaft, die sich als universal versteht.[1]

Und doch: Seit der Spätantike war das römische Imperium mit der Vorstellung vertraut, es könne mehrere Kaiser geben. (Abb. 1) Sowohl die Reichsreform des Diokletian als auch das zeitweilige Nebeneinander eines östlichen und westlichen Kaisers im christlich gewordenen Imperium führten zur Leitung des Reiches durch zwei hauptamtliche Kaiser.[2] Dieses Doppelkaisertum endete in gewisser Hinsicht zufällig, als der Osten den Sturz des Romulus Augustulus hinnahm und für den Westen auf die Ernennung eines neuen Kaisers verzichtete. Das Kaisertum war wieder bei einer einzigen Person. Wenn aber zunehmend die Nachfolge im Kaisertum dadurch gere-

---

1 Der Beitrag ergänzt meinen Vortrag auf der Magdeburger Tagung um einen Abschnitt IV, der von den Referaten und Diskussionen angeregt worden ist.

2 Klaus M. Giradet, Antike Herrschertestamente – Politische Absichten und Folgen, in: Herrscher- und Fürstentestamente im westeuropäischen Mittelalter, hg. von Brigitte Kasten (Norm und Struktur 29), Köln/Weimar/Wien 2008, S. 83–124, hier Teil 3: Divisio regni in der Spätantike durch Testament oder dynastische Erbfolge? (S. 103–124), ND in: Ders., Kaisertum, Religionspolitik und das Recht von Staat und Kirche in der Spätantike (Antiquitas, Reihe 1: Abhandlungen zur alten Geschichte 56), Bonn 2009, S. 491–513.

1 Tetrarchengruppe, Porphyr, Anfang 4. Jh. n. Chr. Venedig, Basilica di San Marco.

gelt werden konnte, dass der Hauptkaiser einen Mitkaiser ernannte, zeigt sich wieder: Die Anzahl der Kaiser war unerheblich.[3] Das eben skizzierte System beruhte nämlich darauf, dass die Kaiser in einem gemeinsamen Legitimationsverbund standen, der auf das Imperium und seine Institutionen zurückwies. Nicht die Anzahl der Kaiser, sondern die Einheit des Imperiums bestimmte somit die Ordnungsform Kaisertum, das dadurch dynastische Kontinuitäten auch mit Einbeziehung der kaiserlichen Frauen und der kaiserlichen Familie schaffen, legitimieren und verdeutlichen konnte. (Abb. 2). Mit dem Ausruf „Wir glauben an die Dreifaltigkeit, diese drei wollen wir krönen", sollen Soldaten 669/670 die Erhebung der beiden Brüder Konstantins IV. zum Kaiser gefordert haben. Das geschah; die beiden Brüder Konstantins galten diesem als gleichberechtigt, gemeinsam wurden alle drei auf Münzen dargestellt. 681 hat Konstantin seine kaiserlichen Brüder beseitigt.[4]

In dem folgenden Beitrag wird es um Einheit und Vielfalt gehen – als Verhältnis zwischen zwei Kaisern, aber auch in ihrem Verhältnis zu Königen. Das verknüpft sich mit der Frage nach Zusammenhängen zwischen der Verchristlichung des Kaisertums und Verchristlichung der „Welt". Ich lege drei Zeitschnitte:

- einen in die Frühzeit des karolingischen Kaisertums;
- einen in die Mitte des 9. Jahrhunderts, wobei ich Papst Nikolaus I. und Kaiser Ludwig II. in den Blick nehme;
- einen in die zweite Hälfte des 10. Jahrhunderts, in der die Grenze zwischen lateinischer und griechischer Christenheit durch die Christianisierung Polens, Ungarns und der Kiewer Rus gezogen wurde und das westlich-ottonische Kaisertum mit dem westfränkisch-französischen König einen Nachbarn von etablierter Unabhängigkeit besaß.

Abschließend gehe ich der Frage nach, ob das neue westliche Kaisertum überhaupt in das Modell von einer Kaiserherrschaft integriert werden kann, wie sie durch das römische Imperium, aber auch durch andere „Kaiserreiche" wie China oder das muslimische Kalifat repräsentiert werden, oder ob sich hier eine Sonderform von kaiserlicher Herrschaft herausgebildet hat. Deren Eigentümlichkeiten sollten sich vor allem im Vergleich zum römisch-byzantinischen Kaisertum erkennen lassen.

---

3 Georg Ostrogorsky, Das Mitkaisertum im mittelalterlichen Byzanz, in: Doppelprinzipat und Reichsteilung im Imperium Romanum, hg. von Ernst Kornemann, Leipzig 1930, S. 166–178, davor Kornemann, Doppelkaisertum in Ostrom 474–711, S. 155–165.

4 Otto Treitinger, Die oströmische Kaiser- und Reichsidee nach ihrer Gestaltung im höfischen Zeremoniell, Jena 1938 (ND Darmstadt 1956, dort S. 247–274 auch Treitingers Aufsatz, Vom oströmischen Kaiser- und Reichsgedanken, aus: Leipziger Vierteljahrsschrift für Südosteuropa 4, 1940), S. 45f.; Franz Dölger, Regesten der Kaiserurkunden des Oströmischen Reiches von 565–1453, 1. Teil, 1. Halbband: Regesten 565–867, 2. Aufl. bearb. von Andreas E. Müller unter Mitarbeit von Johannes Preiser-Kapeller/Alexander Riehle, München 2009, Nr. 236.

2 Kaiser Konstantin VI. und seine Mutter, Kaiserin Irene. Auf der Rückseite sind Konstantins
kaiserliche Vorfahren dargestellt: Konstantin V. (741 und 743–775), Leon III. (717–741),
der Begründer der syrischen Dynastie, und Leon IV. (775–780), der Vater Konstantins VI. 797
stürzte und blendete Irene ihren Sohn, 802 wurde sie entmachtet. Solidus, Gold, 790–792.
Berlin, Münzkabinett der Staatlichen Museen zu Berlin, 18219812.

I.

Das Kaisertum Karls des Großen stellte das skizzierte System in doppelter Hinsicht
auf die Probe. Denn Karls Kaiserwürde ruhte auf einer Legitimationsgrundlage, die
alte Elemente usurpierte und neue Elemente hinzufügte.[5] Als Usurpation mochte aus
östlicher Sicht, und das heißt aus der Sicht des kontinuierlich bestehenden Kaisertums, der Anteil der Römer, die Karl akklamierten, erscheinen, doch konnte das auch
ein erneutes Einrücken der Römer in eine Stellung sein, die ihnen bis zur Verlegung
der Hauptstadt des Reiches nach Konstantinopel zugekommen war. Neu war die Position, die der Bischof der Hauptstadt – hier Rom – an der Einsetzung eines Kaisers hatte. Die Rolle der Franken zu bestimmen war eher ein westliches, ein karolin-
gisch-päpstliches Problem. Die hergebrachten Maßstäbe versagten jedoch angesichts
der Tatsache, dass der neue Kaiser sich nicht als echter Usurpator zeigte und darauf
verzichtete, vollends die Kaisermacht zu erwerben, sich den aktuellen Kaisersitz und
damit die Hauptstadt zu unterwerfen, um so ein legitimes Kaisertum zu begründen,
wie es etwa Herakleios 610 getan hatte. Karl der Große hatte die Idee der Einheit des
Imperiums aufgegeben und die Verpflichtung des Kaisers, diese zu wahren. In der Be-

---

5 Peter Classen, Karl der Große, das Papsttum und Byzanz. Die Begründung des karolingischen Kaisertums
(Beiträge zur Geschichte und Quellenkunde des Mittelalters 9), 3. Aufl. Sigmaringen 1985; Matthias Be-
cher, Die Kaiserkrönung im Jahr 800. Eine Streitfrage zwischen Karl dem Großen und Papst Leo III., in:
Rheinische Vierteljahrsblätter 66, 2002, S. 1–38; Rudolf Schieffer, Neues von der Kaiserkrönung Karls
des Großen (Sitzungsberichte der Bayerischen Akademie der Wissenschaften. Philosophisch-historische
Klasse 2004, Heft 2), München 2004.

grifflichkeit des Generalthemas dieses Bandes heißt das: Für Karl war das Kaisertum keine universale Ordnungsform, sondern eine regional begrenzte.

Den Franken ist es überhaupt schwer gefallen, Einheit und Unteilbarkeit als Kennzeichen des Kaisertums zu verstehen. Karl der Große hat 806 seine Söhne als *imperii vel regni nostri haeredes* eingesetzt, weil Gott ihm diese eben gegeben habe. Mit einem farblosen *dividere* beschrieb er die vorgenommene Einteilung.[6] Ludwig der Fromme hingegen betonte 817 in seiner Ordinatio imperii, er und diejenigen, die verständig seien, hätten es abgelehnt, „aus Liebe oder Huld gegenüber den Söhnen die Einheit des ihm von Gott bewahrten Imperiums zu spalten". Aber nicht die Einheit des Imperiums bildet die Richtschnur für Ludwigs Handeln. Vielmehr muss die Aufteilung des Reiches unterbleiben, damit dadurch „nicht ein Scandalum für die heilige Kirche entstehe". Nicht die Ordnungsform Imperium, sondern die Ordnungsform Kirche prägt seine Maßnahmen. Sie bedingt auch, dass die beiden zu Königen erhobenen Söhne Pippin und Ludwig (der Deutsche) ihrem älteren Bruder Lothar untergeordnet bleiben, der zum Mitkaiser und Nachfolger Ludwigs des Frommen bestellt wird. Lothars Kaisertum ist aber zusammen mit den ihm zugeordneten Königreichen der jüngeren Brüder als ein regional begrenztes zu verstehen. Denn es gibt noch *exterae gentes*, aus denen sich die jüngeren Brüder ihre Gemahlinnen nicht wählen dürfen. Gedacht ist hierbei offensichtlich an christliche Herrschaftsgebiete, nicht an heidnische.[7]

Der Verzicht Karls des Großen und seines Nachfolgers, ihr Kaisertum als ein universales zu verstehen, ist der Forschung natürlich nicht entgangen. Karls Kaisertum hat zwar zu Verwerfungen in den Beziehungen zu Byzanz geführt, aber nicht zu dem, was Werner Ohnsorge in zahlreichen Studien als Zweikaiserproblem bezeichnet und analysiert hat, welches sich nur im Rahmen einer universalen Kaiseridee habe herausbilden können.[8] Die Entwicklung dieser universalen Kaiseridee hat Ohnsorge überdies nicht den Karolingern, sondern den Päpsten zugeschrieben. Eine Voraussetzung

---

6 Capitularia regum Francorum 1, hg. von Alfred Boretius (Monumenta Germaniae Historica. Capitularia 1), Hannover 1883, S. 126–130, Nr. 45, hier die Einleitung S. 126f.

7 Capitularia 1 (wie Anm. 6), S. 270–273, Nr. 136, hier die Einleitung S. 270, Z. 37–40. Neben *exterae gentes* in der Heiratsbestimmung (c. 13, S. 272, Z. 40) findet sich auch *exterae nationes*: S. 271, Z. 42, S. 272, Z. 1f., Z. 5.

8 Werner Ohnsorge, Das Zweikaiserproblem im früheren Mittelalter. Die Bedeutung des byzantinischen Reiches für die Entwicklung der Staatsidee in Europa, Hildesheim 1947, hier bes. S. 23f. (Kaisertitel Karls), S. 129 zusammenfassend zur Rolle der Päpste: „Also nicht die Inhaber des westlichen Kaisertums waren von Hause aus universalistisch; der Träger der universalen Idee im Abendlande war zunächst ausschließlich das Papsttum." Die späteren Arbeiten Ohnsorges zum Zweikaiserproblem sind leicht zugänglich in drei Bänden seiner Aufsätze (jeweils mit dem Untertitel: Gesammelte Aufsätze zur Geschichte der byzantinisch-abendländischen Beziehungen und des Kaisertums): Abendland und Byzanz, Darmstadt 1958; Konstantinopel und der Okzident, Darmstadt 1966; Ost-Rom und der Westen, Darmstadt 1983 (dort bes. S. 1–36: Das abendländische Kaisertum; zuerst in: Reallexikon der Byzantinistik, Reihe A, Bd. 1, Amsterdam 1969, Sp. 126–169).

seiner Überlegungen war, dass sich Karl gegenüber Rom und seiner Kaideridee ausgesprochen zurückhaltend, wenn nicht ablehnend verhalten habe. Das ließ sich in Ohnsorges Sicht durch die Wendung *Romanum gubernans imperium* in Karls Kaisertitel erhärten. Nachdem Peter Classen den genuin römischen und kaiserlichen Bezug dieser Formel nachweisen konnte, ist dieses Argument entfallen.[9]

Karl sah sein Kaisertum als ein römisches an, aber nicht als ein universales, die ganze Christenheit umfassendes. In Kaiser Nikephoros erblickte er 811 seinen Bruder.[10] Zwei Jahre später redete er Kaiser Michael I. als *frater* und *imperator et augustus* an, Kaiserprädikate, die er sich selbst zulegte, und sprach von dem erwünschten Frieden zwischen dem *orientale atque occidentale imperium*. Nutznießer eines solchen Friedens werde die *sancta et immaculata catholica ecclesia* sein, die über den ganzen Erdkreis verbreitet sei (*quae toto orbe diffusa est*).[11] Die universal gültige Ordnungsform ist für ihn die Kirche, die nun nach Beilegung des Bilderstreits wieder zur erstrebten inneren Einheit und zu innerem Frieden gefunden habe.

II.

Einheit und Universalität der Kirche sowie verdoppeltes, besser regional zuständiges Kaisertum, diese Konzeption findet sich auch bei den Päpsten der Karolingerzeit, in denen Ohnsorge die Urheber eines universalen westlichen Kaisergedankens gesehen hat. Doch in den Briefen, die Papst Nikolaus I. an den östlichen Kaiser richtete, spielte die Existenz eines westlichen Kaisertums unter Ludwig II. (850–875) praktisch keine Rolle. Je nach kirchenpolitischer Situation galt der Byzantiner dem Papst als *imperator Graecorum*[12], oder er wurde in aller Ehrerbietung als *piissius et gloriosissimus dilectus filius magnus imperator* angesprochen[13] oder zusätzlich noch als *superator gentium* und *a deo protectus semper augustus*; diesmal in einem Brief, in dem sich Ni-

---

9 Peter Classen, Romanum gubernans imperium. Zur Vorgeschichte der Kaisertitulatur Karls des Großen, Deutsches Archiv für Erforschung des Mittelalters 9, 1952, S. 103–121.

10 Epistolae Karolini aevi 2, hg. von Ernst Dümmler (Monumenta Germaniae Historica. Epistolae 4), Berlin 1895, S. 546, Z. 35: *legatus fraternitatis tue*; Die Regesten des Kaiserreichs unter den Karolingern 751–918 (926), Bd. 1, neu bearb. von Engelbert Mühlbacher, vollendet von Johann Lechner (Johann F. Böhmer, Regesta Imperii 1, 1), Innsbruck 1908 (Neuausgabe von Carlrichard Brühl/Hans H. Kaminsky, Hildesheim 1966), Nr. 459.

11 Epistolae Karolini aevi 2 (wie Anm. 10), S. 556; Regesta Imperii 1, 1 (wie Anm. 10), Nr. 476.

12 Nikolaus I., Epistolae, hg. von Ernst Perels, in: Epistolae aevi Karolini 4 (Monumenta Germaniae Historica. Epistolae 6), Berlin 1902–1925, hier Epistola 82, S. 433–439, hier S. 433, Z. 15f; Regesta Pontificum Romanorum ab condita ecclesia ad annum post Christum natum MCXCVIII, hg. von Philipp Jaffé, 2. Aufl. bearb. von Samuel Loewenfeld/Ferdinand Kaltenbrunner/Paul Ewald, 2 Bde., Leipzig 1885–1888 (künftig JL/JK/JE), hier Nr. 2682.

13 Nikolaus I., Epistolae (wie Anm. 12), Epistola 90, S. 488, Z. 28f.; JE (wie Anm. 12), Nr. 2813.

kolaus gegen ein kaiserliches Schreiben verwahrte, dessen Ton und Inhalt ihn an der Herkunft zweifeln ließen.[14]

Die Schreiben des Papstes betrafen die innerkirchlichen Wirren in Konstantinopel, die durch die Absetzung des Patriarchen Ignatios und die Einsetzung des Photios zu einem heftigen Konflikt zwischen der römischen Kirche und dem neuen Patriarchen sowie dem Kaiser geführt hatten. Ein zweites Konfliktfeld war aus der Bulgarenmission entstanden, in der Rom und Konstantinopel konkurrierten. 867 fasste Nikolaus seine Sicht zu beiden Konfliktfeldern in einem Brief an Erzbischof Hinkmar von Reims zusammen.[15] Wiederum verliert er kein Wort über das westliche Kaisertum, aber nun lehnt er eindeutig einen universalen Anspruch des östlichen ab. Er wendet sich gegen Michael III. und Basileios I., beide bezeichnet er als *imperatores Graecorum*. Mit Neid hätten diese zur Kenntnis nehmen müssen, dass der *rex Vulgarum* mit seinem Volk den christlichen Glauben angenommen habe und Lehre und Lehrer vom Stuhl des heiligen Petrus erwarte. Beide Kaiser hingegen hätten die Bulgaren von der *subiectio* unter den heiligen Petrus abwenden und „ihrem Imperium unter dem Vorwand der christlichen Religion schlau unterjochen wollen" – *suoque imperio sub praetextu christianae religionis callide subiugare*. Auch wenn die Bulgaren sich dann dem Patriarchat von Konstantinopel angeschlossen haben, so ist ihre politische Unterstellung unter das östliche Kaisertum nur unvollkommen gelungen, sondern Byzanz hat zumindest zeitweise ein räumlich definiertes bulgarisches Kaisertum anerkennen müssen. Auch das östliche Kaisertum erweist sich faktisch als eine Ordnungsform von begrenzter Reichweite.

Wenige Jahre später, im Frühjahr 871, schrieb der westliche Kaiser Ludwig II. seinen großen Brief an seinen östlichen Kollegen Basileios I.[16] Der Brief enthält vom Westen her gesehen die grundsätzlichste Auseinandersetzung um den Kaisertitel und die Existenz zweier christlicher Kaiser. Ludwig verwahrt sich dagegen, dass nur derjenige Kaiser genannt werden dürfe, der in Konstantinopel die *gubernacula imperii* in-

---

14 Nikolaus I., Epistolae (wie Anm. 12), Epistola 88, S. 454, Z. 25–27; JE (wie Anm. 12), Nr. 2796; vgl. auch Dölger, Regesten (wie Anm. 4), Nr. 464.

15 Nikolaus I., Epistolae (wie Anm. 12), Epistola 100, S. 600–609, zum Folgenden S. 601, Z. 14–29; JE (wie Anm. 12), Nr. 2879.

16 Die derzeit maßgebliche Edition ist: Ulla Westerbergh, Chronicon Salernitanum. A Critical Edition with Studies on Literary and Historical Sources and on Language (Acta Universitatis Stockholmiensis. Studia Latina Stockholmiensia 3), Stockholm 1956, S. 107–121, die Chronik hat den Brief in c. 107 inseriert; vgl. auch die Edition von Walter Henze, in: Epistolae Karolini aevi 5 (Monumenta Germaniae Historica. Epistolae 7), Berlin 1912–1928, S. 385–394; Die Regesten des Kaiserreichs unter den Karolingern 751–918 (926), Bd. 3, Teil 1: Die Karolinger im Regnum Italiae 840–887 (888), bearb. von Herbert Zielinski (Johann F. Böhmer, Regesta Imperii 1, 3, 1), Köln/Wien 1991, Nr. 325 (vgl. dort auch jeweils die Angaben zu den politischen Verwicklungen); vgl. auch Dölger, Regesten (wie Anm. 4), 1. Teil, 2. Halbband: Regesten von 867–1025, 2. Aufl. neu bearb. von Andreas E. Müller unter Mitarbeit von Alexander Beihammer, München 2003, Nr. 487.

nehabe.[17] Basileios hatte ihm nämlich das Recht abgesprochen, den Kaisertitel zu führen, und das anscheinend sogar mit einer grundsätzlichen Ablehnung des karolingischen Kaisertums verbunden, das am Ende der Regierungszeit Karls des Großen von Byzanz anerkannt worden war. Entscheidender für die Einordnung des Streites ist jedoch, dass der Konflikt sich an Süditalien entzündete. Das Vordringen der Muslime, speziell die Besetzung Baris, hatte zu einem militärischen Bündnis zwischen Langobarden, Franken und Byzanz geführt. Für die beiden letzteren war damit die Frage entstanden, wie im Falle eines Sieges zu verfahren sei. Herrschaftsrechte in Süditalien waren in byzantinischer Sicht an das Kaisertum gebunden.

Ludwigs Brief ging auf die aktuellen und rechtlichen Probleme nicht ein. Politisch wollte er die Fortsetzung der gemeinsamen Bekämpfung der Sarazenen erreichen, mit byzantinischer Flottenhilfe wollte er sich an die Eroberung Kalabriens und dann Siziliens machen. Konkrete Vorwürfe richtete er gegen Neapel, denn diese Stadt habe sich auf ein Bündnis mit den Muslimen eingelassen. Dass Basileios sein militärisches Vorgehen gegen Neapel missbillige, sei deshalb ungerechtfertigt. Mit Hilfe von Neapel würden die Muslime die Küstenregionen seines, Ludwigs, Imperiums (*totius imperii nostri litora*) plündern und in die Gebiete des heiligen Petrus vordringen (*beati Petri apostolorum principis territorii fines*).[18] Der Krieg mit Neapel diente deshalb der Verteidigung des eigenen Imperiums und dem Schutz der römischen Kirche.

Bis in das 12. Jahrhundert ist das eine Grundkonstellation für die Süditalienpolitik der westlichen Kaiser. Der Kaiser, der nach Süditalien vorstieß, wahrte nicht nur die Rechte seines Imperiums gegen Muslime, Normannen und Byzanz,[19] sondern übernahm auch die Verteidigung der römischen Kirche, wie es seiner kaiserlichen Aufgabe entsprach. Wenn er hier deren Rechte restituierte, machte er gleichzeitig Maßnahmen der nun in Konstantinopel residierenden Kaiser rückgängig, die diese in der ersten Hälfte des 8. Jahrhunderts zu Lasten des Papsttums vorgenommen hatten. In Süditalien stießen deshalb nicht allein die territorialen Ansprüche zweier christlicher Kaiser aufeinander, sondern der westliche Kaiser erfüllte dort in besonderem Maße die Pflicht, die den Kernbestand seines Kaisertums ausmachte. Über Süditalien konnte nicht mit dem östlichen Kaiser verhandelt werden, an Süditalien konnte sich deshalb immer wieder ein Konflikt zwischen den beiden christlichen Kaisern entzünden. Bei-

---

17 Chronicon Salernitanum (wie Anm. 16), S. 109, Z. 4f. (= Epistolae Karolini aevi 5 [wie Anm. 16], S. 386, Z. 37f.): *neminem appellandum basilea nisi eum, quem in urbe Constantinopolitana imperii tenere gubernacula contigisset.*

18 Chronicon Salernitanum (wie Anm. 16), S. 119, Z. 7f. (= Epistolae Karolini aevi 5 [wie Anm. 16], S. 393, Z. 19f.).

19 Gerhard Baaken, Unio regni ad imperium. Die Verhandlungen von Verona 1184 und die Eheverabredung zwischen König Heinrich VI. und Konstanze von Sizilien, in: Quellen und Forschungen aus italienischen Archiven und Bibliotheken 52, 1972, S. 219–297, vgl. bes. S. 282 die Betonung des Imperator Romanorum-Titels Ottos II.

den Kaisern ging es hier um die Wahrung ihrer Rechte, dem westlichen zudem um die Erfüllung seiner Pflicht, die römische Kirche zu schützen.

Obwohl Ludwig den östlichen Kaiser als „Bruder" und mit den üblichen Ehrbezeugungen als *gloriossimus* und *piissimus* anredet, kann man den Brief vordergründig als Abwertung des östlichen Kaisertums lesen. Denn Basileios ist „Kaiser des neuen Roms" (*imperator novae Romae*). Die Franken haben aufgrund ihrer Orthodoxie das *regimen imperii Romani* übernommen, die Griechen aufgrund ihrer „Kakodoxie", ihres zeitweiligen Irrglaubens, aufgehört *imperatores Romanorum* zu sein und aufgrund der Verlagerung des Herrschaftsmittelpunkts nach Konstantinopel sowohl die Zugehörigkeit zum römischen Volk als auch die römische Sprache aufgegeben.[20] Die Behauptung des Basileios, der eigentliche Kaiser zu sein, zerpflückt Ludwig genüsslich. Was bedeute denn das Wort *basileus* anderes als „König"? Wenn Basileios ihn als *rix* bezeichnet habe, dann habe er ihm genau den Titel gegeben, den er, der Byzantiner, selbst führe.[21]

Aber in diesem Brief vollzieht Ludwig auch eine Angleichung der unterschiedlichen Formen monarchischer Herrschaft. Seine sprachlichen Erläuterungen zum Begriff *basileus*, den er selbst in der Adresse des Briefes mit *imperator* ins Lateinische übersetzt hat, führt zu einer Aufwertung des Königtums. Diese geht auch daraus hervor, dass Ludwig die Königswürde seiner beiden Onkel erwähnt. Sieht er sein eigenes Kaisertum durch die vom Papst vorgenommene Salbung besonders ausgezeichnet, so verteidigt er den Papst zudem gegenüber dem Vorwurf einer Amtsanmaßung. Dann könne man nämlich auch dem alttestamentlichen Samuel vorwerfen, Saul und David zu Königen gesalbt zu haben. Eher versteckt weist Ludwig seinen Amtsbruder darauf hin, dass es auch nach römischer Tradition zwei christliche Kaiser geben könne. Dass die Franken das Kaisertum übernommen haben, findet seine Legitimation nämlich darin, dass nicht nur gebürtige Römer zu Kaisern erhoben worden sind, ohne damit Anstoß zu erregen. Als Beispiel dafür beruft sich Ludwig auf die „Spanier": Theodosius I., Arcadius, Honorius und Theodosius II., den Sohn des Arcadius.[22] Mit Arcadius und Honorius nennt Ludwig die beiden Söhne des Theodosius, die den östlichen und den westlichen Teil des Imperiums regierten und als zwei Kaiser in einem Imperium amtierten.

Für Ludwig gibt es durchaus noch ein einziges Imperium, nämlich das der heiligen Dreifaltigkeit, als dessen Teil die Kirche auf Erden eingesetzt ist. Gott aber hat fest-

---

20 Chronicon Salernitanum (wie Anm. 16), S. 114, Z. 8–15 (= Epistolae Karolini aevi 5 [wie Anm. 16], S. 390, Z. 10–15).

21 Chronicon Salernitanum (wie Anm. 16), S. 115, Z. 6–20 (= Epistolae Karolini aevi 5 [wie Anm. 16], S. 390, Z. 36 – S. 391 Z. 6).

22 Chronicon Salernitanum (wie Anm. 16), S. 113, Z. 3–31 (= Epistolae Karolini aevi 5 [wie Anm. 16], S. 389, Z. 18–38).

3   Koloss von Barletta, Bronze, 2. Hälfte 5. Jh. Der gerüstete Kaiser ist vermutlich mit Leon I.
(457–474) zu identifizieren. Die Statue dürfte zur Beute der Venezianer bei der Eroberung
von Konstantinopel 1204 gehört haben und bei ihrem Abtransport in Barletta gestrandet sein.

gesetzt, die Kirche sei weder von Basileios noch von Ludwig allein zu leiten, es sei denn, sie beide „seien in so großer Liebe miteinander verbunden, dass sie nicht als getrennte, sondern als Einheit zu existieren schienen".[23] Nur durch das Zusammenwirken des östlichen und westlichen Kaisers kann das Kaisertum zu einer gottgefälligen Ordnungsform werden.

Hinsichtlich Süditaliens ließ sich solches Zusammenwirken allenfalls zur Abwehr Dritter organisieren, in Fragen künftiger Organisation des Raumes trat sofort wieder Konkurrenz auf. Konkurrenz herrschte auch auf einem weiteren Aufgabenfeld des Kaisers: der Mission, hier verknüpft mit Konkurrenz zwischen den jeweils zugeordneten Patriarchaten, nämlich der römischen Kirche und der Kirche von Konstantinopel.

Im 9. Jahrhundert ging es vor allem um die Christianisierung der Bulgaren und um das Wirken der Slawenapostel Kyrill und Method. Im 10. Jahrhundert lässt sich ein Wettlauf zwischen Otto dem Großen und Byzanz zur Missionierung Russlands beobachten, aber auch Ungarn war Ziel westlicher und östlicher Missionsbemühungen.[24] Seit der Kaiserkrönung Ottos des Großen lagen die zu missionierenden Gebiete Europas in Nachbarschaft von einem der beiden Kaiserreiche. Aber gleichzeitig erfolgte über Missionierung und Christianisierung eine politische Emanzipation von kaiserlicher Herrschaft und nicht die Ausdehnung derselben. Beide Kaiserreiche haben das akzeptiert; das Zweikaiserproblem war auch deshalb ein diplomatisches in den beiderseitigen Beziehungen, aber kein universelles des mittelalterlichen Europa.

III.

Arnold Angenendt hat gezeigt, wie sowohl der westliche als auch der östliche Kaiser die Mission unterstützten, indem sie Taufpatenschaften über Könige übernahmen.[25] Natürlich erwuchsen daraus wechselseitige Verpflichtungen, aber der Getaufte trat nicht in die Rechtssphäre seines Paten ein, wie das bei einer Adoption als Herstellung künstlicher Verwandtschaft der Fall gewesen wäre, er war nicht der direkten Herrschaft seines Paten unterworfen. Die Erfüllung eines kaiserlichen Missionsauftrags

---

23 Chronicon Salernitanum (wie Anm. 16), S. 110, Z. 17–21 (= Epistolae Karolini aevi 5 [wie Anm. 16], S. 387, Z. 28–31): *unum est enim imperium Patris et Filii et Spiritus Sancti, cuius pars est ecclesia constituta in terris, quam tamen Deus nec per te solum nec per me tantum gubernari disposuit, nisi quia tanta sumus ad invicem caritate connexi, ut non iam diversi, sed unum existere videamur.*

24 Zu Byzanz vgl. den Überblick von Christian Hannick, Die byzantinische Mission, in: Kirchengeschichte als Missionsgeschichte, hg. von Knut Schäferdiek, Bd. 2/1: Die Kirche des früheren Mittelalters, München 1978, S. 279–359.

25 Arnold Angenendt, Kaiserherrschaft und Königstaufe. Kaiser, Könige und Päpste als geistliche Patrone in der abendländischen Religionsgeschichte (Arbeiten zur Frühmittelalterforschung 15), Berlin 1984.

führte demzufolge nicht von selbst zu einer Ausweitung kaiserlicher Herrschaft, sondern konnte dem Getauften Räume eigenständiger politischer Gestaltung eröffnen, die dem kaiserlichen Taufpaten zwar zugeordnet, aber von diesem unabhängig waren.[26] Was Nikolaus I. dem byzantinischen Kaiser bei der Bulgarenmission vorgeworfen hatte, *sub praetextu christianae religionis* den eigenen Herrschaftsbereich erweitern zu wollen, wurde in vielen Fällen nicht realisiert; am leichtesten könnte man die Unterwerfung und Christianisierung der Sachsen durch Karl den Großen mit diesem Modell beschreiben. Vor allem geschah das dann nicht, wenn der Schwerpunkt der Herrschaftsbildung des Getauften außerhalb der militärischen Reichweite des jeweiligen Herrschers lag. Sowohl bei der Christianisierung Russlands als auch bei derjenigen Polens war das der Fall.

Der universale Missionsauftrag des Christentums ließ es überdies nicht zu, Mission und Christianisierung zu einem Element universaler Kaiserherrschaft auszugestalten. Universale Ansprüche ließen sich im Christentum nicht mehr gedanklich begründen. Denn die Annahme des Christentums war ein freiwilliger Akt, gerade das hatte auch Nikolaus I. in seinem Lehrschreiben an die Bulgaren betont[27] und konnte deshalb nicht an die Forderung politischer Unterwerfung geknüpft sein. Angesichts des universalen Missionsauftrags des Christentums war eine Scheidung der Welt in Zivilisierte und Barbaren (die man entweder der eigenen Herrschaft unterwerfen oder ignorieren konnte) nicht mehr möglich; ein „Reich der Mitte" als Herrschaft über die zivilisierte Welt fiel deshalb als Modell für eine universale Kaiserherrschaft aus. Vom Kaiser geförderte Missionierung und Christianisierung konnten vielmehr zur Entstehung und Verfestigung von eigenständiger Herrschaft beitragen, die von dem jeweiligen Kaiser selbst als von ihm unabhängig und politisch als mit ihm gleichberechtigt anerkannt wurde. Die Vermählung der pupurgeborenen Anna, der Schwester Kaiser Basileios' II., mit dem Kiever Großfürsten Vladimir und die damit verbundene Taufe des Großfürsten, wenn auch aus der Not des Kaiserreichs geboren, signalisiert diese Entwicklung für

26 Vgl. auf Byzanz bezogen Hans-Georg Beck, Geistliche Mission und politische Propaganda im byzantinischen Reich, in: La conversione al cristianesimo nell'Europa dell'alto medioevo (Settimane di studio del Centro italiano di studi sull'alto medioevo 14), Spoleto 1967, S. 649–674, bes. S. 667f.: „Christianisierung von Byzanz aus bedeutet durchaus nicht immer Unterwerfung unter Byzanz, aber doch in den meisten Fällen den Eintritt in die Interessensphäre des Reiches, und zwar einen loyalen Eintritt, eine Art Treuekundgebung, die von den kaiserlichen Paten sichtlich von vorn herein einkalkuliert und mit klugen Massnahmen herausgefordert wurde." Vgl. auch S. 673f. die nüchterne Feststellung, dass von der Sicht der Missionierten in der Regel nichts bekannt ist.

27 Nikolaus I., Epistolae (wie Anm. 12), Epistola 99 (= Responsa ad consulta Bulgarorum), S. 568–600 (Nr. 99), hier c. 41 und c. 102, S. 582f. und S. 599; JE (wie Anm. 12), Nr. 2812; Zu den Responsa vgl. Lothar Heiser, Die Responsa ad consulta Bulgarorum des Papstes Nikolaus I. (858–867). Ein Zeugnis päpstlicher Hirtensorge und ein Dokument unterschiedlicher Entwicklungen in den Kirchen von Rom und Konstantinopel (Trierer Theologische Studien 36), Trier 1979, eine Übersetzung dort im Anhang, hier S. 438–440, S. 483.

das östliche Kaiserreich. Kirchlich dem Patriarchat zugeordnet, war das Großfürstentum eine vom Kaiser unabhängige, aber von diesem anerkannte Herrschaftsbildung.[28]

Für das westliche Kaisertum zeigt sich dieser Zusammenhang bei der Gnesenfahrt Ottos III. „Niemals hatte ein Kaiser in Rom beim Auszug und bei der Wiederkehr größere Pracht gezeigt", kommentiert Thietmar von Merseburg in seiner Chronik; später tadelt er den Kaiser, „er habe einen Tributpflichtigen zum Herrn gemacht".[29] Das zielt auf Abmachungen zwischen Otto III. und Boleslaw, gleich wie man diese interpretieren will, die sich mit der Erhebung Gnesens zum Erzbistum für den Herrschaftsbereich Boleslaws verknüpft hatten.[30] Bei Thietmar war das Kritik, doch Otto III. hat sich genau an das gehalten, was Nikolaus für kaiserliche Missionstätigkeit gefordert hatte. Er hatte auf Ausweitung der kaiserlichen Herrschaft *sub praetextu christianitatis* verzichtet. Und folgt man Thietmars Bericht, so hat Otto III., in größter Pracht aus Rom ausgezogen, in Gnesen auf jegliches kaiserliches Gepränge verzichtet, sondern war als demütiger Pilger aufgetreten. Wenn Otto III. sich in dieser Zeit in seinen Urkunden als *servus Iesu Christi* bezeichnet und dies dem kaiserlichen Titel voranstellt, dann sind nicht nur die byzantinischen Parallelen solcher Benennung zu beachten, sondern ebenso, dass die kaiserlichen Prädikate hinter denen auf Christus bezogenen zurücktreten.[31] Otto handelt in Gnesen zwar so, wie es von einem christlichen Kaiser

---

28 Auf die mit der Christianisierung verbundenen Möglichkeiten einer „Konstituierung bzw. Festigung neuer Nationen" und den „Übergang von einer mehr oder weniger stammesmäßigen Organisation zu staatlichen Strukturen und eine Art internationaler Anerkennung" verweist Gilbert Dragon, in: Geschichte des Christentums. Religion, Politik, Kultur, Bd. 4: Bischöfe, Mönche und Kaiser (642–1054), hg. von Gilbert Dragon/Pierre Riché/André Vauchez, deutsche Ausgabe bearb. und hg. von Egon Boshof, Freiburg/Basel/Wien 1994, S. 229. Siehe auch oben Anm. 26 das Urteil von Hans-Georg Beck.

29 Die Chronik des Bischofs Thietmar von Merseburg und ihre Korveier Überarbeitung, hg. von Robert Holtzmann (Monumenta Germaniae Historica. Scriptores rerum Germanicarum, Nova series 9), Berlin 1935, hier IV, 44, S. 182, Z. 14f. und V, 10, S. 232, Z. 22f.; Zur Übersetzung vgl. die zweisprachige Ausgabe: Thietmar von Merseburg, Chronik, hg. von Werner Trillmich (Ausgewählte Quellen zur deutschen Geschichte des Mittelalters. Freiherr vom Stein-Gedächtnisausgabe 9), Darmstadt 1957, S. 161, 204.

30 Ausgangspunkt der neueren Diskussion ist Johannes Fried, Otto III. und Boleslaw Chrobry. Das Widmungsbild des Aachener Evangeliars, der „Akt von Gnesen" und das frühe polnische und ungarische Königtum. Eine Bildanalyse und ihre historischen Folgen (Frankfurter historische Abhandlungen 30), Stuttgart 1989 (2. Aufl. 2001); vgl. Polen und Deutschland vor 1000 Jahren. Die Berliner Tagung über den „Akt von Gnesen", hg. von Michael Borgolte (Europa im Mittelalter 5), Berlin 2002.

31 Die Titulatur *Otto tercius servus Iesu Christi et Romanorum imperator augustus secundum voluntatem dei salvatoris nostrique liberatoris* begegnet vom Januar bis Mai 1000, vgl. Die Urkunden der deutschen Könige und Kaiser 2/2: Die Urkunden Otto des III. (Monumenta Germaniae Historica. Diplomata regum et imperatorum Germaniae 2), Hannover 1893, hier Nr. 344ff.; Percy Ernst Schramm, Kaiser, Rom und Renovatio. Studien (und Texte) zur Geschichte des römischen Erneuerungsgedankens vom Ende des karolingischen Reiches bis zum Investiturstreit (Studien der Bibliothek Warburg 17), 2 Bde., Leipzig 1929, ND von Bd. 1 (Studien) Darmstadt 1975 (hiernach zitiert), S. 135–146; Herwig Wolfram, Lateinische Herrschertitel im neunten und zehnten Jahrhundert, in: Intitulatio II: Lateinische Herrscher- und Fürstentitel im 9. und 10. Jahrhundert, hg. von Herwig Wolfram (Mitteilungen des Instituts für Österreichische Geschichtsforschung, Ergänzungsband 24), Wien 1973, S. 19–178, hier S. 153–162 zu den Titeln Ottos III.

in Fragen von Mission und Christianisierung zu erwarten ist, aber er ist dort nicht Kaiser. Unterwegs war Otto als ein Herrscher, der seine kaiserliche Stellung Christus verdankte, dem Erlöser (*salvator*) und Befreier (*liberator*) der Menschen. Auch Otto brachte Freiheit und er forderte keine Unterwerfung.[32]

Der auf eigenen Herrschaftsanspruch, auf Unterwerfung und politische Unterordnung verzichtende Kaiser konnte an eine Vorstellung anknüpfen, die Gregor der Große entwickelt hatte. Gregor hatte zwischen einem König und dem Kaiser unterschieden: Die *reges gentium* seien *domini* über *servi*, in die Sprache Thietmars übersetzt: über Leistungs- und Tributpflichtige, die *imperatores reipublicae* aber Herren über Freie – *domini liberorum*.[33] Einige Generationen nach Ottos III. Gnesenfahrt erklärte Gregor VII. dem ungarischen Herzog Geisa, die römische Kirche halte die ihr Untergeordneten nicht für Sklaven, sondern nehme sie wie Söhne auf – *subiectos non habet ut servos sed ut filios suscipit.* Religiös-kirchliche Zuordnungen sollten nicht in Abhängigkeit, Unfreiheit und Unterwerfung führen.[34]

Die missionierenden Kaiser vor der ersten Jahrtausendwende haben auf diese Weise Raum für viele christliche Könige geschaffen und eben kein einheitliches christliches Kaisertum, in dem man sich streiten konnte, wer der eigentliche Kaiser sei: der ältere östliche oder der jüngere westliche. Ein solcher Streit wurde letztlich nur als ein Streit auf diplomatischer und protokollarischer Ebene geführt, ausgefochten in Bezug auf Räume, in denen die Interessen beider christlicher Kaiser direkt aufeinanderstießen.

IV.

Fasst man die Existenz zweier christlicher Kaiser als eine problematische Erscheinungsform des Kaisertums auf, als eine dem Wesen des Kaisertums widersprechende, steht man vor einem Paradox. Denn das Verhalten der Kaiser selbst ist ursächlich dafür, dass nach Karls des Großen Kaiserkrönung die Verdoppelung des Kaisertums

---

32 Johannes Fried, Der hl. Adalbert und Gnesen, in: Archiv für mittelrheinische Kirchengeschichte 50, 1998, S. 41–70, hier S. 56–67.

33 Gregorii I papae Registrum epistolarum, hg. von Paul Ewald/Ludo M. Hartmann (Monumenta Germaniae Historica. Epistolae 1 und 2), Berlin 1887–1899, hier Reg. XIII, 34 (2, S. 397, Z. 20–23): *Reformetur iam singulis sub iugo pii imperii libertas sua. Hoc namque inter reges gentium et reipublicae imperatores distat, quod reges gentium domini servorum sunt, imperatores vero reipublicae domini liberorum.* Gregor schrieb das, als er Kaiser Phokas zum Herrschaftsantritt gratulierte. Der Gedanke findet sich bereits früher in Reg. XI, 4 (2, S. 263, Z. 9–11), hier spricht Gregor vom *imperator Romanorum.*

34 Das Register Gregors VII., hg. von Erich Caspar (Monumenta Germaniae Historica. Epistolae selectae 2, 1–2), Berlin 1920–1923, hier Reg. II, 63 (1, S. 218, Z. 24–28): *Notum autem tibi esse credimus regnum Ungariae, sicut et alia nobilissima regna, in proprie libertatis statu debere esse et nulli regi alterius regni subici nisi sanctae et universali matri Romanae ecclesiae, quae subiectos non habet ut servos, sed ut filios suscipit universos.*

zum Normalfall wurde. Kein Kaiser hat mit allen Mitteln versucht, diesen Zustand zu beenden; dieser hat dem Wesen des Kaisertums, wie es die Kaiser selbst und ihre Zeitgenossen definierten, offenkundig nicht widersprochen. Konnte aber der ältere, östliche Kaiser das neue Kaisertum im Westen gleichsam ignorieren, hätte sich das westliche als das „wahre" Kaisertum eindeutig legitimiert, wenn es das östliche beseitigt oder sich dieses Ziel wenigstens auf seine Fahnen geschrieben hätte.

Das aber ist unterblieben. Das neue westliche Kaisertum ist nicht zum grundsätzlichen Gegner des östlichen geworden, auch weil im Westen keine Kontinuität des Kaisertums erreicht wurde und das Kaisertum nicht zum Inbegriff der politischen Organisation wurde – selbst in dem Raum nicht, über den einst Karl der Große als Kaiser geherrscht hatte und in dessen Teilen weiterhin Kaiser amtierten.

Nach dem Scheitern der Reichseinheit unter Ludwig dem Frommen und Lothar I. reduzierte sich in der Karolingerzeit das Gebiet kaiserlicher Herrschaft mehr und mehr auf Italien. Die Vereinigung des Reiches unter Karl III. blieb ebenso Episode wie die Vereinigung der Herrschaft im ostfränkischen Reich und in Italien unter Arnulf, dem seine Erkrankung die Möglichkeit der Intensivierung der kaiserlichen Herrschaft genommen hatte. Mit dem Tod Berengars I. 924 endete, nunmehr auf Oberitalien konzentriert, das westliche Kaisertum, das nach dem Tod Ludwigs II. 875 nicht mehr kontinuierlich besetzt worden war.[35]

Die Kaiserkrönung Ottos des Großen schien nach 962 neue Möglichkeiten der Kontinuität zu eröffnen. (Abb. 4) Aber auch diese wurde durch den frühen Tod seines Sohnes, Mitkaisers und Nachfolgers Ottos II. 983 jäh unterbrochen, bis 996 Otto III. die Kaiserkrone erhielt. Nach Ottos III. vorzeitigem Tod folgten wiederum zwölf kaiserlose Jahre, obwohl Heinrich II. sich schnell die Nachfolge im Königtum und auch in der Herrschaft über Oberitalien sichern konnte. Auch bei dem erneut von Otto dem Großen begründeten Kaisertum im Westen zeigte sich also, dass dieses Kaisertum „unterbrochen" werden konnte.[36] Es bestand zwar eine Kontinuität im Anspruch auf die Kaiserwürde, dessen Verwirklichung blieb aber von den politischen Gegebenheiten bedingt. Die politische Herrschaft der Nachfolger Ottos des Großen war nicht von ihrer Kaiserwürde abhängig. In ihrem Machtbereich war das Kaisertum nicht der Inbegriff der politischen Herrschaft, von dem jede weitere Herrschaft abgeleitet war und das deshalb auf Kontinuität angewiesen war. Erforderlich war vielmehr Kontinuität im Königtum; von gesicherter und eigenständig wahrgenommener Königsherr-

---

35 Harald Zimmermann, Imperatores Italiae, in: Historische Forschungen für Walter Schlesinger, hg. von Helmut Beumann, Köln/Wien 1974, S. 379–399; Rudolf Hiestand, Byzanz und das Regnum italicum im 10. Jahrhundert (Geist und Werk der Zeiten 9), Zürich 1964.

36 Gerd Tellenbach, Kaiser, Rom und Renovatio. Ein Beitrag zu einem großen Thema, in: Tradition als historische Kraft. Interdisziplinäre Forschungen zur Geschichte des frühen Mittelalters, hg. von Norbert Kamp/Joachim Wollasch, Berlin/New York 1982, S. 231–253, hier S. 231–233 und S. 241, vgl. auch die Übersicht über die Italien- und Romaufenthalte S. 249–253.

4 Elfenbeintafel mit ottonischer
Kaiserfamilie (wahrscheinlich
Otto II. und Theophanu mit
Otto III.), 10. Jh. Mailand,
Civiche Raccolte d'Arte Applicata,
Castello Sforzesco.

schaft konnte man dann zum Kaiser aufsteigen, doch ohne dass diese Aussicht die
Königsherrschaft als solche legitimiert hätte. Die Königsherrschaft beruhte vielmehr
auf eigenem Recht. Das westliche Kaisertum baute auf der Königsherrschaft auf, hatte
diese zur Voraussetzung. So konnte es im Westen minderjährige Könige geben, aber
kein Kaisertum Minderjähriger, was im Osten jedoch möglich war.[37]

Die Datierungen der westlichen Kaiserurkunden belegen solche Zusammenhänge.
Otto II. zählte zu Lebzeiten seines Vaters in den eigenen Urkunden seine Königs- und
Kaiserjahre und behielt das auch in den Zeiten seiner Alleinherrschaft im Wesentlichen bei.[38] Auch nachdem er an Weihnachten 967 zum (Mit-)Kaiser gekrönt worden
war, bewahrte die Kanzlei also die Erinnerung an seine Königswürde, die ihm der
Vater am 26. Mai 961 hatte zuteil werden lassen. Die Nennung der Königsjahre auch
in Kaiserurkunden blieb seit Otto II. die Regel, nur in der Kaiserzeit Ottos des Gro-

---

37 Theo Offergeld, Reges pueri. Das Königtum Minderjähriger im frühen Mittelalter (Monumenta Germaniae Historica. Schriften 50), Hannover 2001.

38 Das Folgende beruht auf den Diplomatabänden der Monumenta Germaniae Historica; vgl. auch generell
Heinrich Fichtenau, „Politische" Datierungen des frühen Mittelalters, in: Intitulatio II (wie Anm. 31), S.
453–548, hier S. 523–529; Harry Bresslau, Handbuch der Urkundenlehre für Deutschland und Italien, 2
Bde., Leipzig 1912–1931, hier Bd. 2, S. 417–419.

ßen war zuvor meist darauf verzichtet worden sowie in der Heiratsurkunde für Theophanu (Tafel 1b) und danach in einigen weiteren Urkunden Ottos II. Bevor er sich nach Rom begab, um sich dort zum Kaiser krönen zu lassen, hatte Konrad II. seinen Sohn Heinrich III. im Februar 1026 zur Nachfolge in der Herrschaft bestimmt, nach seiner Rückkehr ließ er ihn 1028 in Aachen zum König krönen. Heinrich III. hat zu Lebzeiten seines Vaters keine Urkunden ausgestellt. Selbständig herrschend nannte er in seinen Urkunden sowohl das Jahr seiner *ordinatio*, was sich auf die Krönung von 1028 bezog, als auch mit dem *annus regni* das Jahr der eigentlichen Regierung, nach seiner Kaiserkrönung ergänzte das Kaiserjahr diese auf das Königtum bezogenen Datierungselemente.

Das Datierungsformular zeigt: Im 10. Jahrhundert und auch in späterer Zeit ging die Königswürde in dem Kaisertum nicht auf, sondern der Königsherrschaft wurde eigens gedacht. Mit anderen Worten: Das Königtum galt dem Herrscher auch nach Erwerb der Kaiserkrone als eine unentbehrliche Machtgrundlage. Angebahnt hatte sich das in der ausgehenden Karolingerzeit nach dem Tod Kaiser Ludwigs II. Die Urkunden Arnulfs und Karls III., die als Könige von Teilreichen zur Kaiserwürde aufgestiegen waren, geben für deren Kaiserzeit sowohl die Königs- als auch die Kaiserjahre an. Bei Karl III., der nochmals die einzelnen Teile des Reiches unter seiner zunächst königlichen Herrschaft vereinigen konnte, geschieht das oft in einem komplizierten Formular, das auch den Erwerb der jeweiligen Teilreiche dokumentierte.[39] Ähnliches ist in den Urkunden Karls des Kahlen zu beobachten. Auch hier werden während dessen kurzer Regierungszeit als Kaiser die Königs- und Kaiserjahre genannt, oft auch das Jahr seiner Regierung im Teilreich Lothars II. Die auf dem Königtum beruhenden Herrschaftsansprüche waren auf diese Weise dokumentiert. Besonders deutlich und Anspruch auf das Reich Ludwigs des Deutschen erhebend, geschieht das in einer 876 in Köln ausgestellten und im Original erhaltenen Urkunde: […] *anno XXXVII regni domni imperatoris in Franciam, et in successione Hlotharii VII, et imperii II, et successionis Hludowici regis I.*[40] Die Urkunden Karls des Großen, der nach seiner Kaiserkrönung den fränkischen und langobardischen Königstitel weiterhin geführt hatte, nennen nach 800 ebenso die Königs- und Kaiserjahre. Für Ludwig den Frommen, vom Unterkönig in Aquitanien zum Kaiser aufgestiegen, hingegen begegnet nur das Kaiserjahr. Ebenso ist das bei den Kaisern Lothar I. und Ludwig II. der Fall.[41] Beide hatten die Kaiserwürde erreicht, ohne zuvor als Könige hervorgetreten zu sein.

---

39 Vgl. Die Urkunden der deutschen Karolinger 2: Die Urkunden Karls III., hg. von Paul Kehr (Monumenta Germaniae Historica. Diplomata regum Germaniae ex stirpe Karolinorum 2), Berlin 1937, S. XXXIX–XLV.

40 Recueil des actes de Charles II le Chauve, roi de France, hg. von Georges Tessier, 3 Bde., Paris 1943–1955, hier Bd. 2, S. 426 (Nr. 413).

41 Vgl. die Übersicht in Regesta Imperii 1, 1 (wie Anm. 10), S. LXXXVIIIf.

Die Verbindung von Königtum und Kaisertum hat Otto der Große zum Kennzeichen des westlichen Kaisertums überhaupt werden lassen. Denn bevor er nach Rom aufbrach, um sich dort von Papst Johannes XII. zum Kaiser krönen zu lassen, hat er seinen gleichnamigen Sohn zum (Mit-)König erheben lassen. Das Kind war gerade einmal sechs Jahre alt. Liudprand von Cremona nahm daran Anstoß, gegen das Herkommen sei ein Kind zum Mitkönig gemacht worden.[42] Konrad II., am Beginn der salischen Kaiserreihe stehend, ist diesem Vorbild gefolgt, als er vor seinem Zug zur Kaiserkrönung seinen Sohn Heinrich III. zum Nachfolger designieren und nach der Rückkehr in Aachen zum König salben und krönen ließ.[43] Die bevorstehende Kaiserkrönung Ottos des Großen wirkte so auf die Ausgestaltung der Königsherrschaft zurück.

Doch gleichzeitig veränderte Ottos Kaiserkrönung die Herrschaftspräsentation in einem grundsätzlichen Sinne. Ihre kriegerischen Elemente wurden zurückgedrängt und zwar auf einem Feld der eher alltäglichen Politik, die nicht mit der Errichtung der Herrschaft an sich oder deren Präsentation an kirchlichen Hochfesten sowie an politischen Großveranstaltungen verbunden war. Das Siegel des Herrschers wurde grundsätzlich geändert. Die Umschrift titulierte den Dargestellten nunmehr als Kaiser, gleichzeitig entstand ein „neues Bild" des Herrschers.[44] Das Kaisersiegel Ottos des Großen knüpfte nicht an die karolingische Tradition an, die den Herrscher antikisierend in Seitansicht oft mit Lorbeerkranz und Feldherrnmantel gezeigt hatte und auch nicht an die seit Ludwig dem Kind bis in die Königszeit Ottos I. übliche Form, in der dem in Seitansicht dargestellten Herrscher Lanze und Schild beigegeben waren und das den Herrscher „als Heerführer, dem der Sieg zuteil wird", zeigte. (Abb. 5) Nun wurde der Herrscher (wie häufig bei byzantinischen Christus- und Kaiserbildern der Zeit) *en face* dargestellt. (Abb. 6) Es bildete sich die Siegelform des Majestätssiegels heraus. Es zeigt seit Otto III. und seinen Nachfolgern den *en face* dargestellten, gekrönten Herrscher auf seinem Thron sitzend und, wie seit dem Kaisersiegel Ottos des Großen, Zepter und Reichsapfel als Herrschaftszeichen präsentierend.

---

42 Liudprand, Historia Ottonis, in: Die Werke Liudprands von Cremona, hg. von Joseph Becker (Monumenta Germaniae Historica. Scriptores rerum Germanicarum in usum scholarum separatim editi [41]), 3. Aufl. Hannover/Leipzig 1915, S. 159–175, hier c. 2, S. 160; vgl. Hagen Keller, Das neue Bild des Herrschers. Zum Wandel der „Herrschaftspräsentation" unter Otto dem Großen, in: Ottonische Neuanfänge. Symposion zur Ausstellung „Otto der Große, Magdeburg und Europa", hg. von Bernd Schneidmüller/Stefan Weinfurter, Mainz 2001, S. 189–211, hier S. 194.

43 Franz-Reiner Erkens, Konrad II. Herrschaft und Reich des ersten Salierkaisers, Regensburg 1998, S. 94f.; Herwig Wolfram, Konrad II. 990–1039. Kaiser dreier Reiche, München 2000, S. 114f. (dort auch zu Konrad als König der Franken und Langobarden), S. 159.

44 Zur Änderung des Siegelbildes grundsätzlich Keller, Bild (wie Anm. 42), das folgende Zitat ebd. S. 193; dort auch die entsprechenden Abbildungen (für diese grundlegend die Sammlung von Otto Posse, Die Siegel der deutschen Kaiser und Könige von 751 bis 1806, Bd. 1: 751–1347, Dresden 1909).

Die kriegerischen und militärischen Symbole aus dem Siegelbild zu verdrängen besagt nicht, dass man sich der Rolle militärischer Macht für König- und Kaisertum nicht mehr bewusst war. Bei der Königskrönung wurde für den Sieg des Herrschers gebetet. Er solle *triumphator hostium* sein, heißt es im Krönungsordo des Pontificale Romano-Germanicum.[45] Im sogenannten Westlichen Ordo für eine Kaiserkrönung des gleichen Pontificale, der für eine nichtrömische Kaiserkrönung zusammengestellt wurde und auf einem Königsordo beruht, ist diese Formel übernommen worden.[46] Erst allmählich ist diese Formulierung seit der ersten Jahrtausendwende in die Ordines eingedrungen, die nun die Kaiserkrönung durch den Papst vorsahen, wie sie sich mit dem Kaisertum Ottos des Großen etabliert hatte.[47]

Die „Demilitarisierung" des Kaiser- und Herrscherbildes im Westen erfolgte zu einer Zeit, in der das östliche Kaisertum in einem besonderen Ausmaß von einer „Militarisierung" geprägt war. Als General war Kaiser Nikephoros Phokas 963 zum Kaiser aufgestiegen. Nach dessen Ermordung – vielleicht selbst daran beteiligt – bestieg 969 Johannes Tzimiskes den Kaiserthron, auch er zuvor ein General. Beider militärisches Selbstbewusstsein gipfelte im Herrschaftsverständnis von Basileios II. (976–1025), dem Nachfolger des Tzimiskes. Das Zeremoniell hatte nicht aufgehört, den Kaiser als Triumphator und Sieger zu feiern, auch feierliche Triumphzüge fanden in der Hauptstadt statt. Den Sieg und die Fähigkeit, zu siegen, verdankte der Kaiser Gott.[48] Basileios II. aber ist nach langer Pause wieder der erste Kaiser, der stehend und in Rüstung dargestellt wird, wie er über die Gegner des Reiches triumphiert.[49] (Tafel 9 vgl. auch Abb. 3) Eine Psalterhandschrift enthält dieses Bild und feiert den von Gott gegebenen Triumph über die Bulgaren und andere Gegner, die sich zu Füßen des Kaisers nie-

---

45 Le Pontifical Romano-Germanique du dixième siècle, hg. von Cyrille Vogel/Reinhard Elze, Bd. 1 (Studi e testi 226), Città del Vaticano 1963, Ordo 72, c. 14 (S. 253, Z. 24).

46 Pontifical 1 (wie Anm. 45), Ordo 76, c. 2, S. 265, Z. 23 = Die Ordines für die Weihe und Krönung des Kaisers und der Kaiserin, hg. von Reinhard Elze (Monumenta Germaniae Historica. Fontes iuris germanici antiqui in usum scholarum separatim editi 9), Hannover 1960, S. 4, Z. 37; zur Vorlage des Ordo dort S. XI; vgl. Carl Erdmann, Forschungen zur politischen Ideenwelt des Frühmittelalters, aus dem Nachlass des Verfassers hg. von Friedrich Baethgen, Berlin 1951, S. 72–82.

47 Zuerst in einem Mainzer (?) Ordo, der um 1000 entstanden ist: Ordines (wie Anm. 46), Ordo 8, S. 19, Z. 10, vgl. auch das Register dieser Ausgabe.

48 Treitinger, Kaiser- und Reichsidee (wie Anm. 4), S. 168–185; Michael McCormick, Eternal Victory. Triumphal Rulership in Late Antiquity, Byzantium and the Early Medieval West, Cambridge 1986, bes. Kap. 4: „The Development of Imperial Victory Celebrations in Early Medieval Byzantium" (S. 131–188).

49 André Grabar, L'empereur dans l'art byzantin. Recherches sur l'art officiel de l'empire d'Orient (Publications la Faculté des Lettres de l'Université de Strasbourg 75), Strasbourg 1936, S. 86f.; S. 21 zu den gelegentlichen Darstellungen des Kaisers als Krieger/Feldherr im 11. und 12. Jahrhundert, generell zum Siegesmotiv S. 31–84; vgl. auch die Beschreibung von Vasiliki Tsamakda, Die byzantinische Gesellschaft im Spiegel der Buchmalerei, in: Byzanz. Pracht und Alltag. Kunst- und Ausstellungshalle der Bundesrepublik Deutschland, Bonn 16. Februar bis 13. Juni 2010, München 2010, S. 102–107, hier S. 103 mit Abbildung in Farbe (aus der Handschrift: Venedig, Biblioteca Marciana, Cod. Par. Gr. 17, fol. IIIr).

5 Königssiegel Ottos I. auf einer Urkunde von 936. Marburg, Hessisches
Staatsarchiv, Urk. 75, Nr. 65.

dergeworfen haben. Soldatenheilige umgeben ihn, die Erzengel Michael und Gabriel
überreichen ihm seine Lanze, die er in seiner Rechten hat, und die Krone auf seinem
Kopf. Christus hält eine weitere Krone über das nimbierte Haupt des Kaisers. Ein er-
läuterndes Gedicht ist dem Herrscherbild beigegeben.[50]

Eine vergleichbare Darstellung eines westlichen Kaisers des frühen und hohen Mittelalters gibt es anscheinend nicht.[51] Zwar stellen auch ottonische Handschriften dar,
wie Provinzen dem Herrscher huldigen, aber sie zeigen einen thronenden Herrscher.
Dieser trägt keine Rüstung, er unterwirft nicht als Feldherr die Gegner seines Reiches,
sondern nimmt die ihm geschuldete Huldigung der Provinzen seines Reiches entgegen.[52] (Tafel 10) Mit Waffen und Rüstung scheint (außer auf den Siegelbildern des
9. und 10. Jahrhunderts) nur ein einziger Kaiser dargestellt worden zu sein: Ludwig
der Fromme. Sein Bild hat Hrabanus Maurus nachträglich in die Handschriften sei-

---

50 Auf fol. IIv, vgl. Ihor Ševčenko, The Illuminators of the Menologium of Basil II, in: Dumbarton Oaks
Papers 16, 1962, S. 243–276, hier S. 272 (griechischer Text und englische Übersetzung); Barbara Crostini,
The Emperor Basil II's Cultural Life, Byzantion 66, 1996, S. 55–80, hier S. 79 (englische Übersetzung)
und Wertung „the terms of his own religious-military ideology"; Paul Meinrad Strässle, Krieg und Kriegführung in Byzanz. Die Kriege Kaiser Basileios' II. gegen die Bulgaren (976–1019), Köln/Weimar/Wien
2006, S. 390f., dort S. 376–415 eine Charakteristik der Person und Regierung des Kaisers, S. 430–446 zu
Krieg und dessen religiöser Interpretation, Politik und universalem Herrschaftsanspruch.

51 Das Bildmaterial erfasst Percy Ernst Schramm, Die deutschen Kaiser und Könige in Bildern ihrer Zeit
751–1190, Neuaufl. hg. von Florentine Mütherich unter Mitarbeit von Peter Berghaus/Nikolaus Gussone,
München 1983.

52 Schramm, Kaiser (wie Anm. 51), S. 203–205, Nr. 106, S. 205, Nr. 109 und 110, S. 208, Nr. 112, S. 215, Nr.
122.

6   Sogenanntes drittes Kaisersiegel
    Ottos I., um 965. Magdeburg,
    Landeshauptarchiv Sachsen-Anhalt,
    Rep. U1, Tit. I, Nr. 23.

nes Liber de laudibus sanctae crucis eingefügt.[53] Das Herrscherbild gehört zu einem
Figurengedicht.[54] Ludwig trägt Mantel und Brustpanzer. Er hält einen Schild, und ein
Helm sitzt auf seinem Kopf. In der rechten Hand hat er keine Lanze, sondern einen
Kreuzstab (Abb. 7). Ludwig führt nicht nur irdische Waffen, sondern – wie Hrabanus
selbst erläutert – auch die geistlichen Waffen des gläubigen Christen, die ihm zur ewigen Seligkeit verhelfen werden und von denen Paulus in seinem Brief an die Epheser
(6, 14–17) gesprochen hatte.[55]

Die Reduzierung der militärischen Repräsentationselemente scheint eine Eigen-
tümlichkeit des westlichen Kaisertums zu sein. Vor allem seit der ottonischen Zeit
wandelt sich die Repräsentation des Kaisertums, aber auch des Königtums zu einer

---

53 Schramm, Kaiser (wie Anm. 51), S. 158f., Nr. 16.
54 Edition: Rabani Mauri, In honorem sanctae crucis, hg. von Michel Perrin (Corpus Christianorum. Con-
    tinuatio Mediaevalis 100), Turnhout 1997, dort S. 10 das Carmen figuratum mit dem Kaiserbild, S. 11f.
    dessen Transkription, S. 13–16 der Selbstkommentar Hrabans, der auch die Verse nochmals enthält, die in
    die einzelnen Elemente des Kaiserbildes eingeschrieben sind. Eine deutsche Übersetzung der Verse auf der
    Bildseite einschließlich ihrer Intexte gibt Stephanie Haarländer, Rabanus Maurus zum Kennenlernen. Ein
    Lesebuch mit einer Einführung in sein Leben und Werk, Mainz 2006, S. 102–106.
55 Besonders deutlich ist das in dem Teil der Prosa, in dem Hraban sein Werk dem Kaiser empfiehlt: *Ecce tibi,
    o imperator clementissime atque sanctissime, praesens offero munus omni deuotione subiectus, qui terribilis ex-
    stas aduersariis, inimicorum terga persequens, et placidus es deuotis, clementer conuersis ueniam tribuens [...]
    Nam libellum, quem in honorem sanctae crucis dudum prosa metroque conposui, nunc tuae serenitati supplex
    offero, deprecans, ut qui scuto fidei, lorica iustitiae et galea salutis decenter es ornatus, nos sub tua defensione
    Christo militantes munire digneris, atque ad portum salutis aeternae in augmentum praemiorum tuorum
    Domino adiuuante perducere* (Rabani Mauri, In honorem sanctae crucis [wie Anm. 54], S. 15, Z. 59–71).

7 Ludwig I. der Fromme (778–840),
Sohn Karls des Großen, 813 von
diesem in Aachen zum Kaiser
erhoben. Miniatur aus: Hrabanus
Maurus, De laudibus sancte crucis,
um 840. Wien, Österreichische
Nationalbibliothek.

liturgischen. Byzanz hingegen pflegte neben der hier ebenfalls vordringenden liturgischen Herrschaftsrepräsentation das militärische Element des römischen Kaisertums der Antike weiter. Am Hof der Fatimiden in Kairo gewinnen zur gleichen Zeit die militärischen Elemente der Herrschaftsrepräsentation an Bedeutung.[56] Die „Militarisierung" war dort „Ausdrucksform religiöser Herrschaftsrepräsentation", sie spiegelte die Aufgabe und die Fähigkeit der fatimidischen Kalifen, nämlich das „irrgläubige" Kalifat der sunnitischen Abbasiden in Bagdad zu beseitigen.

Die Rückführung der militärischen Repräsentationsformen unter den ottonischen Kaisern muss man nicht als „Friedensangebot" an den östlichen Kaiser werten. Süditalien blieb ein Streitpunkt der beiden christlichen Kaiser. Aber hier verhinderten die Entfernung von den jeweiligen Machtzentren und auch die „Ideologie der begrenzten

---

56 Jenny Rahel Oesterle, Kalifat und Königtum. Herrschaftsrepräsentation der Fatimiden, Ottonen und frühen Salier an religiösen Hochfesten, Darmstadt 2009; das folgende Zitat ebd. S. 119. Bezeichnenderweise stellt Oesterle die königliche Herrschaftsrepräsentation im Westen heraus. Eine genuin kaiserliche vermag auch sie nicht zu entdecken. Vgl. auch ihren Beitrag in dem vorliegenden Band.

Ökumene"[57], die sich im byzantinischen Reich des 10. Jahrhunderts beobachten lässt und das Kaisertum an den real beherrschten und von diesem aus zugänglichen Raum band, dass daraus ein Prinzipienstreit um das wahre Kaisertum entstand.[58]

Das auf Königsherrschaft beruhende westliche Kaisertum des 10. Jahrhunderts hat sich auf einen solchen Prinzipienstreit nicht eingelassen. Es hat sich zwar als wahres, nicht aber als ein auf römischer Grundlage universales verstanden. Der Wechsel vom Königtum zum Kaisertum war auf den Siegeln mit einem „neuen Bild des Herrschers" verbunden gewesen.[59] Seine endgültige Ausgestaltung fand das neuartige Siegelbild unter Otto III. mit der Darstellung des thronenden Kaisers. Heinrich II. übernahm dieses Siegel kurz nach seiner Königserhebung, bald darauf wurde das Thronsiegel „das abendländische Herrschersiegel schlechthin".[60] Im westlichen Imperium nahm niemand Anstoß daran, dass sich auch benachbarte Könige dieses neuartigen Siegelbildes bedienten. Im Lichte des Siegelbildes war der Kaiser gleichsam der Kollege des ihm gleichberechtigten Königs. Gegenüber dem östlichen Kaiser wollte er seinerseits als gleichberechtigt erscheinen. In der aktuellen Politik wurde das dort akzeptiert. Das Hin und Her der Gesandtschaften, die zwischen beiden Kaiserhöfen ausgetauscht wurden, hat eine unabdingbare Voraussetzung: Trotz aller Friktionen mussten beide Seiten eines akzeptieren: Zu ihrem „wahren" Kaiserhof kamen die Gesandten eines „wahren" Kaisers.[61]

---

57 Telemachos C. Lounghis, Die byzantinische Ideologie der „begrenzten Ökumene" und die römische Frage im ausgehenden 10. Jahrhundert, in: Byzantinoslavica. Revue internationale des études byzantines 56, 1995, S. 117–128; vgl. auch Ders., The Adaptability of Byzantine Political Ideology to Western Realities as a Diplomatic Message (476–1096), in: Communicare e significare nell'alto medioevo (Settimane di studio della Fondazione Centro italiano di studi sull'alto medioevo 52), Spoleto 2005, S. 335–361.

58 Vgl. auch die einschränkenden Urteile über das „Zweikaiserproblem" von Ralph-Johannes Lilie, Einführung in die byzantinische Geschichte (Urban-Taschebücher 617), Stuttgart 2007, S. 142–146; Peter Schreiner, Byzanz 565–1453 (Oldenbourg Grundriss der Geschichte 22), 3. Aufl. München 2008, S. 170f.

59 Siehe oben bei Anm. 44.

60 Hagen Keller, Zu den Siegeln der Karolinger und Ottonen. Urkunden als ‚Hoheitszeichen' in der Kommunikation des Königs mit seinen Getreuen, in: Frühmittelalterliche Studien 32, 1998, S. 400–441, hier S. 422; vgl. auch Ders., Ottonische Herrschersiegel. Beobachtungen und Fragen zu Gestalt und Aussage und zur Funktion im historischen Kontext, in: Bild und Geschichte. Studien zur politischen Ikonographie. Festschrift für Hansmartin Schwarzmaier, hg. von Konrad Krim/Herwig John, Sigmaringen 1997, S. 1–49.

61 Telemachos C. Lounghis, Les ambassades byzantines en Occident depuis la fondation des états barbares jusqu'aux croisades (407–1096), Athen 1980, fasst auf S. 143 die Entwicklung von 753–1056 unter der Überschrift „L'équilibre diplomatique entre Byzance et l'Occident" zusammen, seine Liste der Gesandtschaften (S. 470–478) betrifft diesen Zeitraum.

V.

Zwei Elemente bestimmen das komplexe Verhältnis zwischen den beiden christlichen Kaisern des Ostens und des Westens und bedingen Gemeinsamkeiten und Unterschiede. Im Westen war nicht das Kaisertum, sondern die von Gott verliehene Königsherrschaft der Inbegriff „staatlicher" Gewalt. Das Kaisertum hat die eigene Königsherrschaft „überhöht", aber daraus keine prinzipielle Überordnung über die sonstigen christlichen Könige abgeleitet. Auf Gleichberechtigung mit dem östlichen Kaiser hat es bestanden. Das westliche Kaisertum ist nicht zu einer Keimzelle einer „imperialen Ordnung" geworden, die in einem unauflösbaren Gegensatz zu einer vom östlichen und älteren Kaisertum ausgehenden „imperialen Ordnung" gestanden hat.[62] Im Osten hat das Konzept der „begrenzten Ökumene" das politische Konfliktpotential nicht zu einem prinzipiellen werden lassen. Wie sehr die Bindung an das Königtum eine Sonderstellung des westlichen Kaisertums begründet hat und eine Abwendung vom antiken (und dann byzantinischen) Kaisertum, in dem „Militär" und „Bürokratie" strukturbildend waren, lässt sich an der Figur erkennen, die dem westlichen Kaisertum schließlich ein Ende bereitete: an Napoleon, der als General zur Kaiserwürde aufgestiegen war und sich nun daran machte, eine neue imperiale Ordnung in Europa zu begründen.

Die Christianisierung des Kaisertums und dessen Missionsaufgaben entzogen dem „Barbarendiskurs" seine imperiumsbildende Kraft. Der Missionsauftrag des Christentums ließ es einerseits nicht zu, einen Teil der Menschen als Barbaren zu ignorieren, auf der anderen Seite forderte er das freiwillige, nicht erzwungene Bekenntnis zum Christengott. Missionierung konnte deshalb nicht prinzipiell mit der Forderung nach politischer Unterwerfung verbunden werden. So wirkten die mittelalterlichen Kaiser in den zu christianisierenden Gebieten als Ordnungsfaktoren, nicht als „Herren", hier hatten sie Anteil daran, dass die mittelalterliche Ordnung mit ihrer Vielzahl christlicher Reiche entstehen konnte.

Erst im 13. Jahrhundert bildeten sich in der lateinischen Christenheit Überzeugungen heraus, die einen „Missionskrieg" rechtfertigen. Geführt wurde er gegen nichtchristliche Herrscher, die ihre Untergebenen auf gleichsam barbarische Art vom „wahren Glauben" fernhielten.[63] Das Kaisertum spielte in diesen Überlegungen keine Rolle, das östliche war damals ohnehin zu einer derartigen militärischen Kraftentfal-

---

62 Zu den Begriffen vgl. Herfried Münkler, Imperien. Die Logik der Weltherrschaft – Vom Alten Rom bis zu den Vereinigten Staaten, Berlin 2005, passim, sowie Lounghis, Ökumene (wie Anm. 57).

63 Ernst-Dieter Hehl, Heiliger Krieg – eine Schimäre. Überlegungen zur Kanonistik und Politik des 12. und 13. Jahrhunderts, in: Krieg und Christentum. Religiöse Gewalttheorien in der Kriegserfahrung des Westens, hg. von Andreas Holzem (Krieg in der Geschichte 50), Paderborn/München/Wien u. a. 2009, S. 323–340, hier S. 327f.

tung nicht mehr fähig. In der europäischen Expansion seit der frühen Neuzeit dienten zwar Barbarendiskurs und Missionskrieg der gedanklichen und faktischen Etablierung imperialer Ordnungen, doch waren diese nicht unabdingbar daran gebunden, dass das Reich, das solche Ordnungen zu schaffen versuchte, ein Kaiserreich war oder deshalb zu einem wurde. Eine imperiale Ordnung bedurfte nun keines Kaisers mehr.

Klaus Gereon Beuckers

„Imperiales Bauen" im frühen Mittelalter. Bemerkungen zu herrscherlicher Bautätigkeit bis ins 10. Jahrhundert

Schon in den orientalischen Hochkulturen manifestierte sich Herrschaft in monumentalen Architekturen. Als Athen nach den Perserkriegen in Schutt und Asche lag, wurde unter Perikles der Neubau der öffentlichen Bauten wie der Tempel auf der Akropolis zu einer Dokumentation des attischen Anspruchs auf Selbständigkeit und Einfluss in der Ägäis. Auch im römischen Imperium diente exponierte Bautätigkeit sowohl der Einschreibung von Herrschern in die Geschichtsbücher als auch der Dokumentation einer angemessenen, aktiven und herrschaftlichen Amtsführung. Im Frühmittelalter scheint aus dieser Tradition eine andere Entwicklung erwachsen zu sein. Zwar sind weiterhin die Namen vieler Herrscher mit ambitionierten Bautätigkeiten verbunden, jedoch überwiegen in überraschender Weise Sakralbauten, die nicht selten als Graborte vorgesehen waren oder dienten. Inwiefern man hier von imperialer Architektur – also von Architektur, die sich auf das Selbstverständnis und den Anspruch der Herrschaft rückbinden lässt – sprechen kann, ist anhand einiger Fallbeispiele zu diskutieren. Dabei ist selbstverständlich, dass vor Karl dem Großen bei den verschiedenen Herrschaftseinheiten des Frühmittelalters nicht von einem imperialen Charakter im Sinne der Antike und auch danach nur mit Einschränkung gesprochen werden kann.

Das antike und insbesondere das römisch-kaiserzeitliche Verständnis von imperialem Anspruch lässt sich nur bedingt auf das Frühmittelalter übertragen. Gerade der universelle Anspruch, der mit dem Kaisertum verbunden war, erlangte im westlichen Europa erst unter Karl dem Großen erneute Gültigkeit und wurde in der Folge für weite Teile des Mittelalters zu einer über die Herrschaft eines Reiches hinausgehenden Instanz, die ideell überhöht Herrschaftsidentität im übergeordneten Kontext vertrat. Wesentliche Grundlagen für das karolingische Herrschaftsverständnis und vor allem für die Art der baulichen Repräsentation reichen jedoch in merowingische Zeit zurück.

Saint-Denis

Die erste Verbindung, die zwischen einem fränkischen Herrscher und einem Bauwerk erkennbar ist, bestand zwischen dem Merowingerkönig Dagobert (verst. 639) und der Abteikirche von Saint-Denis, wo der Herrscher auch bestattet wurde. Das Kloster hatte unter den Grabstätten der merowingischen Herrscherfamilie schon länger eine Nebenrolle gespielt. Um 630 war Saint-Denis noch keine Königsgrablege, ganz im Gegenteil beispielsweise zu der Pariser Abtei Saint-Germain-des-Prés (Saint-Vincent-Sainte-Croix). Mit Dagoberts Bemühungen um Saint-Denis wurde die Bestattung der Merowinger an diesem Ort dann für über hundert Jahre üblich und damit die Grundlage für die Grablegen der Karolinger und Kapetinger hier gelegt. Die lokale Tradition verband mit Dagobert einen 636 geweihten Kirchenneubau und die prächtige Ausstattung des Grabes der Heiligen Dionysius, Rusticus und Eleutherius. Insbesondere Abt Suger tradierte in seinen Schriften, die die Bautätigkeiten des 12. Jahrhunderts begleiteten, mit Verweis auf karolingische Texte die Legende, nach der der Dagobert-Bau in der Nacht von Christus selbst geweiht worden sei. Die Christusweihe zeichnete die Abteikirche in besonderem Maße aus, was – wie Matthias Tischler untersucht hat – zwar nicht einzigartig war, aber eine herausgehobene Position der Abtei im Reich formulierte und damit einen Grund für das herrscherliche Interesse an Saint-Denis bildete.

Die Baugestalt des Dagobert-Baus liegt weitgehend im Dunkeln; archäologisch ist hingegen der Bau nachgewiesen, der im Jahre 775 unter Abt Fulrad (amt. 750–784) geweiht und unter Abt Hilduin (amt. 814–840) mit einer Außenkrypta erweitert wurde. (Abb. 1)

Dieser Bau war jedoch weniger ein Zeichen merowingischer Herrschernähe als vielmehr des karolingischen Anspruchs auf den Übergang des Königtums von den Merowingern auf die Karolinger. So hatte schon 741 die Bestattung von Karl Martell in Saint-Denis an die dagobertische Tradition angeknüpft und die königsgleiche Stellung des Hausmeiers unterstrichen. Martells Sohn Pippin der Jüngere setzte diese Linie fort, indem er Saint-Denis zum Ort zentraler königlicher Handlungen auswählte und den Bau unter Abt Fulrad maßgeblich unterstützte, wenn nicht sogar initiierte. Fulrad bildete nach Auskunft der karolingischen Reichsannalen zusammen mit Bischof Burchard von Würzburg auch die Delegation Pippins an den Papst mit der zur Entscheidung erhobenen Anfrage, ob der fränkische Zustand mit einem machtlosen König gut sei. Die päpstliche Antwort, deren Aussage durch die Fragestellung und vor allem die augustinische Theologie weitgehend vorbestimmt war, sprach sich für eine Ordnung aus, nach der derjenige, der die Macht habe, auch den Königstitel führen solle. Diese viel kommentierte päpstliche Einschätzung, hinter der eine über Jahre andauernde Etablierung des Papstes als externe Autorität für zuerst kirchliche und mit der Anfrage dann auch herrscherliche Fragen stand, legitimierte ein Kö-

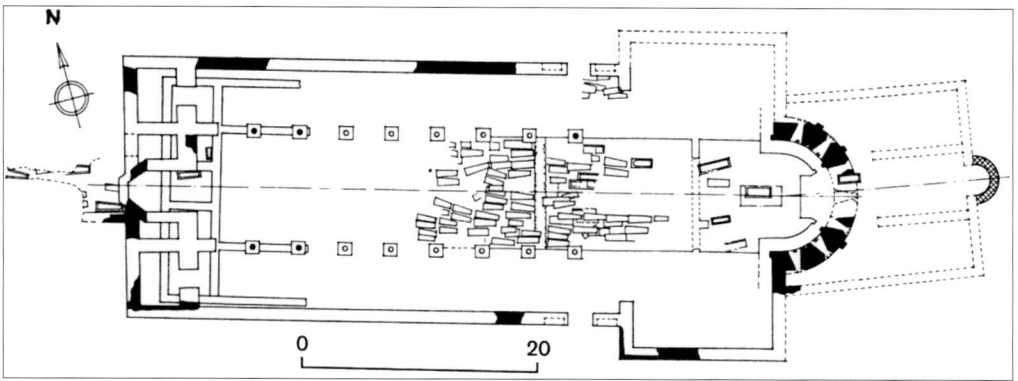

1   Kathedrale von Saint-Denis, Grundriss des Baues unter Abt Fulrad († 784).

nigtum Pippins durch kirchlichen Schiedsspruch. Pippin ließ sich Ende 751 durch
die Wahl, die Akklamation der Großen sowie die Thronsetzung auch von fränkischer
Seite her legitimieren und nach alttestamentlichem Vorbild zum König salben. Damit
begründete er die karolingische Dynastie. Dem merowingischen Königsheil, das auf
dem Geblütsrecht und der Salbung mit dem Heiligen Öl in der Nachfolge Chlodwigs
beruhte, setzten die Karolinger so eine theologische Rechtfertigung und die letztlich
von römischen Wahlverfahren übernommene Akklamation durch die Franken entgegen.

Dies sei hier nur ausgeführt, weil es zeitlich weitgehend parallel zu den Baumaßnahmen an Saint-Denis stattfand, die um 751 begannen und mit der Weihe 775 noch
nicht abgeschlossen waren. Als 753 Papst Stephan II. als erster Papst in das Frankenreich kam – letztlich um Unterstützung gegen die Langobarden zu erwirken –, wurde
er nicht nur von Abt Fulrad zu Pippin geleitet, sondern verbrachte den gesamten Winter in Saint-Denis. Hier nahm er 754 die Salbung von Pippin, seiner Gemahlin und
ihren Söhnen Karlmann und Karl vor, durch den die königliche Legitimation auf die
Dynastie übertragen wurde. Saint-Denis wurde spätestens jetzt zum signifikantesten
Ort karolingischer Herrschaft. Es verwundert wenig, dass Pippin hier im Jahre 768
bestattet wurde und seine Söhne die Baumaßnahmen fortsetzten. Ihr gemeinsames
Werk wird in einer Beschreibung aus dem Jahre von 799 mit dem Gründungswerk
Dagoberts auf eine Stufe gestellt: *Dagoberto regis bone memoriae, qui tale monasterio
construxit, et Pippino regi Francorum, qui tale ecclesia per sua iussione post mortem suam
fecerunt filii sui domnus rex Carolus et Carlomannus.*

Pippins Grab scheint sich vor dem Westeingang der Klosterkirche befunden zu
haben. Diesem Bereich galten die Baumaßnahmen seiner 768 in die Herrschaft einge-
tretene Söhne, die das ursprünglich wohl von einer Vorhalle geschützte Grab in den
Kirchenbau einbezogen und so eine Grundlage für die Auszeichnung des Westbaus
lieferten, an der sich noch Abt Suger im 12. Jahrhundert orientierte. Vermutlich durch

eine Verortung des liturgischen Ostergrabes im Westbau wurde nicht nur das Grab Pippins in eine besondere Nähe zur immer wiederkehrenden Feier der Auferstehung gebracht, sondern mit diesem Modell auch die Grundlage für die Dispositionen vieler karolingischer und ottonischer Westbauten formuliert. Insofern war die Bautätigkeit der Söhne ein Dienst am Vater für dessen Seelenheil; in der Fortführung seiner Tätigkeiten für Saint-Denis machten sie sich jedoch ebenfalls um diesen Hauptort ihrer jungen Dynastie verdient und legitimierten so ihren eigenen Herrschaftsanspruch.

Die Baugestalt der 775 geweihten Abteikirche spiegelt ganz die Umstände ihrer Entstehungszeit. Es handelte sich um eine langgezogene, dreischiffige Basilika mit ausgreifendem östlichen Querhaus, an das sich in Mittelschiffsverlängerung eine Apsis unmittelbar anschloss. Diese wurde auf ihrer Innenseite durch eine Ringkrypta begleitet, über der das Sanktuarium mit dem Hochaltar emporgehoben war. Während zum mehrfach veränderten Westbau noch manche Fragen offen sind, übernahm der Gesamtbau wesentliche Charakteristika frühchristlicher Basiliken und insbesondere von Alt-St. Peter in Rom. (Abb. 2) Vor allem das ausladende Querhaus mit anschließender Apsis und der Ringkrypta zitierte den römischen Bau mit der unter Papst Gregor dem Großen um 600 erbauten Ringkrypta, die die Aufstellung des Hochaltares über dem Petrusgrab ermöglichte und das Heiligtum für die Verehrung erschloss. Die Ehre, die hier dem Apostelfürsten und ersten Papst zukam, wurde in Saint-Denis auf den heiligen Dionysius übertragen – ein Schema, das eine Generation später beispielsweise in Fulda und an anderen Orten Nachfolge finden sollte. Die starke Analogiebildung zwischen dem römischen Bau, der mehr als die römische Bischofskirche St. Johannes im Lateran das Papsttum in seiner überregionalen Bedeutung vertrat, und dem fränkischen Bau, der sinnbildlich für die Legitimation der neuen Herrscherdynastie der Karolinger stand, verdeutlichte die enge Bindung zwischen beiden Kräften, die sakrale Rechtfertigung der karolingischen Herrschaft; sie war gebautes politisches Programm.

Als solche wurde sie auch verstanden, wenn zwei Generationen später Kaiser Karl der Kahle (amt. 823–877) seine Ansprüche auf die Herrschaft über das gesamte Karolingerreich und die legitime Nachfolge Karls des Großen nicht nur in der Übernahme des Kaisertitels 875, sondern ebenso durch überreiche Ausstattungsstiftungen für Saint-Denis vertrat, wohin er wohl seinem Willen folgend später in ein Grab an zentraler Stelle umgebettet wurde. Letztlich dürfte sogar die Neufassung, die Abt Suger dem karolingischen Bau durch Neuerrichtung von Westbau und Chor im 12. Jahrhundert zukommen ließ, auch eine bauliche Manifestation der Allianz zwischen dem kapetingischen König und der Abtei vor dem Hintergrund der merowingischen und karolingischen Tradition gewesen sein.

An Saint-Denis zeigt sich die ganze Problematik einer Interpretation herrscherlicher Bautätigkeit im Frühmittelalter in Bezug auf die Herrschaft als solche. So offenkundig die Anknüpfungen an die Traditionslinie der merowingischen Grablege zur

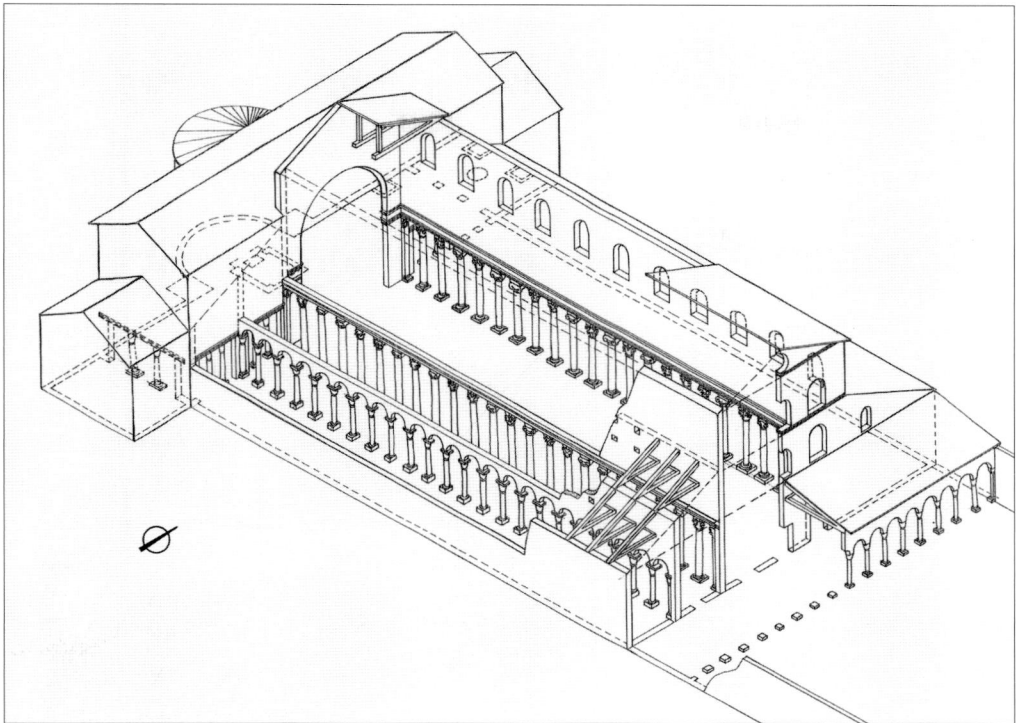

2   Alt-St. Peter in Rom, Rekonstruktion.

Legitimation des Anspruchs der neuen Dynastie sein mögen, so deutlich kann man das Kloster Saint-Denis und seine Abteikirche als blühenden monastischen Organismus auf diese vor allem herrscherliche Komponente nicht reduzieren. Überhaupt ist nur wenig bekannt, inwiefern die Herrscher hier selbst planend und bauend aufgetreten sind oder inwieweit der Bau von Abt und Konvent in einer Weise formuliert wurde, der dem Herrscher die Möglichkeit zu einer Verortung bot und so eine Herrschernähe ermöglichte, die für den Bestand und die Blüte des Klosters selbst vorteilhaft war. Konkret zum Fulrad-Bau stellt sich die Frage, inwiefern die Rezeption von Alt-St. Peter der Dokumentation der Sakralität des karolingischen Königtums diente oder einer Aufwertung des eigenen Kirchenpatrons durch Analogiebildung zu dem Apostelfürsten. Nicht weniger denkbar dürfte auch die Eigenpositionierung des Abtes im Kreis der kirchlichen Würdeträger eine Rolle gespielt haben. Eine quantitative Gewichtung dieser Komponenten ist nahezu unmöglich.

Grundsätzlich zeigt sich hier aber schon eine starke Fokussierung des herrscherlichen Interesses auf einen sakralen Bau, die parallel zur sakralen Legitimierung der Herrschaft vor allem unter den frühen Karolingern zu sehen ist. Die wesentlichen Akte des Herrschaftsantritts und der dynastischen Weitergabe fanden parallel zu einem Kirchenneubau statt, der signifikante Züge der die Sakralität des Königtums stützenden Allianz mit dem Papst sowie der Anerkennung päpstlicher Autorität trug. Zudem gingen mit dem Neubau einer solchen Kirche in der Regel auch Neufassungen der hier befindlichen Gräber einher und damit eine aktuelle Visualisierung der Bestattungstradition. In diese Tradition, die in Saint-Denis durch die Merowinger markiert und von Karl Martell für die Karolinger adaptiert worden war, reihte sich auch Pippin durch die Wahl seines Grabes hier ein.

Überhaupt werden im Mittelalter insbesondere die für die Herrscherbestattung ausgewählten Kirchen zum vornehmlichen Gegenstand herrscherlicher Bautätigkeit. Da ein Grabort immer in erster Linie mit der Person des Herrschers und seiner Memoria verknüpft ist und erst sekundär mit seiner dynastischen Einbindung, muss prinzipiell zwischen der persönlichen Jenseitsvorsorge des Herrschers und seinem Handeln als Herrscher differenziert werden. Dies stößt jedoch gerade im Frühmittelalter an Grenzen, da sich eine Differenzierung zwischen Person und Amt erst im Rahmen des 11. Jahrhunderts juristisch ausgebildet hat und vorher kaum abgrenzbar ist.

Aachen

Im Gegensatz zu den römisch-antiken Herrschern und auch zu vielen anderen germanischen Reichsgründungen der Völkerwanderungszeit, wie beispielsweise den Ostgoten oder den Langobarden in Oberitalien, verfügten die fränkischen Könige über keine zentrale Residenz und regierten bekanntermaßen als „Reisekönige" von wechselnden Orten aus. Anders als in der Antike stand bei ihnen auch nicht die Ausgestaltung eines Herrschaftszentrums, zu dem dann auch ein Grabort gehörte, im Mittelpunkt. Die einzige Ausnahme im Frühmittelalter bildet die Errichtung der Pfalz Aachen unter Karl dem Großen. Einhard, der Biograph Karls, berichtet in der Karlsvita: „Er [Karl] begann auch zahlreiche Bauwerke, die dem Reich zur Zierde und zum Nutzen gereichten; einige vollendete er auch. Als die wichtigsten davon gelten nicht zu Unrecht die Kirche der Gottesmutter in Aachen, die auf bewundernswerte Weise gebaut wurde, und die Rheinbrücke bei Mainz [...]. Auch begann er mit dem Bau von zwei herrlichen Palästen: der eine war nicht weit von Mainz in der Nähe seines Gutes Ingelheim, der andere in Nimwegen am Flusse Waal [...]. Sein Hauptinteresse galt aber den Kirchen: wenn er in seinem Reich alte, verfallene Kirchen fand, befahl er den verantwortlichen Bischöfen und Priestern, sie zu restaurieren [...]." (c. 17)

Die besondere Heraushebung Aachens gründete sicherlich nicht nur in dem Umfang der dortigen Bautätigkeiten, sondern in dem damit verbundenen Anspruch. Die ertragreichen Untersuchungen der letzten Jahre haben zu den Vorgängerbebauungen an diesem seit römischer Zeit urban genutzten Ort zahlreiche neue Erkenntnisse ergeben, die die überbordend reiche Forschungsliteratur noch ergänzen. Karl ließ hier ab etwa 790 in sehr rascher Weise eine von dem bisherigen Straßenraster abweichende,

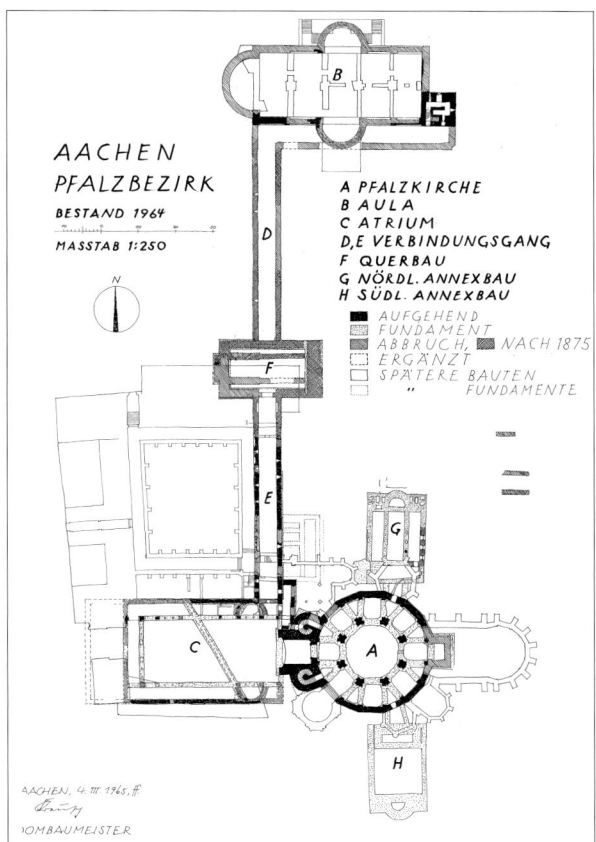

3 Aachen, Plan der Gesamtanlage
der Pfalz nach Felix Kreusch.

geostete Anlage errichten, die zwischen einem zweigeschossigen Pallasbau im Norden, dem heutigen Rathaus, und der Marienkapelle im Süden, dem heutigen Dom,
eingespannt war. (Abb. 3) Bereits am 6. Januar 805 konnte die Pfalzkapelle durch
Papst Leo III. geweiht werden, wobei sie zu diesem Zeitpunkt noch nicht in allen Teilen vollendet gewesen sein dürfte. Die beiden Großbauten wurden durch einen hoch-
gelegenen Gang miteinander verbunden, der seinerseits durch eine Portikusanlage in
der Mitte ausgezeichnet und durchschreitbar war. Ganz im Gegensatz zur Pfalz von
Ingelheim, wo eine monumentale halbrunde Gesamtanlage an römisch-antike Groß-
anlagen erinnerte und fortifikatorische Potenz ausstrahlte, war die Bautengruppe in
Aachen nicht eigens umfasst. Kunsthistorisch bestehen Analogien zum Kaiserpalast
in Konstantinopel, der vor allem das markante und im Bilderstreit immer wieder veränderte Tor aufwies. Auch der römische Lateranspalast, der etwa zur gleichen Zeit
neu erbaut wurde, zeigt einige Gemeinsamkeiten.

Sehr ungewöhnlich und innerhalb der frühmittelalterlichen Architektur eher un-
vorbereitet ist jedoch der Bau der bis heute weitgehend erhaltenen Pfalzkapelle. Es
handelt sich um einen zweigeschossigen Umgangszentralbau mit oktogonalem, von

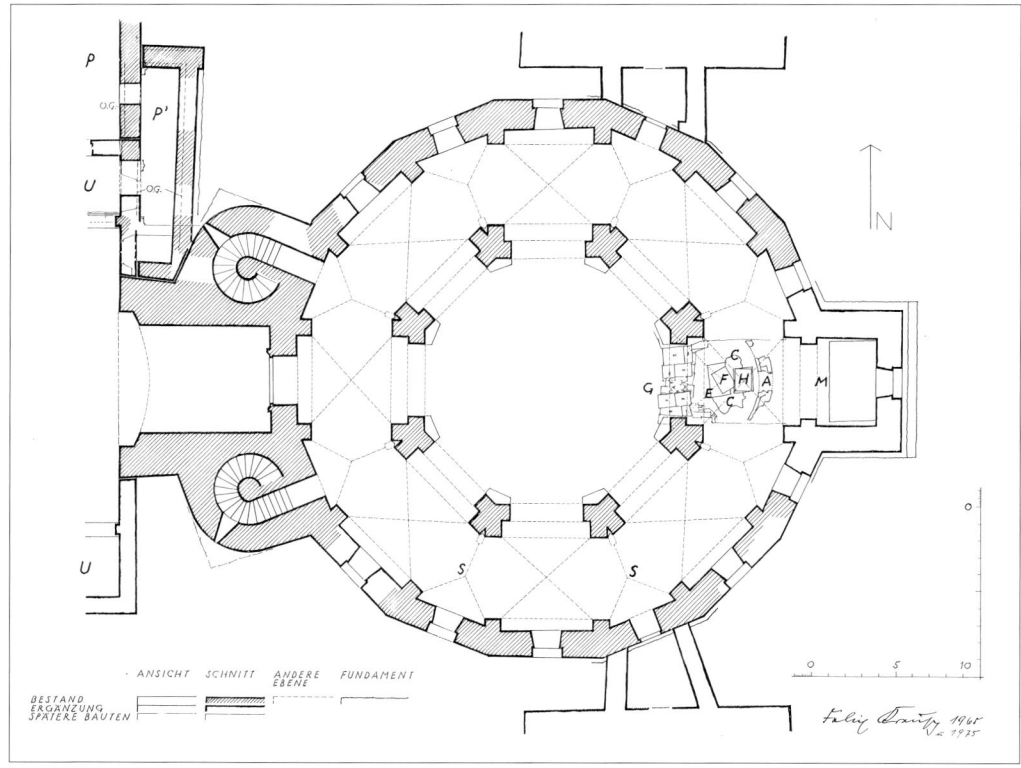

4   Aachen, Pfalzkapelle, Grundriss des Untergeschosses nach Felix Kreusch.

einem Klostergewölbe überkuppeltem Kernbau und sechzehneckiger Umfassungsmauer. (Abb. 4 und 5) Im Osten wurden beide Geschosse durch einen etwa quadratischen Chorraum abgeschlossen, während im Westen eine Turmgruppe den Bau
erschloss, die aus einem mittleren Quadrat mit seitlich angeschobenen runden Win-
keltürmen gebildet wurde. Das Untergeschoss dieses Westbaus, der zu dem westlich
vorgelagerten Atrienhof durch eine große Nische über die Geschosse hinweg zu einer
Einheit gefasst wurde, war als Vorhalle zum Atrium hin geöffnet, während das Ober-
geschoss einen Raum hinter dem Umgang bildete, der von höherer funktionaler Bedeutung für die gesamte Anlage gewesen sein dürfte und deshalb durch die Treppen
repräsentativ erschlossen wird. Architektonisch signifikant ist insbesondere die vollständige Wölbung des Baus, die im Untergeschoss als abgewinkeltes Tonnengewölbe
mit Stichkappen zu den Fenstern und Arkaden gebildet wird, während sie im Oberge-
schoss durch radial angeordnete Tonnen auf Gurten gestaltet ist, die in ihrer starken
Busung fast wie Hängekuppeln wirken. Sie differenzieren mit ihren Jochen im Ober-
geschoss Einzelkompartimente und konzentrieren sich architektonisch auf den In-
nenraum, während das Untergeschoss eine Umgangsstruktur aufweist. Das Nebeneinander dieser Wölbungen, die jede für sich im Frankenreich ohne adäquate Vorbilder

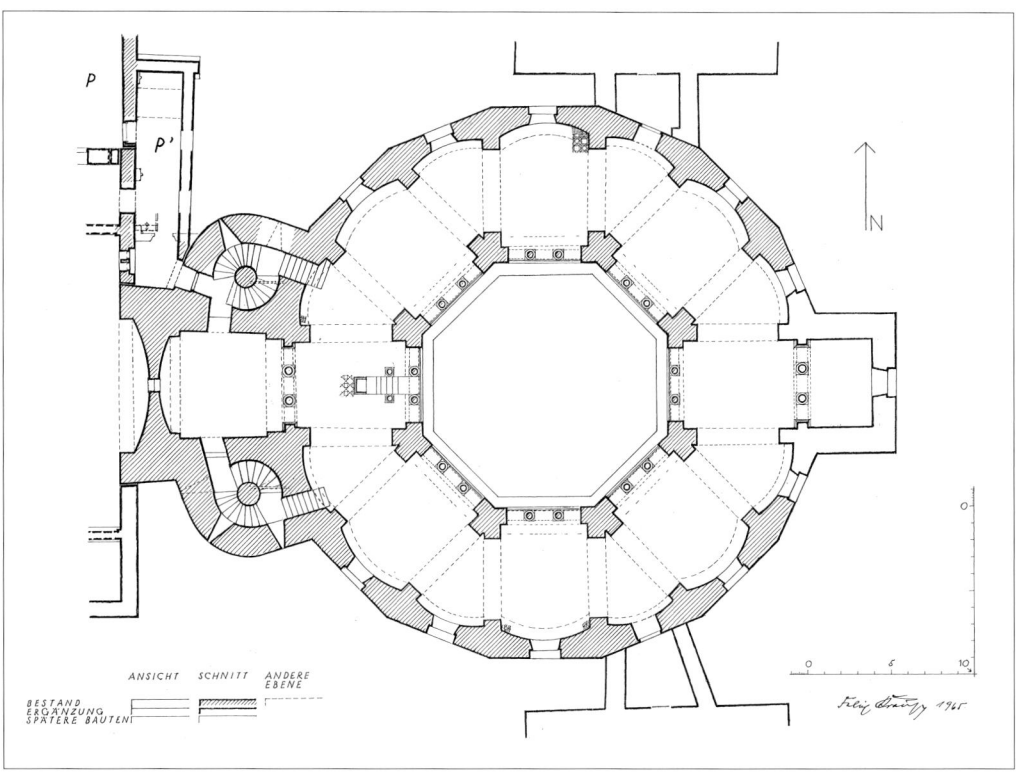

5   Aachen, Pfalzkapelle, Grundriss des Obergeschosses nach Felix Kreusch.

gewesen sein dürften, war Anfang des 9. Jahrhunderts singulär. Dies ist zu betonen, da die Vorbildbauten für Aachen entweder gar nicht gewölbt waren oder einfachere Wölbungsstrukturen aufwiesen.

Das wichtigste Vorbild für die Aachener Pfalzkapelle dürfte der 547 vollendete Bau von San Vitale in Ravenna gewesen sein. Hier war das in Konstantinopel für St. Sergius und Bacchus (536 vollendet) unter Kaiser Justinian entwickelte Schema der Einschreibung eines oktogonalen Emporenbaus, bei dem sich Exedren mit geraden Arkadenwänden abwechseln, in einen quadratischen Gesamtraum strukturell vereinfacht worden. (Abb. 6 und 7) So wurden durch eine Umfassungsmauer, die ebenfalls oktogonal war, und durch die durchgängige Wahl von Exedren als Oktogonseiten des Kuppelraumes die in Konstantinopel betonten Eckräume zu einer Umgangssituation vereinheitlicht. (Abb. 8) In der etwa gleichzeitigen Hagia Sophia (539 vollendet) war das Schema von St. Sergius und Bacchus durch eine Auseinanderziehung des Kernraumes zu einem überkuppelten Quadrat mit seitlichen Apsiden, deren jeweils drei Kompartimente durch Exedren gegliedert wurden, monumentalisiert worden. Auch hatte man die Zuordnung der Emporensäulen zu den Untergeschosssäulen aufgehoben und so einen wesentlich horizontaler strukturierten Monumen-

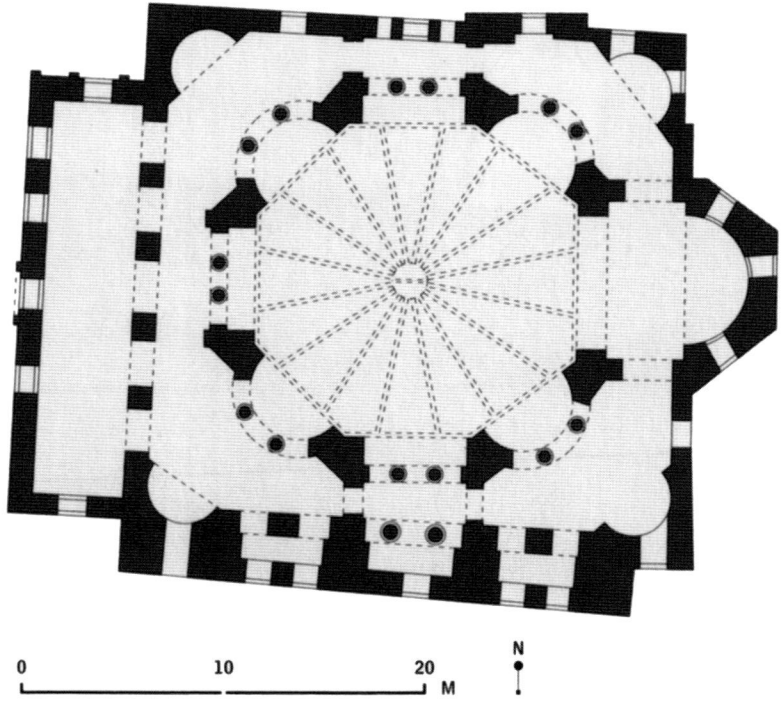

6   Konstantinopel (Istanbul), St. Sergius und Bacchus, Grundriss.

talbau geschaffen, der Aspekte des Longitudinalbaus integrierte. San Vitale griff dies nicht auf und blieb bei dem auch in seiner Größe eher vergleichbaren St. Sergius und Bacchus.

In Aachen trieb man die Systematisierung noch weiter und schuf durch den sechzehneckigen Umgang nicht nur ein wesentlich einheitlicheres und gleichmäßiger zu wölbendes Untergeschoss, sondern man gab den Emporen durch den Verzicht auf Exedren wesentlich mehr Raumtiefe. (Abb. 9) Zudem entkoppelte man die bisher in die Emporenstruktur eingebundenen Säulen und setzte sie zitathaft als Säulengitter in die hochgestelzten Arkaden des Emporengeschosses ein, während man die Arkaden des Untergeschosses ohne Säulenstellung ganz öffnete. Dadurch erhielt der Bau eine wesentlich größere Durchlässigkeit im Untergeschoss sowie insgesamt sehr viel steilere Proportionen, die durch die hohe Kuppel noch verstärkt wurden.

Sicherlich ist der Aachener Entwurf ohne die Kenntnis von San Vitale und St. Sergius und Bacchus (dort vor allem der geraden Oktogonseiten) nicht verständlich, jedoch haben wohl noch weitere Bauten wie das Lateransbaptisterium und das Mausoleum der Constantina in Rom (für die Umgangsstruktur) und auch die Hagia Sophia Ideen geliefert. Die untere Arkadenstellung mit ihrem weit hervortretenden

7   Konstantinopel (Istanbul), St. Sergius und Bacchus, Innenansicht des Oktogons.

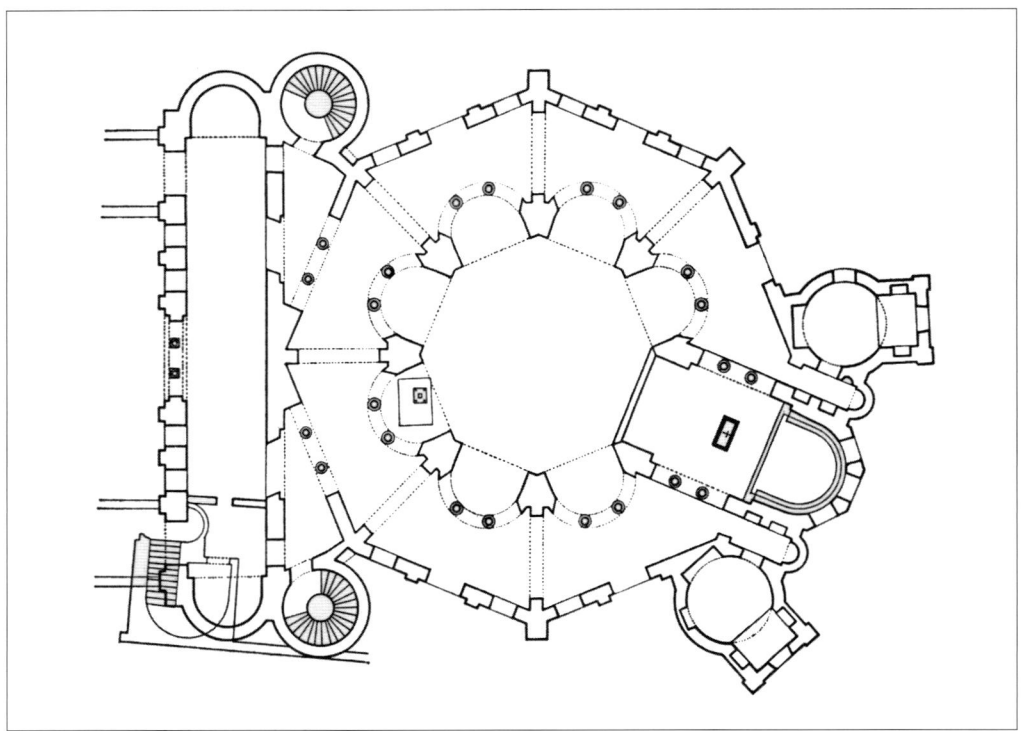

8   San Vitale, Grundriss.

Geschossgesims und auch die Wölbungen zeugen jedoch mindestens ebenso von der
Orientierung an römisch-antiken Bauten (wie bei den Wölbungen beispielsweise am
Kolosseum in Rom), die auf sehr hohem Niveau eigenständig zu einem Ganzen ver-
bunden wurden. Man zog gewissermaßen eine Summe antiker und frühchristlicher
Zentralbauten.

Hinzu kamen ausdrückliche Innovationen wie die Überhöhung des Westemporen-
raums durch einen von Treppentürmen flankierten Turmbau, der in der bisherigen
Architektur ohne Vorbilder war und in seiner Komplexität der Treppenführung bemerkenswerte Sicherheit zeigt. Sehr deutlich zeigen die frühchristlichen Zentralbauten am Außenbau eine Konzentration auf den Kuppelraum, der in Aachen eine Überhöhung durch die Westturmgruppe entgegengesetzt wird. (Abb. 10) Der Kern dieses
Bauprogramms dürfte in der Aufbewahrung der um die Cappa des hl. Martin grup-
pierten Reichsreliquien in diesem Raum und damit in der Herausstellung des christlichen Heiltums gelegen haben, das die Herrschaft wie ein Unterpfand sicherte. Erst
durch die Aufstellung des Thrones im östlich anschließenden Joch, die – allen jünge-

9   Aachen, Innenansicht des Oktogons der Pfalzkapelle.

10 Aachen, Pfalzkapelle, Rekonstruktion des karolingischen Gesamtbaus nach Felix Kreusch.

ren Behauptungen, für die bis heute ausführliche Argumentationen oder Belege nicht vorliegen, zum Trotz – wohl doch erst zur Königskrönung Ottos I. 936 erfolgt ist, wurde dieser Raum seiner ursprünglichen Bedeutung enthoben.

Aus der Rezeption von Vorlagen und Vorbildern oder der dezidierten Kappung von geläufigen Schemata lassen sich Elemente der inhaltlichen Konzeption von Kunstwerken erschließen. Die Orientierung Aachens an Ravenna, Konstantinopel und Rom war Programm und es verwundert wenig, dass der Herrscher des zu einem Imperium ausgewachsenen Frankenreiches sich an der kaiserlichen Architektur von Konstantinopel orientiert hat. Erst recht erwartet man dies nach der Kaiserkrönung im Jahre 800. Auffällig ist jedoch, dass Karl nicht die kaiserliche Palastkirche – die Hagia Sophia – zum Modell nahm, sondern vor allem San Vitale sowie St. Sergius und Bacchus. Die beiden nahezu gleichzeitig entstandenen Bauten markieren aus historischer Sicht die letzte Stabilisierung des römischen Großreiches unter Justinian. Seit Konstantin, dessen Allianz mit Papst Silvester die zeitgenössische Mosaikkunst der Zeit um 800 insbesondere in Rom als Rollenmodell propagierte und durch die Analogisierung mit Karl dem Großen und Papst Leo III. aktualisierte, war Justinian der letzte große christliche Kaiser des Gesamtreiches gewesen. In Ravenna war er es gewesen, der dem Arianismus der Ostgoten entgegengetreten und mit der Stadt letztlich Oberitalien auf den Boden der konziliaren Kirche zurückgeführt hatte. Die Durchsetzung in Ravenna hatte zwar Bischof Maximianus oblegen, der in den Apsismosaiken von San Vitale auch dargestellt wurde, jedoch stellte gerade San Vitale den kaiserlichen Bezug zu Justinian durch die berühmten Mosaiken von Kaiser Justinian mit seiner Gemahlin Theodora am Choreingang her. San Vitale vertrat damit in den Augen der bauentwerfenden Konzeptoren um 790 nicht nur eine kaiserliche Architektur wie die Konstantinopeler Bauten, sondern stand darüber hinaus für Rechtgläubigkeit. Mit der Wahl dieser Vorbilder vertrat Karl für seine Residenzkirche sein herrscherliches Selbstverständnis als imperialer Fürst und zugleich als Wahrer des wahren christlichen Glaubens, dessen Reinheit über sein Herrschaftsverständnis hinaus auch für seine Herrschaftslegitimität von besonderer Bedeutung war und so auch die Grundlage für sein Bemühen um eine „richtige" Liturgie und „richtige" Texte in anderen Aspekten seiner Herrschaftsausübung bildete.

Im Jahre 814 wurde Karl in Aachen beigesetzt und kappte damit die karolingische Tradition in Saint-Denis, die er selbst durch die Beisetzung seines Vaters Pippin 768 und die Übertragung seiner Mutter Bertrada nach 783 noch betrieben hatte. Die meisten repräsentativen Grabbauten vom Grab des Augustus in Rom bis zum Theoderich-Grab in Ravenna waren Kuppelzentralbauten und es stellt sich deshalb immer wieder die Frage, inwieweit in Aachen die Nutzung als Grabkapelle für die bei Pfalzbauten ungewöhnliche Wahl eines Zentralbaus von Bedeutung gewesen sein könnte. Gegen eine solche Grundidee spricht jedoch der Umstand, dass die römischen Grabbauten meist einräumig oder Nischenzentralbauten waren, während Karl in Aachen dezidiert einen Umgangszentralbau wählte und durch die Wölbung gerade diesen Umstand unterstrich. Zudem dürfte bei der Planfindung um 790 noch nicht klar gewesen sein, ob Karl hier bestattet werden wollte. Auch die erst nach Karls Tod erfolgte Gründung des Marienstiftes, das für die Memorialversorgung wesentlich war, spricht gegen eine planmäßige Errichtung Aachens als Grabort. Schließlich ließe sich so die Wahl einer verkleinerten Fassung der Aachener Kirche für die Pfalz Nimwegen und nahezu gleichzeitig auch in der Kapelle bei Kloster Centula (Saint-Riquier) kaum erklären. Man wird deshalb der herrscherlichen Komponente des Bauprogramms Vorrang einzuräumen haben; Aachen war ein imperiales Bauprojekt.

Karl unterstrich seine formalen Bezüge zu signifikanten Herrschaftsbauten noch durch die Integration von Spolien. Einhard berichtet: „Deshalb erbaute er die wunderschöne Kirche in Aachen, die er mit Gold und Silber, mit Leuchtern und mit Gittern und Türen aus massivem Metall ausschmückte. Für diesen Bau ließ er Säulen und Marmor, die er sonst nirgendwo bekommen konnte, aus Rom und Ravenna holen." (c. 26) Die viel diskutierte Verwendung von Spolien aus den christlichen Herrschaftszentren in Italien dürfte die Ehrwürdigkeit seines Bauwerks in gleichem Maße

unterstrichen haben wie die Aufstellung des aus Ravenna herbeigebrachten Theode-
rich-Standbildes in Aachen. Karl suchte so gewissermaßen seine Summe der christlichen Herrscher und Herrschaftsorte in Aachen zu ziehen, diese jedoch durch den
Reliquienbezug und damit die materielle Sakralität sowie die Vereinheitlichung der
Liturgie zu aktualisieren und zu überhöhen.

Dieses Konzept dürfte schon mit der Zerschlagung des Aachener Hofes in der folgenden Generation und spätestens in den Normannenstürmen von 881/882 teilweise
untergegangen sein. Als Otto der Große dezidiert an Karl anzuknüpfen suchte und
seine neue Dynastie der sächsischen Herrscher durch seine Krönung in Aachen in
fränkischer Tracht auf dem neu aufgestellten Thron auf der Empore von der Aachener Stiftskirche zu legitimieren suchte, war die Mission innerhalb der Grenzen des
Reiches bereits abgeschlossen, und eine Legitimation der Herrschaft durch Betonung
von Sakralität bzw. kirchliche Anerkennung stand unter anderen Vorzeichen. Dies gilt
erst recht für die dezidierten Bezugnahmen auf Karl und Aachen durch Otto III. um
1000, Friedrich Barbarossa im 12. und Karl IV. im 14. Jahrhundert. Zur Unterstrei-
chung ihrer Rückbindung an die in Aachen baulich versinnbildlichte Herrschaftsidee
fügten sie der Aachener Stiftskirche wesentliche Ausstattungen oder auch bauliche
Erweiterungen hinzu, und sie alle suchten über Karl eine Legitimation ihrer Herrschaft oder zumindest bestimmter Komponenten ihrer Herrschaft.

Magdeburg

Die karolingischen Generationen nach Karl haben weder die Ausbildung einer königlichen Residenz noch die einer dynastischen Grablege betrieben. Zwar wurden
verschiedene geistliche Institutionen gefördert, systematisch ausgestattet und auch
baulich entwickelt, jedoch schaffte es kein anderer Ort und kein anderes Bauprojekt,
als exponierter Kulminationspunkt der Herrschaft zu erscheinen. Vielmehr spiegelt
die Streuung der durch Bestattungen als königsnah herausgehobenen Kirchen den
Versuch einer Konzentration der Memoria an einem Ort auf eine Person oder eine
sehr kleine Personengruppe. Dies gilt auch für die liudolfingisch-ottonische Dynastie, die mit Heinrich I. 919 die Geschicke des Reiches zu lenken begann. Mit der
Gründung von Quedlinburg schuf Heinrich (verst. 936) einen Ort, der sich über
seine Person hinaus zu einem Identifikationsort der Herrscherfamilie entwickelte,
die hier in ungewöhnlich dichter Folge immer wieder das Osterfest beging. Zu einer
blühenden geistlichen Institution wurde die Kirche jedoch erst durch die Gründung
eines Damenstiftes unter Heinrichs Witwe Mathilde (verst. 968), die hier durch den
Konvent die Memoria ihres Gatten und von sich selbst zu verstetigen wusste. Darin
griff sie ein Konzept auf, das seit karolingischer Zeit in Gandersheim für die Liudol-
finger bestand und später in Essen für die Ottonen der Generation Kaiser Ottos II.

neu ausgestaltet wurde. Die Neustiftung oder die weitgehende, prächtige Neuausstattung eines geistlichen Instituts, das man zur Sicherung der persönlichen Memoria als eigene Grabstätte ausgewählt hatte, war ein seit dem 9. Jahrhundert im höheren Adel verbreiteter Zug. Ebenso die Stiftung von Memorialdiensten an mehreren Orten, die in ihrer Breite und Streuung auch die Sicherheit einer Fortdauer des fürbittenden Gebets garantierten.

Über die Baulichkeiten in Quedlinburg ist – trotz der vor Kurzem noch einmal vorgelegten archäologischen Ergebnisse von Gerhard Leopold – zu wenig bekannt, als dass man Aussagen zum architektonischen Konzept und seinen herrschaftlichen Bezügen machen könnte. Der bescheidene, saalförmige Bau wurde Ende des 10. Jahrhunderts verlängert und 997 geweiht, bevor dann – wenn man der Bauchronologie von Werner Jacobsen folgt – erst ab etwa 1010 der Bau eines basilikalen Langhauses stattgefunden zu haben scheint, das man 1021 weihte. In den meisten Fällen waren die als Grabort ausgesuchten Kirchen ambitionierte Klosterarchitekturen, deren Anlagen weitgehend durch die monastische Nutzung bestimmt waren. Auch Bauten wie die von Markgraf Gero für ein von seiner Tochter geführtes Damenstift und für seine eigene Bestattung errichtete Kirche in Gernrode, die als Emporenbasilika über eine ungewöhnliche Langhausform verfügt, die in Anlehnung an die Emporen von byzantinischen Bauten wie der Hagia Sophia nur zu gerne mit Kaiserin Theophanu (verst. 991) in Verbindung gebracht wird, dürfte ihre Impulse vielmehr aus Bauten wie San Lorenzo fuori le mura bei Rom erhalten haben und auf monastische Zwecke ausgerichtet sein, als herrscherliche Bauikonologie transportieren.

Eine vollständig andere Qualität erhielt die Gründung einer Kirche und eines ihr angebundenen geistlichen Instituts unter Kaiser Otto dem Großen mit der Einrichtung von Magdeburg. Das als Morgengabe für seine Gattin Edgitha ausgewiesene und so für die familiäre Absicherung gesicherte Gut wurde sehr bald 937 mit dem Mauritiuskloster sakral institutionalisiert und als Grabort funktionstüchtig gemacht. Mit der Bestattung Edgithas 946 erfüllte es diese Funktion, bevor Otto ab 967 in Magdeburg die Errichtung eines neuen Erzbistums plante, die im folgenden Jahr umgesetzt werden konnte, und bevor Otto selbst hier 973 sein Grab fand.

Wie an kaum einem anderen Ort ist die Interpretation der archäologischen Befunde in Magdeburg seit Jahrzehnten umstritten. Nachgewiesen sind zwei monumentale architektonische Strukturen unter dem Dom selbst und auf seiner Nordseite, die möglicherweise beide kirchlicher Natur waren. Inwiefern hier die Mauritiuskirche neben dem Dom greifbar wird, oder ob diese unter dem Dom lag und hier im Norden eine andere Kirche oder vielleicht doch – wie die ersten Interpretationen vermuteten – eine Pfalzanlage stand, soll hier nicht diskutiert werden. Aussagekräftig ist die sehr lückenhaft und nicht ohne Widersprüche unter dem Dom nachgewiesene Baustruktur, die eine dreischiffige, zweichörige Basilika rekonstruieren lässt, die sowohl im Osten als auch im Westen ein ausgreifendes Querhaus besessen hat. (Abb. 11) Signi-

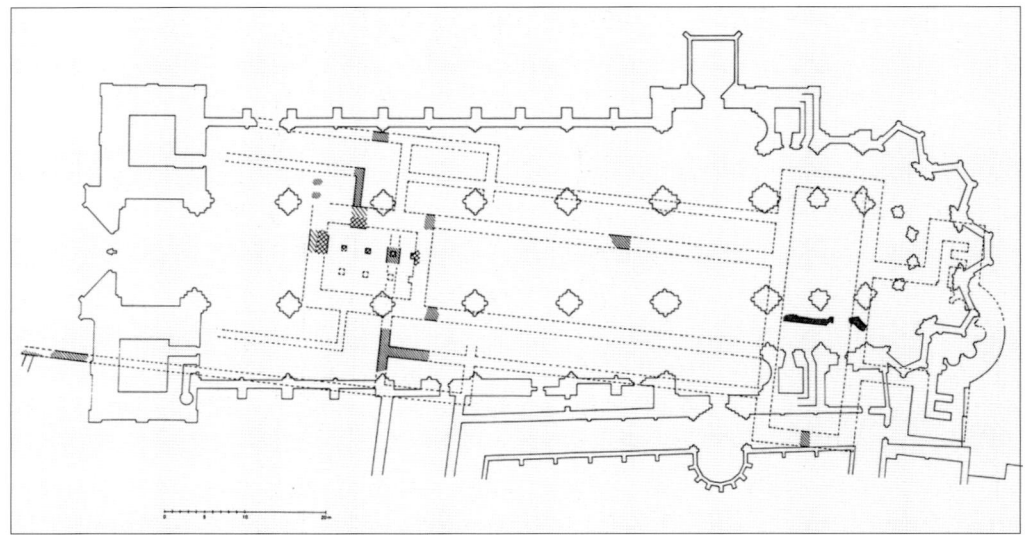

11 Grundrissrekonstruktion des Magdeburger Domes.

fikant wird dieser Grundriss auch dadurch, dass man in Memleben, der klösterlichen Gründung Ottos, eine ähnliche Disposition vorfindet, die sich relativ eindeutig auf die Struktur des Alten Kölner Domes beziehen lässt. Dieser karolingische Bau war die größte und ambitionierteste Domkirchenarchitektur, die das ottonische Reich um die Mitte des 10. Jahrhunderts aufzuweisen hatte. Offenbar suchte Otto sein neues Erzbistum durch die Adaption der Gesamtanlage (und man darf deshalb wohl auch vermuten ebenso der liturgischen Disposition) des Domes der altehrwürdigen und vorbildlichen Erzdiözese Köln zu legitimieren. Da über die bauliche Ausgestaltung nichts als der Grundriss bekannt ist, kann über weitere Analogien zu herrscherlich konnotierten Bauten kaum etwas ausgesagt werden. Bemerkenswert sind jedoch die noch im frühgotischen Chorbau inszenierend eingestellten antiken Spolien, insbesondere Säulenschäfte, die offenbar aus Italien importiert und hier als Rückbezug auf die Antike eingebracht wurden. (Abb. 12) Ihre voneinander abweichenden Maße sprechen für eine ebenso inszenierte Anbringung ohne tektonischen Zusammenhang auch schon im ottonischen Bau.

Mit der Gründung eines Erzbistums verbreitete Otto den Memorialauftrag über das eingerichtete kirchliche Institut hinaus auf den gesamten Sprengel. Eine vergleichbar flächendeckende Verankerung des fürbittenden Gebets ist bis zu diesem Zeitpunkt nicht bekannt. Die Architektur der Domkirche war ebenso wie die der Kloster- und Stiftskirchen der Generationen vorher, die herrscherliche Gräber aufgenommen hat-

12 Das Chorpolygon des Magdeburger Domes mit eingesetzten antiken Spolien.

ten, in erster Linie für die kathedrale Nutzung ausgerichtet, wenn auch dem Gründer der Ehrenplatz in der Mitte zwischen den Reihen der Domherren und damit im
Kreis ihres konventualen Stundengebetes und ihrer Liturgie eingeräumt wurde. Otto
erschien so als der jederzeit im Kreis des Gottesdienstes anwesende Gründer, dessen
Tat diesen sakralen Vollzug erst ermöglicht hatte. Durch die Lage Magdeburgs am
östlichen Rande des Reiches wurde gleichzeitig die Verbreitung des Christentums in
die östlichen Gebiete, die bisher nur teilweise christianisiert waren, markiert. Otto
nahm damit seine Verantwortung als Verteidiger und Verbreiter des Glaubens wahr
und zeigte dies durch seine Aktivität. Ob ihm dabei die Parallele zu Bonifatius vor-
schwebte, der vom Papst die Erlaubnis zur Einsetzung eines Erzbistums für Köln erhalten und so den Meilenstein für die Durchsetzung der Metropolitanverfassung als
kirchliches Strukturelement im Reich gesetzt hatte, und diese innere Verfassung der
Kirche zu einem Vorbild für die äußere Erweiterung in den östlichen Gebieten wählte,
mag man heute nicht mehr entscheiden. Jedenfalls wählte Otto weder den Mainzer
noch den Trierer Dom und auch keine der spätantiken Kirchen Italiens zum Vorbild
für seinen Dom, sondern mit Köln die liturgisch komplexeste und in ihrer baulichen
Struktur auf der Grundlage des Quadrats ebenmäßigste und zukunftsweisendste der
Bischofskirchen im Reich.

Schluss

Die drei herrscherlichen Bautätigkeiten in Saint-Denis, Aachen und Magdeburg vertreten verschiedene Modelle der Aneignung von Vorbildern und Strukturen zum
Transport herrscherlicher Konzeptionen und herrscherlichen Selbstverständnisses.
Stand in Saint-Denis die Fortsetzung einer Tradition als Legitimation der eigenen
Position im Vordergrund und wurde durch die Baumaßnahmen in einen angemessenen und vor allem initiativ begleiteten Rahmen gesetzt, der in seinen Formen jedoch durch die klösterliche Nutzung dominiert war, so bedeutete Aachen baulich
und institutionell einen weitgehenden Neuanfang. Durch die Wahl einer im erweiterten regionalen wie zeitlichen Umfeld singulären Bauform wurde ein Anspruch auf
Neufassung vorgetragen, für den man spätantike, herrscherlich konnotierte Archi-
tekturmodelle zitathaft übernahm und in einer eigenständigen Weise zu einem neuen
überformte. Funktionale Aspekte traten demgegenüber eher zurück, was nicht zuletzt
der überraschend kleine Chorraum zeigt. Stattdessen wurde der sakrale Gehalt weit
sichtbar nach außen zur Dominanz vorgetragen: der Reliquienschatz im Turmraum
hinter der Westempore. Nimmt man die die Gesamtanlage prägenden Platzarchitek-
turen wie das westliche Atrium oder den Freihof zwischen Pallas und Pfalzkapelle
(Katschhof) hinzu, so wird die Ausrichtung auf verschiedene Versammlungsformen
deutlich: der Pallas als Thronraum und synodaler Ort, das Atrium als Gerichtsort, der

Katschhof als Ort der Heeresversammlung und das Oktogon als Versammlungsort
für die Messe, Ort der sakralen Herrschaft. Aachen transportierte so die unterschiedlichen Herrschaftsformen oder Herrschaftsaspekte in seine Baugestalt, die alle jedoch
in den sakralen Kontext der Heilsversammlung in materieller (Reliquien) und imma-
terieller Form (Sammlungen und Redaktionen liturgischer, geistlicher, theologischer
und juristischer Texte; Bibliothek und Schreibstuben) sowie der Dominanz des liturgischen Geschehens zusammengeführt waren. Die Bestattung Karls an diesem Ort
personifizierte dieses Programm, war jedoch keineswegs das Ziel dieser Konzeption.
Dies dürfte in Magdeburg anders gewesen sein, wo die Einführung eines neuen Erzbistums und der Domneubau nicht nur eine Dokumentation herrscherlicher Aufgaben und wohl auch herrscherlichen Dankes für die gewonnene Lechfeldschlacht 955
war, sondern der Verortung Sachsens im Reichsgefüge diente und den Memorialauftrag für Otto und seine Familie monumentalisierte. Letztlich geht dieses Konzept
– weitgehend seiner sakralen Komponente enthoben – bis heute mit dem Ausstel-
lungswesen in Magdeburg auf. Die Autorität der alten Bistümer wird durch das architektonische Zitat auf die Neugründung übertragen, was der Idee Karls in Aachen,
der für Otto ohnehin vorbildhaftes Modell gewesen ist, verwandt ist. Jedoch bezieht
er sein Vorbild nicht mehr in erster Linie aus der herrscherlichen Architektur ent-
fernter Zeiten, sondern aus dem zeitgenössischen und auch regionalen (Reichs-)Um-
feld. Man bediente sich damit nicht mehr heroischer, idealisierter Helden und ihrer
Bauten, sondern übernahm Strukturelemente der Jetztzeit, schuf Legitimation durch
bauliche Ebenbürtigkeit und nicht in erster Linie durch Tradition.

Methodisch ist es äußerst problematisch, herrscherliche Intentionen aus den Bauprojekten herauslesen zu wollen. Die Quellen geben dazu sehr wenige Anhaltspunkte,
die Bauformen und Konzepte sind – wie oben anhand von Saint-Denis exemplarisch
ausgeführt – meist auch vor dem Hintergrund anderer Einflüsse lesbar. Zudem ist die
Beteiligung der Herrscher an den Bauprojekten nicht immer eindeutig. Wie im weiteren Mittelalter ein Dombau in erster Linie Projekt des Domkapitels und nicht des
Bischofs ist, so lässt sich selbst in Magdeburg zwischen der Rolle Ottos und der des
Erzbischofs in konzeptioneller Hinsicht nur schwer differenzieren.

Die Interpretation einer königlichen Handlung als herrscherlich ist ebenso schwierig. Dies gilt in besonderer Weise für die fast durchgängige Verbindung von Bautätigkeiten mit der geplanten Bestattung an kirchlichen Orten. Die Klöster, Stifte und
Domkirchen waren dabei immer mehr als nur Grabeskirchen, sondern vornehmlich
Kirchen von Konventen, deren organisatorische Eigenständigkeit, sakrale Selbstbe-
stimmung und monastische Selbständigkeit überhaupt erst die Voraussetzung für eine
dauerhafte, seriöse Pflege des memorialen Gebets für die hier Bestatteten bildete und
diesem Gebet auch erst die Wirkmächtigkeit zukommen ließ, die für eine erfolgreiche
Fürsprache gewünscht war. In diese Freiheit der Konvente hatte sich die herrscherliche (Bau-)Tätigkeit einzufügen und deshalb ist es kaum möglich, in diesen quellen-

armen Zeiten zwischen monastischen und herrscherlichen Konzepten trennscharf zu
unterscheiden.

Über die Graborte hinaus war der Herrscher durch Schenkungen, Vermittlungen
und Privilegien auch an zahlreichen anderen Bauprojekten beteiligt. Die Quellen
überliefern zwar diese Unterstützungen, jedoch bleibt in den meisten Fällen die Frage
nach einer herrscherlichen Einflussnahme einerseits oder der stellvertretenden Umsetzung herrscherlicher Vorstellungen durch die Bauherren andererseits offen. Beispielhaft sei auf die Großbauten in Fulda und Centula unter Karl dem Großen verwiesen, in denen Schemata und Vorbildlösungen für monastische Bauten formuliert
wurden, wie wenig später unter anderen Vorzeichen in Kloster Inda/Kornelimünster.
In Centula war mit Angilbert der Schwiegersohn Karls des Großen Bauherr und hat
in mehreren Texten die teilweise auf Aachen verweisende Komplexität der liturgischen und räumlichen Struktur formuliert; in Kloster Inda wirkte mit Benedikt von
Aniane der nahe Vertraute von Ludwig dem Frommen, und in dieser kleinformatigen,
deutlich anderen konventualen Ausrichtungen folgenden Klosterkirche unweit von
Aachen wollte der Kaiser ursprünglich sein Grab finden. Die große Nähe von Kloster
Lorsch zum Hof insbesondere in karolingischer Zeit oder von St. Maximin bei Trier
und St. Pantaleon bei Köln zu den ottonischen Herrschern ist historisch gut fassbar.
An allen Orten fanden zu diesen Zeiten größerer Baumaßnahmen statt, deren Wer-
tung als herrscherliche Bauprojekte jedoch höchst problematisch ist. Herrscherliche
Bautätigkeit bleibt deshalb an die wenigen Orte gebunden, an denen der Herrscher
nicht zuletzt für seine Grabstätte selbst aktiv geworden ist.

Da sich die frühmittelalterliche Herrschaft nicht in einer Residenz architektonisch manifestieren konnte, wurden die kirchlichen Orte, an denen Herrscher bestattet lagen, zum Träger einer Herrschaftstopographie. Dabei ist auffällig, dass nach der
Trennung des westfränkischen vom ostfränkischen Reich wesentliche Orte der merowingischen Traditionslinie und vor allem Saint-Denis außerhalb des ottonischen
Gebietes lagen. Lediglich Aachen als Inbegriff der Herrschaft Karls des Großen lag
am westlichen Rand des Reiches. Die Bestattungsorte der Herrscher im ottonischen
Reich verteilten sich auf Metz (Ludwig der Fromme, 840, vorgesehen eigentlich Kloster Inda), Prüm (Lothar I., 855), Lorsch (Ludwig der Deutsche, 876), die Reichenau
(Karl der Dicke, 881) und Regensburg (Arnulf von Kärnten, 896; Ludwig das Kind,
911). Durch die Einrichtung von Magdeburg manifestierte Otto am östlichen Rand
einen weiteren Herrschaftsort, der als Gegenüber von Aachen gesehen werden kann.
Kaiser Heinrich II. setzte diese Linie fort, als er in einer Kopie der Gründungsidee
Ottos das Bistum Bamberg im Südosten des Reiches als seinen Grabort gründete und
so den anderen ottonischen Orten wie Gandersheim und Aschaffenburg den Rang
ablief. Die Topographie der Herrschaftsorte im Osten und Westen spannten auf diese
Weise das Reich zwischen sich. Karl und Otto hielten das Reich an seinen Flanken

fest, während die anderen Graborte die königliche Autorität wie die Knotenpunkte eines Netzes über das Reich verteilten.

Alle Graborte waren jedoch sakral konnotiert, indem sie in Kirchen lagen, deren Eigendynamik wesentlich über den Memorialdienst hinausging. Sogar an den Pfalzen dominierten kirchliche Bauten das Gesamterscheinungsbild – ob dies in Aachen die Pfalzkapelle oder unter den Saliern in Goslar St. Simon und Juda waren. Möglicherweise standen auch für die Pfalzbauten sakrale Architekturen Pate. So besitzt der Magdeburger Nordbau mit seiner gegenständigen Doppelapsis enge Verwandtschaft zum Westbau von St. Maximin bei Trier in der Gestalt der vor 952 erbauten Abteikirche, aus der nicht zufällig 937 die Mönche des Mauritiusklosters gekommen waren. In dieser starken Betonung der Sakralität mag zu frühkarolingischen Zeiten noch die Notwendigkeit der Legitimation eines dynastischen Übergangs in der Herrschaft gesehen werden, insgesamt bildet sie jedoch einen seit Kaiser Konstantin greifbaren Zug. Die frühmittelalterlichen Herrscher insbesondere seit den Karolingern verstanden ihre Herrschaft bekanntermaßen in untrennbarer Einheit weltlicher wie geistlicher Belange und sahen gerade in der Sicherung und Verbreitung des Glaubens und in dessen Reinhaltung eine wesentliche Herrschaftsaufgabe und Herrschaftsmotivation. Als *defensor fidei* war der Herrscher Garant der sakralen, kultischen und theologischen Identität und besaß damit eine Verantwortung, die weit über seinen politischen Macht- und Herrschaftsbereich hinausging. Darin lag eine Komponente, die seine Herrschaft im Sinne eines imperialen Verständnisses weitete und erhöhte. Die untrennbare Einheit von Herrschaft und Sakralität dokumentiert die enge Verzahnung herrscherlicher Bautätigkeit mit kirchlichen Bauten. Im Sinne dieses imperialen Selbstverständnisses waren die imperialen Bauten Kirchen und es ist kein Zufall, dass kein einziger Karolinger, Ottone oder Salier sein Grab außerhalb einer Kirche angelegt hat.

Weiterführende Literatur

Dieser Text ist die schriftliche Fassung eines Vortrags. Die überreiche Literatur zu den frühmittelalterlichen Bautätigkeiten kann hier nicht wiedergegeben werden. Verwiesen sei nur auf wenige, aktuelle Titel zu den genannten Beispielen, die in der Regel ältere Literatur listen:

Felix Kreusch, Kirche, Atrium und Portikus der Aachener Pfalz, in: Karl der Große. Lebenswerk und Nachleben, Bd. 3: Karolingische Kunst, hg. von Wolfgang Braunfels/Hermann Schnitzler, Düsseldorf 1965, S. 463–533; Friedrich Oswald/Leo Schäfer/Hans Rudolf Sennhauser, Vorromanische Kirchenbauten. Katalog der Denkmäler bis zum Ausgang der Ottonen (Veröffentlichungen des Zentralinstituts für Kunstgeschichte in München 3), München 1966/71 (Nachtragsband von Werner Jacobsen/Leo Schaefer/Hans Rudolf Sennhauser u. a., München 1991); Bernhard Bischoff, Eine Beschreibung der Basilika von Saint-Denis aus dem Jahre 799, in: Kunstchronik 34, 1981, S. 97–103; Werner Jacobsen, Die Abteikirche von Saint-Denis als kunsthistorisches Problem, in: La Neustrie. Les pays au nord de la Loire de 650 à 850, hg. von Hartmut Atsma (Beihefte der Francia 16), 2 Bde., Sigmaringen 1989, Bd. 2, S. 151–184; Werner Jacobsen, Zur Frühgeschichte der Quedlinburger Stiftskirche, in: Denkmalkunde und Denkmalpflege. Wissen und Wirken. Festschrift für

Heinrich Magirius zum 60. Geburtstag am 1. Februar 1994, hg. von Ute Reupert/Thomas Trajkovits/Winfried Werner, Dresden 1995, S. 63–72; Abt Suger von Saint-Denis, Ausgewählte Schriften: Ordinatio, De consecratione, De administratione, hg. von Andreas Speer/Günther Binding, Darmstadt 2000; Matthias Untermann, Memleben und Köln, in: Form und Stil. Festschrift für Günther Binding zum 65. Geburtstag, hg. von Stefanie Lieb, Darmstadt 2001, S. 45–55; Werner Jacobsen/Uwe Lobbedey/Dethard von Winterfeld, Ottonische Baukunst, in: Otto der Große. Magdeburg und Europa, hg. von Matthias Puhle, 2 Bde., Mainz 2001, Bd. 1: Essays, S. 251–282; Werner Jacobsen/Michael Wyss, Saint-Denis. Essai sur la genèse du massif occidental, in: Avant-nefs et espaces d'accueil dans l'église entre le IVe et le XIIe siècle, hg. von Christian Sapin (Mémoires de la Section d'Archéologie et d'Histoire de l'Art 13), Paris 2002, S. 76–87; Stephan Albrecht, Die Inszenierung der Vergangenheit im Mittelalter. Die Klöster von Glastonbury und Saint-Denis (Kunstwissenschaftliche Studien 104), München 2003; Christoph Keller, Archäologische Forschungen in Aachen. Katalog der Fundstellen in der Innenstadt und in Burtscheid (Rheinische Ausgrabungen 55), Mainz 2004; Aufgedeckt. Ein neuer ottonischer Kirchenbau am Magdeburger Domplatz, hg. von Harald Meller/Wolfgang Schenkluhn (Archäologie in Sachsen-Anhalt, Sonderband 3), Halle 2005; Aufgedeckt II. Forschungsgrabungen am Magdeburger Dom 2006–2009, hg. von Harald Meller/Wolfgang Schenkluhn (Archäologie in Sachsen-Anhalt, Sonderband 13), Halle 2009; Matthias M. Tischler, Die Christus- und Engelweihe im Mittelalter. Texte, Bilder und Studien zu einem ekklesiologischen Erzählmotiv (Erudiri sapientia. Studien zum Mittelalter und seiner Rezeptionsgeschichte 5), Berlin 2005; Matthias Untermann, Architektur im frühen Mittelalter, Darmstadt 2006; Clarissa von der Forst, Die Stiftskirche St. Servatius in Quedlinburg. Zum Stand der Forschungsdiskussion der ottonischen Vorgängerbauten, Weimar 2008; Ulrich Knapp, Stätten deutscher Kaiser und Könige im Mittelalter, Darmstadt 2008; Burghart Schmidt/Ulrike Heckner/Helmut Maintz u. a., Die Hölzer aus dem karolingischen Oktogon der Aachener Pfalzkapelle. Möglichkeiten einer dendrochronologischen Datierung, in: Jahrbuch der Rheinischen Denkmalpflege 40/41, 2009, S. 220–235; Gerhard Leopold, Die ottonischen Kirchen St. Servatii, St. Wiperti und St. Marien in Quedlinburg (Landesamt für Denkmalpflege und Archäologie Sachsen-Anhalt, Arbeitsbericht 13), Halle 2010.

Ralph-Johannes Lilie

Herrschaftsrepräsentation
im byzantinischen Kaisertum

Herrschaftsrepräsentation in Byzanz hatte immer das Ziel, den Kaiser als höchste weltliche Instanz herauszustellen, der von Gott dazu bestimmt war, das Reich zu leiten, und von dem das Wohlergehen aller Untertanen abhing. Ihre wesentliche Aufgabe war es, den Kaiser als herausragenden Herrscher darzustellen, der von Gott auserwählt und begnadet war, als jemanden, der in jeder Hinsicht die Vervollkommnung des menschlichen Wesens darstellte und dessen Entscheidungen stets richtig und von geradezu sakraler Bedeutung und Würde waren: Der Kaiser war vollkommen, und das Wohl und Wehe des Reiches hing allein von seinen Entscheidungen ab, die – zumindest in der offiziellen Hofrhetorik – immer richtig waren. In gewisser Weise verkörperte er in seiner Person das Reich. Dieses Kaiserbild entwickelte sich schon in der Antike und blieb die ganze byzantinische Zeit hindurch bestehen. Es galt nicht nur für das pagane Römische Reich, sondern auch für die Christen, sogar schon in der Zeit, bevor das Christentum geduldet und dann zur Staatsreligion erhoben wurde. Als Begründung für diese Kaiserverehrung sei hier nur der Kirchenlehrer Tertullian aus dem zweiten Jahrhundert genannt, der ausführt: „Wir ehren also den Kaiser, so wie es uns erlaubt ist und wie es ihm dienlich ist, als Menschen, der nach Gott der zweite ist und alles, was er ist, von Gott erhalten hat, und allein an Gott gemessen geringer. Das wird er auch selbst wollen. So nämlich ist er größer als alle, dieweil er nur geringer ist als der wahre Gott allein. So ist er sogar größer als die Götter selbst, dieweil auch sie selbst in seiner Gewalt sind."[1]

---

1 Tertullian, Ad Scapulam 2, hier zitiert nach der deutschen Übersetzung von Wilhelm Enßlin, Gottkaiser und Kaiser von Gottes Gnaden (Sitzungsberichte der Bayerischen Akademie der Wissenschaften, philosophisch-historische Klasse 6), München 1943, S. 53–83, hier S. 58; allgemein zum Kaiserzeremoniell in Byzanz vgl. immer noch Otto Treitinger, Die oströmische Kaiser- und Reichsidee nach ihrer Gestaltung im höfischen Zeremoniell, Jena 1938 (ND Darmstadt 1969); Gilbert Dagron, Empereur et prêtre. Étude sur le „césaropapisme" byzantin, Paris 1996; zuletzt Jeffrey Featherstone, Emperor and Court, in: The Oxford Handbook of Byzantine Studies, hg. von Elizabeth Jeffreys/John Haldon/Robin Cormack, Oxford 2008, S. 505–517.

Die Verehrung des Kaisers fand sowohl in der darstellenden Kunst statt, etwa in Statuen und in bildlichen Darstellungen, als auch auf Münzen, Siegeln und nicht zuletzt in der Literatur, vor allem in der Hofrhetorik. Am augenfälligsten war die Stellung des Kaisers jedoch im Hofzeremoniell, das praktisch jede Äußerung und Handlung des Kaisers begleitete und völlig auf ihn ausgerichtet war. Dieses Zeremoniell soll im Zentrum der folgenden Ausführungen stehen.

Zu fragen ist in diesem Zusammenhang einmal nach den Ausdrucksformen des Zeremoniells, zweitens nach seiner Verbindlichkeit für alle Beteiligten und zum Dritten nach der Identifikation der Herrschenden mit diesem Zeremoniell.

Beginnen wir mit einem Beispiel, anhand dessen das Zeremoniell in seinem Ablauf verdeutlicht werden kann. Im sogenannten „Zeremonienbuch", einem Sammelwerk aus dem 10. Jahrhundert, das im Auftrag Kaiser Konstantins VII. Porphyrogennetos verfasst wurde und das diverse unterschiedliche Zeremonien auflistet, findet sich auch ein Bericht über die Feier des Weihnachtsfestes, das folgendermaßen begangen wurde:

Zur Feier des Weihnachtsfestes versammelt sich der gesamte Hofstaat und stellt sich feierlich auf einer Tribüne auf. Diese Tribüne ist mit Vorhängen verhüllt. Wenn alles fertig ist, schwenkt der Vestiarios (der Chef der kaiserlichen Garderobe) hinter dem Vorhang hervor bunte Seidenbänder, um dem Publikum anzudeuten, dass der Kaiser die Tribüne betreten hat. Wenn der Kaiser dann die Festkleider anlegen will, nimmt sie der Vestiarios und überreicht sie dem Kaiser. Der Vestiarios hat übrigens auch das ganz besondere Vorrecht, falls er ein Insekt, einen Schmutzfleck oder sonst etwas an dem Gewand des Kaisers bemerkt, seine Kopfbedeckung abzunehmen, die Hand auszustrecken und es ungefragt wegzuwischen. Das war keinem aller übrigen Großen erlaubt.

Nachdem der Kaiser die Kleider gewechselt hat, schwenkt der Vestiarios abermals die Seidenbänder hinter dem Vorhang hervor, um anzudeuten, dass der Kaiser nunmehr bereit ist. Der Kaiser steht jetzt auf der Tribüne, so dass er von den Knien an sichtbar ist. Er hält in der Rechten das Kreuz, in der Linken ein Säckchen mit Erde (als Sinnbild der Vergänglichkeit). Die anderen kaiserlichen Verwandten sind von der Brust an sichtbar. Jetzt zeigt der Vestiarios ein drittes Mal die Seidenbänder und der Vorhang öffnet sich. Aber nur der Kaiser wird zunächst ganz sichtbar, die Sänger stimmen die Kaiserhymne an, die verschiedenen Instrumente fallen ein. Dann winkt der Kaiser mit einem Tuch und gebietet Ruhe. Neue Lieder und schließlich das Weihnachtslied: „Christ ist geboren, der Dich zum Kaiser gekrönt hat." Und so weiter, neue Verse, das Lied wird wiederholt. Kaiser und Kaiserin bekommen ihre Akklamationen, dann ertönt noch einmal die Kaiserhymne und während diese ausklingt, schließen sich die Vorhänge.[2]

---

2 Constantini Porphyrogeniti imperatoris De Cerimoniis aulae byzantinae libri duo, hg. von Johann Jakob Reiske (Corpus scriptorum historiae Byzantinae), 2 Bde., Bonn 1829/1830, I 23, S. 128–136, hier leicht gekürzt zitiert nach der Übertragung von Karl Dieterich, Hofleben in Byzanz, Leipzig 1902, S. 50–52.

Wenn man diese Schilderung wahrnimmt, hat man den Eindruck, dass hier eigentlich eher der Kaiser gefeiert wird als die Geburt Christi und dass selbst Christus in diesem Zusammenhang vor allem die Aufgabe hat, die Bedeutung des Kaisers hervorzuheben: „Christ ist geboren, der Dich zum Kaiser gekrönt hat."

Diese sakrale Bedeutung des Kaisers lässt sich auch in zahlreichen anderen Zeremonien feststellen, von denen hier aus Platzgründen nur noch eine einzige behandelt sei. Georgios Kodinos, ein Autor des 14. Jahrhunderts, beschreibt die Feier des Gründonnerstags: „Vor der Messe am Gründonnerstag wird die Fußwaschung folgendermaßen vollzogen: Es werden zwölf arme Männer ausgesucht, mit Untergewändern, kurzen Hosen und Schuhen bekleidet. Dann wird in der Zelle des Kaisers ein Waschbecken aufgestellt, und der Patriarch, der an der Tür steht, spricht den Segen. Er verliest daraufhin das Evangelium, und bei den Worten: ‚Er gießt das Wasser in das Becken', füllt der Kaiser die Schüssel mit Wasser. Dann führt man die hierzu ausersehenen Armen hinein, deren jeder eine brennende Kerze trägt. Der Kaiser nimmt nun seinen Platz ein, der Patriarch verliest das Evangelium weiter bis zu den Worten: ‚Und Jesus begann seinen Jüngern die Füße zu waschen, und zwar so lange, bis sie alle gewaschen waren'. Nun wäscht der Kaiser einem jeden den rechten Fuß, trocknet ihn dann mit dem vor ihm hängenden Tuch und küsst ihn. Damit endet die Zeremonie der Fußwaschung. Ein jeder von ihnen erhält noch drei Goldstücke, und darauf beginnt die Messe."[3]

Diese Zeremonie existiert in ihrem Kern auch heute noch: Am Gründonnerstag wäscht der Papst die Füße von zwölf Personen. Man kann daraus sehen, dass der Kaiser nicht nur ein weltlicher Herrscher ist, sondern dass er auch klerikale Funktionen übernimmt. Er herrscht in der Nachfolge Christi! Und das Zeremoniell hebt dies immer wieder hervor, wobei sich durchaus christliche mit heidnischen Traditionen mischen, ohne dass das als Widerspruch empfunden worden wäre. Diese Bedeutung zeigt sich in fast jedem Bereich: So redet der Kaiser nicht selbst, sondern er lässt reden. Und da er über dem normalen Sterblichen steht, stehen ihm auch besondere Ehren zu. Man wirft sich zur Proskynese vor ihm auf den Boden, und der Kaiser verhandelt auch nicht mit anderen wie ein normaler Mensch, sondern er erweist Gnaden und Wohltaten. Das öffentliche Auftreten des Kaisers ist nicht zufällig, sondern ausgesprochen theatralisch inszeniert und folgt dabei auch festen Regeln. Diese Regeln mögen auf einen heutigen Leser vielleicht merkwürdig und vielleicht manchmal sogar komisch wirken, aber man muss bedenken, dass der mittelalterliche Erfahrungshorizont sich von dem heutigen wesentlich unterschied und heute – im Zeitalter einer

---

3 Pseudo-Kodinos, Traité des Offices, hg. von Jean Verpeaux (Le Monde Byzantin, 1), Paris 1966, IV S. 228f.; hier zitiert nach der Übertragung von Dieterich (wie Anm. 2), S. 70f.

weltweiten und allgegenwärtigen Kommunikation – in seiner Wirkung kaum noch nachvollzogen werden kann.

Zu unterscheiden ist sicherlich der jeweils angesprochene Personenkreis. So wird das engere Personal um den Kaiser herum zwar zweifellos bei öffentlichen Auftritten die festgelegten Regeln der Etikette befolgt haben. Dass dies aber auch für jede Handlung des Kaisers im privaten Bereich gegolten hat, wird man bezweifeln dürfen. Ebenso gab es natürlich auch Konfliktsituationen, bei denen die vom Zeremoniell eigentlich festgelegten Verhaltensmuster außer Kraft gesetzt wurden. Als Beispiel sei hier Kaiser Basileios II. genannt, der nach einem Misserfolg gegen die Bulgaren im Jahre 985/986 einen seiner Generäle beschuldigte, die Niederlage verschuldet zu haben. Dieser gab das nicht zu, sondern widersprach, bis der Kaiser voller Zorn von seinem Thron aufsprang, ihn an Bart und Haaren riss und zu Boden warf – woraus der so Gemaßregelte wenig später die Konsequenzen zog und sich dem Usurpator Bardas Phokas anschloss. Im Rahmen des Zeremoniells wäre ein solches Verhalten undenkbar, zeigt aber, dass das Zeremoniell in seinem Wesen nicht dazu diente, etwaige Konflikte zu lösen.[4]

Aber auch im Zeremoniell selbst kann man Unterschiede sehen, die sich nach dem jeweiligen Adressatenkreis richteten. Ein wesentlicher Unterschied war sicherlich, ob eine Zeremonie sich in erster Linie an die byzantinische Bevölkerung richtete oder an Ausländer, etwa ausländische Gesandte. Für Ausländer, die ein solches Zeremoniell naturgemäß aus einem anderen Blickwinkel sahen als die Einheimischen, mochten manche Aspekte fremdartig oder sogar unsinnig und damit kontraproduktiv wirken. Ein gutes Beispiel für diese Unterschiedlichkeit bietet Liudprand von Cremona, der zweimal als Gesandter am Kaiserhof in Konstantinopel weilte und über beide Aufenthalte ausführliche Schilderungen verfasste. Während seines ersten Aufenthalts 952 als Gesandter des Königs Berengar beschreibt er seinen kaiserlichen Empfang: „In Konstantinopel ist eine Halle neben dem kaiserlichen Palast von wunderbarer Größe und Schönheit [...]. Diese Halle also ließ Konstantinus sowohl wegen der spanischen Gesandten, welche kürzlich dorthin gekommen waren, als auch für mich und Liutfrid folgendermaßen herrichten. Vor dem Kaiserthron stand ein eherner, aber vergoldeter Baum, dessen Zweige erfüllt waren von Vögeln verschiedener Art, ebenfalls von Erz und vergoldet, die sämtlich nach ihrem Aussehen die Stimmen verschiedener Vögel ertönen ließen. Der Thron des Kaisers aber war so künstlich erbaut, dass er in einem Augenblick niedrig, bald größer und gleich darauf hoch erhaben erschien. Löwen von ungeheurer Größe, ich weiß nicht ob aus Metall oder aus Holz, aber mit Gold überzogen, standen gleichsam als Wächter des Thrones, indem sie mit dem Schweif auf den

---

4 Leonis Diaconi Caloënsis Historiae Libri Decem et Liber de Velitatione Bellica Nicephori Augusti, hg. von Charles Benoît Hase (Corpus scriptorum historiae Byzantinae), Bonn 1828, X 9, S. 173,18–20.

Boden schlugen und mit offenem Rachen und beweglicher Zunge ein Gebrüll erhoben. In diesem Saale also wurde ich, gestützt auf die Schultern von zwei Verschnittenen, vor den Kaiser geführt. Bei meinem Eintritt erhoben die Löwen ihr Gebrüll und die Vögel zwitscherten je nach ihrem Aussehen [...] Nach dreimaliger tiefer Verbeugung vor dem Kaiser hob ich den Kopf empor und erblickte ihn, den ich zuerst auf einer kleinen Erhöhung sitzen sah, fast bis zur Decke der Halle emporgehoben und mit anderen Kleidern angetan [...] Mit eignem Munde sprach der Kaiser bei dieser Gelegenheit kein Wort [...]; durch seinen Kanzler aber erkundigte er sich nach Berengars Leben und Wohlergehen. Nachdem ich darauf in gebührender Weise geantwortet hatte, trat ich auf den Wink des Dolmetschers ab und wurde in die mir angewiesene Herberge zurückgebracht."[5]

Es ist schwer vorstellbar, dass dieser ganze hier geschilderte Aufwand auch im „Tagesgeschäft" getrieben wurde. Dass es sich um ein besonderes Zeremoniell gehandelt haben muss, das nur dann stattfand, wenn eine besondere Gesandtschaft eintraf, zeigt sich auch darin, dass die von Liudprand geschilderten Vorgänge in keiner griechischen Quelle thematisiert worden sind. Wir wissen hiervon nur durch Liudprand, was im Umkehrschluss heißt, dass „normale" Byzantiner dem nicht ausgesetzt wurden. Diese Annahme wird auch dadurch bestätigt, dass wir aus anderen Quellen wissen, dass man im Kaiserpalast tatsächlich besonderen Aufwand trieb, wenn es galt, besonders wichtig scheinende Gesandtschaften zu beeindrucken. In solchem Fall wurden die Straßen geschmückt, die Bevölkerung musste Spalier stehen, die Würdenträger in ihren Sonntagsgewändern erscheinen und es wurde sogar die Einrichtung diverser Kirchen „ausgeliehen", um die Gesandten entsprechend zu beeindrucken.[6]

Dieser Aufwand zeigte durchaus Wirkung, wie sich in den Berichten der nicht-griechischen Quellen über solche Gesandtschaften zeigt, die sich aber – vielleicht bezeichnenderweise – im Allgemeinen darauf konzentrieren, wie die Betroffenen mit der Situation umgehen. Beispielhaft sei kurz die Gesandtschaft Erzbischof Arnulfs von Mailand angeführt, der im Jahre 1001/1002 im Auftrag Kaiser Ottos III. nach Konstantinopel kam, um für den Kaiser eine byzantinische Prinzessin als Braut zu gewinnen. Schon vor seinem Einzug überlegte Arnulf, wie er die Byzantiner am besten beeindrucken könne. Schließlich ließ er an seinem Pferd, einem persönlichen Geschenk Ottos III. an Arnulf, goldene Hufeisen anbringen, die mit silbernen Nägeln befestigt waren. Angeblich bewunderte der ganze Hof in Konstantinopel dieses

---

5 Die Werke Liudprands von Cremona, hg. von Joseph Becker (Monumenta Germaniae Historica. Scriptores rerum Germanicarum in usum scholarum separatim editi [41]), 3. Aufl. Hannover 1915, Antapodosis IV 5, S. 154,5–155,15, hier zitiert nach der Übersetzung von Albert Bauer/Reinhold Rau, in: Quellen zur Geschichte der sächsischen Kaiserzeit (Ausgewählte Quellen zur deutschen Geschichte des Mittelalters. Freiherr vom Stein-Gedächtnisausgabe 8), Darmstadt 1971, S. 489.

6 So z. B. bei dem Empfang der Gesandten des Emirs von Tarsos 946, siehe De Cerimoniis (wie Anm. 2), II 15, S. 570–592.

Pferd.[7] Diese Geschichte scheint im Abendland immerhin so verbreitet gewesen zu sein, dass sie ein Jahrhundert bei der Erzählung des Einzugs des norwegischen Königs Sigurd in Konstantinopel noch einmal auftaucht. Sigurd ließ an seinem Pferd ebenfalls goldene Hufeisen anbringen, von denen eines so schwach befestigt war, dass es während des Einzugs abfiel, was von dem König aber nicht beachtet wurde.[8]

Ob diese und ähnliche Geschichten, von denen die lateinischen Quellen berichten, zutreffen, muss uns hier nicht interessieren. Entscheidend ist, dass das byzantinische Hofzeremoniell die fremden Besucher Konstantinopels offenbar so sehr beeindruckte, dass man, um das eigene Gesicht zu wahren, entsprechende Erzählungen mit dem gegenteiligen Effekt erfand. Noch klarer wird dies Bemühen bei einigen islamischen Quellen, die das Zeremoniell ironisieren, indem sie es überlisten. Auch hier sei nur ein Beispiel genannt: Im Jahre 839/840 wurde Yaḥyā ibn al-ḥakam (al-Ġazāl) der Gesandte des Emirs von Cordoba, ʿAbd ar-Raḥmān, im Kaiserpalast zur Audienz empfangen. Um ihn zur Verbeugung vor dem Kaiser zu zwingen, die er als Muslim ablehnte, bauten die Byzantiner angeblich den Eingang zum Thronsaal zu, so dass man sich bücken musste, um das Tor zu passieren, und damit dem Kaiser unfreiwillig doch seine Reverenz erwies. Jedoch drehte der Gesandte sich kurz vorher um, so dass er rückwärts den Thronraum betrat und dem Kaiser damit sein Hinterteil zeigte. Auch diese Geschichte war bei den arabischen Chronisten so populär, dass sie mehrfach Verwendung gefunden hat.[9]

Hier zeigt sich, dass das Zeremoniell auf den, für den es bestimmt war, durchaus Eindruck machen konnte. Problematisch wurde es allerdings dann, wenn Außenstehende mit dem Hintergrund einer nicht für sie bestimmten Zeremonie nicht vertraut waren oder deren Relevanz nicht sahen oder nicht sehen wollten. Dann konnte die ganze Veranstaltung auch gewisse, vielleicht sogar lächerlich anmutende Züge aufweisen. Auch hierfür bietet Liudprand von Cremona ein gutes Beispiel, der 968 als Gesandter Kaiser Ottos I. nach Konstantinopel kam, um eine Heirat zwischen der byzantinischen Prinzessin Anna und dem Kaisersohn Otto II. auszuhandeln. Liudprand hatte keinen Erfolg und suchte dies unter anderem dadurch zu bemänteln, dass er zahlreiche Zeremonien beschrieb und ins Lächerliche zog. Im Folgenden sei kurz sein Bericht über eine kaiserliche Prozession durch Konstantinopel angeführt: Kaiser Nikephoros und seine Höflinge zogen in feierlicher Prozession vom Palast zur Hagia Sophia, während Bevölkerung und Honoratioren den Weg säumten, und Liudprand

---

7   Landulphi Senioris Historiae Mediolanensis libri quatuor, hg. von Alessandro Cutolo (Rerum Italicarum Scriptores 4, 2), Bologna 1942, II 18, S. 51,25–53,25; vgl. Krijnie N. Ciggaar, Western Travellers to Constantinople. The West & Byzantium, 962–1204, Leiden/New York/Köln 1996, S. 214f.

8   Quellen zu Sigurd bei Hilda R. E. Davidson, The Viking Road to Byzantium, London 1976, S. 259–263; Ralph-Johannes Lilie, Byzanz und die Kreuzzüge, Stuttgart 2004, S. 68f.

9   Hier zitiert nach der Zusammenfassung von Évariste Lévi-Provençal, Un échange d'ambassades entre Cordoue et Byzance au IXe siècle, in: Byzantion 12, 1937, S. 1–24, hier S. 11f.

kommentierte das folgendermaßen: „Aber auch die Großen seines Hofes, die mit ihm durch die Reihen dieses barfüßigen Pöbels zogen, waren mit weiten und vor Alter löchrigen Gewändern angetan. Es war keiner unter ihnen, dessen Großvater sich diesen Rock neu angeschafft hätte. Mit Gold oder Edelsteinen war niemand geschmückt, als allein Nikephorus, der in den kaiserlichen, nach dem Maß seiner Vorgänger verfertigten Gewändern noch garstiger aussah. Ich schwöre es bei Eurem Leben, welches mir teurer ist als mein eigenes, dass das Staatskleid eines eurer Großen mehr wert ist als hundert und mehr solcher Anzüge.“[10]

Liudprand hat wahrscheinlich recht mit seiner Beschreibung der Gewänder, auch wenn sie sicherlich übertrieben ist. In einer von Kaiser Konstantin VII. für die Unterweisung seines Sohnes Romanos (II.) veranlassten Schrift wird folgende Anweisung für den Umgang mit fremden Völkern genannt: „Wenn einmal, wie es oft geschieht, Chazaren, Türken, Russen oder ein anderes dieser Völker verlangen und fordern, dass ihnen als Belohnung für irgendeinen Dienst oder eine Hilfeleistung etwas von den kaiserlichen Kleidern, Kronen und Gewändern gesendet werde, musst du dich (für deine Weigerung) so rechtfertigen: ‚Diese Gewänder und Kronen [...] sind nicht von Menschen hergestellt [...], sondern Gott hat, als er einst Konstantin den Großen, den ersten christlichen Kaiser, zum Kaiser machte, ihm durch einen Engel diese Gewänder und Kronen [...] geschickt und ihm aufgetragen, sie in die große heilige Kirche Gottes, die Hagia Sophia, zu legen und sie nicht täglich zu tragen, sondern nur wenn gerade in der Öffentlichkeit ein großes Herrenfest gefeiert wird. Deshalb wurden diese im Auftrag Gottes (dort) aufbewahrt; sie hängen über dem heiligen Tisch im Altarraum dieser Kirche und dienen zu deren Schmuck. Die übrigen kaiserlichen Gewänder und Kleider liegen ausgebreitet auf dem Altar. Wenn ein Fest unseres Herrn und Gottes Jesus Christus zu feiern ist, nimmt der Patriarch von diesen Gewändern und Kronen die für den Anlass geeigneten und passenden und schickt sie zum Kaiser. Dieser legt sie als Diener und Helfer Gottes an und trägt sie bei der Prozession, aber nur bei dieser. Nach dem Gebrauch gibt er sie der Kirche zurück, und in dieser liegen sie aufbewahrt.‘“[11]

Historisch gesehen ist der Text sicher unsinnig, aber er scheint insofern einen wahren Kern zu haben, als man bei bestimmten Gelegenheiten tatsächlich zu alten, durch die Tradition geheiligten Gewändern gegriffen und diese bei feierlichen Prozessionen

---

10 Die Werke Liudprands von Cremona (wie Anm. 5), Legatio cap. 9, S. 180f. (Übersetzung Bauer/Rau [wie Anm. 5], S. 533).

11 Constantine Porphyrogenitus, De administrando Imperio, hg. von Gyula Moravcsik/Romilly J. H. Jenkins (Corpus fontium historiae Byzantinae 1 = Dumbarton Oaks texts 1), Washington, DC 1967, 13,25–61; hier (verkürzt) zitiert nach der deutschen Übersetzung: Die Byzantiner und ihre Nachbarn. Die De Administrando Imperio genannte Lehrschrift des Kaisers Konstantinos Porphyrogennetos für seinen Sohn Romanos, hg. von Klaus Belke/Peter Soustal (Byzantinische Geschichtsschreiber 19), Wien 1995, S. 90f.

getragen hat, auch wenn sie – zumindest für den Außenstehenden – vielleicht nicht
mehr ganz neu und glänzend ausgesehen haben.[12]

Liudprand will natürlich schimpfen und sich über die Gebräuche in Konstantinopel lustig machen, auch wenn er, wie man immer wieder sehen kann, doch davon
beeindruckt ist. Aber trotzdem zeigt sich an diesem Beispiel, dass die Außenwirkung
eines Zeremoniells, das – zumindest zunächst – auf die Binnenwirkung hin konzipiert worden war, auch das Gegenteil des beabsichtigten Effekts haben konnte.

Dieser Fall konnte allerdings auch eintreten, wenn die Diskrepanz zwischen dem
Zeremoniell und den realen Verhältnissen zu groß wurde. Im ausgehenden 12. Jahrhundert hielt sich eine Gesandtschaft Kaiser Heinrichs VI. in Konstantinopel auf und
war bei der Feier des Weihnachtsfestes zugegen. Der Chronist Niketas Choniates beschreibt die Reaktion der Gesandten auf das Hofzeremoniell: „Als der Tag der Geburt Christi anbrach, legte der Kaiser sein edelsteingeschmücktes Kleid an und befahl
auch den anderen, ihre golddurchwirkten, breitgesäumten Gewänder anzuziehen.
Die Alamannen waren jedoch weit davon entfernt, vor Staunen über den Anblick
außer sich zu geraten [...]. Einige Rhomäer standen neben ihnen und riefen ihnen
zu, sie sollten doch auf die Pracht der Edelsteine blicken, die an dem Kaiser wie Blumen auf einer Wiese blühten und glühten, sie sollten doch mitten im Winter ihre
Augen an dem Liebreiz dieses Frühlings weiden und ergötzen. Die Gesandten aber
sagten zu ihnen: ‚Was sollen wir Alamannen mit so einem Schauspiel anfangen? Wir
pflegen uns nicht hinzustellen und uns an dem Anblick solcher Spangenkleider und
Überwürfe zu berauschen, die doch nur für Weiber passen, für puderbeschmierte, mit
Kopfbinden und glänzenden Ohrgehängen aufgeputzte, gefallsüchtige Wesen.‘" Und
in dieser Tonart lässt Niketas die Gesandten noch eine Weile weiterreden, bis alle Byzantiner vor Schreck über diese Ungehörigkeit geradezu erstarrten.[13]

Hier ist die Diskrepanz zwischen dem von den Byzantinern betriebenen Aufwand
und den tatsächlichen Verhältnissen zu groß, als dass das Zeremoniell seine Wirkung
entfalten könnte. Byzanz befand sich in einer ausgesprochenen Schwächeperiode, die
Heinrich VI. dazu ausnutzte, große Geldzahlungen zu erpressen. Andernfalls drohte
er mit einem Angriff, dem Byzanz kaum militärischen Widerstand hätte leisten kön-

---

12 In gewisser Weise existiert eine vergleichbare Tradition auch heute noch: In der katholischen Kirche entsprechen die bei der Liturgie getragenen Gewänder der Festtracht eines Senators in der Spätantike, und
der Talar in einigen protestantischen Landeskirchen leitet sich aus der Tracht eines Ratsherrn des 16. Jahrhunderts her. Von der Sache her ist beides unnötig, aber eben aufgrund der Tradition noch heute verbindlich.

13 Nicetae Choniatae historia, hg. von Joannes A. van Dieten (Corpus fontium historiae Byzantinae 11,1),
Berlin/New York 1975, S. 477f.; hier zitiert nach der deutschen Übersetzung von Franz Grabler, Die
Kreuzfahrer erobern Konstantinopel. Die Regierungszeit der Kaiser Alexios Angelos, Isaak Angelos und
Alexios Dukas, die Schicksale der Stadt nach der Einnahme sowie das „Buch von den Bildsäulen" (1195–
1206) (Byzantinische Geschichtsschreiber, 7–9), 2. Aufl. Graz/Wien/Köln 1958, S. 44f.

nen. Die Zurschaustellung von Pracht und Reichtum im Kaiserpalast musste daher ihre Wirkung auf die Gesandten verfehlen und in der gegebenen Situation sogar kontraproduktiv wirken.[14]

Das byzantinische Hofzeremoniell beschränkte sich nicht darauf, den Kaiser möglichst vorteilhaft herauszustellen. Es diente in gewisser Weise auch als Legitimitätsersatz, indem es die zumindest formale Voraussetzung für die kaiserliche Herrschaft selbst war. In gewisser Weise schuf das Zeremoniell selbst in sich Realität und damit Verbindlichkeit. Beides sei in aller Kürze am Beispiel des byzantinischen Krönungszeremoniells erläutert.[15]

Nach auch heute noch geltender allgemeiner Auffassung wurde man in Byzanz erst durch eine formalisierte Krönung Kaiser. Diese Krönung bedingte die Akklamation des neuen Kaisers durch die Konstituanten, das heißt: durch die Vertreter von Senat, Volk und Armee, die in ihrem Konsens quasi den Willen Gottes verkündeten. Sehr klar lässt dies beispielsweise der 517 gekrönte Justin I. in seiner Krönungsansprache verkünden: „Da wir durch die Entscheidung des allmächtigen Gottes und durch Eure gemeinsame Auswahl zur Herrschaft gekommen sind, rufen wir die Fürsorge des Himmels an."[16] Hier ist das Krönungszeremoniell der entscheidende Faktor für die Akzeptanz des neuen Kaisers.

Und doch ist auch das nicht so klar, wie es scheint, wie man schon am Beispiel Justinians I. sehen kann, des Nachfolgers Justins. Justinian erhielt den Thron von seinem Onkel Justin, der ihn am 1. April 527 als Nachfolger proklamierte, ja, wie die Quelle wörtlich sagt, „zum Kaiser machte": Ἰουστῖνος τὸν εὐσεβέστατον ἡμῶν δεσπότην Ἰουστινιανὸν ἐποίησεν. Das geschah in kleinem Kreise, weil Justin schwer krank war und ja auch wenig später starb. Das öffentliche Krönungszeremoniell mit der feierlichen Krönung durch den Patriarchen erfolgte erst vier Tage später, am 4. April. Aber seine Herrschaft hat Justinian immer vom 1. April an datiert, nicht vom vierten. Die quasi private Ernennung durch den Kaiser war wichtiger als das große, offizielle Krönungszeremoniell mit der Krönung durch den Patriarchen als Abschluss.[17] Hier zei-

---

14   Siehe dazu zuletzt Alexandru Stefan Anca, Herrschaftliche Repräsentation und kaiserliches Selbstverständnis. Berührung der westlichen mit der byzantinischen Welt in der Zeit der ersten Kreuzzüge (Symbolische Kommunikation und gesellschaftliche Wertesysteme. Schriftenreihe des Sonderforschungsbereichs 496, 31), Münster 2010, S. 184–186.

15   Zum Krönungszeremoniell in Byzanz vgl. die Übersicht bei Ralph-Johannes Lilie, Krönung, in: Reallexikon zur byzantinischen Kunst, Stuttgart 1991, S. 439–454; siehe dazu auch die in Anm. 1 angegebene Literatur.

16   De Cerimoniis (wie Anm. 2), I 93, S. 429,18–20: τῇ τοῦ παντοδυνάμου Θεοῦ κρίσει, τῇ τε ὑμετέρᾳ κοινῇ ἐκλογῇ πρὸς τὴν βασιλείαν χωρήσαντες, τὴν οὐράνιον πρόνοιαν ἐπικαλούμεθα. Diese Übereinstimmung wird auch an anderen Stellen angesprochen und auch noch genauer exemplifiziert, siehe z. B. S. 428,15–18.

17   De Cerimoniis (wie Anm. 2), I 95, S. 432,21–433,1; zu Justinian vgl. Mischa Meier, Das andere Zeitalter Justinians. Kontingenzerfahrung und Kontingenzbewältigung im 6. Jahrhundert n. Chr. (Hypomnemata 147), Göttingen 2003, der die Krönung Justinians, soweit ich sehe, allerdings nicht behandelt.

gen sich klar die Möglichkeiten und Grenzen des Zeremoniells, was sich auch daraus erklärt, dass das Zeremoniell keinen unveränderlichen Ablauf kannte, sondern den jeweils herrschenden Bedingungen angepasst wurde. Wichtig war, dass der in dem Zeremoniell gestaltete Gesamteindruck legitimitätsstiftend blieb. In diesem Rahmen konnten die einzelnen Komponenten durchaus modifiziert werden.[18]

In demselben Zusammenhang muss nach der Verbindlichkeit des Zeremoniells gefragt werden: Wenn ein Kaiser im Rahmen eines weitgehend festgelegten Krönungszeremoniells eingesetzt werden konnte, konnte er dann auch wieder abgesetzt werden? Oder war es so wie beispielsweise noch heute beim Papst, der nach seiner Wahl und Weihe unabsetzbar ist und nur durch den Tod – oder im Extremfall durch seinen Rücktritt – den Weg für einen Nachfolger freimacht?

Das wohl eindeutigste Beispiel für diese Problematik bietet Kaiser Justinian II., der von 685 bis 695 regierte und dann nach einer eher unglücklichen Herrschaft gewaltsam gestürzt wurde: Der Chronist Theophanes berichtet, dass die Verschwörer zur Hagia Sophia zogen: Der Patriarch verkündete: „Dies ist der Tag, den der Herr gemacht hat." Das Volk schrie: „Zerstreut die Knochen Justinians." Die ganze Menge zog dann in das Hippodrom. Als es Tag geworden war, wurde Justinian in das Hippodrom geführt, man schnitt ihm die Nase ab und verbannte ihn nach Cherson.[19]

Die Schilderung mit ihren Anklängen an das Alte Testament zeigt eindeutig, dass Justinian nicht nur gestürzt, sondern auch formell abgesetzt worden ist. Den Akklamationen bei der Krönung eines Kaisers entspricht hier die Dysphemie. Alles spielte sich im Hippodrom ab, dem Ort, an dem man in dieser Zeit normalerweise dem neu gekrönten Kaiser akklamierte, und die ganze Absetzung war ebenso öffentlich wie einst die Krönung.

Man schnitt Justinian die Nase ab, um ihn auch physisch als Kaiser zu disqualifizieren, und verbannte ihn nach Cherson auf der Krim. Drei Jahre später wurde auch der Usurpator Leontios gestürzt, ins Gefängnis geworfen und seiner Nase beraubt, während nun Tiberios Apsimar den Thron bestieg.[20]

Justinian gab sich mit seinem Los nicht zufrieden. Er floh aus der Verbannung, zuerst zu den Khazaren, wo er eine Tochter des Khazarenkhans heiratete, und von dort zu den Bulgaren, die ihm ein Heer zur Verfügung stellten, mit dem er gegen Konstantinopel zog und 705 durch eine leere Wasserleitung in die Stadt eindrang. Auch über diese Rückkehr Justinians zur Herrschaft berichtet Theophanes: „Nach drei Tagen

18 Ralph-Johannes Lilie, Byzanz. Kaiser und Reich, Köln/Weimar/Wien 1994, S. 10–30.
19 Theophanis chronographia, hg. von Carl de Boor, 2 Bde., Leipzig 1883–1885, S. 369,21–23.
20 Zu Justinian II. s. zuletzt die Prosopographie der mittelbyzantinischen Zeit. Erste Abteilung (641–867), nach Vorarbeiten F. Winkelmanns erstellt von Ralph-Johannes Lilie/Claudia Ludwig/Thomas Pratsch u. a., 7 Bde., Berlin/New York 1998–2002, Nr. 3556; zu Leontios siehe Nr. 4547; zu Tiberios Apsimar siehe Nr. 8483; (im Folgenden PmbZ).

Belagerung drang Justinian mit einigen Anhängern in die Stadt ein und nahm zunächst im Blachernenpalast Wohnung. In der Stadt verbreitete sich kopfloser Schrecken. Tiberios Apsimar floh nach Apollonia, wurde aber verfolgt, gefangengenommen und vor Justinian gebracht. Dieser ließ Apsimar und Leontios in Ketten gefesselt durch die ganze Stadt führen und dann in das Hippodrom bringen. Als er selbst Platz genommen hatte, wurden beide öffentlich verunglimpft und schließlich gefesselt vor seine Füße geworfen. Justinian setzte seinen Fuß auf ihre Nacken, bis das Volk schrie: ‚Auf die Schlange und das Untier bist du getreten, Löwen und Drachen hast du niedergestreckt.' Nach diesem Schauspiel wurden beide geköpft."[21]

Diese Bestrafung des Leontios und Apsimars ist, wie der Bericht des Chronisten deutlich zeigt, keine formelle Absetzung wie diejenige Justinians 695, sondern es ist eindeutig eine Bestrafung, wie sie Hochverrätern und gescheiterten Usurpatoren zukam. Es ist evident, dass Justinian das Kaisertum der beiden nicht anerkannt hat. Sie waren für ihn Empörer, deren Herrschaft von Beginn an unrechtmäßig war. Konsequenterweise ließ er sich auch nicht ein zweites Mal krönen. Im Gegenteil: Er nutzte die Gelegenheit, um seinen Verbündeten, den bulgarischen Khan Tervel zu belohnen. Wie der Chronist Nikephoros berichtet, „ehrte Justinian ihn sehr, bekleidete ihn schließlich sogar mit der kaiserlichen Chlamys und ernannte ihn zum Kaisar und damit nicht zufrieden, ließ er ihn neben sich Platz nehmen und beide nahmen zusammen vom Volk die Proskynese entgegen." Tervel wurde also förmlich zum Kaisar ernannt und erhielt damit den höchsten byzantinischen Hoftitel in dieser Zeit, der unmittelbar hinter dem Kaiser selbst rangierte und u. U. auch dessen Nachfolger bezeichnen konnte. Man kann vielleicht sagen, dass Justinian wohl das Gefühl hatte, seine erneuerte Herrschaft durch ein entsprechendes Schauspiel öffentlich zelebrieren zu müssen, aber eben keineswegs bereit war, sich selbst noch einmal krönen zu lassen.[22]

Die Folgerung ist unzweifelhaft: Für Justinian II. zählte nur seine eigene Krönung. Die Absetzung hingegen war für ihn unrechtmäßig und damit waren für ihn auch die Krönungen seiner Nachfolger ungültig, gleichgültig ob man dabei das Zeremoniell eingehalten hatte oder nicht.

Letztendlich wird man wohl sagen können, dass die Rechtmäßigkeit einer Krönung davon abhing, ob der Gekrönte sich als Kaiser im Reich durchsetzen konnte. Wenn das gelang, war auch die Krönung rechtmäßig, wenn nicht, war sie illegitim.

Am wichtigsten für die Legitimität eines Kaisers war ohnehin die Ernennung durch seinen Vorgänger, wie wir schon am Beispiel Justins I. 527 gesehen haben. Im Jahre 870 setzte Kaiser Basileios I. seinen damals knapp vier Jahre alten Sohn Leon als

---

21 Theophanis chronographia (wie Anm. 19), S. 375,6–13.
22 Zu Tervel siehe PmbZ 1, Nr. 7250.

Mitkaiser ein. 883 setzte er ihn wegen einer angeblichen Verschwörung wieder ab und erhob seinen jüngsten Sohn Alexandros zum Mitkaiser. Drei Jahre später versöhnten Basileios und Leon sich wieder, und Leon wurde erneut und ganz offiziell zum Mitkaiser ernannt, während Alexandros wieder an die dritte Stelle in der Rangfolge zurückfiel. Ganz offensichtlich sahen die Kaiser also sich selbst als die entscheidenden Faktoren bei der Nominierung ihrer Nachfolger.

Trotzdem waren auch sie an das Zeremoniell gebunden, denn das Volk erwartete, dass ihre Kaiser in einem zeremoniellen Rahmen agierten, der ihren Bewegungsspielraum – ganz wörtlich genommen – einschränkte und bestimmte. Anders ausgedrückt: Das Zeremoniell war zwar für die Untertanen bestimmt, aber um verbindlich zu sein, zwang es auch dem Kaiser, den es ja herausstellen sollte, ein bestimmtes Verhalten auf. Verletzte ein Kaiser diesen allgemeinen Konsens, wurde dies streng getadelt und konnte durchaus auch seine Herrschaft gefährden.

Im Jahre 602 wurde Kaiser Maurikios von rebellierenden Soldaten der Donauarmee gestürzt. Zum Nachfolger rief man Phokas aus, einen Unteroffizier dieser Truppe, der völlig ungebildet und in keiner Weise auf das Kaisertum vorbereitet war. Entsprechend benahm er sich. Bei der Krönung seiner Frau Leontia zur Kaiserin kam es zum Eklat und die Sprecher der Partei der Blauen im Hippodrom reagierten, indem sie an den Kaiser die Aufforderung richteten: ὕπαγε· μάθε τὴν κατάστασιν· ὁ Μαυρίκιος οὐκ ἀπέθανεν („Pass' auf; lerne erst einmal das Zeremoniell; Maurikios ist noch nicht tot."). Das war wohl weniger eine Drohung mit dem gestürzten Kaiser als Spott: Erkundige Dich mal bei Maurikios, wie man als Kaiser aufzutreten hat![23]

Tatsächlich zogen in Byzanz Kaiser, die das Zeremoniell nicht beachteten oder auch bewusst missachteten, durchgängig Tadel auf sich. In der ersten Herrschaftsperiode Justinians II. vor dessen oben geschildertem Sturz beziehen die Hauptvorwürfe in den Chroniken sich nicht auf die desaströse Außenpolitik des Kaisers, sondern auf dessen schlechtes Verhalten gegenüber seiner Mutter und dem Patriarchen. Anderthalb Jahrhunderte später wurde Kaiser Michael III., der schon im Alter von drei Jahren auf den Thron gekommen war, in erster Linie vorgeworfen, dass er sich nicht wie ein Kaiser benommen habe. So zog er mit einer Horde von Anhängern nachts durch die Stadt und trieb Unfug, verunglimpfte etwa den Patriarchen und setzte seine Favoriten nach Belieben als Mitkaiser ein und wieder ab.[24] Typisch ist folgende Episode: Der Kaiser hatte angeblich ein Patenkind. Eines Tages traf er bei einem Ausritt die Mutter des Kindes, als sie mit einem Wasserkrug in der Hand und einem Badetuch aus dem Bad zurückkehrte. Der Kaiser lud sich bei ihr ein, breitete anstelle einer Tischdecke das nasse Badetuch aus und bereitete selbst das Essen. Wie die Chronik

---

23 Theophanis chronographia (wie Anm. 19), S. 289,19f.
24 Zu Michael III. siehe PmbZ 1, Nr. 4991.

beschreibt, war er in einer Person Kaiser, Servierer, Koch und Gast und habe so mit seinem Tun Christus nachgeahmt. Danach habe Michael seine kaiserlichen Vorgänger verspottet, weil sie auf ihre Würde als Kaiser geachtet hätten.[25]

Sein Sturz erscheint als logische Folge dieses Verhaltens, das der Erwartungshaltung an einen Kaiser widersprach. Das Zeremoniell war festgelegt und änderte sich nur, wenn außerordentliche Umstände das bedingten. So führten die Kaiser im Lauf des Jahres auch verschiedene Prozessionen in der Stadt durch. Im Rahmen eines solchen Zeremoniells zog Kaiser Leon VI. am 11. Mai 902 in einer feierlichen Prozession in die Mokioskirche. In der Kirche wurde er von einem Attentäter angegriffen und wäre erschlagen worden, wenn der Stock des Attentäters sich nicht in einem Kronleuchter verfangen hätte. Die gesamte Gefolgschaft floh vor Entsetzen, nur ein paar Leibwächter blieben und überwältigten den Attentäter. Der Kaiser brach die Prozession ab, obwohl der zuständige Priester der Mokioskirche versuchte, ihn davon abzubringen. Die Prozession wurde auch später nicht wieder aufgenommen, womit diese Tradition erlosch. Man wird das Fliehen der Gefolgschaft vielleicht weniger mit Feigheit erklären können als eher mit dem Entsetzen, das aus der Störung des Zeremoniells erwuchs. Bezeichnend ist aber auch, dass diese Prozession damit entwertet war und infolgedessen ihren Platz im Zeremoniell verlor. Trotzdem war der Abbruch des Zeremoniells so schwerwiegend, dass später eine Prophezeiung kursierte, nach der der besagte Priester der Mokioskirche dem Kaiser vorhersagte, dass er nach genau zehn Jahren sterben werde. Und tatsächlich starb Leon VI. dann natürlich auch am 11. Mai 912.[26]

Anders ausgedrückt: Das Zeremoniell verzieh es nicht, wenn man es missachtete. – Was uns zu der abschließenden Frage führt, was der Kaiser, der ja gleichermaßen Subjekt wie Objekt des Zeremoniells war, selbst über die Verbindlichkeit des Zeremoniells gedacht hat. Wie sahen die Kaiser seinen Stellenwert? Auch hierfür seien einige Beispiele angeführt: Der schon mehrfach genannte Kaiser Leon VI. ließ nach dem Tod seiner zweiten Frau Zoe Zautzina die Tochter der beiden, Anna, zur Augusta krönen, obwohl sie erst zwei oder drei Jahre zählte. Als offizielle Begründung wurde angegeben, dass man am Hof eine Kaiserin brauchte, um den Forderungen des Zeremoniells nachkommen zu können.[27] Wenig später wurde Anna mit Ludwig von der Provence verlobt. Dies nahm Leon VI. zum Anlass, eine dritte Ehe einzugehen, denn mit dem absehbaren Fortgang Annas nach Italien brauchte man am Hof wiederum

25 Theophanes Continuatus, in: Theophanes Continuatus, Ioannes Cameniata, Symeon Magister, Georgius Monachus, hg. von Immanuel Bekker (Corpus scriptorum historiae Byzantinae), Bonn 1838, IV 37, S. 199,11–200,14.

26 Theophanes Continuatus (wie Anm. 25), VI 19, S. 365,21–366,9.

27 Theophanes Continuatus (wie Anm. 25), VI 17, S. 364,14–16: Λέων δὲ ὁ βασιλεὺς στέφει Ἄνναν θυγατέραν Ζωῆς τὴν ἀπὸ τοῦ Ζαούτζα, διὰ τὸ μὴ δύνασθαι ποιεῖν τὰ κατὰ τύπον κλητόρια, Αὐγούστης μὴ οὔσης.

eine Kaiserin, wie Patriarch Nikolaos I. Mystikos im Jahre 912 in einem Brief an Papst Anastasius III. ausführte.[28] Bedenken wir, dass Anna, die übrigens nie nach Italien oder in die Provence ging, sondern in Konstantinopel blieb und dort auch gestorben ist, zum Zeitpunkt ihrer Verlobung noch fast ein Baby war, kann man an der Ernsthaftigkeit dieser Argumentation zweifeln, zumal es mit der Frau des Mitkaisers Alexandros noch eine weitere Person gab, die die Rolle als Kaiserin hätte ausfüllen können.[29] Allerdings war sie wohl nicht zur Augusta gekrönt worden. Laut einer Quelle soll Leon VI. sogar Alexandros und dessen Ehefrau voneinander getrennt haben, da Alexandros gegen ihn konspiriert hätte. Allerdings ist diese Nachricht aus mehreren Gründen abzulehnen. Aber die ganze Episode zeigt, dass selbst ein ausgesprochen frommer Kaiser, der Leon VI. zweifelsfrei gewesen ist, die Möglichkeiten des Hofzeremoniells auch zu seinen Gunsten auslegen konnte.

Tatsächlich haben manche Kaiser das Zeremoniell auch ganz bewusst zu politischen Aussagen genutzt, wie man wiederum bei Leon VI. sehen kann: Wie schon gesagt, hatte Leon sich mit seinem Vater Basileios I. überworfen und war von diesem erst kurz vor dessen Tod wieder als Thronfolger eingesetzt worden. Eine seiner ersten Handlungen nach seinem Herrschaftsantritt bestand darin, dass Leon in feierlicher Weise den Leichnam Kaiser Michaels III. von Chrysopolis nach Konstantinopel in die Apostelkirche überführen ließ, die traditionelle Begräbnisstätte der byzantinischen Kaiser. Das war eine eindeutige Distanzierung Leons von seinem Vater, denn Basileios I. hatte Michael III. gestürzt und ermordet. Wir können die ganze Diskussion, ob Leon vielleicht ein unehelicher Sohn Michaels III. gewesen ist, hier beiseitelassen. Zu entscheiden ist sie ohnehin nicht mehr. Wichtig ist hier nur, dass diese Translation der Gebeine Michaels eindeutig eine politische Aussage war, für die Leon das Zeremoniell benutzte.[30]

Ähnliches geschah 40 Jahre später: Kaiser Konstantin VII. war 913 mit sieben Jahren auf den Thron gekommen. Sieben Jahre später wurde er von Romanos I. Lakapenos gestürzt, der ihn aber nicht beseitigte, sondern mit seiner Tochter Helene vermählte. Konstantin wurde erster Mitkaiser, obwohl Romanos selbst mit Christophoros einen älteren Sohn hatte. 927 nun wurde nach langem Krieg Friede mit den Bulgaren geschlossen und dieser Friedensschluss wurde durch die Heirat des bulgarischen Zaren Petar mit der byzantinischen Prinzessin Maria, einer Tochter dieses Christophoros, bekräftigt. Wie die Chroniken berichten, verlangten die Bulgaren, dem Brautvater

28   Nicholas I, patriarch of Constantinople, Letters, hg. von Romilly J. H. Jenkins/Lennart G. Westerink (Corpus fontium historiae Byzantinae 6 = Dumbarton Oaks Texts 2), Washington, DC 1973, Ep. 32,76–86.

29   Zu Anna und dem Heiratsplan vgl. Otto Kresten, Zur angeblichen Heirat Annas, der Tochter Kaiser Leons VI., mit Ludwig III. „dem Blinden", in: Römische Historische Mitteilungen 42, 2000, S. 171–211.

30   Georgius Monachus Continuatus, in: Theophanes continuatus (wie Anm. 25), S. 761–924, S. 849,2–8; Ioannis Scylitzae Synopsis historiarum, hg. von Joannes Thurn (Corpus fontium historiae Byzantinae 5), Berlin 1973, S. 172,80–88.

Christophoros als Erstem nach Romanos selbst als Kaiser huldigen zu dürfen. Angeblich war das Romanos nicht recht, aber er gab nach, um die neugewonnene Eintracht nicht zu gefährden. Von da an war Christophoros ganz offiziell der erste Mitkaiser des Romanos und damit sein Nachfolger, während Konstantin VII. an die dritte Stelle abrutschte. Das Ganze war sicherlich ein diplomatisches Manöver des Romanos, der das Zeremoniell dazu benutzte, die geänderten Machtverhältnisse in der kaiserlichen Familie öffentlich herauszustellen, ohne sich dabei selbst zu kompromittieren.[31]

Aufgrund der geschilderten Beispiele könnte man vermuten, dass die Kaiser das Zeremoniell relativ zynisch für ihre Zwecke ausnutzten und ihm allenfalls einen Nützlichkeitswert beimaßen, ohne aber selbst an seine Verbindlichkeit zu glauben. Das wäre allerdings meines Erachtens eine unzulässige Übertragung moderner Verhaltensweisen auf mittelalterliches Denken, in dem – zumindest in Byzanz – ja gerade der Form ein außerordentlich hoher Stellenwert beigemessen wurde. Hierfür sei ein letztes Beispiel angeführt: 989 hatte Kaiser Basileios II. den Empörer Bardas Skleros nach langem Kampf zum Aufgeben gezwungen. Skleros erschien, wie vereinbart, im kaiserlichen Heerlager, um sich zu unterwerfen, was er auch in aller Form tat. Aber er hatte vergessen, zuvor die roten Schuhe auszuziehen, die in Byzanz dem Kaiser allein vorbehalten waren. Als Basileios dies bemerkte, drohte die ganze Aussöhnung zu platzen. Der Kaiser bedeckte seine Augen, um diesen Frevel nicht sehen zu müssen, und hätte die Zeremonie abgebrochen, wenn Skleros sich nicht sofort untertänigst entschuldigt und die Schuhe ausgezogen hätte. Erst danach konnte die Aussöhnung wie geplant vonstatten gehen. Basileios als Sieger hätte ja auch mit einem Scherz über den Fauxpas hinweggehen können. Aber das war nicht möglich.[32] Es hätte das Selbstbild des Kaisers verletzt, das sich auch in solchen Dingen zeigte – die wir heute vielleicht für Kleinigkeiten halten mögen, die in der byzantinischen Weltanschauung aber eine ausschlaggebende Rolle spielten. Das ist auch nicht weiter verwunderlich, wenn man bedenkt, dass das Zeremoniell in erster Linie in die byzantinische Gesellschaft hineinwirken sollte. Und auch die Kaiser waren ja Teile dieser Gesellschaft. „Purpurgeborene Kaiser", also Herrscher, die als Prinzen geboren worden waren und auf ihren Vater folgten, sind in Byzanz die Minderheit gewesen. Von 94 Kaisern kamen gerade 31 auf diese Weise auf den Thron, rund doppelt so viele kamen mehr oder weniger von außerhalb, also gerade aus der Gesellschaft, in die hinein die kaiserliche Selbst-

---

31 Theophanes Continuatus (wie Anm. 25), VI 22, S. 414,15–21; zu der wechselnden Reihenfolge im Kaiserkollegium vgl. Otto Kresten/Andreas E. Müller, Samtherrschaft, Legitimationsprinzip und kaiserlicher Urkundentitel in Byzanz in der ersten Hälfte des 10. Jahrhunderts (Österreichische Akademie der Wissenschaften, Philosophisch-historische Klasse, Sitzungsberichte, 630), Wien 1995.

32 Michele Psello, Imperatori di Bisanzio (Cronografia) (Libri I–VI 75), hg. von Dario Del Corno/Salvatore Impellizzeri/Ugo Criscuolo/Silvia Ronchey, Bd. 1, Milano 1984, I 28, S. 38, 40.

darstellung wirkte.[33] Dass unter diesen Umständen die meisten Kaiser an die Verbindlichkeit des Zeremoniells geglaubt haben, ist äußerst wahrscheinlich. Das schloss, wie
gezeigt worden ist, nicht aus, dass man das Zeremoniell gegebenenfalls auch als politische Waffe einsetzen konnte. Aber das änderte nichts an seinem Stellenwert und an
seiner grundsätzlichen Verbindlichkeit.

---

33 Ralph-Johannes Lilie, Der Kaiser in der Statistik. Subversive Gedanken zur angeblichen Allmacht der by-
    zantinischen Kaiser, in: Hypermachos. Festschrift zum 65. Geburtstag von Werner Seibt, hg. von Christos
    Stavrakos/Alexandra-Kyriaki Wassiliou/Mesrob K. Krikorian, Wien 2007, S. 211–233, bes. S. 213–218.

Jenny Rahel Oesterle

Eine neue Perspektive auf das ottonische Kaisertum?

Für Hagen Keller

Imperiale Machtrepräsentation im Jahre 973 bei Ottonen und Fatimiden

Geschichtliche Gleichzeitigkeit besitzt für den Historiker keine fraglose Evidenz.[1] Verstanden in ihrer ganzen semantischen Spannweite von „Augenschein" über „Offenkundigkeit" bis „völlige Klarheit"[2] ist im Folgenden gleichwohl mit ihr zu arbeiten, um wissenschaftlich zwei Imperien zusammenzudenken und zu verhandeln, die sich faktisch gleichzeitig begründeten und entwickelten und dennoch, trotz räumlicher Annäherung im Mittelmeerraum nur peripher miteinander in direkten Kontakt kamen: das fatimidische Kalifat und das ottonische Kaisertum im 10. Jahrhundert. Eingesetzt sei mit Ereignissen auf ottonischer und fatimidischer Seite im Jahr 973.

Am 23. März feierte Kaiser Otto I., nach fünfjährigem Aufenthalt in Italien zurückgekehrt ins Kernland seiner Königsherrschaft, Sachsen, in Quedlinburg das Osterfest. Die Verbindung von höchstem christlichen Fest und Hoftag erlaubte, sakrale und imperiale Repräsentationsformen seiner Herrschaft aufs Glanzvollste zu verschränken. Erschienen waren Große aus dem gesamten Königreich, dazu die Herzöge von Polen und Böhmen, Gesandtschaften aus Byzanz, Benevent, Ungarn, Bulgarien, der Dänen,

---

1 Das Problem von „Gleichzeitigkeit" für transkulturelle Vergleiche behandelte jüngst Wolfram Drews, Die Karolinger und die Abbasiden von Bagdad. Legitimationsstrategien frühmittelalterlicher Herrscherdynastien im transkulturellen Vergleich, Berlin 2009.

2 Vgl. Wahrig. Fremdwörterlexikon, hg. von Renate Wahrig-Burfeind, 5. Aufl. Gütersloh/München 2004.

Slawen[3] und aus Rom. Nicht nur die Vielgliedrigkeit des Königtums in Gestalt seines
Herrschers und seiner Großen trat hier in Erscheinung, auch die innere Festigkeit und
Verbundenheit des Reichsgefüges. Darüber hinaus wurde eine noch heute nachvoll-
ziehbare Vorstellung der weit gespannten Außenbezüge und Binnendifferenzierungen
des Imperiums entworfen. Abstufungen nach räumlicher Nähe und Ferne sowie Rän-
gen und politischer Bedeutung wurden sichtbar. Befriedet erschien mit den anwesenden Herzögen die gesamte Grenze des Reiches im Norden, gesichert die Beziehungen
zu den östlichen Nachbarn bis hin zu Byzanz und damit einschließlich Süditaliens. In
gleichsam mehrfachen Spiegelungen wurde nicht nur den Auswärtigen die Stabilität
des Königtums und des Friedens im Inneren des Reiches deutlich; den beteiligten Großen des Reiches erkennbar wurde die Wirkungsstärke des Kaisertums nach außen. Vor
Augen trat allen Anwesenden die Größe und Verzweigtheit des Einfluss- und Bezie-
hungsnetzes, die Machtfülle und Ausstrahlungskraft des Imperiums.

Knapp sechs Wochen später, am 1. Mai zum Himmelfahrtsfest und Hoftag in Merseburg weitete sich der Horizont imperialer Anerkennung erneut. Aus „Afrika" erreichte eine Gesandtschaft den kaiserlichen Hof und erwies dem Herrscher „königliche Ehre", wie es bei Widukind lautet.[4] Um einen diplomatischen Kontakt mit dem
Fatimidenherrscher al-Muʿizz in Nordafrika handelte es sich jedoch trotz der geogra-
phischen Angabe nicht. Obwohl die wissenschaftliche Literatur immer wieder in diesem Zusammenhang auf die Fatimiden zu sprechen kommt,[5] ist festzuhalten: „Eine
fatimidische Gesandtschaft an Otto I. [...] hat es nie gegeben".[6] Stattdessen nahm wieder einmal das umayyadische Kalifat in Spanien diplomatische Beziehungen mit Otto

---

3 Die Regesten des Kaiserreichs unter Heinrich I. und Otto I. 919–973, neubearb. von Emil von Ottenthal
   (Johann Friedrich Böhmer, Regesta Imperii 2, 1), Hildesheim 1967, Nr. 562d. Während der zeitgenössische Geschichtsschreiber Widukind von Corvey (Die Sachsengeschichte des Widukind von Korvei,
   hg. von Paul Hirsch/Hans-Eberhard Lohmann [Monumenta Germaniae Historica. Scriptores rerum Germanicarum in usum scholarum separatim editi (60)], Hannover 1935, lib. 3, cap. 75, S. 152) nur festhielt,
   dass viele Völker zum Hoftag gereist waren (*ubi diversarum gentium multitudo conveniens*), führt Thietmar von Merseburg (Die Chronik des Bischofs Thietmar von Merseburg und ihre Korveier Überarbeitung, hg. von Robert Holtzmann [Monumenta Germaniae Historica. Scriptores Rerum Germanicarum,
   Nova Series 9], Berlin 1953, lib. 2, cap. 31, S. 76), Angaben aus den Quedlinburger Annalen übernehmend,
   die oben genannten Teilnehmer an (*huc confluebant inperatoris edictu Miseco atque Bolizlavo duces et legati Grecorum, Beneventorum, Ungariorum, Bulgariorum, Danorum et Sclavorum*). Vgl. zum Osterhoftag
   973: Der Hoftag in Quedlinburg 973. Von den historischen Wurzeln zum Neuen Europa, hg. von Andreas
   Ranft, Berlin 2006.
4 Widukind, Sachsengeschichte (wie Anm. 3), lib. 3, cap. 75.
5 Vgl. z. B. Ulrich Knefelkamp, Das Mittelalter, Paderborn 2003, S. 110.
6 Helmut Walther, Der gescheiterte Dialog. Das ottonische Reich und der Islam, in: Orientalische Kultur
   und Europäisches Mittelalter, hg. von Albert Zimmermann/Ingrid Kraemer-Ruegenberg (Miscellanea
   Medievalia 17), Berlin/New York 1985, S. 20–44, bes. S. 41.

dem Großen auf, obwohl es bei der ersten Kontaktaufnahme von ottonischer Seite über imperiale Rangzuschreibungen zu Komplikationen gekommen war.[7]

Nur eine Woche nach dem Merseburger Hoftag und dem „afrikanisch"-iberischen Gesandtschaftsempfang, es ist der 7. Mai 973, verstarb Otto der Große in Memleben. Im Verein mit dem Volk rühmt der Autor der Sachsengeschichte, Widukind, habe er bedrohliche Gegner wie die Awaren, Sarazenen, Dänen und Slawen besiegt, Italien unterworfen, Götzentempel zerstört, Kirchen erbaut und Geistliche investiert.[8] In der Reihenfolge der Feinde stehen die Sarazenen gleich nach den Ungarn an zweiter Stelle, aus deren Lechfeldniederlage immerhin für Otto I. eine unmittelbar von Gott gewollte Imperatorwürde hergeleitet wurde. Die Nennung der Sarazenen direkt nach den Ungarn ist ein Zeichen für ihre mächtige Präsenz in der christlichen Vorstellungs-welt und die Verbindlichkeit von Normvorstellungen über die Pflichten eines christli-chen Kaisers. Widukinds Aussage über Ottos Sarazenensiege gehört gleichwohl eher dem Imaginären an. Faktisch führte Otto der Große genauso wenig direkte Kämpfe mit den sogenannten Sarazenen in Süditalien wie es je eine fatimidische Gesandt-schaft kurz vor seinem Tod gab.[9]

Blicken wir von Sachsen nach Nordafrika! Um Ostern 973 befand sich der vierte Fatimidenkalif, al-Muʿizz, mit seinem Hof und dem gesamten Herrscherhaus noch immer auf dem Weg nach Ägypten, dessen Eroberung nach mehrmals gescheiter-ten Versuchen unter seinen Vorgängern seinem General Ǧauhar 969 gelungen war. Er wird dort die ihm neu erbaute Palaststadt Kairo beziehen. Sie wird in Zukunft für rund 200 Jahre die Zentrale des schon während seiner nordafrikanischen Herr-schaft zur Großmacht im Mittelmeerraum aufgestiegenen Fatimidenreiches sein. (Abb. 1) Fünf Wochen nach dem fernen Tod Ottos des Großen, am 10. 6. 973, wurde al-Muʿizz dort empfangen. Zwei Jahre später trat der, wie im Ottonenreich, zum Nach-folger bestimmte Sohn, nach dem Tod des Vaters die Herrschaft an. Beim Umzug nach Ägypten setzte er als Emir, d. h. als fatimidischen Vizekönig über den ganzen Maghreb, einen Fürsten aus dem Geschlecht der Ziriden ein. Sizilien blieb einstwei-

---

7 Vgl. Gerd Althoff/Hagen Keller, Die Zeit der späten Karolinger und der Ottonen. Krisen und Konsolidie-rungen. 888–1024 (Gebhardt. Handbuch der deutschen Geschichte 3), Stuttgart 2008, S. 191.

8 Widukind, Sachsengeschichte (wie Anm. 3), lib. 3, cap. 75: *Populus autem pro eius laude et gratiarum ac-tione multa locutus memoravit eum paterna subiectos rexisse pietate, ab hostibus eos liberasse, superbos hostes Avares, Sarracenos, Danos, Sclavos armis vicisse, Italiam subiugasse, delubra deorum in vicinis gentibus de-struxisse, templa ministrorumque ordines constituisse; multaque alia bona invicem conferentes regali funeri insistebant.*

9 Allenfalls die Absicht Ottos I. ist nachweisbar, die Sarazenen von Fraxinetum zu vernichten, von der er allerdings absieht. Vgl. Widukind, Sachsengeschichte (wie Anm. 3), lib. 3, cap. 75. Allerdings zählt Widu-kind zum in Italien erworbenen Ruhm Ottos neben der Gefangennahme des Langobardenkönigs und der Überwindung der Griechen auch den Sieg über die Sarazenen. Vgl. Hagen Keller, Das „Erbe" Ottos des Großen. Das ottonische Reich nach der Erweiterung zum Imperium, in: Frühmittelalterliche Studien 41, 2007, S. 43–74, bes. S. 45.

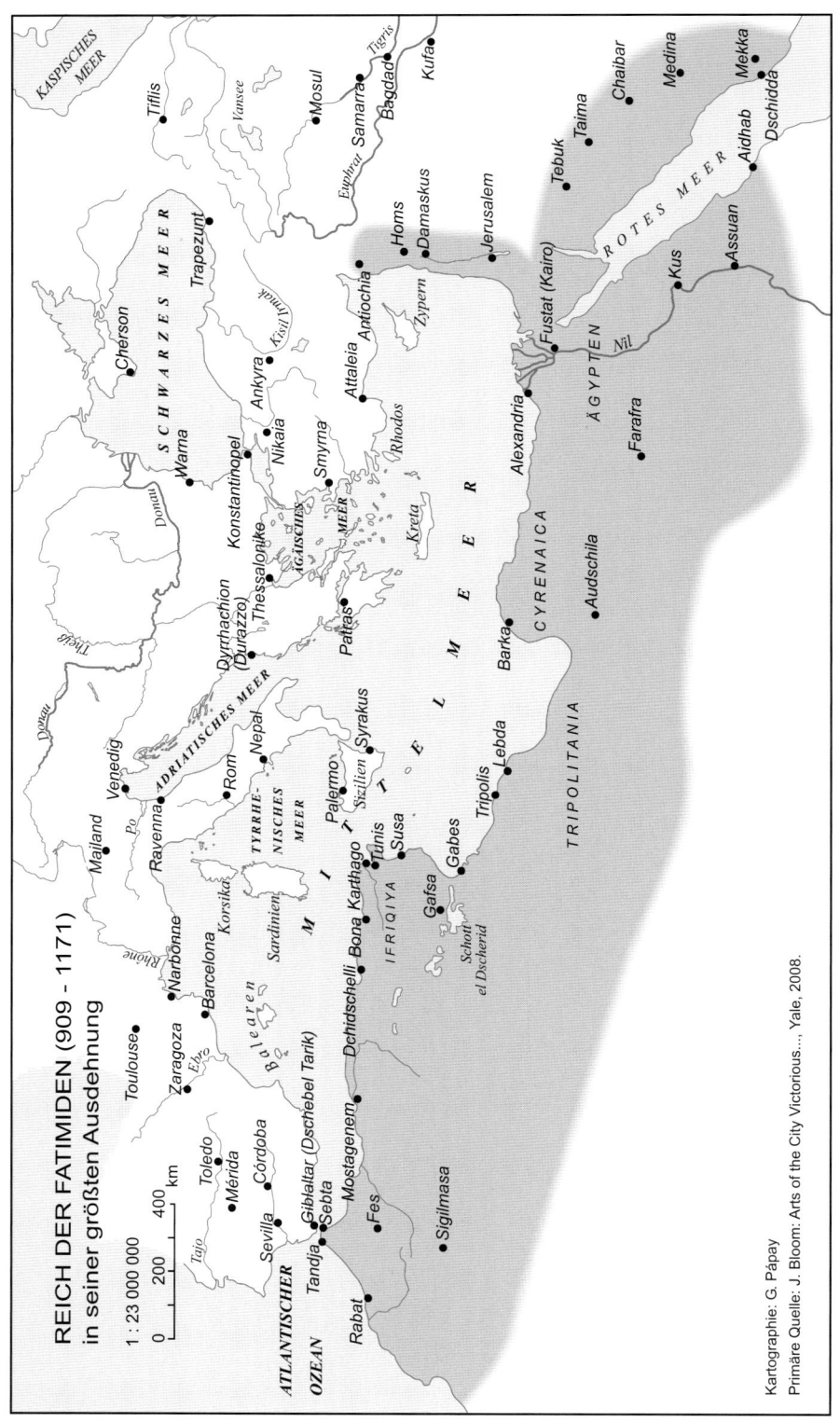

REICH DER FATIMIDEN (909 - 1171)
in seiner größten Ausdehnung

1 : 23 000 000

Kartographie: G. Pápay

Primäre Quelle: J. Bloom: Arts of the City Victorious..., Yale, 2008.

1

len ein gesondertes fatimidisches Emirat; sein Emir, Aḥmad ibn al-Hasan al-Kalbī, der 962, im Jahr der Kaiserkrönung Ottos I., zum ismailitischen Bekenntnis übergetreten war, hatte die Herrschaft über die den Byzantinern abgerungene Insel angetreten. In dem langen, halbjährigen Zug von Ifrīqīya über die Cyrenaica nach Ägypten wurden die Ahnen und Vorgänger der Fatimidenherrscher mitgetragen. Sie sicherten angesichts des Ortswechsels und erneuter Legitimitätsherausforderungen die Kontinuität und Eminenz der fatimidischen Dynastie. Mitgeführt wurde auch eine Weltkarte, die al-Muʿizz persönlich in Auftrag gegeben hatte; zukünftig wird sie in dem für die Ahnen erbauten Mausoleum in Kairo ihren Platz finden. Auch heute noch ruft sie in ihrer Beschreibung das programmatische, expansive und zutiefst religiös begründete Streben der Fatimiden nach einer universalen Weltordnung vor Augen. Auf einem aus Gold und Seide aufs Kostbarste gewirkten Stoff „waren die Zonen der Erde, ihre Berge und Meere, Städte, Flüsse und Routen, quasi eine Geographie, abgebildet. Auch eine Abbildung von Mekka und Medina, wie sie sich dem Beschauer darbieten, war darauf, und jede Stadt und jeder Berg, alle Orte, Flüsse, Meere und Wege waren mit ihren Namen in Gold, Silber und Seide beschriftet und am Ende stand: Zu dem gehörig, was al-Muʿizz li Dīn Allāh hat machen lassen aus Sehnsucht nach dem Heiligtum Gottes im Jahre 352"[10] (964), d. h. zwei Jahre nach der Kaiserkrönung Ottos des Großen in Rom.

Dynastie- und Reichsgründungen 909 und 919.
König Heinrich I. und Kalif al-Mahdī Billāh

Blicken wir ein halbes Jahrhundert zurück auf die Phase der Dynastie- und Reichsgründungen. Bereits diese lagen zeitlich sehr nahe. 909 begann das fatimidische Kalifat; mit nur zehn Jahren Differenz kam 919 die liudolfingische Dynastie an die Macht. Beides geschah an der Peripherie bisheriger imperialer Herrschaftsräume: Siǧilmāsa, tief im Westen Marokkos, und Fritzlar an der fränkischen Peripherie. Die Dynastiebegründer al-Mahdī Billāh und Heinrich I. sowie deren Machterhebungen konnten unterschiedlicher kaum sein. In Fritzlar wurde 919 ein über sein Herrschaftsgebiet hinaus hoch geachteter, anerkannter, in seinem sächsischen Stammesland tief verankerter Herzog von den Franken und Sachsen zum König des ostfränkischen Reiches gewählt. Eine sakrale Würde durch kirchliche Krönung und Weihe lehnte er ab; erst sein Sohn Otto I. wird sie erhalten. Heinrich I. zog es vor, ein mächtiger, im Konsens mit den Großen seines Reiches herrschender König zu bleiben.

---

10 Aḥmad ibn ʿAlī Maqrīzī, Ittiʿāz al-ḥunafaʾ bi aḫbār al-aʾimma al-fāṭimīyīn al-ḥulafaʾ, Bd. 2, hg. von
    M. Hilmi M. Aḥmad, Kairo 1971–1973, S. 292f. Die zitierte Passage wurde übersetzt von Heinz Halm, Das
    Reich des Mahdi. Der Aufstieg der Fatimiden, München 1991, S. 332.

Dort, in Nordafrika, in Siğilmāsa, südöstlich des hohen Atlasgebirges, ließ sich ein ständig seine Aufenthaltsorte wechselnder Fremder in Anwesenheit seines Sohnes als Kalif und als dem von seinen ismailitischen Anhängern dringend erwarteten Mahdi huldigen. Er war ein Verfolgter, der, aus dem fernen Kufa am Euphrat kommend, immer auf der Flucht und im Verborgenen lebend, von einem militärisch erfolgreichen ismailitischen Missionar[11] an diesen Ort in ein Großmachtvakuum zwischen byzantinischem und spanisch-umayyadischem Herrschaftsraum gerufen worden war. Ganz und gar anders als Heinrich I., dessen Herrschaft aus Sachsen hervorging und stets in Sachsen verankert blieb, war al-Mahdī Billāh ein ortsloser, obskurer Religionsführer. Er hatte keine Stammestradition hinter sich, besaß kein Kernland, allein die Loyalitäten einiger, zum Ismailitentum bekehrter, ihm militärischen Rückhalt bietender Berberstämme. Darüber hinaus aber verfügte er über ein transnationales, religiös missionarisches, auf den Umsturz der bestehenden politischen, sozialen und religiösen Ordnungen zielendes Netzwerk mit geheimen Verbindungen in die gesamte islamische Welt: Zellen der wohlorganisierten, dezentralen Geheimorganisation der Ismailia, bestehend aus Missionaren, Agenten, Anhängern, Werbern, die bis hinein ins Machtzentrum des Bagdader Kalifenhofes im Irak, des Weiteren in Indien, am Persischen Golf, im Nordwesten Irans, am Kaspischen Meer und im Jemen wirkten.

Die Erscheinung des herbeigesehnten Mahdi und die Machtergreifung des al-Mahdī Billāh von 909 waren mit Hilfe dieser Organisation gut vorbereitet. Bereits Jahre zuvor hatten Anhänger damit begonnen, schrittweise durch die loyalen Kutāma-Berber wichtige Städte und Gebiete aus aghlabidischem Besitz in Nordafrika zu erobern. Er trat erst hervor, als ein Teil des Reiches bereits unter ismailitischer Kontrolle stand. Auf einem Thron unter einem Baldachin sitzend, huldigten ihm 909 als dem rechtgeleiteten Imam-Kalifen und erwarteten Schöpfer einer neuen, umstürzenden Weltordnung mehrere Tage lang Missionare, wichtige Stammesfürsten und das Heer. Jeder wollte seiner ansichtig werden, um den von ihm ausgehenden Segen zu empfangen. In Gruppen von je zehn, dann fünfzig, dann hundert Personen, schließlich vom ganzen Heer nahm der Herrscher über vier Tage lang die Huldigungen entgegen.[12]

Während Heinrich I. auf die sakrale Fundierung seiner Herrschaft verzichtete, Salbung und Weihe „Würdigeren zuteil werden" ließ, wurde dem Mahdi als dem nach der ismailitischen Heilslehre erwarteten Herrscher gehuldigt. Auf sieben Nachkommen des Propheten Muhammad (die Imame) folgend, wurde er als der letzte, ersehnte Herrscher am Ende der Zeiten von den gläubigen Untertanen wahrgenommen. Sein Erscheinen erfüllte für sie die Verheißung auf den Beginn eines Reiches der „wahren

---

11 Zur ismailitischen Mission vgl. Farhad Daftary, The Ismailis. Their History and Doctrines, 2. Aufl. Cambridge 2007 (besonders Kapitel 3 und 4); Wladimir Ivanow, The Organisation of the Fatimid Propaganda, in: Journal of the Bombay Branch of the Royal Asiatic Society N. S. 15, 1939, S. 1–35.

12 Vgl. Halm, Das Reich des Mahdi (wie Anm. 10), S. 132.

Religion", die alle anderen Religionen überflüssig macht; von nun an bedurfte es keiner Gesetze mehr, paradiesische Zustände der Einheit der islamischen Gemeinschaft kehrten zurück; ein Reich des Friedens, der Gerechtigkeit und sozialen Gleichheit brach an. Der Prophezeiung zufolge stand der Sturz der illegitimen Kalifen und Herrscher in Aussicht.

Mit dieser Herrschaftstheologie kam der erste ismailitische Kalif 909 zur Herrschaft, doch sind ihr zwei schwere Belastungen für die Herrschaftslegitimation und -praxis einbeschrieben. Reale Beweise für seine Glaubwürdigkeit als dem verheißenen Endzeitherrscher blieben aus: Das naherwartete Reich mit Gütergleichheit, Einheit der Umma und Frieden trat nicht ein.

Verschärfend kam hinzu, dass der Imam-Kalif keinen lückenlosen Stammbaum vorlegen konnte; die genealogische Herkunft von dem Propheten Muhammad war nicht zweifelsfrei nachweisbar. Diese Angreifbarkeit stand von Anfang an in Spannung zum programmatischen, realen Ziel der Fatimiden: der Erlangung der Oberherrschaft über die heiligen Stätten Mekka und Medina, der Eroberung Bagdads und damit dem Sturz des sunnitischen Kalifats und dem Beginn einer neuen Weltordnung unter ismailitischer Ägide.

Was die Erscheinung und Machtergreifung des al-Mahdī Billāh im marokkanischen Siǧilmāsa 909 freilich nicht erahnen ließ, war, dass in nur wenigen Jahrzehnten ein aus einer religiös-sektiererischen Untergrund- und revolutionären Umsturzbewegung hervorgegangenes Kalifat zu einem Imperium werden sollte, das mit seiner militärischen Macht, seiner zentralisierten Verwaltung, seiner religiösen Fundierung und nicht zuletzt seiner räumlichen Expansion von Marokko über den gesamten nordafrikanischen Raum, Sizilien, die arabische Halbinsel, Ägypten, Palästina bis Syrien, den Irak und kurzzeitig einschließlich Bagdads auf Augenhöhe mit den mediterranen und circummediterranen Imperien seiner Zeit, d. h. Byzanz, dem umayyadischen Kalifat auf der iberischen Halbinsel, dem abbasidischen Kalifat von Bagdad und dem in diesem Raum aus dem Norden vorgestoßenen ottonischen Kaiserreich stehen sollte.

Zur Regierbarkeit der neuen Imperien: Ordnungsstrukturen und Herrschaftsrepräsentation – Otto der Große und al-Muʿizz

Die imperiale Phase der Herrschaft begann jedoch hier wie dort erst in den nächsten Generationen (936–973 bzw. 953–975). Zunächst fußte die Herrschaft der ersten Fatimidenkalifen vor allem auf der loyalen Anhängerschaft des früh zur Ismailia konvertierten Stammes der Kutāmaberber. Erst der Kalif al-Muʿizz betrieb seit der Jahrhundertmitte die faktische Umsetzung der Universalherrschaftsansprüche. (Abb. 2) Er drang einerseits nach Westen zum Atlantik, in politische Einflusszonen des iberischen Umayyadenkalifats vor und andererseits näherte er sich im Osten mit der Er-

2   Münze des Kalifen al-Muʿizz.
     Kopenhagen, The David
     Collection, C 478.

oberung Ägyptens dem Ziel einer Vorherrschaft über die heiligen Stätten und der
Zerstörung des Kalifats von Bagdad. Otto der Große überschritt 951 erstmals die
Alpen; seit den 960er-Jahren stießen er und später seine Nachfolger immer wieder
in den Süden Italiens militärisch vor. Mit dem Kaiser- und italienischen Königtum
gerieten die Ottonen in das mediterrane Mächteringen zwischen Byzantinern und
Fatimiden einerseits und Fatimiden und Umayyaden andererseits.[13] (Tafel 5) Kolli-
sionsraum war vor allem das byzantinische Süditalien, in dem Otto I. noch mit dem
oströmischen Kaisertum rang, sein Sohn jedoch bereits mit den sogenannten Sarazenen, dem fatimidischen Emirat von Sizilien. Doch auch nach Osten und Südosten expandierte das Reich. Mit der Gründung des Erzbistums Magdeburg wurde ein
lateinisch-christlicher Missionsradius eröffnet und gesichert, der auf Dauer der grie-
chisch-christlichen Ausdehnung der Byzantiner begegnen sollte.

   Waren die ottonischen Kaiser ständig unterwegs und manchmal jahrelang fern von
ihrer eigentlichen Machtbasis, so bewegten sich die Kalifen seit 973 kaum mehr aus
ihrer Hauptstadt fort, sondern entsandten Statthalter in die Provinzen und Städte
ihres Reiches. In wenigen Jahrzehnten gelang es der fatimidischen Dynastie von der
Regierungszentrale in Kairo aus, eine verwaltungstüchtige Herrschaftsorganisations-
struktur für ein expandierendes Reich aufzubauen, die auf einem System von Emiren,
d. h. Vizekönigen und Statthaltern, basierte. Sie zogen Steuern ein, stellten Truppen
und Flottengeschwader zur Verfügung; sie herrschten in Stellvertreterschaft des Kalifen, dem sie huldigten und der sie investierte.

   Seit 973 war die neugegründete Hauptstadt Kairo fester Herrschaftssitz des Kalifats und Sitz der Zentralregierung mit einer differenzierten Zentralverwaltung. Die
herrschaftsrepräsentative Palaststadt beherbergte neben den Familienangehörigen des
Herrschers unterschiedliche Truppeneinheiten des Heeres und spezialisierte Verwal-
tungsbehörden. In unmittelbarer Nähe des Kalifenpalastes befand sich die Leitung

---

13 Vgl. zum Problem der territorialen Expansion des Imperiums unter Otto dem Großen John W. Bernhardt,
     Concepts and Practice of Empire in Ottonian Germany (950–1024), in: Representations of Power in Me-
     dieval Germany 800–1500, hg. von Björn Weiler/Simon McLean, Turnhout 2006, S. 141–163.

des gesamten Verwaltungsapparats, der in bestimmte Zuständigkeitsbereiche (Diwane) unterteilt war, z. B. die Korrespondenzen mit den Provinzen führte, das Steuersystem überwachte und dem Kalifen in regelmäßigen Abständen während seiner Audienzen Rechenschaft darüber ablegte. Die zentral gesteuerte und in Abteilungen und Ämtern hochdifferenzierte fatimidische Verwaltung zeichnete sich durch einen hohen Grad an Schriftlichkeit aus.

Schriftliche Reglements und der hierarchisch straff geführte Verwaltungsapparat dienten der weiträumigen Durchsetzung imperialer Macht. Der Kalif war absoluter Alleinherrscher. Bestimmte Aufgabenbereiche waren arbeitsteilig delegiert: Der Wesir hatte die Verwaltung und das Steuerwesen zu überwachen, der Oberkadi war für religiöse Angelegenheiten und Rechtsprechung zuständig, die Obergeneräle für die Militärorganisation und Kriegsführung. Dennoch war es der Imam-Kalif allein, der Gouverneure, Wesire etc. investierte und absetzen konnte; seine Entscheidungen, nicht nur in Religionsfragen, waren unfehlbar und bindend. Der Imam-Kalif war als Befehlshaber der Gläubigen zugleich Oberbefehlshaber über ein stehendes Heer, dessen Truppeneinheiten in ihrer ethnischen Zusammensetzung die Vielfalt des Reiches widerspiegelten. Sie alle bezogen im Umfeld der Herrscherresidenz ihre Stellungen. In einiger Entfernung, durch Stadtmauern getrennt und nie integriert, lag der alte Teil Kairos, die Handelsstadt Miṣr, in der seit Jahrhunderten Christen, Juden und sunnitische Muslime, die nach wie vor die Bevölkerungsmehrheit des Reiches bildeten, zusammenlebten.

Das Imperium Ottos des Großen hingegen kannte weder eine Hauptstadt noch eine vergleichbare Verwaltung oder Militärorganisation. Es war peripatetisch und polyzentristisch geprägt. Die ottonischen Herrscher waren ständig unterwegs und manchmal jahrelang fern von ihrer eigentlichen Machtbasis. Die Herrschaft Ottos des Großen und seiner Nachfolger beruhte vor allem auf einer Machtverteilung zwischen Herrscher, weltlichen und geistlichen Würdenträgern. Sie waren dem Herrscher nicht zentralistisch untergeordnet, sondern hatten sich zu „Mitträgern und Partnern der Herrschaft"[14] entwickelt; die Organisation von Herrschaft und Verwaltung im Imperium beruhte auf einer „Kopräsenz"[15] von Herrscher und Großen, die als „konsensuale Herrschaft"[16] bezeichnet worden ist. Im Unterschied zu den Fatimiden, aber auch zu den Karolingern organisierten die ottonischen Kaiser ihre Herrschaft weit-

---

14 Gerd Althoff, Die Ottonen. Königsherrschaft ohne Staat, Stuttgart/Berlin/Köln 2000, S. 231.

15 Hagen Keller, Die Ottonen, München 2001, S. 114.

16 Vgl. Bernd Schneidmüller, Konsensuale Herrschaft. Ein Essay über Formen und Konzepte politischer Ordnung im Mittelalter, in: Reich, Regionen und Europa in Mittelalter und Neuzeit. Festschrift für Peter Moraw, hg. von Paul-Joachim Heinig/Sigrid Jahns/Hans-Joachim Schmidt/Rainer Christoph Schwinges/Sabine Wefers (Historische Forschungen 67), Berlin 2000, S. 53–87; Steffen Patzold, Konsens und Konkurrenz. Überlegungen zu einem aktuellen Forschungskonzept der Mediävistik, in: Frühmittelalterliche Studien 41, 2007, S. 75–104.

gehend ohne schriftliche Regelungen, sondern über ein „personales Netzwerk"[17] von Vertrauten, geistlichen und weltlichen Würdenträgern, die dem Herrscher als Ratgeber und Stützen zur Seite standen. Anders als die Fatimiden, die ihre bisherige Herrschaft in Ifrīqīya den Ziriden als Vizekönigen überließen und Ägypten zum neuen Herrschaftsschwerpunkt machten, blieb das sächsische Königtum die Machtgrundlage des Kaisertums. Der Zugewinn Italiens stellte für dessen Verwaltung eine besondere Herausforderung dar, die durchaus vergleichbar war mit den anstehenden Organisationsaufgaben der Fatimiden im jüngst eroberten Ägypten. Hier wie dort galt es, loyale Herrschaftsträger zu finden und bisherige Machtträger und Autoritäten in die neue Herrschaft einzubinden. Beide Herrscher stützten sich nicht ausschließlich auf ihre Anhänger, sondern auch auf Loyalitäten vor Ort; al-Muʿizz gewann die Akzeptanz der Scherifen mit ihrer Autorität als Prophetennachkommen; Otto der Große war vor allem beim Episkopat in Italien erfolgreich.[18] Zudem gab es hier wie dort Elemente vorgängiger Herrschaftsorganisation, die aufzugreifen waren. Vor allem in Ägypten existierten kundige Verwaltungsfachleute unter den Juden und Christen. Durch Rückgriffe auf einheimische Kapazitäten und bestehende Strukturen wurde hier eine forcierte Zentralregierung möglich, während sich unter Ottos Regierung das *regnum Italiae* dem polyzentristischen Machtgefüge im Norden annäherte.[19]

Erhöhte Relevanz für die Herrschaftspraxis gewann in beiden Reichen die Herrschaftsrepräsentation. Seit der Kaiserkrönung veränderte sich das herrschaftsrepräsentative Auftreten Ottos des Großen. Es indizierte, sei es im Siegel oder im Ornat, eine dem Kaisertum geschuldete erhöhte Sakralität, etwa wenn der Herrscher nun wie Christus oder Heilige frontal im Bild erschien.[20] (siehe Abb. 6, S. 291)

Bedeutung hatte König Otto I. der sakralen Herrschaftsrepräsentation für die Herrschaftspraxis bereits mit seiner Weihe und Krönung beigemessen. Ein Ritualisierungsprozess vollzog sich seitdem, durch den das Potential von Riten zur Brückenbildung zwischen weltlicher und geistlicher Macht, den Großen des Reiches und der Inkommensurabilität des Herrschers sowie Rangzuweisungen und Ehrerweisungen gegenüber befreundeten und nachbarlichen Herrschern politisch nutzbar wurde. Ein vergleichbarer Ritualisierungsschub ist auf fatimidischer Seite zu beobachten. Hier galt es, Brücken zu schlagen zwischen Herrscher und führenden Regierungs- und Verwaltungsbeamten, zwischen Kalif, militärischen Führern und Truppen unterschied-

---

17 Keller, Das „Erbe" Ottos des Großen (wie Anm. 9), S. 62.

18 Keller, Das „Erbe" Ottos des Großen (wie Anm. 9), S. 62 sowie Hagen Keller, Entscheidungssituationen und Lernprozesse in den „Anfängen der deutschen Geschichte". Die „Italien- und Kaiserpolitik" Ottos des Großen, in: Frühmittelalterliche Studien 33, 1999, S. 20–48.

19 Keller, Das „Erbe" Ottos des Großen (wie Anm. 9), S. 66.

20 Vgl. Hagen Keller, Das neue Bild des Herrschers. Zum Wandel der „Herrschaftsrepräsentation" unter Otto dem Großen, in: Ottonische Neuanfänge. Symposion zur Ausstellung „Otto der Große, Magdeburg und Europa", hg. von Bernd Schneidmüller/Stefan Weinfurter, Mainz 2001, S. 189–211.

licher ethnischer Herkunft, zudem zwischen ismailitischem Leitbekenntnis und Sunniten sowie Juden und Christen; sie alle waren in die kalifale Herrschaft einzubinden. Trotz wesentlich höherer Verwaltungsschriftlichkeit stellten Rituale wie die Herrscherprozession zur Moschee offenbar eine unersetzliche Möglichkeit dar, angesichts der spannungsreichen, zeitweise auseinanderstrebenden, höchst unterschiedlichen Kräfte in immer erneutem Vollzug für alle Beteiligten die Legitimität der imperialen Herrschaft und ihres universalen Anspruchs zu vergegenwärtigen und erneut zu bestätigen.[21] Für die zunehmende Bedeutung solcher herrschaftsrepräsentativer Akte auf beiden Seiten sprechen nicht nur die erzählenden Quellen hier und dort, sondern auch auf Seiten der Fatimiden die aktuell in alle Teile des Imperiums versandten und dort verlesenen Berichte über Pracht, Verlauf und Teilnehmer der Prozession. Im fernsten Winkel des Reiches sollten Charisma, Nimbus und Inkommensurabilität des Imam-Kalifen nachvollziehbar sein und in die erstrebte universale Herrschaft einbindend sowie direkt herrschaftsstabilisierend wirken.

Kaiser Otto I. herrschte über ein multiethnisches Reich, das jedoch in religiöser Hinsicht zum größten Teil dem gleichen lateinisch-christlichen Bekenntnis angehörte. Die Imam-Kalifen regierten nicht nur über eine beachtliche jüdische Minderheit, sondern hatten auch eine in weiten Teilen des Imperiums christliche Mehrheit zu integrieren, vor allem aber die ihnen zahlenmäßig sogar überlegenen sunnitischen Muslime in die schiitisch-ismailitische Herrschaft einzubinden. Die Auseinandersetzungen zwischen religiöser und politischer Macht waren daher in beiden Reichen unterschiedlich gelagert: In Europa entwickelte sich die Spannung zwischen Religion und Politik, Kirche und Kaisertum auf eine konfliktreiche Abgrenzung hin. Religiöspolitische Konflikte im fatimidischen Reich waren hingegen zum einen in der Koexistenz von sunnitischer und schiitisch-ismailitischer Glaubensrichtung sowie mit Andersgläubigen angesiedelt; zum anderen entstanden sie in Eingrenzungsversuchen der Kalifenmacht auf den religiösen Bereich durch erstarkende politische und militärische Machthaber.

Legitimation – Mission – Expansion – Universalherrschaft

Blicken wir auf die islamische und christliche Welt um das Jahr 1000 n. Chr., so steht der Konkurrenz zweier christlicher Imperien (Ottonen–Byzanz) die Konkurrenz zweier bzw. dreier islamischer Imperien (Abbasiden, Fatimiden, Umayyaden) zur Seite; außer dem ottonischen Reich erhoben alle übrigen Exklusivitätsansprüche.

21　Vgl. Jenny Rahel Oesterle, Kalifat und Königtum. Herrschaftsrepräsentation der Fatimiden, Ottonen und frühen Salier an religiösen Hochfesten, Darmstadt 2009.

Während auf christlicher Seite das Kaisertum Ottos des Großen seit 962 „Gleichrangigkeit mit dem Kaisertum in Byzanz"[22] forderte, stellte auf islamischer Seite die fatimidische Behauptung einer alleinigen Legitimität ihres Kalifats in der Nachfolge des Propheten einen Affront gegenüber dem sunnitischen Kalifat in Bagdad, aber auch dem umayyadischen von Cordoba dar. Diese Konkurrenzkonstellation erhöhte den Legitimitätsdruck sowohl für Ottonen als auch Fatimiden. Beide Herrschaftsausprägungen antworteten darauf mit einer sakralen Überhöhung ihrer Herrschaft einerseits und einer Expansionspolitik andererseits, die militärische Auseinandersetzungen und Eroberungen ebenso wie Mission und Weiterverbreitung des eigenen Glaubens bzw. Bekenntnisses beinhaltete. In einem Punkt jedoch unterschieden sich die beiden neuen Mächte grundlegend: Die Herrschaftstheologie des ismailitischen Imam-Kalifats beinhaltete entschieden die Realisierung einer alle bestehenden Reiche in der Geschichte zerstörenden Universalherrschaft. Für die Offensivität und Destruktivität eines solchen universalen Anspruchs gibt es auf Seiten des ottonischen Kaisertums kein Äquivalent.

Ein Vergleich zwischen fatimidischem Kalifat und ottonischem Kaisertum darf nicht dazu verleiten, beide als historisch unveränderliche Größen zu unterstellen. Vielmehr unterlagen die kaiserlichen und kalifalen Herrschaftskonzeptionen, sobald sie sich in der Herrschaftspraxis zu bewähren hatten, einem Wandlungsdruck, um eine stabile, geschichtlich wirksame Ordnungsform anzunehmen.

Für das planvoll erstrebte fatimidische Imam-Kalifat galt von Anfang an als Ziel die universale Herrschaft. Es war in die Geschichte als eine transistorische, gottesstaatartige Herrschaft eingetreten, die eine neue Weltordnungsform zum Ziel hatte, die *alle* bestehenden Ordnungen, Religionen, Gesetze, sozialen Unterschiede *in der Zeit für alle* Zeiten aufheben sollte. Um sich jedoch zu etablieren, war zunächst die Naherwartung der Gläubigen an der religiösen und militärischen Machtbasis hinauszuschieben. Schon die Designation des Sohnes als Nachfolger, die Einführung des dynastischen Prinzips, war ein Zeichen für Aufschub. Auch die Namensänderung des Sohnes und Abschwächung des Mahdi-Titels zu einem Thronnamen bezweckte Zeitgewinn.[23] Grundsätzlich herrschaftstheologisch vertagt wurde schließlich die Erscheinung des Endzeitherrschers in der Expansionsphase des Imperiums unter al-Mu'izz. Die unter Mitwirkung des Kalifen entstandene und bis heute für die Ismailiten gültige Rechtssammlung des Qāḍī al-Nu'mān gab der fatimidischen Herrschaft eine religionsverankerte rechtliche Grundlage. Sie verschob zugleich die naherwartete Aufhebung aller Ordnungen in die ferne Zukunft, ohne freilich die Aussicht auf einen kommenden Retter gänzlich aufzugeben. Weiterhin war die Universalisierung

---

22 Keller, Die Ottonen (wie Anm. 15), S. 53.
23 Vgl. Halm, Das Reich des Mahdi (wie Anm. 10), S. 144f.

der Herrschaft im Blick auf dieses Ziel gerechtfertigt und zu betreiben. Der fatimidische Herrscher war seinem Anspruch nach als Nachfolger des Propheten der Befehlshaber *aller* Gläubigen und als Imam das Oberhaupt der ismailitischen Gemeinschaft. Zugleich war er für die Ismailiten der Vorläufer des Endzeitherrschers. Seine Auserwähltheit verdankte sich allein göttlicher Gnade, d. h. weder einer Wahl noch einer Investitur durch eine religiöse Institution. Er besaß ein Charisma und Wissen, das seit Ali unmittelbar mit seinem Ableben auf seinen designierten Sohn überging, dessen Herrschaftsantritt mit der ersten Nennung seines Thronnamens im Gebet bekannt gemacht und legitimiert war. Ein geschichtstheologisches Konstrukt wurde geschaffen, das fortan *jeden* Imam als einen rechtgeleiteten, d. h. unfehlbaren, die göttlichen Entscheidungen unmittelbar umsetzenden Herrscher behauptete. Gleichzeitig wurde für die Ismailiten festgeschrieben, dass sie in der Jetztzeit alle islamischen Gesetze strikt zu befolgen hätten. Unter diesen Prämissen schuf al-Mu'izz eine imperiale Ordnungsmacht im Mittelmeerraum, die offensiv, strategisch, wohl organisiert und funktional die universalen Ziele auf längere Sicht vor allem militärisch und missionarisch weiter verfolgte und in der Herrschaftsrepräsentation weiterhin präsent hielt. Der in Etappen durch Aufschub erreichte Zeitgewinn vollzog sich als ein Prozess der Korrektur, zu der die geschichtliche Realität nötigte.

Gegenteilig verlief auf Seiten des ottonischen Kaisertums ein Prozess der Konturierung und Präzisierung des Kaiserverständnisses, in dem sich aus der Praxis der politischen Handlungssphäre heraus überkommene Leitbilder und zeitgenössische, zum Teil konkurrierende Vorstellungen eines Kaisertums sortierten, mit Realität auffüllten und eine vertraglich umrissene, religiös im lateinischen Christentum verankerte, dem Papsttum verbundene Form annahmen.[24] Früh, schon vor Ungarnsieg und Kaiserkrönung, war Otto I. mit dem Gebrauch des Imperator-Titels in einer Gesandtschaft an den Kalifen von Cordoba über sein Königreich hinaus in der Rolle als verantwortlicher Sprecher für die Christenheit gegenüber den Ungläubigen aufgetreten.[25] Mit dem Ungarnsieg, der später im Zuge der päpstlichen Kaiserkrönung in Rom zur Legitimation Ottos I. aufgerufen wurde, war im Umfeld des sächsischen Königs eine

---

24 Vgl. Hagen Keller, Das Kaisertum Ottos des Großen im Verständnis seiner Zeit, in: Otto der Große, hg. von Harald Zimmermann, Darmstadt 1976, S. 218–295.

25 Vgl. Keller, Kaisertum (wie Anm. 24), S. 230–235. Die Vita des Johannes von Gorze, Ottos Gesandter an den umayyadischen Hof 952 bis 956, bezeichnet den Kalifen als „König", ebenso tun es die muslimischen Verhandlungspartner mit Otto, der stets „rex" genannt wird. Ottos Gesandte aber sprechen von ihrem Herrscher als „Imperator". Die Vita bietet nicht nur einen frühen Beleg für den Anspruch Ottos auf imperiale Würde noch vor dem Ungarnsieg und der Kaiserkrönung, sondern auch für Ottos politisches Auftreten gegenüber dem muslimischen Herrscher als Sprecher der lateinischen Christenheit, des *imperium Christianum*. Vgl. dazu etwa Fernando Valdés Fernández, Die Gesandtschaft des Johannes von Gorze nach Cordoba, in: Otto der Große, Magdeburg und Europa, hg. von Matthias Puhle, Bd. 1: Essays, Mainz 2001, S. 525–536.

Verleihung der Imperatorwürde durch das Heer ohne kirchliche Vermittlung verbreitet worden; dabei galt der militärische Sieg über die Ungläubigen als unmittelbarer göttlicher Gnadenerweis, als sakralisierende Auszeichnung und Zeichen der Auserwähltheit Ottos zum Verteidiger und Schutzherrn der Christenheit. Doch schon seit der Jahrhundertmitte kam Otto I. „mehr als nur königliche Würde" zu;[26] bereits als König übte er imperiale Macht aus und wuchs Zug um Zug „in die Stellung des Imperators" hinein.[27] Demgegenüber war es der Papst, der Otto den Großen mit einem auf Konstantin zurückgeführten universalen Kaisertum umwarb, das ihm durch Weihe und Krönung vom Nachfolger Petri in göttlichem Auftrag zur Verteidigung der Kirche zu verleihen wäre. Verbunden war die Kaiserherrschaft im päpstlichen Umfeld dem Titel des *Imperator Romanorum*, den einstweilen immer noch der byzantinische Kaiser beanspruchte. Otto I. hat ihn selbst nicht geführt, sondern erst sein Sohn, als er in Süditalien zum Kampf gegen die sogenannten Sarazenen schritt. Ob diese Zurückhaltung einer herrschaftspraktisch motivierten Entscheidung gegen eine Universalherrschaft in der Nachfolge des römischen Imperiums entsprang, blieb aus gebotenen Rücksichten auf Byzanz oder politischen Unsicherheiten im Vermittlerverhältnis zwischen Papst und dem von ihm geweihten und gekrönten Kaiser offen. Nach Hagen Keller hat Otto I. einen „universale[n] Anspruch" für seine Kaiserherrschaft im Sinne des römischen Imperiums „nicht aufgenommen".[28] Er war als Kaiser das Haupt des *imperium Christianum*, sein Beschützer und die Stütze der Kirche, aber weder diese Würde noch ihre Funktion ist zu verwechseln mit der des fatimidischen Imam; dessen unfehlbare theologische Rechtleitung der *umma* wäre eher mit dem päpstlichen Selbstverständnis zu vergleichen. Ebenso inkompatibel ist die Rolle und Funktion des Befehlshabers des Gläubigen im ismailitischen Sinn, führt dessen Verpflichtung zum Jihad doch weit über die Schutz- und Verteidigungsfunktion der Ismailia hinaus auf das Ziel einer Weltherrschaft hin, die die Zerstörung des Bestehenden impliziert. Solches strebte Otto I. *keinesfalls* an, selbst seine Aufgabe zum Schutz von Christenheit und Kirche löste er nicht mit einer universal-offensiven, militärisch auf Unterwerfung ausgerichteten Vorwärtsstrategie ein.

Die sakrale Würde des Kaisertums war mit der Verpflichtung des Schutzes und der Verteidigung der Kirche und Christenheit verknüpft; damit einher ging die Erwartung an den Kaiser, die Verbreitung des Glaubens durch die Kirche zu unterstützen und in den hinzugewonnenen Gebieten abzusichern. Mit dem Empfang der Krone nahm der Kaiser die Verantwortung auf sich, für die Weiterverbreitung des Glaubens

---

26 Keller, Kaisertum (wie Anm. 24), S. 240.
27 Keller, Kaisertum (wie Anm. 24), S. 242.
28 Keller, Kaisertum (wie Anm. 24), S. 262.

und gegen die heidnischen Völker zu kämpfen.[29] Der Einsatz der kaiserlichen Macht für die Ausbreitung des Glaubens rekurrierte auf das Vorbild großer christlicher Kaiser, auf Karl den Großen und Konstantin. Allerdings hatte die Glaubensverbreitung in der imperialen Konkurrenzkonstellation zu Byzanz eine weitere Konnotation: Als siegreicher Bekämpfer der Heiden erfüllte der Kaiser seinen göttlichen Auftrag als Lenker der Christenheit. Militärischer und missionarischer Erfolg erwies daher auf das politisch Effektivste die Legitimation der ottonischen Kaiserherrschaft.[30]

Auch im fatimidischen Kalifat waren Expansion, Mission und Legitimation eng miteinander verknüpft. Das Diktum der Unfehlbarkeit des Imam-Kalifen schloss per se militärische Niederlagen gegen Ungläubige aus oder im Umkehrschluss: Militärische Erfolge waren für ihn von unbedingter legitimatorischer Notwendigkeit. Dies galt einerseits für die Expansion in Richtung Osten, bei der insbesondere die Erlangung der Oberhoheit über die heiligen Stätten des Islam, Mekka und Medina und die Vernichtung des Kalifats von Bagdad im Vordergrund standen, andererseits für den Jihad gegen die Ungläubigen. Dieser „Einsatz für die Sache Gottes"[31], wie der Begriff Jihad zu verstehen ist, den die Fatimiden im 10. Jahrhundert vor allem auf Sizilien und Unteritalien und später, wiederum in Kollision mit Byzanz, im syrisch-palästinensischen Raum führten, zielte freilich nicht unbedingt auf die *Bekehrung* der Ungläubigen; wohl aber bezweckte er Unterwerfung und Expansion der Herrschaft sowie die Verpflichtung zu Tributzahlungen. Obwohl den Imam-Kalifen eine eigene Missionsbehörde unterstand und es eigene Schulen für die Ausbildung von Missionaren am Hof gab, zogen diese Einrichtungen keine gewaltsamen Bekehrungsversuche nach sich. Christen und Juden hatten einzig unter fatimidischer Herrschaft, wie auch in den übrigen islamischen Kalifaten, eine besondere Kopfsteuer zu bezahlen; im Gegenzug dafür war ihnen die freie Religionsausübung garantiert. Anders als die Fatimiden, aber auch als noch die Karolinger, die die Sachsen bedingungslos unterworfen hatten und eine „kirchliche Organisation" nach der „fränkischen Herrschaftsordnung" aufgebaut hatten,[32] errichteten die Ottonen keine „direkte, organisierte Herrschaft" in den Marken an der Slawengrenze.[33] Es ging hier keineswegs um die Unterwerfung und Besetzung neuer Gebiete; das heißt, imperiale Expansion und Mission besaßen keinen unmittelbaren Zusammenhang.

---

29 Zur Mission im Osten vgl. etwa Dietrich Kurze, Christianisierung und Kirchenorganisation zwischen Elbe und Oder, in: Wichmann-Jahrbuch 30/31, 1990/1991, S. 11–30; Helmut Beumann, Magdeburg und die Ostpolitik der Ottonen, in: Die historische Wirkung der östlichen Regionen des Reiches, hg. von Hans Rothe, Köln/Weimar/Wien 1992, S. 9–30.

30 Vgl. Keller, Das „Erbe" Ottos des Großen (wie Anm. 9), S. 57.

31 Halm, Das Reich des Mahdi (wie Anm. 10), S. 209.

32 Keller, Das „Erbe" Ottos des Großen (wie Anm. 9), S. 52.

33 Keller, Das „Erbe" Ottos des Großen (wie Anm. 9), S. 53.

Beide Imperien lassen sich einander modellartig gegenüberstellen: Auf der einen Seite das auf Universalherrschaft, strikte Unterwerfung und Einverleibung der besiegten Herrschaftsräume in die eigene Ordnung durch eine zentrale Verwaltung homogenisierende Fatimidenreich, das gleichzeitig eine Pluralität der Religionen und Bekenntnisse bestehen ließ, und auf der anderen Seite das von Unterwerfung und Besetzung der besiegten Regionen absehende ottonische Imperium, das gleichwohl im Zusammenspiel mit der römischen Kirche homogenisierend auf die Bekehrung der Andersgläubigen drängte.

Eine Perspektive?

Die Ottonen haben sich ihren „Platz in der deutschen Geschichte" nicht ausgesucht, erst die Nachwelt wies ihnen diesen zu.[34] So charakterisierte etwa Leopold von Ranke das Ottonenreich als „ohne Zweifel das mächtigste in der Welt", denn „es erstreckte seinen Einfluss außer auf Italien auch auf Dänemark, Polen, Böhmen und Ungarn"[35]. Für den großen Historiker des 19. Jahrhunderts war es selbstverständlich das *„deutsche* Reich", das „nicht nur extensiv, sondern auch intensiv groß" war und „die Kultur in ihren verschiedenen Elementen zusammenfasste"[36]. Rankes „Welt" des Mittelalters umfasste neben Italien, Dänemark, Polen, Böhmen und Ungarn auch Frankreich und England, die konkurrierenden Imperien *seiner eigenen Lebenszeit* im 19. Jahrhundert. Demgegenüber blieben das byzantinische und die drei islamischen Imperien der *damaligen* Welt an dieser Stelle unbedacht.

Den Tendenzen *unseres* Zeitalters entgehen auch wir Heutigen nicht. Die Blicköffnung zur islamischen Welt gehört dazu. Das mir gestellte Thema, „Das ottonische Kaisertum: eine neue Perspektive?", habe ich zu der Frage modifiziert: „Eine neue Perspektive auf das ottonische Kaisertum?"

Eine neue Perspektive auf das ottonische *Regnum* kann die Vergegenwärtigung der mediterranen Fatimidenherrschaft kaum bieten. Zu wenig wussten Fatimiden und Ottonen voneinander, zu vage blieben die „Sarazenen" in den lateinischen Quellen. Auch fatimidische Quellen übermittelten keine Informationen, die neues Licht im Sinne einer Außenperspektive auf das ottonische Reich werfen könnten.

---

34 Rudolf Schieffer, Der Platz Ottos des Großen in der Geschichte, in: Ottonische Neuanfänge. Symposion zur Ausstellung „Otto der Große, Magdeburg und Europa", hg. von Bernd Schneidmüller/Stefan Weinfurter, Mainz 2001, S. 17–37, bes. S. 19.

35 Leopold von Ranke, Über die Epochen der neueren Geschichte, hg. von Theodor Schieder/Helmut Berding (Aus Werk und Nachlass 2), München 1971, S. 200f.

36 Ranke, Epochen (wie Anm. 35), S. 200f.

Stellen wir jedoch die Frage für das ottonische *Imperium*, dann dürfte die historische Konturierung eines bislang vernachlässigten zeitgenössischen Imperiums in der circummediterranen Welt zu einer Perspektiverweiterung auf das imperiale Kräftemessen in einem Zentralraum der damaligen Welt, dem Mittelmeergebiet, geführt haben. Das gilt nicht nur für die offenkundige Tatsache der komplexen militärischen Konfliktlage im byzantinischen Süditalien auf beiden Seiten. Sie erbringt des Weiteren Erkenntnisse über Ähnlichkeiten, Parallelen und Unterschiede im Aufbau, in der Stabilisierung, Legitimation und Repräsentation imperialer Herrschaft und in Strategien ihrer Expansion im 10. Jahrhundert. Dem heutigen Historiker bleibt die Möglichkeit, Licht auf „blinde Flecken" der zeitgenössischen Quellen zu werfen und die nebulösen „Sarazenen" der Ottonenquellen als eine weitere imperiale Großmacht mit universalem Herrschaftsanspruch vorzustellen und Gestalt gewinnen zu lassen. Dadurch rücken Dynamiken eines imperialen Kräftedreiecks im östlichen Mittelmeerraum des 10. Jahrhunderts in den Blick, das bisher hauptsächlich als ottonisch-byzantinisches Interaktions- und Konkurrenzfeld beschrieben wurde. Die Neujustierung dieser Mächtekonstellation durch die Konturierung des dritten, bislang in der deutschen Mediävistik vernachlässigten imperialen Akteurs kann einen den Realitäten des Mittelmeerraums im ersten Jahrtausend angemesseneren Erkenntnis- und Problemstand erbringen, der nicht zuletzt die Rolle des ottonischen Imperiums im circummediterranen Weltteil präziser erfassen lässt.

Insofern hoffe ich, über die Bedeutungen von Evidenz als „Anschaulichkeit" und „Offenkundigkeit" hinaus, mit diesem Beitrag zur dritten Bedeutungsvariante beigetragen zu haben, nämlich zu einer zwar nicht „völligen Klarheit" vorgestoßen zu sein, aber eine sich vervollständigende Klärung angestoßen zu haben, vielleicht bescheidener auch nur eine dem österreichischen Verständnis von Evidenz entsprechende „handliche Übersicht"[37] gegeben zu haben.

---

37 Wahrig. Fremdwörterlexikon (wie Anm. 2).

Rudolf Schieffer

Otto Imperator – In der Mitte
von 2000 Jahren Kaisertum[*]

Von Otto dem Großen wird anders als von Karl dem Großen nirgends berichtet, die Kaiserkrönung habe ihn überrascht oder gar verärgert. Während Einhard überliefert, dass Karl 800 trotz des hohen Weihnachtsfestes die Peterskirche nicht betreten hätte, wenn ihm klar gewesen wäre, was ihn dort erwartete,[1] scheint bei Otto am Fest Mariä Lichtmess, zugleich einem Sonntag, des Jahres 962 alles nach Wunsch oder doch wie verabredet vonstatten gegangen zu sein. Um Kaiser zu werden, brauchte Otto nur zwei Tage nach der Ankunft in der Ewigen Stadt, die er zuvor nie gesehen hatte,[2] wohingegen Karl, der schon mehrfach am Tiber gewesen war, einen vollen Monat schwieriger (und womöglich nicht einmal einvernehmlich abgeschlossener)

---

[*] Öffentlicher Abendvortrag im Saal der Industrie- und Handelskammer Magdeburg am 6. Mai 2010.

1 Einhard, Vita Karoli Magni c. 28, hg. von Oswald Holder-Egger (Monumenta Germaniae Historica. Scriptores rerum Germanicarum in usum scholarum separatim editi [25]), Hannover/Leipzig 1911, S. 32; zur Entstehungszeit (828) vgl. Matthias M. Tischler, Einharts Vita Karoli. Studien zur Entstehung, Überlieferung und Rezeption (Monumenta Germaniae Historica. Schriften 48), Hannover 2001, S. 151ff.

2 Vgl. zuletzt Hagen Keller, Die Kaiserkrönung Ottos des Großen. Voraussetzungen, Ereignisse, Folgen, in: Otto der Große, Magdeburg und Europa, hg. von Matthias Puhle, Bd. 1: Essays, Mainz 2001, S. 461–480; Ernst-Dieter Hehl, Kaisertum, Rom und Papstbezug im Zeitalter Ottos I., in: Ottonische Neuanfänge. Symposion zur Ausstellung „Otto der Große, Magdeburg und Europa", hg. von Bernd Schneidmüller/Stefan Weinfurter, Mainz 2001, S. 213–235; Johannes Laudage, Otto der Große (912–973). Eine Biographie, Regensburg 2001, S. 180ff.; Gerd Althoff, Die Kaiserkrönung Ottos des Großen 962, in: Höhepunkte des Mittelalters, hg. von Georg Scheibelreiter, Darmstadt 2004, S. 70–84; Hagen Keller/Gerd Althoff, Die Zeit der späten Karolinger und der Ottonen. Krisen und Konsolidierungen 888–1024 (Gebhardt, Handbuch der deutschen Geschichte 3), Stuttgart 2008, S. 208ff.

Verhandlungen hinter sich brachte, bevor seine Rangerhöhung zustande kam.[3] Dabei lag für Otto wie für Karl die unmittelbare Veranlassung zum Romzug in einem Hilferuf des Papstes, der inmitten von akuten Anfeindungen in Rom und Umgebung machtvollen Rückhalt aus weiter Ferne suchte. Beide waren in einer Position der relativen Überlegenheit, als sie sich auf den Weg über die Alpen machten, ohne übrigens dabei sonderliche Eile an den Tag zu legen.

Seit wann und mit welcher Intensität sie jeweils von sich aus die Kaiserwürde angestrebt haben, ist in beiden Fällen Gegenstand wissenschaftlicher Diskussion, zumal programmatische Selbstzeugnisse fehlen. Sicherlich fällt es bei Otto leichter, an eine bedachtsame Anbahnung des großen Ereignisses zu glauben,[4] denn gerade um 960 entstand im Mainzer Kloster St. Alban das berühmte Pontifikalbuch, das neben vielen anderen Riten auch die Liturgie für die Weihe und Krönung des römischen Kaisers samt einer Kaiserin im Wortlaut fixierte,[5] und bloß 19 Tage nach vollzogener Krönung begegnet gleich auf Ottos erster im Original erhaltenen Kaiserurkunde nicht nur bereits der endgültige Kaisertitel, sondern auch der Abdruck eines (anscheinend nach byzantinischem Muster) völlig neu gestalteten Siegelstempels, der fortan den *imperator augustus* frontal mit Krone, Globus und Szepter präsentierte (siehe Abb. 6, S. 291),[6] wohingegen bei Karl dem Großen 801 in solcher Hinsicht noch monatelang offenkundige Improvisation geherrscht hat.[7] Wenn Otto somit erkennbarer als Karl

---

3 Vgl. zuletzt Matthias Becher, Die Kaiserkrönung im Jahr 800. Eine Streitfrage zwischen Karl dem Großen und Papst Leo III., in: Rheinische Vierteljahrsblätter 66, 2002, S. 1–38; Anton Scharer, Die Kaiserkrönung Karls des Großen 800, in: Höhepunkte (wie Anm. 2), S. 59–69; Rudolf Schieffer, Neues von der Kaiserkrönung Karls des Großen (Bayerische Akademie der Wissenschaften. Philosophisch-historische Klasse. Sitzungsberichte, Jahrgang 2004, Heft 2), München 2004; Ders., Die Zeit des karolingischen Großreichs (714–887) (Gebhardt, Handbuch der deutschen Geschichte 2), Stuttgart 2005, S. 104ff.; Wilfried Hartmann, Karl der Große, Stuttgart 2010, S. 206ff.

4 Vgl. mit unterschiedlichen Einschätzungen Hagen Keller, Entscheidungssituationen und Lernprozesse in den „Anfängen der deutschen Geschichte". Die „Italien- und Kaiserpolitik" Ottos des Großen, in: Frühmittelalterliche Studien 33, 1999, S. 20–48; Werner Maleczek, Otto I. und Johannes XII. Überlegungen zur Kaiserkrönung von 962, in: Mediaevalia Augiensia. Forschungen zur Geschichte des Mittelalters, hg. von Jürgen Petersohn (Vorträge und Forschungen 54), Stuttgart 2001, S. 151–203; Herbert Zielinski, Der Weg nach Rom. Otto der Große und die Anfänge der ottonischen Italienpolitik, in: Die Faszination der Papstgeschichte. Neue Zugänge zum frühen und hohen Mittelalter, hg. von Wilfried Hartmann/Klaus Herbers (Forschungen zur Kaiser- und Papstgeschichte des Mittelalters. Beihefte zu J. F. Böhmer, Regesta Imperii 28), Köln/Weimar/Wien 2008, S. 97–107.

5 Die Ordines für die Weihe und Krönung des Kaisers und der Kaiserin, hg. von Reinhard Elze (Monumenta Germaniae Historica. Fontes iuris Germanici antiqui 9), Hannover 1960, S. 1–9, Nr. 1–3; vgl. zur Datierung Cyrille Vogel/Reinhard Elze, Le Pontifical Romano-Germanique du dixième siècle 3 (Studi e testi 269), Vatikanstadt 1972, S. 3ff.; zur allgemein angenommenen Anwendung 962 Laudage, Otto (wie Anm. 2), S. 183ff.

6 Vgl. Hagen Keller, Das neue Bild des Herrschers. Zum Wandel der „Herrschaftsrepräsentation" unter Otto dem Großen, in: Ottonische Neuanfänge (wie Anm. 2), S. 189–211.

7 Vgl. Becher, Kaiserkrönung (wie Anm. 3), S. 24ff., 36f.

sein Kaisertum vorbereitet hat, steht doch auf einem ganz anderen Blatt, inwieweit die gesamte vorherige Königspolitik Ottos des Großen, beginnend mit dem Herrschaftsantritt 936 am Grabe Karls des Großen in Aachen,[8] als imperial ausgerichtet verstanden werden darf. Ein Wendepunkt, wozu es in der Geschichte Karls des Großen keine direkte Analogie gibt, war gewiss Ottos erster Zug über die Alpen, bei dem ihm 951 die Aufnahme in Rom frühzeitig vom damaligen Stadtherrn Alberich verwehrt wurde, offenbar weil der sächsische König Ziele zu erkennen gab, die man dort nicht guthieß.[9] Das kann kaum ein frommer Pilgeraufenthalt gewesen sein, sondern lässt doch eher an die Erneuerung des Kaisertums denken. Karl der Große dagegen war vor 800 dreimal persönlich in Rom gewesen, ohne dass sich für den König der Franken und Langobarden irgendwie eine über den Rang eines Patricius hinausreichende Titulatur abgezeichnet hätte.[10]

Beide, Karl wie Otto, waren bekanntlich als Kaiser ohne unmittelbaren Vorgänger und füllten mit ihrer neuen Würde auf Wunsch des Papstes ein Vakuum, das seit Jahrzehnten, im Falle Karls seit mehr als drei Jahrhunderten bestanden hatte. Als Vorkämpfer der (lateinischen) Christenheit empfohlen waren sie durch große Siege über die Heiden, die Karl in Sachsen und gegen die Awaren, Otto bei den Slawen und zumal gegen die (mit den Awaren gleichgesetzten) Ungarn errungen hatte,[11] ebenso wie sich beide durch eine räumliche Erweiterung der Kirche um neue Bistümer hervorgetan hatten, die sie in den unterworfenen Gebieten gründeten.[12] Südlich der Alpen war indes die Reichweite ihrer politischen Macht durchaus unterschiedlich: Während Karl sich schon 774 mit einem Schlage des Langobardenreiches bemächtigt

---

8 Vgl. Hagen Keller, Widukinds Bericht über die Aachener Wahl und Krönung Ottos I., in: Frühmittelalterliche Studien 29, 1995, S. 390–453 (auch in: Ders., Ottonische Königsherrschaft. Organisation und Legitimation königlicher Macht, Darmstadt 2002, S. 91–130, S. 237–275).

9 Vgl. Keller, Entscheidungssituationen (wie Anm. 4), S. 29, 36 u. ö.

10 Vgl. Rudolf Schieffer, Charlemagne and Rome, in: Early Medieval Rome and the Christian West. Essays in Honour of Donald A. Bullough, hg. von Julia M. H. Smith (The Medieval Mediterranean 28), Leiden/Boston/Köln 2000, S. 279–295.

11 Vgl. Arnold Angenendt, Kaiserherrschaft und Königstaufe. Kaiser, Könige und Päpste als geistliche Patrone in der abendländischen Missionsgeschichte (Arbeiten zur Frühmittelalterforschung 15), Berlin/New York 1984, S. 203ff., 232ff., 274ff.

12 Vgl. Heinrich Büttner, Mission und Kirchenorganisation des Frankenreiches bis zum Tode Karls des Großen, in: Karl der Große. Lebenswerk und Nachleben, Bd. 1: Persönlichkeit und Geschichte, hg. von Helmut Beumann, Düsseldorf 1965, S. 454–487; Ders., Die christliche Kirche ostwärts der Elbe bis zum Tode Ottos I., in: Festschrift für Friedrich von Zahn, Bd. 1: Zur Geschichte und Volkskunde Mitteldeutschlands, hg. von Walter Schlesinger (Mitteldeutsche Forschungen 50/1), Köln/Graz 1968, S. 145–181.

hatte,[13] stand Otto zum Zeitpunkt seiner Kaiserkrönung noch vor der Aufgabe, sich überall in Ober- und Mittelitalien, darüber hinaus auch im Süden, Geltung zu verschaffen. Demgemäß verbrachte er neun seiner elf Kaiserjahre in Italien[14], während Karl als gewissermaßen saturierter Eroberer bereits wenige Monate nach seiner Kaiserkrönung aus Rom und Italien verschwand und während der dreizehn folgenden Jahre bis zu seinem Tod in Aachen nie mehr dorthin zurückgekehrt ist.

Beide empfingen ihre imperiale Würde in dem klaren Bewusstsein, dass es weiter östlich in Konstantinopel seit jeher Kaiser der Römer gab und auch weiterhin geben würde. Das Zweikaiserproblem, das gleich nach 800 erstmals aufgetaucht war, beruhte darauf, dass man am Bosporus angesichts der universalen Tradition des einst die gesamte zivilisierte Welt umspannenden Imperiums die eigenmächtige Kaisererhebung eines barbarischen Nicht-Römers im Westen nur als usurpatorischen Angriff auf den eigenen und einzigen Basileus (miss-)verstehen konnte, während es den Herrschern des Okzidents nie um den Orient, sondern bloß um die Anerkennung ihrer Gleichrangigkeit zu tun war.[15] Sowohl Karl der Große als auch Otto der Große erlebten daher nach ihrer Krönung durch den Papst ein spannungsreiches Jahrzehnt im Verhältnis zu Byzanz, wobei sich territoriale Streitigkeiten um Hoheitsansprüche an der Nahtstelle der beiden Imperien, nämlich im nördlichen Adriaraum sowie südlich von Rom, verquickten mit der Grundsatzfrage nach der Rangordnung unter den höchsten Gebietern der Christenheit.[16] Sichtbarster Ausdruck der Anerkennung war in westlichen Augen die Heiratsverbindung mit dem regierenden Kaiserhaus in Konstantinopel, die unter Karl dem Großen nicht zustande kam, aber von Ottos Gesandten nach schwierigen Verhandlungen schließlich erreicht wurde, als Kaiser Johannes Tsimiskes seine Nichte Theophanu, freilich keine wirklich purpurgeborene Prinzessin, für die Ehe mit Ottos Sohn Otto II., dem Junior-Kaiser des Westens, freigab. Im

---

13 Vgl. Karl Schmid, Zur Ablösung der Langobardenherrschaft durch die Franken, in: Quellen und Forschungen aus italienischen Archiven und Bibliotheken 52, 1972, S. 1–36 (auch in: Ders., Gebetsgedenken und adliges Selbstverständnis im Mittelalter. Ausgewählte Beiträge, Sigmaringen 1983, S. 268–304); Il futuro dei Longobardi. L'Italia e la costruzione dell'Europa di Carlo Magno, hg. von Carlo Bertelli/Gian Pietro Brogiolo, Bd. 1–2, Milano/Brescia 2000.

14 Vgl. Rudolf Schieffer, Das „Italienerlebnis" Ottos des Großen, in: Otto der Große (wie Anm. 2), S. 446–460.

15 Vgl. Peter Classen, Karl der Große, das Papsttum und Byzanz. Die Begründung des karolingischen Kaisertums, hg. von Horst Fuhrmann/Claudia Märtl (Beiträge zur Geschichte und Quellenkunde des Mittelalters 9), Sigmaringen 1985, S. 82ff.; zuletzt Ralph-Johannes Lilie, Byzanz. Das zweite Rom, Berlin 2003, S. 187ff.

16 Vgl. Franz Tinnefeld, Formen und Wege des Kontaktes zwischen Byzanz und dem Westen zur Zeit Karls des Großen, in: Karl der Große und das Erbe der Kulturen. Akten des 8. Symposiums des Mediävistenverbandes, Leipzig 15.–18. März 1999, hg. von Franz-Reiner Erkens, Berlin 2001, S. 25–35; Hagen Keller, Das ottonische Kirchenreich und Byzanz, in: Cristianità d'occidente e cristianità d'oriente (secoli VI–XI) (Settimane di studio della Fondazione Centro italiano di studi sull'alto medioevo 51), Spoleto 2004, S. 249–288.

12. Jahrhundert sollten es dann umgekehrt die griechischen Kaiser sein, die familiäre Bande mit dem mächtigen Stauferhaus erstrebten.[17]

Parallelen, Analogien und sonstige Entsprechungen zwischen den Ereignissen von 800 und 962 gibt es also, wie man sieht, in genügender Anzahl, um feststellen zu können, dass Ottos Kaisererhebung ganz im Banne derjenigen Karls gestanden hat, ohne die nicht einmal der Gedanke daran hätte aufkommen können. Nicht nur die Formulierung des elf Tage später ausgefertigten Privilegium Ottonianum für die römische Kirche, dessen Textvorlagen aus dem päpstlichen Archiv stammten, macht deutlich, dass man die Anknüpfung an das karolingische Kaisertum suchte,[18] auch auf sächsischer Seite fehlt es nicht an klaren Indizien für eine lebendige Erinnerung an Karl den Großen, der mit starker Hand das Christentum in Ottos Heimat gebracht hatte.[19] Auf ihn gingen alle Bischofssitze und die ältesten Klöster Sachsens zurück; er hatte das sächsische Recht schriftlich fixieren lassen und das Grafenamt eingeführt, das auch Ottos Vorfahren ihre regionale Machtbasis verschafft hatte. Er stand am Anfang der Entwicklung, die dem Sachsenland seither eine reiche Fülle an Reliquien der Heiligen aus Gallien und Italien eingetragen hatte, – ein Vorgang, in dem der Mönch und Geschichtsschreiber Widukind von Corvey geradezu die Ursache für das Anwachsen von Macht und Ansehen der Sachsen erblickte, wenn er bemerkte, seit der Übertragung der Gebeine des heiligen Vitus aus der Gegend von Paris in sein Kloster an der Weser habe „das Glück der Franken nachgelassen, das der Sachsen aber zu wachsen“ begonnen, sei „Sachsen von einer Sklavin zur Freien, von einer Tributpflichtigen zur Herrin vieler Völker geworden“[20]. Die Bemerkung verrät, dass man bei allem Bewusstsein einer Kontinuität des fortbestehenden Frankenreiches doch auch mit spürbarer Genugtuung einen seit Karl eingetretenen Wechsel des führenden Staatsvolkes empfand, und insofern war nichts besser geeignet, diesen Aufstieg der Sachsen im Ver-

---

17 Vgl. Gunther Wolf, Die byzantinisch-abendländischen Heirats- und Verlobungspläne zwischen 750 und 1250, in: Archiv für Diplomatik 37, 1991, S. 15–32; Kaiserin Theophanu. Begegnung des Ostens und Westens um die Wende des ersten Jahrtausends. Gedenkschrift des Kölner Schnütgen-Museums zum 1000. Todesjahr der Kaiserin, hg. von Anton von Euw/Peter Schreiner, Bd. 1–2, Köln 1991.

18 Die Urkunden Konrad I., Heinrich I. und Otto I., hg. von Theodor Sickel (Monumenta Germaniae Historica. Diplomata regum et imperatorum Germaniae 1), Hannover 1879–1884, S. 322ff., Nr. 235; vgl. Anna M. Drabek, Die Verträge der fränkischen und deutschen Herrscher mit dem Papsttum von 754 bis 1020 (Veröffentlichungen des Instituts für österreichische Geschichtsforschung 22), Wien/Köln/Graz 1976, S. 67ff.

19 Vgl. Hagen Keller, Die Ottonen und Karl der Große, in: Frühmittelalterliche Studien 34, 2000, S. 112–131; Ders., Das „Erbe“ Ottos des Großen. Das ottonische Reich nach der Erweiterung zum Imperium, in: Frühmittelalterliche Studien 41, 2007, S. 43–74, hier S. 47f.

20 Widukind von Corvey, Res gestae Saxonicae I c. 34, hg. von Hans-Eberhard Lohmann/Paul Hirsch (Monumenta Germaniae Historica. Scriptores rerum Germanicarum in usum scholarum separatim editi [60]), Hannover 1935, S. 48; vgl. Matthias Becher, Vitus von Corvey und Mauritius von Magdeburg: Zwei sächsische Heilige in Konkurrenz, in: Westfälische Zeitschrift 147, 1997, S. 235–249.

hältnis zu den Franken zu vollenden, als es auch noch durch Romzug und Erwerb der Kaiserkrone dem großen Karl gleichzutun.

Dabei war dies für Otto eigentlich sogar der größere Erfolg, denn er war nicht wie Karl Gebieter über (fast) alle christlichen Völker des Kontinents und brachte somit ein geringeres Eigengewicht in das wiederbelebte römische Kaisertum ein als dessen erster Inhaber. Freilich ist dies eher eine Einschätzung moderner Historiker, denn der stolzen Redeweise höfischer karolingischer Quellen, ihr Großkönig habe in Rom bloß das *nomen imperatoris*, den kaiserlichen Titel, für einen Vorrang empfangen, den er ohnehin aus eigener Kraft innehatte,[21] entspricht die spürbare Zurückhaltung ottonischer Geschichtsschreiber gegenüber dem Ereignis von 962, das in seiner Tragweite eingeschränkt oder gar völlig ignoriert wurde,[22] wie vor allem von Widukind, der lieber den Abend der siegreichen Lechfeld-Schlacht gegen die Ungarn sieben Jahre zuvor zur Geburtsstunde eines von Ottos Heer akklamatorisch begründeten Kaisertums stilisierte.[23] Dahinter stand natürlich unter Karl wie unter Otto die Scheu, eine ausschlaggebende Rolle des Papstes bei der eigenen Rangerhöhung einzugestehen. Eben dies war aber 800 gegenüber dem 476 im Westen erloschenen antiken Caesarentum die markanteste Neuerung gewesen, die trotz gegenteiliger Tendenzen Karls noch im 9. Jahrhundert dauerhaft zum legitimierenden Signum der mittelalterlichen lateinischen Kaiserwürde wurde.[24] Deshalb hätte bereits Otto kaum auf breite Anerkennung für ein ohne den Papst etabliertes „romfreies" Kaisertum im Sinne

21 Vgl. Helmut Beumann, Nomen imperatoris. Studien zur Kaiseridee Karls des Großen, in: Historische Zeitschrift 185, 1958, S. 515–549 (auch in: Ders., Wissenschaft vom Mittelalter. Gesammelte Aufsätze, Köln/Wien 1972, S. 255–289); Arno Borst, Kaisertum und Nomentheorie im Jahr 800, in: Festschrift für Percy Ernst Schramm zu seinem siebzigsten Geburtstag, hg. von Peter Classen/Peter Scheibert, Bd. 1, Wiesbaden 1964, S. 36–51 (auch in: Ders., Barbaren, Ketzer und Artisten. Welten des Mittelalters, München/Zürich 1988, S. 55–69); zuletzt auch Thomas Ertl, Byzantinischer Bilderstreit und fränkische Nomentheorie. Imperiales Handeln und dialektisches Denken im Umfeld der Kaiserkrönung Karls des Großen, in: Frühmittelalterliche Studien 40, 2006, S. 13–42.

22 Vgl. Hagen Keller, Das Kaisertum Ottos des Großen im Verständnis seiner Zeit, in: Deutsches Archiv für Erforschung des Mittelalters 20, 1964, S. 325–388 (auch in: Otto der Große, hg. von Harald Zimmermann, Darmstadt 1976, S. 218–295).

23 Vgl. Helmut Beumann, Historiographische Konzeption und politische Ziele Widukinds von Corvey, in: La storiografia altomedievale (Settimane di studio del Centro italiano di studi sull'alto medioevo 17), Spoleto 1970, S. 857–894 (auch in: Ders., Wissenschaft [wie Anm. 21], S. 71–108); Hagen Keller, Machabaeorum pugnae. Zum Stellenwert eines biblischen Vorbilds in Widukinds Deutung der ottonischen Königsherrschaft, in: Iconologia sacra. Mythos, Bildkunst und Dichtung in der Religions- und Sozialgeschichte Alteuropas. Festschrift Karl Hauck zum 75. Geburtstag, hg. von Hagen Keller/Nikolaus Staubach (Arbeiten zur Frühmittelalterforschung 23), Berlin/New York 1994, S. 417–437.

24 Vgl. Martin Lintzel, Das abendländische Kaisertum im neunten und zehnten Jahrhundert. Der römische und der fränkisch-deutsche Kaisergedanke von Karl dem Großen bis auf Otto den Großen, in: Die Welt als Geschichte 4, 1938, S. 423–447 (auch in: Ders., Ausgewählte Schriften, Bd. 2, Berlin 1961, S. 122–141); Harald Zimmermann, Imperatores Italiae, in: Historische Forschungen für Walter Schlesinger, hg. von Helmut Beumann, Köln/Wien 1974, S. 379–399.

Widukinds und anderer rechnen können, sondern war auf die Tradition von Karls Krönung am Petrusgrab verwiesen, die in ihrer zuvor ungekannten Art fraglos den tieferen Einschnitt in der langen Geschichte des Kaisertums bezeichnet.

*

Bei aller Fixierung auf das Muster des großen Karl gerieten doch auch im 10. Jahrhundert und in Ottos Umgebung nicht völlig die älteren Wurzeln der Würde aus dem Blick, mit der sich der sächsische Herrscher seit 962 schmückte. Der wichtigste und bekannteste ferne Vorgänger war dabei Konstantin der Große, der gemäß der Überlieferung durch seinen mit Gottes Hilfe errungenen Sieg an der Milvischen Brücke dem Christentum im Römerreich zum Durchbruch verholfen, die Kirche in jeder Weise gefördert und das erste allgemeine Konzil in Nicaea veranlasst und geleitet hatte,[25] womit zugleich die vor allem für die oströmisch-byzantinische Geschichte charakteristisch gewordene Dominanz des christlichen Kaisers auch in geistlichen Dingen, seine Sorge um Glaubenseinheit und Seelenheil aller Untertanen in Erscheinung getreten war. Überdies begründete Konstantin, nach Liudprand von Cremona einst Besitzer der inzwischen auf Otto den Großen übergegangenen Heiligen Lanze,[26] die Vorstellung vom Kaiser als weltlichem Haupt der Christenheit im Gegenüber zu den Heiden und Barbaren. Der Silvester-Legende zufolge war es dieser römische Bischof gewesen, der ihn vom Aussatz heilte und durch die Taufe unter die Christgläubigen aufnahm, wofür ihn Konstantin mit reichlichen Geschenken bedachte.[27] Die Gründung der neuen Reichshauptstadt am Bosporus mit dem Namen des Kaisers und der Wegzug Konstantins dorthin gaben den Anstoß zu der berühmten Fälschung, wonach der scheidende Kaiser dem römischen Bischofsstuhl den Primat über alle anderen Kirchen sowie den Gebrauch kaiserlicher Insignien zugestanden, den Lateranpa-

25 Vgl. zuletzt Elisabeth Herrmann-Otto, Konstantin der Große, Darmstadt 2007; Oliver Schmitt, Constantin der Große (275–337). Leben und Herrschaft, Stuttgart 2007; zur mittelalterlichen Rezeption: Kaiser Konstantin der Große. Historische Leistung und Rezeption in Europa, hg. von Klaus M. Girardet, Bonn 2007; Konstantin der Große. Das Bild des Kaisers im Wandel der Zeiten, hg. von Andreas Goltz/ Heinrich Schlange-Schöningen (Beihefte zum Archiv für Kulturgeschichte 66), Köln/Weimar/Wien 2008; Costantino il Grande tra medioevo ed età moderna, hg. von Giorgio Bonamente/Giorgio Cracco/ Klaus Rosen (Annali dell'Istituto storico italo-germanico in Trento. Quaderni 75), Bologna 2008.

26 Liudprand, Antapodosis 4 c. 25, hg. von Joseph Becker (Monumenta Germaniae Historica. Scriptores rerum Germanicarum in usum scholarum separatim editi [41]), Hannover/Leipzig 1915, S. 118; vgl. Percy Ernst Schramm, Herrschaftszeichen und Staatssymbolik 2 (Schriften der Monumenta Germaniae Historica 13/2), Stuttgart 1955, S. 501ff.; Ludger Körntgen, Königsherrschaft und Gottes Gnade. Zu Kontext und Funktion sakraler Vorstellungen in Historiographie und Bildzeugnissen der ottonisch-frühsalischen Zeit (Orbis mediaevalis 2), Berlin 2001, S. 54ff.

27 Vgl. zuletzt Wilhelm Pohlkamp, Konstantin der Große und die Stadt Rom im Spiegel der römischen Silvester-Akten (Actus Silvestri), in: Kaiser Konstantin (wie Anm. 25), S. 87–111.

last vermacht und gar die Herrschaft über die Stadt Rom, Italien und den gesamten Okzident übertragen habe.[28] Der seit dem 9. Jahrhundert fassbare Text der angeblichen Schenkungsurkunde ist Otto dem Großen 962 in einem eigens angefertigten Pseudo-Original vorgelegt worden, das er zwar nicht, wie anscheinend gewünscht, bestätigte, aber wohl kaum in seiner Echtheit bezweifelt hat.[29] Dem Urbild eines christlichen Herrschers dürfte er im Übrigen in Rom auch ganz konkret in Gestalt des antiken Reiterstandbildes begegnet sein, das eigentlich Kaiser Marcus Aurelius darstellt, im Mittelalter aber für den *caballus Constantini* gehalten wurde und Otto auf dem Platz vor dem Lateran, wo es wohl Hadrian I. hatte aufstellen lassen, schwerlich entgangen sein wird.[30] (Abb. 1)

Fünf Jahre später, als Papst Johannes XIII. in Ravenna auf Ottos Wunsch die Erhebung Magdeburgs zur kirchlichen Metropole verfügte, verglich seine Urkunde diesen Akt mit dem (angeblichen) Handeln der päpstlichen Vorgänger bei der gleichfalls kaiserlichen Gründung von Konstantinopel und bezeichnete Otto, „den Allerkaiserlichsten von allen Kaisern" (*omnium augustorum augustissimus imperator*), als „den dritten seit Konstantin, der die römische Kirche ganz besonders erhöht" habe, was als ungenannten zweiten ziemlich sicher Karl den Großen erkennen lässt.[31] Schon zu Lebzeiten wurde hier auf Otto der Gedanke des *novus Constantinus* bezogen, der

28 Das Constitutum Constantini (Konstantinische Schenkung). Text, hg. von Horst Fuhrmann (Monumenta Germaniae Historica. Fontes iuris Germanici antiqui 10), Hannover 1968; vgl. zuletzt Johannes Fried, Donation of Constantine and Constitutum Constantini. The Misinterpretation of a Fiction and its Original Meaning (Millennium-Studien 3), Berlin/New York 2007.

29 Vgl. Horst Fuhrmann, Konstantinische Schenkung und abendländisches Kaisertum. Ein Beitrag zur Überlieferungsgeschichte des Constitutum Constantini, in: Deutsches Archiv für Erforschung des Mittelalters 22, 1966, S. 63–178, hier S. 123ff.; Ders., Einfluß und Verbreitung der pseudoisidorischen Fälschungen. Von ihrem Auftauchen bis in die neuere Zeit, Bd. 2 (Schriften der Monumenta Germaniae Historica 24/2), Stuttgart 1973, S. 389ff.

30 Ersterwähnung zu 966 (mit Lokalisierung) im Liber Pontificalis (Johannes XIII.), hg. von Louis Duchesne, Bd. 2 (Bibliothèque des Écoles françaises d'Athènes et de Rome), Paris 1892, S. 259; vgl. Philipp Fehl, The Placement of the Equestrian Statue of Marcus Aurelius in the Middle Ages, in: Journal of the Warburg and Courtauld Institutes 37, 1974, S. 362–367; Ingo Herklotz, Der Campus Lateranensis im Mittelalter, in: Römisches Jahrbuch für Kunstgeschichte 22, 1985, S. 3–43, hier S. 24ff.

31 Urkunde Johannes' XIII. vom 20. April 967, hg. von Ernst-Dieter Hehl, in: Monumenta Germaniae Historica. Concilia 6, Hannover 1987–2007, S. 268ff., hier S. 270; vgl. Herwig Wolfram, Constantin als Vorbild für den Herrscher des hochmittelalterlichen Reiches, in: Mitteilungen des Instituts für österreichische Geschichtsforschung 68, 1960, S. 226–243, hier S. 226f.; Wolfgang Ullmann, Magdeburg, das Konstantinopel des Nordens. Aspekte von Kaiser- und Papstpolitik bei der Gründung des Magdeburger Erzbistums 968, in: Jahrbuch für die Geschichte Mittel- und Ostdeutschlands 21, 1972, S. 1–44.

1   Reiterstatue des Marc Aurel auf dem Platz des Kapitols, um 1890.
    Original heute im Musei Capitolini Rom, MC 3247/S.

nicht bloß in Byzanz seit jeher gang und gäbe war, sondern sich auch im Westen schon früher für Gründer und Erneuerer des christlichen Reiches wie Chlodwig oder eben Karl nahegelegt hatte.[32] Zugleich rückte Otto fortan in den exklusiven, stets mit Konstantin beginnenden Kanon der vorbildlichen christlichen Herrscher ein, der noch für Isidor von Sevilla im 7. Jahrhundert allein aus Konstantin, Theodosius I., Theodosius II. und Marcian, den Kaisern der großen altchristlichen Konzilien, bestanden hatte,[33] auf den 826 beschriebenen Wandfresken der Ingelheimer Kaiserpfalz aber bereits die Gestalten Konstantin, Theodosius I., Karl Martell, Pippin den Jüngeren und Karl den Großen umfasste[34] und in den folgenden Jahrhunderten entsprechend der historischen Entwicklung wiederholt aktualisiert und ausgetauscht worden ist. Nach der Rückkehr des Königtums zu den Sachsen 1125 erschien Lothar III. dem Annalisten aus Pöhlde als „Freund der Gerechtigkeit, Nachahmer und Erbe seiner Vorgänger Konstantin, Karl und Otto I.“[35], was sich ebenso in der Sächsischen Weltchronik des 13. Jahrhunderts wiederfindet.[36] Das Recht des Sachsenspiegels, bereits von Eike von Repgow als Satzung Konstantins und Karls des Großen präsentiert,[37] soll gemäß dem Magdeburger Weichbildrecht des 14. Jahrhunderts von Otto bestätigt und zur Wirksamkeit gebracht worden sein.[38]

In solchen kühnen Konstruktionen wirkt sich die verbreitete Denkfigur der *Translatio imperii*, der Übertragung des Kaisertums von den Römern und Griechen auf die Franken und Deutschen, aus, die geeignet war, die offenkundige stärkere Kontinuität

---

32 Vgl. Eugen Ewig, Das Bild Constantins des Großen in den ersten Jahrhunderten des abendländischen Mittelalters, in: Historisches Jahrbuch 75, 1956, S. 1–46 (auch in: Ders., Spätantikes und fränkisches Gallien. Gesammelte Schriften, hg. von Hartmut Atsma, Bd. 1, München 1976, S. 72–113).

33 Vgl. Ewig, Bild (wie Anm. 32), S. 39 bzw. 106.

34 Vgl. Walther Lammers, Ein karolingisches Bildprogramm in der Aula regia von Ingelheim, in: Festschrift für Hermann Heimpel zum 70. Geburtstag, Bd. 3 (Veröffentlichungen des Max-Planck-Instituts für Geschichte 36/3), Göttingen 1972, S. 226–289, hier S. 268ff. (auch in: Ders., Vestigia Mediaevalia. Ausgewählte Aufsätze zur mittelalterlichen Historiographie, Landes- und Kirchengeschichte, Wiesbaden 1979, S. 219–282, hier S. 259ff.).

35 Annales Palidenses ad a. 1125, hg. von Georg Heinrich Pertz, in: Monumenta Germaniae Historica. Scriptores 16, Hannover 1859, S. 77; vgl. Gerhard Theuerkauf, Lex, Speculum, Compendium Iuris. Rechtsaufzeichnung und Rechtsbewußtsein in Norddeutschland vom 8. bis zum 16. Jahrhundert (Forschungen zur deutschen Rechtsgeschichte 6), Köln/Graz 1968, S. 95.

36 Sächsische Weltchronik c. 254, hg. von Ludwig Weiland, in: Monumenta Germaniae Historica. Deutsche Chroniken 2, Hannover 1877, S. 205.

37 Sachsenspiegel, Landrecht, Textus prologi, hg. von Karl August Eckhardt (Monumenta Germaniae Historica. Fontes iuris Germanici antiqui, Nova Series 1/1), 3. Aufl. Göttingen 1973, S. 52; vgl. Theuerkauf, Lex (wie Anm. 35), S. 98f.

38 Das alte Weichbildrecht B (= Rechtsbuch von der Gerichtsverfassung), c. 2, 6, in: Eugen Rosenstock, Ostfalens Rechtsliteratur unter Friedrich II. Texte und Untersuchungen, Weimar 1912, S. 45f.; vgl. Theuerkauf, Lex (wie Anm. 35), S. 279f.; zur quellenkundlichen Einordnung und Datierung Peter Johanek, Magdeburger Rechtsbücher, in: Verfasserlexikon. Die deutsche Literatur des Mittelalters 11, Berlin/New York 2004, Sp. 945–953, hier Sp. 947.

des östlichen Kaisertums seit dem Altertum zu relativieren und den weiten zeitlichen Abstand zwischen den spätantiken Kaisern des Westens und dem neuen Kaisertum seit den Karolingern zu überspielen.[39] Dem diente auch die in der Weltchronistik des Hochmittelalters übliche durchgängige Zählung der Kaiser, die Konstantin zum 34., Karl zum 69. und Otto zum 77. *imperator* seit Augustus machte.[40] Erst vor dem Hintergrund eines derartigen, allen historischen Wandel einebnenden Verständnisses der Kaisergeschichte konnte es dazu kommen, dass im 12. Jahrhundert einerseits der staufische Kanzleinotar Gottfried von Viterbo in seinem Geschichtswerk von einem einzigen Kaisergeschlecht, einer *imperialis prosapia*, sprach, in der von den trojanischen Vorfahren der Römer bis in seine Gegenwart die höchste Würde von Generation zu Generation weitergegeben worden sei,[41] und andererseits die volkssprachige Kaiserchronik, um 1150 in Regensburg entstanden, mit dem absonderlichen Einfall aufwartete, bereits Konstantin sei als erster christlicher Kaiser vom Papst gekrönt worden.[42] Die Hochschätzung Konstantins beruhte stets auf dem Bewusstsein, dass es vor ihm heidnische römische Kaiser in großer Zahl gegeben hatte, von denen viele einzig als grausame Christenverfolger in Erinnerung waren. Für den historischen Horizont der Zeit Ottos des Großen charakteristisch dürfte die Weltchronik des Regino von Prüm sein, der aus Beda Namen und Regierungsdauer eines jeden Kaisers übernahm und dies im Falle von Nero, Vespasian, Domitian, Nerva, Trajan, Hadrian, Marcus Aurelius, Alexander Severus, Maximinus Thrax, Decius, Valerian, Claudius II., Aurelian, Carus und Diocletian sogleich mit den dem Martyrologium des Ado von Vienne entnommenen Listen der christlichen Blutzeugen verknüpfte, die diese Gewaltherrscher jeweils auf dem Gewissen hatten.[43] Im Umlauf waren zudem vielerlei hagiographische Berichte über die von einzelnen heidnischen Kaisern veranlassten Leiden der

---

39 Vgl. Werner Goez, Translatio Imperii. Ein Beitrag zur Geschichte des Geschichtsdenkens und der politischen Theorien im Mittelalter und in der frühen Neuzeit, Tübingen 1958.

40 So die Zahlen bei Otto von Freising, die bei anderen Autoren variieren. Vgl. Hans-Werner Goetz, Das Geschichtsbild Ottos von Freising. Ein Beitrag zur historischen Vorstellungswelt und zur Geschichte des 12. Jahrhunderts (Beihefte zum Archiv für Kulturgeschichte 19), Köln/Wien 1984, S. 148f.; Ders., Geschichtsschreibung und Geschichtsbewusstsein im hohen Mittelalter (Orbis mediaevalis 1), Berlin 1999, S. 209f.

41 Vgl. Odilo Engels, Gottfried von Viterbo und seine Sicht des staufischen Kaiserhauses, in: Aus Archiven und Bibliotheken. Festschrift für Raymund Kottje zum 65. Geburtstag, hg. von Hubert Mordek (Freiburger Beiträge zur mittelalterlichen Geschichte 3), Frankfurt am Main/Bern/New York u. a. 1992, S. 327–345 (auch in: Ders., Stauferstudien. Beiträge zur Geschichte der Staufer im 12. Jahrhundert, hg. von Erich Meuthen/Stefan Weinfurter, 2. Aufl. Sigmaringen 1996, S. 263–281).

42 Vgl. Michael Embach, Kaiser Konstantin in der deutschsprachigen Literatur des Mittelalters, in: Konstantin der Große. Der Kaiser und die Christen, die Christen und der Kaiser, hg. von Michael Fiedrowicz/Gerhard Krieger/Winfried Weber, Trier 2006, S. 183–236, hier S. 199ff.

43 Vgl. Hans-Henning Kortüm, Weltgeschichte am Ausgang der Karolingerzeit: Regino von Prüm, in: Historiographie im frühen Mittelalter, hg. von Anton Scharer/Georg Scheibelreiter (Veröffentlichungen des Instituts für österreichische Geschichtsforschung 32), Wien/München 1994, S. 499–513, hier S. 502.

Heiligen, auch solcher, deren Reliquien inzwischen nach Sachsen gelangt waren. Insbesondere Diocletian wird von Widukind von Corvey ebenso wie von Hrotsvith von Gandersheim unrühmlich hervorgehoben.[44] Davon stachen die frühen Kaiser Augustus und Tiberius ab, deren Andenken jederzeit dadurch gesichert war, dass ihre Namen Eingang in die Evangelien gefunden hatten, weil der göttliche Erlöser unter Augustus zur Welt gekommen war und im 15. Jahr der Regierung des Tiberius Johannes der Täufer sein Wirken begonnen hatte.[45] Da der Name des Augustus überdies schon seit der Antike titulär für die imperiale Vorrangstellung geworden war, blieb er stets geläufig und lenkte ganz zwanglos immer wieder den Blick auch auf dessen historische Person, so dass Hrotsvith im Prolog der Gesta Ottonis von „der Zier des Imperiums des Octavianus" (imperii [...] decus Octaviani) dichten konnte, die dem verehrten Otto zueigen sei.[46]

Eine spezielle Bewandtnis hatte es mit Gaius Julius Caesar, der ziemlich genau tausend Jahre vor Ottos Kaisererhebung in Rom ermordet worden war. Sein Name ist nicht allein im lateinischen Sprachzusammenhang zur Bezeichnung des Kaisers geworden (ähnlich wie Augustus), sondern früh schon ins Gotische und in andere germanische Sprachen eingegangen,[47] muss also Otto auch in seiner sächsischen Muttersprache vertraut gewesen sein.[48] Dabei war der historische Kontext, in dem sich Caesar einst in Rom zur Herrschaft des ersten Mannes aufgeschwungen hatte, dem frühen Mittelalter so gut wie entfallen, schon weil man sich kaum etwas unter der republikanischen Staatsordnung vorstellen konnte, die der Dictator aus den Angeln gehoben hatte. Um so heller strahlte sein Ruhm als kraftvoller Feldherr, der (nach dem Annolied der Zeit um 1080) in zähem Ringen auch die Schwaben, Bayern, Sachsen und Franken bezwungen und sich dann mit deren Hilfe die Macht in Rom verschafft habe, woraus der Anspruch der Deutschen auf das Kaisertum abzuleiten sei.[49] Inwieweit bereits Otto der Große und seine Umgebung solche pseudohistorischen Vorstel-

---

44 Widukind, Res gestae 1 c. 34 (wie Anm. 20), S. 47; Hrotsvith, Dulcitius, in: Hrotsvithae Opera, hg. von Paul von Winterfeld (Monumenta Germaniae Historica. Scriptores rerum Germanicarum in usum scholarum separatim editi [34]), Berlin 1902, S. 127ff., Hrotsvith, Sapientia, ebd. S. 181 (verwechselt mit Adrianus).

45 Lukas 2,1; 3,1.

46 Hrotsvith, Gesta Ottonis, v. 30, in: Hrotsvithae Opera (wie Anm. 44), S. 203; vgl. Keller, Kaisertum (wie Anm. 22), S. 329 bzw. 223.

47 Vgl. Franz Brunhölzl, Caesar im Mittelalter, A: Allgemeines, in: Lexikon des Mittelalters 2, München/Zürich 1983, Sp. 1352f.

48 Zu den Zeugnissen über Ottos Mundart vgl. Rudolf Köpke/Ernst Dümmler, Kaiser Otto der Große, Leipzig 1876, S. 515.

49 Vgl. Heinz Thomas, Julius Caesar und die Deutschen. Zu Ursprung und Gehalt eines deutschen Geschichtsbewußtseins in der Zeit Gregors VII. und Heinrichs IV., in: Die Salier und das Reich, Bd. 3: Gesellschaftlicher und ideengeschichtlicher Wandel im Reich der Salier, hg. von Stefan Weinfurter, Sigmaringen 1991, S. 245–277.

lungen geteilt haben, wissen wir nicht; jedenfalls taucht schon um 1000 die Ansicht auf, auch Magdeburg, tatsächlich weit entfernt vom antiken Römerreich, sei von Julius Caesar auf seinen Kriegszügen begründet worden und somit seit uralter Zeit von buchstäblich kaiserlichem Rang.[50]

*

Während Otto der Große also insgesamt wohl bloß eine schemenhafte, mit Fiktionen durchsetzte Vorstellung von der langen historischen Entwicklung des Kaisertums besaß, die der eigenen Krönung vorausgegangen war, konnte er natürlich erst recht nicht absehen, dass er seinerseits eine Geschichte von weiteren mehr als 800 Jahren einleitete, in denen das Kaisertum einer nun von ihm gewiesenen Bahn folgte.[51] Anders als Karl der Große, der die ihm seinerzeit wohl nur persönlich zugedachte höchste Würde zunächst ohne Beteiligung des Papstes in der Familie weitervermachte mit der Folge, dass durch die dynastischen Erbteilungen die Machtbasis des Kaisers unter den Karolingern rapide schrumpfte und schließlich die Verfügung über die Krone des Imperiums wieder an den Papst zurückfiel, der indes mit der Auswahl der Anwärter nur wenig Glück hatte,[52] zeigt Otto der Große 962 das klare Bestreben, die Erneuerung des Kaisertums sogleich auf seine ganze Familie und deren dynastische Zukunft sowie auf ein mittlerweile fest umrissenes Reich zu beziehen: Die Krone empfing er gemeinsam mit der Gattin Adelheid, die wesentlich seine Herrschaftsrechte in Italien legitimierte;[53] das Privilegium Ottonianum stellte er der römischen Kirche zugleich im Namen von ihrer beider Sohn, dem sechsjährigen, in Rom abwesenden, aber im Vorjahr bereits vorsorglich in Aachen zum König gekrön-

50 Belegt im sogenannten Exordium civitatis Magdeburgensis et archiepiscopatus, das als Teil der Gesta archiepiscoporum Magdeburgensium überliefert ist (hg. von Wilhelm Schum, in: Monumenta Germaniae Historica. Scriptores 14, Hannover 1883, S. 376–384); zur Entstehung vor 1004 vgl. Helmut Beumann, Theutonum nova metropolis. Studien zur Geschichte des Erzbistums Magdeburg in ottonischer Zeit, hg. von Jutta Krimm-Beumann (Quellen und Forschungen zur Geschichte Sachsen-Anhalts 1), Köln/Weimar/Wien 2000, S. 217ff.

51 Vgl. Bernd Schneidmüller, Römisches Kaisertum und ostfränkisch-deutsches Reich (962–1493), in: Heiliges Römisches Reich deutscher Nation 962 bis 1806. Von Otto dem Großen bis zum Ausgang des Mittelalters. Essays, hg. von Matthias Puhle/Claus-Peter Hasse, Dresden 2006, S. 47–59; zuletzt: Ders., Kaiser sein im spätmittelalterlichen Europa. Spielregeln zwischen Weltherrschaft und Gewöhnlichkeit, in: Spielregeln der Mächtigen. Mittelalterliche Politik zwischen Gewohnheit und Konvention, hg. von Claudia Garnier/Hermann Kamp, Darmstadt 2010, S. 265–290.

52 Siehe oben Anm. 24.

53 Vgl. Stefan Weinfurter, Kaiserin Adelheid und das ottonische Kaisertum, in: Frühmittelalterliche Studien 33, 1999, S. 1–19 (auch in: Ders., Gelebte Ordnung – Gedachte Ordnung. Ausgewählte Beiträge zu König, Kirche und Reich, hg. von Helmuth Kluger/Hubertus Seibert/Werner Bomm, Ostfildern 2005, S. 189–211); Claudia Zey, Imperatrix, si venerit Romam... Zu den Krönungen von Kaiserinnen im Mittelalter, in: Deutsches Archiv für Erforschung des Mittelalters 60, 2004, S. 3–51, hier S. 17ff.

ten Otto II., aus, der dann zu Weihnachten 967 mit 12 Jahren und noch zu Lebzeiten des Vaters ebenfalls die päpstliche Krönung zum Kaiser empfing und 972 abermals in Rom die byzantinische Prinzessin Theophanu als standesgemäße Mutter zukünftiger Kaiser heiratete.[54] Da er als einziger überlebender Sohn Ottos des Großen den Vater in der Gesamtherrschaft beiderseits der Alpen beerben sollte ebenso wie der erste Otto einst seinen Anspruch auf die alleinige Nachfolge Heinrichs I. zur Geltung gebracht hatte, festigte sich durch eben die Generationen, die das Kaisertum wiederbelebten, zugleich der räumliche Rahmen jenes unteilbar gewordenen Reiches in der Mitte Europas, das fortan die Machtbasis für den imperialen Vorrang unter den übrigen Herrschern der lateinischen Welt abgab.[55] Damit hatte sich entschieden, was wir das ottonische Modell nennen können, dass nämlich das Kaisertum zwar nur durch den Papst und damit in Rom zu erlangen war, die Anwartschaft aber bei den jenseits der Alpen nach Geblüt und Wahl erkorenen Nachfolgern Ottos des Großen lag, die deshalb regelmäßig auf den Weg nach Süden, auf die Durchsetzung ihrer Macht im sogenannten Reichsitalien und auf ein Einvernehmen mit dem Papst verwiesen waren. Im Unterschied zur Praxis der spätkarolingischen Zeit hatten die Päpste nicht mehr nach dem Tod eines Kaisers von sich aus einen Nachfolger zu suchen und zu installieren, sondern abzuwarten, bis sich der von ihnen nicht ausgewählte königliche Nachfolger des vorherigen Kaisers bei ihnen einfand, was jahrelange, später jahrzehntelange Unterbrechungen in der zeitlichen Abfolge der Kaiser zur Folge hatte.[56]

Weit fühlbarer als Karls römische Krönung hat erst diejenige Ottos eine dauerhafte Konstellation des gegenseitigen Angewiesenseins zwischen Kaisertum und Papsttum herbeigeführt, deren spannungsreiche Dynamik nicht nur den Gang der deutschen Geschichte geprägt hat, sondern auch im europäischen Rahmen zu den kennzeichnenden Zügen des Mittelalters zählt.[57] Die Antinomie von Schutz und Herrschaft, die daraus resultierte, dass jeder noch so mächtige Anwärter auf die kaiserliche Würde nicht ohne das geistliche Handeln des römischen Bischofs zum Ziel gelangte, während die Päpste durchweg zu schwach waren, um ihre politische Stellung in Rom und Italien allein aus eigener Kraft zu behaupten, wird schlagartig schon in den Sicherheitseiden greifbar, die sich beide Seiten im Zusammenhang mit Ottos Erscheinen in

---

54 Vgl. Rudolf Schieffer, Otto II. und sein Vater, in: Frühmittelalterliche Studien 36, 2002, S. 255–269.

55 Vgl. Gerd Althoff, Die Ottonen, in: Heiliges Römisches Reich (wie Anm. 51), S. 75–85.

56 Vgl. Gerd Tellenbach, Kaiser, Rom und Renovatio. Ein Beitrag zu einem großen Thema, in: Tradition als historische Kraft. Interdisziplinäre Forschungen zur Geschichte des früheren Mittelalters, hg. von Norbert Kamp/Joachim Wollasch, Berlin/New York 1982, S. 231–253 (auch in: Ders., Ausgewählte Abhandlungen und Aufsätze, Bd. 2, Stuttgart 1988, S. 770–792); Bernd Schneidmüller, Die Kaiser des Mittelalters. Von Karl dem Großen bis Maximilian I., München 2006.

57 Vgl. zuletzt Elke Goez, Papsttum und Kaisertum im Mittelalter, Darmstadt 2009; Heike Johanna Mierau, Kaiser und Papst im Mittelalter, Köln/Weimar/Wien 2010.

Rom leisteten.[58] Da das Zweckbündnis mit dem Krönungspapst Johannes XII. binnen Kurzem im politischen Streit zerbrach, richtete Otto bereits seit 963 seinen Eifer darauf, als Kaiser selbst über die Besetzung des Apostolischen Stuhls verfügen zu können. Damit leitete er eine rund hundertjährige Phase ottonisch-salischer Dominanz ein, während derer mehrfach ein Machtwort des weltlichen Gebieters über das höchste Hirtenamt entschied und noch zweimal angehende Kaiser sich den Papst erst schufen, der sie sogleich zu krönen hatte.[59] Erst im Zuge des sogenannten Reformpapsttums wandelte sich die Lage in dem Sinne, dass fortan kaiserliche „Gegenpäpste" regelmäßig scheiterten (vor allem an ausbleibender Anerkennung durch die lateinische Christenheit außerhalb des Imperiums), während die römischen Bischöfe mit besserer Resonanz die Neigung entwickelten, ihre geistliche Strafgewalt auch gegenüber gesalbten und gekrönten Herrschern zur Geltung zu bringen.[60] Nachdem in Gestalt Heinrichs IV. erstmals der erklärte Anwärter auf das Kaisertum mit dem päpstlichen Bann belegt worden war, traf diese Sanktion später auch die bereits gekrönten Kaiser Heinrich V., Friedrich I., Otto IV. und Friedrich II., während Ludwig der Bayer bereits vor seinem (von den avignonesischen Päpsten nie anerkannten) Kaisertum ebenfalls exkommuniziert worden ist.[61] Ausdrückliche Absetzungen aus päpstlicher Machtvollkommenheit erlebten nach dem König Heinrich IV. erst die Kaiser Otto IV. und Friedrich II. jeweils durch große Konzilien des 13. Jahrhunderts.[62] Darüber hinaus haben die Päpste (mit spärlichem Erfolg) gelegentlich ihnen ergebene „Gegenkönige" gefördert, aber nie einem abgesetzten Kaiser zu dessen Lebzeiten einen besseren anderen entgegengesetzt.

Abgesehen von solchen spektakulären Konfrontationen, die alles in allem doch eher die Ausnahme als die Regel waren, ist das seit Otto dem Großen gültige Muster eines vom Papsttum verliehenen Kaisertums des jeweiligen römisch-deutschen Königs während des gesamten Mittelalters praktiziert worden, auch wenn es nicht an

58　Vgl. Drabek, Verträge (wie Anm. 18), S. 65f.

59　Vgl. zuletzt Eckhard Müller-Mertens, Römisches Reich im Frühmittelalter: kaiserlich-päpstliches Kondominat, salischer Herrschaftsverband, in: Historische Zeitschrift 288, 2009, S. 51–92.

60　Vgl. Rudolf Schieffer, Das Papsttum als Autorität für die europäische Ordnung des Hochmittelalters, in: Salisches Kaisertum und neues Europa. Die Zeit Heinrichs IV. und Heinrichs V., hg. von Bernd Schneidmüller/Stefan Weinfurter, Darmstadt 2007, S. 47–63.

61　Vgl. Elisabeth Vodola, Excommunication in the Middle Ages, Berkeley/Los Angeles/London 1986; Colin Morris, The Papal Monarchy. The Western Church from 1050 to 1250, Oxford 1989, S. 114, 161, 194, 425, 560.

62　Vgl. Othmar Hageneder, Das päpstliche Recht der Fürstenabsetzung: seine kanonistische Grundlegung (1150–1250), in: Archivum Historiae Pontificiae 1, 1963, S. 53–95; Rudolf Schieffer, Gregor VII. und die Absetzung König Heinrichs IV., in: Recht – Religion – Verfassung. Festschrift für Hans-Jürgen Becker, hg. von Inge Kroppenberg/Martin Löhnig/Dieter Schwab, Bielefeld 2009, S. 197–204; Stefan Weinfurter, Der Papst weint. Argument und rituelle Emotion von Innocenz III. bis Innocenz IV., in: Spielregeln (wie Anm. 51), S. 121–132.

abweichenden Vorstellungen gefehlt hat, die sich jedoch allesamt nicht haben durchsetzen können.[63]

Mehr oder minder bewusst gegen die päpstliche Handlungsfreiheit gerichtet waren Überlegungen, für die Kaiserwürde eine dynastische Erbfolge zu postulieren, wie sie seit dem Hochmittelalter für die westeuropäischen Monarchien galt. Der Gedanke taucht seit dem Investiturstreit bei Autoren auf, die mit Begriffen und Denkformen des antiken römischen Rechts die Autorität der salischen und staufischen Herrscher zu unterfangen suchten. In Abwehr der Sanktionen, die Papst Gregor VII. über Heinrich IV. verhängt hatte, verwies der gelehrte Jurist Petrus Crassus auf eine seit alters bestehende Erblichkeit des Kaisertums, die der Verfügbarkeit durch Dritte entzogen sei.[64] Blieb dies in solcher Pointierung zunächst eine Einzelstimme, so haben Legisten und Geschichtsschreiber im Umfeld Barbarossas die Anschauung weiter gefestigt, ihr Kaiser stehe in der lückenlosen Sukzession der alten Caesaren und könne sich somit auch das von diesen gesetzte Recht mit all seinen Belegen für eine singuläre Stellung der kaiserlichen Majestät zu eigen machen.[65] Dies ist der geistige Hintergrund, vor dem der berühmte Erbreichsplan Heinrichs VI. von 1196 entstehen konnte, der unmittelbar auf die Abschaffung des Wahlrechts der deutschen Fürsten abzielte, mittelbar aber auch das Krönungsrecht der Päpste betraf, weshalb in die am Ende gescheiterten Verhandlungen Coelestin III. ganz wesentlich einbezogen werden musste.[66] Ein nur noch dem dynastischen Erbrecht unterworfenes Kaisertum, wie es vermutlich schon Karl dem Großen vorgeschwebt hatte, war jedoch nach Jahrhunderten gegenteiliger Praxis nicht mehr durchsetzbar und wurde schon wenig später infolge des

---

63 Vgl. zum Folgenden Rudolf Schieffer, Konzepte des Kaisertums, in: Heilig – Römisch – Deutsch. Das Reich im mittelalterlichen Europa, hg. von Bernd Schneidmüller/Stefan Weinfurter, Dresden 2006, S. 44–56.

64 Vgl. Hans Hubert Anton, Beobachtungen zur heinrizianischen Publizistik: Die Defensio Heinrici IV. regis, in: Historiographia mediaevalis. Studien zur Geschichtsschreibung und Quellenkunde des Mittelalters. Festschrift für Franz-Josef Schmale, hg. von Dieter Berg/Hans-Werner Goetz, Darmstadt 1988, S. 149–167 (auch in: Ders., Königtum – Kirche – Adel. Institutionen, Ideen, Räume von der Spätantike bis zum hohen Mittelalter, hg. von Burkhard Apsner/Thomas Bauer, Trier 2002, S. 293–311); Tilman Struve, Die Salier und das römische Recht. Ansätze zur Entwicklung einer säkularen Herrschaftstheorie in der Zeit des Investiturstreites (Akademie der Wissenschaften und der Literatur Mainz. Abhandlungen der Geistes- und Sozialwissenschaftlichen Klasse, Jahrgang 1999, 5), Stuttgart 1999, S. 47f.

65 Vgl. Gottfried Koch, Auf dem Wege zum Sacrum Imperium. Studien zur ideologischen Herrschaftsbegründung der deutschen Zentralgewalt im 11. und 12. Jahrhundert (Forschungen zur mittelalterlichen Geschichte 20), Berlin 1972, S. 230–245; Gerhard Dilcher, Die staufische Renovatio im Spannungsfeld von traditionalem und neuem Denken. Rechtskonzeptionen als Handlungshorizont der Italienpolitik Friedrich Barbarossas, in: Historische Zeitschrift 276, 2003, S. 613–646.

66 Vgl. Ulrich Schmidt, „Ein neues und unerhörtes Dekret": Der Erbreichsplan Heinrichs VI., in: Kaiser Heinrich VI. Ein mittelalterlicher Herrscher und seine Zeit (Schriften zur staufischen Geschichte und Kunst 17), Göppingen 1998, S. 61–81; Ludwig Vones, Confirmatio Imperii et Regni. Erbkaisertum, Erbreichsplan und Erbmonarchie in den politischen Zielvorstellungen der letzten Jahre Kaiser Heinrichs VI., in: Stauferreich im Wandel. Ordnungsvorstellungen und Politik in der Zeit Friedrich Barbarossas, hg. von Stefan Weinfurter (Mittelalter-Forschungen 3), Stuttgart 2002, S. 312–334.

staufisch-welfischen Thronstreits und der Etablierung eines exklusiven Kreises bevorrechtigter Königswähler vollends unrealistisch.

Diametral angegriffen wurde die Rolle des Papstes durch den im 12. Jahrhundert zugleich mit der kommunalen Bewegung aufgekommenen Gedanken, das Kaisertum liege nicht in der Hand des römischen Bischofs, sondern des römischen Volkes. Als Erster erhielt der Staufer Konrad III., der nie nach Rom gelangen sollte, 1149 das Angebot, durch Senat und Volk von Rom die kaiserliche Würde zu empfangen, was indes ebenso unerwidert blieb wie 1152 die Einladung an Friedrich I. zu einer Kaiserwahl durch die Organe der römischen Kommune mit deutlichem Bezug auf die Lex regia aus dem Corpus iuris civilis, wonach dem *princeps* seine Herrschergewalt durch den *populus* gegeben sei.[67] Tatsächlich hat Barbarossa es vorgezogen, sich 1155 trotz eines vor den Toren der Stadt nochmals wiederholten Gegenangebots der Römer von Papst Hadrian IV. in St. Peter krönen zu lassen und dafür blutige Kämpfe mit der opponierenden Bürgerschaft in Kauf genommen, weil er sich von einem auf das römische Volk gegründeten, vom ottonischen Muster abweichenden Kaisertum keinerlei positive Resonanz in der lateinischen Welt versprechen konnte.[68] Im 13. Jahrhundert sind es dann eher Kaiser Friedrich II. und sein Sohn Manfred gewesen, die sich unter Hinweis auf die Lex regia in Briefen und Manifesten an die Römer wandten, um gegen antistaufisch eingestellte Päpste Rückhalt zu gewinnen, der ihnen jedoch kaum zuteil wurde.[69] Erst in der avignonesischen Zeit des Papsttums hat es Ludwig der Bayer 1328 gewagt, die Kaiserkrone in St. Peter vom *populus Romanus*, jedoch vermittelt durch zwei (amtsenthobene und exkommunizierte) Bischöfe, entgegenzunehmen.[70] Allerdings besorgte er

---

67 Vgl. Robert L. Benson, Political Renovatio: Two Models from Roman Antiquity, in: Renaissance and Renewal in the Twelfth Century, hg. von Robert L. Benson/Giles Constable, Oxford 1982, S. 339–386; Matthias Thumser, Die frühe römische Kommune und die staufischen Herrscher in der Briefsammlung Wibalds von Stablo, in: Deutsches Archiv für Erforschung des Mittelalters 57, 2001, S. 111–147.

68 Vgl. Jürgen Petersohn, Friedrich Barbarossa und Rom, in: Friedrich Barbarossa. Handlungsspielräume und Wirkungsweisen des staufischen Kaisers, hg. von Alfred Haverkamp (Vorträge und Forschungen 40), Sigmaringen 1992, S. 129–146; Johannes Laudage, Alexander III. und Friedrich Barbarossa (Forschungen zur Kaiser- und Papstgeschichte des Mittelalters. Beihefte zu J. F. Böhmer, Regesta Imperii 16), Köln/Weimar/Wien 1997, S. 62ff.

69 Vgl. Hans Martin Schaller, Die Kaiseridee Friedrichs II., in: Probleme um Friedrich II., hg. von Josef Fleckenstein (Vorträge und Forschungen 16), Sigmaringen 1974, S. 109–134 (auch in: Ders., Stauferzeit. Ausgewählte Aufsätze, Hannover 1993, S. 53–85); Matthias Thumser, Rom und der römische Adel in der späten Stauferzeit (Bibliothek des Deutschen Historischen Instituts in Rom 81), Tübingen 1985, S. 281ff. u. ö.; Jürgen Strothmann, Kaiser und Senat. Der Herrschaftsanspruch der Stadt Rom zur Zeit der Staufer (Beihefte zum Archiv für Kulturgeschichte 47), Köln/Weimar/Wien 1998, S. 374ff., 422ff.

70 Vgl. Heinz Thomas, Ludwig der Bayer (1282–1347). Kaiser und Ketzer, Regensburg/Köln 1993, S. 206ff.; Hans-Jürgen Becker, Das Kaisertum Ludwigs des Bayern, in: Kaiser Ludwig der Bayer. Konflikte, Weichenstellungen und Wahrnehmung seiner Herrschaft, hg. von Hermann Nehlsen/Hans-Georg Hermann (Quellen und Forschungen aus dem Gebiet der Geschichte Neue Folge 22), Paderborn/München/Wien u. a. 2002, S. 119–138.

sich schon Monate später einen Gegenpapst aus dem Franziskanerorden, der ihm am Pfingstfest eine im Sinne der Tradition regelgemäßere Weihe zum Kaiser erteilte.

Ebenso wie das exklusive Krönungsrecht des Papstes ist im Laufe des Mittelalters auch die seit 962 gegebene Bindung des Kaisertums an das römisch-deutsche Königtum bestritten worden. Den Hintergrund bildet der schon erwähnte Gedanke der *Translatio imperii*, die Leo III. 800 praktiziert habe, als er die bis dahin den Griechen zustehende römische Kaiserwürde auf Karl den Großen, den Herrscher der Franken, und in dessen Nachfolge auf die Deutschen übertrug.[71] Leiteten daraus die Staufer und ihr fürstlicher Anhang ein dauerhaftes deutsches Anrecht auf die Kaiserkrone ab,[72] so befand die kuriale Variante der Translationslehre, der damalige Präzedenzfall berechtige den Papst zumindest zur stets erneuten Prüfung (Approbation) des in Deutschland erwählten Anwärters auf das Kaisertum,[73] gegebenenfalls auch zur Absetzung eines sündhaften Amtsinhabers,[74] notfalls gar zur Übertragung der Würde auf den Herrscher eines anderen christlichen Volkes. Während die ersten beiden Konsequenzen bereits von Innocenz III. im deutschen Thronstreit ausgesprochen wurden, war Gregor IX. im Kampf mit Friedrich II. der erste, der auch die äußerste Folgerung nicht scheute und 1239/1240 konkret seinen werbenden Blick auf die französischen Kapetinger richtete.[75] Seither hat es, zumal in der avignonesischen Phase der Papstgeschichte, mehrfach Bestrebungen gegeben, das Imperium Kandidaten aus dem französischen Königshaus zu übertragen, die gleichfalls als Nachkommen Karls des Großen gelten konnten.[76] Auch wenn es in der politischen Praxis nie so weit kam, blieb der von Bonifaz VIII. 1303 auf die Spitze getriebene prinzipielle Translationsanspruch[77] ein dankbares Thema für Kanonisten, Legisten und sonstige Theoretiker.

*

71 Siehe oben Anm. 39.

72 Vgl. Friedrich Kempf, Papsttum und Kaisertum bei Innocenz III. Die geistigen und rechtlichen Grundlagen seiner Thronstreitpolitik (Miscellanea Historiae Pontificiae 19), Rom 1954, S. 23ff.; Otto Heinrich Becker, Kaisertum, deutsche Königswahl und Legitimitätsprinzip in der Auffassung der späteren Staufer und ihres Umkreises (Europäische Hochschulschriften 3/51), Bern/Frankfurt am Main 1975.

73 Vgl. Dagmar Unverhau, Approbatio – Reprobatio. Studien zum päpstlichen Mitspracherecht bei Kaiserkrönung und Königswahl vom Investiturstreit bis zum ersten Prozeß Johanns XXII. gegen Ludwig IV. (Historische Studien 424), Lübeck 1973.

74 Vgl. Friedrich Kempf, Die Absetzung Friedrichs II. im Lichte der Kanonistik, in: Probleme (wie Anm. 69), S. 345–360; Wolfgang Stürner, Friedrich II. 1194–1250, Bd. 2, Darmstadt 2000, S. 533ff.

75 Vgl. Goez, Translatio (wie Anm. 39), S. 169; Jacques Le Goff, Saint Louis, Paris 1996, S. 151f. (dt.: Ludwig der Heilige, Stuttgart 2000, S. 130).

76 Vgl. Petra Roscheck, Französische Kandidaturen für den römischen Kaiserthron in Spätmittelalter und Frühneuzeit (1272/1273–1519), Diss. phil. Saarbrücken 1984; Michael Richard Brabänder, Die Einflußnahme auswärtiger Mächte auf die deutsche Königswahlpolitik vom Interregnum bis zur Erhebung Karls IV. (Europäische Hochschulschriften 3/590), Frankfurt am Main/Berlin/Bern u. a. 1994, S. 126ff., 160ff.

77 Vgl. Goez, Translatio (wie Anm. 39), S. 180; Brabänder, Einflußnahme (wie Anm. 76), S. 117ff.

Was das ottonische Muster bis zum Ende des Mittelalters dann doch hat obsolet werden lassen, waren letztlich nicht juristisch-historische Konstrukte der beschriebenen Art, sondern ein tiefgreifender Wandel der politischen Erfahrungen und Rahmenbedingungen. Die langen Zeitspannen ohne einen förmlich in Rom gekrönten Kaiser (seit der Absetzung Friedrichs II. 1245), der Aufstieg selbstbewusster weiterer europäischer Monarchien und die schwindende Autorität der Reichsgewalt in Italien waren dazu angetan, die universale Dimension des Kaisertums zu verdunkeln und stattdessen seine Identifizierung allein mit dem deutschen Wahlkönigtum zu befördern.[78] Die zähen Auseinandersetzungen um den Approbationsanspruch, das Exkommunikations- und Absetzungsrecht der Päpste gegenüber Anwärtern wie Inhabern der Kaiserkrone taten ein Übriges, um zumindest zeitweise Königtum und Königswähler in Deutschland zu einer gemeinsamen Sicht der Verfassungsfragen gegenüber der Kurie zusammenzuführen. Gemäß dem Rhenser Weistum und dem Kaisergesetz *Licet iuris* von 1338 sollte der durch die Kurfürsten Erwählte keines päpstlichen Rechtsaktes mehr bedürfen, um über die imperialen Rechte zu verfügen[79] und die Goldene Bulle Karls IV. von 1356 überging bei der normierenden Beschreibung der Erhebung des *rex Romanorum in imperatorem promovendus* die Krönung in Rom mit beredtem Schweigen,[80] machte also faktisch keinen Unterschied mehr zwischen dem deutschen Regnum und dem *imperium Romanum*. Das gedankliche Rüstzeug lieferte Lupold von Bebenburg, der um 1339 in seinem Traktat De iuribus regni et imperii den außerhalb Deutschlands weit verbreiteten Rechtsgrundsatz aufgriff, ein von keinem irdischen Herrn abhängiger König habe kaiserliche Befugnisse in seinem Reich (*rex imperator in regno suo*) und dieses Prinzip auch zugunsten des aus der Kurfürstenwahl hervorgegangenen deutschen Königs ins Feld führte, dem er ohne päpstliches Zutun die vollen, seit Karl dem Großen überkommenen Kaiserrechte in Deutschland, Burgund und Italien zusprach.[81] Darin lag gewiss eine folgenschwere

---

78 Vgl. Helmut G. Walther, Imperiales Königtum, Konziliarismus und Volkssouveränität. Studien zu den Grenzen des mittelalterlichen Souveränitätsgedankens, München 1976, S. 65ff. u. ö.

79 Vgl. Becker, Kaisertum (wie Anm. 70), S. 126f.

80 Vgl. Jürgen Miethke, Die päpstliche Kurie des 14. Jahrhunderts und die „Goldene Bulle" Kaiser Karls IV. von 1356, in: Papstgeschichte und Landesgeschichte. Festschrift für Hermann Jakobs, hg. von Joachim Dahlhaus/Armin Kohnle (Beihefte zum Archiv für Kulturgeschichte 39), Köln/Weimar/Wien 1995, S. 437–450; Eckhard Müller-Mertens, Imperium und Regnum im Verhältnis zwischen Wormser Konkordat und Goldener Bulle. Analyse und neue Sicht der Konstitutionen, in: Historische Zeitschrift 284, 2007, S. 561–595.

81 Vgl. Goez, Translatio (wie Anm. 39), S. 228ff.; Jürgen Miethke, Wirkungen politischer Theorie auf die Praxis der Politik im Römischen Reich des 14. Jahrhunderts. Gelehrte Politikberatung am Hofe Ludwigs des Bayern, in: Political Thought and the Realities of Power in the Middle Ages/Politisches Denken und die Wirklichkeit der Macht im Mittelalter, hg. von Joseph Canning/Otto Gerhard Oexle (Veröffentlichungen des Max-Planck-Instituts für Geschichte 147), Göttingen 1998, S. 172–210; Karl Ubl, Die Rechte des Kaisers in der Theorie deutscher Gelehrter des 14. Jahrhunderts (Engelbert von Admont, Lupold von Bebenburg, Konrad von Megenberg), in: Konrad von Megenberg (1309–1374) und sein Werk. Das Wissen

Nivellierung des Imperiums gegenüber den nationalen Monarchien, aber eben auch ein beachtlicher Zugewinn an Realismus in der Wahrnehmung längst vollzogener historischer Entwicklungen. Gleichwohl folgten auch lange nach der Goldenen Bulle mit Sigismund 1433 und Friedrich III. 1452 noch zweimal deutsche Könige der Spur Ottos des Großen, um in Rom die reichsrechtlich eigentlich nicht länger erforderliche Kaiserkrönung zu erlangen.[82] Erst als Friedrichs Sohn Maximilian I. 1508 auf seinem Romzug den Weg durch Venezianer und Franzosen versperrt fand, entschloss er sich, im Dom von Trient mit Billigung des Papstes und ohne jede Krönung den Titel „Erwählter Römischer Kaiser" anzunehmen, womit das Erfordernis zum zeremoniellen Erscheinen in Rom erstmals aufgegeben war.[83] Was nur ein Provisorium sein sollte, wurde zur dauerhaften Entscheidung, denn Karl V., Maximilians Enkel, empfing zwar 1530 noch einmal eine päpstliche Krönung, freilich in Bologna, betrachtete sich aber schon seit seiner Frankfurter Wahl 1519 auch als Erwählten Kaiser[84] und ebenso hielten es alle seine neuzeitlichen Nachfolger, deren imperiale Würde stets unmittelbar aus der Kurfürstenwahl resultierte, bis hin zu Franz II., der 1806 die Krone Ottos des Großen endgültig niedergelegt hat.

---

der Zeit, hg. von Claudia Märtl/Gisela Drossbach/Martin Kintzinger (Zeitschrift für bayerische Landesgeschichte. Beiheft 31), München 2006, S. 353–387, hier S. 366ff.

82 Vgl. Jörg K. Hoensch, Kaiser Sigismund. Herrscher an der Schwelle zur Neuzeit 1368–1437, München 1996, S. 371ff.; Heinrich Koller, Kaiser Friedrich III., Darmstadt 2005, S. 115ff.; zum Zeremoniell Achim Thomas Hack, Das Empfangszeremoniell bei mittelalterlichen Papst-Kaiser-Treffen (Forschungen zur Kaiser- und Papstgeschichte des Mittelalters. Beihefte zu J. F. Böhmer, Regesta Imperii 18), Köln/Weimar/Wien 1999, S. 13ff.

83 Vgl. Hermann Wiesflecker, Maximilian I. Die Fundamente des habsburgischen Weltreiches, Wien/München 1991, S. 157ff.

84 Vgl. Alfred Kohler, „Kaiseridee" und „Reichsreform", in: Heiliges Römisches Reich deutscher Nation 962 bis 1806. Altes Reich und neue Staaten 1495 bis 1806. Essays, hg. von Heinz Schilling/Werner Heun/Jutta Götzmann, Dresden 2006, S. 33–41.

Stefan Weinfurter

Imperiale Ordnungen im ersten Jahrtausend – Zusammenfassung

Kaisertum, so haben wir zu Beginn unserer Tagung gehört, zählt zu den „großen Themen" der Geschichtswissenschaft. Es erlaubt auch große Fragen, ja verlangt sie notwendigerweise. Kaisertum und imperiale Ordnung: ein Thema, von dem wir gewöhnlich einigermaßen klare Vorstellungen zu haben glauben – oder sollte ich sagen: zu haben glaubten? Einige der zentralen Diskussionspunkte werden im Folgenden nochmals zusammengefasst.

Begriffe und Traditionen

Gleich zu Beginn unserer Tagung kam die Frage auf, welches Vokabular uns auf diesem Felde eigentlich zur Verfügung steht. Können wir mit dem Wort Kaisertum selbst überhaupt so selbstverständlich arbeiten? In der Alten Geschichte wird der Begriff nicht gerne eingesetzt, so war zu hören. Hier verwendet man lieber das Wort Prinzipat.[1] Weshalb ist das so? Dies hat Gründe, die in der Entstehungsphase des spätantiken Kaisertums liegen. Der Titel Caesar war anfangs keineswegs spezifisch für den kaiserlichen Rang, sondern bot lediglich die Legitimationsquelle für den Anspruch des Augustus.[2]

---

1 Vgl. den Beitrag von Hartmut Leppin in diesem Band.
2 Rudolf Schieffer, Tausend Jahre Kaisertum vor Otto dem Großen, in: Heiliges Römisches Reich Deutscher Nation 962 bis 1806. Von Otto dem Großen bis zum Ausgang des Mittelalters, Bd. 2: Essays, hg. von Matthias Puhle/Claus-Peter Hasse, Dresden 2006, S. 34–43; Bernd Schneidmüller, Die Kaiser des Mittelalters. Von Karl dem Großen bis Maximilian I. (Beck'sche Reihe 2398), 2. Aufl. München 2007, S. 7–17; Ronald Syme, Imperator Caesar. A Study in Nomenclature, in: Historia. Zeitschrift für Alte Geschichte 7, 2, 1958, S. 172–188. Der Titel *Imperator Caesar Divi filius* (Cassius Dio 47,18,3) kennzeichnet Octavian als Stiefsohn Caesars und setzt Caesar als Gentilnamen ein.

Noch bedenkenswerter freilich ist die Erkenntnis, dass wir bei den Begriffen ‚Kaisertum' und ‚imperiale Ordnung' in hohem Maße von der mittelalterlichen Prägung geleitet sind. Beide Bezeichnungen transportieren ganz offenkundig bis heute wesentliche Konnotationen eines mittelalterlichen Erinnerungspotentials. Wenn man sich dieser Einbettung bewusst wird, kann man erkennen, dass auch Herfried Münkler in seinem Buch „Imperien. Die Logik der Weltherrschaft" bei seinen Definitionen von Imperien in hohem Maße von dieser mittelalterlich-europäischen Prägung geleitet wird.[3] Seine Ausführungen über Hegemonie und Imperium, über transzendentale Verankerung von Kaisertümern, über die Divinisierung der Kaiser, über ausfransende Grenzräume von Imperien, über den imperialen Superioritätsanspruch gegenüber angrenzenden Völkern und Reichen, über ihre imperiale Mission, das damit verbundene manichäische Ordnungsdenken und den Kampf gegen das Böse – das alles ist zutiefst mittelalterlich und schwingt bei den Begriffen Kaisertum, Kaiser und imperiale Ordnung mit.[4] Im Perserreich etwa, so konnten wir erfahren, gab es solch einen kulturellen Missionierungsdrang keineswegs. Es gab dort auch keine „Persianisierung", etwa in Parallele zur Romanisierung oder Christianisierung.[5]

Dass die Elemente und Inhalte des mittelalterlichen Kaisertums eine derartige Wirkung bis in unsere Zeit ausüben, ist nicht verwunderlich. Im 19. Jahrhundert wurden die modernen Kaisertümer ideologisch in enger Anlehnung an mittelalterliche Kaiser gedacht. Erinnert sei nur an Wilhelm I., den Kaiser „Weißbart" in Analogie zum „Rotbart".[6] Daraus entstand eine Art Mischform von modernem und mittelalterlichem Kaisertumskonzept. Das mittelalterliche Kaisertum seinerseits hatte verschiedene Entwicklungslinien imperialer Traditionen in sich aufgenommen, an vorderster Stelle die römisch-antiken Grundlagen.[7] Diese römische Komponente wurde aber weitgehend in den byzantinischen Umformungen und Ausprägungen übernommen.[8] Eine entscheidende Wegmarke dafür war, dass Konstantin eine eigene

---

3 Herfried Münkler, Imperien. Die Logik der Weltherrschaft – Vom Alten Rom bis zu den Vereinigten Staaten, Reinbek 2007.

4 Münkler, Imperien (wie Anm. 3), insbesondere S. 11–77 und S. 127–150.

5 Zur persischen Religionspolitik und der hier praktizierten Toleranz siehe Erich Zenger, Einleitung in das Alte Testament, Stuttgart 1995, S. 128. Die persische Religionspolitik ließ, soweit es persönlich nützlich schien, den unterworfenen Völkern ihre gewachsenen religiösen Überlieferungen und ihre Kulturzentren. Vgl. dazu auch Josef Wiesehöfer in diesem Band.

6 Für die Rezeption Barbarossas in der Geschichts- und Trivialliteratur sowie in den bildenden Künsten des 19. Jahrhunderts siehe Stefanie Berg, Heldenbilder und Gegensätze. Friedrich Barbarossa und Heinrich der Löwe im Urteil des 19. und 20. Jahrhunderts (Geschichte 7), Münster 1994.

7 Vgl. Schneidmüller, Die Kaiser des Mittelalters (wie Anm. 2), S. 15–23.

8 Zum byzantinischen Kaisertum vgl. Ralph-Johannes Lilie, Byzanz. Kaiser und Reich, Köln/Weimar/Wien 1994, v. a. Teil 1.

Kaiserstadt am Bosporus aufbaute, die als „neues Rom" erscheint.[9] Dieser Vorgang ist auch insofern beachtenswert, als sich daran die Frage anknüpfen lässt, inwieweit imperiale Ordnungen als abstrakte Größen verstanden oder eher über Personifizierung wirksam oder gar gültig wurden.

Mit der Wiedererrichtung des westlichen Kaisertums unter Karl dem Großen und schließlich unter Otto dem Großen entstand die typische Ordnungsfigur des lateinischen Mittelalters.[10] Sie war sowohl in Anknüpfung an antike Vorbilder als auch in enger Anlehnung an die päpstliche Autorität sowie an die Wertegemeinschaft des westlichen Christentums in hohem Maße religiös fundiert. Das Christentum wirkte als Einheit stiftende Idee und Kraft, welcher das Kaisertum in Zukunft nicht mehr entrinnen konnte.[11] Aber der Anspruch auf politische Unterordnung aller christlichen Reiche ging zurück. Mit Byzanz arrangierte man sich, indem sich fortan beide, das byzantinische wie auch das mittelalterliche Kaisertum, im Grunde regional beschränkten. Der universale Anspruch, der in der Theorie durchaus weiter formuliert werden konnte, blieb in der Praxis auf die römische Kirche bezogen. Auf dieser neuen Grundlage war es für Karl den Großen ohne weiteres möglich, in die großen Schuhe des antiken Kaisertums zu schlüpfen.[12]

Trotz dieser mittelalterlich-imperialen Reduktion entsteht der Eindruck, als würde sich im Ablauf der Geschichte aus dem einen Kaisertum das andere entwickeln und als hätten wir es mit einem Geflecht, gleichsam mit einem Rhizom imperialer Modelle und einer zumindest geschlängelten Verbindungslinie der Kaiserreiche zu tun. Eine im Prinzip feste Ordnungsgröße wanderte – durchaus wandlungsfähig – gewissermaßen von Epoche zu Epoche und von Volk zu Volk.

Dennoch muss es für jedes Kaisertum einen entscheidenden Punkt der Installation geben, der Aufschlüsse darüber erlaubt, wie sich imperiale Ordnungen von den vorhergehenden unterscheiden. Es geht also um die Entstehungsvoraussetzungen und Entstehungsbedingungen imperialer Ordnungen.

---

9 Vgl. Socrates Scholasticus, Historia ecclesiastica 5,8,13 und 6,1,2. Cassiodor übernimmt dies in seiner Historia ecclesiastica tripartita im Buch 9, Kapitel 13.

10 Schneidmüller, Die Kaiser des Mittelalters (wie Anm. 2), S. 23f., und Michael Salewski, Geschichte Europas. Staaten und Nationen von der Antike bis zur Gegenwart, München 2000, S. 305f.

11 Vgl. Helmut Nagel, Karl der Große und die theologischen Herausforderungen seiner Zeit. Zur Wechselwirkung zwischen Theologie und Politik im Zeitalter des großen Frankenherrschers, Frankfurt am Main 1998.

12 Peter Classen, Karl der Große, das Papsttum und Byzanz. Die Begründung des karolingischen Kaisertums, Sigmaringen 1985. Zum Zweikaiserproblem vgl. auch Werner Ohnsorge, Das Zweikaiserproblem im früheren Mittelalter. Die Bedeutung des byzantinischen Reiches für die Entwicklung der Staatsidee in Europa, Hildesheim 1947, sowie den Beitrag von Ernst-Dieter Hehl in diesem Band.

Wie entsteht imperiale Ordnung?

Unwidersprochen blieb bisher die Feststellung, dass die Entstehung eines Imperiums eine mehr oder weniger ungewöhnlich große räumliche Ausdehnung voraussetzte, die sich über verschiedene Völker und Kulturen spannte. Ob Perserreich, Römerreich, chinesisches Reich oder auch Karolingerreich, sie alle weisen Raumdimensionen auf, die für die jeweilige Zeit besondere Anforderungen an die Herrschaftsausübung stellten. Die Idee einer raumgreifenden und raumumfassenden Ordnung ist gewiss eine Grundkonstante der imperialen Ordnungsfigur, aber in dem Sinne, dass sie als Voraussetzung dafür zu gelten hat.[13]

Das Kaisertum, so kann man demnach verkürzt sagen, schaffte sich nicht den Großraum, sondern reagierte auf ihn. Das gilt auch für die gedankliche Kategorie der räumlichen Dimension. Im mittelalterlichen Kaisertum geht der Weltenherrscher Christus dem Kaiser voran. Christus ist es, der schon früher als der Kaiser auf dem Himmelsglobus thronte.[14] Allerdings wird man ergänzen müssen, dass Christus als Weltenherrscher wiederum ein Bild des spätantiken Kaisertums aufnimmt. Weltherrschaften, so sehen wir hier erneut, haben sich in ihren Bildern und Ansprüchen im Ablauf der Zeiten gegenseitig durchdrungen und beeinflusst. Immer wieder treffen wir auf diesen imperialen Traditionsfluss, vor allem auf dem Gebiet der Symbole und der Repräsentation.[15] Ihn werden wir bei allen unseren Überlegungen beachten müssen. In diesem zeichenhaften Sinne war Kaisertum von Anfang an global.

Von zentraler Bedeutung für die Tagung war der Vergleich mit anderen imperialen Ordnungen. So stellte sich die Frage, ob auch die islamische politische Herrschaft auf Weltherrschaft ausgerichtet war. Die Antwort war: ja, aber in durchaus differenzier-

---

13 Markus Wissen, Internationalisierung, Naturverhältnisse und politics of scale. Zu den räumlichen Dimensionen der Transformation des Staates, in: Staatstheorie vor neuen Herausforderungen. Analyse und Kritik, hg. von Jens Wissel/Stefanie Wöhl, Münster 2008, S. 106–123. Siehe auch die Merkmalsbeschreibung von Imperien bei Münkler, Imperien (wie Anm. 3), S. 16–18 sowie S. 23–25.

14 Gottes Thron wird ausführlich in Offbarung 4 beschrieben. Jesus Christus als Lamm auf dem Thron und als Herrscher über alle Völker in Offbarung 7.

15 Als eindrucksvolles Beispiel einer späteren Rezeption des Weltenherrscher-Motivs sei die Miniatur auf fol. 2v des *Codex aureus* Heinrichs III. genannt, wo der segnende Christus auf dem Himmelsglobus thronend von Kaiser Konrad II. und seiner Gemahlin Gisela angebetet wird: Stefan Weinfurter, Ordnungskonfigurationen im Konflikt. Das Beispiel Kaiser Heinrichs III., ND in: Stefan Weinfurter, Gelebte Ordnung – Gedachte Ordnung. Ausgewählte Beiträge zu König, Kirche und Reich. Aus Anlaß des 60. Geburtstages, hg. von Helmuth Kluger/Hubertus Seibert/Werner Bomm, Ostfildern 2005, S. 265–287, hier Abb. 1. Eine Faksimile-Ausgabe wurde vorgelegt von Johannes Rathofer, Das salische Kaiser-Evangeliar, Bd. 1, Kommentar 1, Madrid/München 1999, Bd. 2: Kommentar 2, Madrid/München 2001, Bd. 3: Faksimile, Madrid/München 2011. Vgl. auch Albert Boeckler, Das goldene Evangelienbuch Heinrichs III., Berlin 1933, S. 26f.

ter Weise. In einer bestimmten Phase sollten alle Araber zusammengefasst werden,[16] in einer anderen Phase die bewohnte Welt der Herrschaft des Islam unterworfen werden.[17] Dieser Anspruch der Weltherrschaft blieb auch bestehen, als die reale politische Macht diesem Ziel nicht mehr gerecht werden konnte. So wurde der imperiale Anspruch zwar vom Kalifat weiter vertreten, aber gleichzeitig auch von der konkreten politischen Herrschaft abgetrennt. Dieses Beispiel zeigt uns erneut, dass wir vom imperialen Anspruch auf Weltherrschaft keineswegs immer auf ein konkretes politisches Programm schließen dürfen.

Mit diesem Aspekt des räumlichen oder gar globalen Geltungsanspruchs ist Kaisertum freilich noch nicht annähernd erfasst. Wir begegnen vielmehr ständig neuen Situationen und Prozessen der Imperienbildung, die ihrerseits von bestimmten politischen Gegebenheiten und einer damit verknüpften Sinngebung von Herrschaft verbunden waren. Diesem Vorgang haben wir uns intensiv gewidmet.

Das Musterbeispiel dafür bietet das römische Kaisertum. Das Römische Reich war längst ein riesiges Reich geworden, aber keineswegs ein Imperium im Sinne einer imperialen Ordnung. Erst zu einem ganz bestimmten Moment war die Gelegenheit – oder sollte man sagen: die Notwendigkeit? – gegeben, die imperiale Ordnungsfigur zu verwirklichen. Das Kaisertum des Augustus erscheint als eine Phase des Übergangs von der Republik und den Bürgerkriegen über die monarchische Gestaltung der politischen Leitung mit der Sonderentwicklung unter Caesar bis hin zur imperialen Verankerung. Imperien, so haben wir also zu berücksichtigen, fallen nicht vom Himmel, sondern entstehen aus einem längeren Prozess heraus.

Aber – so kann man fragen – entstanden sie auch – wie Herfried Münkler meint – in der Regel ohne große Strategie und „verdankten ihre Existenz einem Gemisch von Zufällen und Einzelentscheidungen"[18]? Augustus kann auch bei dieser Frage als Beispiel dienen. Seine Stellung war von einer neuartigen Kumulation der Kompetenzen gekennzeichnet, indem er das *imperium proconsulare* mit der Funktion des *pontifex maximus* und der *tribunicia potestas* vereinte.[19] Noch bedeutsamer sind möglicher-

---

16 Khalîfat Allâh, ein Begriff, der erstmals unter den Umayyaden auftauchte, „Stellvertreter Gottes" bedeutete und die Herrschaft über alle Muslime beanspruchte, siehe dazu Volker Popp, Von Ugarit nach Sâmarrâ. Eine archäologische Reise, in: Der frühe Islam. Eine historisch-kritische Rekonstruktion anhand zeitgenössischer Quellen hg. von Karl-Heinz Ohlig, Berlin 2007, S. 13–222, hier S. 206.

17 Als Dâr al-Harb, Gebiet des Krieges, wurden alle nicht-muslimischen Gebiete bezeichnet. Der Begriff geht auf Abu Ḥanifa zurück. Frieden mit diesem Gebiet kann es demnach nicht geben, nur Waffenstillstand. Kriege sind nötig, um „Öffnungen" zu schaffen, d. h. neue Gebiete zu erobern. Er impliziert den Anspruch auf die ganze Welt. Vgl. dazu: The Islamic Concept of Belief in the 4th/10th Century. Abū l-Lait as-Samarqandī's Commentary on Abū Ḥanīfa (died 150/767) al-Fiqh al-absat, hg. von Hans Daiber, Tokyo 1995.

18 Münkler, Imperien (wie Anm. 3), S. 21.

19 Schieffer, Tausend Jahre Kaisertum (wie Anm. 2), S. 37.

weise der Wille und das Ziel, diese Kompetenzfülle auf Dauer zu sichern. Das war jedenfalls der entscheidende Schritt. Augustus setzte dafür alle denkbaren Argumente und Instrumentarien ein: das Argument der Wiederherstellung der Republik, die Visualisierung seiner Kompetenzfülle durch das Voranschreiten der Rutenbündelträger bei seinem Auftreten, die Darstellung des Herrschers in neuartigen Bildern und Figuren, die Gestaltung herrscherlicher Bauwerke und ganzer Bauensembles. Die Stadt Rom und das Forum Romanum wurden zur Bühne des Kaisers, um ihn allgegenwärtig zu machen. Der Kaiser wurde ins Bild gesetzt und es entstand das „Gesicht" des Kaisers.[20] Diese Vorgänge können wir, wie es scheint, für alle Imperien beobachten. Das imperiale Bauen mit dem kaiserlichen Zentralbau und dem sakralen Ambiente, nicht zuletzt für die Grablegen, war auch ein Kennzeichen des frühmittelalterlichen Kaisertums.

Ein überaus wichtiges Signum imperialer Autorität bildet die Bezugnahme auf religiös-kultische Bereiche.[21] So dürfte die Komponente des *pontifex maximus* in der Ämter- und Funktionsfülle des Augustus von ganz besonderer Bedeutung gewesen sein. Ferner müssen wir die begriffliche Verklammerung der kaiserlichen Sonderstellung in dem Wort „Augustus" beachten.[22] Der imperiale Sonderstatus und der ihm innewohnende Anspruch verlangten das angemessene *nomen*.[23] Schließlich sind die Referenzfiguren zu beachten. Ein Kaiser oder ein Kaisertum benötigten in hohem Maße die historische oder mythologische Anbindung. So spielten für das antike Kaisertum die Rückbindung an trojanische Helden[24] oder auch Alexander den Großen eine Rolle.[25]

Diese in Ausbildung begriffene Formung des antiken Kaisertums zeichnete sich unter Augustus noch durch ihren experimentellen Charakter aus. Die Festigung er-

---

20 Siehe dazu Paul Zanker, Augustus und die Macht der Bilder, 2. Aufl. München 1990.

21 Für die transzendente Dimension antiker Kaiserherrschaft siehe Salewski, Geschichte Europas (wie Anm. 10), S. 169f.

22 Vgl. Gerhard Wirth, Augustus – I. Antike, in: Lexikon des Mittelalters 1, Stuttgart/Weimar 1999, Sp. 1231f., sowie Theodor Mommsen, Römisches Staatsrecht 2,2 (Handbuch der römischen Altertümer), 3. Aufl. Leipzig 1887, S. 748–750.

23 Gerhard Rösch, Onoma Basileias. Studien zum offiziellen Gebrauch der Kaisertitel in spätantiker und frühbyzantinischer Zeit, Wien 1978.

24 Besonders deutlich wird die Rückbindung an trojanische Helden in der Stilisierung von Vergils Aeneis zum „Nationalepos" der Römer. Vgl. Ilse Becher, Vergilius, in: Lexikon der Antike, hg. von Johannes Irmscher (Digitale Bibliothek 18), 1999, Sp. 2457.

25 Vgl. Otto Weippert, Alexander-Imitatio und römische Politik in republikanischer Zeit, Augsburg 1972; Dorothea Michel, Alexander als Vorbild für Pompeius, Caesar und Marcus Antonius, Brüssel 1967, und Alexander the Great. Reality and Myth, hg. von Jesper Carlsen, Rom 1997.

folgte erst unter den Nachfolgern im Laufe des 1. Jahrhunderts.[26] Hierzu gehört offenbar auch das Verhalten der ‚verrückten' Kaiser.[27]

Noch bedeutsamer ist die Rolle des Kaisers im Rechtswesen. Stand der Kaiser über dem Recht, war er ein *legibus absolutus*? Diese Frage wurde auf der Tagung intensiv behandelt[28] – und darauf wird noch zurückzukommen sein. An dieser Stelle soll nur die Frage angefügt werden, welche Rolle wir dem Willen und der individuellen Kraft der Kaiser zuschreiben müssen. Was hat Augustus zu seinem Handeln veranlasst? Was einen Karl den Großen? Heute ist man mit dem Motiv des Machtstrebens schnell zur Hand. Aber damit wäre wenig erklärt. Wir begegnen vielmehr regelmäßig dem Programm der Errichtung eines Friedensreichs, einer Friedensgesellschaft, einer Gesellschaft, in der Gerechtigkeit herrscht.[29] In diesem Sinne sollte der Herrscher über den Gesetzen stehen, sowohl in der Spätantike als auch im Perserreich.

Damit befinden wir uns im Bereich der Frage, wie sich Imperien dargestellt und verstetigt haben.

Repräsentation und Verstetigung von Imperien

Kaiser benötigten entsprechende Bezeichnungen. Autorität musste in *nomina* gefasst werden. Von Augustus war schon die Rede. Andere Auszeichnungen waren „siegreich", „unbesiegbar" usw. Der Herrscher von China nahm den Titel „Di" an, was wir mit „Kaiser" übersetzen, später dann „Huang Di", also „erhabener Kaiser".[30]

---

26 Schieffer, Tausend Jahre Kaisertum (wie Anm. 2), S. 34–43, und Schneidmüller, Die Kaiser des Mittelalters (wie Anm. 2), S. 15–72.

27 Neben Nero, Commodus und Helagabal ist das Phänomen des „Cäsarenwahnsinns" vor allem am Beispiel des Caligula behandelt worden. Vgl. dazu Hans Kloft, Caligula. Ludwig Quidde und der Cäsarenwahnsinn, in: Genie und Wahnsinn. Konzepte psychischer ‚Normalität' und ‚Abnormität' im Altertum, hg. von Bernd Effe/Reinhold Glei, Trier 2000, S. 179–204, sowie Ludwig Quidde, Caligula. Eine Studie über römischen Cäsarenwahnsinn, Berlin 1894.

28 Vgl. den Beitrag von Cosima Möller in diesem Band.

29 Zur antiken Vorstellung einer Friedenssicherung durch den Kaiser siehe Ulrich Schmitzer, Friede auf Erden? Latinistische Erwägungen zur pax Augusta in interdisziplinärer Perspektive, Berlin 2005. In der frühen Neuzeit taucht der Fürst vor allem in Thomas Moores „Utopia" als Friedenswahrer auf (Thomas Moore, Utopia, Frankfurt am Main 1997). Die auch heute noch benutzte Nationalhymne Japans „Kimigayo" (Friedensherrschaft) diente ursprünglich der Glorifizierung des gottgleichen Tennos (Textauszug: „Möge Deine Friedensherrschaft Tausende von Jahren währen, bis dieser kleine Stein zum Felsmassiv geworden und das Moos es dick bewachsen hat." Vgl. ohne Autor, Nationalhymnen. Texte und Melodien, Stuttgart 2007).

30 Der Titel wurde vom ersten Kaiser von China, Qin Shihuangdi, angenommen, in der Han-Zeit dann abgekürzt zu „Huang" und in dieser Form bis zum Ende der chinesischen Kaiserherrschaft 1911 beibehalten. Siehe dazu den Beitrag von Hans van Ess in diesem Band.

Imperien benötigten im Prinzip eine geeignete Infrastruktur und eine Verwaltung. Ich möchte diese Aussage aber mit Vorsicht formulieren, weil ich gar nicht so überzeugt davon bin, dass es sich hierbei um eine essentielle Komponente von Kaisertum handelt. Im Kaisertum der Antike waren es gewiss die Straßen, die Stationierung der Legionen, die wirtschaftliche Organisation und vieles andere mehr, wodurch imperiale Ordnung gefestigt wurde. Dazu gehörten auch der kaiserliche Beraterkreis, eine persönliche Klientel, die Professionalisierung der Bürokratie, die Verstaatlichung der Steuern und Abgaben. Irgendwer musste die kaiserliche Repräsentation auch bezahlen. In ganz ähnlicher Weise war die Herrschaft der Fatimiden in Ägypten geprägt.[31] Aber das sind alles Indikatoren, die auch für einen König zutreffen, nur die Dimensionen können hier unterschiedlich sein. Kaisertum war eben auch immer gesteigerte Königsherrschaft.[32]

Im chinesischen Reich erlangte das Beamtentum dagegen einen anderen Charakter im imperialen Gefüge. Das chinesische Beamtentum entwickelte sich gleichsam zum Wesenskern des Kaisertums. Daher konnte der Kaiser in China regieren, ohne sein Haus zu verlassen. Er sollte am besten gar nichts tun, sondern alles seinen konfuzianischen Beamten überlassen, in denen sich Idee und Praxis des Kaisertums bündelten.[33]

Auf dem Feld der Administration zeigt das mittelalterliche Kaisertum, vor allem das polyzentristisch angelegte Kaisertum der Ottonen, ganz eklatante Defizite. Verwaltung und Beamtentum sind schwach oder gar nicht ausgebildet. Aber, so kann man gerade an dieser Stelle nochmals fragen, war dadurch das imperiale Ordnungsmodell wirklich bedroht? Oder wurde diese institutionelle Schwäche nicht vielmehr in eine ideologische Stärke umgelenkt? Kaiserliche Autorität wurde jedenfalls in ottonischer Zeit durch die gesteigerte Betonung der Stellvertreterschaft Christi und der Zuständigkeit für den Schutz der Kirche kompensiert.[34]

---

31 Näheres zum Herrschafts- und Verwaltungsapparat der Fatimiden siehe Heinz Halm, Das Reich des Mahdi. Der Aufstieg der Fatimiden (875–973), München 1991.

32 Schneidmüller, Die Kaiser des Mittelalters (wie Anm. 2), S. 7. Zur imperialen Überhöhung des westfränkischen Königtums Bernd Schneidmüller, Karolingische Tradition und frühes französisches Königtum. Untersuchungen zur Herrschaftslegitimation der westfränkisch-französischen Monarchie im 10. Jahrhundert, Wiesbaden 1979, S. 187, und Edmund Ernst Stengel, Imperator und Imperium bei den Angelsachsen, in: Deutsches Archiv für Erforschung des Mittelalters 16, 1960, S. 15–72.

33 Vgl. Shirley Chan, The Confucian Shi, Official Service and the Confucian Analects, Lewiston 2004; John W. Dardess, Confucianism and Autocracy. Professional Elites in the Founding of the Ming Dynasty, Berkeley 1983; Leonard S. Hsü, The Political Philosophy of Confucianism. An Interpretation of the Social and Political Ideas of Confucius, His Forerunners, and His Early Disciples, London 1975.

34 Vgl. Ludger Körntgen, Königsherrschaft und Gottes Gnade. Zu Kontext und Funktion sakraler Vorstellungen in Historiographie und Bildzeugnissen der ottonisch-frühsalischen Zeit, Berlin 2001, S. 158f.; besonders Hagen Keller, Das neue Bild des Herrschers. Zum Wandel der „Herrschaftsrepräsentation" unter Otto dem Großen, in: Ottonische Neuanfänge. Symposium zur Ausstellung „Otto der Große, Magdeburg und Europa", hg. von Bernd Schneidmüller/Stefan Weinfurter, Mainz 2001, S. 189–211.

Kaiser und Kult, das war eine durchgehende Linie. Beide gehörten in besonderer Weise zur Repräsentation und zur Verstetigung von Kaiser und Kaisertum. Das Kaiserbild in der Spätantike trat geradezu an die Stelle einer numinosen Größe. Dadurch entstand freilich bald ein eklatantes Spannungsverhältnis zur christlichen Auffassung, dass es nur einen wahren Gott geben könne, der von den Menschen weit geschieden sei. Konnte ein Christ überhaupt Kaiser sein?[35]

Dieses Konfliktfeld zeigt mit besonderem Nachdruck, wie eng Kult, Religion und kaiserlicher Rang miteinander verknüpft waren. Christentum war die Sache einer persönlichen Entscheidung, keine Polis-Religion. Der christliche Kaiser konnte kein Moderator mehr sein zwischen den Menschen und den verschiedenen Religionen. Als Kaiser durfte er nur noch das Christentum fördern und vertreten. Der christliche Kaiser musste sich fortan in unterschiedlicher Intensität vor den hohen Vertretern des Christentums rechtfertigen. Er war fortan der Pflicht unterworfen, den richtigen Glauben herzustellen, wobei er von der christlichen Elite kontrolliert wurde.

Die Eingott-Religion und die Christianisierung des Kaisertums brachten somit ein gewaltiges Problem für den Kaiser mit sich. Es entstand ein gegenseitiges Konkurrenzgeflecht, denn das Christentum hatte seinerseits imperiale Epitheta für Christus übernommen. So war *Soter*, d. h. Heiland, als Bezeichnung für Christus der antiken Herrscherbenennung entnommen worden.[36]

Allerdings bot das Alte Testament auch stabilisierende Vorbilder für monarchische Herrschaft. Der Kaiser konnte sich mit der neuen Tugend der *humilitas*, der Demut, umgeben. Wenn er sich auf den Boden der Kirche warf und zeigte, wie ernsthaft er Christ war, konnte er schärfste Kritik zurückweisen. So konnte der christliche Kaiser Tyrann und Büßer zugleich sein. Allerdings muss man auch bedenken, dass solches Verhalten ebenso für das Königsamt Geltung hatte. Man muss sogar sagen, dass das Alte Testament gar keinen Kaiser kennt, sondern nur den König. Das Davidkönigtum war daher in erster Linie als Idealtypus für den König brauchbar. Erneut zeigt sich der imperiale Rang als Ausdruck der Weiterentwicklung königlicher Autorität.

Aber der Kaiser konnte das christliche Potential dennoch auch in spezifischer Weise nutzen: Justinian nahm christliche Sakralität auf. Er wurde Theologe und heiliger Mann. Das war ein wichtiger Schritt zur späteren Christomimesis – wie sie unter Otto III. in idealtypischer Weise in bildlichen Darstellungen zum Ausdruck gebracht wurde.[37] Damit fassen wir zwei ganz unterschiedliche Ansätze, mit denen Impulse

---

35 Vgl. den Beitrag von Hartmut Leppin in diesem Band.

36 Harald Wagner, Soteriologie, in: Lexikon für Theologie und Kirche 9, 3. Aufl. Freiburg 2000, Sp. 742f.

37 Stefan Weinfurter, Sakralkönigtum und Herrschaftsbegründung um die Jahrtausendwende. Die Kaiser Otto III. und Heinrich II. in ihren Bildern, in: Bilder erzählen Geschichte, hg. von Helmut Altrichter (Rombach Historiae 6), Freiburg im Breisgau 1995, S. 47–103; Ulrich Kuder, Die Ottonen in der ottonischen Buchmalerei. Identifikation und Ikonographie, in: Herrschaftsrepräsentation im ottonischen Sachsen, hg. von Gerd Althoff, Sigmaringen 1998, S. 137–234.

der Verchristlichung von Herrschaft verbunden waren: das alttestamentarische Königtum, das die Gesetze Gottes an sein auserwähltes Volk weiterzugeben hatte, und das christozentrisch orientierte Kaisertum, bei dem sich der Kaiser an die Stelle des Weltenherrschers setzte.

Für das Kaisertum bot die Verchristlichung, so gesehen, weniger ein Problem als vielmehr große Chancen. Die christliche Deutungselite entwickelte durch die gebündelte Ausrichtung große Kraft im Kreis der imperialen Entscheidungselite. Daraus konnten kraftvolle Perspektiven und Visionen erwachsen. Besonders wirkmächtig war hier sicher die Lehre von der Abfolge der vier Weltreiche.[38] Auf das babylonische folgte das persische, diesem wiederum dasjenige Alexanders des Großen, und das letzte aller weltlichen Ordnung war demnach das römische Reich. Damit war das Kaisertum theologisch und teleologisch unabdingbar und absolut fundamentiert.

Verstetigend wirkte sodann die Funktion des Kaisers selbst. Hierzu wurden auf der Tagung aus allen Imperien treffende Beispiele präsentiert. So war der Kaiser in China absolut normgebend. Man brauchte einen Kaiser, damit das gesamte politische und gesellschaftliche System funktionieren konnte. Soweit ging die Entwicklung im Westen niemals, auch wenn es zeitweise Tendenzen dazu gab. In China waren jedes Maß, jede Norm, jede Ordnung vom Kaiser abhängig. Bei genauerem Hinsehen aber ist gleichzeitig, wie schon erwähnt, eine starke Transpersonalisierung der imperialen Autorität erkennbar. Es war eher der Thron (oder die Matte) und weniger die individuelle Person des Kaisers, die im Ordnungsdenken eine Rolle spielte. An dieser Stelle stoßen wir auf einen eklatanten Unterschied zwischen dem westlichen und dem fernöstlichen Entwurf von Kaisertum.

Einen besonderen Schwerpunkt im imperialen Ordnungsmodell bildete die Lenkung von Recht und Gerechtigkeit. Das Feld der Gerechtigkeits- und Friedenssicherung steht in allen Imperien an vorderster Stelle.[39] Der persische Herrscher erließ als „König der Könige" die Gesetze, die alle Untertanen banden, um die Rechtswahrung zu garantieren. Seine Autorität wurde damit auf Dauer legitimiert. Der Kampf gegen die „Lügenkönige" musste ewig geführt werden und konnte daher kein Ende haben. Eine derartige Herrschaft war geradezu von der Pflicht getragen, ewig zu bestehen. In diesem Sinne musste Herrschaft auch dargestellt werden.

Im Persischen Reich stellte sich das Recht über die Ethnien, über die Sprachen, über die Kulte, ja sogar über das Ziel, eine gemeinsame persische Identität aufzubauen. Aus diesem höchsten Wert „Gerechtigkeit" heraus erwuchs vielmehr die Idee

---

38 Vgl. Heinz Thomas, Translatio Imperii, in: Lexikon des Mittelalters 8, Stuttgart/Weimar 1999, Sp. 944–946, sowie Werner Goez, Translatio imperii. Ein Beitrag zur Geschichte des Geschichtsdenkens und der politischen Theorien im Mittelalter und in der frühen Neuzeit, Tübingen 1958.

39 Münkler, Imperien (wie Anm. 3), S. 128–132.

einer ausgleichenden Rechts- und Schicksalsgemeinschaft. Dies war das Gedanken-
feld, aus dem im Perserreich die Figur des idealen Herrschers konstruiert wurde.

Das römische Kaisertum weist im Hinblick auf die Rechtssicherung große Ähnlichkeiten auf. Auch wenn die kaiserliche Rolle immer wieder neu justiert werden
musste, blieb der Kaiser als Garant für Frieden und Gerechtigkeit eine gleichblei-
bende Größe. Die *Pax Augusta*, das kaiserliche Recht, war die Basis der gesamten
Ordnung und bildete für den antiken Kaiser eine starke Legitimation. Er durfte jede
Maßnahme ergreifen, die dem Wohl von Gesellschaft und Staat diente. Das war eine
umfangreiche Ermächtigung, die mittelalterliche Kaiser zwar ebenfalls anstrebten,
aber kaum mehr erreichen konnten. Im Mittelalter sehen wir dagegen, dass die Kaiser
die Gerechtigkeit im 10. und 11. Jahrhundert durch das Instrument der Gnade steuer-
ten. Als Stellvertreter des himmlischen Herrschers beanspruchten sie die Kompetenz,
auch über die *gratia Christi* verfügen zu können. So entwickelte sich das „gratiale"
Prinzip oder die „gratiale Herrschaft" zu einem Kernelement frühmittelalterlicher
Kaiserherrschaft.[40]

Die Verstetigung imperialer Ordnung war nicht nur eine Frage der Akzeptanz ihrer
Funktionen und Handlungen, sondern auch eine Konsequenz der Nachfolgeord-
nung. Wie setzte sich Kaisertum fort? Konnten Kaiser frei gewählt werden? Oder
verlangte die Ausnahmestellung des Kaisers auch eine Ausnahmeregelung für die
Nachfolge? Die Adoption in der Antike bot eine Lösung, die Idee und Praxis der
Erbfolge ohnehin. Aber die Erbfolge bezog alle Söhne mit ein und zersplitterte das
Ordnungsgefüge – ein großes Problem des karolingischen Kaisertums![41] Hier kön-
nen wir einen entscheidenden Wandel unter Otto dem Großen erkennen, der eine
Kombination von sakraler Alleinstellung des Kaisers und dynastischer Verankerung
anstrebte.[42]

Immer wieder, wenn auch nicht durchwegs, ist zu sehen, dass zur Verstetigung des
Systems die Person des Kaisers unantastbar und heilig gemacht wurde. Die Kaiser
verwiesen auf ihre Abstammung oder auf die Auswahl durch Götter. So begegnet uns
immer wieder die Divinisierung oder zumindest die Gottesmimesis der Kaiser und
des Kaisertums, sei es in Ägypten, in der hellenistischen Welt, in der Spätantike oder

---

40 Stefan Weinfurter, Investitur und Gnade. Überlegungen zur gratialen Herrschaftsordnung im Mittelalter,
     in: Investitur- und Krönungsrituale. Herrschaftseinsetzungen im kulturellen Vergleich, hg. von Marion
     Steinicke/Stefan Weinfurter, Köln/Wien/Weimar 2005, S. 105–123; Stefan Weinfurter, Herrschen durch
     Gnade. Legitimation und Autorität des Königtums in ottonisch-frühsalischer Zeit, in: Forschungsbei-
     träge der Geisteswissenschaftlichen Klasse, hg. von Eduard Hlawitschka (Schriften der Sudetendeutschen
     Akademie der Wissenschaften und Künste 29), München 2009, S. 109–126.

41 Franz-Reiner Erkens, Einheit und Unteilbarkeit. Bemerkungen zu einem vielerörterten Problem der früh-
     mittelalterlichen Geschichte, in: Archiv für Kulturgeschichte 80, 1998, S. 269–295.

42 Johannes Laudage, Otto der Große (912–973). Eine Biographie, 2. Aufl. Regensburg 2006.

im Mittelalter. Nur in Byzanz waren die Kaiser offenbar dennoch besonders gefährdet. Die Sakralisierung kann im Übrigen nicht als Monopol der Kaiser bezeichnet werden, denn sie wurde durchaus auch von Königen, mitunter sogar von Fürsten beansprucht.

Schlussgedanken

Immer wieder ist zu erkennen, dass die Unterscheidung von Königtum und Kaisertum auf nicht wenigen Feldern schwierig ist. Vieles, was wir dem Kaisertum zuschreiben, darunter die Friedens- und Gerechtigkeitswahrung, gehört auch zum Königtum. Das Königtum Salomons stellt hier geradezu den Idealtyp dar. Wir werden uns damit abfinden müssen, dass wir die Grenzen zwischen Großkönigtum und Kaisertum als fließend anerkennen müssen.

Sodann stellt sich die Frage: Gibt es imperiale Ordnung ohne Kaiser? Im Mittelalter, im 12. Jahrhundert, entstand die Idee, dass der eigentliche Kaiser der Papst sei. Er hatte sich als höchste Autorität im *orbis Romanus* etabliert. Außerdem gab es im Mittelalter lange Zeiten ganz ohne Kaiser, während das Kaisertum als Ordnungsgedanke durchaus bestehen blieb. Eine ähnliche Entwicklung haben wir für das chinesische Reich kennen gelernt. Hier, so scheint es, war es wichtiger, dass die „Matte" des Kaisers – stellvertretend für den Thron – nicht verschwand.

Hat die Eingott-Religion, so ein weiterer Gedanke, den imperialen Ordnungsentwurf behindert oder gefördert? Der himmlische Weltenherrscher, so möchte ich antworten, spiegelte sich in der weltumspannenden Kaiserherrschaft und steigerte die imperiale Autorität in höchstmöglicher Weise. Vor allem wurde der Sendungsimpuls für die Vertretung der göttlichen Wahrheit aufs höchste gesteigert.

Zum Schluss sei noch eine Frage aufgeworfen, die auf der Tagung keine Rolle gespielt hat: Warum gehen imperiale Ordnungen wieder unter? Immerhin ist zu sehen, dass sie zu allen Zeiten als die ideale Formation im Sinne der Friedenssicherung angesehen wurde. Berühmt ist der Satz von Dante: „Der Güter höchstes ist, dass der Mensch in Frieden lebt".[43] Zu diesem Zweck sollte das ganze Menschengeschlecht einem einzigen Herrscher unterworfen werden. Nur so seien Wohl und Heil der Menschen zu gewährleisten. Dantes Auffassung hätte sich also in idealer Weise mit der chinesischen Auffassung vertragen, wonach es in der Welt nur einen Kaiser geben sollte.

Damit wandte sich Dante gegen die Argumentation der Publizisten des französischen Königs Philipp der Schöne und der mit ihm verbündeten italienischen Gu-

---

43 Dante Alighieri, Monarchia, in: Dantes prosaische Schriften mit Ausnahme der Vita Nova, hg. von Karl
   Ludwig Kannegießer, Bd. 2, Leipzig 1845, S. 3–26, hier S. 17.

elfen, die das Erfordernis einer Universalmonarchie bestritten und für ein System unabhängiger Stadt- und Territorialstaaten eintraten. An die Stelle eines imperialen Herrschaftsfriedens sollte der Vertragsfrieden gleichberechtigter Partner treten. Dieses Modell des Vertragsfriedens war keineswegs neu und durchzieht als Konkurrenzmodell zur imperialen Ordnung das Mittelalter von Beginn an.[44] In den Augen Dantes war die kollektive Selbstbindung gleichberechtigter Akteure aber reine Heuchelei, womit diese die Gerechtigkeit im Grunde verhindern wollten.

Wir wissen, dass sich Dantes Idee am Ende nicht durchgesetzt hat. Der Nachteil seines Modells lag offenbar darin, dass sich imperiale Ordnungen zwar lange halten können, aber am Ende doch nicht wandlungsfähig genug sind, um die gesellschaftlichen und politischen Veränderungen adäquat umsetzen zu können. Daher sprach Immanuel Kant von der „Friedhofsruhe", die von der Ordnung des Kaisertums ausgehe.[45] Vor allem erblickte er im imperialen Modell die Quelle von Ungerechtigkeit, eine Kritik, die man auch in den Kaiserreichen des ersten Jahrtausends antrifft.

Welche Ordnung ist die bessere? Diese Frage zu lösen ist – gewiss zu unserem Glück – nicht das Thema dieser Tagung gewesen. Aber ich denke, es ist keineswegs ein Thema, das in unserer Zeit keine Rolle mehr spielt.

---

44 Vgl. Salewski, Geschichte Europas (wie Anm. 10), S. 617f.
45 Immanuel Kant, Zum ewigen Frieden. Ein philosophischer Entwurf (1795), in: Immanuel Kant. Politische Schriften, hg. von Otto Heinrich von der Gablentz, Köln/Opladen 1965, S. 104.

TAFELN

Tafel 1a   Aureus (28 v. Chr.), Münzstätte nicht festlegbar. London, The British Museum, BM 1995–4–1–1.

Tafel 1b   Herrschermonogramme Kaiser Ottos I. und Kaiser Ottos II. auf der Heiratsurkunde der Theophanu (14. April 972), Wolfenbüttel, Niedersächsisches Landesarchiv – Staatsarchiv, 6 Urk 11.

IMPERIUM ROMANUM IN DER ZEIT DES AUGUSTUS

1 : 15 000 000

0   200   400
|—————|—————| km

MARE
GERMANICUM

Britannien

Kalkriese
Haltern
Oberaden

Waldgirmes
Mogontiacum
Marktbreit

Augusta
Treverorum

Vindob

Belgica

Lutetia
(Paris)

Lugdunensis

Raetia   Noricu
n

Aquitania

Aquileia

Mediolanum

Padus (Po)

Mutina
Genua

Bononia

Gallia
Narbonensis

Perusia

Narbo

Massilia

Roma

Corsica

Ilva
(Elba)

Velitrae

Hispania Tarraconensis

Iberische

Lusitania

Caesaraugusta

Misenum

Tarraco

Sardinia

MARE

TYRRHENUM

Emerita

Halbinsel

Baetica

Nauloc

Baleares

Sicili

M   A   R   E

Gades

Tingis

Caesarea

Carthago

Numidia

Mauretania

Africa proconsu

Libyca
Palus

Tritonis
Lacus

A   t   l   a   s

A

□ Römisches Reich zur Zeit
  des Augustus (um 14 n. Chr.)
□ abhängige politische Einheiten

A   f   r   i   k

Tafel 2

Kartographie: G. Pápay

(Weichsel)

Rha (Wolga)

Borysthenes (Dnjepr)

Tanaïs (Don)

MARE CASPIUM

Hypanis (Südl. Bug)

Tyras (Dnjestr)

Tisia (Theiß)

MEOTIS PALUS

Iberien

Kaukasus

Cyrus (Kura)

PONTUS EUXINUS

Armenien

Danuvius (Donau)

Thospitis Lacus (Vansee)

M o e s i a

Assyria

T h r a c i a

Bithynia et Pontus

Halys (Kisil Irmak)

Byzantium ● Nicomedia

Mesopotamia

M a c e d o n i a ● Philippi

Ancyra (Ankara) ●

Cappadocia

Tigris

G a l a t i a

PARTHER-
REICH

● Apollonia

A s i a

Tatta Lacus (Tuz Gölü)

Lemnus

Euphrat

● Pergamum

Lesbus

Taurus

● Corcyra

Chius

P a m p h y l i a

C i l i c i a

● Antiochia

Nicopolis

MARE

● Ephesus

S y r i a

Bucht von Ambrakia ● Actium

AEGAEUM

● Miletus

L y c i a

● Palmyra

● Corinthus ● Athen

Limyra ●

A c h a e a

Rhodus

Cyprus

● Damascus

Creta

Tyrus ●

Jordan

Caesarea ●

I u d a e a

Hierosolyma (Jerusalem)

E R N U M

Cyrene ● ● Apollonia

Alexandria ●

C y r e n a i c a

Memphis ●

A e g y p t u s

Nilus (Nil)

SINUS ARABICUS

IMPERIUM ROMANUM UM 395

1 : 15 000 000

0   200   400 km

Kartographie: G. Pápay

FRÄNKISCHES REICH ZUR ZEIT
KARLS DES GROSSEN (um 810)

1 : 8 000 000
0   200   400
km

Tafel 4

Legende:

Fränkisches Reich

tributäre Abhängigkeit
vom Fränkischen Reich

● königliche Güter

⛪ Erzbischofssitz im Reich

✝ Bischofssitz im Reich
(Auswahl)

⛪ Kloster im Reich
(Auswahl)

GR. DÄNEMARK

O S T S E E

Bornholm

Haithabu · Fehmarn · Rügen

Truso

POMORANEN

PRUZZEN

...burg

OBODRITEN · REDARIER
UKRER

MASOWIER

Netze

Weichsel

...remen
✝Verden

POLANEN

Elbe

Oder

Havel

...inden

✝Hildesheim · Magdeburg

S L A W E N

Ostfalen · Halberstadt

SORBEN

SCHWARZE
KROATEN

Warthe

...en

✝Fritzlar

Neiße

Erfurt · Sorben

Oder

...eld
...lda

✝Ohrdruf

mark

WISLANEN

Weichsel

...furt

Eger

Böhmen · Prag

W E S T

Moldau

Elbe

Dnjestr

Werra

Main

✝Würzburg · Bamberg

Nordgau

K a r p a t e n

WEISSE KROATEN

...ranken

Regensburg

Eichstätt ✝Niederaltaich

Mähren

Isar

✝Passau

Waag

Ulm · Donau · ✝Freising · Linz ✝Kremsmünster · Ost-

Theiß

Augsburg · Tegernsee ·Mondsee · Neusiedler See · mark

...nnien

Benediktbeuern · Salzburg

Boden-see

⛪St. Gallen

Inn

Salzach

Enns

Bayern

Carantania

Plattensee

Chur

Bozen · Drau

Mur

Pannonische

BULGARISCHES

Säben

✝Trient

Aquileja · Laibach

Drau

Comer See · Gardasee

Treviso

Mark

Belgrad · Donava

R...

Brescia · Verona · Venedig

KROATEN

Save

Widin

...ia · Placenza

Po

Dalmatien

S E R B E N

Morava

REICH

...dei

✝Parma · ✝Ferrara

Alutal

...EN

Bologna · ✝Ravenna

Zara

A D R I A T I S C H E S

S L A W I S C H E

Romagna

Spalato

Pisa · Arno · ✝Florenz · Penta-polis · Ancona

OSTRÖMISCHES

Tuscien · ✝Siena

Ragusa · Cattaro

Skoplje

Elba

M E E R

Skutari-see · Drin

✝Spoleto

Vardar

Struma

PÄPSTL. · Hzm. · ✝Chieti

Ochrida

PATRIMONIUM · Spoleto · Tiber

(BYZANTINISCHES)

Ostia · Rom

Ochrida · Prespasee

Thessalonike

T Y R R H E N I S C H E S

FSM. BENEVENT

Ostrovo

REICH

M E E R

Monte Cassino

Ohrid-see

Sardinien

Capua · Benevento

Bari

398

EUROPA UM 1000

1 : 15 000 000

0   200   400
|————|————|————| km

Irland

Dublin

Durham

York

NORDSEE

DÄNEMARK

OS

Hamburg

Mark der
Billungen

Bremen

Nord-
mark

Poser

WALES

ENGLAND

Friesland

Sachsen

Magdeburg

Mark
Lausitz

Dorchester

London

Canterbury

Rhein

Köln

Quedlinburg

Fritzlar

Mark
Meißen

Prag

Aachen

Franken

Böhmen

Niederlothringen

Mainz

Bamberg

Rouen

Reims

Trier

Worms

Bretagne

Normandie

Paris

Verdun

Oberlothringen

Straßburg

Augusburg

La Mans

Champagne

Schwaben

Bayern

Salzburg

Orléans

Reichenau

Loire

Nantes

Tours

St. Gallen

Kärnten

Poteres

Burgund

KGR.

e

n

Verona

p

Aquileia

Guyenne

Limoges

BURGUND

Ivrea

Mailand

Venedig

l

Pavia

A

Po

K

Bordeaux

Garonne

Toulouse

Rhône

Lombardei

Ravenna

Genua

Gascogne

Nimes

Arles

Pisa

Tuscien

A

Léon

NAVARRA

Toulouse

Aix

D

Pyrenäen

Navarra

Marseille

Elba

Spoleto

Spoleto

LÉON

Duero

BARCELONA

Korsika

Päpstl. Rom
Patri-
monium

Lissabon

Tajo

Toledo

Neapel

UMAYYADEN-KALIFAT
VON CÓRDOBA

Sardinien

*TYRRHENISCHES
MEER*

Córdoba

Balearen

M   *I*   *T*

Palermo

Mes.

Malaga

Sizilien

Tarifa

Gibraltar

Almeria

Algier

Biserta

T

Tanger

Ceuta

Tetuan

Tunis

E

REICH DER ZIRIDEN

*Schott
el Dscherid*

Tripolis

A   f   r   i   k   a

Kartographie: G. Pápay

Tafel 5

Reich der Ottonen

Byzantinisches Reich

Vom Byzantinischen Reich beanspruchtes Gebiet

Reich des französischen Königs mit weitgehend unabhängigen Reichsteilen

Arabisch-islamische Staaten

KIEWER RUS

Turow

Tschernigow

Kiew

Krakau

Karpaten

Gran

enburg

NGARN

Serbien

Belgrad

BULGARISCHES REICH

Donau

Tomi

Preslaw

Philippopel

Konstantinopel

Nicomedia

SCHWARZES MEER

Sinope

Trapezunt

Artaschat

Kaukasus

Kura

Vansee

ASOWSCHES MEER

Tmutarakan

Theodosia

Cherson

Dnjepr

Süd. Bug

Dnjestr

Kisil Irmak

Ancyra (Ankara)

Kaisareia

Tuz Gölü

Amida

Tigris

Edessa

Euphrat

Thessalonike

Lemnus

Lesbus

ÄGÄISCHES

Chius

MEER

Brindisi

Pergamon

Sardes

Ephesos

Attaleia

Antiochia

Tadmur

Athen

Korinth

Peloponnes

Sparta

Rhodus

Kreta

Tripolis

Zypern

Damaskus

Tyrus

Caesarea

Jerusalem

M   E   E   R

Kyrenaika

Alexandria

Petra

Kairo

FATIMIDENKALIFAT

Al-Gaus

Thebaïs

Nil

ROTES MEER

Tafel 6 Quṣayr ʿAmra (Jordanien), Westwand der Audienzhalle: Die sechs Könige, Fresko, um 730/740 n. Chr.

Tafel 7 Quṣayr ʿAmra (Jordanien), Südwand der Audienzhalle, Umzeichnung.

Tafel 8 Papst Leo III. und Karl der Große erhalten aus der Hand von Petrus die Symbole ihrer Herrschaft: Fahne und Pallium. Restauriertes Triclinium-Mosaik des von Papst Leo III. vor 799 errichteten, aber zerstörten Papstpalastes im Lateran in Rom.

Tafel 9   Kaiser Basileios II. als Triumphator (976–1025). Der gerüstete Kaiser erhält die Krone von
Christus, die Lanze und eine weitere Krone von den Erzengeln Michael und Gabriel, Soldatenheilige umgeben ihn, zu seinen Füßen knien die Unterworfenen und Besiegten (siehe
unten S. 289). Miniatur in einer byzantinischen Psalterhandschrift, um 1000.
Venedig, Biblioteca Nazionale Marciana, Cod.Par.Gr. 17, fol. IIIr.

Tafel 10 Otto III. und huldigende Provinzen, Evangeliar Ottos III. München, Bayerische Staatsbibliothek, Clm 4453, fol. 23v–24r.

Tafel 11 Kaiser Qianlong (1711–1799) beim Betrachten von Bildern, Guiseppe Castiglione, Tusche auf Papier. Beijing (Peking), The Palace Museum, G 5366.

Anhang

BILDNACHWEIS

Frank Bernstein

1	Berlin, akg-images
2	Athen, Hellenic Ministry of Culture and Tourism / Archaeological Receipts Fund
3	Frank Bernstein (Frankfurt a.M.)
4	Neapel, Museo Archeologico Nazionale
5	aus: Edmund Buchner, Rom unter Augustus – Sonnenuhr und Mausoleum, in: Deutsches Archäologisches Institut (Hrsg.), Archäologische Entdeckungen: Die Forschungen des Deutschen Archäologischen Instituts im 20. Jahrhundert, Mainz 2000, S. 182, Abb. 205, bearbeitet von Jeannette Lieberwirth (Magdeburg)
6	Arles, Musée départemental Arles antique, Foto: Cl. M. Lacanaud
7	Berlin, Bildagentur für Kunst, Kultur und Geschichte / Scala
8	aus: Martin Spannagel, Exemplaria Principis. Untersuchungen zu Entstehung und Ausstattung des Augustusforums, Heidelberg 1999, Taf. 1, Abb. 2

Rolf Michael Schneider

1	München, Bayerische Staatsbibliothek München, ESlg/2 Arch. 191-1, Taf. 43
2	Berlin, Antikensammlung der Staatlichen Museen zu Berlin, Preußischer Kulturbesitz, Foto: Johannes Laurentius
3	aus: J. E. Stambaugh, The Ancient Roman City, Baltimore 1988 (2. Auflage), S. 112, Abb. 8 und S. 115, Abb. 9, The Johns Hopkins University Press
4, 8, 11, 13, 14 u.19	München, Museum für Abgüsse Klassischer Bildwerke
5	Brescia, Civici Musei d' Arte e Storia
6	aus: Edmund Buchner, Solarium Augusti und Ara Pacis, in: Mitteilungen des Deutschen Archäologischen Instituts, Römische Abteilung 83 (1976), S. 353, Abb. 14
7	aus: Rolf Michael Schneider, Marmor, in: Der Neue Pauly, Bd. 7, Stuttgart/Weimar 1999, S. 930
9	München, Hypo-Bank München 2002
10	aus: Dietrich Boschung, Die Bildnisse des Augustus, Berlin 1993, S. 206, bearbeitet von Rolf Michael Schneider
12	aus: Filippo Coarelli, Rom. Ein archäologischer Führer, Basel/Wien 1975, S. 14
15	London, The Trustees of the British Museum
16	aus: Daniel Castella/Laurent Flutsch, Sanctuaires et monuments funeraires à Avenches – en Chaplix VD, in: Archäologie der Schweiz 13 (1990), S. 25
17	Oxford, Roland R.R. Smith
18	aus: Roland R.R. Smith, The Imperial Reliefs from the Sebasteion at Aphrodisias, in: The Journal of Roman Studies 77 (1987), S. 94, Abb. 3

| 5 | Zürich, MoneyMuseum / Sunflower Foundation |
| 6 | Wien, Österreichische Nationalbibliothek, Cod.med.gr. 1 (Faks), fol. 6v |

Wolfram Drews

1	Genf, Numismatica Genevensis SA
2	Zürich, Money Museum / Sunflower Foundation
3	Gyula Pápay (Rostock)
4	Beirut, Institut Français du Proche-Orient

Matthias Becher

| 1 | Berlin, Münzkabinett der Staatlichen Museen zu Berlin, Foto: Lutz-Jürgen Lübke |
| 2 | Berlin, Bildagentur für Kunst, Kultur und Geschichte / Scala |

Ernst-Dieter Hehl

1 u. 3	Berlin, akg-images
2	Berlin, Münzkabinett der Staatlichen Museen zu Berlin, Foto: Dirk Sonnewald
4	Mailand, Civiche Raccolte d'Arte Applicata, Castello Sforzesco, Milano
5	Marburg, Hessisches Staatsarchiv, Urk. 75, Nr. 65
6	Magdeburg, Landeshauptarchiv Sachsen-Anhalt, Abteilung Magdeburg, Foto: Hans-Wulf Kunze (Magdeburg)
7	Berlin, Bildagentur für Kunst, Kultur und Geschichte

Klaus Gereon Beuckers

1	aus: Carol Heitz, L'architecture religieuse carolingienne. Les formes et leurs fonctions, Paris 1980
2	aus: Hugo Brandenburg, Frühchristliche Kirchen Roms vom 4. bis zum 7. Jahrhundert. Der Beginn der abendländischen Kirchenbaukunst, Regensburg 2004, S. 278
3-5 u. 10	Aachen, Domkapitel / Dombauleitung
6	aus: Stéphane Yerasimos, Konstantinopel. Istanbuls historisches Erbe, Köln 2005, S. 42, Zeichnung: Alberto Berengo Gardin (Rom)
7	Kiel, Kunsthistorisches Institut der Christian-Albrechts-Universität, Foto: Kathrin Ulrich
8	aus: Leonard von Matt, Ravenna, Köln 1971, S. 109
9	Aachen, Domkapitel, Foto: Ann Münchow (Aachen)
11	aus: Michael Brandt/Arne Eggebrecht (Hrsg.), Bernward von Hildesheim und das Zeitalter der Ottonen, 2 Bde., Mainz 1993, Bd. 2, S. 35
12	Leitzkau, Stiftung Dome und Schlösser in Sachsen-Anhalt, Foto: Hans-Wulf Kunze (Magdeburg)

Jenny Rahel Oesterle

| 1 | Gyula Pápay (Rostock) |
| 2 | Kopenhagen, The David Collection, Foto: Pernille Klemp |

Rudolf Schieffer

| 1 | Berlin, Bildagentur für Kunst, Kultur und Geschichte |

Tafeln

1a	London, The Trustees of the British Museum
1b	Wolfenbüttel, Niedersächsisches Landesarchiv – Staatsarchiv Wolfenbüttel, 6 Urk 11
2-5	Gyula Pápay (Rostock)
6 u. 7	Beirut, Institut Français du Proche-Orient
8	Berlin, akg-images
9	Venedig, Biblioteca Nazionale Marciana, su concessione del Ministero per i Beni e le Attività Culturali
10	München, Bayerische Staatsbibliothek München, Clm 4453, fol. 23v-24r
11	Peking, The Palace Museum

Umschlag

Vorderseite	Magdeburg, Landeshauptarchiv Sachsen-Anhalt, Abteilung Magdeburg, Foto: Hans-Wulf Kunze (Magdeburg)
Rückseite	Aachen, Domkapitel, Foto: Ann Münchow (Aachen)

Wir danken den aufgeführten Institutionen und Personen für die freundliche Bereitstellung des Bildmaterials. Für den Fall, dass Inhaber der Bildrechte nicht eindeutig ermittelt wurden, werden berechtigte Ansprüche im Rahmen der üblichen Vereinbarungen abgegolten.

Namenregister

bearbeitet von Charlotte Rock